Dieter R. Ziethen

CATIA V5

Makroprogrammierung mit Visual Basic Script

Bleiben Sie einfach auf dem Laufenden:
www.hanser.de/newsletter
Sofort anmelden und Monat für Monat
die neuesten Infos und Updates erhalten.

Der Autor:

Dieter R. Ziethen ist CAD-Systemingenieur und Prozess-Consultant in der technischen IT bei der MAN Truck & Bus AG.

Alle in diesem Buch enthaltenen Informationen wurden nach bestem Wissen zusammengestellt und mit Sorgfalt getestet. Dennoch sind Fehler nicht ganz auszuschließen. Aus diesem Grund sind die im vorliegenden Buch enthaltenen Informationen mit keiner Verpflichtung oder Garantie irgendeiner Art verbunden. Autor und Verlag übernehmen infolgedessen keine Verantwortung und werden keine daraus folgende oder sonstige Haftung übernehmen, die auf irgendeine Weise aus der Benutzung dieser Informationen – oder Teilen davon – entsteht, auch nicht für die Verletzung von Patentrechten, die daraus resultieren können.

Ebenso wenig übernehmen Autor und Verlag die Gewähr dafür, dass die beschriebenen Verfahren usw. frei von Schutzrechten Dritter sind. Die Wiedergabe von Gebrauchsnamen, Handelsnamen, Warenbezeichnungen usw. in diesem Werk berechtigt also auch ohne besondere Kennzeichnung nicht zu der Annahme, dass solche Namen im Sinne der Warenzeichen- und Markenschutz- Gesetzgebung als frei zu betrachten wären und daher von jedermann benützt werden dürften.

Bibliografische Information Der Deutschen Nationalbibliothek:

Die Deutsche Nationalbibliothek verzeichnet diese Publikation in der Deutschen Nationalbibliografie; detaillierte bibliografische Daten sind im Internet unter http://dnb.d-nb.de abrufbar.

Dieses Werk ist urheberrechtlich geschützt.

Alle Rechte, auch die der Übersetzung, des Nachdruckes und der Vervielfältigung des Buches, oder Teilen daraus, vorbehalten. Kein Teil des Werkes darf ohne schriftliche Genehmigung des Verlages in irgendeiner Form (Fotokopie, Mikrofilm oder ein anderes Verfahren), auch nicht für Zwecke der Unter-richtsgestaltung, reproduziert oder unter Verwendung elektronischer Systeme verarbeitet, vervielfältigt oder verbreitet werden.

© 2011 Carl Hanser Verlag München
Lektorat: Sieglinde Schärl, Julia Stepp
Herstellung: Stefanie König
Umschlagkonzept: Marc Müller-Bremer, www.rebranding.de, München
Umschlagrealisation: Stephan Rönigk
Druck und Bindung: Kösel, Krugzell
Printed in Germany
ISBN 978-3-446-42494-4
www.hanser.de

Dieter R. Ziethen

CATIA V5
Makroprogrammierung mit Visual Basic Script

3., aktualisierte Auflage

HANSER

Inhalt

Vorwort 17

1 Grundlagen 19

1.1 Definition von CATScript und CATVBS 19
1.2 Definition der Nomenklatur 21
1.3 Definition von Objekt, Klasse und Objektpfad 22
1.3.1 Objekt und Klasse 22
1.3.2 Objektpfad 23
1.3.3 Wurzelklasse und Grundklassen 24
1.4 Grundbeispiel eines Makros 24
1.5 Auswahl eines Makroeditors 26
1.6 Ablage eines Makros 28
1.6.1 Ablage in einem CATIA-Dokument 28
1.6.2 Ablage in einer eigenständigen Datei 29
1.7 Starten eines Makros über eine Schaltfläche 30
1.7.1 Zuordnung eines Schaltflächensymbols 30
1.7.2 Erzeugung einer Symbolleiste 31
1.7.3 Zuweisung einer Schaltfläche zu einer Symbolleiste 32
1.8 Blöcke eines Makros 33
1.8.1 Kopf eines Makros 33
1.8.2 Deklaration globaler Variablen und Objekte 35
1.8.3 CATMain, Unterroutinen und Funktionen 36
1.9 Verzweigungen und Schleifen 38
1.9.1 If-Then-Else 38
1.9.2 Select-Case-Else 39

1.9.3	For-Next	40
1.9.4	Do-While	40
1.9.5	Do-Until	41
1.10	**Ankerobjekte von CATScript**	**42**
1.10.1	CATIA-Anwendung	42
1.10.2	CATIA-Dokumente „CATPart" und „CATProduct"	43
1.10.3	Geometriebehälter eines CATParts	44
1.10.4	Strukturinformation und Metadaten	45
1.11	**Verwendung des Makrorecorders**	**47**
1.12	**Weiterführende Informationen**	**48**

2 Kommunikation mit der Umgebung 49

2.1	**Bildschirmausgabe und -eingabe**	**49**
2.1.1	Bildschirmausgabe	49
2.1.2	Bildschirmeingabe	51
2.2	**Erzeugen, Laden und Speichern von CATIA-Dokumenten**	**53**
2.2.1	Dokumente erzeugen	53
2.2.2	Dokumente laden	54
2.2.3	Dokumente speichern	55
2.3	**Selektieren von CATIA-Elementen durch einen Anwender**	**57**
2.3.1	Selektion vor dem Start eines Makros	57
2.3.2	Selektion während des Ausführens eines Makros	58
2.4	**Suchen und Erkennen von Elementen**	**60**
2.4.1	Suchen	60
2.4.2	Erkennen	61
2.5	**Elemente einfärben und ausblenden**	**63**
2.5.1	Einfärben	63
2.5.2	Ausblenden	64
2.6	**Lesen und Schreiben von Datensätzen**	**65**
2.6.1	Datei deklarieren oder erzeugen	65
2.6.2	Lesen von Datensätzen	66
2.6.3	Schreiben von Datensätzen	67
2.7	**Ausführen von externen Programmen und CATScripts**	**67**
2.7.1	Externes Programm	68
2.7.2	Externes CATScript	68
2.8	**Lesen von Umgebungsvariablen**	**69**

3 Bestandteile eines CATParts ... 71

3.1 Attribute ... 71
3.1.1 Standardattribute ... 72
3.1.2 Benutzerdefinierte Attribute ... 72

3.2 Ursprungselemente ... 73

3.3 Körper, geometrische Sets und geordnete geometrische Sets ... 73
3.3.1 Körper ... 74
3.3.2 Geometrisches Set ... 76
3.3.3 Geordnetes geometrisches Set ... 77
3.3.4 Boolesche Operationen zwischen Körpern ... 79

3.4 Parameter und Beziehungen ... 83
3.4.1 Parameter ... 83
3.4.2 Konstruktionstabellen ... 84
3.4.3 Formeln ... 86

3.5 Referenzen ... 87
3.5.1 Referenzen über Geometrie ... 88
3.5.2 Referenzen über Objekte ... 88
3.5.3 Referenzen über Objektnamen ... 88
3.5.4 Referenzen über Namen der Boundary-Representation ... 89

3.6 Richtungsdefinitionen ... 92
3.6.1 Richtungsdefinition mittels eines Vektors ... 93
3.6.2 Richtungsdefinition mittels eines Objektes ... 93

4 Bestandteile eines CATProducts ... 95

4.1 Attribute ... 95

4.2 Parameter und Formeln ... 96

4.3 Baugruppenstruktur ... 96
4.3.1 Vorhandene Struktur analysieren ... 96
4.3.2 Elemente hinzufügen ... 97
4.3.3 Elemente ersetzen ... 98
4.3.4 Elemente löschen ... 98

4.4 Bedingungen ... 99

5 2D-Drahtgeometrie ... 101

5.1 Skizzenreferenz und Skizzenobjekt erzeugen ... 101
5.2 Skizzengeometrie erzeugen ... 103

5.3	Konstruktionselemente und Rotationsachse definieren	106
5.4	Bedingungen erzeugen	107

6 3D-Drahtgeometrie und Flächen 109

6.1	Allgemeines Vorgehen	109
6.2	Punkte	111
6.2.1	Methoden zum Erzeugen von Punkten	111
6.2.2	Fallbeispiele: Punkte	113
6.3	Linien	114
6.3.1	Methoden zum Erzeugen von Linien	115
6.3.2	Fallbeispiele: Linien	117
6.4	Ebenen	119
6.4.1	Methoden zum Erzeugen von Ebenen	119
6.4.2	Fallbeispiele: Ebenen	120
6.5	Kurven	122
6.5.1	Methoden zum Erzeugen von Kurven	124
6.5.2	Fallbeispiele: Kurven	127
6.6	Flächen	128
6.6.1	Methoden zum Erzeugen von Flächen	129
6.6.2	Fallbeispiele: Flächen	131
6.7	Transformationen	133
6.7.1	Methoden zum Erzeugen von Transformationen	134
6.7.2	Fallbeispiele: Transformationen	135
6.8	Operationen	136
6.8.1	Methoden zum Erzeugen von Operationen	137
6.8.2	Fallbeispiele: Operationen	139

7 Volumenkörper 141

7.1	Allgemeines Vorgehen	142
7.2	Skizzenbasierte Volumenkörper	143
7.2.1	Methoden zum Erzeugen von skizzenbasierten Volumenkörpern	144
7.2.2	Fallbeispiele: Skizzenbasierte Volumenkörper	146
7.3	Flächenbasierte Volumenkörper	147
7.3.1	Methoden zum Erzeugen von flächenbasierten Volumenkörpern	148
7.3.2	Fallbeispiele: Flächenbasierte Volumenkörper	149

7.4	Transformationsbasierte Volumenkörper	151
7.4.1	Methoden zum Erzeugen von transformationsbasierten Volumenkörpern	152
7.4.2	Fallbeispiele: Transformationsbasierte Volumenkörper	154
7.5	Operationen	155
7.5.1	Methoden zum Erzeugen von Operationen	157
7.5.2	Fallbeispiele: Operationen	159

8 Ausgewählte Objektklassen 161

8.1	Add	161
8.2	Angle	161
8.3	AngularRepartition	162
8.4	AnyObject	162
8.5	Application	163
8.6	Assemble	167
8.7	Axis2D	167
8.8	Bodies	168
8.9	Body	168
8.10	BooleanShape	170
8.11	BoolParam	170
8.12	CATBaseDispatch	171
8.13	Chamfer	171
8.14	Circle2D	172
8.15	CircPattern	173
8.16	CloseSurface	176
8.17	Collection	176
8.18	ConstRadEdgeFillet	177
8.19	Constraint	178
8.20	Constraints	182
8.21	ControlPoint2D	183
8.22	Curve2D	184
8.23	DesignTable	186
8.24	Dimension	188
8.25	Document	188
8.26	Documents	192
8.27	Draft	193
8.28	DraftDomain	194
8.29	DraftDomains	195
8.30	DressUpShape	196
8.31	EdgeFillet	196
8.32	Ellipse2D	197
8.33	FaceFillet	198

8.34	Factory	199
8.35	Factory2D	199
8.36	File	201
8.37	FileComponent	202
8.38	Files	202
8.39	FileSystem	203
8.40	Fillet	205
8.41	Folder	205
8.42	Folders	206
8.43	Formula	206
8.44	GeometricElement	206
8.45	GeometricElements	207
8.46	Geometry2D	207
8.47	Groove	208
8.48	Hole	208
8.49	HybridBodies	212
8.50	HybridBody	213
8.51	HybridShape	214
8.52	HybridShape3DCurveOffset	214
8.53	HybridShapeAffinity	215
8.54	HybridShapeAssemble	216
8.55	HybridShapeAxisLine	221
8.56	HybridShapeAxisToAxis	221
8.57	HybridShapeBlend	222
8.58	HybridShapeBoundary	229
8.59	HybridShapeCircle	230
8.60	HybridShapeCircle2PointsRad	232
8.61	HybridShapeCircle3Points	234
8.62	HybridShapeCircleBitangentPoint	236
8.63	HybridShapeCircleBitangentRadius	238
8.64	HybridShapeCircleCenterAxis	240
8.65	HybridShapeCircleCenterTangent	241
8.66	HybridShapeCircleCtrPt	243
8.67	HybridShapeCircleCtrRad	244
8.68	HybridShapeCircleExplicit	246
8.69	HybridShapeCircleTritangent	247
8.70	HybridShapeCombine	249
8.71	HybridShapeConic	250
8.72	HybridShapeConnect	255
8.73	HybridShapeCorner	257
8.74	HybridShapeCurveExplicit	259
8.75	HybridShapeCurvePar	260
8.76	HybridShapeCurveSmooth	263

8.77	HybridShapeCylinder	266
8.78	HybridShapeDirection	267
8.79	HybridShapeExtract	269
8.80	HybridShapeExtractMulti	271
8.81	HybridShapeExtrapol	275
8.82	HybridShapeExtremum	277
8.83	HybridShape-ExtremumPolar	278
8.84	HybridShapeExtrude	280
8.85	HybridShapeFactory	281
8.86	HybridShapeFill	312
8.87	HybridShapeFilletBiTangent	315
8.88	HybridShapeFilletTriTangent	318
8.89	HybridShapeHelix	320
8.90	HybridShapeIntegratedLaw	323
8.91	HybridShapeIntersection	326
8.92	HybridShapeInverse	327
8.93	HybridShapeLawDistProj	328
8.94	HybridShapeLineAngle	330
8.95	HybridShapeLineBisecting	332
8.96	HybridShapeLineBiTangent	334
8.97	HybridShapeLineExplicit	335
8.98	HybridShapeLineNormal	336
8.99	HybridShapeLinePtDir	337
8.100	HybridShapeLinePtPt	339
8.101	HybridShapeLineTangency	341
8.102	HybridShapeLoft	343
8.103	HybridShapeNear	349
8.104	HybridShapeOffset	350
8.105	HybridShapePlane1Curve	351
8.106	HybridShapePlane1Line1Pt	352
8.107	HybridShapePlane2Lines	352
8.108	HybridShapePlane3Points	353
8.109	HybridShapePlaneAngle	354
8.110	HybridShapePlaneEquation	355
8.111	HybridShapePlaneExplicit	356
8.112	HybridShapePlaneMean	356
8.113	HybridShapePlaneNormal	357
8.114	HybridShapePlaneOffset	358
8.115	HybridShapePlaneOffsetPt	359
8.116	HybridShapePlaneTangent	359
8.117	HybridShapePointBetween	360
8.118	HybridShapePointCenter	361
8.119	HybridShapePointCoord	361

- 8.120 HybridShapePointExplicit 362
- 8.121 HybridShapePointOnCurve 363
- 8.122 HybridShapePointOnPlane 364
- 8.123 HybridShapePointOnSurface 366
- 8.124 HybridShapePointTangent 367
- 8.125 HybridShapePolyline 367
- 8.126 HybridShapePositionTransfo 368
- 8.127 HybridShapeProject 371
- 8.128 HybridShapeReflectLine 373
- 8.129 HybridShapeRevol 374
- 8.130 HybridShapeRotate 375
- 8.131 HybridShapes 377
- 8.132 HybridShapeScaling 378
- 8.133 HybridShapeSection 379
- 8.134 HybridShapeSphere 379
- 8.135 HybridShapeSpine 381
- 8.136 HybridShapeSpiral 383
- 8.137 HybridShapeSpline 385
- 8.138 HybridShapeSplit 390
- 8.139 HybridShapeSurfaceExplicit 393
- 8.140 HybridShapeSweep 393
- 8.141 HybridShapeSweepCircle 395
- 8.142 HybridShapeSweepConic 401
- 8.143 HybridShapeSweepExplicit 407
- 8.144 HybridShapeSweepLine 413
- 8.145 HybridShapeSymmetry 422
- 8.146 HybridShapeThickness 423
- 8.147 HybridShapeTranslate 424
- 8.148 HybridShapeTrim 426
- 8.149 Hyperbola2D 429
- 8.150 Intersect 430
- 8.151 IntParam 431
- 8.152 KnowledgeObject 432
- 8.153 KnowledgeActivateObject 432
- 8.154 Length 433
- 8.155 Limit 433
- 8.156 Line 434
- 8.157 Line2D 435
- 8.158 LinearRepartition 436
- 8.159 Loft 436
- 8.160 Mirror 437
- 8.161 OrderedGeometricalSet 438
- 8.162 OrderedGeometricalSets 439

8.163 OriginElements	439
8.164 Pad	440
8.165 Parabola2D	440
8.166 Parameter	441
8.167 Parameters	443
8.168 Part	445
8.169 PartDocument	449
8.170 Pattern	450
8.171 Plane	450
8.172 Pocket	452
8.173 Point	453
8.174 Point2D	453
8.175 Prism	454
8.176 Product	456
8.177 ProductDocument	459
8.178 Products	459
8.179 RealParam	461
8.180 RectPattern	463
8.181 Reference	465
8.182 References	466
8.183 Relation	466
8.184 Relations	467
8.185 Remove	469
8.186 RemoveFace	469
8.187 Repartition	470
8.188 ReplaceFace	471
8.189 Revolution	472
8.190 Rib	472
8.191 Rotate	473
8.192 Scaling	474
8.193 Scaling2	474
8.194 SelectedElement	475
8.195 Selection	476
8.196 SewSurface	481
8.197 Shaft	482
8.198 Shape	482
8.199 ShapeFactory	483
8.200 Shapes	497
8.201 Shell	498
8.202 Sketch	499
8.203 SketchBasedShape	501
8.204 Sketches	501
8.205 Slot	502

8.206	SolidCombine	503
8.207	Spline2D	503
8.208	Split	504
8.209	Stiffener	505
8.210	StrParam	506
8.211	SurfaceBasedShape	507
8.212	Sweep	507
8.213	Symmetry	509
8.214	SystemService	510
8.215	TextStream	511
8.216	Thickness	512
8.217	ThickSurface	514
8.218	Thread	515
8.219	TransformationShape	516
8.220	Translate	517
8.221	Trim	517
8.222	TritangentFillet	519
8.223	UserPattern	519
8.224	VarRadEdgeFillet	520
8.225	VisPropertySet	522

9 Ausgewählte VBScript-Befehle 529

9.1	Abs	529
9.2	Asc	529
9.3	Boolean	530
9.4	Byte	530
9.5	CBool	530
9.6	CByte	530
9.7	CDate	531
9.8	CDbl	531
9.9	Chr	531
9.10	CInt	532
9.11	CLng	532
9.12	Const	533
9.13	Cos	533
9.14	CSng	533
9.15	CStr	534
9.16	Date	534
9.17	Day	534
9.18	Dim	535
9.19	Dim ()	535
9.20	Double	535

9.21	Do-Until	535
9.22	Do-While	536
9.23	Empty	536
9.24	End	536
9.25	Err	536
9.26	Exit	537
9.27	Exp	537
9.28	Fix	537
9.29	For-Next	538
9.30	Function	538
9.31	Hour	538
9.32	If-Then-Else	538
9.33	InputBox	538
9.34	InStr	539
9.35	Int	539
9.36	Integer	539
9.37	IsDate	540
9.38	IsEmpty	540
9.39	IsNull	540
9.40	IsNumeric	541
9.41	Join	541
9.42	LCase	542
9.43	Left	542
9.44	Len	542
9.45	Log	543
9.46	Long	543
9.47	LTrim	543
9.48	Mid	543
9.49	Minute	544
9.50	Mod	544
9.51	Month	544
9.52	MsgBox	545
9.53	Now	545
9.54	Null	545
9.55	On Error Resume Next	545
9.56	Randomize	546
9.57	ReDim	546
9.58	Rem	546
9.59	Right	547
9.60	Rnd	547
9.61	RTrim	547
9.62	Second	548
9.63	Select Case	548

9.64	Set	548
9.65	Sin	548
9.66	Single	549
9.67	Sgn	549
9.68	Sqr	549
9.69	StrReverse	549
9.70	String	550
9.71	Sub	550
9.72	Tan	550
9.73	Time	550
9.74	Timer	551
9.75	TimeValue	551
9.76	Trim	552
9.77	UCase	552
9.78	Year	552

Index **553**

Vorwort

Unter den Computer-Aided-Design-Systemen (CAD) ist das CAD-System „CATIA" eines der am weitesten verbreiteten Systeme. Die Version „CATIA V5" erlaubt dem Konstrukteur, über Makros Bauteile automatisiert zu erzeugen und Routineaufgaben abzugeben. Ein Komfort, der mit reinen Parametrik-Modellen nicht möglich ist. In der Literatur gibt es nur wenige Bücher, die auf die spezifischen Belange der Makroprogrammierung mit CATIA V5 eingehen. Die Kompakt-Online-Hilfe der Makroschnittstelle von CATIA V5 greift zu kurz und ist unvollständig. Dieses praxisorientierte Buch ermöglicht einen schnellen Einstieg in die automatisierte Erstellung von CATParts, CATProducts und Geometrie. Besonders die Fragen, die einem Anfänger in der Makroprogrammierung begegnen, werden klar und effizient beantwortet. Ein Fortgeschrittener findet zahlreiche Anregungen in den Programmbeispielen und den ausführlich erklärten und mit Beispielen belegten Objektbeschreibungen. Das Buch behandelt die Makroprogrammierung mit **CATScript und CATVBS**, einer Erweiterung von Microsofts „Visual Basic Script" (MS VBScript). CATScript und CATVBS sind **plattformunabhängig** und daher unter Windows und UNIX lauffähig.

Zielgruppe dieses Buches sind Betreuer von CATIA V5-Anwendungen und Konstrukteure, die über grundlegende Kenntnisse in CATIA V5 und einer Programmiersprache verfügen und wiederkehrende Aufgaben der täglichen Arbeit automatisieren wollen.

Kenntnisse auf folgenden Gebieten sind für den Einstieg empfehlenswert (Tabelle 0.1):

- Basiskenntnisse in der Modellierung mit CATIA V5 in Part Design (PDG) und Assembly Design (ASD) sowie Wireframe & Surface Design (WSD) oder Flächenerzeugung (GSD)
- Grundkenntnisse einer beliebigen **Programmiersprache**

TABELLE 0.1 Schwerpunkte der V5-Makroprogrammierung dieses Buches

Part Design	Wireframe & Surface Design	Flächen-erzeugung	Assembly Design

Das Buch gliedert sich entsprechend den Erfordernissen eines Anfängers und Fortgeschrittenen in die folgenden Bereiche:

- Grundlagen
- Kommunikation mit der Umgebung
- Bestandteile eines CATParts
- Bestandteile eines CATProducts
- 2D-Drahtgeometrie (Skizzen)
- 3D-Drahtgeometrie und Flächen
- Volumenkörper
- Beschreibung ausgewählter Objektklassen
- Beschreibung ausgewählter Befehle von VBScript

Das Kapitel „**Grundlagen**" gibt eine Einführung, wie V5-Makros erstellt werden. Es enthält dasjenige Grundlagenwissen, das für die Makroprogrammierung benötigt wird. Es vermittelt, wie Makros angelegt, gespeichert und ausgeführt sowie Interaktionen mit dem Benutzer für textuelle Ein- und Ausgaben vorgenommen werden.

Das Kapitel „**Kommunikation mit der Umgebung**" stellt anhand von kurzen, aus der Praxis gegriffenen Beispielen dar, wie V5-Makros mit der Systemumgebung oder einem Benutzer kommunizieren können. Durch die explizite Beschreibung ist es auch einem Anfänger möglich, früh selbstständig eigene Makros zu entwickeln, die einen Anwender in den Ablauf eines Makros einbeziehen.

Grundlage jeder Geometrie sind Körper und geometrische Sets sowie Produktstrukturen. In den Kapiteln „**Bestandteile eines CATParts**" und „**Bestandteile eines CATProducts**" wird erläutert, wie mit einem Makro die Voraussetzungen für die Erzeugung von Geometrie geschaffen werden.

Die Kapitel „**2D-Drahtgeometrie**", „**3D-Drahtgeometrie und Flächen**" und „**Volumenkörper**" vermitteln das Wissen, wie Geometrie durch ein V5-Makro erzeugt werden kann. Für diese wichtigsten Elemente der Praxis sind neben schematischen Beschreibungen zahlreiche Fallbeispiele dargestellt.

Eine Beschreibung „**Ausgewählter Objektklassen**" und „**Ausgewählter VBScript-Befehle**" ist in den letzten beiden Kapiteln zu finden. Wenn ein Leser die beschreibenden Kapitel und die Fallbeispiele durchgearbeitet hat, ermöglichen die Beschreibungen, eigene Praxisaufgaben zu lösen.

Die Theorie dieses Buches ist an vielen Stellen mit Beispielmakros untermauert. Viele der Beispiele stehen im Internet unter **http://downloads.hanser.de** zum Download bereit. Ein Beispiel, das im Internet zu finden ist, ist mit einem runden WWW-Stempel gekennzeichnet.

Die Ausführungen dieses Buches basieren auf dem Softwarestand „**V5R19**". Da Dassault Systemes mit jedem Release weitere Methoden in der Programmierschnittstelle ergänzt, aber bestehende Methoden nur sehr selten verändert, kann das Buch auch mit einem höheren Softwarestand eingesetzt werden.

Den Lesern des Buches der ersten und zweiten Auflage danke ich für das rege Interesse an dem Thema „Makroprogrammierung" und die vielen Anregungen und Ideen. Soweit es mir durch die vom Verlag festgelegte Seitenbeschränkung möglich war, habe ich diese in der aktuellen Auflage berücksichtigt und eingearbeitet. Dem Carl Hanser Verlag danke ich für die Gelegenheit, das Buch in die dritte Auflage begleiten zu dürfen.

Gröbenzell, im Januar 2011

Dieter R. Ziethen

1 Grundlagen

Das Kapitel „Grundlagen" hat das Ziel, einen Anwender in die Makroprogrammierung von CATIA V5 mit Visual Basic Script (VBScript) einzuführen. Es beantwortet Fragen zu folgenden Themen:

- Grundlegende Begriffe von VBScript
- Allgemeiner Aufbau eines Makros
- Icons und Ablage eines Makros
- Makro-Editor
- Makro-Recorder

1.1 Definition von CATScript und CATVBS

CATScript und CATVBS sind beides Programmiersprachen des VBScripts. Beide Makrosprachen arbeiten mit Objekten und Methoden. Ein Objekt ist ein Behälter, der Information speichert. Diese Information kann ein CATPart, aber auch eine Linie oder Fläche sein. Eine Methode ist eine Anweisung, mit der ein Objekt erzeugt und verändert oder eine Information ausgelesen werden kann.

CATVBS ist Microsoft VBScript (MS VBScript), das um Objekte und Methoden von CATIA V5 erweitert ist. Bis V5R7 lief CATVBS nur auf Windows-Rechnern. Seit V5R8 hat Dassault Systemes die Programmierschnittstelle so erweitert, dass CATVBS auch auf UNIX-Rechnern funktioniert.

CATScript ist eine Abwandlung von MS VBScript, die für einen Betrieb auf UNIX und Windows ausgelegt ist. CATScript war somit auch vor V5R8 auf beiden Plattformen lauffähig.

CATScript und CATVBS sind Interpretersprachen. In CATIA V5 werden sie als Grundlage zur Programmierung von Makros verwendet. Makros, die in CATScript oder CATVBS geschrieben sind, können unter **Windows XP, NT, 98 oder 2000** sowie **UNIX** eingesetzt werden.

TABELLE 1.1 Übersicht der Makrosprachen von CATIA V5

Sprache	Dateiformat	Beschreibung	Anwendungsbereich
CATScript	*.CATScript	Reduziertes VBScript Interpreter (Win, UNIX)	Makros (Win und UNIX), CATIA Knowledge Ware
CATVBS	*.catvbs	Vollständiges VBScript Interpreter (Win, UNIX seit 5R8)	Makros (Win), CATIA Knowledge Ware
CATVBA	*.catvba	Visual Basic Application Compiler (Win)	Menügestützte Anwendungen (Win)

Weitere Möglichkeiten der Programmierung von CATIA V5 bietet CATIA Visual Basic Application (CATVBA). CATVBA verfügt über einen Compiler und stellt zahlreiche Werkzeuge zum Gestalten von Benutzeroberflächen zur Verfügung. Genau diese beiden Punkte unterscheidet es von CATScript und CATVBS. Eine Übersicht aller drei Sprachen gibt Tabelle 1.1.

Die Programmsyntax von CATScript, CATVBS und CATVBA ist sehr ähnlich. Durch geringfügige Änderungen können Programmbestandteile sehr leicht von einer Plattform auf die andere übertragen werden, sofern die verwendeten Methoden und Objekte in der anderen Plattform verfügbar sind. In den meisten Fällen unterscheiden sich die drei Sprachen nur in der Art und Weise, wie Variablen, Funktionen und Prozeduren definiert sind. Eine Übersicht dieser Unterschiede erfolgt an einem kleinen Programmbeispiel in Tabelle 1.2. Die Unterschiede sind in Fettschrift hervorgehoben.

TABELLE 1.2 Unterschiede zwischen CATScript, CATVBS und CATVBA

CATScript und CATVBA	CATVBS
| ```
Sub CATMain()
' Neues CATPart erzeugen --------
Dim D As Document
Set D = CATIA.Documents.Add („Part")
' Geöffneten Körper erzeugen ----
Dim HB As HybridBody
Set HB = HBodyErzeugen(D)
Set Wzk3D = D.Part.HybridShapeFactory
' Punkte erzeugen ---------------
Dim I As Integer
For I = 1 To 100
    Dim P As HybridShapePointCoord
    Set P = Wzk3D.AddNewPointCoord (I *
    10, 0, 0)
    HB.AppendHybridShape P
Next
D.Part.Update
End Sub
Function HBodyErzeugen (D As Document) As HybridBody
Dim HB As HybridBody
Set HB   = D.Part.HybridBodies.Add
Set HBodyErzeugen  = HB
End Function
``` | ```
Sub CATMain()
' Neues CATPart erzeugen --------
Dim D
Set D = CATIA.Documents.Add („Part")
' Geöffneten Körper erzeugen ----
Dim HB
Set HB = HBodyErzeugen(D)
Set Wzk3D = D.Part.HybridShapeFactory
' Punkte erzeugen ---------------
Dim I
For I = 1 To 100
    Dim P
    Set P = Wzk3D.AddNewPointCoord (I *
    10, 0, 0)
    HB.AppendHybridShape P
Next
D.Part.Update
End Sub
Function HBodyErzeugen (D)
Dim HB
Set HB   = D.Part.HybridBodies.Add
Set HBodyErzeugen  = HB
End Function
``` |

Da CATScript durch seine Historie den engsten Bezug zu CATIA V5 besitzt, basieren alle Programmierbeispiele und Quellcodes dieses Buches auf CATScript. Durch die Änderungen, die in Tabelle 1.2 dargestellt sind, können die Beispiele sehr leicht auf CATVBS übertragen werden.

■ 1.2 Definition der Nomenklatur

Eine Nomenklatur ist eine Vereinbarung, wie etwas notiert wird. In diesem Buch wird beschrieben, wie Anweisungen von CATScript verwendet werden. Bei einer Beschreibung kann es sich um

- eine allgemeine Beschreibung oder
- ein Beispiel im Quelltext eines Makros handeln.

Eine allgemeine Beschreibung stellt alle Möglichkeiten der Notation einer Anweisung dar. Ein Beispiel beschreibt die Zeichenfolge, die in einem konkreten Anwendungsfall benutzt wird.

Eine Anweisung setzt sich in der Regel aus mehreren Worten zusammen. Ein **Wort** ist die kleinste Einheit einer Anweisung. Zwei Worte werden je nach Anwendungsfall durch einen Punkt, ein Komma oder ein Leerzeichen getrennt. Wichtige Worte werden in einer allgemeinen Beschreibung und in einem Beispiel durch Fettschrift hervorgehoben.

Wort

Beispiel 1.1: Hervorhebung wichtiger Worte
```
Linie.Länge = 100
```

Zusätzliche Informationen einer allgemeinen Beschreibung sind durch eckige und geschweifte Klammern gekennzeichnet.

Eine eckige Klammer umfasst Worte, die ein Programmierer selbst definieren kann. Ein selbst definiertes Wort kann die Bezeichnung oder der Inhalt eines Speicherplatzes sein. Wird ein Speicherplatz durch einen Programmierer definiert, spricht man von einer **Variablen**. Gehört ein Speicherplatz zu einem Objekt oder Unterprogramm, spricht man von einem **Parameter**. Im Anschluss an eine eckige Klammer wird über das Schlüsselwort „As" angegeben, von welchem Typ eine Variable oder ein Parameter ist. Haben mehrere Variablen oder Parameter denselben Typ, werden diese innerhalb einer eckigen Klammer aufgezählt.

[Selbst definiertes Wort]

Beispiel 1.2: Beschreibung von Variablen und Parametern
Allgemeine Beschreibung:
```
Definition.ZweiLinien [Linie 1, Linie 2] As Linie
```

Quelltext im Makro:
`Definition.ZweiLinien Mittellinie, Ziehrichtung`

{Optionales Wort} Eine geschweifte Klammer umfasst optionale Worte, die nicht geschrieben werden brauchen. Kann ein Programmierer die Anzahl der Worte selbst bestimmen, wird dies über ein Komma und drei Punkte angedeutet.

Beispiel 1.3: Optionale Worte

Allgemeine Beschreibung:
`Definition.Linien [Linie 1{, Linie 2, ...}] As Linie`

Quelltext im Makro:
`Definition.Linien Mittellinie`

1.3 Definition von Objekt, Klasse und Objektpfad

CATScript ist eine objektorientierte Programmiersprache. Für die Programmierung mit CATScript ist es erforderlich, einige wenige grundlegende Eigenschaften einer objektorientierten Sprache kennen zu lernen.

1.3.1 Objekt und Klasse

Ein **Objekt** ist ein Behälter, der Information speichert. Jedes Objekt ist einer Klasse zugeordnet. Eine **Klasse** ist eine Beschreibung der Informationsstruktur von Objekten gleichen Objekttyps. In einer Klasse sind die Eigenschaften und Methoden definiert, die jedes Objekt einer Klasse besitzt.

Eine **Eigenschaft** ist ein Merkmal eines Objektes. Eine Eigenschaft wird in der Regel über den Wert ihres Parameters gelesen oder verändert. Einige Eigenschaften können nur gelesen, aber nicht verändert werden. In diesem Fall spricht man von einem „Read Only"-Zugriff.

Eine **Methode** ist eine Anweisung, um ein Objekt zu verändern oder ein neues Objekt zu erzeugen. Eine Methode kann über mehrere Eingangsparameter und einen Ausgangsparameter verfügen. Ein Ausgangsparameter ist das Ergebnis der Anwendung einer Methode. Besitzt eine Methode einen Ausgangsparameter, so wird diese als Funktion (**Func**) bezeichnet, sonst als Unterroutine (**Sub**).

Beispiel 1.4: Eigenschaften und Methoden der Klasse „Linie"

Eigenschaften: Startpunkt, Endpunkt, Länge (Read Only)

Methoden: Sub Setzte_Startpunkt, Sub Setzte_Endpunkt

Jedes Objekt der Klasse „Linie" besitzt einen Start- und Endpunkt. Jedem Objekt der Klasse „Linie" kann ein Start- und Endpunkt zugewiesen werden. Die Länge einer Linie kann nur gelesen, aber nicht geschrieben werden. Die beiden Methoden besitzen keinen Ausgangsparameter, da sie Unterroutinen sind.

1.3.2 Objektpfad

Die Klassen von CATScript sind hierarchisch gegliedert. Eine hierarchische Struktur besitzt über- und untergeordnete Klassen. Eine übergeordnete Klasse fasst eine Gruppe untergeordneter Klassen zusammen und stellt Basismethoden und Basiseigenschaften für diese bereit. Je tiefer eine Klasse angeordnet ist, desto spezialisierter sind deren Objekte. Ein Objekt kann auf alle Eigenschaften und Methoden seiner Klasse und der übergeordneten Klassen zugreifen. Diese Abhängigkeit beschreibt der Objektpfad eines Objektes. Ein **Objektpfad** ist die Beschreibung der Abhängigkeiten eines Objektes von seiner Klasse und den übergeordneten Klassen. In der Schreibung eines Objektpfades werden Klassen durch Punkte getrennt und untergeordnete Klassen rechts geschrieben:

Klasse Hierarchie 0.Klasse Hierarchie 1. … .Klasse Hierarchie n

Beispiel 1.5: Objektpfad eines Blockes und einer Tasche

Klasse auf Hierarchie n: Volumenkörper

Klasse auf Hierarchie n+1:   Konturbasierter Volumenkörper

Klassen auf Hierarchie n+2:Block, Tasche

Objektpfade: … .Volumenkörper.Konturbasierter Volumenkörper.Block

… .Volumenkörper.Konturbasierter Volumenkörper.Tasche

Ein Objekt der Klasse „Block" kann die Methoden und Eigenschaften der Klassen „Volumenkörper", „Konturbasierter Volumenkörper" und „Block" verwenden, aber nicht die der Klasse „Tasche". Die Hierarchie verdeutlicht Tabelle 1.3.

TABELLE 1.3 Beispiel einer Klassenhierarchie

Hierarchie 0 bis n-1	… weitere übergeordnete Klassen …	
Hierarchie n	Volumenkörper	
Hierarchie n+1	Konturbasierter Volumenkörper	
Hierarchie n+2	Block	Tasche

1.3.3 Wurzelklasse und Grundklassen

Ein vollständiger Objektpfad beginnt mit einer Wurzelklasse. Eine Wurzelklasse ist die Klasse, die auf der obersten Hierarchieebene steht und von der alle Klassen und Objekte abgeleitet sind.

Die Wurzelklasse aller Objekte von CATScript ist die Klasse **CATBaseDispatch** *(Abschnitt 8.12)*. **CATBaseDispatch** besitzt keine Eigenschaften und Methoden. Aus **CATBaseDispatch** werden die zwei untergeordneten Grundklassen **AnyObject** für Einzelobjekte und **Collection** für Listenobjekte abgeleitet (Tabelle 1.4). In der Schreibung eines Objektpfades wird die Wurzelklasse **CATBaseDispatch** häufig nicht geschrieben, sondern direkt mit einer Grundklasse begonnen.

TABELLE 1.4 Wurzelklasse und Grundklassen von CATScript

CATBaseDispatch	
AnyObject (Einzelobjekte)	**Collection** (Listenobjekte)

Ein **Einzelobjekt** ist ein Behälter für Geometrie oder andere Informationen. Jeder Objektpfad eines Einzelobjektes beginnt mit der Grundklasse **AnyObject** *(Abschnitt 8.4)*. **AnyObject** stellt Basismethoden für jedes Einzelobjekt zur Verfügung.

Ein **Listenobjekt** ist eine Sammlung mehrerer Einzelobjekte. Jeder Objektpfad eines Listenobjektes beginnt mit der Grundklasse **Collection** *(Abschnitt 8.17)*. **Collection** stellt Basismethoden für jedes Listenobjekt zur Verfügung.

Beispiel 1.6: Objektpfade für Einzel- und Listenobjekte

```
AnyObject.Constraint
AnyObject.GeometricElement.Geometry2D.Point2D.ControlPoint2D
Collection.Parameters
Collection.Relations
```

■ 1.4 Grundbeispiel eines Makros

Damit für die Theorie der nachfolgenden Abschnitte ein praktisches Verständnis vorhanden ist, wird mit einem Grundbeispiel begonnen. Es wird ein Makro vorgestellt, das einen Anwender mit dem Text „Hallo!" begrüßt und „Grußmakro.CATScript" heißt. Zur Vorbereitung der Eingabe des Makros sind folgende Schritte notwendig:

- CATIA V5 starten
- Neues CATPart über „Datei / Neu" anlegen
- Im Kopfmenü „Tools / Makro / Makros" selektieren (alternativ: ALT + F8)

Am Bildschirm erscheint das Fenster „Makros" (Bild 1.1). Es zeigt alle Makros, die für eine unmittelbare Ausführung verfügbar sind. Das Fenster wird ausführlich in Abschnitt 1.6 erklärt. Die Liste ist anfangs leer.

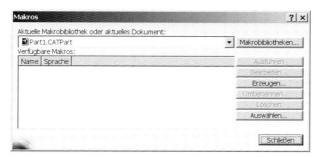

BILD 1.1 Fenster „Makros"

Im nächsten Schritt wird ein neues Makro erzeugt und diesem der Name „Grußmakro.CATScript" vergeben (Bild 1.2):

- Schaltfläche „Erzeugen" selektieren
- Makrosprache „CATScript" auswählen
- Makroname „Grußmakro.CATScript" eingeben
- Schaltfläche „OK" selektieren

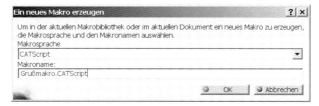

BILD 1.2 Fenster „Ein neues Makro erzeugen"

Das Makro „Grußmakro.CATScript" ist angelegt und erscheint im Fenster „Makros" (Bild 1.3).

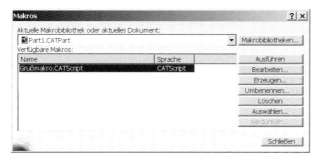

BILD 1.3 Fenster „Makros" mit dem Makro „Grußmakro.CATScript"

Ein Makro kann mit dem **internen V5-Editor** bearbeitet werden. Der V5-Editor ist ein einfaches Eingabewerkzeug, das mit dem „Notepad" von Windows vergleichbar ist.

- Schaltfläche „Bearbeiten"
 selektieren
 CATIA V5 öffnet den V5-Editor und zeigt den Quellcode des Makros „Grußmakro.CATScript" an (Bild 1.4).

BILD 1.4 Interner V5-Editor

Der Hauptteil eines Makros wird durch folgende Ausdrücke am Anfang und Ende begrenzt:

```
Sub CATMain ()
…
End Sub
```

Alle Befehle, die zwischen diesen beiden Zeilen oder darüber stehen, werden bei jedem Aufruf eines Makros durchlaufen. Um das Makro zu vervollständigen, wird ein Befehl für das Ausgabefenster des Wortes „Hallo!" ergänzt. Die Befehle für eine Ein- und Ausgabe am Bildschirm werden in Abschnitt 2.1 ausführlich erläutert.

```
Sub CATMain ()
MsgBox („Hallo!")
End Sub
```

Ein Makro kann über das Diskettensymbol des V5-Editors gespeichert werden. Das Makro „Grußmakro.CATScript" wird in diesem Fall im aktuellen Dokument „Part1.CATPart" gespeichert (vgl. Bild 1.3). Anschließend werden der V5-Editor geschlossen und das Makro ausgeführt.

- Schaltfläche „Speichern" (Diskettensymbol) selektieren
- Im V5-Editor „Datei / Beenden" auswählen
- Im Fenster „Makros" die Schaltfläche „Ausführen" selektieren

BILD 1.5 Ausgabe des Makros „Grußmakro.CATScript"

Das Makro wird gestartet. Während der Ausführung wird eine Überprüfung der Programmlogik und -syntax vorgenommen. Da es sich um eine Interpretersprache handelt, wird das Makro Zeile für Zeile abgearbeitet. Findet der Interpreter einen Fehler, bricht das Makro während des Laufes ab. Wenn der Quellcode des Makros fehlerfrei war, ist der Grußtext „Hallo!" am Bildschirm zu sehen (Bild 1.5).

Mit dem Grundbeispiel sind alle Schritte dargestellt, die für die Eingabe und Ausführung eines Makros notwendig sind. In den folgenden Abschnitten werden das Editieren, Laden, Speichern und Ausführen eines Makros verfeinert.

■ 1.5 Auswahl eines Makroeditors

Im vorangegangenen Abschnitt wurde der **interne V5-Editor** verwendet. Der interne V5-Editor ist ein sehr einfach gehaltener Texteditor, der als Standardeditor in CATIA V5 integriert ist. Er wird automatisch aufgerufen, wenn ein Makro bearbeitet wird. Eine Übersicht des Funktionsumfanges gibt Tabelle 1.5.

TABELLE 1.5 Funktionsumfang des internen V5-Editors

Schaltfläche	Beschreibung
Neue Datei	Schließt eine aktuelle Datei und öffnet ein leeres Makro-Dokument.
Datei öffnen	Öffnet ein Dialogfenster zum Öffnen einer Makro-Datei.
Datei sichern	Öffnet ein Dialogfenster zum Speichern eines Makro-Dokumentes oder speichert es, wenn es schon über eine Datei verfügt.
Gehe zu Zeile	Fragt nach einer Zeilennummer und springt in die entsprechende Zeile.
Suchen	Fragt nach einer Zeichenkette und sucht diese im Makro-Dokument.
Objektauflösung einfügen	Fügt an der Stelle des Cursors Programmzeilen in ein Makro-Dokument ein, die eine Referenz (vgl. Abschnitt 3.5) auf ein Objekt deklarieren. Das Objekt kann interaktiv ausgewählt werden.
Objektbrowser anzeigen	Öffnet den Objektbrowser, der eine Übersicht der Klassen von CATScript bietet.

Es ist möglich, einen anderen Editor für die Bearbeitung eines Makros zu wählen. Der Editor, den CATIA V5 bei der Bearbeitung eines Makros automatisch startet, wird über die V5-Optionen definiert. Die entsprechende Optionskarte ist unter „Tools / Optionen / Allgemein / Makros" zu finden (Bild 1.6).

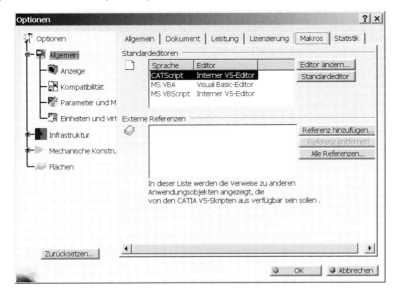

BILD 1.6 Optionskarte zur Auswahl eines Makroeditors

Für kleinere Makros ist der **interne V5-Editor** vollkommen ausreichend. Für häufige Makroarbeiten wird es allerdings komfortabler sein, einen leistungsfähigen Editor anzugeben. Über die Schaltfläche „Editor ändern..." kann ein anderer Editor ausgewählt werden. Über die Schaltfläche „Standardeditor" kann der Ursprungszustand, wie ihn Bild 1.6 darstellt, jeder Zeit wieder hergestellt werden.

■ 1.6 Ablage eines Makros

Ein Makro kann auf zwei Arten abgelegt werden:
1. Speicherung in einem CATIA-Dokument (*.CATPart, *.CATProduct, *.CATDrawing)
2. Speicherung in einer eigenständigen Datei (*.CATScript)

Im ersten Fall wird ein Makro ein Bestandteil eines CATIA-Dokumentes. Dadurch sind ein Makro und ein CATIA-Dokument eng miteinander verbunden. Ein CATIA-Dokument ist ein Bauteil, eine Baugruppe oder eine Zeichnung. Ein CATIA-Dokument kann mehrere Makros beinhalten.

Im zweiten Fall ist ein Makro in einer Datei des Typs „*.CATScript" abgelegt und kann unabhängig von einem CATIA-Dokument verwendet werden.

1.6.1 Ablage in einem CATIA-Dokument

Ist im Feld „Aktuelle Makrobibliothek oder aktuelles Dokument" des Fensters „Makros" (Bild 1.7) ein CATIA-Dokument ausgewählt, wird ein Makro, das über die Schaltfläche „Erzeugen" angelegt wird, in diesem Dokument gespeichert. Die Liste „Verfügbare Makros" des Fensters zeigt alle Makros an, die in dem ausgewählten Dokument abgelegt sind. Über die Schaltfläche „Ausführen" wird ein selektiertes Makro gestartet.

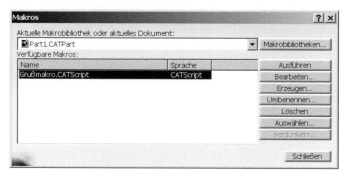

BILD 1.7 Fenster „Makros" und verfügbare Makros eines CATIA-Dokumentes

1.6.2 Ablage in einer eigenständigen Datei

Soll ein Makro in einer eigenständigen Datei abgelegt werden, ist es empfehlenswert, vorher eine Makrobibliothek zu definieren. Eine **Makrobibliothek** ist ein Verzeichnis, in dem Makros abgelegt sind und das CATIA als ein solches bekannt gegeben ist. Über eine Makrobibliothek erhält ein Anwender einen schnellen Zugriff auf deren Makros.

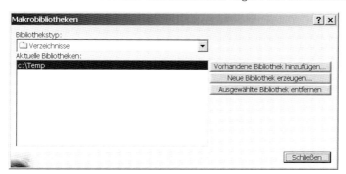

BILD 1.8 Fenster „Makrobibliotheken" mit einer Liste der aktuellen Bibliotheken

Eine Makrobibliothek wird im Fenster „Makrobibliotheken" erzeugt (Bild 1.8). Es wird über die Schaltfläche „Makrobibliotheken" des Fensters „Makros" geöffnet. Wird mit CATScript programmiert, ist als Bibliothekstyp „Verzeichnisse" auszuwählen. Die anderen Typen beziehen sich auf eine Programmierung mit VBA (vgl. Abschnitt 1.1). Die Liste „Aktuelle Bibliotheken" zeigt alle aktuell definierten Makrobibliotheken eines Bibliothekstyps an. Ein Verzeichnis wird über die Schaltfläche „Neue Bibliothek erzeugen" zur Liste hinzugefügt.

Im Fenster „Makros" kann eine Makrobibliothek im Feld „Aktuelle Makrobibliothek oder aktuelles Dokument" ausgewählt werden (Bild 1.9). Die Liste „Verfügbare Makros" zeigt alle Makros einer Makrobibliothek an.

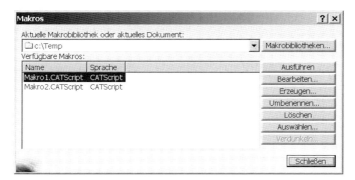

BILD 1.9 Fenster „Makros" mit den Makros einer Makrobibliothek „C:\Temp"

Um ein neues Makro zu erzeugen und es zu einer Makrobibliothek hinzuzufügen, wird die Schaltfläche „Erzeugen" selektiert. Dadurch öffnet sich das Fenster „Ein neues Makro erzeugen" (Bild 1.10), in dem ein Makro definiert und über die Schaltfläche „OK" in einer eigenständigen Datei in der aktuellen Makrobibliothek gespeichert wird.

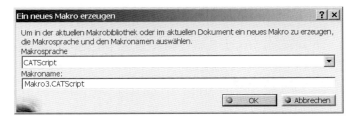

BILD 1.10 Fenster „Ein neues Makro erzeugen"

Um ein Makro aus einer eigenständigen Datei auszuführen, wird es im Fenster „Makros" selektiert und über die Schaltfläche „Ausführen" gestartet.

Bei einer intensiven Benutzung von Makros kann es für einen Anwender umständlich sein, immer das Fenster „Makros" öffnen und eine geeignete Makrobibliothek auswählen zu müssen. Ein kürzerer Weg ist es, ein Makro über eine Schaltfläche auszuführen, der im nächsten Abschnitt vorgestellt wird.

■ 1.7 Starten eines Makros über eine Schaltfläche

Einem Makro, das in einer eigenständigen Datei abgelegt ist (vgl. Abschnitt 1.6.2), kann eine Schaltfläche zugeordnet werden. Eine Schaltfläche kann zu einer Symbolleiste hinzugefügt und auf der Benutzeroberfläche von CATIA dargestellt werden. Eine Symbolleiste ist eine Gruppe von Schaltflächen, die von einem Anwender über den Befehl „Ansicht / Symbolleisten" ein- oder ausgeblendet werden kann. Über die Selektion seiner Schaltfläche wird ein Makro ausgeführt.

Um die Schaltfläche eines Makros auf der Benutzeroberfläche darzustellen, sind folgende Schritte notwendig:
1. Zuordnung eines Schaltflächensymbols zu einem Makro
3. Erzeugung einer Symbolleiste
4. Zuweisung der Schaltfläche zu der Symbolleiste

1.7.1 Zuordnung eines Schaltflächensymbols

Einem Makro kann ein Schaltflächensymbol zugeordnet werden:

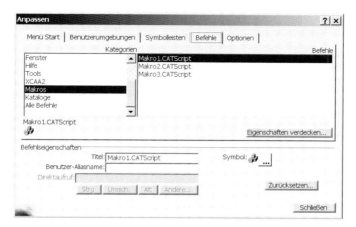

BILD 1.11 Fenster „Anpassen" mit Karte „Befehle"

Hierzu wird mit dem Befehl „Tools / Anpassen" das Fenster „Anpassen" geöffnet und in der Karte „Befehle" die Kategorie „Makros" ausgewählt (Bild 1.11). In der Liste „Befehle" werden dann alle Makros einer aktuellen Makrobibliothek angezeigt (vgl. Abschnitt 1.6.2). Enthält die Liste keine Makros, sollte die aktuelle Makrobibliothek überprüft werden. Über die Eigenschaft „Symbol" kann einem selektierten Makro ein Schaltflächensymbol zugeordnet werden. Sind die Befehlseigenschaften eines Makros nicht sichtbar, ist vorher die Schaltfläche „Eigenschaften anzeigen" zu selektieren.

1.7.2 Erzeugung einer Symbolleiste

Eine Symbolleiste, über die eine Gruppe von Schaltflächen angezeigt wird, ist immer einer Arbeitsumgebung zugeordnet.

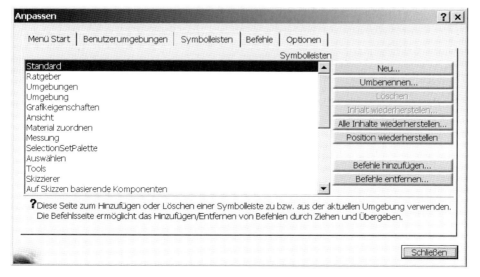

BILD 1.12 Fenster „Anpassen" mit Karte „Symbolleisten"

Eine Arbeitsumgebung ist ein Arbeitsbereich (z.B. „Part Design" für die Modellierung von Volumenkörpern). Eine aktuelle Arbeitsumgebung ist der Arbeitsbereich, den ein Anwender gerade geöffnet hat. Über die Zuordnung einer Symbolleiste zu einer Arbeitsumgebung kann gesteuert werden, wo eine Symbolleiste für einen Anwender verfügbar ist.

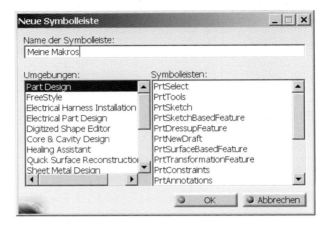

BILD 1.13 Fenster „Neue Symbolleiste"

Die Liste aller Symbolleisten einer aktuellen Arbeitsumgebung wird in der Karte „Symbolleisten" des Fensters „Anpassen" angezeigt (Bild 1.12). Das Fenster wird über den Befehl „Tools / Anpassen" geöffnet.

Über die Schaltfläche „Neu" wird eine neue Symbolleiste in der aktuellen Arbeitsumgebung erzeugt und das Fenster „Neue Symbolleiste" geöffnet (Bild 1.13). In diesem kann einer Symbolleiste ein sprechender Name vergeben werden. Die Schaltfläche „OK" schließt den Vorgang ab. Die neue Symbolleiste wird in der Liste „Symbolleisten" des Fensters „Anpassen" ergänzt (Bild 1.14).

1.7.3 Zuweisung einer Schaltfläche zu einer Symbolleiste

Die Zuweisung einer Schaltfläche zu einer Symbolleiste wird im Fenster „Anpassen" in der Karte „Symbolleisten" vorbereitet. In der Liste „Symbolleisten" wird die Symbolleiste ausgewählt, der eine Schaltfläche hinzugefügt werden soll, und die Schaltfläche „Befehle hinzufügen" selektiert (Bild 1.14).

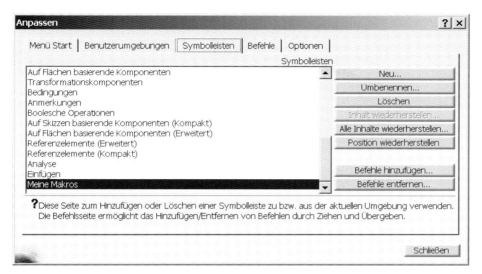

BILD 1.14 Fenster „Anpassen" mit selbst definierter Symbolleiste „Meine Makros"

Es wird eine Befehlsliste geöffnet, über die der selektierten Symbolleiste die Schaltfläche eines Befehls zugewiesen werden kann (Bild 1.15). Die Makros einer aktuellen Makrobibliothek sind in der Befehlsliste aufgeführt. Über die Schaltfläche „OK" wird der Vorgang abgeschlossen.

BILD 1.15 Fenster „Befehlsliste"

■ 1.8 Blöcke eines Makros

Ein Block ist eine Gruppe von Anweisungen im Quelltext eines Makros, die organisatorisch oder logisch zusammengehören. Der Quelltext eines Makros setzt sich in der Regel aus folgenden Blöcken zusammen:

1. Kopf eines Makros
5. Deklaration globaler Variablen und Objekte
6. Hauptblock „CATMain"
7. Unterroutinen und Funktionen, die von „CATMain" aufgerufen werden

1.8.1 Kopf eines Makros

Der Kopf eines Makros ist beschreibender Natur und enthält Informationen über den Namen, Autor und Bearbeiter eines Makros sowie wichtige Informationen für die Wartung und Pflege. Hierzu gehören:

- Makroname
- Versionsbezeichnung
- Makrosprache
- Kurzbeschreibung der Funktionsweise
- Autor und Datum der Erstellung
- Angaben zu einer Überarbeitung (Datum, Person, Änderungsbeschreibung)

Diese Information wird in Kommentarzeilen abgelegt. Eine Kommentarzeile beginnt mit einem Hochkomma und wird bei der Ausführung eines Makros ignoriert (vgl. Abschnitt 9.58).

```
' Das ist der Kommentar
```

Für eine CAD-Hotline kann es notwendig sein, einen Anwender fragen zu können, welche Version eines Makros der Anwender einsetzt. Damit dieser für die Auskunft nicht den Quelltext eines Makros öffnen muss, ist es empfehlenswert, im Kopf eines Makros eine Programmzeile zu ergänzen, die diese Information anzeigt. Dies kann über die Eigenschaft **StatusBar** der Klasse **Application** (Abschnitt 8.5) durchgeführt werden. Ein Objekt der Klasse **Application** entspricht der Anwendung CATIA (Abschnitt 1.10.1).

```
APPLICATION.StatusBar As CATBSTR
```

Beispiel 1.7: Kopf eines Makros

Beim Start des Makros „BOHRTABELLE.CATScript" soll in der Statuszeile von CATIA der Name und die Version des Makros angezeigt werden (Bild 1.16).

```
' Makro:     BOHRTABELLE.CATScript
' Version:   1.2
' Code:      CATIA CATScript
' Zweck:     Erzeugung einer Bohrtabelle, indem alle Bohrungen
'            eines CATParts gesucht und deren Mittelpunkte und
'            Achsen gelesen und in einer Textdatei mit dem
'            Namen bohrtabelle.txt ausgegeben werden.
' Autor:     Karl Mustermann, Abteilung WWW, Telefon 999-1010
' Datum:     31.12.2002
'-------------------------------------------------------------
' Änderung:  15.01.2003, Hugo Müller
'            Bohrtabelle um die Bohrtiefe erweitert.
'-------------------------------------------------------------
CATIA.StatusBar = „BOHRTABELLE.CATScript, Version 1.2"
```

BILD 1.16 Anzeige des Beispiels „Kopf eines Makros"

1.8.2 Deklaration globaler Variablen und Objekte

Im nächsten Block werden globale Variablen und Objekte deklariert. Eine globale Variable oder Objekt ist ein Element, das in allen Funktionen und Unterroutinen eines Makros zur Verfügung steht.

Die Deklaration einer einzelnen Variablen oder eines Objektes erfolgt über die Anweisung **Dim**, die eines Feldes über **Dim()** *(Abschnitt 9.19)*. Ein Variablen- oder Objektfeld kann ein- oder mehrdimensional sein.

```
Dim [Variable1]{, [Variable2]} {As Variablentyp}
Dim [Objekt1]{, [Objekt2]} {As Klasse}
Dim [Variablenfeld] ({Dimension}) {As Variablentyp}
Dim [Objektfeld]({Dimension}) {As Klasse}
```

Eine Auflistung der Klassen gibt Kapitel 8. Die wichtigsten Variablentypen sind:

- Boolean: Logische Aussage („True" oder „False")
- CATBStr: Zeichenkette eines CATIA-Ausdrucks (z.B. „Block.1")
- CATSafeArrayVariant: Feld von CATIA-Ausdrücken (meistens Koordinaten)
- CATVariant: Index eines Listenobjektes (ganze Zahl oder Objektname)
- Double: Gleitkommazahl mit zweifacher Genauigkeit
- Integer: Ganze Zahl
- Long: Ganze Zahl mit erhöhtem Wertebereich
- String: Zeichenkette

Es empfiehlt sich, einer globalen Variablen oder einem Objekt einen Startwert zuzuweisen. Die Zuweisung erfolgt bei einer Variablen über das Wort „=" und bei einem Objekt über den Befehl **Set**:

```
[Variable] = [Wert]
Set [Objekt] = [Inhalt]
```

Beispiel 1.8: Deklaration globaler Variablen und Objekte

In einem Makro sollen die globalen Variablen „Eingabe" und „Ausgabe" als Text und „Anzahl" als ganze Zahl deklariert werden. Zusätzlich soll das globale Objekt „Dokument" als Objekttyp „Document" deklariert werden.

```
... Kopf des Makros ...
' Globale Deklarationen ------------------------------------
Dim Eingabe, Ausgabe As String
Dim Anzahl As Integer
Dim Dokument As Document
Eingabe = „Bitte Text eingeben"
Ausgabe = „"
Anzahl = 0
Set Dokument = CATIA.ActiveDocument
... CATMain () ...
```

1.8.3 CATMain, Unterroutinen und Funktionen

Nach dem Kopf und den globalen Deklarationen eines Makros folgen der Block „CATMain" sowie Unterroutinen und Funktionen. CATMain und die nachfolgenden Unterroutinen und Funktionen können globale und lokale Variablen und Objekte beinhalten. Eine lokale Variable oder ein lokales Objekt ist jedoch nur innerhalb des jeweiligen Bereiches gültig und wird in einer Funktion oder Unterroutine analog einer globalen Variablen oder eines globalen Objektes deklariert (Abschnitt 1.8.2).

1.8.3.1 CATMain

„CATMain" ist der Hauptblock eines Makros. In ihm stehen die Anweisungen, die bei jeder Ausführung eines Makros durchlaufen werden:

```
... Kopf des Makros ...
... Deklaration globaler Variablen und Objekte ...
Sub CATMain ()
... Deklaration lokaler Variablen und Objekte ...
Anweisung 1
Anweisung 2
...
End Sub
```

Innerhalb von „CATMain" empfiehlt es sich, nur wenige Schleifen und Programmzeilen unterzubringen und einen Quelltext über den Aufruf von Unterroutinen (Sub) und Funktionen (Function) zu strukturieren. Ein Quelltext ist dadurch einfacher lesbar. Eine Unterroutine oder Funktion kann mehrfach von CATMain aufgerufen werden. Aufrufe von Unterroutinen und Funktionen untereinander sind möglich.

1.8.3.2 Unterroutinen

Eine Unterroutine ist eine Folge von Anweisungen, die durch einen Aufruf der Unterroutine abgearbeitet wird. Ein Aufruf erfolgt über den Namen einer Unterroutine, gefolgt durch eine optionale Parameterliste:

```
Unterroutine {[Parameter], ...}
```

Die Deklaration einer Unterroutine wird über die Anweisungen **Sub** und **End Sub** vorgenommen:

```
Sub Unterroutine {([Parameter] As Variablentyp, ...)}
... Deklaration lokaler Variablen und Objekte ...
Anweisung 1
Anweisung 2
...
End Sub
```

Beispiel 1.9: Unterroutine

Es soll innerhalb von „CATMain" mehrfach die Unterroutine „AusgabeMultiplikation" aufgerufen werden, die in einem Ausgabefenster das Ergebnis der Multiplikation zweier ganzer Zahlen anzeigt.

```
Sub CATMain ()
AusgabeMultiplikation 1, 3
AusgabeMultiplikation 2, 3
AusgabeMultiplikation 16, 32
End Sub
Sub AusgabeMultiplikation (I, II As Integer)
Dim Box
Box = MsgBox (I * II)
End Sub
```

1.8.3.3 Funktionen

Eine Funktion ist eine Folge von Anweisungen, die zugleich einen Rückgabewert liefert. Einer Funktion können beim Aufruf Parameter mitgegeben werden, die nach dem Funktionsnamen in einer Klammer geschrieben werden:

```
[Variable] = Funktion {([Parameter], ...)}
```

Eine Funktion wird zwischen den Anweisungen **Function** und **End Function** deklariert:

```
Function Funktion {([Parameter] As Variablentyp, ...)} As
Variablentyp
... Deklaration lokaler Variablen und Objekte ...
Anweisung 1
Anweisung 2
...
[Funktion] = [Wert]
End Function
```

Die Rückgabe des Funktionswertes erfolgt über die Zuweisung eines Wertes zu der Variablen, die den Funktionsnamen trägt.

Beispiel 1.10: Funktion

Es soll die Funktion „Multiplikation" erstellt werden, die zwei ganze Zahlen multipliziert und das Ergebnis der Multiplikation als Rückgabewert liefert. Der Rückgabewert soll in einem Ausgabefenster angezeigt werden.

```
Sub CATMain ()
Dim Box
Box = MsgBox (Multiplikation (1, 3))
End Sub
Function Multiplikation (I, II As Integer) As Integer
Multiplikation = I * II
End Function
```

1.9 Verzweigungen und Schleifen

Eine Verzweigung ist eine Weiche, die aufgrund eines Prüfkriteriums entscheidet, welche Anweisungsblöcke eines Makros durchlaufen werden. Eine Verzweigung wird durch eine Anweisung „If-Then-Else" oder „Select-Case-Else" definiert.

Eine Schleife ist ein Zyklus von Anweisungen, die mehrfach durchlaufen werden. In CATScript gibt es drei Arten von Schleifen, die durch die Anweisungen „For-Next", „Do-While" und „Do-Until" beschrieben werden.

1.9.1 If-Then-Else

„If-Then-Else" beschreibt eine Verzweigung, die zwei Anweisungsblöcke trennt. Eine Verzeigung benötigt ein Prüfkriterium, um zu entscheiden, ob der erste oder der zweite Anweisungsblock ausgeführt wird. Ist das Prüfkriterium einer Verzweigung erfüllt, wird der Anweisungsblock ausgeführt, der nach dem „Then" stehen. Ist das Prüfkriterium nicht erfüllt, der nach dem „Else". Der durch „Else" beschriebene Block ist optional und kann weggelassen werden. Die allgemeine Syntax der Anweisung „If-Then-Else" lautet:

```
If Prüfkriterium Then
Anweisung 1
{Anweisung 2
...
{Else
Anweisung 1
Anweisung 2
...}
End If}
```

„End If" markiert das Ende von „If-Then-Else". Folgt auf ein „Then" nur eine Anweisung ohne ein „Else", kann „End If" weggelassen werden.

Beispiel 1.11: If-Then-Else

a)
```
If A = 1 Then C = 2
```
b)
```
If (A >= 1) And (B = 2) Then
C = 2
D = 1
End If
```
c)
```
If Not((A = 1) And (B = 1)) Then
C = 1
Else
C = A * B
D = A - B
End If
```

Mehrere Prüfkriterien können über die Wörter „And" und „Or" zu einem komplizierten Prüfkriterium verknüpft werden. „And" legt fest, dass beide Prüfkriterien erfüllt sein müssen. „Or", dass eines von beiden erfüllt sein muss. Prüfkriterien können über Klammern geschachtelt werden. Das Wort „Not" negiert ein Prüfkriterium. Beispiele gibt Tabelle 1.6.

TABELLE 1.6 Beispiele für Prüfkriterien

Prüfkriterium	Ergebnis	
	„Wahr"	„Falsch"
(A = 1) And (B = 1)	A = 1; B = 1	A = 2; B = 1
(A = 1) Or (B = 1)	A = 2; B = 1	A = 2; B = 2
(A = 1) And ((B = 1) Or (C = 1))	A = 1; B = 2; C = 1	A = 1; B = 2; C = 2
Not (A = 1)	A = 2	A = 1

1.9.2 Select-Case-Else

„Select-Case-Else" beschreibt eine Verzweigung, die zwei oder mehr Anweisungsblöcke trennt. „Select-Case-Else" ist damit leistungsfähiger als „If-Then-Else". Ein Anweisungsblock wird mit dem Schlüsselwort „Case" eingeleitet. Dem Schlüsselwort folgen ein Prüfkriterium und der Anweisungsblock selbst. Das Prüfkriterium ist ein Prüfwert oder eine Aufzählung mehrerer Prüfwerte. Ein Anweisungsblock wird nur dann durchlaufen, wenn die geprüfte Variable mit dem oder einem der Prüfwerte hinter dem Schlüsselwort „Case" übereinstimmt. Wird kein passender Wert gefunden, wird der Block „Case Else" durchlaufen, sofern er existiert. Es wird maximal ein Anweisungsblock durchlaufen.

```
Select Case [Variable]
   Case Wert1 {,Wert2 {,...}}
      Anweisungsblock 1
   {Case ...}
   {Case Else
      Anweisungsblock n}
End Select
```

Beispiel 1.12: Select-Case-Else
```
Dim Input
Input = InputBox („Eingabe einer Zahl zwischen 0 und 2:", 0)
Select Case Input
Case "0"
   MsgBox ("Zahl = 0")
         Case "1", "2"
            MsgBox ("Zahl > 0")
Case Else
   MsgBox („Eingabe stimmt nicht")
End Select
```

1.9.3 For-Next

„For-Next" beschreibt eine Schleife, die über einen Zähler gesteuert wird. Der Zähler besitzt einen Start- und Endwert. Der Zähler wird, beginnend beim Startwert, mit einer festgelegten Schrittweite bis zum Endwert hochgezählt. Wird keine Schrittweite definiert, ist die Schrittweite gleich eins. „Next" zeigt das Ende der Schleife an. Die allgemeine Syntax einer Schleife „For-Next" lautet:

```
For [Zähler] = [Startwert] To [Endwert] {Step [Schrittweite]}
Anweisung 1
{Anweisung 2
...}
Next
```

Über die Anweisung „Exit For" kann eine Schleife vorzeitig abgebrochen werden. Ein Makro springt in diesem Fall zur nächsten Anweisung nach der Zeile „Next". Um einen Quelltext übersichtlich zu halten, sollte von dieser Möglichkeit selten Gebrauch gemacht werden.

Beispiel 1.13: For-Next

Eine Schleife soll die Zahlen „1" bis „10" addieren und in der Variablen „Summe" speichern.

```
Sub CATMain ()
Dim I, Summe As Integer
Summe = 0
For I = 1 To 10 Step 1
Summe = Summe + I
Next
End Sub
```

1.9.4 Do-While

„Do-While" beschreibt eine Schleife mit einem Eingangs-Prüfkriterium, die so lange durchlaufen wird, wie das Prüfkriterium der Schleife erfüllt ist. Das Prüfkriterium steht am Anfang der Schleife und wird vor jedem neuen Durchlauf geprüft. Ist das Prüfkriterium der Schleife zu Beginn schon nicht erfüllt, werden die Anweisungen der Schleife übersprungen. „Loop" kennzeichnet das Ende der Schleife. Die allgemeine Syntax von „Do-While" lautet:

```
Do While Eingangs-Prüfkriterium
Anweisung 1
{Anweisung 2
...}
Loop
```

Über die Anweisung „Exit Do" kann eine Schleife vorzeitig abgebrochen werden. Ein Makro springt in diesem Fall zur nächsten Anweisung nach der Zeile „Loop".

Beispiel 1.14: Do-While

Eine Schleife soll die Zahlen „1", „2", „3" usw. addieren, solange die Summe kleiner als „100" ist.

```
Sub CATMain ()
Dim I, Summe As Integer
Summe = 0
I = 1
Do While Summe < 100
Summe = Summe + I
I = I + 1
Loop
End Sub
```

Das Ergebnis der Summe ist „105".

1.9.5 Do-Until

„Do-Until" beschreibt eine Schleife mit einem Ausgangs-Prüfkriterium, die solange durchlaufen wird, bis das Prüfkriterium erfüllt ist. Das Prüfkriterium wird nach jedem Durchlauf der Schleife geprüft. Die Schleife wird mindestens einmal durchlaufen. „Loop" kennzeichnet das Ende der Schleife. Die allgemeine Syntax von „Do-Until" lautet:

```
Do
Anweisung 1
{Anweisung 2
...}
Loop Until Ausgangs-Prüfkriterium
```

Über die Anweisung „Exit Do" kann eine Schleife vorzeitig abgebrochen werden. Ein Makro springt in diesem Fall zur nächsten Anweisung nach der Zeile „Loop".

Beispiel 1.15: Do-Until

Eine Schleife soll die Zahlen „1", „2", „3" ... addieren, bis die Summe größer als „50" oder der Summand „10" erreicht ist.

```
Sub CATMain ()
Dim I, Summe As Integer
Summe = 0
I = 1
Do
Summe = Summe + I
I = I + 1
Loop Until (Summe > 50) Or (I > 10)
End Sub
```

Das Ergebnis der Summe ist „55".

1.10 Ankerobjekte von CATScript

Ein Ankerobjekt ist ein Objekt, das in jedem Makro benötigt wird, um auf die Elemente von CATIA zuzugreifen. Es gibt vier wichtige Ankerobjekte in CATScript, wenn Volumenkörper, Drahtgeometrie, Flächen oder Produktstrukturen erzeugt werden sollen:

- die CATIA-Anwendung selbst
- ein CATIA-Dokument „CATPart" oder "CATProduct"
- den Behälter der geometrischen Elemente eines CATParts
- den Behälter für die Strukturinformationen und Metadaten eines CATProducts oder CATParts

1.10.1 CATIA-Anwendung

Das wichtigste Ankerobjekt ist ein Objekt der Klasse **Application** *(Abschnitt 8.5)*, das die Anwendung „CATIA V5" repräsentiert. Die Anwendung „CATIA V5" wird über den Bezeichner **CATIA** beschrieben.

Beispiel 1.16: Erzeugung des Ankerobjektes „CATIA V5"

```
Sub CATMain ()
Dim MeinCatia As Application
Set MeinCatia = CATIA
End Sub
```

Ausgehend von diesem Ankerobjekt können über dessen Eigenschaften und Methoden sämtliche Objekte abgeleitet werden, die ein Fenster, ein CATIA-Dokument und einen Kommunikationsdienst mit einem Betriebssystem repräsentieren (Bild 1.17).

Die Liste aller Fenster der Anwendung „CATIA V5" wird durch die Eigenschaft **Windows** des Ankerobjektes beschrieben (Bild 1.17, rechts oben), das aktuelle Fenster durch die Eigenschaft **ActiveWindow**.

```
APPLICATION.Windows As Windows (Read Only)
APPLICATION.ActiveWindow As Window (Read Only)
```

Die Liste der CATIA-Dokumente, die in der Anwendung „CATIA V5" geöffnet sind, wird durch die Eigenschaft **Documents** repräsentiert (Bild 1.17, links oben), ein aktuelles CATIA-Dokument durch die Eigenschaft **ActiveDocument**.

```
APPLICATION.Documents As Documents (Read Only)
APPLICATION.ActiveDocument As Document (Read Only)
```

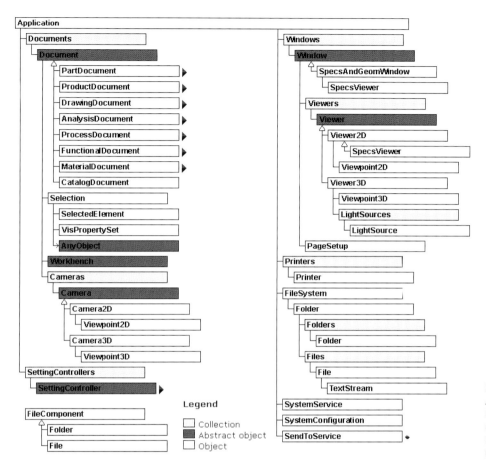

BILD 1.17 Inhalt eines Ankerobjektes der Klasse „Application" (Quelle: Online-Dokumentation von Dassault Systemes)

Die Eigenschaften **FileSystem**, **Printers** und **SystemService** beschreiben Kommunikationsdienste zwischen der Anwendung „CATIA V5" und einem Betriebssystem (Bild 1.17, rechts unten).

```
APPLICATION.FileSystem As FileSystem (Read Only)
APPLICATION.Printers As Printers (Read Only)
APPLICATION.SystemService As SystemService (Read Only)
```

Die Eigenschaften der Klasse **Application** werden in Kapitel 2 vertieft.

1.10.2 CATIA-Dokumente „CATPart" und „CATProduct"

Ein CATIA-Dokument ist die Gesamtheit der Daten, die in jeweils einer Datei des Typs „CATPart", „CATDrawing" oder „CATProduct" gespeichert sind. Die übergeordnete Klasse aller CATIA-Dokumente ist die Klasse **Document** *(Abschnitt 8.25).* Für jeden Dokumenttyp von CATIA V5 gibt es eine spezialisierte Klasse, deren Elternklasse die Klasse **Document** ist. Für ein CATPart ist dies die Klasse **PartDocument** *(Abschnitt 8.169),* für ein CATProduct die Klasse **ProductDocument** *(Abschnitt 8.177).*

Wenn über die Eigenschaft **ActiveDocument** der Klasse **Application** das Objekt eines aktuellen CATIA-Dokumentes deklariert wird (Abschnitt 1.10.1), wird automatisch die richtige Klasse des Dokumentes ermittelt. Wenn es sich beispielsweise bei einem CATIA-Dokument um ein CATPart handelt, ist **ActiveDocument** automatisch ein **PartDocument**. Weiterführende Informationen, ein CATIA-Dokument zu erzeugen, zu laden und zu speichern, gibt Abschnitt 2.2.

Beispiel 1.17: Erzeugen des Ankerobjektes eines CATIA-Dokumentes

Ein Anwender hat ein CATIA-Dokument geöffnet. Ein Makro soll dieses Dokument einem Objekt „Dokument" zuweisen und dessen Namen in einem Ausgabefenster anzeigen.

```
Sub CATMain ()
Dim Dokument As Document
Set Dokument = CATIA.ActiveDocument
MsgBox (Dokument.Name)
End Sub
```

1.10.3 Geometriebehälter eines CATParts

Die Geometrie eines CATParts ist einem Objekt der Klasse **Part** *(Abschnitt 8.168)* zugeordnet, dem dritten Ankerobjekt. Das Ankerobjekt wird über die Eigenschaft **Part** der Klasse **PartDocument** abgeleitet.

`PARTDOCUMENT.Part As Part (Read Only)`

Über die Methoden und Eigenschaften des dritten Ankerobjektes können alle weiteren Objekte abgeleitet werden, die den geometrischen Inhalt eines CATParts abbilden (Bild 1.18).

Die Ursprungsebenen und Achsensysteme eines CATParts werden durch die Eigenschaften **OriginElements** und **AxisSystems** beschrieben (Bild 1.18, links oben).

Auf Körper kann über die Eigenschaft **Bodies** und auf geometrische Sets über die Eigenschaften **HybridBodies** und **OrderedGeometricalSets** zugegriffen werden (Bild 1.18, links unten und rechts oben).

Bedingungen, Formeln und Parameter sind in den Eigenschaften **Constraints**, **Relations** und **Parameters** zu finden (Bild 1.18, Mitte rechts).

Um Geometrie zu erzeugen, werden in CATScript Werkzeugkästen verwendet. Ein Werkzeugkasten ist eine Klasse, die Methoden zur Erzeugung von Geometrie bereitstellt. Die Gruppe aller Werkzeugkästen ist in der Klasse **Factory** zusammengefasst. Einen Werkzeugkasten für Volumenkörper repräsentiert die Eigenschaft **ShapeFactory**, einen für Drahtgeometrie und Flächen die Eigenschaft **HybridShapeFactory** (Bild 1.18, rechts unten).

Die in diesem Abschnitt umrissenen Eigenschaften werden in den Kapiteln 3 bis 7 ausführlich vertieft.

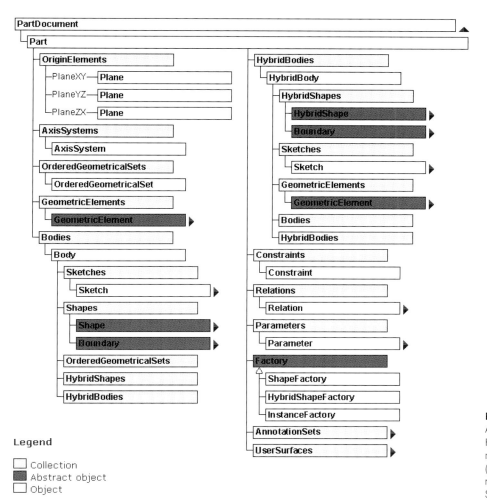

BILD 1.18 Inhalt eines Ankerobjektes der Klassen „PartDocument" und „Part" (Quelle: Online-Dokumentation von Dassault Systemes)"

1.10.4 Strukturinformation und Metadaten

Die Strukturinformation eines CATProducts ist die Liste aller in einem CATProduct verbauten Elemente. Die Metadaten eines CATParts oder CATProducts sind allgemeine Attribute wie beispielsweise die Transformationsmatrix, die Teilenummer oder die Version. Strukturinformation und Metadaten eines CATProducts oder CATParts sind in einem Objekt der Klasse **Product** (Abschnitt *8.176*) gespeichert. Ein Objekt der Klasse kann über die Methoden **Product** der Klassen **PartDocument** *(Abschnitt 8.169)* und **ProductDocument** *(Abschnitt 8.177)* abgeleitet werden.

```
PARTDOCUMENT.Product As Product (Read Only)
PRODUCTDOCUMENT.Product As Product (Read Only)
```

Über die Methoden und Eigenschaften dieses vierten Ankerobjektes können alle weiteren Objekte definiert werden, die Attribute und Produktstrukturen abbilden (Bild 1.19).

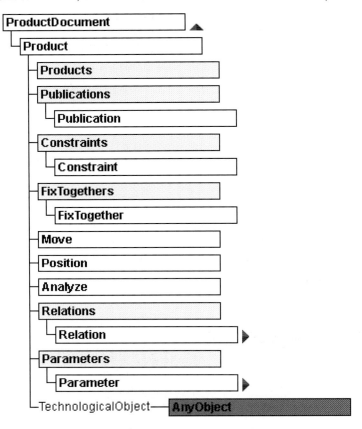

BILD 1.19 Inhalt eines Ankerobjektes der Klasse „Product" (Quelle: Online-Dokumentation von Dassault Systemes)"

Die Produktstruktur eines CATProducts ist in einem Listenobjekt **Products** gespeichert. Das Listenobjekt speichert die Produkte der unmittelbar in ein CATProduct eingehängten Bauteile.

Die Parameter, Formeln, Bedingungen und Veröffentlichungen eines CATProducts sind in den Listenobjekten **Parameters**, **Relations**, **Constraints**, **FixTogethers** und **Publications** abgelegt.

Weitere Eigenschaften des Objektes **Product** beschreiben die Transformationsmatrix und somit die Positionierung eines CATParts oder CATProducts innerhalb einer Baugruppe.

Auf die Metadaten (z.B. Teilenummer, Version) eines CATProducts oder CATParts kann die über die Eigenschaften **PartNumber**, **Revision**, **Definition**, **Nomenclature**, **Source** und **DescriptionRef** zugegriffen werden, die allerdings nicht in Bild 1.19 aufgeführt sind.

Die in diesem Abschnitt umrissenen Eigenschaften werden in den Kapiteln 3 bis 7 ausführlich vertieft.

■ 1.11 Verwendung des Makrorecorders

CATIA V5 besitzt einen Makrorecorder, der einzelne Arbeitsschritte eines Anwenders aufzeichnet und in Quelltext konvertiert. Diese Aufzeichnung ist nicht immer vollständig und genügt nicht den Ansprüchen einer sauberen Programmierung. In vielen Fällen aber gibt eine Aufzeichnung wertvolle Anregungen für verwendete Objekte und Methoden.

BILD 1.20 Starten des Makrorecorders

Der Makrorecorder wird über den Befehl „Tools / Makro / Makroaufzeichnung starten" ausgeführt (Bild 1.20).

Der Makrorecorder öffnet das Fenster „Makro aufzeichnen". In diesem werden die Makrosprache, der Speicherort und der Name eines Makros festgelegt. Eine Selektion der Schaltfläche „Start" startet eine Aufzeichnung (Bild 1.21).

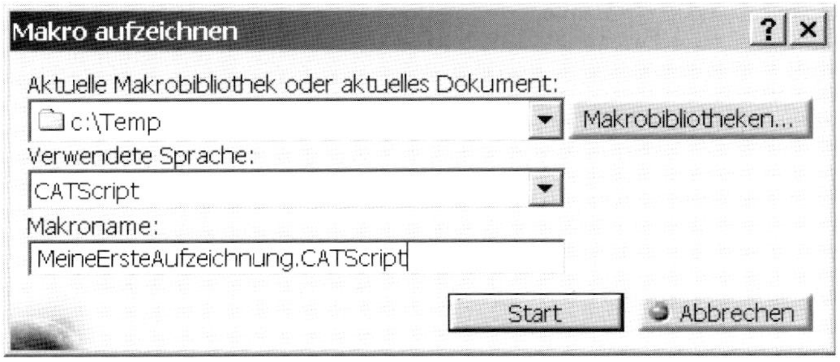

BILD 1.21 Fenster „Makro aufzeichnen"

BILD 1.22 Icon zum Beenden der Aufzeichnung

CATIA zeichnet nun die Aktionen auf, die ein Anwender in CATIA ausführt. Eine Aufzeichnung wird über eine Selektion des Icons „Stopp" beendet (Bild 1.22). Das Icon ist nur während einer Aufzeichnung sichtbar und wird automatisch eingeblendet.

■ 1.12 Weiterführende Informationen

Auf der Grundlage dieses Buches wird ein Anwender schnell in der Lage sein, ein eigenes Makro zu schreiben. Wenn der Anwendungsbereich eines Makros die Erstellung von Drahtgeometrie, Flächen und Volumenkörpern überschreiten soll, können folgende Quellen ergänzende Informationen bieten:

- „Programming Interface" der Online-Dokumentation von CATIA V5 für Klassen, Objekte, Eigenschaften und Methoden (Bild 1.23)
- www.microsoft.com für Befehle von VBScript

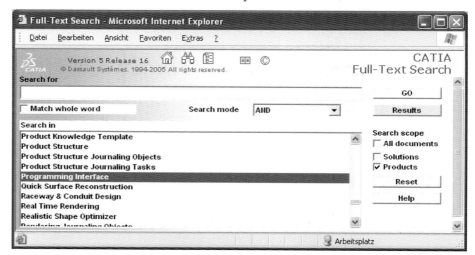

BILD 1.23 Volltextsuche der Online-Dokumentation

2 Kommunikation mit der Umgebung

Das Kapitel „Kommunikation mit der Umgebung" beschreibt, wie ein Makro interaktiv gestaltet werden kann. Ein interaktives Makro ist ein Makro, das mit

- einem Anwender,
- einem Betriebssystem,
- einer Datei oder
- einem externen Programm

kommuniziert.

2.1 Bildschirmausgabe und -eingabe

CATScript erlaubt, einen Dialog mit Textaustausch zwischen einem Anwender und Makro zu programmieren. Die Funktionen heißen:

- **MsgBox** für Ausgaben und
- **InputBox** für Eingaben.

2.1.1 Bildschirmausgabe

Eine Ausgabe auf einen Bildschirm erfolgt über die Funktion **MsgBox**. **MsgBox** zeigt einen Text in einem Ausgabefenster an und meldet zurück, welche Schaltfläche des Ausgabefensters ein Anwender gedrückt hat. Die Syntax der Funktion lautet:

```
Func MsgBox ([Ausgabe] As String[, [Knopf] As Long, [Titel, Hilfedatei,
Kontext] As String]) As Long
```

Die Parameter definieren:

- „Ausgabe" bestimmt den Text des Ausgabefensters.
- „Knopf" bestimmt das Aussehen des Ausgabefensters und die Anzahl und Art der Schaltflächen, die ein Anwender drücken kann (Tabelle 2.1). Dieser Parameter ist optional.
- „Titel" definiert den Titel des Ausgabefensters. Dieser Parameter ist optional.
- „Hilfedatei" und „Kontext" verweisen auf Zusatzinformationen. Diese Parameter sind optional.

Der Rückgabewert der Funktion **MsgBox** kennzeichnet die von einem Anwender gedrückte Schaltfläche. Eine Aufstellung der möglichen Rückgabewerte gibt Tabelle 2.2.

TABELLE 2.1 Schaltflächen eines Ausgabefensters der Funktion „MsgBox"

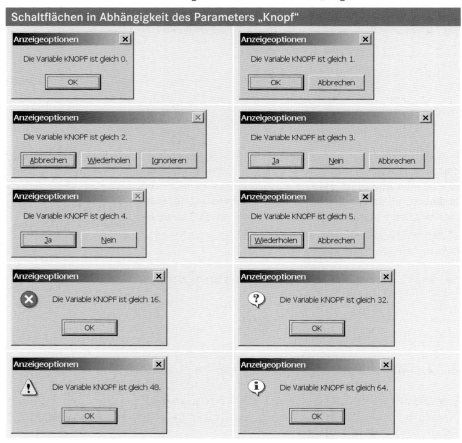

TABELLE 2.2 Rückgabewerte der Funktion „MsgBox"

Schaltfläche	Wert	Schaltfläche	Wert
OK (OK)	1	Abbrechen (Cancel)	2
Abbrechen (Abort)	3	Wiederholen (Retry)	4
Ignorieren (Ignore)	5	Ja (Yes)	6
Nein (No)	7		

MsgBox bricht einen angezeigten Text in Abhängigkeit des verfügbaren Platzes in einem Ausgabefenster automatisch um. In einigen Fällen soll ein **Zeilenumbruch** gezielt beeinflusst werden. Dies geschieht, indem unter Windows das Zeichen **Chr(13)** in einem Text an der Stelle eines Zeilenumbruchs eingefügt wird. Soll ein Makro unter Windows und UNIX eingesetzt werden, sind die Zeichen **Chr(13)** und **Chr(10)** zu verwenden.

Beispiel 2.1: Ausgabe mit Zeilenumbruch

Ein Makro soll die Länge eines Rohres, gespeichert in der Variablen „Laenge", in einem Fenster gemäß Bild 2.1 darstellen.

```
Sub CATMain()
Dim Box, Laenge As Long
Laenge = 75
Box = MsgBox („Die Länge ist:" & Chr(13) & Chr(10) & Laenge & „ mm", 64, „Ausgabe der Rohrlänge")
End Sub
```

BILD 2.1 Ergebnis des Beispiels „Ausgabe mit Zeilenumbruch"

In einigen Fällen soll ein Ausgabefenster nur dazu dienen, einem Anwender eine Nachricht anzuzeigen, ohne dass ein Makro eine vom Anwender gedrückte Schaltfläche auswerten soll. In diesem Fall erlaubt CATScript, die Wertzuweisung der Funktion **MsgBox** wegzulassen. Es können in diesem Fall keine Anzeigeoptionen definiert werden.

```
MsgBox ([Ausgabe] As String)
```

Beispiel 2.2 Ausgabefenster ohne Wertzuweisung

```
Sub CATMain()
MsgBox („Die Länge ist:" & Chr(13) & Chr(10) & „75 mm")
End Sub
```

2.1.2 Bildschirmeingabe

Eine Eingabe am Bildschirm erfolgt über die Funktion **InputBox**. Die Funktion zeigt ein Eingabefenster mit einem Eingabefeld an und gibt die eingegebene Zeichenfolge eines Anwenders zurück. Die Syntax der Funktion lautet:

```
Func InputBox ([Text{, Titel, Defaultwert}] As String{, [XPosition, YPosition] As Long, [Hilfedatei, Kontext] As String}) As String
```

Die Parameter bedeuten:

- „Text" bestimmt den Text über dem Eingabefeld des Eingabefensters.
- „Titel" bestimmt die Überschrift des Eingabefensters. Dieser Parameter ist optional.
- „Defaultwert" gibt den Startwert an, der in dem Eingabefeld erscheint und von einem Anwender überschrieben werden kann. Dieser Parameter ist optional.
- „XPosition" und „YPosition" bestimmen die Position der linken oberen Ecke des Eingabefensters am Bildschirm. Diese Parameter sind optional. Werden die Parameter nicht genutzt, wird ein Fenster zentriert dargestellt.
- „Hilfedatei" und „Kontext" verweisen auf Zusatzinformationen. Diese Parameter sind optional.

Beispiel 2.3: Eingabefenster

Ein Benutzer soll aufgefordert werden, seinen Nachnamen in einem Eingabefenster mit dem Titel „Eingabe Nachname" einzugeben. Als erklärender Text soll „Bitte geben Sie Ihren Nachnamen ein." erscheinen. Es soll der Beispielname „Mustermann" als Defaultwert angezeigt werden (Bild 2.2).

```
Sub CATMain()
Dim Eingabe As String
Eingabe = „Mustermann"
Eingabe = InputBox („Bitte geben Sie Ihren Nachnamen ein.", „Eingabe Nach-
name", Eingabe)
End Sub
```

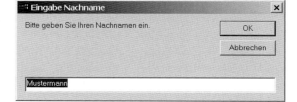

BILD 2.2 Ergebnis des Beispiels „Eingabefenster"

Ein Anwender kann eine Eingabe über die Schaltflächen „OK" oder „Abbrechen" beenden. Je nach selektierter Schaltfläche wird folgender String durch die Funktion **InputBox** zurückgegeben:

- „OK": Übergibt den eingegebenen Text.
- „Abbrechen": Übergibt einen leeren String.

2.2 Erzeugen, Laden und Speichern von CATIA-Dokumenten

Ein CATIA-Dokument ist ein CATPart, CATProduct oder CATDrawing. Es wird durch die Klasse **Document** (Abschnitt 8.25) repräsentiert (vgl. Abschnitt 1.10.2).

Mehrere Dokumente können in einer CATIA-Sitzung gleichzeitig geöffnet sein. Die Sammlung aller geöffneten Dokumente wird durch ein Listenobjekt der Klasse **Documents** (Abschnitt 8.26) abgebildet. Das Listenobjekt wird über die Eigenschaft **Documents** der Klasse **Application** (Abschnitt 8.5) erzeugt.
```
APPLICATION.Documents As Documents (Read Only)
```

In den folgenden Abschnitten wird dargestellt, wie Dokumente zur Liste **Documents** durch Erzeugen oder Laden hinzugefügt oder durch Speichern gesichert werden können.

2.2.1 Dokumente erzeugen

Ein Dokument zu erzeugen heißt, es neu zu erschaffen. Hierfür gibt es zwei Möglichkeiten:
- Erzeugung eines neuen, leeren Dokumentes (Befehl „Datei / Neu")
- Erzeugung aus einem vorhandenen Dokument (Befehl „Datei / Neu aus")

Die Erzeugung aus einem vorhandenen Dokument wird dann verwendet, wenn ein Anwender Starteinstellungen verwenden soll, die in einem Startdokument hinterlegt wurden.

Soll ein neues, leeres Dokument erzeugt werden, so wird die Methode **Add** der Klasse **Documents** verwendet:
```
Func DOCUMENTS.Add ([Typ] As CATBSTR) As Document
```

„Typ" definiert den Dokumenttyp. Ein erzeugtes Dokument wird zur offenen CATIA-Sitzung hinzugefügt und in einem neuen Fenster angezeigt. Als Dokumenttypen kommen zur Auswahl:
- Part (für ein CATPart)
- Product (für ein CATProduct)
- Drawing (für ein CATDrawing)

Beispiel 2.4: Erzeugen eines neuen, leeren CATParts
```
Dim ADoc As Document
Set ADoc = CATIA.Documents.Add ("Part")
```

Soll ein Startdokument verwendet werden, so kann über die Methode **NewFrom** der Klasse **Documents** ein neues Dokument aus dem Startdokument erzeugt werden. Das erzeugte Dokument erhält einen neuen Identitätsstempel („Universal Unique Identifier", UUID). Ein Identitätsstempel kennzeichnet ein Dokument eindeutig. Über den Identitätsstempel können das neu erzeugte Dokument und das Startdokument von CATIA unterschieden werden.

```
Func DOCUMENTS.NewFrom ([Name] AS CATBSTR) As Document
```

„Name" bestimmt den Dateinamen eines Startdokumentes. Im Dateinamen muss der absolute Pfad enthalten sein.

Beispiel 2.5: Erzeugen eines Dokumentes aus einem Startdokument
```
Dim ADoc As Document
Set ADoc = CATIA.Documents.NewFrom ("C:\Temp\Test.CATPart")
```

2.2.2 Dokumente laden

Über die Methoden **Open** oder **Read** der Klasse **Documents** *(Abschnitt 8.26)* kann ein vorhandenes Dokument geladen werden. **Open** wird verwendet, wenn ein geladenes Dokument für einen Anwender sichtbar sein soll, **Read**, wenn ein Makro ein Dokument ohne Interaktion mit einem Anwender verwenden soll.

Open öffnet ein Dokument und zeigt es in einem neuen Fenster der CATIA-Applikation an:

```
Func DOCUMENTS.Open ([Name] AS CATBSTR) As Document
```

„Name" beschreibt den absoluten Pfad und den Dateinamen eines zu öffnenden Dokumentes.

Beispiel 2.6: Öffnen eines Dokumentes
```
Dim ADoc As Document
Set ADoc = CATIA.Documents.Open ("C:\Temp\Test.CATPart")
```

Soll die Auswahl eines Dokumentes interaktiv durch einen Anwender erfolgen, kann ein Dialog über die Methode **FileSelectionBox** der Klasse **Application** *(Abschnitt 8.5)* erstellt werden:

```
Func APPLICATION.FileSelectionBox ([Titel, Typ] As CATBSTR, [Modus] As
CatFileSelectionMode) As CATBSTR
```

„Titel" definiert den Titel des Auswahlfensters und „Typ" das Dateiformat. „Modus" legt fest, ob es sich um ein Fenster zum Öffnen oder Speichern einer Datei handelt. Der Wertebereich hierfür ist:

- CATFileSelectionModeOpen (Öffnen einer Datei)
- CATFileSelectionModeSave (Speichern einer Datei)

Die Funktion gibt einen Dateinamen mit absolutem Pfad zurück. Hat ein Anwender den Vorgang abgebrochen, wird ein Leerstring übergeben.

Beispiel 2.7: Öffnen eines Dokumentes über ein Auswahlfenster

Ein Anwender soll über ein Auswahlfenster aufgefordert werden, ein CATPart zu öffnen (Bild 2.3). Das CATPart soll nach einer erfolgreichen Auswahl geöffnet werden.

```
Sub CATMain ()
Dim Datei As CATBSTR
Dim ADoc As Document
Datei = CATIA.FileSelectionBox ("Datei öffnen", "*.CATPart", CATFileSelec-
tionModeOpen)
If Datei <> "" Then Set ADoc = CATIA.Documents.Open (Datei)
End Sub
```

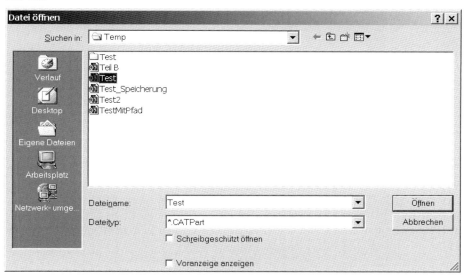

BILD 2.3 Ergebnis des Beispiels „Öffnen eines Dokumentes über ein Auswahlfenster"

Read lädt ein Dokument, aber zeigt es nicht an. Dies ist dann erforderlich, wenn ein Dokument in den folgenden Programmschritten eines Makros einer Baugruppe zugewiesen werden soll.

```
Func DOCUMENTS.Read ([Name] As CATBSTR) As Document
```

2.2.3 Dokumente speichern

Ein Dokument kann über die Methoden **Save** und **SaveAs** der Klasse **Document** (Abschnitt 8.25) gespeichert werden. **Save** aktualisiert den Inhalt einer Datei, **SaveAs** legt eine neue Datei an oder überschreibt eine bestehende.

```
Sub DOCUMENT.Save
Sub DOCUMENT.SaveAs [Name] As CATBSTR
```

„Name" beschreibt den Dateinamen und absoluten Pfad eines Dokumentes.

Die Methode **Save** speichert die aktuelle Version eines Dokumentes in seiner Datei. Über diese Methode kann kein Dateiname vergeben werden, denn es wird der Inhalt einer vorhandenen Datei aktualisiert. Die Eigenschaft **FullName** eines Dokumentes gibt Auskunft über seinen Dateinamen:

```
DOCUMENT.FullName As CATBSTR (Read Only)
```

Beispiel 2.8: Speichern in einer vorhandenen Datei

Ein aktives Dokument soll in seiner vorhandenen Datei gespeichert werden. Vor der Speicherung sollen einem Anwender die Aktion und der Dateiname gemeldet werden.

```
Sub CATMain ()
Dim DName As CATBSTR
Dim Box
DName = CATIA.ActiveDocument.FullName
Box = MsgBox („Ich speichere das Dokument „ & Chr (34) & DName & Chr(34) & 
„..", 64)
CATIA.ActiveDocument.Save
End Sub
```

Die Methode **SaveAs** legt eine neue Datei an und speichert darin das Dokument. Wird ein Dateiname verwendet, der schon existiert, wird die alte Datei überschrieben.

Beispiel 2.9: Speicherung in einer neu angelegten Datei

Ein Anwender soll aufgefordert werden, ein aktives Dokument des Typs „CATPart" zu speichern. Über ein Auswahlfenster soll er den Dateinamen und den Ablageort festlegen können. Das Dokument soll nur nach einer erfolgreichen Auswahl gespeichert werden.

```
Sub CATMain ()
Dim Datei As CATBSTR
Datei = CATIA.FileSelectionBox ("Speicherung", "*.CATPart", CATFileSelec-
tionModeSave)
If Datei <> "" Then CATIA.ActiveDocument.SaveAs Datei
End Sub
```

Jedes Dokument verfügt über einen Parameter, der anzeigt, ob ein Dokument nach einer Modifikation gespeichert worden ist oder nicht. Auf den Parameter kann über die Eigenschaft **Saved** der Klasse **Document** zugegriffen werden:

```
DOCUMENT.Saved As Boolean (Read Only)
```

2.3 Selektieren von CATIA-Elementen durch einen Anwender

Wenn ein Makro flexibel auf vorhandener Geometrie aufbauen soll, ist es erforderlich, einen Anwender entweder Elemente selektieren zu lassen, während ein Makro ausgeführt oder bevor ein Makro gestartet wird. Beide Fälle deckt die Klasse **Selection** *(Abschnitt 8.195)* ab. Sie handhabt alle Aktionen, die ein Anwender interaktiv über die Selektionsschaltfläche von CATIA ausführen kann. Ein Objekt der Klasse kann über die Eigenschaft **Selection** der Klasse **Document** *(Abschnitt 8.25)* abgeleitet werden:
DOCUMENT.Selection As Selection (Read Only)

Beispiel 2.10: Deklaration eines Objektes für eine Benutzerselektion
Dim UserSelektion As Selection
Set UserSelektion = CATIA.ActiveDocument.Selection

In einem Makro sollte ein Objekt **Selection** nur einmal verwendet werden. Wenn zwei Objekte der Klasse **Selection** definiert werden, kann es zwischen den beiden Objekten einen Konflikt geben.

2.3.1 Selektion vor dem Start eines Makros

Wenn ein Makro gestartet wird, beinhaltet ein Objekt **Selection** alle Elemente, die ein Anwender über die Selektionsschaltfläche von CATIA selektiert hatte. Die Anzahl der selektierten Elemente und ein Element einer Selektion sind über die Eigenschaft **Count** und die Methode **Item** abrufbar:

SELECTION.Count As Long (Read Only)
Func SELECTION.Item ([Zähler] As Long) As SelectedElement

Count entspricht der Anzahl der selektierten Elemente, „Zähler" einem Wert von „1" bis **Count**. Die Klasse **SelectedElement** *(Abschnitt 8.194)* repräsentiert ein Element einer Selektion (nicht das Objekt eines selektierten Elementes!) und verfügt über Eigenschaften und Methoden, die Auskunft über ein Element geben (Tabelle 2.3). Das Objekt eines Elementes ist über die Eigenschaft **Value** zugänglich.

TABELLE 2.3 Eigenschaften und Methoden der Klasse „SelectedElement"

Eigenschaft oder Methode	Beschreibung
Document As Document (Read Only)	Dokument, zu dem ein Element gehört
Sub **GetCoordinates** [Koordinaten] As CATSafeArrayVariant	Koordinaten eines Selektionspunktes
Reference As Reference (Read Only)	Interne Referenz eines Elementes
Type As CATBSTR (Read Only)	CATIA-Bezeichner eines Elementes
Value As CATBaseDispatch (Read Only)	Objekt eines Elementes

(Details: Klasse **SelectedElement**, Abschnitt *8.194*)

Beispiel 2.11: Objektnamen der Elemente einer Selektion

Es sollen die Objektnamen aller Elemente einer Selektion, die vor dem Start des Makros vorgenommen wurde, in jeweils einem Ausgabefenster angezeigt werden (Bild 2.4).

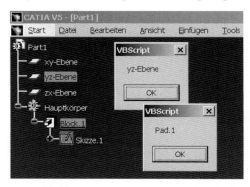

BILD 2.4 Ausgabe des Beispiels „Objektnamen der Elemente einer Selektion"

```
Dim USel As Selection
Set USel = CATIA.ActiveDocument.Selection
If USel.Count > 0 Then
For I = 1 to USel.Count
   MsgBox(USel.Item(I).Value.Name)
Next
End If
```

Wenn eine deutsche CATIA-Version verwendet wird, gibt CATIA dennoch teilweise die englischen Bezeichnungen aus (hier: „Pad.1").

2.3.2 Selektion während des Ausführens eines Makros

Die Klasse **Selection** stellt über die Methoden **SelectElement2**, **SelectElement3** und **SelectElement4** mehrere Möglichkeiten zur Verfügung, während der Laufzeit eines Makros einen Anwender Elemente selektieren zu lassen (Abschnitt *8.195*). Die Methoden unterscheiden sich darin, ob einem Anwender erlaubt sein soll, nur im aktiven oder auch im passiven Dokument Geometrie zu selektieren oder die Selektionswerkzeuge der „Toolauswahl" zu verwenden.

Die einfachste Methode ist **SelectElement2**. Diese Methode entspricht der mit V5R16 veralteten Methode **SelectElement**.

```
Func SELECTION.SelectElement2 ([Was] As CATSafeArrayVariant, [Text] As
String, [VorherSelektion] As Boolean) As String
```

Der Parameter „Was" definiert über ein Feld von CATIA-Bezeichnern, welche Elemente ein Anwender selektieren darf. Als Werte des Feldes sind die englischen Bezeichnungen eines CATIA-Geometrieobjektes zu verwenden (z.B. „Pad" für einen Block). „Text" legt einen Nachrichtentext in der CATIA-Info-Zeile fest, der während der Selektion angezeigt wird. „VorherSelektion" bestimmt, ob Elemente berücksichtigt werden, die vor dem Starten des Befehls selektiert wurden. Ist „VorherSelektion" gleich „True" und es wurden vorher gültige Elemente selektiert, meldet die Methode sofort eine erfolgreiche Selektion.

Die Methode liefert als Ausgabe eine Information über den Erfolg der Selektion zurück (Zeichenkette „Normal" oder „Cancel"). Wird ein Element außerhalb des aktiven Dokuments selektiert, ist das Ergebnis der Methode „Cancel".

Um einen Selektionsprozess für CATIA zu beenden, sollten im Makro nach der Verarbeitung einer Selektion alle selektierten Elemente deselektiert werden. Dies erfolgt über die Methode **Clear**.

```
Sub SELECTION.Clear
```

Beispiel 2.12: Selektion während der Laufzeit

Ein Anwender soll während der Laufzeit eines Makros aufgefordert werden, eine Linie oder einen Block zu selektieren. Der Objektname eines selektierten Elementes soll in einem Ausgabefenster angezeigt werden. Bricht ein Anwender die Selektion ab, soll die Meldung „Abbruch" ausgegeben werden. Eine Bildschirmausgabe zeigt Bild 2.5.

```
' Auswahl festlegen -------------------------------------------
Dim Was(1)
Was(0) = „Pad"
Was(1) = „Line"
' Selektion definieren und leeren ------------------------------
Dim UserSel As Selection
Set UserSel= CATIA.ActiveDocument.Selection
UserSel.Clear
' Selektion vornehmen lassen -----------------------------------
Dim E As CATBSTR
E = UserSel.SelectElement2(Was, „Pad oder Linie wählen.", False)
If E = „Normal" Then
MsgBox(UserSel.Item(1).Value.Name)
Else
MsgBox ("Abbruch")
End If
' Selektion freigeben ------------------------------------------
UserSel.Clear
```

BILD 2.5 Ausgabe des Beispiels „Selektion während der Laufzeit"

■ 2.4 Suchen und Erkennen von Elementen

Suchen bedeutet, Elemente innerhalb eines Dokumentes ausfindig zu machen. Erkennen heißt, den Geometrietyp eines Elementes zu identifizieren. Wenn ein Anwender ein Makro innerhalb eines Dokumentes ausführt, das über Geometrie verfügt, kann eine automatische Suche nach Elementen mit einem festgelegten Merkmal oder die automatische Prüfung der Selektion eines Anwenders (vgl. Abschnitt 2.3.1) einen deutlichen Komfort bedeuten.

2.4.1 Suchen

Die Klasse **Selection** (Abschnitt 8.195) stellt über die Methode **Search** eine Anweisung zur Verfügung, die innerhalb eines Dokumentes Elemente über ein Suchkriterium sucht. Ein Suchkriterium kann entsprechend der Möglichkeiten der CATIA-Funktion „Bearbeiten / Suchen" gebildet werden. Alle gefundenen Elemente einer Suche werden in dem Objekt **Selection** abgespeichert, über das die Methode **Search** ausgeführt wurde.

```
Sub SELECTION.Search [Suchkriterium] As CATBSTR
```

Ein Suchkriterium ist eine Zeichenkette, die folgender Syntax entspricht:

```
[Umgebung].[Typ].[Attribut]=[Wert];[Suchen]
```

„Umgebung" entspricht einer CATIA-Arbeitsumgebung (z.B. „Part Design"), „Typ" einem Elementtyp (z.B. „Punkt") und „Attribut" einer Eigenschaft eines Elementtyps. „Wert" gibt an, welchen Inhalt ein Attribut besitzen soll. Innerhalb von „Wert" kann mit dem Zeichen „*" gearbeitet werden. „*" ist ein Universalplatzhalter. „Suchen" definiert, wo CATIA suchen soll.

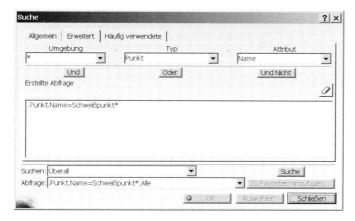

BILD 2.6 Fenster „Suche" mit Karte „Erweitert"

Da die Möglichkeiten, ein Suchkriterium zu bilden, sehr zahlreich sind, sollte dieses über die CATIA-Funktion „Bearbeiten / Suchen" definiert und aus dem Feld „Abfrage" in ein Makro übertragen werden (Bild 2.6).

Beispiel 2.13: Suchen

In einem geöffneten, aktiven CATPart sollen alle Punkte gesucht und selektiert werden, die mit dem Namen „Schweißpunkt" beginnen.

```
Sub CATMain ()
Dim Liste As Selection
Set Liste = CATIA.ActiveDocument.Selection
Liste.Clear
Liste.Search ".Punkt.Name=Schweißpunkt*;Alle"
End Sub
```

2.4.2 Erkennen

Der Geometrietyp eines Geometrieelementes kann über die Eigenschaft **GeometricType** der Klasse **GeometricElement** *(Abschnitt 8.44)* bestimmt werden.
GEOMETRICELEMENT.GeometricType As CATGeometricType (Read Only)
Der Bezeichner **CATGeometricType** kann durch einen Textausdruck oder eine Zahl beschrieben werden und hat den in Tabelle 2.4 dargestellen Wertebereich.

TABELLE 2.4 Bezeichner und Zahlenwerte von „CATGeometricType"

Zahl	Bezeichner	Zahl	Bezeichner
0	catGeoTypeUnknown	7	catGeoTypeParabola2D
1	catGeoTypeAxis2D	8	catGeoTypeEllipse2D
2	catGeoTypePoint2D	9	catGeoTypeSpline2D
3	catGeoTypeLine2D	10	catGeoTypePoint
4	catGeoTypeControlPoint2D	11	catGeoTypeLine
5	catGeoTypeCircle2D	12	catGeoTypePlane
6	catGeoTypeHyperbola2D		

Um ein Objekt der Klasse **GeometricElement** zu erhalten, wird zwischen 2D- und 3D-Geometrie unterschieden:

Da ein 2D-Geometrieelement in seinem Objektpfad die Klasse **GeometricElement** besitzt, verfügt jedes 2D-Geometrieelement automatisch über die Eigenschaft **GeometricType**.

Eine zweite Möglichkeit, ein Objekt der Klasse **GeometricElement** zu erhalten, bietet die Klasse **GeometricElements** (Abschnitt 8.45). Ein Listenobjekt **GeometricElements** kann aus den Klassen **HybridBody**, **Part** und **Sketch** über die Eigenschaft **GeometricElements** deklariert werden. Die Eigenschaften beschreiben jeweils eine Liste der 3D-Geometrieelemente eines geometrischen Sets oder CATParts bzw. der 2D-Geometrieelemente einer Skizze.

```
HYBRIDBODY.GeometricElements As GeometricElements (Read Only)
PART.GeometricElements As GeometricElements (Read Only)
SKETCH.GeometricElements As GeometricElements (Read Only)
```

Beispiel 2.14: Erkennen von Geometrieelementen

Innerhalb eines geöffneten, aktiven CATParts existiere im Hauptkörper die Skizze „Skizze.1". Der Name aller 2D-Linien der Skizze soll in einem Ausgabefenster angezeigt werden (Bild 2.7).

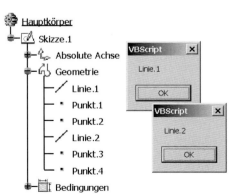

BILD 2.7 Ergebnis des Beispiels „Erkennen von Geometrieelementen"

```
Dim Bauteil As Part
Dim Koerper As Body
Dim Geos As GeometricElements
Dim Geo As GeometricElement
Set Bauteil = CATIA.ActiveDocument.Part
Set Koerper = Bauteil.MainBody
Set Geos = Koerper.Sketches.
Item("Skizze.1").GeometricElements
If Geos.Count > 0 Then
For I = 1 To Geos.Count
Set Geo = Geos.Item(I)
    If Geo.GeometricType = catGeoTypeLine2D Then MsgBox (Geo.Name)
Next
End If
```

■ 2.5 Elemente einfärben und ausblenden

Ein Geometrieelement, aber auch viele andere Elementtypen, die im Strukturbaum aufgeführt sind, können eingefärbt oder ausgeblendet werden. Einfärben bedeutet, einem Element gezielt eine Farbe zuzuweisen. Ausblenden bedeutet, ein Element in den „No-Show" zu stellen, so dass es für einen Anwender nicht mehr im 3D-Fenster angezeigt wird. Beides erfolgt über Methoden der Klasse **VisPropertySet** (Abschnitt *8.225*). Ein Objekt der Klasse wird über die Methode **VisProperties** der Klasse **Selection** (siehe Abschnitt *8.195*) erzeugt:

`SELECTION.VisProperties As VisPropertySet (Read Only)`

Die Klasse **VisPropertySet** ist ein Werkzeug zum Analysieren und Verändern der visuellen Eigenschaften der Elemente, die soeben in einer CATIA-Sitzung selektiert sind (vgl. Abschnitte 2.3 und 2.4). Um Veränderungen der visuellen Eigenschaften vorzunehmen, müssen daher auch Elemente selektiert sein. Ein Element kann gezielt über die Methode **Add** der Klasse **Selection** selektiert werden:

`Sub SELECTION.Add [Objekt] As AnyObject`

Ist ein Element selektiert, kann es anschließend eingefärbt oder ausgeblendet werden.

2.5.1 Einfärben

CATIA V5 unterscheidet für ein Element zwei Farben: die sichtbare Farbe und die reale Farbe. Die reale Farbe ist die Farbe, die direkt einem Element zugeordnet ist. Die sichtbare Farbe ist die Farbe, in der das Element im 3D-Fenster dargestellt ist. Dieser Unterschied kann dadurch bedingt sein, dass beispielsweise einem Körper eine Farbe zugewiesen wurde und in dessen Farbe auch alle anderen Elemente angezeigt werden, die sich in diesem

Körper befinden; obwohl die realen Farben der Elemente von derjenigen des Körpers abweichen. Diesen Effekt, die sichtbare Farbe auf untergeordnete Elemente übertragen zu können, wird auch Vererbung der Farbe genannt.

Die reale Farbe eines Elementes kann über die Methode **SetRealColor** der Klasse **VisPropertySet** (Abschnitt *8.225*) festgelegt werden:

```
Sub VISPROPERTYSET.SetRealColor [Rot, Grün, Blau, Vererbung] As Long
```

„Rot", „Grün" und „Blau" bestimmen die Farbe. Ihr Wertebereich ist eine ganze Zahl zwischen „0" und „255" (siehe Tabelle 2.5). „Vererbung" legt fest, ob die Farbe sich als sichtbare Farbe auf untergeordnete Elemente vererben soll. „1" aktiviert eine Vererbung, „0" deaktiviert eine Vererbung.

TABELLE 2.5 Beispiele für Farbwerte

Rot	Grün	Blau	Farbe	Rot	Grün	Blau	Farbe
0	0	0	Schwarz	255	0	0	Rot
255	255	255	Weiß	0	255	0	Grün
200	200	200	Grau	0	0	255	Blau

Beispiel 2.15: Einfärben von Geometrieelementen

Der Hauptkörper eines geöffneten, aktiven CATParts soll mit aktivierter Vererbung grün eingefärbt werden, so dass die sichtbare Farbe aller Elemente innerhalb des Hauptkörpers auch Grün ist (Bild 2.8).

```
Dim Liste As Selection
Set Liste = CATIA.ActiveDocument.Selection
Liste.Clear
```

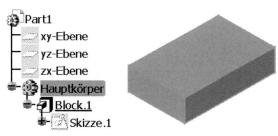

BILD 2.8 Ergebnis des Beispiels „Einfärben von Geometrieelementen"

```
Liste.Add CATIA.ActiveDocument. Part.MainBody
Liste.VisProperties.SetRealColor 0, 255, 0, 1
```

2.5.2 Ausblenden

Das Ausblenden eines oder mehrerer Elemente einer Selektion erfolgt über die Methode **SetShow** der Klasse **VisPropertySet** (Abschnitt 8.225):

```
Sub VISPROPERTYSET.SetShow [Status] As CATVisPropertyShow
```

„Status" besitzt folgenden Wertebereich: „catVisPropertyShowAttr" (Anzeigen) und „catVisPropertyNoShowAttr" (Verdecken).

Beispiel 2.16: Ausblenden von Geometrieelementen

Innerhalb eines geöffneten, aktiven CATParts soll der Hauptkörper ins „No-Show" gestellt werden (Bild 2.9).

```
Dim Liste As Selection
Set Liste = CATIA.ActiveDocument.Selection
Liste.Clear
Liste.Add CATIA.ActiveDocument.Part.MainBody
Liste.VisProperties.SetShow catVisPropertyNoShowAttr
```

BILD 2.9 Ergebnis des Beispiels „Ausblenden von Geometrieelementen"

2.6 Lesen und Schreiben von Datensätzen

Das Lesen und Schreiben von Datensätzen wird durch die Klassen **File** *(Abschnitt 8.36)* und **TextStream** *(Abschnitt 8.215)* gehandhabt. Ein Objekt der Klasse **File** repräsentiert eine Datei, eines der Klasse **TextStream** einen Lese- oder Schreibvorgang. Es handelt sich hierbei um einen sequenziellen Dateizugriff, d.h., eine Datei wird von Anfang bis Ende gelesen.

2.6.1 Datei deklarieren oder erzeugen

Für einen Lese- oder Schreibvorgang muss im ersten Schritt ein Objekt der Klasse **File** erzeugt werden. Ist eine Datei schon vorhanden, wird die Datei deklariert. Ist diese noch nicht vorhanden, so wird sie erzeugt.

Wenn eine Datei schon existiert, wird diese über die Methode **GetFile** der Klasse **Filesystem** *(Abschnitt 8.39)* deklariert:

```
Func FILESYSTEM.GetFile ([Name] As CATBSTR) As File
```

Der Parameter „Name" ist ein Dateiname mit absoluter Pfadangabe. Wenn einem Anwender die Auswahl einer Datei über ein Auswahlfenster selbst überlassen werden soll, kann die Methode **FileSelectionBox** der Klasse **Application** verwendet werden (vgl. Abschnitt 2.2.2).

Beispiel 2.17: Vorhandene Datei deklarieren

```
Dim Datei As File
Set Datei = CATIA.FileSystem.GetFile ("C:\Temp\Test.txt")
```

Wenn eine Datei noch nicht existiert, kann diese über die Methode **CreateFile** der Klasse **FileSystem** erzeugt werden:

```
Func FILESYSTEM.CreateFile ([Name] As CATBSTR, [Überschreiben] As Boolean)
As File
```

Der Parameter „Name" ist ein Dateiname mit einer absoluten Pfadangabe. „Überschreiben" legt fest, ob eine Datei, die denselben Dateinamen besitzt, überschrieben werden darf (Überschreiben an: „True").

Beispiel 2.18: Neue Datei erzeugen

Eine neue Textdatei soll erzeugt werden. Ein Anwender soll den Ablageort und Dateinamen über ein Dialogfenster bestimmen.

```
Dim Datei As CATBSTR
Datei = CATIA.FileSelectionBox („Datei auswählen", „*.txt", CATFileSelec-
tionModeSave)
If Datei <> „" Then
Dim TDatei As File
Set TDatei = CATIA.FileSystem.CreateFile (Datei, false)
End If
```

Ist ein Objekt der Klasse **File** erzeugt, kann im zweiten Schritt ein Lese- oder Schreibvorgang über die Klasse **TextStream** durchgeführt werden.

2.6.2 Lesen von Datensätzen

Für einen Lesevorgang wird aus einem Objekt der Klasse **File** ein Objekt der Klasse **TextStream** *(Abschnitt 8.215)* im Modus „ForReading" abgeleitet:

```
Func FILE.OpenAsTextStream ([Modus] As CATBSTR) As TextStream
```

Über die Methoden **ReadLine** und **Close** der Klasse **TextStream** können einzelne Zeilen gelesen und ein Lesevorgang geschlossen werden. Über die Eigenschaft **AtEndOfStream** kann geprüft werden, ob ein Lesevorgang ein Dateiende erreicht hat.

```
TEXTSTREAM.AtEndOfStream As Boolean
Sub TEXTSTREAM.Close
Func TEXTSTREAM.ReadLine As CATBSTR
```

Beispiel 2.19: Lesen von Datensätzen

Es sollen alle Datensätze einer Datei, die als Objekt „Datei" definiert wurde, gelesen und in jeweils einem Anzeigefenster dargestellt werden.

```
Dim DStrom As TextStream
Set DStrom = Datei.OpenAsTextStream ("ForReading")
Do While Not(DStrom.AtEndOfStream)
Dim Zeile As CATBSTR
Zeile = DStrom.ReadLine
MsgBox (Zeile)
Loop
DStrom.Close
```

2.6.3 Schreiben von Datensätzen

Für einen Schreibvorgang wird aus einem Objekt der Klasse **File** ein Objekt der Klasse **TextStream** *(Abschnitt 8.215)* im Modus „ForAppending" oder „ForWriting" abgeleitet. „ForAppending" legt fest, am Ende einer Datei zu schreiben, „ForWriting", alle vorhandenen Datensätze zu überschreiben.

```
Func FILE.OpenAsTextStream ([Modus] As CATBSTR) As TextStream
```

Eines oder mehrere Zeichen eines Datensatzes können über die Methode **Write** der Klasse **TextStream** geschrieben werden:

```
Sub TEXTSTREAM.Write [Text] As CATBSTR
```

Der Parameter „Text" gibt die zu schreibenden Zeichen an. Die Zeichen werden in eine Zeile geschrieben, bis ein Zeichen **Chr(10)** das Ende eines Datensatzes markiert.

Beispiel 2.20: Schreiben von Datensätzen

An eine Datei, die als Objekt „Datei" definiert wurde, sollen zehn Datensätze mit dem Inhalt „Dies ist ein Datensatz" angehängt werden.

```
Dim DStrom As TextStream
Set DStrom = Datei.OpenAsTextStream ("ForAppending")
For I = 1 To 10
DStrom.Write „Dies ist ein Datensatz" & Chr(10)
Next
DStrom.Close
```

2.7 Ausführen von externen Programmen und CATScripts

Ein externes Programm ist eine CATIA-fremde Anwendung. Ein externes CATScript ist ein CATScript in einer Makrobibliothek. Ein externes Programm oder CATScript kann über Methoden der Klasse **SystemService** *(Abschnitt 8.214)* ausgeführt werden. Ein Objekt der Klasse **SystemService** wird über die Eigenschaft **SystemService** der Klasse **Application** *(Abschnitt 8.5)* abgeleitet:

```
APPLICATION.SystemService As SystemService (Read Only)
```

Beispiel 2.21: Definition eines Objektes der Klasse „SystemService"

```
Dim SysServ As SystemService
Set SysServ = CATIA.SystemService
```

Die folgenden Abschnitte stellen dar, wie ein externes Programm oder CATScript ausgeführt wird.

2.7.1 Externes Programm

Zur Ausführung eines externen Programmes gibt es zwei Möglichkeiten:
- Programm ausführen, während ein Makro anhält.
- Programm ausführen, während ein Makro weiterläuft.

Mit der Methode **ExecuteProcessus** der Klasse **SystemService** wird ein Programm gestartet, während ein Makro anhält.
```
Func SYSTEMSERVICE.ExecuteProcessus ([Anweisung] As CATBSTR) As Long
```

„Anweisung" entspricht dem Dateinamen und absoluten Pfad eines Programmes. Die Funktion gibt den Wert null zurück, wenn die Ausführung des Prozesses erfolgreich war.

Beispiel 2.22: Makro stoppen und Programm ausführen
```
Dim Ergebnis As Long
Ergebnis = CATIA.SystemService.ExecuteProcessus ("C:\editor.exe")
```

Mit der Methode **ExecuteBackgroundProcessus** wird ein Programm gestartet, während ein Makro weiterläuft.
```
Func SYSTEMSERVICE.ExecuteBackgroundProcessus ([Anweisung] As CATBSTR) As Long
```

2.7.2 Externes CATScript

Ein Makro kann eine Funktion oder Unterroutine (Abschnitt 1.8.3) eines externen CATScripts ausführen. Eine Ausführung erfolgt über die Methode **ExecuteScript** der Klasse **SystemService**. Wird eine Funktion eines externen CATScripts aufgerufen, gibt **ExecuteScript** dessen Funktionswert zurück. Bei einer Unterroutine ist die Rückgabe ein Leerstring.
```
Func SYSTEMSERVICE.ExecuteScript ([Bibliothek] As CATBSTR, [Art] As CATScriptLibraryType, [ScriptName, Funktion] As CATBSTR, [Parameter] As CATSafeArrayVariant) As CATBSTR
```

Der Parameter „Bibliothek" definiert den Namen oder das Verzeichnis einer Bibliothek. „Art" bestimmt, um welche Art von Bibliothek es sich handelt. „ScriptName" und „Funktion" benennen das CATScript und dessen Funktion oder Unterroutine. Das Feld „Parameter" enthält die Parameter der aufgerufenen Funktion oder Unterroutine.

Der Wertebereich des Bezeichners **CATScriptLibraryType** lautet:
- catScriptLibraryTypeDocument (Ablage in einem CATIA-Dokument, z.B. CATPart)
- catScriptLibraryTypeDirectory (Ablage in einem Verzeichnis)
- catScriptLibraryTypeVBAProject (Ablage in einem VBA-Projekt)

Beispiel 2.23: Aufruf einer Funktion eines externen CATScripts

Ein CATScript „Rechner.CATScript" im Verzeichnis „C:\Temp" verfüge über die Funktion „Multiplikation", die zwei Gleitkommazahlen multipliziert und das Ergebnis zurückgibt. Diese Funktion soll von einem CATScript aus verwendet werden.

```
Dim Params(1)
Dim E As CATBSTR
Dim SServ As SystemService
Set SServ = CATIA.SystemService
Params(0) = 10
Params(1) = 5
E = SServ.ExecuteScript („C:\Temp", catScriptLibraryTypeDirectory, „Rechner.CATScript", „Multiplikation", Params)
```

Rechner.CATScript:
```
Function Multiplikation (A, B As Double) As Double
Multiplikation = A * B
End Function
```

Der Inhalt der Variablen „E" ist nach einem Aufruf der externen Funktion „50".

2.8 Lesen von Umgebungsvariablen

In vielen Fällen soll ein Makro auf verschiedenen Arbeitsplätzen lauffähig sein, die sich z.B. durch Speicherpfade unterscheiden. Damit ein Makro nicht für jeden Arbeitsplatz angepasst werden muss, gibt es die Möglichkeit, Variablen eines Betriebssystems oder einer CATIA-Umgebung auszulesen. Diese Variablen werden Umgebungsvariablen genannt.

Eine Umgebungsvariable eines Betriebssystems ist eine Variable, die auf der Ebene eines Betriebssystems deklariert wird und in allen Anwendungen zur Verfügung steht, die nach der Deklaration einer Variablen gestartet worden sind.

Eine CATIA-Umgebungsvariable ist eine Variable, die nur in der Anwendung „CATIA V5" zur Verfügung steht. CATIA V5 benutzt beim Starten zwei Umgebungsdateien, in der Umgebungsvariablen deklariert sind:

- Globale Umgebung (Variablen für alle Anwender)
- Benutzerumgebung (Variablen in Abhängigkeit vom aktuellen Anwender)

Die Methoden, Umgebungsvariablen zu lesen, sind der Klasse **SystemService** *(Abschnitt 8.214)* zugeordnet. Ein Objekt der Klasse **SystemService** wird aus der Klasse **Application** *(Abschnitt 8.5)* über die Eigenschaft **SystemService** abgeleitet (vgl. Abschnitt 2.7). Die Methode **Environ** liest den Inhalt einer Umgebungsvariablen aus.

```
Func SYSTEMSERVICE.Environ ([Variable] As CATBSTR) As CATBSTR
```

Der Parameter „Variable" beschreibt den Namen einer Umgebungsvariablen. Es wird nicht zwischen der Variable eines Betriebssystems und von CATIA unterschieden. Die Rückgabe der Funktion ist der Inhalt der Umgebungsvariablen. Falls eine Umgebungsvariable nicht existiert, wird ein leerer String übergeben.

Beispiel 2.24: Lesen des Inhaltes einer Umgebungsvariablen

Die Umgebungsvariable „PATH" soll ausgelesen werden.

```
Dim Value As String
Value = CATIA.SystemService.Environ ("PATH")
```

Wenn über eine Umgebungsvariable ein Dateipfad gesteuert wird, ist es sinnvoll zu überprüfen, ob der Dateipfad existiert. Methoden für eine Prüfung liefert die Klasse **FileSystem** *(Abschnitt 8.39)*. Ein Objekt der Klasse **FileSystem** wird über die Eigenschaft **FileSystem** der Klasse **Application** *(Abschnitt 8.5)* abgeleitet. Die Methode **FolderExists** prüft, ob ein Dateipfad vorhanden ist:

```
Func FILESYSTEM.FolderExists ([Pfad] As CATBSTR) As Boolean
```

„Pfad" beschreibt einen absoluten Dateipfad. Die Rückgabe der Funktion ist „True", wenn der Dateipfad existiert.

Beispiel 2.25: Überprüfung der Existenz eines Dateipfades

Es soll überprüft werden, ob ein Dateipfad existiert, der in der Umgebungsvariablen „Datenablage" gespeichert ist. Gibt es den Dateipfad nicht, soll ein Ausgabefenster mit einer Fehlermeldung angezeigt werden.

```
Dim Pfad
Pfad = CATIA.SystemService.Environ („Datenablage")
If Not(CATIA.FileSystem.FolderExists (Pfad)) Then MsgBox („Der Pfad für die Datenablage wurde nicht deklariert oder existiert nicht.")
```

Hinweis: Damit ein Makro auf verschiedenen Plattformen lauffähig ist, sollten immer die CATIA-Methoden der Klasse **FileSystem** *(Abschnitt 8.39)* verwendet werden. Microsoft VBScript stellt diese Methoden auch zur Verfügung. Falls eine gleichwertige CATIA-Methode existiert, hat diese Vorrang.

3 Bestandteile eines CATParts

Ein CATPart besitzt zwei Gruppen von Bestandteilen. Die erste Gruppe sind geometriebezogene Inhalte wie Ursprungsebenen, Körper, geometrische Sets und Geometrien (Bild 3.1). Die zweite Gruppe sind Metadaten wie Teilenummern, Nomenklaturen und benutzerdefinierte Attribute. Auf diese zwei Gruppen wird über die Ankerobjekte **Part** und **Product** zugegriffen (Abschnitte 1.10.3 und 1.10.4).

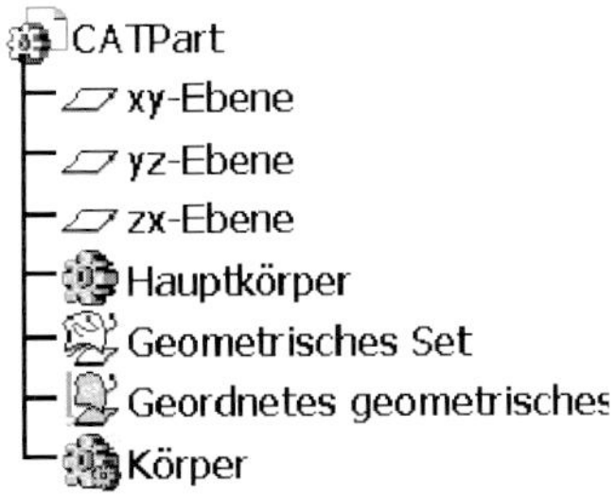

Der geometriebezogene Inhalt eines CATParts ist einem Objekt der Klasse **Part** *(Abschnitt 8.168)* zugeordnet. Der Zugriff auf dieses Objekt erfolgt über die Eigenschaft **Part** eines Objektes **PartDocument** (Abschnitt 8.169).

```
PARTDOCUMENT.Part As Part (Read Only)
```

BILD 3.1 Geometriebezogener Inhalt eines CATParts

Die Metadaten eines CATParts sind einem Objekt der Klasse **Product** (Abschnitt 8.176) zugeordnet. Ein Objekt der Klasse wird über die Eigenschaft **Product** der Klasse **PartDocument** (Abschnitt 8.169) abgeleitet.

```
PARTDOCUMENT.Product As Product (Read Only)
```

Neben den Elementen, die für einen Anwender sichtbar sind, verfügt ein CATPart über Referenzen und Richtungsdefinitionen. Eine Referenz ist ein CATIA-interner Zeiger auf ein Objekt, eine Richtungsdefinition die Beschreibung einer Raumrichtung.

In diesem Kapitel wird beschrieben, wie die hier aufgezählten Elemente in einem Makro erzeugt oder deklariert werden.

■ 3.1 Attribute

Die Attribute eines CATParts lassen sich in Standardattribute und benutzerdefinierte Attribute aufteilen. Standardattribute sind in jedem CATPart vorhanden. Standardattribute sind die Teilenummer, Überarbeitung, Definition, Nomenklatur, Quelle und Beschreibung. Benutzerdefinierte Attribute existieren nur dann, wenn diese von einem Anwender in einem CATPart erzeugt wurden. Die Benennung eines benutzerdefinierten Attributes ist individuell.

3.1.1 Standardattribute

Die Standardattribute „Teilenummer", „Überarbeitung", „Definition", „Nomenklatur", „Quelle" und „Beschreibung" sind über die Eigenschaften **PartNumber**, **Revision**, **Definition**, **Nomenclature**, **Source** und **DescriptionRef** der Klasse **Product** (Abschnitt 8.176) beschrieben:

```
PRODUCT.PartNumber As String
PRODUCT.Revision As String
PRODUCT.Definition As String
PRODUCT.Nomenclature As String
PRODUCT.Source As CatProductSource
PRODUCT.DescriptionRef As String
```

Beispiel 3.1: Standardattribute eines CATParts

In einem geöffneten, aktiven CATPart sollen die Standardattribute gesetzt werden. Das Bauteil soll als Kaufteil gekennzeichnet werden.

```
Dim Produkt As Product
Set Produkt = CATIA.ActiveDocument.Product
Produkt.PartNumber = „4911"
Produkt.Revision = „A"
Produkt.Nomenclature = „Schraube M10"
Produkt.Source = 2
Produkt.DescriptionRef = „Lieferant Neckermann"
```

3.1.2 Benutzerdefinierte Attribute

Die Liste der benutzerdefinierten Attribute ist durch das Listenobjekt **UserRefProperties** der Klasse **Product** (Abschnitt 8.176) beschrieben. Attribute werden über die Eigenschaften der Klasse **Parameters** (Abschnitt 8.167) erzeugt oder entfernt.

```
PRODUCT.UserRefProperties As Parameters (Read Only)
```

Beispiel 3.2: Benutzerdefinierte Attribute eines CATParts

In einem geöffneten, aktiven CATPart soll das boolesche Attribut „Normteil" mit dem Wert „Wahr" erzeugt werden.

```
Dim Produkt As Product
Set Produkt = CATIA.ActiveDocument.Product
Dim BenAttrib As Parameters
Set BenAttrib = Produkt.UserRefProperties
Dim B As BoolParam
Set B = BenAttrib.CreateBoolean ("Normteil", true)
```

3.2 Ursprungselemente

Ein Ursprungselement ist eine Geometrie, die in jedem CATPart automatisch nach dessen Erzeugung vorhanden ist. Jede Geometrie, die von einem Anwender oder Makro in einem CATPart erzeugt wird, stützt sich auf ein oder mehrere Ursprungselemente. Die Ursprungselemente eines CATParts sind die xy-, yz- und zx-Ebene. Ein Listenobjekt aller Ursprungselemente wird über die Eigenschaft **OriginElements** der Klasse **Part** *(Abschnitt 8.168)* abgeleitet.

◇ xy-Ebene
◇ yz-Ebene
◇ zx-Ebene

```
PART.OriginElements As OriginElements (Read Only)
```

Die Klasse **OriginElements** *(Abschnitt 8.163)* stellt die Eigenschaften **PlaneXY**, **PlaneYZ** und **PlaneZX** zur Verfügung, um eine Ursprungsebene zu deklarieren:

```
ORIGINELEMENTS.PlaneXY As AnyObject (Read Only)
ORIGINELEMENTS.PlaneYZ As AnyObject (Read Only)
ORIGINELEMENTS.PlaneZX As AnyObject (Read Only)
```

Beispiel 3.3: Deklaration einer Ursprungsebene

In einem geöffneten, aktiven CATPart soll die XY-Ebene als Objekt deklariert werden.

```
Dim XYEbene As AnyObject
Dim Bauteil As Part
Set Bauteil = CATIA.ActiveDocument.Part
Set XYEbene = Bauteil.OriginElements.PlaneXY
```

3.3 Körper, geometrische Sets und geordnete geometrische Sets

In einem CATPart gibt es drei Arten von Sammelbehältern, in denen Geometrie abgelegt sein kann: Körper, geometrische Sets und geordnete geometrische Sets. Sammelbehälter können generell ineinander geschachtelt sein, um logische Struktureinheiten zu schaffen.

Ein Körper ist ein Sammelbehälter für Volumenkörper, geometrische Sets und geordnete geometrische Sets sowie Drahtgeometrie und Flächen. Ein Körper wird durch ein Objekt der Klasse **Body** *(Abschnitt 8.9)* repräsentiert. Die Schachtelung von Körpern erfolgt über boolesche Operationen.

Ein geometrisches Set ist ein Sammelbehälter für Drahtgeometrie und Flächen sowie weitere geometrische Sets. Ein geometrisches Set wird durch ein Objekt der Klasse **HybridBody** *(Abschnitt 8.50)* repräsentiert. In früheren CATIA-Versionen wurde ein geometrisches Set auch als geöffneter Körper bezeichnet.

Ein geordnetes geometrisches Set ist ein Sammelbehälter für Körper, Drahtgeometrie und Flächen sowie weitere geordnete geometrische Sets. Ein geordnetes geometrisches Set wird durch ein Objekt der Klasse **OrderedGeometricalSet** *(Abschnitt 8.161)* repräsentiert.

Ein Sammelbehälter kann erzeugt, d.h. generiert, und deklariert, d.h. angesprochen, werden. Beim Erzeugen wird ein Sammelbehälter in einem Dokument angelegt. Beim Deklarieren wird ein vorhandener Sammelbehälter einem Makro bekannt gegeben. Dies wird in den folgenden Abschnitten dargestellt.

3.3.1 Körper

Ein Körper kann mit einem Makro erzeugt oder deklariert werden. Erzeugen heißt, einen Körper im Baum hinzuzufügen. Deklarieren heißt, einen existierenden Körper im Makro anzusprechen.

3.3.1.1 Körper erzeugen

Um einen Körper zu erzeugen, muss zuerst ein Listenobjekt von Körpern deklariert werden, dem der Körper hinzugefügt werden soll. Entweder handelt es sich um die Liste aller Körper eines CATParts oder um die Liste der Körper auf der ersten Hierarchieebene eines geordneten geometrischen Sets. Im ersten Fall wird das Listenobjekt über die Eigenschaft **Bodies** der Klasse **Part** *(Abschnitt 8.168)* deklariert. Im zweiten Fall wird das Listenobjekt über die Eigenschaft **Bodies** der Klasse **OrderedGeometricalSet** *(Abschnitt 8.161)* deklariert.

```
ORDEREDGEOMETRICALSET.Bodies As Bodies (Read Only)
PART.Bodies As Bodies (Read Only)
```

Ein Körper wird über die Methode **Add** der Klasse **Bodies** *(Abschnitt 8.8)* erzeugt:

```
Func BODIES.Add As Body
```

Beispiel 3.4: Körper erzeugen

In einem geöffneten, aktiven, leeren CATPart soll ein zusätzlicher Körper mit dem Namen „Schraube" erzeugt werden. Das Ergebnis zeigt Bild 3.2.

```
Dim MeineKoerper As Bodies
Set MeineKoerper = CATIA.ActiveDocument.Part.Bodies
Dim Schraube As Body
Set Schraube = MeineKoerper.Add
Schraube.Name = „Schraube"
```

BILD 3.2 Ergebnis des Beispiels „Körper erzeugen"

3.3.1.2 Körper deklarieren

Wenn ein Körper schon existiert, braucht er nicht mehr erzeugt, sondern nur noch deklariert zu werden. In diesem Fall ist zu unterscheiden, ob es sich um

- den Hauptkörper oder
- einen Standardkörper handelt.

Der Hauptkörper ist ein Körper, der in jedem CATPart an oberster Stelle vorhanden ist und nicht gelöscht oder umgehängt werden kann. Ein Standardkörper kann gelöscht und sortiert werden.

3.3.1.2.1 Hauptkörper

Der Hauptkörper kann über die Eigenschaft **MainBody** der Klasse **Part** *(Abschnitt 8.168)* deklariert werden:
```
PART.MainBody As Body
```

Beispiel 3.5: Hauptkörper deklarieren

Der Hauptkörper eines geöffneten, aktiven CATParts soll einem Objekt mit dem Namen „Hauptkoerper" zugewiesen werden.
```
Dim Hauptkoerper As Body
Set Hauptkoerper = CATIA.ActiveDocument.Part.MainBody
```

3.3.1.2.2 Standardkörper

Ein Standardkörper wird über die Methode **Item** der Klasse **Bodies** *(Abschnitt 8.8)* deklariert. Die Deklaration erfolgt entweder über den Namen eines Körpers oder dessen Indexwert „Index", welcher der Position des Körpers in dem Listenobjekt **Bodies** entspricht:
```
Func BODIES.Item ([Index] As CATVariant) As Body
```

Beispiel 3.6: Körper über Namen deklarieren

Ein geöffnetes, aktives CATPart besitze den Körper „Schraube". Dieser Körper soll einem Objekt mit dem Namen „Schraube" zugewiesen werden.
```
Dim Schraube As Body
Dim MeineKoerper As Bodies
Set MeineKoerper = CATIA.ActiveDocument.Part.Bodies
Set Schraube = MeineKoerper.Item („Schraube")
```

Beispiel 3.7: Körper über Index deklarieren

Ein geöffnetes, aktives CATPart besitze mehrere Körper. Der erste Körper soll einem Objekt mit dem Namen „Koerper1" zugewiesen werden.
```
Dim Koerper1 As Body
Dim MeineKoerper As Bodies
Set MeineKoerper = CATIA.ActiveDocument.Part.Bodies
Set Koerper1 = MeineKoerper.Item (1)
```

Das Ergebnis des zweiten Beispiels entspricht in diesem Fall dem Hauptkörper, da dieser an erster Stelle im Konstruktionsbaum steht.

3.3.2 Geometrisches Set

Ein geometrisches Set kann neu erzeugt oder, falls es schon im Konstruktionsbaum existiert, deklariert werden.

3.3.2.1 Geometrisches Set erzeugen

Ein geometrisches Set kann entweder direkt in der ersten Hierarchie eines Konstruktionsbaumes oder innerhalb eines Körpers oder geometrischen Sets erzeugt werden. Analog eines Körpers werden auch die geometrischen Sets in einem Listenobjekt gespeichert, einem Listenobjekt der Klasse **HybridBodies** *(Abschnitt 8.49)*.

Soll ein geometrisches Set in der ersten Hierarchie eines Konstruktionsbaumes angeordnet werden, wird das Listenobjekt über die Eigenschaft **HybridBodies** der Klasse **Part** *(Abschnitt 8.168)* abgeleitet:

```
PART.HybridBodies As HybridBodies (Read Only)
```

Wird ein geometrisches Set einem Körper oder geometrischen Set zugeordnet, wird das Listenobjekt über die Eigenschaften **HybridBodies** der Klassen **Body** *(Abschnitt 8.9)* oder **HybridBody** *(Abschnitt 8.50)* definiert:

```
BODY.HybridBodies As HybridBodies (Read Only)
HYBRIDBODY.HybridBodies As HybridBodies (Read Only)
```

Die Methode **Add** der Klasse **HybridBodies** fügt ein neues geometrisches Set zur Liste hinzu:

```
Func HYBRIDBODIES.Add As HybridBody
```

Beispiel 3.8: Geometrisches Set erzeugen

In einem aktiven, leeren CATPart sollen zwei geometrische Sets „Hierarchie1" und „ImKoerper" erzeugt werden. Das geometrische Set „Hierarchie1" soll der ersten Hierarchieebene, „ImKoerper" dem Hauptkörper zugeordnet werden. Das Ergebnis zeigt Bild 3.3. Achtung: Die Option „Hybridkonstruktion" muss deaktiviert sein, damit das Programm fehlerfrei läuft!

```
' Listenobjekte deklarieren ----------------------------
 --------
Dim Hauptkoerper As Body
Set Hauptkoerper = CATIA.ActiveDocument.Part.MainBody
Dim HB1, HB2 As HybridBodies
Set HB1 = CATIA.ActiveDocument.Part.HybridBodies
Set HB2 = Hauptkoerper.HybridBodies
' Geometrisches Set erzeugen --------------------------
Dim Hierarchie1, ImKoerper As HybridBody
Set Hierarchie1 = HB1.Add
Set ImKoerper = HB2.Add
Hierarchie1.Name = „Hierarchie1"
ImKoerper.Name = „ImKoerper"
```

BILD 3.3 Ergebnis des Beispiels „Geometrisches Set erzeugen"

3.3.2.2 Geometrisches Set deklarieren

Die Deklaration eines geometrischen Sets geschieht über die Methode **Item** der Klasse **HybridBodies** *(Abschnitt 8.49)*. Die Deklaration erfolgt entweder über den Namen des geometrischen Sets oder dessen Indexwert „Index", welcher der Position des geometrischen Sets in der Liste entspricht:

```
Func HYBRIDBODIES.Item ([Index] As CATVariant) As HybridBody
```

Beispiel 3.9: Geometrisches Set über Namen deklarieren

In einem aktiven, geöffneten CATPart existiere neben weiteren geometrischen Sets das geometrische Set „Flaechen" auf der ersten Hierarchieebene. Er soll einem Objekt „Flaechen" zugewiesen werden. Das zugewiesene geometrische Set zeigt Bild 3.4.

```
Dim HKoerper As HybridBodies
Set HKoerper = CATIA.ActiveDocument.Part.HybridBodies
Dim Flaechen As HybridBody
Set Flaechen = HKoerper.Item („Flaechen")
```

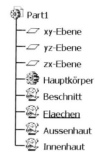

BILD 3.4 Ergebnis des Beispiels „Geometrisches Set über Namen deklarieren"

Beispiel 3.10: Geometrisches Set über Index deklarieren

In einem aktiven, geöffneten CATPart existiere der Körper „Schraube" und in diesem mehrere geometrische Sets. Das zweite dieser geometrischen Sets soll einem Objekt „OffenerKoerper2" zugewiesen werden. Das gefundene geometrische Set zeigt Bild 3.5.

```
Dim Schraube As Body
Set Schraube = CATIA.ActiveDocument.Part.Bodies.
Item („Schraube")
Dim HKoerper As HybridBodies
Set HKoerper = Schraube.HybridBodies
Dim OffenerKoerper2 As HybridBody
Set OffenerKoerper2 = HKoerper.Item (2)
```

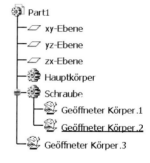

BILD 3.5 Ergebnis des Beispiels „Geometrisches Set über Index deklarieren"

3.3.3 Geordnetes geometrisches Set

Ein geometrisches Set kann neu erzeugt oder, falls es schon im Konstruktionsbaum existiert, deklariert werden.

3.3.3.1 Geordnetes geometrisches Set erzeugen

Ein geordnetes geometrisches Set kann entweder direkt in der ersten Hierarchieebene eines CATParts oder innerhalb eines Körpers oder geordneten geometrischen Sets erzeugt werden. Analog eines geometrischen Sets werden auch die geordneten geometrischen Sets in einem Listenobjekt gespeichert, einem Listenobjekt der Klasse **OrderedGeometricalSets** *(Abschnitt 8.162)*. Das Listenobjekt wird über die Eigenschaft **OrderedGeometricalSets** der Klassen **Part** *(Abschnitt 8.168)*, **Body** *(Abschnitt 8.9)* oder **OrderedGeometricalSet** *(Abschnitt 8.161)* abgeleitet:

```
PART.OrderedGeometricalSets As OrderedGeometricalSets (Read Only)
BODY.OrderedGeometricalSets As OrderedGeometricalSets (Read Only)
ORDEREDGEOMETRICALSET.OrderedGeometricalSets As OrderedGeometricalSets
(Read Only)
```

Die Methode **Add** der Klasse **OrderedGeometricalSets** fügt ein neues geordnetes geometrisches Set zur Liste hinzu:

```
Func ORDEREDGEOMETRICALSETS.Add As OrderedGeometricalSet
```

Beispiel 3.11: Geordnetes geometrisches Set erzeugen

In einem aktiven, leeren CATPart sollen zwei geordnete geometrische Sets „Hierarchie1" und „ImKoerper" erzeugt werden. Das geordnete geometrische Set „Hierarchie1" soll der ersten Hierarchieebene, „ImKoerper" dem Hauptkörper zugeordnet werden. Das Ergebnis zeigt Bild 3.6.

```
' Listenobjekte deklarieren --------------------------------
----------
Dim Hauptkoerper As Body
Set Hauptkoerper = CATIA.ActiveDocument.Part.MainBody
Dim OGS1, OGS2 As OrderedGeometricalSets
Set OGS1 = CATIA.ActiveDocument.Part.OrderedGeometrical-
Sets
Set OGS2 = Hauptkoerper.OrderedGeometricalSets
' Geordnetes geometrisches Set erzeugen ------------
Dim Hierarchie1, ImKoerper As OrderedGeometricalSet
Set Hierarchie1 = OGS1.Add
Set ImKoerper = OGS2.Add
Hierarchie1.Name = „Hierarchie1"
ImKoerper.Name = „ImKoerper"
```

BILD 3.6 Ergebnis des Beispiels „Geordnetes geometrisches Set erzeugen"

3.3.3.2 Geordnetes geometrisches Set deklarieren

Die Deklaration eines geordneten geometrischen Sets erfolgt über die Methode **Item** der Klasse **OrderedGeometricalSets** *(Abschnitt 8.162)*. Die Deklaration erfolgt entweder über den Namen des geordneten geometrischen Sets oder dessen Indexwert „Index", welcher der Position des geordneten geometrischen Sets in der Liste entspricht (vgl. Abschnitt 3.3.2.2):

```
Func ORDEREDGEOMETRICALSETS.Item ([Index] As CATVariant) As OrderedGeomet-
      ricalSet
```

Beispiel 3.12: Geordnetes geometrisches Set über Index deklarieren

In einem aktiven, geöffneten CATPart existieren mehrere geordnete geometrische Sets auf der ersten Hierarchieebene. Das zweite geordnete geometrische Set soll deklariert werden. Das gefundene geordnete geometrische Set zeigt Bild 3.7.

```
, Listenobjekt deklarieren --------------------------
Dim OGSs As OrderedGeometricalSets
Dim Bauteil As Part
Set Bauteil= CATIA.ActiveDocument.Part
Set OGSs = Bauteil.OrderedGeometricalSets
, Geordnetes geometrisches Set deklarieren ----------
Dim OGS As OrderedGeometricalSet
Set OGS = OGSs.Item(2)
```

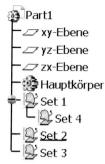

BILD 3.7 Ergebnis des Beispiels „Geordnetes Geometrisches Set über Index deklarieren"

3.3.4 Boolesche Operationen zwischen Körpern

Zwei Körper können über eine boolesche Operation miteinander verknüpft werden. Eine boolesche Operation ist entweder eine Addition, Subtraktion oder Intersektion der Geometrien zweier Körper. Das Ergebnis einer Addition ist ein Objekt der Klasse **Add** (Hinzufügen), **Assemble** (Zusammenbauen) oder **Trim** (Vereinigen und Trimmen). Das Ergebnis einer Subtraktion ist ein Objekt der Klasse **Remove** (Entfernen), das einer Intersektion ein Objekt der Klasse **Intersect** (Verschneiden). Eine Übersicht gibt Tabelle 3.1.

TABELLE 3.1 Übersicht boolescher Operationen zwischen zwei Körpern

Operation	CATIA-Objekt		Beschreibung
Addition		Add	Die Körper 1 und 2 werden addiert. Das Ergebnis ist die Vereinigungsmenge beider Körper.
		Assemble	Die Körper 1 und 2 werden addiert. Das Ergebnis ist die Vereinigungsmenge beider Körper. Ist einer der Körper ein Negativkörper, erfolgt eine Subtraktion
		Trim	Die Körper 1 und 2 werden addiert und ein Teilkörper entfernt. Dies ist nur möglich, wenn ein Körper den anderen vollständig teilt. Das Ergebnis ist eine Untermenge der Vereinigungsmenge.
Subtraktion		Remove	Der Körper 2 wird vom Körper 1 abgezogen. Das Ergebnis ist die Menge des Körpers 1 ohne die Schnittmenge aus Körper 1 und 2.
Intersektion		Intersect	Es wird die Schnittmenge aus Körper 1 und 2 gebildet.

Eine boolesche Operation wird über einen 3D-Werkzeugkasten (Abschnitt 7.1), einem Objekt der Klasse **ShapeFactory** erzeugt. Ein 3D-Werkzeugkasten kann über die Methode **ShapeFactory** der Klasse **Part** *(Abschnitt 8.168)* deklariert werden:

```
PART.ShapeFactory As ShapeFactory (Read Only)
```

Die Verknüpfung zweier Körper erfolgt über folgende Methoden der Klasse **ShapeFactory** *(Abschnitt 8.199)*:

```
Func SHAPEFACTORY.AddNewAdd ([Körper2] As Body) As Add
Func SHAPEFACTORY.AddNewAssemble ([Körper2] As Body) As Assemble
Func SHAPEFACTORY.AddNewIntersect ([Körper2] As Body) As Intersect
Func SHAPEFACTORY.AddNewRemove ([Körper2] As Body) As Remove
Func SHAPEFACTORY.AddNewTrim ([Körper2] As Body) As Trim
```

Der Parameter „Körper2" bestimmt den Körper, der durch eine boolesche Operation mit einem „Körper1" verknüpft wird. Der „Körper1" ist der in Bearbeitung befindliche Körper eines CATParts. Der „Körper1" wird über die Eigenschaft **InWorkObject** der Klasse **Part** in Bearbeitung gesetzt:

```
PART.InWorkObject As AnyObject
```

Beispiel 3.13: Addition zweier Körper

In einem geöffneten, aktiven CATPart gebe es den Hauptkörper und den Körper „Körper.2". „Körper.2" soll zum Hauptkörper mit „Add" addiert werden (Bild 3.8).

```
' 3D-Werkzeugkasten deklarieren ----------------------------------
Dim APart As Part
Set APart = CATIA.ActiveDocument.Part
Dim Wzk3D As ShapeFactory
Set Wzk3D = APart.ShapeFactory
' Körper deklarieren ---------------------------------------------
Dim Koerper1, Koerper2 As Body
Set Koerper1 = APart.Bodies.Item(1)
Set Koerper2 = APart.Bodies.Item(2)
' Körper addieren ------------------------------------------------
APart.InWorkObject = Koerper1
Dim Operation As Add
Set Operation = Wzk3D.AddNewAdd (Koerper2)
APart.Update
```

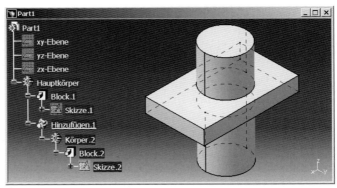

BILD 3.8 Ergebnis des Beispiels „Addition zweier Körper"

Wird die Methode **AddNewTrim** angewendet, so kann bestimmt werden, ob nach der Vereinigung ein Teilkörper entfernt werden soll. Ein Teilkörper ist der Teil eines Körpers, der durch einen anderen Körper vollständig vom Rest seines Körpers getrennt wird. Um einen zu entfernenden Teilkörper zu bestimmen, wird eine Fläche des Teilkörpers als zu entfernende Fläche definiert. Es kann auch umgekehrt vorgegangen werden: Es wird eine Fläche des Teilkörpers, der bestehen bleiben soll, als zu behaltende Fläche festgelegt. Es genügt, nur eine Fläche eines Teilkörpers anzugeben.

Über die Methoden **AddFaceToRemove** und **AddFaceToRemove2** der Klasse **Trim** *(Abschnitt 8.221)* kann eine zu entfernende Fläche festgelegt werden. Die Methoden **AddFaceToKeep** und **AddFaceToKeep2** definieren eine zu behaltende Fläche. Eine zu entfernende oder behaltende Fläche wird als Referenz einer „Removed Surface" definiert (Abschnitt 3.5.4).

```
Sub TRIM.AddFaceToKeep [ZuBehaltendeFläche] As Reference
Sub TRIM.AddFaceToKeep2 [ZuBehaltendeFläche, Beschnittfläche] As Reference
Sub TRIM.AddFaceToRemove [WegfallendeFläche] As Reference
Sub TRIM.AddFaceToRemove2 [WegfallendeFläche, Beschnittfläche] As Reference
```

Um eine zu entfallende oder behaltende Fläche zu definieren, gibt es jeweils zwei Methoden. Die beiden Methoden unterscheiden sich durch die Möglichkeit, eine zu entfallende oder behaltende Fläche mit einer Beschnittfläche zu beschneiden. Eine Beschnittfläche ist eine Fläche des teilenden Körpers, welche die zu entfernende oder behaltende Fläche in zwei Hälften teilt.

Verfügt ein Teilkörper über eine Fläche, die nicht den teilenden Körper durchdringt, kommen die Methoden **AddFaceToKeep** und **AddFaceToRemove** zur Anwendung. Ein Beispiel gibt Fall A in Tabelle 3.2: Die obere Kreisfläche gehört vollständig zum oberen Teilkörper und durchdringt den Block nicht.

Durchdringen die Flächen eines Teilkörpers den teilenden Körper, werden die Methoden **AddFaceToKeep2** und **AddFaceToRemove2** verwendet. Diese Methoden erlauben zusätzlich den Beschnitt einer zu entfernenden oder behaltenden Fläche mit einer Beschnittfläche. Zur Veranschaulichung dient Fall B in Tabelle 3.2: Die Mantelfläche des Ellipsoiden durchdringt den Block vollständig. Die Boden- oder Deckfläche des Blockes könnte als Beschnittfläche verwendet werden.

TABELLE 3.2 Beispiel einer durchdringenden und nicht durchdringenden Fläche eines Teilkörpers

Fall A: Nicht durchdringende Fläche	Fall B: Durchdringende Fläche

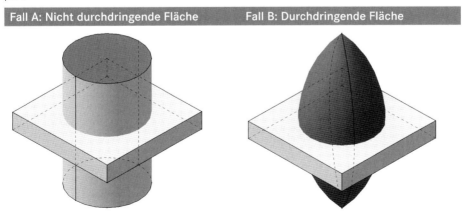

Beispiel 3.14: Vereinigen und Trimmen

In einem geöffneten, aktiven CATPart gebe es einen Hauptkörper mit einer Quader-Geometrie und einen Körper „Körper.2" mit einer Zylinder-Geometrie. Der Hauptkörper teile den „Körper.2" in zwei Hälften (Tabelle 3.2, Fall A). Es sollen beide Körper vereinigt werden, wobei vom Zylinder nur der obere Teil stehen bleiben soll (Bild 3.9).

```
' 3D-Werkzeugkasten deklarieren ----------------------------------
Dim APart As Part
Set APart = CATIA.ActiveDocument.Part
Dim Wzk3D As ShapeFactory
Set Wzk3D = APart.ShapeFactory
' Körper deklarieren ---------------------------------------------
Dim Koerper1, Koerper2 As Body
Set Koerper1 = APart.Bodies.Item(1)
Set Koerper2 = APart.Bodies.Item(2)
' Körper vereinigen ----------------------------------------------
APart.InWorkObject = Koerper1
Dim Operation As Trim
Set Operation = Wzk3D.AddNewTrim (Koerper2)
' Zu behaltende Fläche deklarieren -------------------------------
Dim Volumen2 As AnyObject
Set Volumen2 = Koerper2.Shapes.Item(1)
Dim E1, Face, E3, RSur As String
E1 = "RSur:"
E3="WithTemporaryBody;WithoutBuildError;WithSelectingFeatureSupport"
Face = "Face:(Brp:(Pad.2;2);None:())"
RSur = E1 & "(" & Face & ";" & E3 & ")"
Dim Ref as Reference
Set Ref = APart.CreateReferenceFromBRepName (RSur, Volumen2)
' Körper trimmen -------------------------------------------------
Operation.AddFaceToKeep Ref
APart.Update
```

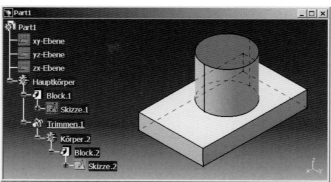

BILD 3.9 Ergebnis des Beispiels „Vereinigen und Trimmen"

3.4 Parameter und Beziehungen

Ein Parameter ist eine Variable innerhalb eines CATParts, die eine geometrische Abmessung oder einen Wert speichert. Mehrere Parameter können über eine Beziehung verknüpft werden. Eine Beziehung wird als Formel oder Konstruktionstabelle abgebildet. Eine Konstruktionstabelle ist eine Liste von Parametern, deren Werte über Konfigurationen gesteuert werden. Eine Konfiguration ist eine Parameterzeile einer Konstruktionstabelle. Eine Formel stellt einen Bezug zwischen mehreren Parametern her.

Parameter und Beziehungen ermöglichen es, generierte Geometrie parametrisch auszugestalten, so dass ein Anwender ein Bauteil einfach modifizieren kann. Sie stehen im Konstruktionsbaum unter den Rubriken „Parameter" und „Beziehungen" (Bild 3.10).

Die Rubriken werden von CATIA automatisch angelegt, sobald ein Makro einen Parameter oder eine Beziehung erzeugt. Eine Liste der Parameter eines CATParts wird durch ein Listenobjekt der Klasse **Parameters** (Abschnitt 8.167) repräsentiert, eine Liste der Beziehungen durch ein Listenobjekt der Klasse **Relations** (Abschnitt 8.184).

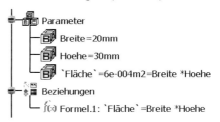

BILD 3.10 Darstellung von Parametern und Beziehungen im Konstruktionsbaum

3.4.1 Parameter

Ein Parameter wird allgemein durch ein Objekt der Klasse **Parameter** (Abschnitt 8.166) abgebildet. **Parameter** ist eine übergeordnete Klasse aller Parametertypen von CATIA. Eine Übersicht der gebräuchlichen Typen gibt Bild 3.11.

Die Erzeugung eines Parameters erfolgt über die Klasse **Parameters** (Abschnitt 8.167). Ein Listenobjekt der Klasse kann über die Eigenschaft **Parameters** der Klasse **Part** (Abschnitt 8.168) deklariert werden:

`PART.Parameters As Parameters (Read Only)`

Die Klasse **Parameters** bietet verschiedene Methoden, um einen Parameter zu erzeugen. Eine Aufstellung der Methoden gibt Tabelle 3.3.

BILD 3.11 Übersicht gebräuchlicher Parametertypen

„Name" und „Wert" bestimmen den Namen und Wert eines Parameters. „Typ" gibt bei einer geometrischen Abmessung an, ob es sich um einen Winkel oder eine Länge handelt. Bei einer Länge ist der Typ „Length", bei einem Winkel „Angle".

TABELLE 3.3 Methoden der Klasse „Parameters" zum Erzeugen eines Parameters

Typ	Methode	Objekt
Reelle Zahl	Func **CreateReal** ([Name] As CATBSTR, [Wert] As Double)	RealParam, Abschnitt 8.179
Ganze Zahl	Func **CreateInteger** ([Name] As CATBSTR, [Wert] As Long)	IntParam, Abschnitt 8.151
String	Func **CreateString** ([Name] As CATBSTR, [Wert] As CATBSTR)	StrParam, Abschnitt 8.210
Boolean	Func **CreateBoolean** ([Name] As CATBSTR, [Wert] As Boolean)	BoolParam, Abschnitt 8.11
Länge, Winkel	Func **CreateDimension** ([Name, Typ] As CATBSTR, [Wert] As Double)	Angle, Abschnitt 8.2 Length, Abschnitt 8.154

Beispiel 3.15: Parameter erzeugen

In einem geöffneten, aktiven CATPart sollen die drei Parameter „Pi" (reelle Zahl), „Hoehe" (Länge) und „Anschluss" (Winkel) erzeugt und ihnen die Werte „3,14159", 200 mm und 100° zugewiesen werden. Das Ergebnis zeigt Bild 3.12.

```
Dim Params As Parameters
Set Params = CATIA.ActiveDocument.Part.Parameters
Dim Reell As RealParam
Set Reell = Params.CreateReal ("Pi", 3.14159)
Dim Laenge, Winkel As Dimension
Set Laenge = Params.CreateDimension ("Hoehe",
"Length", 200)
Set Winkel = Params.CreateDimension ("Anschluss",
"Angle", 100)
```

BILD 3.12 Ergebnis des Beispiels „Parameter erzeugen"

3.4.2 Konstruktionstabellen

Eine Konstruktionstabelle ist eine Zusammenstellung von Parametern und deren Werten innerhalb einer Tabelle. Sie wird durch ein Objekt der Klasse **DesignTable** (Abschnitt 8.23) repräsentiert. Jede Zeile der Tabelle repräsentiert eine Konfiguration. Ein Beispiel für eine Konstruktionstabelle gibt Tabelle 3.4.

TABELLE 3.4 Beispiel einer Konstruktionstabelle für einen Flachstahl

Länge	Breite	Höhe
1000 mm	50 mm	40 mm
2000 mm	70 mm	50 mm
3000 mm	100 mm	80 mm

Eine Konstruktionstabelle kann in ein CATPart importiert werden, wenn diese als Text- oder Excel-Datei vorliegt. Für einen Parameter wird eine Spalte verwendet. Die Namen der Parameter stehen in der ersten Zeile. In einer Texttabelle werden die Spalten in einer Zeile mit **TAB** getrennt und Zeilen mit **ENTER** abgeschlossen. Zwei Beispiele gibt Tabelle 3.5.

TABELLE 3.5 Konstruktionstabelle „Flachstahl" als Text- und Excel-Datei

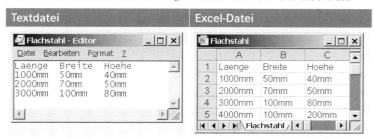

Eine Konstruktionstabelle kann über die Methoden **CreateDesignTable** und **CreateHorizontalDesignTable** der Klasse **Relations** (Abschnitt 8.184) erzeugt werden.

```
Func RELATIONS.CreateDesignTable ([Name, Kommentar As CATBSTR], [Kopie As
Boolean], [Pfad As CATBSTR]) As DesignTable
Function CreateHorizontalDesignTable ([Name, Kommentar] As String, [Kopie]
As Boolean, [Datei] As String) As DesignTable
```

Der Parameter „Name" bestimmt den Namen der Konstruktionstabelle. „Kommentar" gibt einen beschreibenden Text an. „Kopie" legt fest, ob eine Kopie der Tabelle im CATIA-Dokument angelegt wird. Ist „Kopie" gleich „True", wird die Tabelle kopiert. Im anderen Fall wird nur eine Verknüpfung zur Datei erstellt. „Pfad" beschreibt den absoluten Dateinamen.

Wenn eine Konstruktionstabelle erzeugt wird, müssen zusätzlich deren Spalten mit den Parametern eines CATIA-Dokumentes verknüpft und eine Konfiguration vorgegeben werden. Dies geschieht über die Methode **AddAssociation** und die Eigenschaft **Configuration** der Klasse **DesignTable**.

```
Sub DESIGNTABLE.AddAssociation [Parameter] As Parameter, [Spalte] As
CATBSTR
DESIGNTABLE.Configuration As Short
```

„Parameter" bestimmt den Parameter im CATIA-Dokument, der einer Spalte mit dem Namen „Spalte" zugewiesen wird. **Configuration** ist ein Zahlenwert zwischen „1" und der Anzahl der verfügbaren Konfigurationen. Die Anzahl kann über die Eigenschaft **ConfigurationsNb** ermittelt werden.

```
ConfigurationsNb As Short (Read Only)
```

Beispiel 3.16: Konstruktionstabelle erzeugen

In einem geöffneten, aktiven CATPart sollen die drei Parameter „Laenge", „Breite" und „Hoehe" und die Konstruktionstabelle „Tabelle Flachstahl" erzeugt werden. Die Werte der

Tabelle sollen aus einer Datei „Flachstahl.txt" (Tabelle 3.5) zugewiesen werden, die im Verzeichnis „C:\Temp\" abgelegt ist. Es soll keine Kopie der Werte im CATPart angelegt werden. Das Ergebnis zeigt Bild 3.13.

```
' Parameter erzeugen ---------------------------------------
Dim Params As Parameters
Set Params = CATIA.ActiveDocument.Part.Parameters
Dim Laenge, Breite, Hoehe As Dimension
Set Laenge = Params.CreateDimension („Laenge", „Length", 0)
Set Breite = Params.CreateDimension („Breite", „Length", 0)
Set Hoehe  = Params.CreateDimension („Hoehe",  „Length", 0)
' Konstruktionstabelle zuweisen --------------
Dim Rels As Relations
Set Rels = CATIA.ActiveDocument.Part.Relations
Dim KTab As DesignTable
Dim KName, Beschr, Pfad As CATBSTR
KName  = „Tabelle Flachstahl"
Beschr = „durch Werksnorm erlaubt"
Pfad   = „C:\Temp\Flachstahl.txt"
Set KTab = Rels.CreateDesignTable (KName, Beschr, false, Pfad)
' Parameter verknuepfen -----------------------
KTab.AddAssociation Laenge, "Laenge"
KTab.AddAssociation Breite, "Breite"
KTab.AddAssociation Hoehe, "Hoehe"
KTab.Configuration = 1
```

BILD 3.13 Ergebnis des Beispiels „Konstruktionserzeugen"

3.4.3 Formeln

Eine Formel ist eine Rechenvorschrift und setzt Parameter untereinander in Beziehung. Eine Formel wird durch die Klasse **Formula** *(Abschnitt 8.43)* repräsentiert und kann über die Methode **CreateFormula** der Klasse **Relations** *(Abschnitt 8.184)* erzeugt werden.

```
Func RELATIONS.CreateFormula ([Name, Kommentar As CATBSTR], [Ausgabe As Parameter], [Formel As CATBSTR]) As Formula
```

Der Parameter „Name" definiert die Bezeichnung der Formel. „Kommentar" speichert einen beschreibenden Text. „Ausgabe" definiert den Parameter, der berechnet wird. „Formel" beschreibt die Formel zur Berechnung des Parameters „Ausgabe".

Beispiel 3.17: Formel erzeugen

In einem geöffneten, aktiven CATPart sollen die Parameter „Hoehe" und „Breite" und die Formel „Berechnung Hoehe" anlegen werden. Die „Hoehe" soll immer viermal so groß wie die „Breite" sein. Der Startwert für die „Breite" ist 30 mm. Das Ergebnis zeigt Bild 3.14.

```
' Parameter erzeugen ---------------------------------------
Dim Params As Parameters
Set Params = CATIA.ActiveDocument.Part.Parameters
Dim Breite, Hoehe As Dimension
Set Breite = Params.CreateDimension („Breite", „Length", 30)
Set Hoehe  = Params.CreateDimension („Hoehe",  „Length", 0)
```

BILD 3.14 Ergebnis des Beispiels „Formel erzeugen"

```
. Formel zuweisen ---------------------
Dim Rels As Relations
Set Rels = CATIA.ActiveDocument.Part.Relations
Dim FName, FKom, FInhalt As CATBSTR
FName = „Berechnung Hoehe"
FKom = „Hoehe und Breite haben eine feste Abhängigkeit"
FInhalt = „4*Breite"
Dim Formel As Formula
Set Formel = Rels.CreateFormula (FName, FKom, Hoehe, FInhalt)
```

■ 3.5 Referenzen

Eine Referenz ist ein Zeiger auf ein Objekt und somit eine neutrale Beschreibung für ein Objekt. Wenn eine Methode als Eingangsparameter eine Referenz verwendet, können der Methode Objekte verschiedener Klassen zugewiesen werden. Von dieser Möglichkeit wird in CATScript an zahlreichen Stellen Gebrauch gemacht. Es bedeutet allerdings nicht, dass eine solche Methode alle Objektklassen auch verarbeiten kann.

Eine Referenz wird durch die Klasse **Reference** *(Abschnitt 8.181)* repräsentiert und über die Methoden **CreateReferenceFrom...** der Klasse **Part** *(Abschnitt 8.168)* erzeugt:

```
Func PART.CreateReferenceFromGeometry ([Geometrie] As AnyObject) As Reference
Func PART.CreateReferenceFromObject ([Objekt] As AnyObject) As Reference
Func PART.CreateReferenceFromName ([IDName] As CATBSTR) As Reference
Func PART.CreateReferenceFromBRepName ([BRepName] As CATBSTR, [Objekt] As AnyObject) As Reference
```

CreateReferenceFromGeometry leitet eine Referenz von einem Geometrieobjekt ab. Ein Geometrieobjekt ist eine Draht-, Flächen- oder Volumengeometrie. **CreateReferenceFromObject** erstellt eine Referenz zu einem beliebigen Einzelobjekt (Abschnitt 1.3.3). **CreateReferenceFromName** erzeugt eine Referenz zu einem Objekt, dessen Objektname als „IDName" angegeben ist. Wird eine Teilgeometrie eines Geometrieobjektes als Referenz benötigt, kommt die Methode **CreateReferenceFromBRepName** zur Anwendung. Eine häufig benötigte Teilgeometrie ist z.B. eine Kante oder Fläche eines Volumenkörpers.

Der Name des Objektes, auf das eine Referenz verweist, kann über die Eigenschaft **DisplayName** der Klasse **Reference** *(Abschnitt 8.181)* ermittelt werden:

```
REFERENCE.DisplayName As CATBSTR (Read Only)
```

In den nächsten Abschnitten werden die vier Möglichkeiten, eine Referenz abzuleiten, ausführlich dargestellt.

3.5.1 Referenzen über Geometrie

Ist einem Makro ein Geometrieobjekt bekannt, kann eine Referenz auf das Geometrieobjekt mit der Methode **CreateReferenceFromGeometry** der Klasse **Part** *(Abschnitt 8.168)* abgeleitet werden:

```
Func PART.CreateReferenceFromGeometry ([Geometrie] As AnyObject) As Reference
```

Beispiel 3.18: Referenz über Geometrie

In einem Makro sei ein Geometrieobjekt „Punkt" und ein Objekt „Bauteil" der Klasse **Part** definiert worden. Es soll der Name des Geometrieobjektes in „Punkt.999" verändert und eine Referenz auf das Geometrieobjekt erstellt werden. Zur Kontrolle soll der Name des Objektes über seine Referenz in einem Ausgabefenster angezeigt werden (Bild 3.15).

```
Punkt.Name = „Punkt.999"
Dim Ref As Reference
Set Ref = Bauteil.CreateReferenceFromGeometry (Punkt)
MsgBox (Ref.DisplayName)
```

BILD 3.15 Ausgabe des Beispiels „Referenz über Geometrie"

3.5.2 Referenzen über Objekte

Eine universelle Möglichkeit, eine Referenz von einem Objekt abzuleiten, gibt die Methode **CreateReferenceFromObject** der Klasse **Part** *(Abschnitt 8.168)*:

```
Func PART.CreateReferenceFromObject ([Objekt] As AnyObject) As Reference
```

Der Parameter „Objekt" beschreibt ein beliebiges Einzelobjekt. Da ein Geometrieobjekt in der Regel immer auch ein Einzelobjekt ist, wird bei der Erstellung eines Makros diese Methode jener des Abschnittes 3.5.1 vorgezogen.

3.5.3 Referenzen über Objektnamen

Eine Referenz kann über den Namen eines Objektes definiert werden. Dies geschieht über die Methode **CreateReferenceFromName** der Klasse **Part** *(Abschnitt 8.168)*:

```
Func PART.CreateReferenceFromName ([IDName] As CATBSTR) As Reference
```

Die Ableitung einer Referenz über diese Methode ist in der Makroprogrammierung selten notwendig, da, wenn ein Objekt schon bekannt ist, die Methoden der beiden oberen Abschnitte greifen. Es gibt allerdings eine Ausnahme: Es wird eine Leerreferenz benötigt.

Eine **Leerreferenz** ist eine Referenz, die ins Leere zeigt. Eine Leerreferenz wird immer dann benutzt, wenn eine Methode verwendet werden soll, die eine Referenz benötigt, das Objekt zu der Referenz aber erst im späteren Prozess eines Makros ermittelt wird. Ein praktischer Anwendungsfall ist, wenn mehrere Kanten oder Flächen durch eine einzige

Operation (Verrundung, Aufmaß etc.) verändert werden sollen (vgl. Abschnitt 7.5.2, Beispiel 7.8).

Beispiel 3.19: Leerreferenz

In einem Makro soll eine Leerreferenz erzeugt werden.
```
Dim Ref As Reference
Set Ref = MeinPart.CreateReferenceFromName ("")
```

3.5.4 Referenzen über Namen der Boundary-Representation

Eine „Boundary-Representation" (BRep) ist ein Punkt, eine Kante oder Fläche eines Geometrieelementes. Wenn eine Referenz zu der BRep eines Geometrieelementes benötigt wird, kommt die Methode **CreateReferenceFromBRepName** der Klasse **Part** *(*Abschnitt 8.168*)* zur Anwendung:
```
Func PART.CreateReferenceFromBRepName ([BRepName] As CATBSTR, [Objekt] As
AnyObject) As Reference
```

Der Parameter „BRepName" bestimmt den Namen einer BRep, „Objekt" das zugehörige Geometrieobjekt. Die Bildung des Namens einer BRep erfolgt geschachtelt. Die Schachtelungsebenen sind:

1. Bezeichnung einer BRep
2. Name einer BRep
3. Name einer Kante
4. Name einer oder mehrerer Teilflächen („Face") bzw. eines Punktes
5. Name eines Konturelementes einer Skizze
    Je nachdem, wie eine BRep verwendet wird, kennt CATIA feststehende Bezeichnungen, die Tabelle 3.6 entnommen werden können.

TABELLE 3.6 Bezeichnungen einer BRep

Geometrie	Bezeichnung	Anwendungsfall
Fläche	**FSur** (Functional Surface)	Eine Fläche bleibt nach einer Operation bestehen (z.B. Bedingung an eine Fläche setzen).
	RSur (Removed Surface)	Eine Fläche entfällt durch eine Operation (z.B. Aufmaß, Schalenelement).
Kante	**FEdge** (Functional Edge)	Eine Kante bleibt nach einer Operation bestehen (z.B. Bedingung an eine Kante setzen).
	REdge (Removed Edge)	Eine Kante entfällt durch eine Operation (z.B. Verrundung, Fase).
Punkt	**Vertex**	Es handelt sich um einen Kantenpunkt einer Geometrie

Die Regeln zur Bildung des Namens einer BRep stellt Tabelle 3.7 dar.

TABELLE 3.7 Regeln zur Bildung des Namens einer BRep

BRep	Name der BRep
FSur	FSur:(**[Face-Name]**;WithTemporaryBody;WithoutBuildError;WithInitialFeatureSupport)
RSur	RSur:(**[Face-Name]**;WithTemporaryBody;WithoutBuildError; WithSelectingFeatureSupport)
FEdge	FEdge:(**[Edge-Name]**; WithTemporaryBody;WithoutBuildError; WithInitialFeatureSupport)
REdge	REdge:(**[Edge-Name]**;WithTemporaryBody;WithoutBuildError; WithSelectingFeatureSupport)
Vertex	PointOnEdge_**[Faktor]**:(**[REdge]**)

„**Face-Name**" ist der Name einer Teilfläche („Face") eines Geometrieelementes. In ihrer Bezeichnung ist die Historie einer Teilfläche abgelegt. Ist eine Teilfläche auf der Basis einer Skizze entstanden, lautet die Syntax:

`Face:(Brp:([Geometrie];0:(Brp:([Skizze];[Zähler])));None:())`

Die Parameter „Geometrie" und „Skizze" bezeichnen den Namen des jeweiligen Objektes. Ein Objektname ist auf Englisch zu bezeichnen, auch wenn es sich um eine deutsche CATIA-Version handelt! „Zähler" ist ein Wert von „1" bis „n". „n" ist die Anzahl der an der Erzeugung einer Geometrie beteiligten Geometrieelemente.

Hat eine Teilfläche keinen Bezug zu einer Skizze, wird folgende Syntax verwendet:

`Face:(Brp:([Geometrie];[Zähler]);None:())`

Beispiele für die Bezeichnungen von Teilflächen eines Blockes und eines Rotationskörpers geben Tabelle 3.8 und Tabelle 3.9.

„**Edge-Name**" ist der Name einer Kante und besitzt folgende Syntax:

`Edge:([Face-Name];[Face-Name];None:(Limits1:();Limits2:()))`

TABELLE 3.8 Beispiele zur Bildung der Face-Namen eines Blockes

Teilfläche	Face-Name
Boden (LIM2)	Face:(Brp:(Pad.1;**1**);None:())
Decke (LIM1)	Face:(Brp:(Pad.1;**2**);None:())
Seite 1	Face:(Brp:(Pad.1;0:(Brp:(Sketch.1;**1**)));None:())
Seite 2	Face:(Brp:(Pad.1;0:(Brp:(Sketch.1;**2**)));None:())
Seite 3	Face:(Brp:(Pad.1;0:(Brp:(Sketch.1;**3**)));None:())
Seite 4	Face:(Brp:(Pad.1;0:(Brp:(Sketch.1;**4**)));None:())

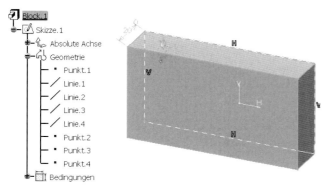

„**Faktor**" gibt die relative Lage eines Punktes auf einer Kante über das Verhältnis der Längen „Startpunkt-Punkt", „Startpunkt-Endpunkt" an. Das Verhältnis wird immer mit sechs Nachkommastellen geschrieben. Beispiele:

```
Startpunkt:      PointOnEdge_0.000000
Mittelpunkt:     PointOnEdge_0.500000
Endpunkt:                PointOnEdge_1.000000
```

TABELLE 3.9 Beispiele zur Bildung der Face-Namen eines Rotationskörpers

Teilfläche	Face-Name
Start (LIM1)	Face:(Brp:(Shaft.1;**2**);None:())
Ende (LIM2)	Face:(Brp:(Shaft.1;**1**);None:())
Seite 1	Face:(Brp:(Shaft.1;0:(Brp:(Sketch.1;**1**)));None:())
Seite 2	Face:(Brp:(Shaft.1;0:(Brp:(Sketch.1;**2**)));None:())
Seite 3	Face:(Brp:(Shaft.1;0:(Brp:(Sketch.1;**3**)));None:())
Seite 4	Face:(Brp:(Shaft.1;0:(Brp:(Sketch.1;**4**)));None:())

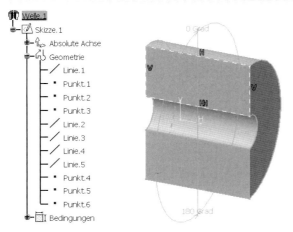

Damit die Theorie einen praktischen Bezug erhält, wird die Verwendung der Referenz einer BRep in einem Beispiel dargestellt.

Beispiel 3.20: Seitenkante verrunden

In einem geöffneten, aktiven CATPart existiere im Hauptkörper der Block „Block.1", entstanden aus einer Skizze „Skizze.1". Der Block soll an einer Seitenkante mit einem Radius von 10 mm verrundet werden (Bild 3.16).

```
' Werkzeugkasten deklarieren -------------------------------------
Dim Bauteil As Part
Set Bauteil = CATIA.ActiveDocument.Part
Dim Wzk3D As Factory
Set Wzk3D = Bauteil.ShapeFactory
' Block deklarieren ----------------------------------------------
Dim Block As Shape
Set Block = Bauteil.MainBody.Shapes.Item(„Block.1")
' Kantennamen definieren -----------------------------------------
Dim Face1, Face2
Face1 = „Face:(Brp:(Pad.1;0:(Brp:(Sketch.1;1)));None:())"
Face2 = "Face:(Brp:(Pad.1;0:(Brp:(Sketch.1;2)));None:())"
Dim Endung1, Edge, Endung2, REdge
Endung1 = ";None:(Limits1:();Limits2:()))"
Endung2 = ";WithTemporaryBody;WithoutBuildError;WithSelectingFeatureSuppo
rt)"
Edge = "Edge:(" & Face1 & ";" & Face2 & Endung1
REdge = "REdge:(" & Edge & Endung2
' Kante verrunden ------------------------------------------------
Dim Ref As Reference
Set Ref = Bauteil.CreateReferenceFromBRepName(REdge, Block)
Dim Rundung As ConstRadEdgeFillet
Set Rundung = Wzk3D.AddNewEdgeFilletWithConstantRadius(Ref, 1, 10)
Bauteil.Update
```

BILD 3.16 Ergebnis des Beispiels „Seitenkante verrunden"

■ 3.6 Richtungsdefinitionen

Eine Richtungsdefinition ist eine Sammlung von Parametern, um eine Richtung zu beschreiben. Sie wird benötigt, um die Ausrichtung einer Linie, Kurve oder Fläche festzulegen. Eine Richtungsdefinition wird durch die Klasse **HybridShapeDirection** (Abschnitt 8.78) abgebildet.

Es gibt zwei Arten von Richtungsdefinitionen:
- Richtungsdefinitionen mittels eines Vektors
- Richtungsdefinitionen mittels eines Objektes

Ein Vektor legt eine Richtung über drei Koordinaten fest, ein Objekt über seine eigene Ausrichtung. Häufig verwendete Objekte zur Definition einer Richtung sind die Ursprungsebenen oder -achsen eines CATParts (Abschnitt 3.2). Eine Richtungsdefinition ist nicht für einen Anwender sichtbar. Sie ist ein Objekt, das nur einem Makro bekannt ist.

3.6.1 Richtungsdefinition mittels eines Vektors

Eine Richtungsdefinition mittels eines Vektors wird über die Methode **AddNewDirectionByCoord** der Klasse **HybridShapeFactory** *(Abschnitt 8.85)* erzeugt. Ein Objekt **HybridShapeFactory** wird über die Eigenschaft **HybridShapeFactory** der Klasse **Part** deklariert (Abschnitt 6.1).

```
Func HYBRIDSHAPEFACTORY.AddNewDirectionByCoord ([DX, DY, DZ] As Double) As HybridShapeDirection
```

Beispiel 3.21: Richtungsdefinition über einen Vektor

Es soll eine Richtungsdefinition erzeugt werden, die in die Richtung (0, 1, 0) zeigt.

```
Dim MeinPart As Part
Set MeinPart = CATIA.ActiveDocument.Part
Dim Wzk3D As Factory
Set Wzk3D = MeinPart.HybridShapeFactory
Dim Richtung As HybridShapeDirection
Set Richtung = Wzk3D.AddNewDirectionByCoord (0, 1, 0)
```

3.6.2 Richtungsdefinition mittels eines Objektes

Eine Richtungsdefinition mittels eines Objektes benötigt ein Referenzobjekt, das zur Ableitung einer Richtungsdefinition geeignet ist. Das ist in der Regel eine Linie oder Ebene. Eine Richtungsdefinition wird über die Methode **AddNewDirection** der Klasse **HybridShapeFactory** *(Abschnitt 8.85)* erzeugt:

```
Func HYBRIDSHAPEFACTORY.AddNewDirection ([Element] As Reference) As HybridShapeDirection
```

Beispiel 3.22: Richtungsdefinition über ein Referenzobjekt

In einem Makro seien die Objekte „MeineLinie" und „MeinPart" deklariert worden. In die Richtung der Linie soll eine Richtungsdefinition zeigen.

```
Dim Wzk3D As Factory
Set Wzk3D = MeinPart.HybridShapeFactory
Dim Ref As Reference
Set Ref = MeinPart.CreateReferenceFromObject (MeineLinie)
Dim Richtung As HybridShapeDirection
Set Richtung = Wzk3D.AddNewDirection (Ref)
```

4 Bestandteile eines CATProducts

Der Verwendungszweck eines CATProducts ist es, Baugruppenstrukturen zu definieren. Um diesen Zweck zu erfüllen, werden zum einen Informationen über die in einem CATProduct verbauten CATParts, untergeordneten CATProducts und Komponenten sowie deren Positionierungen benötigt. Zum anderen speichert ein CATProduct auch beschreibende Attribute, Parameter und Formeln. Auf diese Informationen wird über das Ankerobjekt **Product** zugegriffen (Abschnitt 1.10.4).

Ein Objekt der Klasse **Product** (Abschnitt 8.176) wird über die Methode **Product** der Klasse **ProductDocument** *(Abschnitt 8.177)* abgeleitet.

```
PRODUCTDOCUMENT.Product As Product (Read Only)
```

In den folgenden Abschnitten ist beschrieben, wie auf die Attribute, Parameter und Formeln, verbauten CATParts, CATProducts und Komponenten sowie die Bedingungen eines CATProducts zugegriffen werden kann.

■ 4.1 Attribute

Die Attribute eines CATProducts lassen sich in Standardattribute und benutzerdefinierte Attribute aufteilen. Standardattribute sind die Teilenummer, Überarbeitung, Definition, Nomenklatur, Quelle und Beschreibung. Benutzerdefinierte Attribute sind von einem Anwender definierte Attribute.

Auf die Attribute eines CATProducts wird über die gleichen Eigenschaften zugegriffen wie auf die Attribute eines CATParts. Aus diesem Grunde sei bezüglich der Attribute eines CATProducts auf den Abschnitt 3.1 verwiesen.

4.2 Parameter und Formeln

Die Parameter und Formeln eines CATProducts sind in den Listenobjekten **Parameters** und **Relations** der Klasse **Product** (Abschnitt 8.176) gespeichert.

PRODUCT.Parameters As Parameters (Read Only)
PRODUCT.Relations As Relations (Read Only)

Die Bearbeitung und Definition eines Parameters oder einer Formel erfolgt mit den im Abschnitt 3.4 beschriebenen Methoden.

4.3 Baugruppenstruktur

Eine Baugruppenstruktur wird gebildet, indem in ein CATProduct oder eine Komponente weitere CATProducts, Komponenten oder CATParts eingehängt werden. Diese in ein CAT-Product oder eine Komponente eingehängten Elemente werden in einem Listenobjekt gespeichert. Das Listenobjekt kann über die Eigenschaft **Products** der Klasse **Product** (Abschnitt 8.176) deklariert werden.

PRODUCT.Products As Products (Read Only)

Die Klasse **Products** (Abschnitt 8.178) stellt Methoden zur Verfügung, um die Bestandteile der Liste zu analysieren oder die Liste zu verändern.

4.3.1 Vorhandene Struktur analysieren

Ein Element des Listenobjektes kann über die Methode **Item** der Klasse **Products** gelesen werden.

PRODUCTS.Item ([Index] As CATVariant) As Product

Um das zu lesende Element zu benennen, wird der Methode **Item** als Parameter entweder die Position in der Liste als ganze Zahl oder der Name des Elementes mitgegeben. Die Anzahl der Elemente des Listenobjektes kann über die Eigenschaft **Count** ermittelt werden.

PRODUCTS.Count As Long

Beispiel 4.1: Struktur analysieren

Es sei ein CATProduct in CATIA V5 geöffnet und das aktive Dokument. Es sollen die Namen aller Strukturknoten des CATProducts in einzelnen Ausgabefenstern angezeigt werden. Ist das CATProduct mehrstufig, so sollen auch dessen Unterstrukturen analysiert werden.

```
Sub CATMain ()
Analysieren (CATIA.ActiveDocument.Product)
End Sub
Sub Analysieren (P As Product)
. Namen ausgeben ---------------------------------
MsgBox(P.PartNumber)
. Liste analysieren -------------------------------
Dim PP As Products
Dim I As Integer
Set PP = P.Products
I = 0
Do While I < PP.Count
I = I + 1
Analysieren (PP.Item(I))
Loop
End Sub
```

4.3.2 Elemente hinzufügen

Zu einem CATProduct können Komponenten, CATParts und CATProducts hinzugefügt werden. Hierbei ist zu unterscheiden, ob ein Element neu erzeugt oder ob es schon auf der Festplatte oder im CATIA-Speicher als Dokument vorhanden ist und nur eingefügt werden soll.

Soll ein Element komplett neu erzeugt werden, so werden die Methoden **AddNewComponent** oder **AddNewProduct** der Klasse **Products** verwendet.

```
Func PRODUCTS.AddNewComponent ([DokumentTyp, Teilenummer] As String) As Product
Func PRODUCTS.AddNewProduct ([Teilenummer] As String) As Product
```

AddNewComponent erzeugt ein neues CATPart oder CATProduct. Soll ein CATPart erzeugt werden, so ist das Attribut „DokumentTyp" gleich „CATPart". Für ein CATProduct ist der Wert „CATProduct". **AddNewProduct** erzeugt eine neue Komponente. In beiden Fällen bestimmt das Attribut „Teilenummer", welche Teilenummer der neu zu erzeugende Knoten erhalten soll. Ein Beispiel gibt Abschnitt 4.4.

Ist ein Element schon als Datei vorhanden, aber noch nicht in CATIA geladen, so kann es über die Methode **AddComponentsFromFiles** geladen und ins CATProduct eingehängt werden.

```
Sub PRODUCTS.AddComponentsFromFiles [Liste] As CATSafeArrayVariant, [Art] As String
```

Das Attribut „Liste" ist ein Array der Dateinamen der zu ladenden Dokumente. „Art" definiert die Art der hinzufügenden Dokumente (z.B. „CATPart" oder „CATProduct"). Ein Beispiel gibt die Beschreibung der Klasse **Products** (Abschnitt 8.178) im Anhang.

Ist ein Element schon im Speicher von CATIA als Dokument oder Produkt vorhanden, kann es über die Methoden **AddComponent** oder **AddExternalComponent** zu der Liste eines CATProducts hinzugefügt werden. Im ersten Fall wird als Attribut ein Produkt, im zweiten Fall ein Dokument übergeben. Zwei Beispiele gibt die Beschreibung der beiden Methoden im Anhang (Abschnitt 8.178).

```
Func PRODUCTS.AddComponent ([NeuerKnoten] As Product) As Product
Func PRODUCTS.AddExternalComponent ([Dokument] As Document) As Product
```

4.3.3 Elemente ersetzen

Ein Element des Listenobjektes kann über die Methoden **ReplaceComponent** und **ReplaceProduct** der Klasse **Products** durch ein neues Element ersetzt werden.

```
Func PRODUCTS.ReplaceComponent ([ProduktAlt] As Product, [DateiProduktNeu] As String, [AlleInstanzen] As Boolean) As Product
Func PRODUCTS.ReplaceProduct ([ProduktAlt, ProduktNeu] As Product, [AlleInstanzen] As Boolean) As Product
```

Die Methode **ReplaceComponent** benötigt das neue Element als Datei. Es wird durch dessen Dateinamen (absoluter Pfad) bestimmt. Die Methode läd das Dokument des neuen Elementes und tauscht die Produkte im Listenobjekt aus. Die Methode **ReplaceProduct** bestimmt das neue Element durch dessen Objekt **Product**. In diesem Fall muss das Dokument des neuen Elementes schon geladen sein. Der Parameter „AlleInstanzen" legt fest, ob alle Verbauungen des alten Elementes durch das neue ersetzt werden sollen (Wert gleich „True").

Beispiel 4.2: Knoten ersetzen

Es sei ein CATProduct in CATIA V5 geöffnet und das aktive Dokument. Das CATProduct enthalte mindestens zwei Unterknoten. Der zweite Unterknoten soll in allen Instanzen durch das CATPart „C:\Temp\Test.CATPart" ersetzt werden.

```
Dim PListe As Products
Set PListe = CATIA.ActiveDocument.Product.Products
Dim PNeu, PAlt As Product
Set PAlt = PListe.Item(2)
Set PNeu = PListe.ReplaceComponent (PAlt, „C:\Temp\Test.CATPart", True)
```

4.3.4 Elemente löschen

Ein Element des Listenobjektes kann über die Methode **Remove** der Klasse **Products** gelöscht werden.

```
Sub PRODUCTS.Remove [Index] As CATVariant
```

Um das zu lesende Element zu benennen, wird der Methode **Item** als Parameter entweder die Position in der Liste als ganze Zahl oder der Name des Elementes mitgegeben (vgl. Abschnitt 4.3.1).

Beispiel 4.3: Knoten löschen

Es sei ein CATProduct in CATIA V5 geöffnet und das aktive Dokument. Das CATProduct enthalte mindestens einen Unterknoten. Der erste Unterknoten soll gelöscht werden.

```
Dim P As Product
Set P = CATIA.ActiveDocument.Product
P.Products.Remove 1
```

4.4 Bedingungen

Bedingungen beschreiben die Positionierung von geometrischen Elementen eines CATProducts (z.B. „Fix", „Offset" und „Contact"). Eine Bedingung ist in einem Listenobjekt der Klasse **Constraints** gespeichert. Das Listenobjekt ist nicht unmittelbar eine Eigenschaft der Klasse **Product** (Abschnitt 8.176), kann aber über die Methode **Connections** abgeleitet werden. Als Parameter „Typ" wird in diesem Fall der String „CATIAConstraints" übergeben.

```
Func PRODUCT.Connections ([Typ] As String) As Collection
```

Die Erzeugung einer Bedingung erfolgt analog der in Abschnitt 5.4 beschriebenen Methoden. Diese Methoden benötigen Referenzen auf die beteiligten Geometrieelemente. Eine Referenz auf ein Geometrieelement kann über die Methode **CreateReferenceFromName** der Klasse **Product** erzeugt werden.

```
Func PRODUCT.CreateReferenceFromName ([Bezeichner] As String) As Reference
```

Als Bezeichner muss der gesamte Namenspfad eines Geometrieelementes angegeben werden. Ein Namenspfad setzt sich aus der Teilenummer des Wurzelproduktes, den Namen der Zwischenknoten, dem Namen des CATParts, in dem sich die Geometrie befindet, und dem Namen des Geometrieelementes zusammen. Die Begriffe werden durch Schrägstriche getrennt. Dem Namen des Geometrieelementes ist ein Ausrufezeichen voranzustellen. Soll beispielsweise auf ein Geometrieelement verwiesen werden, das einem CATPart angehört, das direkt im Wurzelprodukt verbaut ist, so lautet der Pfad: „Wurzelprodukt.PartNumber/CATPart.Name/!Geometrie.Name".

Beispiel 4.4: Bedingung erzeugen

Es soll ein CATProduct mit zwei CATParts „01" und „02" erzeugt werden. Die XY-Ebene des CATParts „01" soll fixiert werden. Die XY-Ebene des CATParts „02" soll über eine Kontaktbedingung mit der anderen Ebene verknüpft werden.

```
' Neues CATProduct erzeugen -----------------------------------
Dim Docs As Documents
Set Docs = CATIA.Documents
Dim Wurzel As Product
Set Wurzel = Docs.Add("Product").Product
```

```
Dim Beding As Constraints
Set Beding = Wurzel.Connections(„CATIAConstraints")
' CATParts erzeugen ------------------------------------------
Dim P1, P2 As Product
Set P1 = Wurzel.Products.AddNewComponent („Part", „01")
Set P2 = Wurzel.Products.AddNewComponent („Part", „02")
' CATPart 01 fixieren ----------------------------------------
Dim Ebene1 As AnyObject
Set Ebene1 = Docs.Item(„01.CATPart").Part.OriginElements.PlaneXY
Dim R1 As Reference
S = Wurzel.PartNumber & „/" & P1.Name & „/!" & Ebene1.Name
Set R1 = Wurzel.CreateReferenceFromName (S)
Set Bedi = Beding.AddMonoEltCst (catCstTypeReference, R1)
' Kontaktbedingung auf XY-Ebenen -----------------------------
Dim Ebene2 As AnyObject
Set Ebene2 = Docs.Item(„02.CATPart").Part.OriginElements.PlaneXY
Dim R2 As Reference
S = Wurzel.PartNumber & „/" & P2.Name & „/!" & Ebene2.Name
Set R2 = Wurzel.CreateReferenceFromName (S)
Set Bedi = Beding.AddBiEltCst (catCstTypeOn, R1, R2)
```

5 2D-Drahtgeometrie

2D-Drahtgeometrie sind Punkte, Linien und planare Kurven. 2D-Drahtgeometrie wird in einer Skizze abgelegt, die durch die Klasse **Sketch** *(Abschnitt 8.202)* repräsentiert wird. Aus einer Skizze können Volumenkörper und Flächen erzeugt werden.

Die Erzeugung einer Skizze kann in drei Schritte aufgeteilt werden:

1. Erzeugen einer Skizzenreferenz und eines Skizzenobjektes
2. Erzeugen der Skizzengeometrie
3. Erzeugen von Bedingungen zwischen den Geometrieelementen einer Skizze

5.1 Skizzenreferenz und Skizzenobjekt erzeugen

Eine Skizzenreferenz ist eine Ebene oder planare Fläche, in der die 2D-Drahtgeometrie einer Skizze liegt. Über eine Skizzenreferenz wird eine Skizze im Raum positioniert. Üblicherweise wird als Skizzenreferenz entweder eine Ursprungsebene (Abschnitt 3.2) oder eine selbst erzeugte Ebene (Abschnitt 6.4) verwendet.

Eine Skizze ist immer einem Körper oder geometrischen Set zugeordnet. Dieser muss deklariert oder erzeugt werden (Abschnitt 3.3), bevor eine Skizze angelegt werden kann. Ist ein Körper oder geometrisches Set vorhanden, kann über die Eigenschaften **Sketches** der Klasse **Body** *(Abschnitt 8.9)* oder **HybridSketches** der Klasse **HybridBody** *(Abschnitt 8.50)* eine Liste aller Skizzen des Körpers abgeleitet werden.

```
BODY.Sketches As Sketches
HYBRIDBODY.HybridSketches As Sketches
```

Die Klasse **Sketches** *(Abschnitt 8.204)* erlaubt es, über die Methode **Add** eine weitere Skizze zu der Skizzenliste hinzuzufügen. Eine Skizze benötigt immer eine Skizzenreferenz. Als Skizzenreferenz wird eine Ebene oder planare Fläche verwendet. Das Ergebnis der

Methode ist eine Skizze, deren Nullpunkt mit dem ihrer Skizzenreferenz übereinstimmt. Alle Positionswerte einer Skizze beziehen sich auf ihren Nullpunkt.

```
Func SKETCHES.Add ([Ebene As Reference]) As Sketch
```

Beispiel 5.1: Erzeugen einer Skizze

Es soll ein neues CATPart und innerhalb dessen Hauptkörpers eine Skizze erzeugt werden. Die Referenz der Skizze soll die YZ-Ebene sein. Das Ergebnis zeigt Bild 5.1.

```
' Neues CATPart anlegen ----------------------------------------
Dim Bauteil As Part
Dim Dokument As Document
Set Dokument = CATIA.Documents.Add („Part")
Set Bauteil = Dokument.Part
' Listenobjekt Sketches erzeugen -------------------------------
Dim Skizzen As Sketches
Set Skizzen = Bauteil.MainBody.Sketches
' Referenzebene erzeugen ---------------------------------------
Dim UrsprungsElemente, Ebene
Set UrsprungsElemente = Bauteil.OriginElements
Set Ebene = UrsprungsElemente.PlaneYZ
```

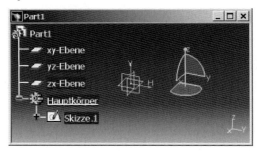

BILD 5.1 Ergebnis des Beispiels „Erzeugen einer Skizze"

```
' Objekt Sketch erzeugen -----------
Dim Skizze As Sketch
Set Skizze = Skizzen.Add (Ebene)
```

Eine Skizze verfügt über ein zweidimensionales Achsensystem mit einer H- und V-Achse, das im Nullpunkt der Skizze liegt. Die Ausrichtung der Achsen orientiert sich an der Skizzenreferenz. Das Achsensystem kann über die Eigenschaft **AbsoluteAxis** der Klasse **Sketch** *(Abschnitt 8.202)* abgeleitet werden.

```
SKETCH.AbsoluteAxis As Axis2D (Read Only)
```

Die Klasse **Axis2D** *(Abschnitt 8.7)* verfügt über die Eigenschaften **HorizontalReference**, **Origin** und **VerticalReference**, um den Ursprung und die Achsen eines Achsensystems auszulesen. Diese Ursprungselemente einer Skizze werden häufig zur Definition von Bedingungen verwendet.

```
AXIS2D.HorizontalReference As Line2D (Read Only)
AXIS2D.Origin As Point2D (Read Only)
AXIS2D.VerticalReference As Line2D (Read Only)
```

Beispiel 5.2: Achsen einer Skizze auslesen

Die Achsen einer Skizze „Skizze" sollen ausgelesen und den Objekten „HAchse" und „VAchse" zugewiesen werden.

```
Dim HAchse, VAchse As Line2D
Set HAchse = Skizze.AbsoluteAxis.HorizontalReference
Set VAchse = Skizze.AbsoluteAxis.VerticalReference
```

Die Klasse **Sketch** bietet über die Methode **SetAbsoluteAxisData** die Möglichkeit, das Achsensystem einer Skizze zu verändern.

```
Sub SKETCH.SetAbsoluteAxisData [Achsen3D As CATSafeArrayVariant]
```

„Achsen3D" ist ein Feld, das sich aus neun Werten zusammensetzt:

- Werte 0 bis 2:   Nullpunkt der Skizze (X, Y und Z)
- Werte 3 bis 5:   Vektor der horizontalen Achse (DX, DY, DZ)
- Werte 6 bis 8:   Vektor der vertikalen Achse (DX, DY, DZ)

Sollen der Nullpunkt und die Ausrichtung einer Skizze gelesen werden, wird die Methode **GetAbsoluteAxisData** verwendet.

```
Sub SKETCH.GetAbsoluteAxisData  [Achsen3D] As CATSafeArrayVariant
```

Beispiel 5.3: Lesen der Daten eines 2D-Achsensystems

Der Nullpunkt und die Orientierung der Achsen einer Skizze „Skizze" sollen gelesen und in jeweils einem Ausgabefenster angezeigt werden.

```
Dim A(8)
Skizze.GetAbsoluteAxisData A
MsgBox ("X=" & A(0) & ", Y=" & A(1) & ", Z=" & A(2))
MsgBox ("DX=" & A(3) & ", DY=" & A(4) & ", DZ=" & A(5))
MsgBox ("DX=" & A(6) & ", DY=" & A(7) & ", DZ=" & A(8))
```

■ 5.2 Skizzengeometrie erzeugen

Die Punkte, Linien und Kurven einer Skizze werden mit Hilfe eines 2D-Werkzeugkastens erzeugt. Ein 2D-Werkzeugkasten ist ein Objekt der Klasse **Factory2D** *(Abschnitt 8.35)*, die Methoden zur Definition von Geometrie bereitstellt. Ein 2D-Werkzeugkasten wird über die Methode **OpenEdition** der Klasse **Sketch** *(Abschnitt 8.202)* deklariert. Die Methode öffnet zugleich eine Skizze für einen Bearbeitungsvorgang.

```
Func SKETCH.OpenEdition As Factory2D
```

Mit einem 2D-Werkzeugkasten können geometrische Elemente erzeugt werden. Eine Übersicht der wichtigsten Elemente und deren Methoden gibt Tabelle 5.1. Die Parameter „X" und „Y" beziehen sich immer auf den Nullpunkt einer Skizze.

Sind die Geometrieelemente einer Skizze erzeugt, wird die Skizze über die Methode **CloseEdition** der Klasse **Sketch** geschlossen und das CATPart über die Methode **Update** der Klasse **Part** *(Abschnitt 8.168)* neu berechnet.

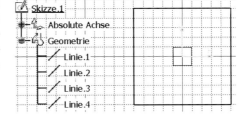

```
Sub SKETCH.CloseEdition
Sub PART.Update
```

BILD 5.2 Ergebnis des Beispiels „Erzeugen eines Quadrates"

Beispiel 5.4: Erzeugen eines Quadrates

Eine Skizze sei als Objekt „Skizze" und ein Part als „Bauteil" deklariert worden. In der Skizze soll ein Quadrat mit einer Kantenlänge von 100 mm symmetrisch um den Ursprung der Skizze gezeichnet werden (Bild 5.2).

TABELLE 5.1 Übersicht der Methoden der Klasse „Factory2D"
(Details zu den Methoden: **Factory2D**, Abschnitt 8.35)

Typ		Methode	Erzeugtes Objekt
■	Punkt	Func **CreatePoint** ([X, Y] As Double)	Point2D, Abschnitt 8.174
		Func **CreateControlPoint** ([X, Y] As Double)	ControlPoint2D, Abschnitt 8.21
╱	Linie	Func **CreateLine** ([X1, Y1, X2, Y2] As Double) Func **CreateLineFromVector** ([X, Y, DX, DY] As Double)	Line2D, Abschnitt 8.157
⊙	Kreis	Func **CreateClosedCircle** ([X, Y, R] As Double) Func **CreateCircle** ([X, Y, R, Start, Ende] As Double)	Circle2D, Abschnitt 8.14
⬭	Ellipse	Func **CreateClosedEllipse** ([X, Y, DX1, DY1, R1, R2] As Double) Func **CreateEllipse** ([X, Y, DX1, DY1, R1, R2, Start, Ende] As Double)	Ellipse2D, Abschnitt 8.32
∿	Spline	Func **CreateSpline** ([Punkte] As CATSafeArrayVariant)	Spline2D, Abschnitt 8.207

```
' 2D-Werkzeugkasten erzeugen und Skizze öffnen ------------------
Dim Wzk As Factory2D
Set Wzk = Skizze.OpenEdition
' Geometrie erzeugen ------------------------------------
Dim Linie As Line2D
Set Linie = Wzk.CreateLine (-50, 50, 50, 50)
Set Linie = Wzk.CreateLine (50, 50, 50, -50)
Set Linie = Wzk.CreateLine (50, -50, -50, -50)
Set Linie = Wzk.CreateLine (-50, -50, -50, 50)
' Skizze schließen und Bauteil aktualisieren ------------------
Skizze.CloseEdition
Bauteil.Update
```

Das Ergebnis ist ein Quadrat, dessen Linien keinen Bezug zueinander haben. Im Skizzierer können die Linien mit dem Auswahlpfeil verschoben werden (Bild 5.3).

Ein Bezug zwischen zwei Linien kann hergestellt werden, indem die Start- und Endpunkte beider Linien erzeugt und den Linien zugewiesen werden. Ein Start- und Endpunkt kann über die Eigenschaften **StartPoint** und **EndPoint** der Klasse **Curve2D** *(Abschnitt 8.22)* einer Linie zugeordnet werden. **Curve2D** ist eine übergeordnete Klasse der Klasse **Line2D**.

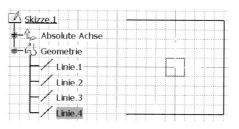

BILD 5.3 Quadrat mit verschobener Linie

```
CURVE2D.StartPoint As Point2D
CURVE2D.EndPoint As Point2D
```

Das erweiterte Makro lautet:

```
' Geometrie erzeugen und Linien verknüpfen -----------------------
Dim Punkt (4) As Point2D
Dim Linie (4) As Line2D
Set Punkt(1) = Wzk.CreatePoint (50, 50)
Set Punkt(2) = Wzk.CreatePoint (-50, 50)
Set Punkt(3) = Wzk.CreatePoint (50, -50)
Set Punkt(4) = Wzk.CreatePoint (-50, -50)
```

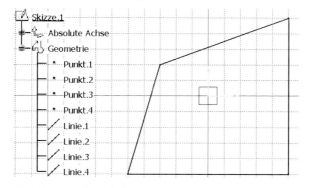

BILD 5.4 Quadrat mit zusammenhängenden Linien

```
Set Linie(1) = Wzk.CreateLine (-50, 50, 50, 50)
Linie(1).StartPoint = Punkt(2)
Linie(1).EndPoint = Punkt(1)
Set Linie(2) = Wzk.CreateLine (50, 50, 50, -50)
Linie(2).StartPoint = Punkt(1)
Linie(2).EndPoint = Punkt(3)
Set Linie(3) = Wzk.CreateLine (50, -50, -50, -50)
Linie(3).StartPoint = Punkt(3)
Linie(3).EndPoint = Punkt(4)
Set Linie(4) = Wzk.CreateLine (-50, -50, -50, 50)
Linie(4).StartPoint = Punkt(4)
Linie(4).EndPoint = Punkt(2)
```

Wenn jetzt mit dem Auswahlpfeil ein Punkt oder eine Linie verschoben wird, hängen die Linien zusammen (Bild 5.4).

5.3 Konstruktionselemente und Rotationsachse definieren

Ein Konstruktionselement ist ein 2D-Geometrieelement, das nicht zur Erzeugung einer Geometrie, sondern als Positionierungshilfe für andere 2D-Geometrieelemente verwendet wird. Ein Konstruktionselement wird in einer Skizze gestrichelt dargestellt.

Eine Rotationsachse ist eine Linie, die als Drehachse für eine Rotationsfläche oder ein Rotationsvolumen definiert ist. Eine Rotationsachse wird in einer Skizze strichpunktiert dargestellt.

Die Definition, ob es sich bei einem 2D-Geometrieelement um ein Standard- oder Konstruktionselement handelt, wird über die Eigenschaft **Construction** der Klasse **Geometry2D** *(Abschnitt 9.46)* vorgenommen. Da jedes 2D-Geometrieelement die Klasse **Geometry2D** als übergeordnete Klasse besitzt, verfügt es über diese Eigenschaft. Um ein Element als Konstruktionselement zu deklarieren, wird die Eigenschaft auf „True" gesetzt.
```
GEOMETRY2D.Construction As Boolean
```

Die Rotationsachse einer Skizze kann über die Eigenschaft **CenterLine** der Klasse **Sketch** *(Abschnitt 8.202)* definiert werden. Eine Skizze kann nur über eine Rotationsachse verfügen.
```
SKETCH.CenterLine As Line2D
```

Beispiel 5.5: Standardelement, Konstruktionselement und Rotationsachse

In einer Skizze „Skizze", die mit dem Werkzeugkasten „Wzk" geöffnet wurde, sollen drei Linien erzeugt werden. Die erste Linie soll ein Standardelement, die zweite ein Konstruktionselement und die dritte die Rotationsachse der Skizze sein (Bild 5.5).

```
Dim Linie As Line2D
Set Linie = Wzk.CreateLine (50, 0, 50, 50)
Linie.Construction = False
```

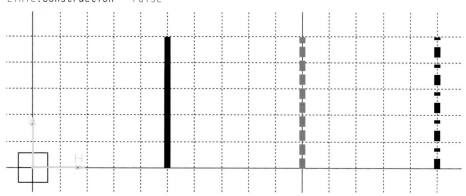

BILD 5.5 Ergebnis des Beispiels „Standardelement, Konstruktionselement und Rotationsachse"

```
Set Linie = Wzk.CreateLine (100, 0, 100, 50)
Linie.Construction = True
Set Linie = Wzk.CreateLine (150, 0, 150, 50)
Skizze.CenterLine = Linie
```

5.4 Bedingungen erzeugen

Eine Bedingung verknüpft geometrische Elemente einer Skizze und erlaubt einem Anwender, eine Skizze schnell zu ändern. Eine Bedingung wird durch ein Objekt der Klasse **Constraint** *(Abschnitt 8.19)* repräsentiert und ist in einem Listenobjekt der Klasse **Constraints** *(Abschnitt 8.20)* gespeichert. Das Listenobjekt wird über die Eigenschaft **Constraints** der Klasse **Sketch** *(Abschnitt 8.202)* deklariert:

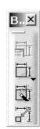

```
SKETCH.Constraints As Constraints (Read Only)
```

Eine Bedingung wird über die Methoden **AddMonoEltCst**, **AddBiEltCst** und **AddTriEltCst** der Klasse **Constraints** erzeugt. Die Methoden unterscheiden sich durch die Anzahl der Referenzen (Abschnitt 3.5), die sie verarbeiten: „Mono" für eine, „Bi" für zwei und „Tri" für drei Referenzen. Eine Skizze, in der eine Bedingung erstellt werden soll, muss mit **OpenEdition** geöffnet worden sein (Abschnitt 5.2).

```
Func CONSTRAINTS.AddMonoEltCst ([Typ] As CATConstraintType, [Referenz] As
Reference) As Constraint
Func CONSTRAINTS.AddBiEltCst ([Typ] As CATConstraintType, [Referenz1, Re-
ferenz2] As Reference) As Constraint
Func CONSTRAINTS.AddTriEltCst ([Typ] As CATConstraintType, [Referenz1, Re-
ferenz2, Referenz3] As Reference) As Constraint
```

Der Parameter „Typ" definiert den Typ einer Bedingung und wird durch einen Bezeichner **CATConstraintType** bezeichnet. Eine Übersicht der Bedingungstypen gibt Tabelle 5.2. Eine vollständige Liste kann der Eigenschaft **Type** der Klasse **Constraint** entnommen werden.

TABELLE 5.2 Wichtige Bedingungstypen und deren Methoden

Methode	Bedingungstyp	CATConstraintType
AddMonoEltCst	Horizontalität	catCstTypeHorizontality
	Vertikalität	catCstTypeVerticality
	Fixieren	catCstTypeReference
	Länge	catCstTypeLength
	Radius	catCstTypeRadius

Methode	Bedingungstyp	CATConstraintType
AddBiEltCst	Identität	catCstTypeOn
	Abstand	catCstTypeDistance
	Winkel	catCstTypeAngle
	Konzentrizität	catCstTypeConcentricity
	Tangentialität	catCstTypeTangency
	Parallelität	catCstTypeParallelism
	Symmetrie	catCstTypeSymmetry

Wenn eine Länge, ein Radius, ein Abstand oder ein Winkel erzeugt wird, soll in vielen Fällen auch ein Wert zugewiesen werden. Einen Zugriff auf den Wert einer Abmessung erlaubt die Eigenschaft **Dimension** der Klasse **Constraint** *(Abschnitt 8.19)*:
```
CONSTRAINT.Dimension As Dimension (Read Only)
```

Die Klasse **Dimension** *(Abschnitt 8.24)* verfügt aufgrund von übergeordneten Klassen über die Eigenschaft **Value**, mit der einer Abmessung ein Wert zugewiesen werden kann.
```
DIMENSION.Value As Double
```

Beispiel 5.6: Bedingung erzeugen

In einer Skizze existiere eine Linie. Die Skizze und Linie seien in einem Makro als Objekte „Skizze" und „Linie" deklariert worden. Die Linie soll eine Längenbedingung mit einem Wert von 50 mm erhalten.

```
' Bedingungen erzeugen ------------------------------------
Dim Bedingungen As Constraints
Dim Abstand As Constraint
Dim Ref As Reference
Set Ref = Bauteil.CreateReferenceFromObject (Linie)
Set Bedingungen = Skizze.Constraints
Set Abstand = Bedingungen.AddMonoEltCst (catCstTypeLength, Ref)
Abstand.Dimension.Value = 50
```

6 3D-Drahtgeometrie und Flächen

Drahtgeometrie ist ein Sammelbegriff für Punkte, Linien, Kurven und Ebenen. Ist eine Drahtgeometrie an eine Skizze gebunden, wird diese als 2D-Drahtgeometrie bezeichnet (vgl. Kapitel 5). 3D-Drahtgeometrie kann frei im Raum platziert werden und ist die Grundlage für die Beschreibung einer Fläche. Eine Fläche ist ein zweidimensionales Gebilde, das über Drahtgeometrie aufgespannt wird. Eine 3D-Drahtgeometrie oder Fläche wird allgemein als **HybridShape** bezeichnet und durch die Klasse **HybridShape** *(Abschnitt 8.51)* repräsentiert.

- Dieses Kapitel beschreibt die Erzeugung von 3D-Draht- und Flächengeometrie. Neben Hinweisen zum dem allgemeinen Vorgehen wird die Erzeugung von Punkten, Linien, Ebenen, Kurven, Flächen Transformationen und Operationen behandelt. Eine Transformation ist eine Verzerrung, Spiegelung, Verschiebung oder Vervielfältigung eines Geometrieelementes. Eine Operation verknüpft mehrere geometrische Elemente oder ändert deren Topologie. Eine topologische Änderung modifiziert die Anzahl der Kanten und Funktionsflächen einer Geometrie.

■ 6.1 Allgemeines Vorgehen

Die Erzeugung von 3D-Draht- und Flächengeometrie wird über einen 3D-Werkzeugkasten vorgenommen, einem Objekt der Klasse **HybridShapeFactory** *(Abschnitt 8.85)*. Ein 3D-Werkzeugkasten kann über die Eigenschaft **HybridShapeFactory** der Klasse **Part** *(Abschnitt 8.168)* deklariert werden.

```
PART.HybridShapeFactory As Factory (Read Only)
```

Die Klasse **HybridShapeFactory** bietet zahlreiche Methoden, um 3D-Drahtgeometrie und Flächen zu definieren. Die Methoden beginnen mit „**AddNew…**".

```
Func HYBRIDSHAPEFACTORY.AddNew ... (...) As HybridShape
```

Ist die Definition einer Geometrie abgeschlossen, wird diese einem Körper, geometrischen Set oder geordneten geometrischen Set zugewiesen. Die Zuweisung erfolgt entweder über die Methode **AppendHybridShape** der Klasse **HybridBody** *(Abschnitt 8.50)* oder über die Methode **InsertHybridShape** der Klassen **OrderedGeometricalSet** *(Abschnitt 8.161)* und **Body** *(Abschnitt 8.9)*. Erst durch diese Zuweisung wird eine Geometrie in einem CATIA-Dokument sichtbar und erzeugt. Es ist zu beachten, dass eine Zuweisung an einen Körper nur dann möglich ist, wenn der Modus „Hybridkonstruktion" in CATIA aktiviert wurde.

```
Sub HYBRIDBODY.AppendHybridShape [Geometrie] As HybridShape
Sub ORDEREDGEOMETRICALSET.InsertHybridShape [Geometrie] As HybridShape
Sub BODY.InsertHybridShape [Geometrie] As HybridShape
```

Die Schritte stellt Tabelle 6.1 in einer Übersicht dar.

TABELLE 6.1 Allgemeines Vorgehen zur Erzeugung von 3D-Draht- und Flächengeometrie

Schritt	Eigenschaften und Methoden
1.	3D-Werkzeugkasten und geometrisches Set deklarieren oder erzeugen: **PART.HybridShapeFactory** As Factory (Read Only) **PART.HybridBodies** As HybridBodies (Read Only) Func **HYBRIDBODIES.Add** As HybridBody
2.	Geometrie über den 3D-Werkzeugkasten vordefinieren: Func **HYBRIDSHAPEFACTORY.AddNew...** As HybridShape
3.	Geometrie einem Körper, geometrischen Set oder geordneten geometrischen Set zuweisen und erzeugen: Sub **HYBRIDBODY.AppendHybridShape** [Geometrie] As HybridShape Sub **ORDEREDGEOMETRICALSET.InsertHybridShape** [Geometrie] As HybridShape Sub **BODY.InsertHybridShape** [Geometrie] As HybridShape

Beispiel 6.1: Erzeugen eines Punktes

In einem geöffneten, aktiven CATPart soll das geometrische Set „Punkte" und in diesem der Punkt (20 / 40,5 / 100,25) erzeugt werden.

```
' 3D-Werkzeugkasten deklarieren --------------------------------
Dim Wzk3D As Factory
Set Wzk3D = CATIA.ActiveDocument.Part.HybridShapeFactory
' Geometrisches Set erzeugen -----------------------------------
Dim HBody As HybridBody
Set HBody = CATIA.ActiveDocument.Part.HybridBodies.Add
HBody.Name = "Punkte"
' Geometrie vordefinieren --------------------------------------
Dim Punkt As HybridShapePointCoord
Set Punkt = Wzk3D.AddNewPointCoord (20, 40.5, 100.25)
' Geometrie dem geometrischen Set zuweisen ---------------------
HBody.AppendHybridShape Punkt
CATIA.ActiveDocument.Part.Update
```

6.2 Punkte

Ein Punkt ist ein Geometrieelement ohne räumliche Ausdehnung. Ein Punkt kann über Koordinaten oder seine relative Lage zu einem anderen Geometrieelement beschrieben werden.

Die übergeordnete Klasse aller Punkte ist die Klasse **Point** *(Abschnitt 8.173)*, die Basismethoden für alle Punktarten zur Verfügung stellt. Eine Übersicht der Arten von Punkten gibt Tabelle 6.2. Jede Punktart besitzt eine spezialisierte Klasse, die mit der Bezeichnung **„HybridShapePoint…"** beginnt. Eine Ausnahme bilden Steuerpunkte und Extrema, die direkt aus der Klasse **HybridShape** abgeleitet sind.

TABELLE 6.2 Arten von Punkten und deren Parameter

Art	Parameter	Beschreibung
Expliziter Punkt (PointExplicit)	keine	Fixpunkt ohne Parameter
Koordinatenpunkt (PointCoord)	Koordinatenparameter	Raumpunkt
Zwischenpunkt (PointBetween)	zwei Punkte	Punkt zwischen zwei Punkten
Mittelpunkt (PointCenter)	Kreis- oder Ellipsenbogen	Mittelpunkt eines Kreises oder einer Ellipse
Kurvenpunkt (PointOnCurve)	Kurve oder Linie	Punkt auf einer Kurve oder Linie
Ebenenpunkt (PointOnPlane)	Ebene	Punkt auf einer Ebene
Flächenpunkt (PointOnSurface)	Fläche	Punkt auf einer Fläche
Tangentenpunkt (PointTangent)	Kurve und Richtung	Punkt auf einer Kurve
Extremum (Extremum)	Kurve und Richtung	Extrempunkt einer Kurve

Die folgenden zwei Abschnitte stellen die Methoden zum Erzeugen von Punkten sowie zwei Fallbeispiele dar.

6.2.1 Methoden zum Erzeugen von Punkten

Die Methoden, einen Punkt zu erzeugen, sind der Klasse **HybridShapeFactory** *(Abschnitt 8.85)* zugeordnet. Eine Übersicht der Methoden gibt Tabelle 6.3.

TABELLE 6.3 Methoden zum Erzeugen eines Punktes
(Details zu den Methoden: Klasse **HybridShapeFactory**, Abschnitt 8.85)

Punkt	Methode	Erzeugtes Objekt
Expliziter Punkt	Func **AddNewPointDatum** ([Element] As Reference)	HybridShape-PointExplicit, Abschnitt 8.120
Koordinatenpunkt	Func **AddNewPointCoord** ([X, Y, Z] As Double) Func **AddNewPointCoordWithReference** ([X, Y, Z] As Double, [RefPunkt] As Reference)	HybridShape-PointCoord, Abschnitt 8.119
Zwischenpunkt	Func **AddNewPointBetween** ([Punkt1, Punkt2] As Reference, [Verhältnis] As Double, [Orientierung] As Long)	HybridShape-PointBetween Abschnitt 8.117
Mittelpunkt	Func **AddNewPointCenter** ([KreisOderEllipse] As Reference)	HybridShape-PointCenter, Abschnitt 8.118
Kurvenpunkt	Func **AddNewPointOnCurveFromDistance** ([Kurve] As Reference, [Abstand] As Double, [Invertierung] As Boolean) Func **AddNewPointOnCurveFromPercent** ([Kurve] As Reference, [Verhältnis] As Double, [Invertierung] As Boolean) Func **AddNewPointOnCurveWithReferenceFromDistance** ([Kurve, Punkt] As Reference, [Abstand] As Double, [Invertierung] As Boolean) Func **AddNewPointOnCurveWithReferenceFromPercent** ([Kurve, Punkt] As Reference, [Verhältnis] As Double, [Invertierung] As Boolean)	HybridShape-PointOnCurve, Abschnitt 8.121
Ebenenpunkt	Func **AddNewPointOnPlane** ([Ebene] As Reference, [X, Y] As Double) Func **AddNewPointOnPlaneWithReference** ([Ebene, Punkt] As Reference, [X, Y] As Double)	HybridShape-PointOnPlane, Abschnitt 8.122
Flächenpunkt	Func **AddNewPointOnSurface** ([Fläche] As Reference, [Richtung] As HybridShapeDirection, [Abstand] As Double) Func **AddNewPointOnSurfaceWithReference** ([Fläche, Referenzpunkt] As Reference, [Richtung] As HybridShapeDirection, [Abstand] As Double)	HybridShape-PointOnSurface, Abschnitt 8.123
Tangentenpunkt	Func **AddNewPointTangent** ([Kurve] As Reference, [Richtung] As HybridShapeDirection)	HybridShape-Point-Tangent, Abschnitt 8.124
Extremum	Func **AddNewExtremum** ([Objekt] As Reference, [Richtung] As HybridShapeDirection, [MinMax] As Long)	HybridShape-Extremum, Abschnitt 8.82
	Func **AddNewExtremumPolar** ([Typ] As Long, [Kontur] As Referenz)	HybridShape-ExtremumPolar, Abschnitt 8.83

Weiterführende Informationen:
- **Reference**: Abschnitt 3.5 (Referenzen)
- **HybridShapeDirection**: Abschnitt 3.6 (Richtungsdefinitionen)

6.2.2 Fallbeispiele: Punkte

Beispiel 6.2: Zwischenpunkt

In einem geöffneten, aktiven CATPart existiere das geometrische Set „Punkte" mit den Punkten „Punkt.1" und „Punkt.2". Zwischen diesen Punkten soll ein Punkt erzeugt werden, der zum Punkt 1 die Hälfte des Abstandes wie zum Punkt 2 besitzt (Bild 6.1).

```
' 3D-Werkzeugkasten deklarieren ----------------------------------
Dim MeinPart As Part
Set MeinPart = CATIA.ActiveDocument.Part
Dim Wzk3D As HybridShapeFactory
Set Wzk3D = MeinPart.HybridShapeFactory
```

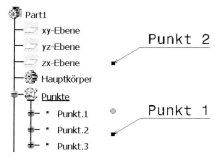

BILD 6.1 Ergebnis des Beispiels „Zwischenpunkt"

```
' Geometrisches Set deklarieren --------
Dim HBody As HybridBody
Set HBody = MeinPart.HybridBodies.Item („Punkte")
' Geometrie vordefinieren --------------
Dim P1, P2
Set P1 = HBody.HybridShapes.Item („Punkt.1")
Set P2 = HBody.HybridShapes.Item („Punkt.2")
Dim Ref1, Ref2 As Reference
Set Ref1 = MeinPart.CreateReferenceFromObject (P1)
Set Ref2 = MeinPart.CreateReferenceFromObject (P2)
Dim Punkt As HybridShapePointBetween
Set Punkt = Wzk3D.AddNewPointBetween (Ref1, Ref2, 0.33333, 1)
' Geometrie dem geometrischen Set zuweisen ----------------------
HBody.AppendHybridShape Punkt
MeinPart.Update
```

Beispiel 6.3: Mittelpunkt

In einem geöffneten, aktiven CATPart existiere das geometrische Set „Kreis" mit einem Kreis „Kreis.1". Von dem Kreis soll dessen Mittelpunkt erzeugt werden (Bild 6.2).

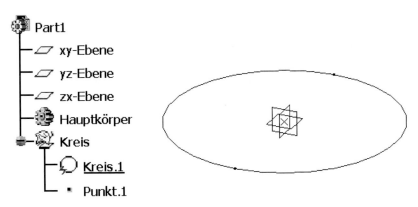

BILD 6.2 Ergebnis des Beispiels „Mittelpunkt"

```
' 3D-Werkzeugkasten deklarieren
Dim MeinPart As Part
Set MeinPart = CATIA.ActiveDocument.Part
Dim Wzk3D As HybridShapeFactory
Set Wzk3D = MeinPart.HybridShapeFactory
' Geometrisches Set deklarieren ---------------------------------
Dim HBody As HybridBody
Set HBody = MeinPart.HybridBodies.Item („Kreis")
' Geometrie vordefinieren ---------------------------------
Dim Kreis, Ref
Set Kreis = HBody.HybridShapes.Item(„Kreis.1")
Set Ref = MeinPart.CreateReferenceFromObject (Kreis)
Dim Punkt As HybridShapePointCenter
Set Punkt = Wzk3D.AddNewPointCenter (Ref)
' Geometrie dem geometrischen Set zuweisen ---------------------
HBody.AppendHybridShape Punkt
MeinPart.Update
```

■ 6.3 Linien

Eine Linie ist ein eindimensionales Geometrieelement. Eine Linie wird durch zwei Punkte, zwei Kurven oder einen Punkt und eine Richtung definiert.

Die übergeordnete Klasse aller Linien ist die Klasse **Line** (Abschnitt 8.156). Sie stellt Basismethoden für alle Linienarten zur Verfügung, die über einen Parameter verfügen. Jede Linienart besitzt eine spezialisierte Klasse, die mit der Bezeichnung „**HybridShapeLine...**" beginnt. Eine Ausnahme ist eine Achse, die über die Klasse **HybridShapeAxisLine** (Abschnitt 8.55) abgebildet ist und nicht in der Vererbungshierarchie der Klasse **Line** steht. Eine Übersicht der Linienarten gibt Tabelle 6.4.

TABELLE 6.4 Linienarten und deren Parameter

Art	Parameter	Beschreibung
Explizite Linie (LineExplicit)	keine	Fixlinie ohne Parameter
Winkellinie (LineAngle)	Kurve, Punkt und Winkel	Linie mit definiertem Winkel zu einer Referenz
Kurvenverbindung (LineBiTangent)	zwei Kurven	Linie mit tangentialem Verlauf zu zwei Kurven
Winkelhalbierende (LineBisecting)	zwei Linien	Linie mit gleichem Winkel zu zwei Linien
Normale (LineNormal)	Fläche oder Ebene und Punkt	Linie normal zu einer Referenz
Richtungslinie (LinePtDir)	Punkt und Richtungsdefinition	Linie durch einen Punkt entlang einer Richtung
Verbindungslinie (LinePtPt)	zwei Punkte	Verbindungslinie zweier Punkte
Tangente (LineTangency)	Kurve und Punkt	Linie tangential zu einer Kurve in einem Punkt
Achse (AxisLine)	Kurve oder Fläche	Achse eines Kreises oder einer rotationssymmetrischen Fläche

Die folgenden zwei Abschnitte stellen die Methoden zum Erzeugen von Linien sowie zwei Fallbeispiele dar.

6.3.1 Methoden zum Erzeugen von Linien

Die Methoden, eine Linien zu erzeugen, sind der Klasse **HybridShapeFactory** (Abschnitt 8.85) zugeordnet. Eine Übersicht der Methoden gibt Tabelle 6.5.

TABELLE 6.5 Methoden zum Erzeugen einer Linie
(Details zu den Methoden: Klasse **HybridShapeFactory**, Abschnitt 8.85)

Linie	Methode	Erzeugtes Objekt
Explizite Linie	Func **AddNewLineDatum** ([Element] As Reference)	HybridShape-LineExplicit, Abschnitt 8.97
Winkellinie	Func **AddNewLineAngle** ([Kurve, Stützgeometrie, Punkt] As Reference, [Geodätisch] As Boolean, [Abstand1, Abstand2, Winkel] As Double, [Invertierung] As Boolean)	HybridShape-LineAngle, Abschnitt 8.94
Kurvenverbindung	Func **AddNewLineBiTangent** ([Kurve1, Kurve2, Stützgeometrie] As Reference)	HybridShape-LineBiTangent, Abschnitt 8.96

Linie	Methode	Erzeugtes Objekt
Winkel-halbierende	Func **AddNewLineBisecting** ([Linie1, Linie2] As Reference, [Abstand1, Abstand2] As Double, [Invertierung] As Boolean, [Lösung] As Long) Func **AddNewLineBisectingOnSupport** ([Linie1, Linie2, Fläche] As Reference, [Abstand1, Abstand2] As Double, [Invertierung] As Boolean, [Lösung] As Long) Func **AddNewLineBisectingOnSupportWithPoint** ([Linie1, Linie2, Punkt, Fläche] As Reference, [Abstand1, Abstand2] As Double, [Invertierung] As Boolean, [Lösung] As Long) Func **AddNewLineBisectingWithPoint** ([Linie1, Linie2, Punkt] As Reference, [Abstand1, Abstand2] As Double, [Invertierung] As Boolean, [Lösung] As Long)	HybridShape-LineBisecting, Abschnitt 8.95
Normale	Func **AddNewLineNormal** ([Fläche, Punkt] As Reference, [Abstand1, Abstand2] As Double, [Invertierung] As Boolean)	HybridShape-LineNormal, Abschnitt 8.98
Richtungs-linie	Func **AddNewLinePtDir** ([Punkt] As Reference, [Richtung] As HybridShapeDirection, [Abstand1, Abstand2] As Double, [Invertierung] As Boolean) Func **AddNewLinePtDirOnSupport** ([Punkt] As Reference, [Richtung] As HybridShapeDirection, [Stützelement] As Reference, [Abstand1, Abstand2] As Double, [Invertierung] As Boolean)	HybridShape-LinePtDir, Abschnitt 8.99
Verbindungs-linie	Func **AddNewLinePtPt** ([Punkt1, Punkt2] As Reference) Func **AddNewLinePtPtExtended** ([Punkt1, Punkt2] As Reference, [Länge1, Länge2] As Double) Func **AddNewLinePtPtOnSupport** ([Punkt1, Punkt2, Stützelement] As Reference) Func **AddNewLinePtPtOnSupportExtended** ([Punkt1, Punkt2, Stützelement] As Reference, [Länge1, Länge2] As Double)	HybridShape-LinePtPt, Abschnitt 8.100
Tangente	Func **AddNewLineTangency** ([Kurve, Punkt] As Reference, [Abstand1, Abstand2] As Double, [Invertierung] As Boolean) Func **AddNewLineTangencyOnSupport** ([Kurve, Punkt, Stützelement] As Reference, [Abstand1, Abstand2] As Double, [Invertierung] As Boolean)	HybridShape-LineTangency, Abschnitt 8.101
Achse	Func **AddNewAxisLine** ([Ausgangselement] As Reference)	HybridShape-AxisLine, Abschnitt 8.55

Weiterführende Informationen:

- **Reference**: Abschnitt 3.5 (Referenzen)
- **HybridShapeDirection**: Abschnitt 3.6 (Richtungsdefinitionen)

6.3.2 Fallbeispiele: Linien

Beispiel 6.4: Verbindungslinie

In einem geöffneten, aktiven CATPart sollen das geometrische Set „MeineLinie" und eine Linie erzeugt werden, die sich zwischen den Punkten (0, 0, 0) und (100, 50, 20) aufspannt. Die Linie soll von diesen zwei Punkten abhängen (Bild 6.3).

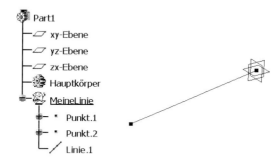

BILD 6.3 Ergebnis des Beispiels „Verbindungslinie"

```
' 3D-Werkzeugkasten deklarieren --
Dim Bauteil As Part
Set Bauteil = CATIA.ActiveDocument.Part
Dim Wzk3D As Factory
Set Wzk3D = Bauteil.HybridShapeFactory
' Geometrisches Set erzeugen -----
Dim HBody As HybridBody
Set HBody = Bauteil.HybridBodies.Add
HBody.Name = „MeineLinie"
' Punkte vordefinieren -------------------------------------
Dim P1, P2 As HybridShapePointCoord
Set P1 = Wzk3D.AddNewPointCoord (0, 0, 0)
Set P2 = Wzk3D.AddNewPointCoord (100, 50, 20)
Dim RefP1, RefP2 As Reference
Set RefP1 = Bauteil.CreateReferenceFromObject (P1)
Set RefP2 = Bauteil.CreateReferenceFromObject (P2)
' Punkte dem geometrischen Set zuweisen -----------------------
HBody.AppendHybridShape P1
HBody.AppendHybridShape P2
' Linie vordefinieren ----------------------------------------
Dim Linie As HybridShapeLinePtPt
Set Linie = Wzk3D.AddNewLinePtPt (RefP1, RefP2)
' Linie dem geometrischen Set zuweisen ----------------------
HBody.AppendHybridShape Linie
Bauteil.Update
```

Beispiel 6.5: Richtungslinien

In einem geöffneten, aktiven CATPart sollen das geometrische Set „Igel" und der Punkt (0, 0, 0) erzeugt werden. Von diesem Punkt sollen Linien der Länge 100 mm ausgehen, die in die Richtungen der Vektoren zeigen, deren drei Koordinaten im Wertebereich [-10, -5, 0, 5, 10] liegen (Bild 6.4).

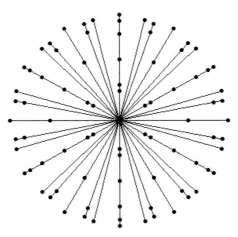

BILD 6.4 Ergebnis des Beispiels „Richtungslinien"

```
' 3D-Werkzeugkasten deklarieren -------------
Dim Bauteil As Part
Set Bauteil = CATIA.ActiveDocument.Part
Dim Wzk3D As Factory
Set Wzk3D = Bauteil.HybridShapeFactory
' Geometrisches Set erzeugen ----------------
Dim HBody As HybridBody
Set HBody = Bauteil.HybridBodies.Add
HBody.Name = „Igel"
' Punkt vordefinieren -----------------------------------
Dim P As HybridShapePointCoord
Set P = Wzk3D.AddNewPointCoord (0, 0, 0)
Dim RefP As Reference
Set RefP = Bauteil.CreateReferenceFromObject (P)
' Punkt dem geometrischen Set zuweisen -------------------
HBody.AppendHybridShape P
' Linien erzeugen ---------------------------------------
Dim X, Y, Z
Dim Linie As HybridShapeLinePtDir
Dim Richtung As HybridShapeDirection
For X = -10 to 10 Step 5
For Y = -10 to 10 Step 5
For Z = -10 to 10 Step 5
If Not (X+Y+Z = 0) Then
' Linie vordefinieren ---------------------------
Set Richtung = Wzk3D.AddNewDirectionByCoord (X, Y, Z)
Set Linie = Wzk3D.AddNewLinePtDir (RefP, Richtung, 0, 100, false)
' Linie dem geometrischen Set zuweisen ----------------
HBody.AppendHybridShape Linie
End If
Next
Next
Next
Bauteil.Update
```

6.4 Ebenen

Eine Ebene ist ein planares, zweidimensionales Geometrieelement. Eine Ebene kann über Ebenenparameter oder den Bezug zu Geometrieelementen definiert werden.

Die übergeordnete Klasse aller Ebenen ist die Klasse **Plane** *(Abschnitt 8.171)*, die Basismethoden für alle Ebenenarten zur Verfügung stellt. Eine Übersicht der Arten von Ebenen gibt Tabelle 6.6. Jede Ebenenart besitzt eine spezialisierte Klasse, die mit der Bezeichnung „**HybridShapePlane...**" beginnt.

TABELLE 6.6 Ebenenarten und deren Parameter

Art	Parameter	Beschreibung
Explizite Ebene (PlaneExplicit)	keine	Fixebene ohne Parameter
Ebene durch Geometrieelemente	ebene Kurve, Punkte oder Linie	Ebene verläuft durch geometrische Elemente
Winkelebene (PlaneAngle)	Ebene und Achse	Ebene mit definiertem Winkel zu einer Ebene
Gleichungsebene (PlaneEquation)	Ebenenparameter	Ebene, definiert durch eine Ebenengleichung
Ausgleichsebene (PlaneMean)	Punktewolke	Ebene mit minimalem Abstand zu Punkten einer Punktewolke
Normalenebene (PlaneNormal)	Kurve und Punkt	Ebene normal zu einer Kurve durch einen Punkt
Abstandsebene (PlaneOffset)	Ebene und Abstand oder Punkt	Ebene parallel zu einer Ebene
Tangentialebene (PlaneTangent)	Fläche und Punkt	Ebene tangential an einer Fläche durch einen Punkt

6.4.1 Methoden zum Erzeugen von Ebenen

Die Methoden, eine Ebene zu erzeugen, sind der Klasse **HybridShapeFactory** *(Abschnitt 8.85)* zugeordnet. Eine Übersicht der Methoden gibt Tabelle 6.7.

TABELLE 6.7 Methoden zum Erzeugen einer Ebene
(Details zu den Methoden: Klasse **HybridShapeFactory**, Abschnitt 8.85)

Ebene	Methode	Erzeugtes Objekt
Explizite Ebene	Func **AddNewPlaneDatum** ([Element] As Reference)	HybridShapePlaneExplicit, Abschnitt 8.111
Ebene durch Geometrie	Func **AddNewPlane1Curve** ([Ebene-Kurve] As Reference)	HybridShapePlane1Curve, Abschnitt 8.105
	Func **AddNewPlane1Line1Pt** ([Linie, Punkt] As Reference)	HybridShapePlane1Line1Pt, Abschnitt 8.106
	Func **AddNewPlane2Lines** ([Linie1, Linie2] As Reference)	HybridShapePlane2Lines, Abschnitt 8.107
	Func **AddNewPlane3Points** ([Punkt1, Punkt2, Punkt3] As Reference)	HybridShapePlane3Points, Abschnitt 8.108
Winkelebene	Func **AddNewPlaneAngle** ([Ebene, Achse] As Reference, [Winkel] As Double, [Invertierung] As Boolean)	HybridShapePlaneAngle, Abschnitt 8.109
Gleichungsebene	Func **AddNewPlaneEquation** ([A, B, C, D] As Double)	HybridShapePlaneEquation, Abschnitt 8.110
Ausgleichsebene	Func **AddNewPlaneMean** ([Punkteliste] As CATSafeArrayVariant, [Anzahl] As Long)	HybridShapePlaneMean, Abschnitt 8.112
Normalenebene	Func **AddNewPlaneNormal** ([Kurve, Punkt] As Reference)	HybridShapePlaneNormal, Abschnitt 8.113
Abstandsebene	Func **AddNewPlaneOffset** ([Ebene] As Reference, [Abstand] As Double, [Invertierung] As Boolean)	HybridShapePlaneOffset, Abschnitt 8.114
	Func **AddNewPlaneOffsetPt** ([Ebene, Punkt] As Reference)	HybridShapePlaneOffsetPt, Abschnitt 8.115
Tangentialebene	Func **AddNewPlaneTangent** ([Fläche, Punkt] As Reference)	HybridShapePlaneTangent, Abschnitt 8.116

Einige Methoden verwenden eine Referenz auf Geometrie. Die Definition eines Objektes der Klasse **Reference** beschreibt Abschnitt 3.5.

6.4.2 Fallbeispiele: Ebenen

Beispiel 6.6: Abstandsebene

In einem aktiven, geöffneten CATPart existiere das geometrische Set „Ebenen" mit einer Ebene „Ebene.1". Zu dieser Ebene soll eine parallele Ebene erzeugt werden, die durch den Punkt (100, 50, 100) verläuft (Bild 6.5).

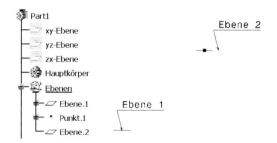

BILD 6.5 Ergebnis des Beispiels „Abstandsebene"

```
' 3D-Werkzeugkasten deklarieren
Dim MeinPart As Part
Set MeinPart = CATIA.ActiveDocument.Part
Dim Wzk3D As HybridShapeFactory
Set Wzk3D = MeinPart.HybridShapeFactory
' Geometrisches Set deklarieren
Dim HBody As HybridBody
Set HBody = MeinPart.HybridBodies.Item („Ebenen")
' Punkt vordefinieren ------------------------------------
Dim Punkt As HybridShapePointCoord
Set Punkt = Wzk3D.AddNewPointCoord (100, 50, 100)
Dim RefP As Reference
Set RefP = MeinPart.CreateReferenceFromObject (Punkt)
' Punkt dem geometrischen Set zuweisen -------------------
HBody.AppendHybridShape Punkt
' Ebene vordefinieren ------------------------------------
Dim Ebene1
Set Ebene1 = HBody.HybridShapes.Item("Ebene.1")
Dim RefE As Reference
Set RefE = MeinPart.CreateReferenceFromObject (Ebene1)
Dim Ebene2 As HybridShapePlaneOffsetPt
Set Ebene2 = Wzk3D.AddNewPlaneOffsetPt (RefE, RefP)
' Ebene dem geometrischen Set zuweisen -------------------
HBody.AppendHybridShape Ebene2
MeinPart.Update
```

Beispiel 6.7: Normalenebene

In einem aktiven, geöffneten CATPart existiere das geometrische Set „Ebenen" mit einem Kreisbogen „Kreis.1". Es soll eine Ebene erzeugt werden, die senkrecht zum Kreisbogen steht und durch einen Punkt auf der Streckenhälfte des Kreisbogens verläuft (Bild 6.6).

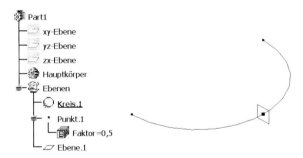

BILD 6.6 Ergebnis des Beispiels „Normalenebene"

```
' 3D-Werkzeugkasten ------
Dim MeinPart As Part
Set MeinPart = CATIA.Ac-tiveDocument.Part
Dim Wzk3D As HybridShapeFactory
Set Wzk3D = MeinPart.HybridShapeFactory
' Geometrisches Set ------
Dim HBody As HybridBody
Set HBody = MeinPart.HybridBodies.Item („Ebenen")
' Punkt vordefinieren -----------------------------------------
Dim Kurve
Set Kurve = HBody.HybridShapes.Item(„Kreis.1")
Dim RefK As Reference
Set RefK = MeinPart.CreateReferenceFromObject (Kurve)
Dim P As HybridShapePointOnCurve
Set P = Wzk3D.AddNewPointOnCurveFromPercent (RefK, 0.5, false)
Dim RefP As Reference
Set RefP = MeinPart.CreateReferenceFromObject (P)
' Punkt dem geometrischen Set zuweisen ------------------------
HBody.AppendHybridShape P
' Ebene vordefinieren -----------------------------------------
Dim Ebene As HybridShapePlaneNormal
Set Ebene = Wzk3D.AddNewPlaneNormal (RefK, RefP)
' Ebene dem geometrischen Set zuweisen ------------------------
HBody.AppendHybridShape Ebene
MeinPart.Update
```

6.5 Kurven

Eine Kurve ist ein eindimensionales Geometrieelement, dessen Verlauf nicht linear ist. Eine Kurve kann originär beschrieben oder durch eine Operation abgeleitet werden.

Eine **originär beschriebene Kurve** verfügt über einen vordefinierten Kurvenverlauf. Beispiele sind ein Kreis, Kreisbogen oder Spline.

Eine **Kurve, die durch eine Operation abgeleitet** wird, entsteht durch eine Verknüpfung mehrerer Geometrien. Beispiele sind eine Verschneidung, eine Projektion oder das Abgreifen einer Randkurve. Der Verlauf einer abgeleiteten Kurve kann variieren, je nachdem, welche Geometrien verwendet werden.

In diesem Abschnitt wird nur auf originäre Kurven und die Operationen eingegangen, deren Ergebnis immer eine Kurve ist. Operationen, deren Ergebnis ein Punkt, eine Kurve oder Fläche sein kann (z.B. Verschneidung), werden in Abschnitt 6.8 behandelt. Eine Übersicht der Arten von Kurven gibt Tabelle 6.8.

TABELLE 6.8 Arten von Kurven

Art	Kurve		Beschreibung
Originär		Kreis (Circle)	Kreis oder Kreisbogen
		Kegelschnitt (Conic)	Ellipse, Kreis oder Hyperbel
		Ecke (Corner)	tangentialer Kreisbogen an zwei Kurven
		Helix (Helix)	konstante, verjüngende oder weitende Spirale
		Polylinie (Polyline)	lineare Verbindung mehrerer Punkte
		Leitkurve (Spine)	krümmungsstetige Kurve
		Spirale (Spiral)	schneckenförmige, planare Kurve
		Mehrpunktkurve (Spline)	tangentenstetige Verbindung mehrerer Punkte
Operation		Kurvenoffset (3DCurveOffset)	Parallele einer Kurve im Raum
		Begrenzung (Boundary)	Randkurve einer Fläche
		Kombinationskurve (Combine)	Kombination zweier planarer Kurven
		Verbindungskurve (Connect)	Verbindung zweier Kurven
		Explizite Kurve (CurveExplicit)	Kurve ohne Parameter
		Parallele (CurvePar)	Parallele einer Kurve auf einer Fläche
		Glättung (CurveSmooth)	Glättung einer Kurve
		Abwicklung (Develop)	planare Abwicklung einer Raumkurve
		Reflexionslinie (ReflectLine)	Verlauf eines Tangentenstrahles an einer Fläche

Die folgenden zwei Abschnitte stellen die Methoden zum Erzeugen einer Kurve sowie zwei Fallbeispiele dar.

6.5.1 Methoden zum Erzeugen von Kurven

Die Methoden zum Erzeugen einer Kurve sind der Klasse **HybridShapeFactory** *(*Abschnitt 8.85*)* zugeordnet. Eine Übersicht der Methoden zum Erzeugen einer originären Kurve geben Tabelle 6.9 und Tabelle 6.10. Die Methoden, über eine Operation eine Kurve aus bestehender Geometrie abzuleiten, stellt Tabelle 6.11 dar.

TABELLE 6.9 Methoden zum Erzeugen eines originären Kreises
(Details zu den Methoden: Klasse **HybridShapeFactory**, Abschnitt 8.85)

Kurve		Methode	Erzeugtes Objekt
○	Kreis, Kreisbogen	Func **AddNewCircle2PointsRad** ([Punkt1, Punkt2, Fläche] As Reference, [AufFläche] As Boolean, [Radius] As Double, [Orientierung] As Long)	HybridShape-Circle2PointsRad, Abschnitt 8.60
		Func **AddNewCircle3Points** ([Punkt1, Punkt2, Punkt3] As Reference)	HybridShape-Circle3Points, Abschnitt 8.61
		Func **AddNewCircleBitangentPoint** ([Kurve1, Kurve2, Punkt, Stützfläche] As Reference, [Orientierung1, Orientierung2] As Long)	HybridShapeCircle-BitangentPoint, Abschnitt 8.62
		Func **AddNewCircleBitangentRadius** ([Kurve1, Kurve2, Stützfläche] As Reference, [Radius] As Double, [Orientierung1, Orientierung2] As Long)	HybridShapeCircle-BitangentRadius, Abschnitt 8.63
		Func **AddNewCircleCenterAxis** ([Achse, Punkt] As Reference, [Radius] As Double, [ProjektionAufAchse] As Boolean) Func **AddNewCircleCenterAxisWithAngles** ([Achse, Punkt] As Reference, [Radius] As Double, [Projektion-AufAchse] As Boolean, [StartWinkel, EndWinkel] As Double)	HybridShape-CircleCenterAxis, Abschnitt 8.64
		Func **AddNewCircleCenterTangent** ([Zentralelement, Tangente, Stützfläche] As Reference, [Radius] As Double)	HybridShapeCircleCenterTangent, Abschnitt 8.65
		Func **AddNewCircleCtrPt** ([Mittelpunkt, Durchgangspunkt, Stützfläche] As Reference, [AufFläche] As Boolean) Func **AddNewCircleCtrPtWithAngles** ([Mittelpunkt, Durchgangspunkt, Stützfläche] As Reference, [AufFläche] As Boolean, [Startwinkel, Endwinkel] As Double)	HybridShape-CircleCtrPt, Abschnitt 8.66

Kurve		Methode	Erzeugtes Objekt
○	Kreis, Kreisbogen	Func **AddNewCircleCtrRad** ([Mittelpunkt, Stützfläche] As Reference, [AufFläche] As Boolean, [Radius] As Double) Func **AddNewCircleCtrRadWithAngles** ([Mittelpunkt, Stützfläche] As Reference, [AufFläche] As Boolean, [Radius, Startwinkel, Endwinkel] As Double)	HybridShape-CircleCtrRad, Abschnitt 8.67
		Func **AddNewCircleDatum** ([Element] As Reference)	HybridShape-CircleExplicit, Abschnitt 8.68
		Func **AddNewCircleTritangent** ([Kurve1, Kurve2, Kurve3, Stützfläche] As Reference, [Orientierung1, Orientierung2, Orientierung3] As Long)	HybridShape-CircleTritangent, Abschnitt 8.69

TABELLE 6.10 Methoden zum Erzeugen einer originären Kurve
(Details zu den Methoden: Klasse **HybridShapeFactory**, Abschnitt 8.85)

Kurve		Methode	Erzeugtes Objekt
	Kegelschnitt	Func **AddNewConic** (Ebene, Startpunkt, Endpunkt As Reference)	HybridShapeConic, Abschnitt 8.71
	Ecke	Func **AddNew3DCorner** ([Kurve1, Kurve2] As Reference, [Richtung] As HybridShapeDirection, [Radius] As Double, [Orientierung1, Orientierung2] As Long, [Trimmen] As Boolean) Func **AddNewCorner** ([Kurve1, Kurve2, Stützfläche] As Reference, [Radius] As Double, [Orientierung1, Orientierung2] As Long, [Trimmen] As Boolean)	HybridShape-Corner, Abschnitt 8.73
	Polylinie	Func **AddNewPolyline**	HybridShape-Polyline, Abschnitt 8.125
	Helix	Func **AddNewHelix** ([Achse] As Reference, [Invertierung] As Boolean, [Startpunkt] As Reference, [Steigung, Höhe] As Double, [Uhrzeigersinn] As Boolean, [Startwinkel, Konuswinkel] As Double, [Außenkonus] As Boolean)	HybridShapeHelix, Abschnitt 8.89
	Leitkurve	Func **AddNewSpine**	HybridShapeSpine, Abschnitt 8.135
	Spirale	Func **AddNewSpiral** ([Typ] As Long, [Stützfläche, Zentrum] As Reference, [Richtung] As HybridShapeDirection, [Startradius] As Double, [Uhrzeigersinn] As Boolean)	HybridShapeSpiral, Abschnitt 8.136
	Spline	Func **AddNewSpline**	HybridShapeSpline, Abschnitt 8.137

Eine Leitkurve, Polylinie und ein Spline sind nach dem Erzeugen noch nicht vollständig definiert. Deren Ebenen bzw. Punkte werden über die Methoden des erzeugten Objektes spezifiziert.

Die Definition eines Kreisbogens wird über die Methoden **SetLimitation**, **EndAngle** und **StartAngle** der Klasse **HybridShapeCircle** *(Abschnitt 8.59)* vorgenommen, nachdem ein Kreisobjekt erzeugt worden ist. **HybridShapeCircle** ist eine übergeordnete Klasse aller 3D-Kreise und 3D-Kreisbögen.

TABELLE 6.11 Methoden zum Erzeugen einer Kurve über eine Operation (Details zu den Methoden: Klasse **HybridShapeFactory**, Abschnitt 8.85)

Kurve		Methode	Erzeugtes Objekt
	3D-Kurven-offset	Func **AddNew3DCurveOffset** ([Kurve] As Reference, [Richtung] As HybridShapeDirection, [Abstand, Eckradius, Eckspannung] As Double)	HybridShape-3DCurveOffset, Abschnitt 8.52
	Begrenzung	Func **AddNewBoundary** ([Ausgangselement, Stützelement] As Reference, [Fortführung] As Long) Func **AddNewBoundaryOfSurface** ([Fläche] As Reference)	HybridShape-Boundary, Abschnitt 8.58
	Kombinat.-kurve	Func **AddNewCombine** ([Kurve1, Kurve2] As Reference, [Index] As Long)	HybridShape-Combine, Abschnitt 8.70
	Verbind.-kurve	Func **AddNewConnect** ([Kurve1, Punkt1] As Reference, [Orientierung1, Fortführung1] As Long, [Spannung1] As Double, [Kurve2, Punkt2] As Reference, [Orientierung2, Fortführung2] As Long, [Spannung2] As Double, [Beschnitt] As Boolean)	HybridShape-Connect, Abschnitt 8.72
	Explizite Kurve	Func **AddNewCurveDatum** ([Element] As Reference)	HybridShape-CurveExplicit, Abschnitt 8.74
	Parallele	Func **AddNewCurvePar** ([Kurve, Fläche] As Reference, [Abstand] As Double, [AufFläche, Invertierung] As Boolean)	HybridShape-CurvePar, Abschnitt 8.75
	Glättung	Func **AddNewCurveSmooth** (ZuGlättendeKurve As Reference)	HybridShapeCurveSmooth
	Reflexionslinie	Func **AddNewReflectLine** ([Fläche] As Reference, [Richtung] As HybridShapeDirection, [Winkel] As Double, [OrientierungFläche, OrientierungRichtung] As Long) Func **AddNewReflectLineWithType** ([Fläche] As Reference, [Richtung] As HybridShapeDirection, [Winkel] As Double, [OrientierungFläche, OrientierungRichtung, Typ] As Long)	HybridShape-ReflectLine, Abschnitt 8.128

Einige Methoden verwenden eine Referenz auf Geometrie. Die Definition eines Objektes der Klasse **Reference** beschreibt Abschnitt 3.5.

6.5.2 Fallbeispiele: Kurven

Beispiel 6.8: Verbindungskurven

In einem geöffneten, aktiven CATPart existiere das geometrische Set „Kurven" mit zwei parallelen Linien „Linie.1" und „Linie.2" mit entgegengesetzter Orientierung. Zusätzlich seien die vier Endpunkte der beiden Linien „Punkt1A", „Punkt1B", „Punkt2A" und „Punkt2B" vorhanden. Die Linien sollen über zwei Verbindungskurven zu einem geschlossenen Kurvenzug ergänzt werden (Bild 6.7).

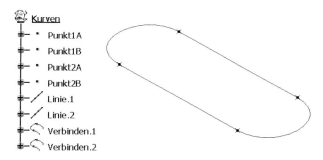

BILD 6.7 Ergebnis des Beispiels „Verbindungskurven"

```
' 3D-Werkzeugkasten --------
Dim MeinPart As Part
Set MeinPart = CATIA.ActiveDocument.Part
Dim Wzk3D As HybridShapeFactory
Set Wzk3D = MeinPart.HybridShapeFactory
' Geometrisches Set deklarieren ----------------------------------
Dim HBody As HybridBody
Set HBody = MeinPart.HybridBodies.Item („Kurven")
' Referenzen deklarieren -----------------------------------
Dim Linie(2), Start(2), Ende(2), RLinie(2), RStart(2), REnde(2)
Set Linie(1) = HBody.HybridShapes.Item („Linie.1")
Set Linie(2) = HBody.HybridShapes.Item („Linie.2")
Set Start(1) = HBody.HybridShapes.Item („Punkt1A")
Set Start(2) = HBody.HybridShapes.Item („Punkt2A")
Set Ende(1) = HBody.HybridShapes.Item („Punkt1B")
Set Ende(2) = HBody.HybridShapes.Item („Punkt2B")
Set RLinie(1) = MeinPart.CreateReferenceFromObject (Linie(1))
Set RLinie(2) = MeinPart.CreateReferenceFromObject (Linie(2))
Set RStart(1) = MeinPart.CreateReferenceFromObject (Start(1))
Set RStart(2) = MeinPart.CreateReferenceFromObject (Start(2))
Set REnde(1) = MeinPart.CreateReferenceFromObject (Ende(1))
Set REnde(2) = MeinPart.CreateReferenceFromObject (Ende(2))
' Verbindungskurven vordefinieren -------------------------------
Dim VKurve(2) As HybridShapeConnect
Set VKurve(1) = Wzk3D.AddNewConnect (RLinie(1), REnde(1), 1, 1, 1, RLinie(2),RStart(2), -1, 1, 1, false)
```

```
Set VKurve(2) = Wzk3D.AddNewConnect (RLinie(2), REnde(2), 1, 1, 1,
RLinie(1),RStart(1), -1, 1, 1, false)
' Verbindungskurven dem geometrischen Set zuweisen ---------------
HBody.AppendHybridShape VKurve(1)
HBody.AppendHybridShape VKurve(2)
MeinPart.Update
```

Beispiel 6.9: Kreis durch drei Punkte

In einem geöffneten, aktiven CATPart existiere das geometrische Set „Kurven" mit drei Punkten „Punkt.1", „Punkt.2" und „Punkt.3". Durch die drei Punkte soll ein Vollkreis gelegt werden (Bild 6.8).

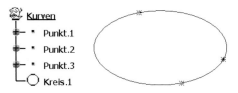

BILD 6.8 Ergebnis des Beispiels „Kreis durch drei Punkte"

```
' 3D-Werkzeugkasten deklarieren ------
Dim MeinP As Part
Set MeinP = CATIA.ActiveDocument.Part
Dim Wzk3D As HybridShapeFactory
Set Wzk3D = MeinP.HybridShapeFactory
' Geometrisches Set deklarieren --------------------------------
Dim HBody As HybridBody
Set HBody = MeinP.HybridBodies.Item („Kurven")
' Referenzen deklarieren ---------------------------------------
Dim Punkt(3) As AnyObject
Set Punkt(1) = HBody.HybridShapes.Item(„Punkt.1")
Set Punkt(2) = HBody.HybridShapes.Item(„Punkt.2")
Set Punkt(3) = HBody.HybridShapes.Item(„Punkt.3")
Dim Ref(3) As Reference
Set Ref(1) = MeinP.CreateReferenceFromObject (Punkt(1))
Set Ref(2) = MeinP.CreateReferenceFromObject (Punkt(2))
Set Ref(3) = MeinP.CreateReferenceFromObject (Punkt(3))
' Vollkreis vordefinieren --------------------------------------
Dim Kreis As HybridShapeCircle3Points
Set Kreis = Wzk3D.AddNewCircle3Points (Ref(1), Ref(2), Ref(3))
Kreis.SetLimitation 1
' Vollkreis dem geometrischen Set zuweisen ---------------------
HBody.AppendHybridShape Kreis
MeinP.Update
```

■ 6.6 Flächen

Eine Fläche ist ein zweidimensionales Geometrieelement, das durch 2D- oder 3D-Drahtgeometrie aufgespannt oder aus einer bestehenden Fläche abgeleitet wird. Die Güte einer

Fläche wird maßgeblich durch die Qualität der zugrunde liegenden Kurven bestimmt. Als Faustregel gilt: Eine originäre Kurve besitzt eine bessere Qualität als eine durch eine Operation abgeleitete, da die Kurvengeometrie einer originären Kurve vorbestimmte Eigenschaften besitzt (Abschnitt 6.5). Eine Übersicht der Arten von Flächen gibt Tabelle 6.12.

TABELLE 6.12 Übersicht der Arten von Flächen

Fläche	Parameter	Beschreibung
Übergangsfläche (Blend)	mehrere Kurven	Verbindungsfläche zwischen zwei oder mehreren Kurven
Zylinder (Cylinder)	Punkt und Richtung	Extrusionsfläche mit kreisförmigem Querschnitt
Extrusionsfläche (Extrude)	Profil und Richtung	Fläche auf Basis eines extrudierten Profils entlang einer Richtung
Füllfläche (Fill)	geschlossener Kurvenzug	Fläche, die von einem Kurvenzug umschlossen wird
Loftfläche (Loft)	mehrere Kurven	Verbindungsfläche zwischen zwei oder mehreren Kurven
Offsetfläche (Offset)	Fläche oder Flächenverband	Fläche mit konstantem Abstand zu einer Fläche oder einem Flächenverband
Rotationsfläche (Revol)	Profil und Achse	Fläche basierend auf einem Profil, das um eine Achse rotiert wird
Kugelfläche (Sphere)	Punkt und Parameter	Fläche mit konstantem Abstand zu einem Punkt
Explizite Fläche (SurfaceExplicit)	Fläche	Fläche ohne Parameter
Translationsfläche (Sweep)	Führungskurve und Profil	Fläche auf Basis eines Profils, das entlang einer Führungskurve gezogen wird

Die folgenden zwei Abschnitte stellen die Methoden zum Erzeugen von Flächen sowie zwei Fallbeispiele dar.

6.6.1 Methoden zum Erzeugen von Flächen

Die Methoden zum Erzeugen von Flächen sind der Klasse **HybridShapeFactory** *(Abschnitt 8.85)* zugeordnet. Eine Übersicht der Methoden gibt Tabelle 6.13. Die erste Spalte stellt die Flächenart dar, die zweite Spalte beschreibt die Methode und die dritte Spalte führt das Ergebnis der Methode auf.

Bei folgenden Flächen sind einige Besonderheiten zu beachten:

Ein Objekt **HybridShapeBlend** ist nach dessen Erzeugung über einen 3D-Werkzeugkasten nicht vollständig definiert. Es fehlen die Kurven, zwischen denen eine Übergangsfläche aufgespannt wird, und ggf. Kopplungsdefinitionen. Die zusätzlichen Parameter werden über die Methoden des erzeugten Flächenobjektes ergänzt. Ein Beispiel gibt Beispiel 6.10.

Bei den Objekten **HybridShapeLoft** und **HybridShapeFill** stellen die Objekte selbst Methoden zur Verfügung, um dessen Sektionen oder Füllkurven zu beschreiben. Ein Beispiel gibt Beispiel 6.11.

TABELLE 6.13 Methoden zum Erzeugen von Flächen
(Details zu den Methoden: Klasse **HybridShapeFactory**, Abschnitt 8.85)

Fläche	Methode	Erzeugtes Objekt
Übergangsfläche	Func **AddNewBlend**	HybridShapeBlend, Abschnitt 8.57
Zylinder	Func **AddNewCylinder** ([Punkt] As Reference, [Radius, Länge1, Länge2] As Double, [Richtung] As HybridShapeDirection)	HybridShape-Cylinder, Abschnitt 8.77
Extrusionsfläche	Func **AddNewExtrude** ([Element] As Reference, [Abstand1, Abstand2] As Double, [Richtung] As HybridShapeDirection)	HybridShape-Extrude, Abschnitt 8.84
Füllfläche	Func **AddNewFill**	HybridShapeFill, Abschnitt 8.86
Loftfläche	Func **AddNewLoft**	HybridShapeLoft, Abschnitt 8.102
Offsetfläche	Func **AddNewOffset** ([Fläche] As Reference, [Abstand] As Double, [NormaleOrientierung] As Boolean, [Genauigkeit] As Double)	HybridShapeOffset, Abschnitt 8.104
Rotationsfläche	Func **AddNewRevol** ([Profil] As Reference, [Winkel1, Winkel2] As Double, [Achse] As Reference)	HybridShapeRevol, Abschnitt 8.129
Kugelfläche	Func **AddNewSphere** ([Mittelpunkt, Achse] As Reference, [Radius, Parallelwinkel1, Parallelwinkel2, Meridianwinkel1, Meridianwinkel2] As Double)	HybridShape-Sphere, Abschnitt 8.134
Explizite-Fläche	Func **AddNewSurfaceDatum** ([Element] As Reference)	HybridShape-SurfaceExplicit, Abschnitt 8.139
Translat.-fläche	Func **AddNewSweepCircle** ([Zentralkurve] As Reference)	HybridShape-SweepCircle, Abschnitt 141
	Func **AddNewSweepConic** (Führungskurve As Reference)	HybridShape-SweepConic, Abschnitt 8.142

Fläche	Methode	Erzeugtes Objekt
	Func **AddNewSweepExplicit** ([Profil, Führungskurve] As Reference)	HybridShape-SweepExplicit, Abschnitt 8.143
	Func **AddNewSweepLine** ([Führungskurve] As Reference)	HybridShape-SweepLine, Abschnitt 8.144

6.6.2 Fallbeispiele: Flächen

Beispiel 6.10: Übergangsfläche (Blend)

In einem geöffneten, aktiven CATPart existiere das geometrische Set „Übergangsfläche" mit zwei Kurvenzügen „Kurve.1" und „Kurve.2". Der erste Kurvenzug besitze drei Punkte „P11" bis „P13", der zweite zwei Punkte „P21" und „P22". Es soll zwischen beiden Kurvenzügen eine Übergangsfläche mit folgenden Kopplungen erzeugt werden: P11-P21, P12-P21 und P13-P22 (Bild 6.9).

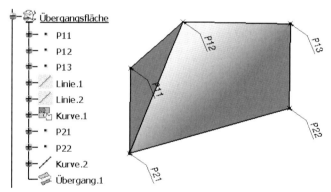

BILD 6.9 Ergebnis des Beispiels „Übergangsfläche (Blend)"

```
' 3D-Werkzeugkasten ------
Dim MeinPart As Part
Set MeinPart = CATIA.Ac-tiveDocument.Part
Dim Wzk3D As HybridShapeFactory
Set Wzk3D = MeinPart.HybridShapeFactory
' Geometrisches Set ------
Dim HBody As HybridBody
Set HBody = MeinPart.HybridBodies.Item („Übergangsfläche")
' Referenzen deklarieren ----------------------------------------
Dim P11, P12, P13, P21, P22, K1, K2 As AnyObject
Set P11 = HBody.HybridShapes.Item("P11")
Set P12 = HBody.HybridShapes.Item("P12")
Set P13 = HBody.HybridShapes.Item("P13")
Set P21 = HBody.HybridShapes.Item("P21")
Set P22 = HBody.HybridShapes.Item("P22")
Set K1 = HBody.HybridShapes.Item("Kurve.1")
```

```
Set K2 = HBody.HybridShapes.Item("Kurve.2")
Dim RP11, RP12, RP13, RP21, RP22, RK1, RK2 As Reference
Set RP11 = MeinPart.CreateReferenceFromObject (P11)
Set RP12 = MeinPart.CreateReferenceFromObject (P12)
Set RP13 = MeinPart.CreateReferenceFromObject (P13)
Set RP21 = MeinPart.CreateReferenceFromObject (P21)
Set RP22 = MeinPart.CreateReferenceFromObject (P22)
Set RK1 = MeinPart.CreateReferenceFromObject (K1)
Set RK2 = MeinPart.CreateReferenceFromObject (K2)
' Übergangsfläche und Kopplungen vordefinieren ------------------
Dim Blend As HybridShapeBlend
Set Blend = Wzk3D.AddNewBlend
Blend.SetCurve 1, RK1
Blend.SetCurve 2, RK2
Blend.Coupling = 4
Blend.InsertCoupling 1
Blend.InsertCouplingPoint 1, 1, RP11
Blend.InsertCouplingPoint 1, 2, RP21
Blend.InsertCoupling 2
Blend.InsertCouplingPoint 2, 1, RP12
Blend.InsertCouplingPoint 2, 2, RP21
Blend.InsertCoupling 3
Blend.InsertCouplingPoint 3, 1, RP13
Blend.InsertCouplingPoint 3, 2, RP22
' Übergangsfläche dem geometrischen Set zuweisen ----------------
HBody.AppendHybridShape Blend
MeinPart.Update
```

Beispiel 6.11: Füllfläche

In einem geöffneten, aktiven CATPart existiere das geometrische Set „Füllfläche" mit den Kurven „Kurve.1", „Kurve.2", „Kurve.3" und „Kurve.4". Die vier Kurven bilden einen geschlossenen, planaren Kurvenzug. Innerhalb des Kurvenzuges soll eine Füllfläche erstellt werden (Bild 6.10).

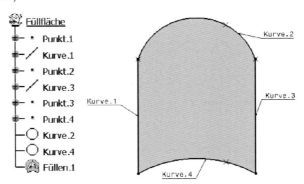

BILD 6.10 Ergebnis des Beispiels „Füllfläche"

```
' 3D-Werkzeugkasten ----------
Dim MeinPart As Part
Set MeinPart = CATIA.Active-Document.Part
Dim Wzk3D As HybridShapeFactory
Set Wzk3D = MeinPart.Hybrid-ShapeFactory
' Geöffneter Körper ----------
Dim HBody As HybridBody
```

```
Set HBody = MeinPart.HybridBodies.Item („Füllfläche")
' Referenzen deklarieren ---------------------------------------
Dim K1, K2, K3, K4 As AnyObject
Set K1 = HBody.HybridShapes.Item("Kurve.1")
Set K2 = HBody.HybridShapes.Item("Kurve.2")
Set K3 = HBody.HybridShapes.Item("Kurve.3")
Set K4 = HBody.HybridShapes.Item("Kurve.4")
Dim RK1, RK2, RK3, RK4 As Reference
Set RK1 = MeinPart.CreateReferenceFromObject (K1)
Set RK2 = MeinPart.CreateReferenceFromObject (K2)
Set RK3 = MeinPart.CreateReferenceFromObject (K3)
Set RK4 = MeinPart.CreateReferenceFromObject (K4)
' Füllfläche und Randkurven vordefinieren ----------------------
Dim Fuell As HybridShapeFill
Set Fuell = Wzk3D.AddNewFill
Fuell.AddBound RK1
Fuell.AddBound RK2
Fuell.AddBound RK3
Fuell.Addbound RK4
' Füllfläche dem geometrischen Set zuweisen --------------------
Body.AppendHybridShape Fuell
MeinPart.Update
```

6.7 Transformationen

Eine Transformation ist eine Veränderung oder Vervielfältigung von Geometrie mittels einer Transformationsanweisung. Eine Transformationsanweisung ist eine Beschreibung, auf welche Art und Weise eine Geometrie verändert oder vervielfältigt wird. Eine Übersicht der Transformationen, die mit der Klasse **HybridShapeFactory** erzeugt werden können, gibt Tabelle 6.14.

TABELLE 6.14 Übersicht der Transformationen von Drahtgeometrie und Flächen

Art		Transformation	Beschreibung
Veränderung		Verschieben (Translate)	Die Geometrie wird entlang einer Richtung verschoben.
		Drehen (Rotate)	Die Geometrie wird um eine Achse rotiert.
		Umwandlung (AxisToAxis)	Die Geometrie wird von einem Quell- auf ein Zielachsensystem transformiert.
		Affinität (Affinity) Skalieren (Scaling)	Die Geometrie wird zu einer Referenz skaliert.

Art		Transformation	Beschreibung
		Symmetrie (Symmetry)	Die Geometrie wird an einer Ebene gespiegelt und nur das Abbild behalten.
Vervielfältigung		Kreismuster (CircPattern) Rechteckmuster (RectPattern)	Eine Vervielfältigung wird in der Klasse HybridShapeFactory nicht unterstützt und ist nur interaktiv möglich.

In den folgenden Abschnitten sind die Methoden zum Erzeugen von Transformationen und zwei Fallbeispiele dargestellt.

6.7.1 Methoden zum Erzeugen von Transformationen

Die Methoden zum Erzeugen einer Transformation sind der Klasse **HybridShapeFactory** (Abschnitt 8.85) zugeordnet. Eine Übersicht der Methoden gibt Tabelle 6.15.

Viele der Methoden benötigen eine Referenz. Die Definition eines Objektes der Klasse **Reference** beschreibt Abschnitt 3.5.

Die Methode **AddNewTranslate** benötigt als Parameter eine Richtungsdefinition. Eine Beschreibung, wie eine Richtungsdefinition erstellt wird, ist in Abschnitt 3.6 zu finden.

TABELLE 6.15 Methoden zum Erzeugen einer Transformation
(Details zu den Methoden: Klasse **HybridShapeFactory**, Abschnitt 8.85)

Transformation		Methode	Objekt
	Affinität	Func **AddNewAffinity** ([Element] As Reference, [VerhältnisX, VerhältnisY, VerhältnisZ] As Double)	HybridShape-Affinity, Abschnitt 8.53
	Umwandlung	Func **AddNewAxisToAxis** ([Element, Ursprung, Ziel] As Reference)	HybridShape-AxisToAxis, Abschnitt 8.56
	Skalieren	Func **AddNewHybridScaling** ([Element, Referenzpunkt] As Reference, [Faktor] As Double)	HybridShape-Scaling, Abschnitt 8.132
	Drehen	Func **AddNewEmptyRotate** Func **AddNewRotate** ([Element, Achse] As Reference, [Winkel] As Double)	HybridShape-Rotate, Abschnitt 8.130
	Symmetrie	Func **AddNewSymmetry** ([Element, Referenz] As Reference)	HybridShape-Symmetry, Abschnitt 8.145
	Verschieben	Func **AddNewEmptyTranslate** Func **AddNewTranslate** ([Element] As Reference, [Richtung] As HybridShapeDirection, [Abstand] As Double)	HybridShape-Translate, Abschnitt 8.147

6.7.2 Fallbeispiele: Transformationen

Beispiel 6.12: Affinität

In einem geöffneten, aktiven CATPart existiere das geometrische Set „Box" mit einem Flächenverband „Flächen_Box". Der Flächenverband soll in der X-Richtung um den Faktor 2, in der Y- und Z-Richtung um den Faktor 1,5 vergrößert werden. Das Ergebnis soll im geometrischen Set „Box" abgelegt werden (Bild 6.11).

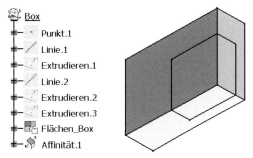

BILD 6.11 Ergebnis des Beispiels „Affinität"

```
' 3D-Werkzeugkasten deklarieren -----
Dim MeinP As Part
Set MeinP = CATIA.ActiveDocument.Part
Dim Wzk3D As HybridShapeFactory
Set Wzk3D = MeinP.HybridShapeFactory
' Geometrisches Set deklarieren -----
Dim HBody As HybridBody
Set HBody = MeinP.HybridBodies.Item („Box")
' Referenz deklarieren ---------------------------------------
Dim Flaechen As AnyObject
Set Flaechen = HBody.HybridShapes.Item("Flächen_Box")
Dim Ref As Reference
Set Ref = MeinP.CreateReferenceFromObject (Flaechen)
' Affinität vordefinieren ---------------------------------
Dim Affinitaet As HybridShapeAffinity
Set Affinitaet = Wzk3D.AddNewAffinity (Ref, 2, 1.5, 1.5)
' Affinität dem geometrischen Set zuweisen ----------------
HBody.AppendHybridShape Affinitaet
MeinP.Update
```

BILD 6.12 Ergebnis des Beispiels „Umwandlung"

Beispiel 6.13: Umwandlung

In einem geöffneten, aktiven CATPart existiere das geometrische Set „Hüllfläche" mit einer Fläche „Rotieren.1". Das CATPart verfüge über zwei Achsensysteme „Achsensystem.1" und „Achsensystem.2". Es soll eine zweite Fläche erzeugt werden, die relativ zum „Achsensystem.2" liegt, wie „Rotieren.1" zum „Achsensystem.1". Das Ergebnis zeigt Bild 6.12.

```
' 3D-Werkzeugkasten deklarieren ---------------------------------
Dim MeinPart As Part
Set MeinPart = CATIA.ActiveDocument.Part
Dim Wzk3D As HybridShapeFactory
Set Wzk3D = MeinPart.HybridShapeFactory
' Geometrisches Set deklarieren --------------------------------
Dim HBody As HybridBody
Set HBody = MeinPart.HybridBodies.Item („Hüllfläche")
' Referenzen deklarieren ---------------------------------------
Dim AS1, AS2, Flaeche As AnyObject
Set AS1 = MeinPart.AxisSystems.Item(„Achsensystem.1")
Set AS2 = MeinPart.AxisSystems.Item(„Achsensystem.2")
Set Flaeche = HBody.HybridShapes.Item(„Rotieren.1")
Dim Ref, RefAS1, RefAS2 As Reference
Set Ref = MeinPart.CreateReferenceFromObject (Flaeche)
Set RefAS1 = MeinPart.CreateReferenceFromObject (AS1)
Set RefAS2 = MeinPart.CreateReferenceFromObject (AS2)
' Transformation vordefinieren ----------------------------------
Dim Trans As HybridShapeAxisToAxis
Set Trans = Wzk3D.AddNewAxisToAxis (Ref, RefAS1, RefAS2)
' Transformation dem geometrischen Set zuweisen -----------------
HBody.AppendHybridShape Trans
MeinPart.Update
```

■ 6.8 Operationen

Eine Operation ist eine Veränderung, Ableitung oder Verknüpfung bestehender Geometrieelemente. Eine Veränderung ändert die Topologie einer Geometrie und verformt oder beschneidet diese. Eine Ableitung erzeugt ein neues Geometrieelement, indem ein Teilbereich bestehender Geometrie einen eigenständigen Bezeichner erhält (z.B. die Seitenflächen eines Würfels). Eine Verknüpfung fügt Geometrieelemente zu einem Verband zusammen oder erzeugt ein neues Geometrieelement aufgrund einer Verknüpfungsanweisung (z.B. einer Verschneidung oder Projektion).

Eine Übersicht der Operationen gibt Tabelle 6.16. Operationen, die nur für Kurven gelten, sind im Abschnitt 6.5 zu finden.

TABELLE 6.16 Übersicht der Arten von Operationen

Art	Operation	Beschreibung
Veränderung	Extrapolation (Extrapol)	verlängert eine Kurve oder Fläche
	Zweitangentenverrundung (FilletBitangent)	verrundet zwei Flächen
	Dreitangentenverrundung (FilletTriTangent)	verrundet drei Flächen
	Trennen (Split)	beschneidet eine Kurve oder Fläche
	Trimmen (Trim)	beschneidet Kurven und Flächen aneinander
Ableitung	Ableiten (Extract)	vergibt einer Teilgeometrie einen neuen Bezeichner
	Umkehren (Inverse)	leitet von einer Geometrie ein Element mit invertierter Orientierung ab
	Näherungsdefinition (Near)	vergibt einer Teilgeometrie, die in der Nähe eines zweiten Elementes liegt, einen neuen Bezeichner
Verknüpfung	Verschneiden (Intersection)	bildet die Schnittmenge zweier Geometrien
	Verbindung (Join)	verknüpft Geometrien zu einem Geometrieverband
	Projizieren (Project)	projiziert Geometrie auf eine Fläche

6.8.1 Methoden zum Erzeugen von Operationen

Die Methoden zum Erzeugen einer Operation sind der Klasse **HybridShapeFactory** *(Abschnitt 8.5)* zugeordnet. Eine Übersicht der Methoden gibt Tabelle 6.17.

Viele Methoden verwenden als Attribut eine Referenz. Die Definition eines Objektes der Klasse **Reference** beschreibt Abschnitt 3.5.

TABELLE 6.17 Methoden zum Erzeugen einer Operation
(Details zu den Methoden: Klasse **HybridShapeFactory**, Abschnitt 8.85)

Operation	Methode	Objekt
Ableiten	Func **AddNewExtract** ([Element] As Reference)	HybridShapeExtract, Abschnitt 8.79
Mehrfachableitung	Func **AddNewExtractMulti** ([ErstesElement] As Reference)	HybridShapeExtract-Multi, Abschnitt 8.80
Extrapolation	Func **AddNewExtrapolLength** ([Randelement, Basiselement] As Reference, [Länge] As Double) Func **AddNewExtrapolUntil** ([Randelement, Basiselement, Limitierungsfläche] As Reference)	HybridShapeExtrapol, Abschnitt 8.81
Zweitangentenverrundung	Func **AddNewFilletBiTangent** ([Fläche1, Fläche2] As Reference, [Radius] As Double, [Orientierung1, Orientierung2, Beschnittmodus, Begrenzungsmodus] As Long)	HybridShapeFillet-Bitangent, Abschnitt 8.87
Dreitangentenverrundung	Func **AddNewFilletTriTangent** ([Stützfläche1, Stützfläche2, Entfallfläche] As Reference, [Orientierung1, Orientierung2, OrientierungEntfall, Beschnittmodus, Begrenzungsmodus)	HybridShapeFillet-TriTangent, Abschnitt 8.88
Trennen	Func **AddNewHybridSplit** ([GeschnittenesElement, SchneidendesElement] As Reference, [Orientierung] As Long)	HybridShapeSplit, Abschnitt 8.138
Trimmen	Func **AddNewHybridTrim** ([Element1] As Reference, [Orientierung1] As Long, [Element2] As Reference, [Orientierung2] As Long)	HybridShapeTrim, Abschnitt 8.148
Verschneiden	Func **AddNewIntersection** ([Element1, Element2] As Reference)	HybridShapeIntersection, Abschnitt 8.91
Umkehren	Func **AddNewInverse** ([Element] As Reference, [Orientierung] As Long)	HybridShapeInverse, Abschnitt 8.92
Verbindung	Func **AddNewJoin** ([Element1, Element2] As Reference)	HybridShapeAssemble, Abschnitt 8.54
Näherungsdefinition	Func **AddNewNear** ([MehrKörper-Element, Referenz] As Reference)	HybridShapeNear, Abschnitt 8.103
Projizieren	Func **AddNewProject** ([Element, Stützgeometrie] As Reference)	HybridShapeProject, Abschnitt 8.127

6.8.2 Fallbeispiele: Operationen

Beispiel 6.14: Verbindung

In einem geöffneten, aktiven CATPart existiere das geometrische Set „Flächenverband" mit drei Flächen „Extrudieren.1", „Extrudieren.2" und „Extrudieren.3". Die drei Flächen sollen zu einem Flächenverband zusammengefasst werden. Das Ergebnis zeigt Bild 6.13.

```
' 3D-Werkzeugkasten deklarieren --------------------------------
Dim MeinPart As Part
Set MeinPart = CATIA.ActiveDocument.Part
Dim Wzk3D As HybridShapeFactory
Set Wzk3D = MeinPart.HybridShapeFactory
```

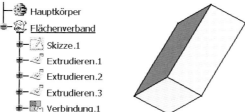

BILD 6.13 Ergebnis des Beispiels „Verbindung"

```
' Geometrisches Set deklarieren ---
Dim HBody As HybridBody
Set HBody = MeinPart.Hybrid-Bodies.Item („Flächenverband")
' Referenzen deklarieren ----------
Dim F1, F2, F3 As AnyObject
Set F1 = HBody.HybridShapes.Item(„Extrudieren.1")
Set F2 = HBody.HybridShapes.Item(„Extrudieren.2")
Set F3 = HBody.HybridShapes.Item(„Extrudieren.3")
Dim Ref1, Ref2, Ref3 As Reference
Set Ref1 = MeinPart.CreateReferenceFromObject (F1)
Set Ref2 = MeinPart.CreateReferenceFromObject (F2)
Set Ref3 = MeinPart.CreateReferenceFromObject (F3)
' Verbindung vordefinieren --------------------------------
Dim Join As HybridShapeAssemble
Set Join = Wzk3D.AddNewJoin (Ref1, Ref2)
Join.AddElement Ref3
' Verbindung dem geometrischen Set zuweisen --------------------
HBody.AppendHybridShape Join
MeinPart.Update
```

Beispiel 6.15: Verrundung

In einem geöffneten, aktiven CATPart existiere das geometrische Set „Verrundung" mit zwei Flächen „Extrudieren.1" und „Extrudieren.2". Die zwei Flächen sollen mit einem R10 verrundet, an der Verrundung beschnitten und mit dieser vereinigt werden. Das Ergebnis zeigt Bild 6.14.

```
' 3D-Werkzeugkasten deklarieren --------------------------------
Dim MeinPart As Part
Set MeinPart = CATIA.ActiveDocument.Part
Dim Wzk3D As HybridShapeFactory
```

```
Set Wzk3D = MeinPart.HybridShapeFactory
' Geometrisches Set deklarieren ----------------------------------
Dim HBody As HybridBody
Set HBody = MeinPart.HybridBodies.Item („Verrundung")
' Referenzen deklarieren -----------------------------------------
Dim F1, F2 As AnyObject
Set F1 = HBody.HybridShapes.Item(„Extrudieren.1")
Set F2 = HBody.HybridShapes.Item(„Extrudieren.2")
Dim Ref1, Ref2 As Reference
Set Ref1 = MeinPart.CreateReferenceFromObject (F1)
Set Ref2 = MeinPart.CreateReferenceFromObject (F2)
' Verrundung vordefinieren ---------------------------------------
Dim HSF As HybridShapeFillet
Set HSF = Wzk3D.AddNewFilletBiTangent (Ref1, Ref2, 10, 1, -1, 1, 0)
' Verrundung dem geometrischen Set zuweisen ----------------------
HBody.AppendHybridShape HSF
MeinPart.Update
```

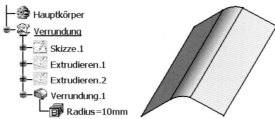

BILD 6.14 Ergebnis des Beispiels „Verrundung"

7 Volumenkörper

Ein Volumenkörper ist ein geschlossener, massiver Körper, der über die Arbeitsumgebung „Teilekonstruktion" erzeugt wird („Part Design"). Ein Volumenkörper wird allgemein durch die Klasse **Shape** repräsentiert. Je nachdem, welche Geometrie zur Erzeugung eines Volumenkörpers verwendet wird, spricht man von einem Volumenkörper, der auf einer Skizze, Fläche, Operation oder Transformation basiert (Tabelle 7.1). Die jeweiligen Volumenkörper werden durch untergeordnete Klassen der Klasse **Shape** abgebildet.

Ein skizzenbasierter Volumenkörper wird durch eine Skizze definiert, die entlang einer Richtung gezogen oder um eine Achse rotiert wird. Er ist der Klasse **SketchBasedShape** zugeordnet.

Ein flächenbasierter Volumenkörper besitzt als Elterngeometrie eine Fläche, welche die Hülle oder eine Teilfläche des Volumenkörpers beschreibt. Er wird durch die Klasse **SurfaceBasedShape** repräsentiert.

Eine Operation verändert die Oberflächenbeschaffenheit eines bestehenden Volumenkörpers. Eine Transformation vervielfältigt oder verzerrt einen bestehenden Volumenkörper. Die Klassen **DressUpShape** und **TransformationShape** bilden diese Volumenkörper ab.

Ein Sonderfall ist ein Volumenkörper, der durch eine logische Verknüpfung zweier Körper entsteht (vgl. Abschnitt 3.3.4). In diesem Fall spricht man von einem **BooleanShape**.

TABELLE 7.1 Volumenkörper und deren Klassen

Volumenkörper	Oberklasse	Klasse	Elterngeometrie
Skizzenbasiert	Shape (Abschnitt 8.198)	SketchBasedShape (Abschnitt 8.203)	Skizze (vgl. Kapitel 5)
Flächenbasiert		SurfaceBasedShape (Abschnitt 8.211)	Fläche (vgl. Kapitel 6)
Operation		DressUpShape (Abschnitt 8.30)	Volumenkörper
Transformation		TransformationShape (Abschnitt 8.219)	Volumenkörper
Verknüpfung		BooleanShape (Abschnitt 8.10)	Körper (vgl. Abschnitt 3.3.4)

In den folgenden Abschnitten wird dargestellt, wie die unterschiedlichen Arten von Volumenkörpern erzeugt werden können.

■ 7.1 Allgemeines Vorgehen

Ein Volumenkörper ist immer einem Körper (Abschnitt 3.3) zugeordnet. Um einen Volumenkörper zu erzeugen, ist es daher notwendig, im ersten Schritt entweder einen Körper zu erzeugen oder zu deklarieren. Dadurch ergibt sich ein Objekt der Klasse **Body**, in dem ein Volumenkörper gespeichert werden kann. Die Erzeugung und Deklaration eines Körpers ist ausführlich in Abschnitt 3.3.1 dargestellt.

Wird ein Volumenkörper erzeugt, wird er im Konstruktionsbaum hinter dem Objekt eingefügt, das sich in Bearbeitung befindet. Eine Einfügestelle muss daher vor dem Erstellen eines Volumenkörpers aktiviert werden. Dies geschieht über die Eigenschaft **InWorkObject** der Klasse **Part** (Abschnitt 8.168). Eine Einfügestelle wird im Konstruktionsbaum unterstrichen dargestellt.

```
PART.InWorkObject As AnyObject
```

Ein Volumenkörper wird mittels eines 3D-Werkzeugkastens für Volumenkörper erzeugt. Ein 3D-Werkzeugkasten für Volumenkörper wird durch die Klasse **ShapeFactory** (Abschnitt 8.199) repräsentiert und über die Eigenschaft **ShapeFactory** der Klasse **Part** (Abschnitt 8.168) deklariert. Ein 3D-Werkzeugkasten für Volumenkörper stellt über „**AddNew...**" Methoden für die Erzeugung eines Volumenkörpers bereit.

```
PART.ShapeFactory As Factory (Read Only)
Func SHAPEFACTORY.AddNew... ([Parameter] As ...) As Shape
```

Ein erzeugter Volumenkörper hat anschließend den Status „in Bearbeitung" und wird im Konstruktionsbaum unterstrichen dargestellt. Die Eigenschaft **InWorkObject** zeigt automatisch auf den neuen Volumenkörper. Weitere Volumenkörper werden jeweils hinter dem zuletzt erzeugten im Konstruktionsbaum eingefügt. Sind alle Volumenkörper erzeugt, kann ein Bauteil über die Methode **Update** der Klasse **Part** aktualisiert werden.

```
Sub PART.Update
```

Beispiel 7.1: Erzeugen eines Volumenkörpers

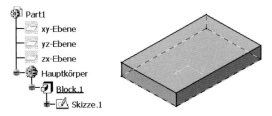

BILD 7.1 Ergebnis des Beispiels „Erzeugen eines Volumenkörpers"

In einem geöffneten, aktiven CATPart sei im Hauptkörper die Skizze „Skizze.1" vorhanden. Im Hauptkörper soll auf der Skizze ein Block mit einer Höhe von 20 mm erzeugt werden (Bild 7.1).

```
' Hauptkörper deklarieren ------
Dim Bauteil As Part
Set Bauteil = CATIA.Active-Document.Part
Dim HKoerper As Body
Set HKoerper = Bauteil.MainBody
Bauteil.InWorkObject = HKoerper
' Referenzen und Objekte deklarieren ---------------------------
Dim Skizze As Sketch
Set Skizze = HKoerper.Sketches.Item („Skizze.1")
' Werkzeugkasten deklarieren --------------------------------
Dim Wzk3D As ShapeFactory
Set Wzk3D = Bauteil.ShapeFactory
' Volumenkörper erzeugen -----------------------------------
Dim Block As Pad
Set Block = Wzk3D.AddNewPad (Skizze, 20)
Bauteil.Update
```

7.2 Skizzenbasierte Volumenkörper

Ein skizzenbasierter Volumenkörper ist ein Volumenkörper, dessen Form durch eine oder mehrere Skizzen bestimmt wird. Besitzt ein Volumenkörper eine Skizze, die entlang einer Geraden gezogen wird, spricht man von einem **Prisma**. Wird eine Skizze um eine Rotationsachse gedreht, liegt ein **Rotationskörper** vor. Wenn eine Skizze entlang einer Kurve gezogen wird, wird dies als **Translationskörper** bezeichnet. Bei einem **Übergangskörper** werden zwei oder mehr Skizzen zu einem Volumenkörper verbunden. Eine Übersicht der skizzenbasierten Volumenkörper gibt Tabelle 7.2.

Ein Volumenkörper kann ein positives oder negatives Vorzeichen besitzen. Volumenkörper mit gleichem Vorzeichen werden addiert, wenn sie einem Körper (vgl. Abschnitt 3.3) zugeordnet werden, Volumenkörper mit unterschiedlichem Vorzeichen subtrahiert. Wenn z.B. ein Block und eine Tasche in einem Körper erzeugt werden, entfällt die Schnittmenge aus Block und Tasche.

TABELLE 7.2 Übersicht skizzenbasierter Volumenkörper

Art	Anzahl Skizzen	Positiver Volumenkörper	Negativer Volumenkörper
Prisma	1	Block (Pad)	Tasche (Pocket)
		Versteifung (Stiffener)	
			Bohrung (Hole)
Verschneidung zweier Prismen	2	Kombinationskörper (Solid Combine)	
Rotationskörper	1	Welle (Shaft)	Nut (Groove)
Translationskörper	2	Rippe (Rib)	Rille (Slot)
Übergangskörper	2 bis n	Loft (Loft)	Loft (Removed Loft)

Die folgenden zwei Abschnitte stellen die Methoden zum Erzeugen eines skizzenbasierten Volumenkörpers und zwei Fallbeispiele dar.

7.2.1 Methoden zum Erzeugen von skizzenbasierten Volumenkörpern

Die Methoden zum Erzeugen eines skizzenbasierten Volumenkörpers sind der Klasse **ShapeFactory** *(Abschnitt 8.199)* zugeordnet. Eine Übersicht der Methoden gibt Tabelle 7.3.

Die Methoden verlangen als Parameter für eine Skizze entweder ein Objekt der Klasse **Sketch** *(Abschnitt 8.202)* oder **Reference** *(Abschnitt 8.181)*. Die Erzeugung einer Skizze ist in Kapitel 5 dargestellt, die Deklaration einer Referenz in Abschnitt 3.5.

TABELLE 7.3 Methoden zum Erzeugen skizzenbasierter Volumenkörper (Details zu den Methoden: Klasse **ShapeFactory**, Abschnitt 8.199)

Volumenkörper		Methode	Objekt
	Block	Func **AddNewPad** ([Skizze] As Sketch, [Höhe] As Double) Func **AddNewPadFromRef** ([Skizze] As Reference, [Höhe] As Double)	Pad, Abschnitt 8.164
	Tasche	Func **AddNewPocket** ([Skizze] As Sketch, [Tiefe] As Double) Func **AddNewPocketFromRef** ([Skizze] As Reference, [Tiefe] As Double)	Pocket, Abschnitt 8.172

7.2 Skizzenbasierte Volumenkörper

Volumenkörper	Methode	Objekt
Kombinationskörper	Func **AddNewSolidCombine** ([Profil1, Profil2] As Reference)	SolidCombine, Abschnitt 8.206
Versteifung	Func **AddNewStiffener** ([Kontur] As Sketch) Func **AddNewStiffenerFromRef** ([Kontur] As Reference)	Stiffener, Abschnitt 8.209
Bohrung	Func **AddNewHole** ([Stützebene] As Reference, [Tiefe] As Double) Func **AddNewHoleFromPoint** ([X, Y, Z] As Double, [Stützebene] As Reference, [Tiefe] As Double) Func **AddNewHoleFromRefPoint** ([Referenzpunkt, Stützebene] As Reference, [Tiefe] As Double) Func **AddNewHoleFromSketch** ([Skizze] As Sketch, [Tiefe] As Double) Func **AddNewHoleWith2Constraints** ([X, Y, Z] As Double, [Kante1, Kante2, Stützebene] As Reference, [Tiefe] As Double) Func **AddNewHoleWithConstraint** ([X, Y, Z] As Double, [Referenzkante, Stützebene] As Reference, [Tiefe] As Double)	Hole, Abschnitt 8.48
Welle	Func **AddNewShaft** ([Skizze] As Sketch) Func **AddNewShaftFromRef** ([Skizze] As Reference)	Shaft, Abschnitt 8.197
Nut	Func **AddNewGroove** ([Skizze] As Sketch) Func **AddNewGrooveFromRef** ([Skizze] As Reference)	Groove, Abschnitt 8.47
Rippe	Func **AddNewRib** ([Kontur, Zentralkurve] As Sketch) Func **AddNewRibFromRef** ([Kontur, Zentralkurve] As Reference)	Rib, Abschnitt 8.190
Rille	Func **AddNewSlot** ([Kontur, Zentralkurve] As Sketch) Func **AddNewSlotFromRef** ([Kontur, Zentralkurve] As Reference)	Slot, Abschnitt 8.205
Loft	Func **AddNewLoft**	Loft, Abschnitt 8.159
Removed Loft	Func **AddNewRemovedLoft**	

Bei folgenden Objekten sind einige Besonderheiten zu beachten:

Eine Bohrung (**Hole**) kann über eine Skizze oder einen Raumpunkt definiert werden. Wird eine Skizze verwendet, so darf diese als Standardelement nur einen Punkt beinhalten.

Ein Rotationskörper (**Shaft** oder **Groove**) benötigt innerhalb einer Skizze eine Rotationsachse (Abschnitt 5.3).

Ein Übergangskörper (**Loft**) basiert im internen CATIA-Datenmodell auf einer Übergangsfläche der Klasse **HybridShapeLoft** (Abschnitt 8.102). Soll ein Objekt der Klasse **Loft** erzeugt werden, wird im ersten Schritt das Objekt über die Methode **AddNewLoft** oder

AddNewRemovedLoft erzeugt und über dessen Eigenschaft **HybridShape** das zugrunde liegende Flächenobjekt deklariert. Im zweiten Schritt werden über das Flächenobjekt die Konturen des Übergangskörpers definiert (vgl. Abschnitt 6.6).

```
LOFT.HybridShape As HybridShapeLoft (Read Only)
```

7.2.2 Fallbeispiele: Skizzenbasierte Volumenkörper

Beispiel 7.2: Block mit Bohrung

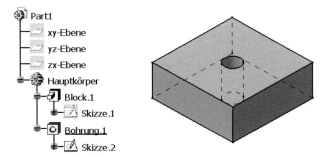

BILD 7.2 Ergebnis des Beispiels „Block mit Bohrung"

In einem geöffneten, aktiven CATPart existiere im Hauptkörper eine Skizze „Skizze.1" mit einem Rechteck der Abmessung 50 x 50 mm. Das Rechteck sei in der XY-Ebene mittig zum Achsensystem positioniert. Es soll im Hauptkörper ein Block mit einer Höhe von 20 mm und in dessen Mitte eine Durchgangsbohrung mit einem Durchmesser von 10 mm erzeugt werden (Bild 7.2).

```
' Hauptkörper deklarieren ----
Dim Bauteil As Part
Set Bauteil = CATIA.ActiveDocument.Part
Dim HKoerper As Body
Set HKoerper = Bauteil.MainBody
Bauteil.InWorkObject = HKoerper
' Skizze deklarieren -----------------------------------
Dim Skizze As Sketch
Set Skizze = HKoerper.Sketches.Item („Skizze.1")
' Werkzeugkasten deklarieren ----------------------------
Dim Wzk3D As ShapeFactory
Set Wzk3D = Bauteil.ShapeFactory
' Block erzeugen ---------------------------------------
Dim Block As Pad
Set Block = Wzk3D.AddNewPad (Skizze, -20)
' Referenzfläche der Bohrung deklarieren ----------------
Dim Ref As AnyObject
Set Ref = Bauteil.OriginElements.PlaneXY
' Bohrung erzeugen -------------------------------------
Dim Bohrung As Hole
Set Bohrung =  Wzk3D.AddNewHoleFromPoint (0, 0, 0, Ref, 20)
Bohrung.Diameter.Value = 10
Bohrung.Type = 0
```

```
Bohrung.ThreadingMode = 1
Bohrung.BottomLimit.LimitMode = 0
Bauteil.Update
```

Beispiel 7.3: Welle mit Ausdrehung

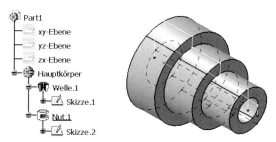

BILD 7.3 Ergebnis des Beispiels „Welle mit Ausdrehung"

In einem geöffneten, aktiven CATPart existieren im Hauptkörper die Skizzen „Skizze.1" und „Skizze.2". „Skizze.1" beschreibe die Außenkontur einer Welle, „Skizze.2" die Kontur einer Ausdrehung. Aus beiden Konturen soll im Hauptkörper eine Welle mit einer Ausdrehung erzeugt werden (Bild 7.3).

```
' Hauptkörper deklarieren ---
Dim Bauteil As Part
Set Bauteil = CATIA.ActiveDocument.Part
Dim HKoerper As Body
Set HKoerper = Bauteil.MainBody
Bauteil.InWorkObject = HKoerper
' Skizzen deklarieren -----------------------------------------
Dim Skizze1, Skizze2 As Sketch
Set Skizze1 = HKoerper.Sketches.Item („Skizze.1")
Set Skizze2 = HKoerper.Sketches.Item („Skizze.2")
' Werkzeugkasten deklarieren ----------------------------------
Dim Wzk3D As ShapeFactory
Set Wzk3D = Bauteil.ShapeFactory
' Welle erzeugen ----------------------------------------------
Dim Welle As Shaft
Set Welle = Wzk3D.AddNewShaft (Skizze1)
' Ausdrehung erzeugen -----------------------------------------
Dim Nut As Groove
Set Nut = Wzk3D.AddNewGroove (Skizze2)
Bauteil.Update
```

■ 7.3 Flächenbasierte Volumenkörper

Ein flächenbasierter Volumenkörper ist ein Volumenkörper, dessen Definition sich auf eine Fläche oder einen Flächenverband stützt. Jeder flächenbasierte Volumenkörper besitzt als übergeordnete Klasse die Klasse **SurfaceBasedShape** *(Abschnitt 8.211).* Um einen flächenbasierten Volumenkörper zu erzeugen, gibt es zwei Möglichkeiten.

Wenn eine Fläche oder ein Flächenverband geschlossen oder aufgedickt wird, um einen Volumenkörper zu erstellen, spricht man von einer **Volumenerzeugung**. Ein Volumenkörper wird in diesem Fall neu geschaffen.

Bei einer **Volumenänderung** wird einem bestehenden Volumenkörper ein Teilbereich weggenommen oder hinzugefügt.

Eine Übersicht der flächenbasierten Volumenkörper, der verwendeten Flächen und deren Qualitätsanforderungen gibt Tabelle 7.4.

TABELLE 7.4 Übersicht flächenbasierter Volumenkörper

Art	Volumenkörper		Fläche	Qualitätsanforderung
Volumenänderung		„Fläche integrieren" (SewSurface)	Fläche oder Flächenverband	keine Lücken und Überlappungen
		Trennen (Split)	Fläche oder Flächenverband	keine Lücken und Überlappungen
		„Fläche ersetzen" (Replace Face)	Fläche oder Flächenver-band	keine Lücken und Überlappungen
Volumenerzeugung		„Fläche schließen" (CloseSurface)	Fläche oder Flächenverband	nur planare Öffnungen
		Aufmaßfläche (ThickSurface)	Fläche oder Flächenverband	Krümmungsradien größer als Aufmaß

In den folgenden zwei Abschnitten sind die Methoden zum Erzeugen flächenbasierter Volumenkörper und zwei Fallbeispiele dargestellt.

7.3.1 Methoden zum Erzeugen von flächenbasierten Volumenkörpern

Die Methoden zum Erzeugen flächenbasierter Volumenkörper sind der Klasse **ShapeFactory** *(Abschnitt 8.199)* zugeordnet. Eine Übersicht der Methoden gibt Tabelle 7.5.

Die Methoden verlangen als Parameter für eine Fläche ein Objekt der Klasse **Reference** *(Abschnitt 8.181).* Die Erzeugung einer Referenz ist in Abschnitt 3.5 dargestellt.

Ein Objekt **SewSurface** ist das Ergebnis einer Flächenintegration. Die Methode **AddNewSewSurface** integriert eine Fläche in einen bestehenden Volumenkörper, indem ein Teilvolumen hinzugefügt oder entfernt wird. Die Fläche muss den Volumenkörper entweder vollständig teilen, oder deren Randkurven müssen auf der Oberfläche des Volumenkörpers liegen. Die gleichen Anforderungen an eine Flächengeometrie stellt die Methode **AddNewSplit**.

TABELLE 7.5 Methoden zum Erzeugen flächenbasierter Volumenkörper
(Details zu den Methoden: Klasse **ShapeFactory**, Abschnitt 8.199)

Volumenkörper		Methode	Objekt
	Fläche integrieren	Func **AddNewSewSurface** ([Fläche] As Reference, [Seite] As CATSplitSide)	SewSurface, Abschnitt 8.196
	Trennen	Func **AddNewSplit** ([Trennelement] As Reference, [Seite] As CATSplitSide)	Split, Abschnitt 8.208
	Fläche ersetzen	Func **AddNewReplaceFace** ([FlächeNeu, FlächeEntfall] As Reference, [Seite] As CatSplitSide)	ReplaceFace, Abschnitt 8.188
	Fläche schließen	Func **AddNewCloseSurface** ([Flächenverband] As Reference)	CloseSurface, Abschnitt 8.16
	Aufmaßfläche	Func **AddNewThickSurface** ([Fläche] As Reference, [Orientierung] As Long, [Abstand1, Abstand2] As Double)	ThickSurface, Abschnitt 8.217

Ein Objekt **CloseSurface** ist ein Volumenkörper, der von einer Flächengeometrie umschlossen wird. Die Flächengeometrie darf keine Lücken oder Überlappungen besitzen. Liegen planare Öffnungen in der Flächengeometrie vor, so werden diese von der Methode **AddNewCloseSurface** automatisch geschlossen. Eine Öffnung ist planar, wenn dessen Randkurven auf einer Ebenen liegen. Damit eine Öffnung geschlossen werden kann, müssen die Randkurven in der Flächengeometrie vorhanden sein. Zwei planare Öffnungen dürfen daher nicht ineinander übergehen.

Ein Objekt **ThickSurface** ist das Ergebnis einer Flächenaufdickung. Um eine Fläche oder einen Flächenverband aufdicken zu können, benötigt die Methode **AddNewThickSurface** eine Flächengeometrie, deren Krümmungsradien größer als die der Aufdickungsstärke sind.

7.3.2 Fallbeispiele: Flächenbasierte Volumenkörper

Beispiel 7.4: Aufmaßfläche erzeugen

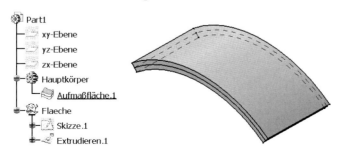

BILD 7.4 Ergebnis des Beispiels „Aufmaßfläche erzeugen"

In einem aktiven, geöffneten CATPart existiere das geometrische Set „Flaeche" mit einer Extrusionsfläche „Extrudieren.1". Die Extrusionsfläche soll gleichmäßig in beiden Richtungen mit 5 mm aufgedickt und das Ergebnis im Hauptkörper abgelegt werden (Bild 7.4).

```
' Hauptkörper ----------
Dim Bauteil As Part
Set Bauteil = CATIA.Ac-tiveDocument.Part
Dim HKoerper As Body
Set HKoerper = Bauteil.MainBody
Bauteil.InWorkObject = HKoerper
' Fläche deklarieren -------------------------------------
Dim HB As HybridBody
Set HB = Bauteil.HybridBodies.Item(1)
Dim Flaeche As AnyObject
Set Flaeche = HB.HybridShapes.Item("Extrudieren.1")
Dim Ref As Reference
Set Ref = Bauteil.CreateReferenceFromObject (Flaeche)
' Werkzeugkasten deklarieren ------------------------------
Dim Wzk3D As ShapeFactory
Set Wzk3D = Bauteil.ShapeFactory
' Aufmaßfläche erzeugen -----------------------------------
Dim Thick As ThickSurface
Set Thick = Wzk3D.AddNewThickSurface (Ref, 1, 5, 5)
Bauteil.Update
```

Beispiel 7.5: Fläche schließen

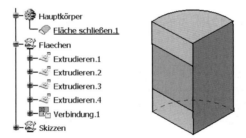

BILD 7.5 Ergebnis des Beispiels „Fläche schließen"

In einem aktiven, geöffneten CATPart existiere das geometrische Set „Flaechen" mit vier Extrusionsflächen „Extrudieren.1" bis „Extrudieren.4". Die Extrusionsflächen sollen zu einem Flächenverband verbunden und von diesem ein Volumenkörper erzeugt werden. Der Volumenkörper soll im Hauptkörper entstehen (Bild 7.5).

```
' Hauptkörper deklarieren --------
Dim Bauteil As Part
Set Bauteil = CATIA.Active-Document.Part
Dim HKoerper As Body
Set HKoerper = Bauteil.MainBody
Bauteil.InWorkObject = HKoerper
' Flächen deklarieren --------------------------------------
Dim HB As HybridBody
Set HB = Bauteil.HybridBodies.Item(1)
Dim F1,F2, F3, F4 As AnyObject
Set F1 = HB.HybridShapes.Item("Extrudieren.1")
Set F2 = HB.HybridShapes.Item("Extrudieren.2")
Set F3 = HB.HybridShapes.Item("Extrudieren.3")
```

```
Set F4 = HB.HybridShapes.Item("Extrudieren.4")
Dim Ref1, Ref2, Ref3, Ref4 As Reference
Set Ref1 = Bauteil.CreateReferenceFromObject (F1)
Set Ref2 = Bauteil.CreateReferenceFromObject (F2)
Set Ref3 = Bauteil.CreateReferenceFromObject (F3)
Set Ref4 = Bauteil.CreateReferenceFromObject (F4)
' Flächenverband erzeugen ---------------------------------
Dim Wzk3DH As Factory
Set Wzk3DH = Bauteil.HybridShapeFactory
Dim Join As HybridShapeAssemble
Set Join = Wzk3DH.AddNewJoin (Ref1, Ref2)
HB.AppendHybridShape Join
Join.AddElement Ref3
Join.AddElement Ref4
Dim Ref As Reference
Set Ref = Bauteil.CreateReferenceFromObject (Join)
' Werkzeugkasten deklarieren ------------------------------
Dim Wzk3D As ShapeFactory
Set Wzk3D = Bauteil.ShapeFactory
' Volumenkörper erzeugen ----------------------------------
Dim Close As CloseSurface
Set Close = Wzk3D.AddNewCloseSurface (Ref)
Bauteil.Update
```

7.4 Transformationsbasierte Volumenkörper

Ein transformationsbasierter Volumenkörper ist ein Volumenkörper, der durch eine Transformation entsteht. Eine Transformation kann eine Veränderung oder Vervielfältigung eines Volumenkörpers sein. Eine **Veränderung** verschiebt, dreht oder skaliert einen Volumenkörper. Eine **Vervielfältigung** erzeugt vielfache identische Abbildungen eines Volumenkörpers.

Eine Übersicht der Transformationen geben Tabelle 7.6 und Tabelle 7.7.

TABELLE 7.6 Übersicht der Veränderungstransformationen

Art		Transformation	Beschreibung
Veränderung		Verschieben (Translate)	Der Körper wird entlang einer Richtung verschoben.
		Drehen (Rotation)	Der Körper wird um eine Achse rotiert.
		Skalieren (Scaling)	Der Körper wird zu einer Referenz skaliert.
		Symmetrie (Symmetry)	Der Körper wird gespiegelt und nur das Abbild behalten.

In den folgenden zwei Abschnitten sind die Methoden zum Erzeugen von transformationsbasierten Volumenkörpern und zwei Fallbeispiele dargestellt.

TABELLE 7.7 Übersicht der Vervielfältigungstransformationen

Art		Transformation	Beschreibung
Vervielfältigung		Spiegelung (Mirror)	Der Körper wird an einer Ebenen gespiegelt.
		Rechteckmuster (Rectangular Pattern)	Der Körper wird in einer Ebene in einer oder zwei Richtungen vervielfältigt.
		Kreismuster (Circular Pattern)	Der Körper wird um eine Achse in einer Ebene vervielfältigt.
		Benutzermuster (User Pattern)	Der Körper wird über ein beliebiges planares Muster vervielfältigt.

7.4.1 Methoden zum Erzeugen von transformationsbasierten Volumenkörpern

Die Methoden zum Erzeugen transformationsbasierter Volumenkörper sind der Klasse **ShapeFactory** (Abschnitt 8.199) zugeordnet. Eine Übersicht der Methoden geben Tabelle 7.8 und Tabelle 7.9.

TABELLE 7.8 Methoden zum Erzeugen von Veränderungstransformationen (Details zu den Methoden: Klasse **ShapeFactory**, Abschnitt 8.199)

Volumenkörper		Methode	Objekt
	Verschieben	Func **AddNewTranslate2** ([Abstand] As Double)	Translate, Abschnitt 8.220
	Drehen	Func **AddNewRotate2** ([Achse] As Reference, [Winkel] As Double)	Rotate, Abschnitt 8.191
	Skalieren	Func **AddNewScaling** ([Referenzelement] As Reference, [Faktor] As Double)	Scaling, Abschnitt 8.192
		Func **AddNewScaling2** ([Referenzelement] As Reference, [Faktor] As Double)	Scaling2, Abschnitt 8.993
	Symmetrie	Func **AddNewSymmetry2** ([Symmetrieebene] As Reference)	Symmetry, Abschnitt 8.213

Einige Methoden verlangen als Parameter ein Objekt der Klasse **Reference** (Abschnitt 8.181). Die Erzeugung einer Referenz ist in Abschnitt 3.5 dargestellt.

Die Methoden **AddNewTranslate2**, **AddNewRotate2**, **AddNewScaling**, **AddNewScaling2**, **AddNewSymmetry2** und **AddNewMirror** besitzen keinen Körper als Parameter und wenden die Transformation auf den Volumenkörper an, der sich in Bearbeitung befindet (vgl. Abschnitt 7.1).

Jedes Muster bildet nur den Volumenkörper ab, der als Parameter in dessen Methode angegeben wird. Ein Benutzermuster ist durch die Ausführung der Methode **AddNewUserPattern** nicht vollständig definiert. Die Positionen im Muster müssen über die Methode **AddFeatureToLocatePositions** der Klasse **UserPattern** nachträglich bestimmt werden. Die Methode verwendet in der Regel eine Skizze, die Punkte enthält.

```
Sub USERPATTERN.AddFeatureToLocatePositions [Muster] As AnyObject
```

TABELLE 7.9 Methoden zum Erzeugen von Vervielfältigungstransformationen (Details zu den Methoden: Klasse **ShapeFactory**, Abschnitt 8.199)

Volumenkörper	Methode	Objekt
Spiegelung	Func **AddNewMirror** ([Spiegelfläche] As Reference)	Mirror, Abschnitt 8.160
Rechteckmuster	Func **AddNewRectPattern** ([Körper] As AnyObject, [Anzahl1, Anzahl2] As Long, [Abstand1, Abstand2] As Double, [Position1, Position2] As Long, [Richtung1, Richtung2] As Reference, [Orientierung1, Orientierung2] As Boolean, [Rotationswinkel] As Double) Func **AddNewSurfacicRectPattern** ([Körper] As AnyObject, [Anzahl1, Anzahl2] As Long, [Abstand1, Abstand2] As Double, [Position1, Position2] As Long, [Richtung1, Richtung2] As Reference, [Orientierung1, Orientierung2] As Boolean, [Rotationswinkel] As Double)	RectPattern, Abschnitt 8.180
Kreismuster	Func **AddNewCircPattern** ([Körper] As AnyObject, [AnzahlRadial, AnzahlUmfang] As Long, [AbstandRadial, WinkelabstandUmfang] As Double, [PositionRadial, PositionUmfang] As Long, [Mittenreferenz, Achse] As Reference, [OrientierungAchse] As Boolean, [Rotationswinkel] As Double, [AusrichtungRadial] As Boolean) Func **AddNewSurfacicCircPattern** ([Körper] As AnyObject, [AnzahlRadial, AnzahlUmfang] As Long, [AbstandRadial, WinkelabstandUmfang] As Double, [PositionRadial, PositionUmfang] As Long, [Mittenreferenz, Achse] As Reference, [OrientierungAchse] As Boolean, [Rotationswinkel] As Double, [AusrichtungRadial, VollständigerKranz] As Boolean)	CircPattern, Abschnitt 8.15
Benutzermuster	Func **AddNewUserPattern** ([Körper] As AnyObject, [Anzahl] As Long) Func **AddNewSurfacicUserPattern** ([Körper] As AnyObject, [Anzahl] As Long)	UserPattern, Abschnitt 8.223

7.4.2 Fallbeispiele: Transformationsbasierte Volumenkörper

Beispiel 7.6: Spiegelung

In einem geöffneten, aktiven CATPart existiere der Hauptkörper mit einem Block „Block.1" und ein geometrisches Set „Ebene" mit einer Ebene „Ebene.1". Der Block soll an der Ebene gespiegelt werden. Das Ergebnis soll unter dem Objekt „Block.1" im Baum erscheinen (Bild 7.6).

```
' Körper deklarieren ------------------------------------
Dim Bauteil As Part
Set Bauteil = CATIA.ActiveDocument.Part
Dim MBody As Body
Set MBody = Bauteil.Mainbody
Bauteil.InWorkObject = MBody.Shapes.Item („Block.1")
```

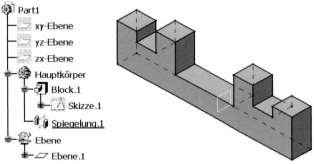

BILD 7.6 Ergebnis des Beispiels „Spiegelung"

```
' Ebene deklarieren -------
Dim RefElem, Ref, HBody
Set HBody = Bauteil.HybridBodies.Item(„Ebene")
Set RefElem = HBody.HybridShapes.Item(„Ebene.1")
Set Ref = Bauteil.CreateReferenceFromObject (RefElem)
' Werkzeugkasten deklarieren
Dim Wzk3D As ShapeFactory
Set Wzk3D = Bauteil.ShapeFactory
' Spiegelung erzeugen -------------------------------------
Dim Spiegelung As Mirror
Set Spiegelung = Wzk3D.AddNewMirror (Ref)
Bauteil.Update
```

Beispiel 7.7: Rechteckmuster

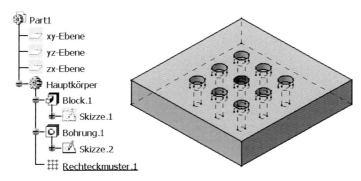

BILD 7.7 Ergebnis des Beispiels „Rechteckmuster"

In einem geöffneten, aktiven CATPart existiere im Hauptkörper der Block „Block.1" mit einer Bohrung „Bohrung.1". Die Bohrung soll entlang der positiven und negativen X- und Y-Richtung mit einem Abstand von 20 mm vervielfältigt werden. Das Ergebnis soll ein Muster mit drei mal drei Bohrungen sein, in dem die Originalbohrung in der Mitte des Musters liegt (Bild 7.7).

```
' Körper deklarieren ----
Dim Bauteil As Part
Set Bauteil = CATIA.ActiveDocument.Part
Dim MBody As Body
Set MBody = Bauteil.Mainbody
Bauteil.InWorkObject = MBody
' Bohrung und Richtungsreferenzen deklarieren --------------------
Dim Ebenen, Bohrung, RefX, RefY As AnyObject
Set Bohrung = MBody.Shapes.Item(„Bohrung.1")
Set Ebenen = Bauteil.OriginElements
Set RefX = Bauteil.CreateReferenceFromObject (Ebenen.PlaneYZ)
Set RefY = Bauteil.CreateReferenceFromObject (Ebenen.PlaneZX)
' Werkzeugkasten deklarieren ------------------------------------
Dim Wzk3D As ShapeFactory
Set Wzk3D = Bauteil.ShapeFactory
' Rechteckmuster erzeugen ---------------------------------------
Dim Muster As RectPattern
Set Muster = Wzk3D.AddNewRectPattern (Bohrung, 3, 3, 20, 20, 2, 2, RefX,
RefY , true, true, 0)
Bauteil.Update
```

7.5 Operationen

Eine Operation ist die Veränderung einer oder mehrerer Kanten oder Flächen eines Volumenkörpers. Eine Operation kann die Topologie eines Körpers ändern oder nur dessen BRep-Bezeichnungen (vgl. Abschnitt 3.5.4). Wenn eine Operation die Anzahl der Kanten oder Teilflächen eines Volumenkörpers oder dessen Form verändert, wird dies als eine topologische Änderung bezeichnet. Die Bildung einer Verrundung, einer Fase oder eines Schalenelementes sind beispielsweise topologische Änderungen, da ein Volumenkörper zusätzliche Flächen erhält. Die Bildung einer Gewindeoperation verändert einen Volumenkörper nicht topologisch, modifiziert allerdings den Namen der BRep der beteiligten Flächen. Eine Übersicht der Operationen an einem Volumenkörper geben Tabelle 7.10 und Tabelle 7.11.

TABELLE 7.10 Flächenoperationen an Volumenkörpern

Veränderung	Operation		Beschreibung
Fläche		Flächenverrundung (Face-Face Fillet)	verbindet zwei Flächen mit einer Fläche, die einen Kreisbogen als Querschnitt besitzt
		Dreitangentenverrundung (Tritangent Fillet)	erstellt eine Verrundung tangential an drei Flächen
		Auszugsschräge (Draft)	schrägt eine Fläche in Bezug auf eine Ausformrichtung ab
		Schalenelement (Shell)	höhlt einen Volumenkörper aus
		Aufmaß (Thickness)	dickt einen Volumenkörper an definierten Flächen auf
		Gewinde (Thread)	definiert ein Außen- oder Innengewinde an einer zylindrischen Fläche
		Fläche entfernen (Remove Face)	entfernt Teilgeometrien eines Volumenkörpers

TABELLE 7.11 Kantenoperationen an Volumenkörpern

Veränderung	Operation		Beschreibung
Kante		Konstante Kantenverrundung (Constant Fillet)	verrundet eine Kante mit einem konstanten Radius
		Variable Kantenverrundung (Variable Fillet)	verrundet eine Kante mit variablem Radius
		Fase (Chamfer)	versieht eine Kante mit einer Fase

Verän-derung	Operation	Beschreibung
Fläche	Flächenverrundung (Face-Face Fillet)	verbindet zwei Flächen mit einer Fläche, die einen Kreisbogen als Querschnitt besitzt
	Dreitangentenverrundung (Tritangent Fillet)	erstellt eine Verrundung tangential an drei Flächen
	Auszugsschräge (Draft)	schrägt eine Fläche in Bezug auf eine Ausformrichtung ab
	Schalenelement (Shell)	höhlt einen Volumenkörper aus
	Aufmaß (Thickness)	dickt einen Volumenkörper an definierten Flächen auf
	Gewinde (Thread)	definiert ein Außen- oder Innengewinde an einer zylindrischen Fläche
	Fläche entfernen (Remove Face)	entfernt Teilgeometrien eines Volumenkörpers

In den folgenden zwei Abschnitten sind die Methoden zum Erzeugen von Operationen an Volumenkörpern und zwei Fallbeispiele dargestellt.

7.5.1 Methoden zum Erzeugen von Operationen

Die Methoden zum Erzeugen von Operationen an Volumenkörpern sind der Klasse **Shape-Factory** *(Abschnitt 8.199)* zugeordnet. Eine Übersicht der Methoden gibt Tabelle 7.12.

Bezüglich der Deklaration einer Referenz, die als Parameter in einer der aufgeführten Methoden verwendet wird, ist Folgendes zu beachten:

Eine Kante, die nach einer Operation entfällt, wird als „Removed Edge" (**REdge**) deklariert, eine Fläche, die entfällt oder beschnitten wird, als „Removed Surface" (**RSur**). Eine Beschreibung, wie eine „Removed Edge" oder „Removed Surface" deklariert wird, gibt Abschnitt 3.5.4.

Einige Operationen erlauben es, mehrere Kanten oder Flächen in einer Operation zu verändern. Um dies innerhalb eines Makros abzubilden, wird empfohlen, der Methode, die eine Operation erzeugt, eine **Leerreferenz** als Parameter mitzugeben und anschließend über die Methoden des erzeugten Objektes selbst die Kanten oder Flächen festzulegen (vgl. Beispiel 7.8). Die Deklaration einer Leerreferenz ist in Abschnitt 3.5.3 erklärt.

TABELLE 7.12 Methoden zum Erzeugen von Operationen an Volumenkörpern
(Details zu den Methoden: Klasse **ShapeFactory**, Abschnitt 8.199)

Operation		Methode	Objekt
	Konstante Verrundung	Func **AddNewSolidEdgeFilletWithConstantRadius** ([Kante] As Reference, [Fortführungsmodus] As CATFilletEdgePropagation, [Radius] As Double) Func **AddNewSurfaceEdgeFilletWithConstantRadius** ([Kante] As Reference, [Fortführungsmodus] As CATFilletEdgePropagation, [Radius] As Double)	ConstRadEdgeFillet, Abschnitt 8.18
	Variable Verrundung	Func **AddNewSolidEdgeFilletWithVaryingRadius** ([Kante] As Reference, [Fortführungsmodus] As CATFilletEdgePropagation, [Verlaufstyp] As CATFilletVariation, [DefaultRadius] As Double) Func **AddNewSurfaceEdgeFilletWithVaryingRadius** ([Kante] As Reference, [Fortführungsmodus] As CATFilletEdgePropagation, [Verlaufstyp] As CATFilletVariation, [DefaultRadius] As Double)	VarRadEdgeFillet, Abschnitt 8.224
	Fase	Func **AddNewChamfer** ([Kante] As Reference, [Fortführungsmodus] As CATChamferPropagation, [Modus] As CATChamferMode, [Orientierung] As CATChamferOrientation, [Länge1, Wert2] As Double)	Chamfer, Abschnitt 8.13
	Flächenverrundung	Func **AddNewSolidFaceFillet** ([Fläche1, Fläche2] As Reference, [Radius] As Double) Func **AddNewSurfaceFaceFillet** ([Fläche1, Fläche2] As Reference, [Radius] As Double)	FaceFillet, Abschnitt 8.33
	Dreitangentenverrundung	Func **AddNewSolidTritangentFillet** ([Stützfläche1, Stützfläche2, Radienfläche] As Reference) Func **AddNewSurfaceTritangentFillet** ([Stützfläche1, Stützfläche2, Radienfläche] As Reference)	TritangentFillet, Abschnitt 8.222
	Auszugsschräge	Func **AddNewDraft** ([EntformteFläche, NeutralesElement] As Reference, [NeutralFortsetzung] As CATDraftNeutralPropagationMode, [Trennelement] As Reference, [DX, DY, DZ] As Double, [Modus] As CATDraftMode, [Winkel] As Double, [Selektionsmodus] As CATDraftMultiselectionMode)	Draft, Abschnitt 8.27
	Schalenelement	Func **AddNewShell** ([EntfernendeFläche] As Reference, [DickeInnen,DickeAußen] As Double)	Shell, Abschnitt 8.201
	Aufmaß	Func **AddNewThickness** ([Fläche] As Reference, [Stärke] As Double)	Thickness, Abschnitt 8.216
	Gewinde	Func **AddNewThreadWithOutRef** Func **AddNewThreadWithRef** ([Mantelfläche, Begrenzung] As Reference)	Thread, Abschnitt 8.218
	Fläche entfernen	Func **AddNewRemoveFace** ([Behalten, Entfernen] As Reference)	RemoveFace, Abschnitt 8.186

7.5.2 Fallbeispiele: Operationen

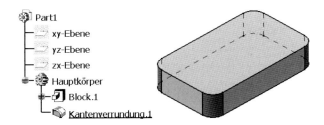

BILD 7.8 Ergebnis des Beispiels „Konstante Verrundungen"

Beispiel 7.8: Konstante Verrundungen

In einem geöffneten, aktiven CATPart existiere im Hauptkörper der Block „Block.1". Der Block basiere auf einer Skizze „Skizze.1". Der Block soll an allen vier senkrechten Kanten mit R10 verrundet werden (Bild 7.8).

```
' Körper deklarieren ----------
Dim Bauteil As Part
Set Bauteil = CATIA.ActiveDocument.Part
Dim MBody As Body
Set MBody = Bauteil.Mainbody
Bauteil.InWorkObject = MBody
' Referenzen deklarieren ---------------------------------------
Dim Block As AnyObject
Set Block = MBody.Shapes.Item („Block.1")
Dim Face(4), Edge(4), REdge(4), Ref(4), I, II, S, RefL
For I = 1 To 4
Face(I) = „Face:(Brp:(Pad.1;0:(Brp:(Sketch.1;" & I & „)));None:()"
Next
For I = 1 To 4
II = I + 1
If II > 4 Then II = 1
Edge(I)= „Edge:(„ & Face(I) & „;" & Face(II) & „;None:(Limits1:();Limits2:()))"
Next
S = „WithTemporaryBody;WithoutBuildError;WithSelectingFeatureSupport"
For I = 1 To 4
REdge(I) = „REdge:(„ & Edge(I) & „;" & S & „)"
Set Ref(I) = Bauteil.CreateReferenceFromBRepName (REdge(I), Block)
Next
Set RefL = Bauteil.CreateReferenceFromName ("")
' Werkzeugkasten deklarieren ------------------------------------
Dim Wzk3D As ShapeFactory
Set Wzk3D = Bauteil.ShapeFactory
' Verrundung mit Leerreferenz erzeugen und Kanten ergänzen -------
Dim Rundung As ConstRadEdgeFillet
Set Rundung = Wzk3D.AddNewSolidEdgeFilletWithConstantRadius (RefL, 1, 10)
For I = 1 To 4
Rundung.AddObjectToFillet Ref(I)
Next
Bauteil.Update
```

Beispiel 7.9: Auszugsschräge

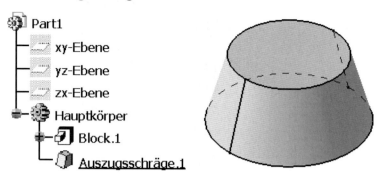

BILD 7.9 Ergebnis von „Beispiel 7.9: Auszugsschräge"

In einem geöffneten, aktiven CATPart existiere im Hauptkörper der Block „Block.1" mit einer kreisförmigen Kontur. Der Block soll an seiner Mantelfläche mit einer Auszugsschräge von 15° versehen werden. Die Auszugrichtung ist (0, 0, 1). Die Kante an der Oberseite des Blockes darf maßlich nicht verändert werden. Das Ergebnis zeigt Bild 7.9.

```
' Körper deklarieren --------------
Dim Bauteil As Part
Set Bauteil = CATIA.ActiveDocument.Part
Dim MBody As Body
Set MBody = Bauteil.Mainbody
Bauteil.InWorkObject = MBody
' Referenzen deklarieren ---------------------------------
Dim Block As AnyObject
Set Block = MBody.Shapes.Item („Block.1")
Dim Face, RSur, Ref, S, RefL
Face = „Face:(Brp:(Pad.1;2);None:())"
S = „WithTemporaryBody;WithoutBuildError;WithSelectingFeatureSupport"
RSur = „RSur:(„ & Face & „:" & S & „)"
Set Ref = Bauteil.CreateReferenceFromBRepName (RSur, Block)
Set RefL = Bauteil.CreateReferenceFromName („")
' Werkzeugkasten deklarieren ---------------------------------
Dim Wzk3D As ShapeFactory
Set Wzk3D = Bauteil.ShapeFactory
' Ausformschräge erzeugen ---------------------------------
Dim Draft As Draft
Set Draft = Wzk3D.AddNewDraft (RefL, Ref, 0, RefL, 0,0,1, 0, 15, 1)
Bauteil.Update
```

8 Ausgewählte Objektklassen

In diesem Kapitel ist eine Auswahl der **Klassen** von CATScript und deren **Eigenschaften** und **Methoden** alphabetisch zusammengestellt, die zur Erzeugung von Geometrie in einem CATPart, zur Erzeugung von Produktstrukturen in einem CATProduct und zur Kommunikation mit einem Anwender benötigt werden.

■ 8.1 Add

Die Klasse repräsentiert einen Volumenkörper, der durch die boolesche Operation „Hinzufügen" entsteht (vgl. Abschnitt 3.3.4). Ein Objekt der Klasse wird über die Methode **Add**-**NewAdd** der Klasse **ShapeFactory** (Abschnitt 8.199) erzeugt. Die Klasse besitzt keine Eigenschaften oder Methoden. Es kommen die Eigenschaften und Methoden der übergeordneten Klassen zur Anwendung.

Objektpfad: AnyObject.Shape.BooleanShape.Add

■ 8.2 Angle

Die Klasse repräsentiert einen Winkelparameter (vgl. Abschnitt 3.4.1). Ein Zugriff auf die Eigenschaften des Parameters erfolgt über die übergeordneten Klassen **Dimension** (Abschnitt 8.24), **RealParam** (Abschnitt 8.179) und **Parameter** (Abschnitt 8.166). Die Klasse hat keine Eigenschaften und Methoden.

Objektpfad: AnyObject.Parameter.RealParam.Dimension.Angle

8.3 AngularRepartition

Die Klasse repräsentiert eine Teildefinition der Vervielfältigungsparameter eines Kreismusters. Ein Objekt der Klasse wird in der Klasse **CircPattern** (Abschnitt 8.15) erzeugt.

Objektpfad: AnyObject.Repartition.AngularRepartition

AngularSpacing As Angle (Read Only)

Die Eigenschaft beschreibt den Winkelabstand zwischen den Instanzen eines Kreismusters.

```
Dim Winkel As Angle
Set Winkel = Kreismuster.AngularRepartition.AngularSpacing
```

InstanceSpacing As Angle (Read Only)

Die Eigenschaft beschreibt den Winkelabstand zwischen den Instanzen eines Kreismusters des Typs „Exemplare & ungleicher Winkelabstand".

```
Dim Winkel As Angle
Set Winkel = Kreismuster.AngularRepartition.InstanceSpacing
```

8.4 AnyObject

Die Klasse ist die Grundklasse aller Einzelobjekte und stellt Basismethoden und Eigenschaften für diese zur Verfügung (vgl. Abschnitt 1.3.3).

Objektpfad: CATBaseDispatch.AnyObject

Application As Application (Read Only)

Die Eigenschaft beschreibt die Anwendung eines Objektes.

Func GetItem ([IDName] As CATBSTR) As CATBaseDispatch

Die Methode gibt ein Objekt auf der Grundlage seines Identifikationsnamens „IDName" zurück.

```
Set MeinPart = CATIA.ActiveDocument.GetItem ("Part1")
```

Name As CATBSTR

Die Eigenschaft beschreibt den internen Namen eines Objektes.

```
Set AShape = CATIA.ActiveDocument.Part.MainBody.Shapes.Item (2)
MsgBox (AShape.Name)
```

Parent As CATBaseDispatch (Read Only)

Die Eigenschaft beschreibt das Elternobjekt eines Objektes (z.B. bei dem Winkel einer Auszugsschrägen die DraftDomain).

8.5 Application

Die Klasse repräsentiert eine CATIA-Anwendung (vgl. Abschnitt 1.10.1).

Objektpfad: AnyObject.Application

ActiveDocument As Document (Read Only)
Die Eigenschaft beschreibt das aktive CATIA-Dokument.
```
Set ADoc = CATIA.ActiveDocument
```

ActivePrinter As Printer
Die Eigenschaft beschreibt den aktuell aktivierten Drucker.

ActiveWindow As Window (Read Only)
Die Eigenschaft beschreibt das aktuell aktivierte CATIA-Fenster.
```
Set AWindow = CATIA.ActiveWindow
```

CacheSize As Long
Die Eigenschaft beschreibt die Größe des DMU-Caches in MB.

Caption As CATBSTR
Die Eigenschaft beschreibt den Namen einer Applikation. Ist diese „CATIA V5", entspricht sie dem Applikationsnamen im CATIA-Hauptfenster.

CreateMail As Mail
Die Methode erzeugt ein Objekt der Klasse „Mail", über das eine E-Mail definiert und versendet werden kann.
```
Dim Email As Mail
Set Email = CATIA.CreateMail
Email.SetContent "Hallo!" & Chr(10)  & "Dies ist ein Test"
Email.SetOriginator "Ziethen"
Email.SetSubject "Betreff"
Dim Empfaenger As Recipients
' catRecipientBlindCopy, catRecipientCopy, catRecipientTo ---------
Set Empfaenger = Email.GetRecipients(catRecipientTo)
Empfaenger.Add "Karl.Mustermann@adresse.de"
```

```
Email.GetAttachments.Add "C:\Temp\Test.txt", "C:\Temp\Tmp"
'catDisplayClientUI, catNoUI
Email.Send catNoUI
```

DisplayFileAlerts As Boolean

Die Eigenschaft beschreibt, ob Systemmeldungen während eines Dateizugriffes angezeigt werden oder nicht. (Beispiel: Eine Datei ist schreibgeschützt und wird geladen. Systemmeldung: „File is read only")

```
CATIA.DisplayFileAlerts = True
```

Documents As Documents (Read Only)

Die Eigenschaft beschreibt eine Liste aller geladenen CATIA-Dokumente. Die Liste umfasst alle Dokumente der CATIA-Fenster und alle Bauteile und Unterbaugruppen eines CATProducts.

```
Set Docs = CATIA.Documents
```

FileSearchOrder As CATBSTR

Die Eigenschaft beschreibt die Suchreihenfolge beim Öffnen eines CATIA-Dokumentes. Mehrere Suchpfade werden durch Doppelpunkte getrennt.

```
CATIA.FileSearchOrder = „C:\users\db\model:E:\users\psr"
```

Func FileSelectionBox ([Titel] As CATBSTR, [Typ] As CATBSTR, [Modus] As CatFileSelectionMode) As CATBSTR

- CATIA-Dialog zum Öffnen oder Speichern einer Datei (Abschnitte 2.2.2 und 2.2.3)

FileSystem As FileSystem (Read Only)

Die Eigenschaft beschreibt eine Schnittstelle, die den Zugriff auf das Dateisystem eines Rechners erlaubt.

```
Set FileSys = CATIA.FileSystem
```

FullName As CATBSTR (Read Only)

Die Eigenschaft beschreibt den vollständigen Namen inkl. des absoluten Pfades der CATIA-Applikation (z.B. C:\Programme\Dassault Systemes\code\bin\CNEXT.exe).

```
Name = CATIA.FullName
```

Func GetWorkBenchID As CATBSTR

Die Funktion ermittelt die interne Bezeichnung der aktuellen Workbench. Die Bezeichnung kann in der Methode **StartWorkBench** verwendet werden.

Height As Long

Die Eigenschaft beschreibt die Höhe des CATIA-Applikationsfensters in Pixeln.

Sub Help [Was] As CATBSTR

Die Methode ruft die CATIA-Online-Hilfe zum Thema „Was" auf. Der Pfad der Online-Dokumentation muss in den CATIA-Optionen gesetzt sein.
`CATIA.Help „CATIAPad"`

Interactive As Boolean

Die Eigenschaft beschreibt, ob ein Anwender mit der CATIA-Anwendung interagieren kann.
`CATIA.Interactive = True`

Func InputBox ([Text], [Titel], [Defaultwert] As String, [XPos], [YPos] As Integer, [Helpfile] As String, [Index] As Long) As String

Eingabefenster, analog Abschnitt 2.1.2

Left As Long

Die Eigenschaft beschreibt den Abstand des CATIA-Applikationsfensters zum linken Bildschirmrand in Pixeln.

LocalCache As CATBSTR

Die Eigenschaft beschreibt den absoluten Pfad des lokalen Caches.
`CATIA.LocalCache = „C:\Temp"`

Func MsgBox ([Text] As String, [Button] As Integer, [Titel, Helpfile] As String, [Index] As Long) As Integer

Ausgabefenster, analog Abschnitt 2.1.1

Path As CATBSTR (Read Only)

Die Eigenschaft beschreibt Pfadnamen der Programmdatei von CATIA V5.

Printers As Printers (Read Only)

Die Eigenschaft beschreibt eine Liste aller in CATIA V5 verfügbaren Drucker.

Sub Quit

Die Methode schließt eine Applikation und speichert alle offenen Dokumente.
`CATIA.Quit`

RefreshDisplay As Boolean

Die Eigenschaft beschreibt, ob während der Ausführung eines Makros der Bildschirm aktualisiert wird. Ist die Eigenschaft „false", wird Rechnerleistung gespart.
`CATIA.RefreshDisplay = True`

SettingControllers As SettingControllers

Die Eigenschaft beschreibt die Einstellungen der „Tools/ Optionen". Da für jede Option eine Methode mit eigener Bezeichnung existiert, empfiehlt es sich, die Namen bedarfsgerecht nachzuschlagen. Hierzu kann unter „Tools/ Optionen" ein Auszug der Parameter einer Karteikarte über den Befehl „Erstellt einen Auszug der Einstellungen" (siehe Icon am Rand) als CATVBS exportiert werden. Dem Skript können anschließend alle notwendigen Informationen entnommen werden.

```
Dim MySettings As SettingControllers
Set MySettings = CATIA.SettingControllers
BCache = MySettings.Item("CATSysCacheSettingCtrl").ActivationMode
MsgBox ("Chache an: " & BCache)
BRefD = MySettings.Item("CATCafGeneralSessionSettingCtrl").RefDoc
MsgBox ("Load Ref an: " & BRefD)
```

Sub StartCommand [ID] As CATBSTR

Die Methode startet einen CATIA-Befehl des Namens oder der Nummer „ID".

Sub StartWorkbench [ID] As CATBSTR

Die Methode startet eine Arbeitsumgebung des Namens „ID". Für „Part Design" ist der Name „PrtCfg", für „Generative Shape Design" ist der Name „CATShapeDesignWorkbench". Weitere Namen können über die Funktion **GetWorkBenchID** ermittelt werden.
```
CATIA.StartWorkBench „PrtCfg"
```

StatusBar As CATBSTR

Die Eigenschaft beschreibt den Text der CATIA-Statuszeile, die im Applikationsfenster am linken unteren Rand angezeigt wird (Abschnitt 1.8.1).

SystemConfiguration As SystemConfiguration

Die Eigenschaft beschreibt einen Dienst, der Zugriff auf die Systemkonfiguration von CATIA ermöglicht.
```
Set SysC = CATIA.SystemConfiguration
MsgBox ("V5R" & SysC.Release & "SP" & SysC.Servicepack)
```

SystemService As SystemService (Read Only)

Die Eigenschaft beschreibt eine Schnittstelle zwischen CATIA V5 und einem Betriebssystem. Die Schnittstelle kann Variablen lesen sowie externe Programme und Druckbefehle ausführen (Abschnitte 2.7 und 2.8).

Top As Long

Die Eigenschaft beschreibt den Abstand des CATIA-Applikationsfensters zum oberen Bildschirmrand in Pixeln.

Visible As Boolean

Die Eigenschaft beschreibt, ob das CATIA-Applikationsfenster für einen Anwender sichtbar ist.

CATIA.Visible = True

ACHTUNG: Wenn die Variable auf False gesetzt wird, läuft ein CATIA-Prozess im Hintergrund weiter! Ein Anwender hat in diesem Fall keinen Zugriff auf ein Makro während des Laufes.

Width As Long

Die Eigenschaft beschreibt die Breite des CATIA-Applikationsfensters in Pixeln.

Windows As Windows (Read Only)

Die Eigenschaft beschreibt eine Liste aller in einer CATIA-Applikation geöffneten Fenster. Es handelt sich um eine Untermenge der Liste der Eigenschaft **Documents**.

Set Fenster = CATIA.Windows

8.6 Assemble

Die Klasse repräsentiert einen Volumenkörper, der durch die boolesche Operation „Zusammenbauen" entsteht (vgl. Abschnitt 3.3.4). Ein Objekt der Klasse wird über die Methode **AddNewAssemble** der Klasse **ShapeFactory** (Abschnitt 8.199) abgeleitet. Die Klasse besitzt keine Eigenschaften oder Methoden. Es kommen die Eigenschaften und Methoden der übergeordneten Klassen zur Anwendung.

Objektpfad: AnyObject.Shape.BooleanShape.Assemble

8.7 Axis2D

Die Klasse repräsentiert das 2D-Achsensystem einer Skizze (Abschnitt 5.4). Ein Objekt der Klasse wird über die Eigenschaft **AbsoluteAxis** der Klasse **Sketch** (Abschnitt 8.202) abgeleitet.

Objektpfad: AnyObject.GeometricElement.Geometry2D.Axis2D

HorizontalReference As Line2D (Read Only)
Die Eigenschaft beschreibt die horizontale Achse eines 2D-Achsensystems.
`Set HAchse = MeineSkizze.AbsoluteAxis.HorizontalReference`

Origin As Point2D (Read Only)
Die Eigenschaft beschreibt den Ursprungspunkt eines 2D-Achsensystems.
`Set UPunkt = MeineSkizze.AbsoluteAxis.Origin`

VerticalReference As Line2D (Read Only)
Vertikale Achse, analog **HorizontalReference**

8.8 Bodies

Die Klasse repräsentiert ein Listenobjekt der Körper, einschließlich des Hauptkörpers, eines CATParts (vgl. Abschnitt 3.3.1). Ein Objekt der Klasse wird über die Eigenschaft **Bodies** der Klasse **Part** (Abschnitt 8.168) deklariert.

Objektpfad: Collection.Bodies

Func Add As Body
Die Methode erzeugt einen neuen Körper im Listenobjekt.
`Set NeuBody = CATIA.ActiveDocument.Part.Bodies.Add`

Func Item ([Index] As CATVariant) As Body
Die Methode liest einen Körper des Listenobjektes aus. „Index" kann über einen Zähler oder den Namen eines Körpers beschrieben werden.
`Set ABody = CATIA.ActiveDocument.Part.Bodies.Item ("Gusskern")`

8.9 Body

Die Klasse repräsentiert einen Körper (z.B. Hauptkörper) eines CATParts (vgl. Abschnitt 3.2). Die Definition eines Körpers erfolgt über die Klassen **Part** (Abschnitt 8.168) oder **Bodies** (Abschnitt 8.8).

Objektpfad: AnyObject.Body

HybridBodies As HybridBodies

Die Eigenschaft beschreibt eine Liste aller geometrischen Sets (Abschnitt 3.3) eines Körpers. Die Eigenschaft durchsucht nur die erste Ebene eines Körpers. Geschachtelte Körper werden ignoriert.

`Set ListeHBodies = CATIA.ActiveDocument.Part.MainBody.HybridBodies`

HybridShapes As HybridShapes (Read Only)

Die Eigenschaft beschreibt eine Liste aller 3D-Drahtgeometrien und Flächen eines Körpers. Es werden nur die Elemente berücksichtigt, die in der ersten Ebene eines Körpers stehen.

`Set HShapes = CATIA.ActiveDocument.Part.MainBody.HybridShapes`

Func InBooleanOperation As Boolean

Die Eigenschaft beschreibt, ob ein Körper durch eine boolesche Operation mit einem anderen Körper verknüpft ist. Ist dies nicht der Fall, wird „False" zurückgegeben.

`Verknuepft = MeinKoerper.InBooleanOperation`

Sub InsertHybridShape [Objekt] As HybridShape

Die Methode weist eine vordefinierte 3D-Drahtgeometrie oder Fläche einem Körper zu, sofern der Modus „Hybridkonstruktion" aktiviert ist (vgl. Abschnitt 6.1).

```
Set Wzk3D = CATIA.ActiveDocument.Part.HybridShapeFactory
Set Punkt = Wzk3D.AddNewPointCoord (10, 10, 10)
CATIA.ActiveDocument.Part.MainBody.InsertHybridShape Punkt
```

OrderedGeometricalSets As OrderedGeometricalSets (Read Only)

Die Eigenschaft beschreibt die Liste aller geordneten geometrischen Sets eines Körpers. Es werden nur die Elemente berücksichtigt, die in der ersten Ebene eines Körpers stehen.

`Set OSs = CATIA.ActiveDocument.Part.MainBody.OrderedGeometricalSets`

Shapes As Shapes

Die Eigenschaft beschreibt eine Liste aller Volumenkörper (Blöcke, Rotationskörper …) eines Körpers. Boolesche Operatoren zählen auch als Shapes (z.B. Zusammenbauen.1). Die Eigenschaft durchsucht nur die erste Ebene eines Körpers. Geschachtelte Körper werden ignoriert.

`Set ListeShapes = CATIA.ActiveDocument.Part.MainBody.Shapes`

Sketches As Sketches

Die Eigenschaft beschreibt eine Liste aller Skizzen eines Körpers. Die Eigenschaft durchsucht nur die erste Ebene eines Körper. Geschachtelte Körper werden ignoriert.

`Set ListeSketches = CATIA.ActiveDocument.Part.MainBody.Sketches`

8.10 BooleanShape

Die Klasse repräsentiert einen Volumenkörper, der durch eine boolesche Operation entsteht (vgl. Abschnitt 3.3.4). Die Klasse stellt Basiseigenschaften für die untergeordneten Klassen **Add** (Abschnitt 8.1), **Assemble** (Abschnitt 8.6), **Intersect** (Abschnitt 8.150), **Remove** (Abschnitt 8.185) und **Trim** (Abschnitt 8.221) zur Verfügung.

Objektpfad: AnyObject.Shape.BooleanShape

Body As Body (Read Only)

Die Eigenschaft beschreibt den Körper, der über die boolesche Operation eingefügt ist.
```
Set Hauptkoerper = CATIA.ActiveDocument.Part.MainBody
Set BoolKoerper = Hauptkoerper.Shapes.Item („Zusammenbauen.1").Body
```

Sub SetOperatedObject [Körper] As Reference

Die Methode setzt den Körper, der über eine boolesche Operation in einen anderen eingefügt ist (zweiter Operand).
```
Set KNeu = Bauteil.Bodies.Item(„Körper.3")
Set KRef = Bauteil.CreateReferenceFromObject (KNeu)
BoolKoerper.SetOperatedObject KRef
```

8.11 BoolParam

Die Klasse repräsentiert einen CATIA-Parameter des Typs „Boolean" (vgl. Abschnitt 3.4.1). Ein Objekt der Klasse wird über die Methode **CreateBoolean** der Klasse **Parameters** (Abschnitt 8.167) erzeugt.

Objektpfad: AnyObject.Parameter.BoolParam

Value As Boolean

Die Eigenschaft beschreibt den Wert des Parameters.
```
Set Params = CATIA.ActiveDocument.Part.Parameters
Set Para = Params.Item („TestBoolean")
Para.Value = False
```

8.12 CATBaseDispatch

Die Klasse ist die Wurzelklasse aller Objekte von CATScript (vgl. Abschnitt 1.3.3). Aus der Klasse sind die zwei untergeordneten Grundklassen **AnyObject** (Abschnitt 8.4) und **Collection** (Abschnitt 8.17) abgeleitet. Die Klasse besitzt keine Eigenschaften und Methoden.

Objektpfad: CATBaseDispatch

8.13 Chamfer

Die Klasse repräsentiert eine Fase (vgl. Abschnitt 7.5). Ein Objekt der Klasse wird über die Methode **AddNewChamfer** der Klasse **ShapeFactory** (Abschnitt 8.199) abgeleitet.

Objektpfad: AnyObject.Shape.DressUpShape. Chamfer

Sub AddElementToChamfer [Kante] As Reference

Die Methode fügt eine Kante zu einer Fasendefinition hinzu (Feld „Abzuschrägende Objekte"). Die Kante ist als eine „Removed Edge" zu definieren (Abschnitt 3.5.4).

`Fase.AddElementToChamfer REdge`

Angle As Angle (Read Only)

Die Eigenschaft beschreibt den Winkel einer Fase (Feld „Winkel"). Die Eigenschaft ist nur existent, wenn die Eigenschaft **Mode** gleich „catLengthAngleChamfer" ist. Der Wert kann über die Eigenschaft **Value** bearbeitet werden.

`Fase.Angle.Value = 10`

ElementsToChamfer As References (Read Only)

Die Eigenschaft beschreibt die Liste der Kantenreferenzen einer Fase (Feld „Abzuschrägende Objekte").

`Set Kanten = Fase.ElementsToChamfer`

Length 1 As Length (Read Only)

Die Eigenschaft beschreibt die erste Länge einer Fase (Feld „Länge 1"). Der Wert kann über die Methode **Value** bearbeitet werden.

`Fase.Length1.Value = 10`

Length2 As Length (Read Only)

Die Eigenschaft beschreibt die zweite Länge einer Fase (Feld „Länge 2"). Die Eigenschaft ist nur existent, wenn die Eigenschaft **Mode** gleich „catTwoLengthChamfer" ist. Der Wert kann über die Methode **Value** verändert werden.

Mode As CATChamferMode

Die Eigenschaft beschreibt, ob eine Fase über eine Länge und einen Winkel oder über zwei Winkel definiert ist (Feld „Modus"). Der Wertebereich ist: „catTwoLengthChamfer" (Länge 1, Länge 2) und „catLengthAngleChamfer" (Länge 1, Winkel).
Fase.Mode = catTwoLengthChamfer

Orientation As CATChamferOrientation

Die Eigenschaft beschreibt die Orientierung einer Fase (Feld „Umkehren"). Bei einer nicht symmetrischen Fase hat die Orientierung Einfluss auf die Geometrie (L1/L2 oder L2/L1). Der Wertebereich ist: „catNoReverseChamfer" (wie bei der Erzeugung definiert), „catReverseChamfer" (getauscht).
Fase.Orientation = catReverseChamfer

Propagation As CATChamferPropagation

Die Eigenschaft beschreibt die Fortsetzungsart einer Fase (Feld „Fortführung"). Der Wertebereich ist: „catTangencyChamfer" (tangentenstetige Fortsetzung) und „catMinimalChamfer" (nur auf der Kantenreferenz).
Fase.Propagation = catTangencyChamfer

Sub WithdrawElementToChamfer [Kante] As Reference

Die Methode entfernt eine Kante aus einer Fasendefinition.
Set Kanten = Fase.ElementsToChamfer
Fase.WithdrawElementToChamfer Kanten.Item(1)

■ 8.14 Circle2D

Die Klasse repräsentiert einen Vollkreis oder Kreisbogen (vgl. Abschnitt 5.2). Ein Objekt der Klasse wird über die Methoden **CreateClosedCircle** oder **CreateCircle** der Klasse **Factory2D** (Abschnitt 8.35) erzeugt.

Objektpfad: AnyObject.GeometricElement.Geometrie2D.Curve2D.Circle2D

CenterPoint As Point2D

Die Eigenschaft beschreibt den Mittelpunkt eines Kreises. Über die Eigenschaft kann einem Kreis ein 2D-Punkt als Mittelpunkt logisch zugeordnet werden.

```
Dim Wzk As Factory2D
Set Wzk = ASketch.OpenEdition
Dim Kreis As Circle2D
Set Kreis = Wzk.CreateClosedCircle (0, 0, 20)
Dim Punkt As Point2D
Set Punkt = Wzk.CreatePoint (0, 0)
Kreis.CenterPoint = Punkt
```

Sub GetCenter [Punkt] As CATSafeArrayVariant

Die Methode liest die Koordinaten des Mittelpunktes eines Kreises als Feld aus.

```
Dim Punkt (1)
MeinKreis.GetCenter Punkt
MsgBox („X=" & Punkt(0) & „, Y=" & Punkt(1))
```

Radius As Double (Read Only)

Die Eigenschaft beschreibt den Radius eines Kreises.

```
R = MeinKreis.Radius
```

Sub SetData [X, Y, R] As Double

Die Methode setzt den Mittelpunkt und den Radius eines Kreises.

```
X = 100
y = 50
R = 50
MeinKreis.SetData X, Y, R
```

8.15 CircPattern

Die Klasse repräsentiert einen Volumenkörper, der durch die Umwandlung „Kreismuster" entsteht (vgl. Abschnitt 7.4). Ein Objekt der Klasse wird über die Methoden **AddNew-CircPattern** oder **AddNewSurfacicCircPattern** der Klasse **ShapeFactory** (Abschnitt 8.199) erzeugt.

Objektpfad: AnyObject.Shape.TransformationShape.Pattern.CircPattern

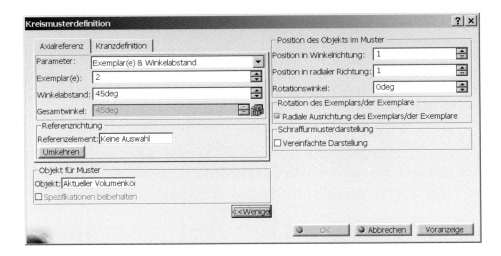

AngularDirectionRow As IntParam (Read Only)

Die Eigenschaft beschreibt, an welcher Stelle sich ein Originalobjekt innerhalb eines Musters in Umfangsrichtung befindet (Feld „Position in Winkelrichtung").

```
Set Position = Kreismuster.AngularDirectionRow
MsgBox (Position.Value)
```

AngularRepartition As AngularRepartition (Read Only)

Die Eigenschaft beschreibt die Parameter eines Musters in Winkelrichtung.

```
Set RichtungUmfang = Kreismuster.AngularRepartition
MsgBox („Anzahl Umfang: " & RichtungUmfang.InstancesCount.Value)
```

CircularPatternParameters As CATCircularPatternParameters

Die Eigenschaft beschreibt, ob die Instanzen auf dem Umfang gleichmäßig verteilt werden oder mit einem definierten Winkel zueinander liegen (Feld „Parameter"). Der Wertebereich ist: „catInstancesAndAngularSpacing" (Exemplare und Winkelabstand), „catCompleteCrown" (Vollständiger Kranz) und „catUnequalAngularSpacing" (Exemplare und ungleicher Winkelabstand).

```
Muster.CircularPatternParameters = catInstancesandAngularSpacing
```

Sub GetRotationAxis [Vektor] As CATSafeArrayVariant

Die Methode liest den Einheitsvektor der Rotationsachse eines Kreismusters.

```
Dim Vekt (2)
Kreismuster.GetRotationAxis Vekt
MsgBox („DX=" & Vekt(0) & „, DY=" & Vekt(1) & „, DZ=" & Vekt(2))
```

Sub GetRotationCenter [Punkt] As CATSafeArrayVariant

Die Methode liest den Mittelpunkt einer Rotation als Feld aus, wenn der Punkt existiert.

```
Dim P(2)
Kreismuster.GetRotationCenter P
MsgBox („X=" & P(0) & „, Y=" & P(1) & „, Z=" & P(2))
```

RadialAlignment As Boolean

Die Eigenschaft beschreibt die radiale Ausrichtung der Instanzen eines Kreismusters (Feld „Radiale Ausrichtung der Exemplare"). Die Eigenschaft ist „True", wenn die Instanzen mit dem Winkel gedreht werden und dadurch zur Achse gleich orientiert sind. Die Eigenschaft ist „False", wenn die Ausrichtung in Bezug zum Original nicht verändert wird.

```
If Kreismuster.RadialAlignment Then
MsgBox („Instanzen zur Achse gleich orientiert.")
Else
MsgBox („Instanzen zum Original gleich orientiert.")
End If
```

RadialDirectionRow As IntParam (Read Only)

Die Eigenschaft beschreibt, an welcher Stelle sich ein Originalobjekt innerhalb eines Musters in der radialen Richtung befindet („Position in radialer Richtung").

```
Set Position = Kreismuster.RadialDirectionRow
MsgBox (Position.Value)
```

RadialRepartition As LinearRepartition (Read Only)

Die Eigenschaft beschreibt die Parameter eines Kreismusters in der radialen Richtung.

```
Set RichtungR = Kreismuster.RadialRepartition
MsgBox („Anzahl radial: „ & RichtungR.InstancesCount.Value)
```

RotationOrientation As Boolean

Die Eigenschaft beschreibt die Orientierung einer Rotationsachse (Feld „Umkehren"). Eine Achse ist invertiert, wenn die Eigenschaft „False" ist. Die Winkelrichtung und radiale Richtung können über die Rechte-Hand-Regel bestimmt werden (Daumen = Rotationsachse, Zeigefinger = radiale Richtung, Mittelfinger = Winkelrichtung).

Sub SetInstanceAngularSpacing [Nummer] As Long, [Winkel] As Double

Die Methode setzt in einem Kreismuster des Typs „Exemplare & ungleicher Winkelabstand" den Winkel der Instanz an Position „Nummer".

```
Kreismuster.SetInstanceAngularSpacing 4, 33
```

Sub SetRotationAxis [Richtung] As Reference

Die Methode setzt die Rotationsachse eines Kreismusters. Wenn eine Ebene als Referenz verwendet wird, wird um den Normalenvektor der Ebene rotiert.

```
Kreismuster.SetRotationAxis Bauteil.OriginElements.PlaneXY
```

Sub SetRotationCenter [Punkt] As Reference

Die Methode setzt den Mittelpunkt einer Rotation.

```
Kreismuster.SetRotationCenter Punktreferenz
```

Sub SetUnEqualInstanceNumber [Anzahl] As Long

Die Mehtode definiert die Anzahl der Instanzen eines Kreismusters des Typs „Exemplare & ungleicher Winkelabstand". Das Original zählt hierbei mit.

```
Kreismuster.SetUnEqualInstanceNumber 5
```

8.16 CloseSurface

Die Klasse repräsentiert einen Volumenkörper, der durch das Schließen eines Flächenverbandes entsteht (vgl. Abschnitt 7.3). Ein Objekt der Klasse wird über die Methode **AddNewCloseSurface** der Klasse **ShapeFactory** (Abschnitt 8.199) erzeugt. Die Klasse selbst besitzt keine Eigenschaften und Methoden.

Objektpfad: AnyObject.Shape.SurfaceBasedShape.CloseSurface

8.17 Collection

Die Klasse ist die Grundklasse aller Listenobjekte (vgl. Abschnitt 1.3.3). Sie stellt Basismethoden und Eigenschaften für ein Listenobjekt zur Verfügung.

Objektpfad: CATBaseDispatch.Collection

Application As Application (Read Only)

Die Eigenschaft beschreibt die Anwendung, zu der ein Listenobjekt gehört.

Count As Long (Read Only)

Die Eigenschaft beschreibt die Anzahl der Elemente eines Listenobjektes.
```
MsgBox (CATIA.ActiveDocument.Part.Parameters.Count)
```

Func GetItem ([IDName] As CATBSTR) As CATBaseDispatch

Die Methode gibt ein Objekt der Liste auf der Grundlage seines Namens „IDName" zurück.
```
Set Param = Params.GetItem ("Testwinkel")
```

Name As CATBSTR

Die Eigenschaft beschreibt den Namen eines Listenobjektes.
```
PName = Params.Name
```

Parent As CATBaseDispatch (Read Only)

Die Eigenschaft beschreibt das Elternobjekt eines Listenobjektes.

■ 8.18 ConstRadEdgeFillet

Die Klasse repräsentiert eine Kantenverrundung mit einem konstanten Radius (vgl. Abschnitt 7.5). Ein Objekt der Klasse wird über die Methode **AddNewSolidEdgeFilletWithConstantRadius** oder **AddNewSurfaceEdgeFilletWithConstantRadius** der Klasse **ShapeFactory** (Abschnitt 8.199) erzeugt. Ergänzende Methoden stellt die übergeordnete Klasse **EdgeFillet** (Abschnitt 8.31) zur Verfügung.

Objektpfad: AnyObject.Shape.DressUpShape.Fillet.EdgeFillet.ConstRadEdgeFillet

Sub AddObjectToFillet [Kante] As Reference

Die Methode fügt eine Kante zu der Verrundungsdefinition hinzu (Feld „Zu verrundende Objekte"). Eine Kante wird als „Removed Edge" deklariert (Abschnitt 3.5.4).
```
Verrundung.AddObjectToFillet REdge
```

ObjectsToFillet As References (Read Only)

Die Eigenschaft beschreibt die Liste der zu verrundenden Kanten (Feld „Zu verrundende Objekte").
```
Set Refs = Verrundung.ObjectsToFillet
```

Radius As Length (Read Only)

Die Eigenschaft beschreibt den Parameter des Radius (Feld „Radius"). Dessen Wert kann über die Methode **Value** bearbeitet werden.
```
Verrundung.Radius.Value = 5
```

Sub WithdrawObjectToFillet [Kante] As Reference

Die Methode entfernt eine Kante aus der Verrundungsdefinition (Feld „Zu verrundende Objekte").

`Verrundung.WithdrawObjectToFillet Ref`

■ 8.19 Constraint

Die Klasse repräsentiert eine Bedingung (vgl. Abschnitt 5.4). Ein Objekt der Klasse wird aus der Klasse **Constraints** (Abschnitt 8.20) abgeleitet.

Objektpfad: AnyObject.Constraint

Sub Activate

Die Methode aktiviert eine Bedingung.

`MeinConstraint.Activate`

AngleSector As CATConstraintAngleSector

Die Eigenschaft beschreibt die Ausrichtung einer Winkelbedingung zu ihren Elementen. Der Wertebereich ist: „catCstAngleSector0" (gleiche Orientierung, positive Seite), „catCstAngleSector1" (gegenläufige Orientierung, positive Seite), „catCstAngleSector2" (gegenläufige Orientierung, negative Seite) und „catCstAngleSector3" (gleiche Orientierung, negative Seite).

`MeineWinkelbedingung.AngleSector = catCstAngleSector1`

Sub Deactivate

Die Methode deaktiviert eine Bedingung. Eine deaktivierte Bedingung wird bei der Aktualisierung eines Bauteils nicht berücksichtigt.

Dimension As Dimension (Read Only)

Die Eigenschaft beschreibt die Abmessung einer Längen-, Abstands- oder Winkelbedingung. Der Wert der Abmessung kann über die Eigenschaft **Value** der Klasse **Dimension** (Abschnitt 8.24) verändert werden.

`Set Abmessung = MeinConstraint.Dimension`
`Abmessung.Value = 120`

DistanceConfig As CATConstraintDistConfig

Die Eigenschaft beschreibt die Ausrichtung der Elemente einer Abstandsbedingung zueinander. Der Wertebereich ist: „catCstDCUnspec" (keine Randbedingung), „catCstDCParal-

lel" (parallel, Orientierung frei), „catCstDCParallelSameOrient" (parallel, gleiche Orientierung) und „catCstDCParallelOppOrient" (parallel, entgegengesetzte Orientierung).
```
MeinConstraint.DistanceConfig = catCstDCUnspec
```

DistanceDirection As CATConstraintDistDirection

Die Eigenschaft beschreibt bei einer Abstandsbedingung, ob die Bedingung an einer Achse oder an einem Element ausgerichtet wird. Die Ausrichtung an einem Element erfolgt über den Wert „catCstDistDirectionNone". Der Wertebereich ist: „catCstDistDirectionNone" (keine Ausrichtung), „catCstDistDirection1" (Ausrichtung zur X- bzw. H-Achse, 2D und 3D), „catCstDistDirection2" (Ausrichtung zur Y- bzw. V-Achse, 2D und 3D) und „catCstDistDirection3" (Ausrichtung zur Z-Achse, 3D).
```
MeinConstraint.DistanceDirection = catCstDistDirection1
```

Func GetConstraintElement ([Index] As Long) As Reference

Die Methode liest die Referenz der Nummer „Index" einer Bedingung. Überschreitet „Index" die Anzahl der Referenzen, bricht ein Makro mit einer Fehlermeldung ab.
```
Set ErstRef = MeinConstraint.GetConstraintElement (1)
MsgBox („Die erste Referenz ist: " & ErstRef.DisplayName)
```

Sub GetConstraintVisuLocation [Ankerpunkt, Ankervektor] As CATSafeArrayVariant

Die Methode gibt den Ort aus, an dem eine Bedingung visualisiert wird. „Ankerpunkt" definiert die Stelle im 3D, „Ankervektor" die Ausrichtung normal zur Visualisierungsebene als Einheitsvektor.
```
Dim Pkt(2), Vek(2)
MeinConstraint.GetConstraintVisuLocation Pkt, Vek
MsgBox („X=" & Pkt(0) & „, Y=" & Pkt(1) &  „, Z=" & Pkt(2))
MsgBox („DX=" & Vek(0) & „, DY=" & Vek(1) &  „, DZ=" & Vek(2))
```

Func IsInactive As Boolean

Die Methode liest den Aktivierungsstatus einer Bedingung. Der Wert ist bei einer deaktivierten Bedingung „True".

Mode As CATConstraintMode

Die Eigenschaft beschreibt, ob eine Bedingung treibend (Wert gleich „catCstModeDrivingDimension") oder getrieben (Wert gleich „catCstModeDrivenDimension") ist.
```
MeinConstraint.Mode = catCstModeDrivingDimension
```

Orientation As CATConstraintOrientation

Die Eigenschaft beschreibt die Ausrichtung einer Bedingung. Die Eigenschaft wird nur bei Bedingungen mit zwei Objekten verwendet und beschreibt die Ausrichtung des zweiten Objektes zum ersten. Der Wertebereich ist: „catCstOrientSame" (gleiche Ausrichtung),

„catCstOrientOpposite" (entgegengesetzte Ausrichtung) und „catCstOrientUndefined" (Ausrichtung nicht definiert).
`MeinConstraint.Orientation = catCstOrientSame`

ReferenceAxis As CATConstraintRefAxis

Die Eigenschaft beschreibt bei einer Achsparallelität oder -orthogonalität die Bezugsachse. Der Wertebereich ist: „catCstRefAxisX" (parallel oder vertikal zur x-Achse), „catCstRefAxisY" (parallel oder vertikal zur y-Achse) und „catCstRefAxisZ" (parallel oder vertikal zur z-Achse).
`MeinConstraint.ReferenceAxis = catCstRefAxisX`

ReferenceType As CATConstraintRefType

Die Eigenschaft beschreibt bei einer Baugruppenbedingung, wie ein Bauteil bewegt wird. Ist der Wert gleich „catCstRefTypeRelative", bewegt sich ein Bauteil beim Update nicht. Ist der Wert gleich „catCstRefTypeFixInSpace", bewegt sich ein Bauteil beim Update an die fixierte Stelle.
`MeinConstraint.ReferenceType = catCstRefTypeRelative`

Sub SetContraintElement [Index] As Long, [Referenz] As Reference

Die Methode setzt die Referenz der Nummer „Index" einer Bedingung. „Index" darf die Anzahl der Referenzen einer Bedingung nicht überschreiten.
```
Set Punkt2 = F2D.CreatePoint(20, 0)
Set ReferenzP2 = Bauteil.CreateReferenceFromObject(Punkt2)
MeinConstraint.SetConstraintElement 2, ReferenzP2
```

Sub SetConstraintVisuLocation [X, Y, Z] As Double

Die Methode bestimmt den Ort, an dem eine Bedingung visualisiert wird. Es sind immer alle drei Koordinaten anzugeben. Im Fall einer 2D-Bedingung ignoriert die Methode den Wert der jeweils nicht geeigneten Koordinate (z.B. bei einer Skizze in einer YZ-Ebene den X-Wert).
`MeinConstraint.SetConstraintVisuLocation 40, 20.4, -100`

Side As CATConstraintSide

Die Eigenschaft beschreibt die Seite, der eine Bedingung zugeordnet ist. Der Wertebereich ist: „catCstSidePositive" (positive Seite), „catCstSideNegative" (negative Seite), „catCstSideSameAsValue" (gleiche Seite wie Wert), „catCstSideOppositeToValue" (entgegengesetzte Seite wie Wert) und „catCstSideUndefined" (Seite nicht definiert).
`MeinConstraint.Side = catCstSideNegative`

Status As CATConstraintStatus (Read Only)

Die Eigenschaft beschreibt den Status einer Bedingung. Der Wertebereich ist: „catCstStatusOK" (Bedingung in Ordnung), „catCstStatusKOStronglyNotSatisfied" (Bedingung nicht anwendbar), „catCstStatusKOWrongOrientOrSide" (Bedingung falsch orientiert), „catCstStatusKOWrongValue" (Wert der Bedingung nicht anwendbar), „catCstStatusKOWrong-

GeomEltType" (Geometrie passt nicht zur Bedingung) und „catCstStatusKOBroken" (Referenzgeometrie fehlt).
```
If MeinConstraint.Status = catCstStatusKOStronglyNotSatisfied Then
MsgBox („Die Bedingung ist nicht anwendbar!")
End If
```

Type As CATConstraintType (Read Only)

Die Eigenschaft beschreibt den Typ einer Bedingung.
```
If MeinConstraint.Type = catCstTypeDistance Then
MsgBox („Die Bedingung ist ein Abstand.")
End If
```

Wertebereich des Bezeichners **CATConstraintType**:
- 0: catCstTypeReference (Fixes Datum)
- 1: catCstTypeDistance (Abstand)
- 2: catCstTypeOn (Identität, Coincidence)
- 3: catCstTypeConcentricity (Konzentrizität)
- 4: catCstTypeTangency (Tangentenstetigkeit)
- 5: catCstTypeLength (Länge)
- 6: catCstTypeAngle (Winkel)
- 7: catCstTypePlanarAngle (Planarer Winkel)
- 8: catCstTypeParallelism (Parallelität)
- 9: catCstTypeAxisParallelism (Achsparallelität)
- 10: catCstTypeHorizontality (Horizontalität)
- 11: catCstTypePerpendicularity (Rechtwinkligkeit)
- 12: catCstTypeAxisPerpendicularity (Achsrechtwinkligkeit)
- 13: catCstTypeVerticality (Vertikalität)
- 14: catCstTypeRadius (Radius)
- 15: catCstTypeSymmetry (Symmetrie)
- 16: catCstTypeMidPoint (Mittelpunkt)
- 17: catCstTypeEquidistance (Equidistante)
- 18: catCstTypeMajorRadius (Hauptradius)
- 19: catCstTypeMinorRadius (Nebenradius)
- 20: catCstTypeSurfContact (Flächenkontakt)
- 21: catCstTypeLinContact (Linienkontakt)
- 22: catCstTypePoncContact (Kontakt)
- 23: catCstTypeChamfer (Fase)
- 24: catCstTypeChamferPerpend (Fase)
- 25: catCstTypeAnnulContact (Kontakt)
- 26: catCstTypeCylinderRadius (Zylinderradius)

8.20 Constraints

Die Klasse repräsentiert eine Liste der Bedingungen einer Skizze oder eines CATParts (vgl. Abschnitt 5.4). Ein Objekt der Klasse wird über die Eigenschaft **Constraints** der Klassen **Part** (Abschnitt 8.168) oder **Sketch** (Abschnitt 8.202) deklariert.

Objektpfad: Collection.Constraints

Func AddBiEltCst ([Typ] As CATConstraintType, [Referenz1, Referenz2] As Reference) As Constraint

Die Methode erzeugt eine Bedingung zwischen zwei Referenzen (vgl. Abschnitt 5.4). „Typ" muss ein Wert des Bezeichners CATCONSTRAINTTYPE (vgl. Abschnitt 8.19, Eigenschaft **Type**) sein.

```
Dim Bedingungen As Constraints
Set Bedingungen = MeineSkizze.Constraints
Dim Bed As Constraint
Set Bed = Bedingungen.AddBiEltCst (catCstTypeDistance, Ref1, Ref2)
```

Func AddMonoEltCst ([Typ] As CATConstraintType, [Referenz] As Reference) As Constraint

Die Methode erzeugt eine Bedingung an einem Objekt (vgl. Abschnitt 5.4). „Typ" muss ein Wert des Bezeichners CATCONSTRAINTTYPE (vgl. Abschnitt 8.19, Eigenschaft **Type**) sein.

```
Dim Bed As Constraint
Set Bed = Bedingungen.AddMonoEltCst (CATCstTypeReference, Ref1)
```

Func AddTriEltCst ([Typ] As CATConstraintType, [Referenz1, Referenz2, Referenz3] As Reference) As Constraint

Die Methode erzeugt eine Bedingung zwischen drei Referenzen (vgl. Abschnitt 5.4). „Typ" muss ein Wert des Bezeichners CATCONSTRAINTTYPE (vgl. Abschnitt 8.19, Eigenschaft **Type**) sein.

```
Dim Bed As Constraint
Set Bed = Bedingungen.AddTriEltCst (catCstTypeSymmetry, Ref1, Ref2, Ref3)
```

BrokenConstraintsCount As Long (Read Only)

Die Eigenschaft beschreibt die Anzahl der unterbrochenen Bedingungen der Liste.

```
Dim Defekt As Long
Defekt = Bauteil.Constraints.BrokenConstraintsCount
```

Func Item ([Index] As CATVariant) As Constraint

Die Methode liest die Bedingung der Nummer „Index" aus der Liste. „Index" kann über einen Zähler oder den Namen einer Bedingung angegeben werden.

```
Dim MeinConstraint As Constraint
Set MeinConstraint = Bedingungen.Item (1)
```

oder
```
Set MeinConstraint = Bedingungen.Item („ConstraintDYS.1")
```

Sub Remove [Index] As CATVariant

Die Methode löscht die Bedingung der Nummer „Index" aus der Liste. „Index" kann über einen Zähler oder den Namen einer Bedingung angegeben werden.
```
MeineSkizze.Constraints.Remove 1
```

UnUpdatedConstraintsCount As Long (Read Only)

Die Eigenschaft beschreibt die Anzahl der nicht aktualisierten Bedingungen der Liste.
```
Dim UpdateNotwendig As Long
UpdateNotwendig = Bauteil.Constraints.UnUpdatedConstraintsCount
```

8.21 ControlPoint2D

Die Klasse repräsentiert einen Kontrollpunkt eines 2D-Splines (vgl. Abschnitt 5.2). Ein Objekt der Klasse wird über die Methode **CreateControlPoint** der Klasse **Factory2D** (Abschnitt 8.35) erzeugt.

Objektpfad: AnyObject.GeometricElement.Geometry2D.Point2D.ControlPoint2D

Curvature As Double

Die Eigenschaft beschreibt die Krümmung an einem Kontrollpunkt.
```
Kruemmung = MeinPunkt.Curvature
```

Sub GetTangent [RVektor] As CATSafeArrayVariant

Die Methode liest die Richtung einer Tangenten an einem Spline durch einen Kontrollpunkt als Feld „RVektor".
```
Dim RVektor(1)
MeinPunkt.GetTangent RVektor
MsgBox („DX=" & RVektor(0) & „, DY=" & RVektor(1))
```

Sub SetTangent [DX, DY] As Double

Die Methode setzt die Richtung einer Tangenten, zu der sich ein Spline an einem Kontrollpunkt ausrichten soll.
```
DX = 50
DY = 50
MeinPunkt.SetTangent DX, DY
```

Sub UnsetCurvature

Die Methode hebt eine Zwangsbedingung, die mit **Curvature** impliziert wurde, auf.

```
MeinPunkt.UnsetCurvature
```

Sub UnsetTangent

Die Methode hebt eine Zwangsbedingung, die mit **SetTangent** impliziert wurde, auf.

■ 8.22 Curve2D

Die Klasse repräsentiert eine 2D-Kurve. Sie ist eine übergeordnete Klasse aller 2D-Kurven und stellt Basismethoden und -eigenschaften für diese zur Verfügung.

Objektpfad: AnyObject.GeometricElement.Geometry2D.Curve2D

Continuity As Short (Read Only)

Die Eigenschaft beschreibt den höchsten Grad der geometrischen Stetigkeit einer Kurve (z.B. eine Linie hat den Wert „2").

```
Stetigkeit = MeineKurve.Continuity
```

EndPoint As Point2D

Die Eigenschaft beschreibt den Endpunkt einer Kurve.

```
Set EPunkt = MeineKurve.EndPoint
```

Sub GetCurvature [Parameter] As Double, [Kruemmung] As CATSafeArrayVariant

Die Methode liest die Krümmung und den Einheitsvektor der Krümmung an der Stelle einer Kurve, die sich beim Parameter „Parameter" befindet.

```
Dim Kruemmung (2)
MeineKurve.GetCurvature 25, Kruemmung
MsgBox („Krümmung=" & Kruemmung(0))
MsgBox („DX=" & Kruemmung (1) & „, DY=" & Kruemmung (2))
```

Sub GetDerivatives [Parameter] As Double, [Ableitung] As CATSafeArrayVariant

Die Methode liest den Wert der ersten, zweiten und dritten Ableitung an der Stelle einer Kurve, die sich beim Parameter „Parameter" befindet.

```
Dim Ableitung (2)
MeineKurve.GetDerivatives 40.5, Ableitung
MsgBox („Wert der 1. Ableitung = „ & Ableitung(0))
MsgBox („Wert der 2. Ableitung = „ & Ableitung(1))
MsgBox („Wert der 3. Ableitung = „ & Ableitung(2))
```

Sub GetEndPoints [Koordinaten] As CATSafeArrayVariant

Die Methode liest die Koordinaten des Start- und Endpunktes einer Kurve als Feld aus.

```
Dim Koordinaten (3)
MeineKurve.GetEndPoints Koordinaten
MsgBox („S-Punkt: X=" & Koordinaten (0) & „, Y=" & Koordinaten (1))
MsgBox („E-Punkt: X=" & Koordinaten (2) & „, Y=" & Koordinaten (3))
```

Func GetLengthAtParam ([StartParameter, EndParameter] As Double) As Double

Die Methode liest die Länge einer Kurve zwischen den Punkten an der Stelle „StartParameter" und „EndParameter". Die Einheit der Länge orientiert sich an den Basiseinheiten von CATIA. Im Normalfall sind dies mm.

```
Laenge = MeineKurve.GetLengthAtParam (3.1415927, 2*3.1415927)
```

Func GetParamAtLength ([StartParameter, DeltaLänge] As Double) As Double

Die Methode liest den Parameter eines Punktes, der, gemessen von einem Punkt an der Stelle „StartParameter", einen Abstand auf der Kurve zu diesem Punkt der Länge „DeltaLänge" besitzt. Die Richtung bestimmt sich über den logischen Verlauf einer Kurve. Die Einheit der Länge orientiert sich an den Basiseinheiten von CATIA. Im Normalfall sind dies mm.

```
Param = MeineKurve.GetParamAtLength (10, 50)
```

Sub GetParamExtents [Werte] As CATSafeArrayVariant

Die Methode ermittelt die Parameter des Start- und Endpunktes einer Kurve.

```
Dim Werte (1)
MeineKurve.GetParamExtents Werte
MsgBox („Parameter am Startpunkt: „ & Werte(0))
MsgBox („Parameter am Endpunkt: „ & Werte(1))
```

Sub GetPointAtParam [Parameter] As Double, [Punkt] As CATSafeArrayVariant

Die Methode bestimmt die Koordinaten des Punktes auf einer Kurven, der sich beim Parameter „Parameter" befindet.

```
Dim Punkt (1)
MeineKurve.GetPointAtParam 211.87, Punkt
MsgBox („X=" & Punkt(0) & „, Y=" & Punkt(1))
```

Sub GetRangeBox [Koordinaten] As CATSafeArrayVariant

Die Methode bestimmt die Koordinaten des umhüllenden Rechtecks einer Kurve. Die Kanten des Rechtecks sind zu den Achsen parallel und vertikal ausgerichtet.

```
Dim Koordinaten (3)
MeineKurve.GetRangeBox Koordinaten
MsgBox („Ecke 1: X=" & Koordinaten (0) & „, Y=" & Koordinaten (1))
MsgBox („Ecke 2: X=" & Koordinaten (2) & „, Y=" & Koordinaten (3))
```

Sub GetTangent [Parameter] As Double, [Vektor] As CATSafeArrayVariant

Die Methode liest den Tangentenvektor einer Kurve an der Stelle, die sich beim Parameter „Parameter" befindet.

```
Dim Vektor (1)
MeineKurve.GetTangent 23.6, Vektor
MsgBox („DX=" & Vektor(0) & „, DY=" & Vektor(1))
```

Func IsPeriodic As Boolean

Die Methode prüft, ob eine Kurve periodisch ist. Beispiel: Ein Kreis ist periodisch („True"), eine Linie nicht („False").

Period As Double (Read Only)

Die Eigenschaft beschreibt die Periode einer Kurve. Gibt es keine Periode, wird null zurückgegeben.

```
Periode = MeineKurve.Period
```

StartPoint As Point2D

Die Eigenschaft beschreibt den Startpunkt einer Kurve.

```
Set SPunkt = MeineKurve.StartPoint
```

■ 8.23 DesignTable

Die Klasse repräsentiert eine Konstruktionstabelle (Abschnitt 3.4.2). Ein Objekt der Klasse wird über die Methode **CreateDesignTable** oder **CreateHorizontalDesignTable** der Klasse **Relations** (Abschnitt 8.184) abgeleitet.

Objektpfad: AnyObject.KnowledgeObject.KnowledgeActivateObject. Relation.DesignTable

Sub AddAssociation [Parameter] As Parameter, [Spalte] As CATBSTR

Die Methode verknüpft einen Parameter „Parameter" mit einer Spalte „Spalte" einer Konstruktionstabelle. „Spalte" muss exakt mit dem Namen eines Parameters in einer Konstruktionstabelle übereinstimmen.

```
Dim Params As Parameters
Set Params = CATIA.ActiveDocument.Part.Parameters
Dim Laenge As Dimension
Set Laenge = Params.CreateDimension („Länge", „Length", 0)
KTabelle.AddAssociation Laenge, "Laenge"
```

Sub AddNewRow

Die Methode fügt eine zusätzliche Konfiguration zu einer Konstruktionstabelle hinzu. Die Werte werden den verknüpften Parametern entnommen.

```
Laenge.Value = 4000
Hoehe.Value = 200
Breite.Value = 100
KTabelle.AddNewRow
KTabelle.Configuration = KTabelle.ConfigurationsNb
```

Func CellAsString ([Zeile, Spalte] As Short) As CATBSTR

Die Methode liest einen Wert der Konstruktionstabelle. Hinweis: In der ersten Zeile oder Spalte (je nach Ausrichtung der Tabelle) stehen die Spalten- oder Zeilenüberschriften.

```
MsgBox("3. Zeile, 1. Spalte: " & KTabelle.CellAsString(3,1))
```

ColumnsNb As Short (Read Only)

Die Eigenschaft beschreibt die Anzahl der Spalten einer Konstruktionstabelle.

```
MsgBox ("Anzahl Spalten = " & KTabelle.ColumnsNb)
```

Configuration As Short

Die Eigenschaft beschreibt die aktive Konfiguration einer Konstruktionstabelle.

```
KTabelle.Configuration = 1
```

ConfigurationsNb As Short (Read Only)

Die Eigenschaft beschreibt die Anzahl aller möglichen Konfigurationen einer Konstruktionstabelle.

```
AnzahlKonfig = KTabelle.ConfigurationsNb
```

CopyMode As Boolean

Die Eigenschaft beschreibt, ob der Inhalt einer Konstruktionstabelle in ein CATIA-Dokument eingebunden ist („True": Inhalt ist eingebunden).

```
KModus = KTabelle.CopyMode
```

FilePath As CATBSTR

Die Eigenschaft beschreibt den Dateinamen einer Konstruktionstabelle. Ein Dateiname wird absolut beschrieben.

```
KTabelle.FilePath = "C:\Temp\Flachstahl.txt"
```

Sub RemoveAssociation [Spalte] As CATBSTR

Die Methode entfernt eine Verknüpfung zwischen einem Parameter und der Spalte „Spalte". „Spalte" muss exakt mit dem Namen des Parameters in der Konstruktionstabelle übereinstimmen.

```
KTabelle.RemoveAssociation "Laenge"
```

Sub Synchronize

Die Methode synchronisiert eine Konstruktionstabelle mit ihrer Quelldatei.

```
KTabelle.Synchronize
```

8.24 Dimension

Die Klasse repräsentiert einen geometrischen Parameter des Typs „Dimension". Sie ist eine übergeordnete Klasse der Klassen **Length** (Abschnitt 8.154) und **Angle** (Abschnitt 8.2).

Objektpfad: AnyObject.Parameter.RealParam.Dimension

Unit As CATIAUnit (Read Only)

Die Eigenschaft beschreibt die Einheit eines geometrischen Parameters. Die Klasse **CATIAUnit** verfügt über die Methoden der Klasse **AnyObject** (Abschnitt 8.4).
```
Set Einheit = Winkel.Unit
```

Func ValueAsString2 ([Dezimalstellen] As Long, [Auffüllen] As Boolean) As CATBSTR

Die Methode gibt den Wert eines Parameters mit einer definierten Anzahl an Dezimalstellen als String aus. Sind nicht genügend Dezimalstellen vorhanden, wird mit Nullen aufgefüllt, wenn „Auffüllen" auf „True" gesetzt ist. Verfügt der Parameter über mehr Stellen als ausgewählt, wird gerundet und abgeschnitten.
```
S = MeinParam.ValueAsString2 (2, True)
```

8.25 Document

Die Klasse repräsentiert ein CATIA-Dokument wie ein CATPart, CATDrawing oder CATProduct (vgl. Abschnitte 1.10.2 und 2.2). Die Klasse stellt Basismethoden und Basiseigenschaften für die untergeordneten Klassen **PartDocument** (Abschnitt 8.169), **ProductDocument** und **DrawingDocument** bereit. Ein Objekt der Klasse wird aus der Klasse **Application** (Abschnitt 8.5) oder **Documents** (Abschnitt 8.26) abgeleitet.

Objektpfad: AnyObject.Document

Sub Activate

Die Methode aktiviert ein Dokument. Eine Arbeitsumgebung wird von CATIA automatisch der Dokumentart angepasst.
```
MeinDokument.Activate
```

Cameras As Cameras (Read Only)

Die Eigenschaft beschreibt eine Liste der Kameras eines Dokumentes.
```
Set DKameras = CATIA.ActiveDocument.Cameras
```

Sub Close

Die Methode schließt ein Dokument. Es wird nicht geprüft, ob das Dokument gespeichert werden muss.
`MeinDokument.Close`

Sub CreateFilter [Name, Definition] As CATBSTR

Die Methode erstellt temporär einen Filter mit der Bezeichnung „Name" gemäß der Definition „Definition". Eine Definition ist eine logische Verknüpfung von Layern. Eine Übersicht der logischen Verknüpfungen von Layern befindet sich in CATIA unter dem Menüpunkt „Tools / Darstellungsfilter".
`CATIA.ActiveDocument.CreateFilter „Blech", „Gitternetz + Allgemein"`
`CATIA.ActiveDocument.CurrentFilter = „Blech"`

Func CreateReferenceFromName ([NameObjekt] As CATBSTR) As Reference

Die Methode erstellt eine Referenz über den Namen eines Objektes (vgl. Abschnitt 3.5.3).

CurrentFilter As CATBSTR

Die Eigenschaft beschreibt den aktiven Filter eines Dokumentes (siehe auch: **CreateFilter**).
`DLayer = CATIA.ActiveDocument.CurrentFilter`

CurrentLayer As CATBSTR

Die Eigenschaft beschreibt den aktiven Layer eines Dokumentes. Ein Layer wird nicht über seine Nummer, sondern über seinen Namen angesprochen (z.B. „Gitternetz" für den Layer „3").
`DLayer = CATIA.ActiveDocument.CurrentLayer`

Sub ExportData [Name, Format] As CATBSTR

Die Methode speichert ein Dokument unter dem Namen „Name" in einem Fremddatenformat „Format" ab. Der Name muss den Pfad beinhalten. Die Einstellungen für einen Export können unter „Tools/Optionen" vorgenommen werden.
`CATIA.ActiveDocument.ExportData "C:\Temp\Test.igs", "igs"`
Je nach Lizenz können folgende Formate gewählt werden:

- CGM: *.cgm
- DXF: *.dxf
- IGES: *.igs, *.ig2
- STEP: *.stp
- STL: *.stl
- V4 Modell: *.model
- VRML: *.wrl

FullName As CATBSTR (Read Only)

Die Eigenschaft beschreibt den vollständigen Namen eines Dokumentes (z.B. „C:\Temp\Product1.CATProduct"). Ist ein Dokument noch nicht gespeichert worden, wird der Name ohne einen Pfad ausgegeben (z.B. „Product1.CATProduct").

```
DName = CATIA.ActiveDocument.FullName
```

Func GetWorkBench ([Umgebung] As CATBSTR) As Workbench

Die Methode gibt eine Arbeitsumgebung eines Dokumentes zurück.

Func Indicate2D ([Text] As CATBSTR, [Werte] As CATSafeArrayVariant) As CATBSTR

Die Methode fordert einen Anwender auf, in einem 2D-Dokument mit der linken Maustaste eine beliebige Stelle zu selektieren. Während der Selektion wird der Inhalt von „Text" in der Statuszeile angezeigt. Das Feld „Werte" anhält bei erfolgreicher Ausführung die Koordinaten der selektierten Stelle auf dem Zeichenblatt. Die Rückgabewerte der Methode sind „Normal" oder „Cancel".

```
Dim Return As CATBSTR
Dim Wert(1)
Return = MeinDoc.Indicate2D („Mit der Maus indizieren.", Wert)
If Return <> „Cancel" Then
        MsgBox(„X=" & Wert(0) & „ Y=" &Wert(1))
End If
```

Func Indicate3D ([PlanaresObjekt] As AnyObject, [Text] As CATBSTR, [Werte2D, Werte3D] As CATSafeArrayVariant) As CATBSTR

Die Methode fordert einen Anwender auf, in einem 3D-Dokument mit der linken Maustaste eine beliebige Stelle auf einem planaren Objekt zu selektieren. Während der Selektion wird der Inhalt von „Text" in der Statuszeile angezeigt. Die Felder „Werte2D" und „Werte3D" enthalten bei erfolgreicher Ausführung die Koordinaten der selektierten Stelle relativ zum Nullpunkt des planaren Objektes und des 3D-Dokuments. Die Rückgabewerte der Methode sind "Normal" oder "Cancel".

```
Dim W2D(1), W3D(2)
Dim Return As CATBSTR
Return = MeinDoc.Indicate3D (MeineEbene, „Stelle auf Ebene selektieren",
W2D, W3D)
If Return = „Normal" Then
        MsgBox („Ebene: X=" & W2D(0) & „, Y=" & W2D(1))
        MsgBox („Raum: X=" & W3D(0) & „, Y=" & W3D(1) & „, Z=" & WD(2))
End If
```

Func NewWindow As Window

Die Methode erstellt ein neues Fenster für ein Dokument, zeigt es in diesem an und aktiviert es. Ist ein Dokument schon aktiv, wird dasselbe Dokument in einem zweiten Fenster geöffnet.

```
Set Fenster = MeinDokument.NewWindow
```

Path As CATBSTR (Read Only)

Die Eigenschaft beschreibt das Verzeichnis, in dem ein Dokument gespeichert ist (z.B. „C:\Temp"). Ist ein Dokument noch nicht gespeichert worden, wird ein leerer String übergeben.

```
Pfad = CATIA.ActiveDocument.Path
```

ReadOnly As Boolean (Read Only)

Die Eigenschaft beschreibt, ob ein Dokument schreibgeschützt ist (Schreibschutz aktiviert: „True"). Ist ein Dokument noch nicht gespeichert worden, wird False zurückgegeben.

```
DRO = CATIA.ActiveDocument.ReadOnly
```

Sub RemoveFilter [Name] As CATBSTR

Die Methode entfernt einen temporären Filter mit der Bezeichnung „Name".

```
CATIA.ActiveDocument.RemoveFilter „Mein Filter"
```

Sub Save

Die Methode speichert ein Dokument (Abschnitt 2.2.3). Der Ort der Datenablage entspricht dem Inhalt der Variablen **FullName**. Wenn ein Dokument noch keinen Speicherort besitzt, bricht ein Makro mit einem Fehler ab.

```
CATIA.ActiveDocument.Save
```

Sub SaveAs [Name] As CATBSTR

Die Methode speichert ein Dokument unter dem Namen „Name" (Abschnitt 2.2.3). Der Name muss den Pfad beinhalten.

```
CATIA.ActiveDocument.SaveAs „C:\Temp\TestMitPfad.CATPart"
```

Saved As Boolean (Read Only)

Die Eigenschaft beschreibt, ob ein Dokument nach dem letzten Laden modifiziert und nicht gespeichert wurde (Speichern notwendig: „False").

```
DSave = CATIA.ActiveDocument.Saved
```

SeeHiddenElements As Boolean

Die Eigenschaft beschreibt, ob sich ein Anwender im Anzeigefenster „Show" oder „NoShow" befindet („NoShow" an: „True").

```
DSeeH = CATIA.ActiveDocument.SeeHiddenElements
```

Selection As Selection (Read Only)

Die Eigenschaft beschreibt eine Liste aller selektierten Elemente eines Dokumentes (vgl. Abschnitt 2.3).

```
Set Selektion = CATIA.ActiveDocument.Selection
```

8.26 Documents

Die Klasse repräsentiert eine Liste aller CATIA-Dokumente einer CATIA-Anwendung (vgl. Abschnitte 1.10.1 und 2.2). Ein Objekt der Klasse wird über die Eigenschaft **Documents** der Klasse **Application** (Abschnitt 8.5) deklariert.

Objektpfad: Collection.Documents

Func Add ([Typ] As CATBSTR) As Document

Die Methode fügt ein Dokument zu einer aktiven CATIA-Sitzung hinzu. Der Wertebereich des Parameters „Typ" ist: „Part" (CATPart), „Product" (CATProduct) und „Drawing" (CAT-Drawing).

```
Set ADoc = CATIA.Documents.Add ("Part")
```

Func Item ([Index] As CATVariant) As Document

Die Methode gibt das Dokument der Nummer „Index". „Index" ist ein Zähler oder der Name eines Dokumentes. Wenn der Name eines Dokumentes verwendet wird, erfolgt die Angabe ohne einen Dateipfad (z.B. „Part1.CATPart").

```
Set ADoc = CATIA.Documents.Item (1)
```

Func NewFrom ([Name] AS CATBSTR) As Document

Die Methode erstellt ein neues Dokument und weist diesem den gesamten Inhalt eines vorhandenen Dokumentes „Name" zu. Im Namen muss der Dateipfad enthalten sein. Ist das Dokument nicht vorhanden, bricht ein Makro mit einem Fehler ab.

```
Set ADoc = CATIA.Documents.NewFrom ("C:\Temp\Test.CATPart")
```

Func Open ([Name] AS CATBSTR) As Document

Die Methode öffnet ein Dokument der Benennung „Name". Im Namen muss der Dateipfad enthalten sein. Ist ein Dokument nicht vorhanden, bricht ein Makro mit einem Fehler ab.

```
Set ADoc = CATIA.Documents.Open ("C:\Temp\Test.CATPart")
```

Func Read ([Name] AS CATBSTR) As Document

Die Methode liest ein Dokument der Benennung „Name", ohne es einem Fenster zuzuweisen oder anzuzeigen. Im Namen muss der Dateipfad enthalten sein. Ist ein Dokument nicht vorhanden, bricht ein Makro mit einem Fehler ab.

```
Set ADoc = CATIA.Documents.Read ("C:\Temp\Test.CATPart")
```

8.27 Draft

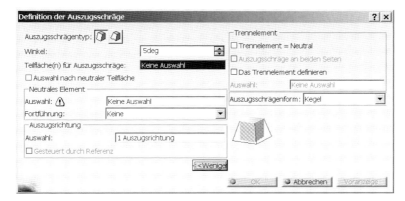

Die Klasse beschreibt eine Auszugsschräge (Abschnitt 7.5). Ein Objekt der Klasse wird über die Methode **AddNewDraft** der Klasse **ShapeFactory** (Abschnitt 8.199) erzeugt.

Objektpfad: AnyObject.Shape.DressUpShape.Draft

DraftDomains As DraftDomains (Read Only)

Die Eigenschaft beschreibt eine Liste aller Entformungsbeschreibungen einer Auszugsschrägen. Eine Entformungsbeschreibung enthält die Referenz einer entformten Fläche und deren Entformwinkel.

```
Set DraftDoms = Draft.DraftDomains
```

Mode As CATDraftMode

Die Eigenschaft beschreibt den Typ einer Auszugsschrägen. Der Wertebereich ist „catStandardDraftMode" (Auszugsschräge unter Angabe eines neutralen Elementes), „catReflectKeepFaceDraftMode" (Berechnung des neutralen Elementes, anliegende Flächen werden beibehalten; entspricht einer Auszugsschrägen an einer Reflexionslinie) und „catReflectKeepEdgeDraftMode" (Berechnung des neutralen Elementes, anliegende Kanten werden beibehalten).

```
Draft.Mode = catStandardDraftMode
```

PartingElement As Reference

Die Eigenschaft beschreibt das Trennelement einer Auszugsschrägen (Feld „Trennelement"). Wenn eine Fläche eines Körpers verwendet werden soll, ist diese als „Removed Surface" zu referenzieren (Abschnitt 3.5.4).

```
Dim PartingE, Ref
Set PartingE = Bauteil.OriginElements.PlaneXY
Set Ref = Bauteil.CreateReferenceFromObject (PartingE)
Draft.PartingElement = Ref
```

8.28 DraftDomain

Die Klasse repräsentiert eine Entformungsbeschreibung und ermöglicht den Zugriff auf die Parameter einer Auszugsschrägen. Ein Objekt der Klasse wird über die Methode **Item** der Klasse **DraftDomains** (Abschnitt 8.29) abgeleitet.

Objektpfad: AnyObject.DraftDomain

Sub AddFaceToDraft [Fläche] As Reference

Die Methode fügt eine auszuformende Fläche zu einer Entformungsbeschreibung hinzu (Feld „Teilflächen für Auszugsschräge"). Die Fläche ist als „Removed Surface" zu definieren (Abschnitt 3.5.4).

```
DraftDom.AddFaceToDraft = ReferenzAuszuformendeFlaeche
```

DraftAngle As Angle (Read Only)

Die Eigenschaft beschreibt den Winkelparameter einer Entformungsbeschreibung (Feld „Winkel"). Dessen Wert kann über die Methode **Value** bearbeitet werden.

```
DraftDom.DraftAngle.Value = 10
```

FacesToDraft As References (Read Only)

Die Eigenschaft beschreibt eine Liste aller zu entformenden Flächen einer Entformungsbeschreibung (Feld „Teilflächen für Auszugsschräge").

```
Set Refs = DraftDom.FacesToDraft
```

Sub GetPullingDirection [Einheitsvektor] As CATSafeArrayVariant

Die Methode liest den Richtungsvektor der Ausformrichtung als Feldvariable aus (Feld „Auszugsrichtung").

```
Dim Wert (2)
DraftDom.GetPullingDirection Wert
MsgBox („DX=" & Wert(0) & „, DY=" & Wert(1) & „, DZ=" & Wert(2))
```

MultiselectionMode As CATDraftMultiselectionMode

- Die Eigenschaft beschreibt, ob eine zu entformende Fläche explizit angegeben oder als angrenzende Fläche einer neutralen Fläche bestimmt wird (Feld: „Auswahl nach neutraler Teilfläche"). Der Wertebereich ist: „catNoneDraftMultiselectionMode" (jede Fläche muss einzeln bestimmt werden) und „catDraftMultiselectionByNeutralMode" (es werden alle Nachbarflächen des neutralen Elementes ausgewählt; es können keine Einzelflächen bestimmt werden).

```
DraftDom.MultiselectionMode = catDraftMultiselectionByNeutralMode
```

NeutralElement As Reference

Die Eigenschaft beschreibt das neutrale Element einer Entformungsbeschreibung (Feld „Neutrales Element, Auswahl"). Wird eine Teilfläche eines Körpers verwendet, ist diese als „Removed Surface" zu definieren (Abschnitt 3.5.4).

```
DraftDom.NeutralElement = ReferenzNeutralesElement
```

NeutralPropagationMode As CATDraftNeutralPropagationMode

Die Eigenschaft beschreibt, ob eine neutrale Fläche an ihren tangentenstetig angrenzenden Flächen fortgesetzt wird oder nicht (Feld: „Neutrales Element, Fortführung"). Der Wertebereich ist: „catNoneDraftNeutralPropagationMode" (keine Fortführung) und „catSmoothDraftNeutralPropagationMode" (tangentenstetige Fortführung).

```
DraftD.NeutralPropagationMode = catNoneDraftNeutralPropagationMode
```

PullingDirectionElement As Reference

Die Eigenschaft beschreibt die Ziehrichtung einer Entformung (Feld „Auszugsrichtung").

```
Set Ref = MeinPart.CreateReferenceFromObject (MeineLinie)
DraftDom.PullingDirectionElement = Ref
```

Sub RemoveFaceToDraft [Fläche] As Reference

Die Methode entfernt eine auszuformende Fläche (Feld „Teilflächen für Auszugsschräge").

```
DraftDom.RemoveFaceToDraft = MeineFlächenReferenz
```

Sub SetPullingDirection [DX, DY, DZ] As Double

Die Methode setzt den Richtungsvektor einer Entformung (Feld „Auszugsrichtung").

```
DraftDom.SetPullingDirection 0, 0, 1
```

Sub SetVolumeSupport [Element] As Reference

Die Methode setzt das Supportelement einer Entformungsbeschreibung.

```
Set MeinElement = CATIA.ActiveDocument.Part.OriginElements.PlaneXY
DraftDom.SetVolumeSupport MeinElement
```

■ 8.29 DraftDomains

Die Klasse repräsentiert eine Liste aller Entformungsbeschreibungen einer Auszugsschrägen. Ein Objekt der Klasse wird über die Eigenschaft **DraftDomains** der Klasse **Draft** (Abschnitt 8.27) deklariert.

Objektpfad: Collection.DraftDomains

Func Item ([Index] As CATVariant) As DraftDomain

Die Methode gibt die Entformungsbeschreibung der Nummer „Index". „Index" kann entweder ein Zähler oder der Name einer Entformungsbeschreibung sein.

Set DraftDom = MeineAuszugsschraege.DraftDomains.Item („Draft.1")

oder

Set DraftDom = MeineAuszugsschraege.DraftDomains.Item (1)

■ 8.30 DressUpShape

Die Klasse repräsentiert eine Transformation oder Operation (Abschnitte 7.4 und 7.5). Die Klasse besitzt keine Eigenschaften und Methoden.

Objektpfad: AnyObject.Shape.DressUpShape

■ 8.31 EdgeFillet

Die Klasse repräsentiert eine Kantenverrundung eines Volumenkörpers (vgl. Abschnitt 7.5). Sie stellt Basismethoden und -eigenschaften für die untergeordneten Klassen **ConstRadEdgeFillet** (Abschnitt 8.18) und **VarRadEdgeFillet** (Abschnitt 8.224) zur Verfügung.

Objektpfad: AnyObject.Shape.DressUpShape.Fillet.EdgeFillet

Sub AddEdgeToKeep [Kante] As Reference

Die Methode fügt eine Kante zur Liste der beizubehaltenden Kanten einer Kantenverrundung hinzu. Die Kante ist als funktionale Kante („Functional Edge") zu definieren (Abschnitt 3.5.4).

Verrundung.AddEdgeToKeep Kantenreferenz

EdgePropagation As CATFilletEdgePropagation

Die Eigenschaft beschreibt den Fortführungstyp einer Kantenverrundung. Der Wertebereich ist: „catMinimalFilletEdgePropagation" (keine Fortführung einer Kante) und „catTangencyFilletEdgePropagation" (tangentenstetige Fortführung einer Kante).

Verrundung.EdgePropagation = catTangencyFilletEdgePropagation

EdgesToKeep As References (Read Only)

Die Eigenschaft beschreibt eine Liste der Kanten, die durch eine Kantenverrundung nicht verändert werden dürfen (beizubehaltende Kanten).
```
Set Refs = Verrundung.EdgesToKeep
```

Sub WithdrawEdgeToKeep [Kante] As Reference

Die Methode entfernt eine Kante aus der Liste der beizubehaltenden Kanten einer Kantenverrundung.
```
Verrundung.WithdrawEdgeToKeep Kantenreferenz
```

8.32 Ellipse2D

Die Klasse repräsentiert eine Voll- oder Teilellipse (vgl. Abschnitt 5.2). Ein Objekt der Klasse wird über die Methoden **CreateClosedEllipse** oder **CreateEllipse** der Klasse **Factory2D** (Abschnitt 8.35) erzeugt.

Objektpfad: AnyObject.GeometricElement.Geometrie2D.Curve2D.Ellipse2D

CenterPoint As Point2D

Die Eigenschaft beschreibt den Mittelpunkt einer Ellipse.
```
Set Punkt = Wzk.CreatePoint (0, 0)
Ellipse.CenterPoint = Punkt
```

Sub GetCenter [Punkt] As CATSafeArrayVariant

Die Methode liest die Koordinaten des Mittelpunktes einer Ellipse als Feld aus.
```
Dim Punkt (1)
MeineEllipse.GetCenter Punkt
MsgBox („X=" & Punkt(0) & „, Y=" & Punkt(1))
```

Sub GetMajorAxis [Einheitsvektor] As CATSafeArrayVariant

Die Methode liest den Einheitsvektor der Hauptachse einer Ellipse als Feld aus.
```
Dim Hauptachse (1)
MeineEllipse.GetMajorAxis Hauptachse
MsgBox („DX=" & Hauptachse(0) & „, DY=" & Hauptachse(1))
```

Sub GetMinorAxis [Einheitsvektor] As CATSafeArrayVariant

Die Methode liest den Einheitsvektor der Nebenachse einer Ellipse als Feld aus.
```
Dim Nebenachse (1)
MeineEllipse.GetMinorAxis Nebenachse
MsgBox („DX=" & Nebenachse(0) & „, DY=" & Nebenachse(1))
```

MajorRadius As Double (Read Only)

Die Eigenschaft beschreibt die Abmessung einer Ellipse in Richtung der Hauptachse.
R = MeineEllipse.MajorRadius

MinorRadius As Double (Read Only)

Die Eigenschaft beschreibt die Abmessung einer Ellipse senkrecht zur Hauptachse.
R = MeineEllipse.MinorRadius

Sub SetData [X, Y, DX1, DY1, R1, R2] As Double

Die Methode setzt die geometrischen Parameter einer Ellipse. Der Mittelpunkt ist (X, Y), der Vektor der Hauptachse (DX1, DY1) und die Abmessungen in Richtung der Hauptachse und senkrecht zur Hauptachse „R1" und „R2".
MeineEllipse.SetData 0, 0, 1, 0, 20, 200

■ 8.33 FaceFillet

Die Klasse repräsentiert eine Flächenverrundung eines Volumenkörpers (vgl. Abschnitt 7.5). Ein Objekt der Klasse wird über die Methode **AddNewSolidFaceFillet** oder **AddNewSurfaceFaceFillet** der Klasse **ShapeFactory** (Abschnitt 8.199) erzeugt.

Objektpfad: AnyObject.Shape.DressUpShape.Fillet.FaceFillet

FirstFace As Reference

Die Eigenschaft beschreibt die Referenz der ersten Fläche (Feld „Zu verrundende Teilflächen"). Es handelt sich um eine „Removed Surface" (vgl. Abschnitt 3.5.4).
Verrundung.FirstFace = FlaechenReferenz1

Radius As Length (Read Only)

Die Eigenschaft beschreibt den Radius (Feld „Radius"). Der Wert kann über die Methode **Value** bearbeitet werden.
Verrundung.Radius.Value = 5

SecondFace As Reference

Referenz der zweiten Fläche, analog **FirstFace**

8.34 Factory

Die Klasse repräsentiert einen 3D-Werkzeugkasten. Die Klasse besitzt keine Eigenschaften und Methoden. Untergeordnete Klassen sind: **HybridShapeFactory** (Abschnitt 8.85) und **ShapeFactory** (Abschnitt 8.199).

Objektpfad: AnyObject.Factory

8.35 Factory2D

Die Klasse repräsentiert einen 2D-Werkzeugkasten (vgl. Abschnitt 5.2). Ein 2D-Werkzeugkasten ermöglicht die Erzeugung von 2D-Geometrie in einer Skizze. Ein Objekt der Klasse wird über die Eigenschaft **Factory2D** oder die Methode **OpenEdition** der Klasse **Sketch** (Abschnitt 8.202) deklariert.

Objektpfad: AnyObject.Factory2D

Func CreateCircle ([X, Y, R, Start, Ende] As Double) As Circle2D

Die Methode erzeugt einen Kreisbogen um einen Mittelpunkt (X, Y) mit einem Radius „R". „Start" und „Ende" geben die Winkel zur horizontalen Achse an. „Start" muss zwischen 0 und 2Pi (exkl.), „Ende" zwischen „Start" (exkl.) und 2Pi liegen.
`Set Bogen = F2D.CreateCircle (0, 0, 10, 0, 3.14)`

Func CreateClosedCircle ([X, Y, R] As Double) As Circle2D

Die Methode erzeugt einen geschlossenen Kreis um einen Mittelpunkt (X, Y) mit einem Radius „R".
`Set Kreis = F2D.CreateClosedCircle (0, 0, 10)`

Func CreateClosedEllipse ([X, Y, DX1, DY1, R1, R2] As Double) As Ellipse2D

Die Methode erzeugt eine geschlossene Ellipse um einen Mittelpunkt (X, Y). Der Vektor der Hauptachse ist (DX1, DY1). Die Abmessung in Richtung der Hauptachse ist „R1" und senkrecht zur Hauptachse „R2".
`Set Ellipse = F2D.CreateClosedEllipse (0, 0, 10, 20, 60, 40)`

Func CreateControlPoint ([X, Y] As Double) As ControlPoint2D

Die Methode erzeugt einen Kontrollpunkt an der Koordinate (X, Y). Ein Kontrollpunkt dient zur Steuerung eines Splines.

```
Set Punkt = F2D.CreateControlPoint (0, 50)
```

Func CreateEllipse ([X, Y, DX1, DY1, R1, R2, Start, Ende] As Double) As Ellipse2D

Die Methode erzeugt einen Ellipsenbogen um einen Mittelpunkt (X, Y). Der Vektor der Hauptachse ist (DX1, DY1). Die Abmessung in Richtung der Hauptachse ist „R1" und senkrecht zur Hauptachse „R2". „Start" und „Ende" geben die Winkel zur horizontalen Achse an. „Start" muss zwischen 0 und 2Pi (exkl.), „Ende" zwischen „Start" (exkl.) und 2Pi liegen.

```
Set Ellipse = F2D.CreateEllipse (0, 0, 10, 0, 60, 40, 0, 3.14)
```

Func CreateHyperbola ([X, Y, DX, DY, A, B] As Double) As Hyperbola2D

Die Methode erzeugt eine Hyperbel mit einem Asymptotenschnittpunkt (X, Y) und einer Öffnungsrichtung (DX, DY) sowie den Hyperbelparametern „A" und „B".

```
Set Hyperbel = F2D.CreateHyperbola (0, 0, 30, 30, 50, 10)
```

Func CreateIntersection ([Geometrie] As Reference) As Geometrie2D

Die Methode erzeugt die Verschneidungsgeometrie aus dem Element „Geometrie" und der Ebenen der Skizze. Wenn das Geometrieelement die Ebene nicht durchdringt, bricht ein Makro mit einem Laufzeitfehler ab.

```
Set Ref = Bauteil.CreateReferenceFromObject (Geometrieobjekt)
Set Schnitt = F2D.CreateIntersection (Ref)
```

Func CreateIntersections ([Reference]) As GeometricElements
analog **CreateIntersection**

Func CreateLine ([X1, Y1, X2, Y2] As Double) As Line2D

Die Methode erzeugt eine Linie zwischen den Punkten (X1, Y1) und (X2, Y2). Die Endpunkte der Linie werden nicht erzeugt (vgl. Beispiel 5.4).

```
Set Linie = F2D.CreateLine (0, 0, 10, -10)
```

Func CreateLineFromVector ([X, Y, DX, DY] As Double) As Line2D

Die Methode erzeugt eine kurze, symmetrische Linie durch den Punkt (X, Y) in Richtung (DX, DY). Die Länge der Linie kann nicht bei der Erzeugung angegeben werden. Die Endpunkte werden nicht erzeugt.

```
Set Linie = F2D.CreateLineFromVector (0, 0, 10, -10)
```

Func CreateParabola ([X, Y, DX, DY, F] As Double) As Parabola2D

Die Methode erzeugt eine Parabel durch einen Scheitelpunkt (X, Y) mit einer Öffnungsrichtung (DX, DY) und einem Fokus „F".

```
Set Parabel = F2D.CreateParabola (0, 0, 40, 40, 20)
```

Func CreatePoint ([X, Y] As Double) As Point2D

Die Methode erzeugt einen Punkt an der Koordinate (X, Y).

```
Set Punkt = F2D.CreatePoint (-100, 0)
```

Func CreateProjection ([Geometrie] As Reference) As Geometrie2D

Die Methode erzeugt die Projektion des Elementes „Geometrie" auf die Ebene der Skizze. Die Projektion erfolgt normal zur Ebene.

```
Set Ref = Bauteil.CreateReferenceFromObject (Geometrieobjekt)
Set Projektion = F2D.CreateProjection (Ref)
```

Func CreateProjections ([Reference]) As GeometricElements

analog **CreateProjection**

Func CreateSpline ([Punkte] As CATSafeArrayVariant) As Spline2D

Die Methode erzeugt einen Spline durch Steuerpunkte. Die Steuerpunkte werden als Feld angegeben.

```
Dim Punkte(2)
Set Punkte(0) = F2D.CreateControlPoint (0, 50)
Set Punkte(1) = F2D.CreateControlPoint (0, 90)
Set Punkte(2) = F2D.CreateControlPoint (100, 100)
Dim Spline As Spline2D
Set Spline = F2D.CreateSpline (Punkte)
```

■ 8.36 File

Die Klasse repräsentiert eine Datei (vgl. Abschnitt 2.6). Ein Objekt der Klasse wird aus der Klasse **FileSystem** (Abschnitt 8.39) oder **Files** (Abschnitt 8.38) abgeleitet.

Objektpfade: AnyObject.FileComponent.File

Func OpenAsTextStream ([Modus] As CATBSTR) As TextStream

Die Methode öffnet eine Datei, um Daten zu schreiben oder zu lesen. Der Wertebereich des Parameters „Modus" ist: „ForReading" (Daten lesen), „ForWriting" (Daten schreiben) und „ForAppending" (Daten anhängend schreiben).

```
Dim Datei As File
Set Datei = CATIA.FileSystem.CreateFile („C:\Temp\Test.bat", false)
Dim DStrom As TextStream
Set DStrom = Datei.OpenAsTextStream ("ForWriting")
```

Size As Long (Read Only)

Die Eigenschaft beschreibt die Dateigröße in Bytes.
```
DateiGroesse = Datei.Size
```

Type As CATBSTR (Read Only)

Die Eigenschaft beschreibt den Typ einer Datei (z.B. „CATIA.Part" oder „htmlfile").
```
DTyp = Datei.Type
```

■ 8.37 FileComponent

Die Klasse stellt Basismethoden für eine Dateiverarbeitung zur Verfügung.

Objektpfad: AnyObject.FileComponent

Path As CATBSTR (Read Only)

Die Eigenschaft beschreibt den Pfad einer Datei.
```
Set Pfad = MeineDatei.Path
```

ParentFolder As Folder

Die Eigenschaft beschreibt den Dateiordner, in dem sich eine Datei befindet.
```
Set Ordner = MeineDatei.ParentFolder
```

■ 8.38 Files

Die Klasse repräsentiert eine Liste von Dateien. Ein Objekt der Klasse wird über die Eigenschaft **Files** der Klasse **Folder** (Abschnitt 8.41) deklariert.

Objektpfad: Collection.Files

Func Item ([Index] As Long) As File

Die Methode gibt die Datei der Nummer „Index" der Dateiliste.
```
Dim Ordner As Folder
Set Ordner = CATIA.FileSystem.GetFolder („C:\Temp")
Dim Dateien As Files
Set Dateien = Ordner.Files
Dim Datei As File
Set Datei = Dateien.Item(1)
MsgBox (Datei.Name)
```

8.39 FileSystem

Die Klasse repräsentiert einen Datei-Werkzeugkasten (vgl. Abschnitt 2.6), um Verzeichnisse und Dateien zu kopieren, referenzieren, erzeugen und löschen. Ein Objekt der Klasse wird über die Eigenschaft **FileSystem** der Klasse **Application** (Abschnitt 8.5) deklariert.

Objektpfad: AnyObject.FileSystem

Func ConcatenatePaths ([Pfadteil1, Pfadteil2] As CATBSTR) As CATBSTR

Die Methode verbindet die Zeichenketten zweier Teilpfade zu einem kompletten Pfad.
```
P1 = „C:\Temp"
P2 = „Unterverzeichnis1"
P = CATIA.FileSystem.ConcatenatePaths (P1, P2)
. P ist gleich „C:\Temp\Unterverzeichnis1" ------------------
```

Sub CopyFile [Quelle, Ziel] As CATBSTR, [Überschreiben] As Boolean

Die Methode kopiert eine Datei „Quelle" und legt eine Datei mit dem Namen „Ziel" an. „Überschreiben" steuert, ob eine vorhandene Datei gleichen Namens überschrieben werden darf (Ja: „True").
```
CATIA.FileSystem.CopyFile "C:\Q.CATPart", "C:\Z.CATPart", False
```

Sub CopyFolder [Quelle, Ziel] As CATBSTR

Die Methode kopiert ein Verzeichnis „Quelle" mit allen Unterstrukturen in ein Verzeichnis „Ziel".
```
CATIA.FileSystem.CopyFolder "C:\Temp", "C:\TempTest"
```

Func CreateFile ([Name] As CATBSTR, [Überschreiben] As Boolean) As File

Die Methode erstellt eine leere Datei „Name". „Überschreiben" steuert, ob eine vorhandene Datei gleichen Namens überschrieben werden darf (Ja: „True").
```
Set Datei = CATIA.FileSystem.CreateFile ("C:\Temp\Test.bat", false)
```

Func CreateFolder ([Pfad] As CATBSTR) As Folder

Die Methode erstellt einen Dateiordner „Pfad".
```
Set Ordner = CATIA.FileSystem.CreateFolder ("C:\TempTest")
```

Sub DeleteFile [Name] As CATBSTR

Die Methode löscht eine Datei der Benennung „Name". Existiert die Datei nicht, läuft ein Makro auf einen Fehler und bricht ab.
```
CATIA.FileSystem.DeleteFile "C:\Temp\Test.bat"
```

Sub DeleteFolder [Pfad] As CATBSTR

Die Methode löscht ein Verzeichnis „Pfad" mit allen Unterverzeichnissen. Existiert ein Verzeichnis nicht, läuft ein Makro ohne Fehler weiter.

```
CATIA.FileSystem.DeleteFolder "C:\TempTest"
```

Func FileExists ([Name] As CATBSTR) As Boolean

Die Methode prüft, ob eine Datei existiert, und gibt das Ergebnis zurück.

```
Vorhanden = CATIA.FileSystem.FileExists ("C:\Temp\Test.bat")
```

FileSeparator As CATBSTR (Read Only)

Die Eigenschaft beschreibt das Trennzeichen zwischen den Verzeichnissen eines Dateinamens (z.B. bei Windows „\", bei Unix „/").

Func FolderExists ([Pfad] As CATBSTR) As Boolean

Die Methode prüft, ob ein Verzeichnis existiert, und gibt das Ergebnis zurück.

```
Vorhanden = CATIA.FileSystem.FolderExists ("C:\TempTest")
```

Func GetFile ([Name] As CATBSTR) As File

Die Methode liefert das Objekt einer Datei der Benennung „Name". Wenn die Datei nicht existiert, läuft ein Makro auf einen Fehler und bricht ab.

```
Set Datei = CATIA.FileSystem.GetFile ("C:\Temp\Test.CATPart")
```

Func GetFolder ([Pfad] As CATBSTR) As Folder

Die Methode liefert das Objekt eines Dateiordners der Benennung „Pfad".

```
Set Ordner = CATIA.FileSystem.GetFolder ("C:\Temp")
```

PathSeparator As CATBSTR (Read Only)

Die Eigenschaft beschreibt das Trennzeichen zwischen den Verzeichnissen einer Verzeichnisliste (z.B. bei Windows „;", bei Unix „:").

```
Trennzeichen = CATIA.FileSystem.PathSeparator
```

TemporaryDirectory As Folder (Read Only)

Die Eigenschaft beschreibt das temporäre Verzeichnis eines Betriebssystems.

```
MsgBox (CATIA.FileSystem.TemporaryDirectory.Path)
```

8.40 Fillet

Die Klasse repräsentiert einen Volumenkörper, der durch eine Verrundung entsteht (vgl. Abschnitt 7.5). Sie stellt Basismethoden für die Klassen **FaceFillet** (Abschnitt 8.33) und **EdgeFillet** (Abschnitt 8.31) zur Verfügung.

Objektpfad: AnyObject.Shape.DressUpShape.Fillet

FilletBoundaryRelimitation As CATFilletBoundaryRelimitation

Die Eigenschaft beschreibt, wie eine Verrundung seitlich begrenzt wird, wenn deren zu verrundende Flächen unterschiedlich lang sind. Der Parameter wird nur in der Flächenkonstruktion benötigt (Feld „Enden"). Im „Part Design" ist der Parameter gleich „catAutomaticFilletBoundaryLimitation". Der Wertebereich ist: „catAutomaticFilletBoundaryRelimitation" (automatisch), „catUVFilletBoundaryRelimitation" (glatter Verlauf), „catConnectFilletBoundaryRelimitation" (gerader Verlauf), „catMinimumFilletBoundaryRelimitation" (minimaler Verlauf) und „catMaximumFilletBoundaryRelimitation" (maximaler Verlauf).

```
Rundung.FilletBoundaryRelimitation = CATFilletBoundaryRelimitation
```

FilletTrimSupport As CATFilletTrimSupport

Die Eigenschaft beschreibt, ob die Stützflächen einer Verrundung getrimmt werden oder nicht. In der Arbeitsumgebung „Part Design" wird nur der erste Wert verwendet. Der Wertebereich ist: „catTrimFilletSupport" (Stützflächen trimmen) und „catNoTrimFilletSupport" (Stützflächen nicht trimmen).

```
MeineVerrundung.FilletTrimSupport = catTrimFilletSupport
```

8.41 Folder

Die Klasse repräsentiert einen Dateiordner. Ein Objekt der Klasse wird aus der Klasse **FileSystem** (Abschnitt 8.39) oder **Folders** (Abschnitt 8.42) abgeleitet.

Objektpfad: AnyObject.FileComponent.Folder

Files As Files

Die Eigenschaft beschreibt eine Liste aller Dateien eines Dateiordners. Verzeichnisse werden nicht berücksichtigt.

```
Dim Ordner As Folder
Set Ordner = CATIA.FileSystem.GetFolder („C:\Temp")
Dim Dateien As Files
Set Dateien = Ordner.Files
```

SubFolders As Folders

Die Eigenschaft beschreibt eine Liste aller Unterverzeichnisse eines Dateiordners.

```
Dim Verzeichnisse As Folders
Set Verzeichnisse = Ordner.SubFolders
MsgBox (Verzeichnisse.Count)
```

8.42 Folders

Die Klasse repräsentiert eine Liste von Verzeichnissen. Ein Objekt der Klasse wird über die Eigenschaft **SubFolders** der Klasse **Folder** (Abschnitt 8.41) deklariert.

Objektpfad: Collection.Folders

Func Item ([Index] As Long) As Folder

Die Methode gibt das Unterverzeichnis der Nummer „Index" einer Verzeichnisliste zurück.

```
Set Ordner = CATIA.FileSystem.GetFolder („C:\Temp")
Set Verzeichnis = Ordner.SubFolders.Item (1)
```

8.43 Formula

Die Klasse repräsentiert eine Formel (Abschnitt 3.4.3). Eine Formel wird über die Methode **CreateFormula** der Klasse **Relations** (Abschnitt 8.184) erzeugt.

Objektpfad: AnyObject.KnowledgeObject.KnowledgeActivateObject. Relation.Formula

Die Klasse besitzt keine Eigenschaften und Methoden. Auf die Inhalte einer Formel wird über die Klasse **Relation** (Abschnitt 8.183) zugegriffen.

8.44 GeometricElement

Die Klasse repräsentiert ein Drahtgeometrieelement (vgl. Abschnitt 2.4.2). Sie stellt Basismethoden für ein Drahtgeometrieelement zur Verfügung.

Objektpfad: AnyObject.GeometricElement

GeometricType As CATGeometricType (Read Only)

Die Eigenschaft beschreibt den Typ eines Geometrieelementes. Der Wertebereich kann der Tabelle 2.4 in Abschnitt 2.4.2 entnommen werden.

```
If  MeinGeometrieObjekt.GeometricType = catGeoTypeLine2D Then
MsgBox („Geometrie ist Linie.")
End If
```

■ 8.45 GeometricElements

Die Klasse repräsentiert eine Liste mit Geometrieelementen (vgl. Abschnitt 2.4.2).

Objektpfad: Collection.GeometricElements

Func Item ([Index] As CATVariant) As GeometricElement

Die Methode gibt das Geometrieelement der Nummer „Index" zurück. „Index" kann über einen Zähler oder den Namen eines Elementes angegeben werden.

```
Dim Element As GeometricElement
Set Element = MeineListe.Item (1)
```

■ 8.46 Geometry2D

Die Klasse repräsentiert ein 2D-Geometrieelement (vgl. Abschnitte 5.2 und 5.3).

Objektpfad: AnyObject.GeometricElement.Geometry2D

Construction As Boolean

Die Eigenschaft beschreibt, ob eine Geometrie ein Konstruktions- oder Standardelement ist (Konstruktionselement: „True"). Ein Konstruktionselement wird in einer Skizze gestrichelt dargestellt.

```
MeinElement.Construction = True
```

ReportName As Long

Die Eigenschaft beschreibt den Report-Namen eines Elementes.

```
RName = MeinElement.ReportName
```

8.47 Groove

Die Klasse repräsentiert eine Nut (vgl. Abschnitt 7.2). Ein Objekt der Klasse wird über die Methoden **AddNewGroove** und **AddNewGrooveFromRef** der Klasse **ShapeFactory** (Abschnitt 8.199) erzeugt.

Objektpfad: AnyObject.Shape.SketchBasedShape.Revolution.Groove

Die Klasse besitzt keine Eigenschaften und Methoden. Es kommen die Eigenschaften und Methoden der übergeordneten Klassen zur Anwendung.

8.48 Hole

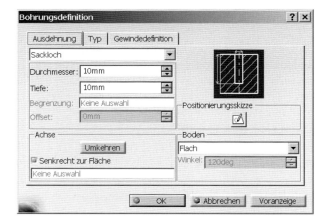

Die Klasse repräsentiert eine Bohrung (vgl. Abschnitt 7.2). Ein Objekt der Klasse wird über die Methode **AddNewHole** der Klasse **ShapeFactory** (Abschnitt 8.199) erzeugt.

Objektpfad: AnyObject.Shape.SketchBasedShape.Hole

AnchorMode As CATHoleAnchorMode

Die Eigenschaft beschreibt die Lage des Bezugspunktes einer Bohrung. Die Eigenschaft ist nur vorhanden, wenn die Eigenschaft **Type** „catCounterboredHole" oder „catCounterdrilledHole" ist. Der Wertebereich der Eigenschaft ist: „catExtremPointHoleAnchor" (Bezugspunkt am Beginn einer Einsenkung) und „catMiddlePointHoleAnchor" (Bezugspunkt am Grund einer Einsenkung).

`Bohrung.AnchorMode = catMiddlePointHoleAnchor`

BottomAngle As Angle (Read Only)

Die Eigenschaft beschreibt den Winkel des Bohrungsgrundes. Sie ist nur verfügbar, wenn die Eigenschaft **BottomType** gleich „catVHoleBottom" ist. Auf den Wert kann über die Methode **Value** zugegriffen werden.

`Bohrung.BottomAngle.Value = 90`

BottomLimit As Limit (Read Only)

Die Eigenschaft beschreibt die Begrenzungsdefinition des Bohrungsgrundes (Karte „Ausdehnung"). Eine Begrenzungsdefinition wird über die Methoden der Klasse **Limit** (Abschnitt 8.155) bearbeitet.

`Set Begrenzdef = Bohrung.BottomLimit`

BottomType As CATHoleBottomType

Die Eigenschaft beschreibt die Ausprägung des Bohrungsgrundes (Feld „Boden"). Der Wertebereich der Eigenschaft ist: „catFlatHoleBottom" (flacher Boden) und „catVHoleBottom" (V-förmiger Boden).

`Bohrung.BottomType = catVHoleBottom`

CounterSunkMode As CATCSHoleMode

Die Eigenschaft beschreibt bei einer profilgesenkten Bohrung, über welche Parameter die Senkung definiert ist. Die Eigenschaft ist nur verfügbar, wenn die Eigenschaft **Type** gleich „catCountersunkHole" ist. Der Wertebereich der Eigenschaft ist: „catCSModeDepthAngle" (Tiefe und Winkel), „catCSModeDepthDiameter" (Tiefe und Durchmesser) und „catCSModeAngleDiameter" (Winkel und Durchmesser).

`Bohrung.CounterSunkMode = catCSModeDepthAngle`

Sub CreateStandardThreadDesignTable [Type] As catHole-ThreadStandard

Die Methode setzt den Typ einer Gewindedefinition. Die Methode funktioniert nur, wenn **ThreadingMode** auf „catThreadedHoleThreading" gesetzt ist. Der Wertebereich der Eigenschaft ist: „catHoleMetricThinPitch" (Feingewinde) und „catHoleMetricThickPitch" (Standardgewinde).

`Bohrung.CreateStandardThreadDesignTable catHoleMetricThinPitch`

Sub CreateUserStandardDesignTable [Name, Pfad] As CATBSTR

Die Methode ergänzt zur Typenliste einer Gewindedefinition eine benutzerdefinierte Gewindetabelle. Über „Pfad" wird der vollständige Pfad und Dateiname der Gewindetabelle gesetzt. „Name" definiert den Namen, mit dem die Gewindetabelle in CATIA angezeigt

wird. Die Methode funktioniert nur, wenn **ThreadingMode** auf „catThreadedHoleThreading" gesetzt ist.
```
Bohrung.CreateUserStandardDesignTable „Zoll", „C:\Gewindetab.txt"
```

Diameter As Length (Read Only)

Die Eigenschaft beschreibt den Durchmesser einer Bohrung. Auf den Wert kann über die Methode **Value** zugegriffen werden.
```
Bohrung.Diameter.Value = 10
```

Sub GetDirection [Einheitsvektor] As CATSafeArrayVariant

Die Methode liest den Richtungsvektor einer Bohrung als Feldvariable.
```
Dim Wert (2)
Bohrung.GetDirection Wert
MsgBox („DX=" & Wert(0) & „, DY=" & Wert(1) & „, DZ=" & Wert(2))
```

Sub GetOrigin [Koordinaten] As CATSafeArrayVariant

Die Methode liest die Koordinaten des Bezugspunktes einer Bohrung als Feldvariable.
```
Dim Koord (2)
Bohrung.GetOrigin Koord
MsgBox („X=" & Koord(0) & „, Y=" & Koord(1) & „, Z=" & Koord(2))
```

HeadAngle As Angle (Read Only)

Die Eigenschaft beschreibt den Winkel einer Senkung oder Bohrung, wenn die Eigenschaft **Type** gleich „catTaperedHole", „catCountersunkHole" oder „catCounterdrilledHole" ist. Auf den Wert kann über die Methode **Value** zugegriffen werden.
```
Bohrung.HeadAngle.Value = 90
```

HeadDepth As Length (Read Only)

Die Eigenschaft beschreibt die Tiefe einer Senkung, wenn die Eigenschaft **Type** gleich „catCounterboredHole", „catCountersunkHole" oder „catCounterdrilledHole" ist. Auf den Wert kann über die Methode **Value** zugegriffen werden.
```
Bohrung.HeadDepth.Value = 5
```

HeadDiameter As Length (Read Only)

Die Eigenschaft beschreibt den Durchmesser einer Senkung, wenn die Eigenschaft **Type** gleich „catCounterboredHole" oder „catCounterdrilledHole" ist. Auf den Wert kann über die Methode **Value** zugegriffen werden.
```
Bohrung.HeadDiameter.Value = 15
```

HoleThreadDescription As StrParam (Read Only)

Die Eigenschaft liest die Gewindebeschreibung einer Bohrung, sofern **ThreadingMode** auf „catThreadedHoleThreading" gesetzt ist und eine Gewindetabelle existiert.
```
MsgBox(„Definition: " & Bohrung.HoleThreadDescription.Value)
```

Sub Reverse

Die Methode kehrt die Orientierung einer Bohrung um (Schaltfläche „Umkehren").

```
Bohrung.Reverse
```

Sub SetDirection [Richtungselement] As Reference

Die Methode setzt die Achsrichtung einer Bohrung. Eine Achsrichtung kann eine Linie oder Kante sein.

```
Dim Ref As Reference
Set Ref = MeinPart.CreateReferenceFromObject (MeineLinie)
Bohrung.SetDirection Ref
```

Sub SetOrigin [X, Y, Z] As Double

Die Methode setzt die Koordinaten des Bezugspunktes einer Bohrung.

```
Bohrung.SetOrigin 20, 40, 0
```

ThreadDepth As Length (Read Only)

Die Eigenschaft beschreibt die Tiefe eines Gewindes, wenn die Eigenschaft **ThreadingMode** gleich „catThreadedHoleThreading" ist. Auf den Wert kann über die Methode **Value** zugegriffen werden.

```
Bohrung.ThreadDepth.Value = 20
```

ThreadDiameter As Length (Read Only)

Die Eigenschaft beschreibt den Durchmesser eines Gewindes, wenn die Eigenschaft **ThreadingMode** gleich „catThreadedHoleThreading" ist. Auf den Wert kann über die Methode **Value** zugegriffen werden.

```
Bohrung.ThreadDiameter.Value = 11
```

ThreadingMode As CATHoleThreadingMode

Die Eigenschaft beschreibt, ob eine Bohrung ein Gewinde besitzt. Der Wertebereich der Eigenschaft ist: „catThreadedHoleThreading" (mit Gewinde) und „catSmoothHoleThreading" (ohne Gewinde).

```
Bohrung.ThreadingMode = catSmoothHoleThreading
```

ThreadPitch As Length (Read Only)

Die Eigenschaft beschreibt die Steigung eines Gewindes, wenn die Eigenschaft **ThreadingMode** gleich „catThreadedHoleThreading" ist. Auf den Wert kann über die Methode **Value** zugegriffen werden.

```
Bohrung.ThreadPitch.Value = 1
```

ThreadSide As CATHoleThreadSide

Die Eigenschaft beschreibt die Orientierung eines Gewindes. Die Eigenschaft ist nur vorhanden, wenn **ThreadingMode** gleich „catThreadedHoleThreading" ist. Der Wertebereich der Eigenschaft ist: „catRightThreadSide" (rechtsdrehend) und „catLeftThreadSide" (linksdrehend).

Bohrung.ThreadSide = catRightThreadSide

Type As CATHoleType

Die Eigenschaft beschreibt den Typ einer Bohrung. Der Wertebereich ist: „catSimpleHole" (normal), „catTaperedHole" (konisch), „catCounterboredHole" (planeingesenkt), „catCountersunkHole" (profilgesenkt) und „catCounterdrilledHole" (formgesenkt).

Bohrung.Type = catCounterdrilledHole

8.49 HybridBodies

Die Klasse repräsentiert eine Liste der geometrischen Sets eines Bauteils, Körpers oder geometrischen Sets (vgl. Abschnitt 3.3). Ein Objekt der Klasse wird über die Eigenschaft **HybridBodiesHyb** der Klassen **Part** (Abschnitt 8.168), **Body** (Abschnitt 8.9) oder **HybridBody** (Abschnitt 8.50) deklariert.

Objektpfad: Collection.HybridBodies

Func Add As HybridBody

Die Methode erzeugt ein neues geometrisches Set.

```
Dim HKoerper As HybridBodies
Set HKoerper = CATIA.ActiveDocument.Part.HybridBodies
Dim NeuHBody As HybridBody
Set NeuHBody = HKoerper.Add
```

Func Item ([Index] As CATVariant) As HybridBody

Die Methode gibt das geometrische Set der Nummer „Index" der Liste. „Index" ist ein Zähler oder der Name eines geometrischen Sets.

```
Dim NeuHBody As HybridBody
Set NeuHBody = HKoerper.Item („Flaechen")
```
oder
```
Set NeuHBody = HKoerper.Item (1)
```

8.50 HybridBody

Die Klasse repräsentiert ein geometrisches Set (vgl. Abschnitt 3.3). Ein Objekt der Klasse wird über die Klasse **HybridBodies** (Abschnitt 8.49) definiert.

Objektpfad: AnyObject.HybridBody

Sub AppendHybridShape [Geometrie] As HybridShape

Die Methode weist ein Drahtgeometrie- oder Flächenelement einem geometrischen Set zu (Abschnitt 6.1).

```
Dim HBody As HybridBody
Set HBody = CATIA.ActiveDocument.Part.HybridBodies.Item („Flaechen")
Dim HybSF As HybridShapeFactory
Set HybSF = CATIA.ActiveDocument.Part.HybridShapeFactory
Dim Punkt As Point3D
Set Punkt = HybSF.AddNewPointCoord (50, 50 ,50)
HBody.AppendHybridShape Punkt
```

Bodies As Bodies (Read Only)

Die Eigenschaft beschreibt eine Liste aller Körper in einem geometrischen Set.

```
Set Koerper = MeinHBody.Bodies
```

GeometricElements As GeometricElements (Read Only)

Die Eigenschaft beschreibt eine Liste aller geometrischen Elemente eines geometrischen Sets. Geometrische Sets in dem geometrischen Set werden nicht erfasst!

```
Set Geos = MeinHBody.GeometricElements
```

HybridBodies As HybridBodies (Read Only)

Die Eigenschaft beschreibt eine Liste aller geometrischen Sets eines geometrischen Sets auf der ersten Hierarchieebene. Geschachtelte geometrische Sets werden nicht berücksichtigt.

```
Set GeoeffneteKoerper = MeinHBody.HybridBodies
```

HybridShapes As HybridShapes (Read Only)

Die Eigenschaft beschreibt eine Liste aller Drahtgeometrie- und Flächenelemente eines geometrischen Sets. Untergeordnete geometrische Sets werden nicht durchsucht.

```
Set Flaechen = MeinHBody.HybridShapes
```

HybridSketches As Sketches (Read Only)

Die Eigenschaft beschreibt eine Liste aller Skizzen eines geometrischen Sets. Skizzen in untergeordneten geometrischen Sets werden berücksichtigt.

```
Set Skizzen = MeinHBody.HybridSketches
```

8.51 HybridShape

 Die Klasse repräsentiert eine beliebige 3D-Draht- oder Flächengeometrie (vgl. Abschnitt 6). Sie ist die übergeordnete Klasse für Punkte, Linien, Kurven, Ebenen und Flächen.
Objektpfad: AnyObject.HybridShape

Sub AppendHybridShape [Geometrie] As HybridShape
Die Methode fügt ein Draht- oder Flächenelement zu einem Objekt hinzu.
`MeinHShape.AppendHybridShape HinzuzufuegendesHybridShape`

Sub Compute
Die Methode berechnet eine Geometrie neu.
`MeinHShape.Compute`

Thickness As HybridShapeThickness (Read Only)
Die Eigenschaft liest die Wandstärkenbeschreibung eines Objekts der Klasse **HybridShape**.
`Set Dicke = MeinShape.Thickness`

8.52 HybridShape3DCurveOffset

Die Klasse repräsentiert einen 3D-Kurvenoffset. Ein Objekt der Klasse wird über die Methode **AddNew3DCurveOffset** der Klasse **HybridShapeFactory** (Abschnitt 8.85) erzeugt.
Objektpfad: AnyObject.HybridShape.HybridShape3DCurveOffset

CornerRadiusValue As Length
Die Eigenschaft beschreibt den 3D-Eckenparameter „Radius" eines 3D-Kurvenoffsets.
`MeinOffset.CornerRadiusValue.Value = 10`

CornerTensionValue As Double
Die Eigenschaft beschreibt den 3D-Eckenparameter „Spannung" eines 3D-Kurvenoffsets.
`MeinOffset.CornerTensionValue = 0.7`

CurveToOffset As Reference
Die Eigenschaft beschreibt die Kurve, von welcher der 3D-Kurvenoffset berechnet wird.

```
Set Kurve = MeinPart.MainBody.HybridShapes.Item("Spline.1")
MeinOffset.CurveToOffset = Kurve
```

Direction As HybridShapeDirection

Die Eigenschaft beschreibt die Richtungsdefinition eines 3D-Kurvenoffsets.
```
Set MeineDir = MeinOffset.Direction
MsgBox ("Richtungsobjekt=" & MeineDir.Object.DisplayName)
```

InvertDirection As Boolean

Die Eigenschaft beschreibt den Invertierungsstatus der Richtungsdefinition eines 3D-Kurvenoffsets. „True" bedeutet, dass die Orientierung invertiert ist.
```
MeinOffset.InvertDirection = True
```

OffsetValue As Length

Die Eigenschaft beschreibt den Offset eines 3D-Kurvenoffsets.
```
MeinOffset.OffsetValue.Value = -10
```

■ 8.53 HybridShapeAffinity

Die Klasse repräsentiert eine Transformation des Typs „Affinität" (vgl. Abschnitt 6.7). Ein Objekt der Klasse wird über die Methode **AddNewAffinity** der Klasse **HybridShapeFactory** (Abschnitt 8.85) erzeugt.

Objektpfad: AnyObject.HybridShape.HybridShapeAffinity

AxisFirstDirection As Reference

Die Eigenschaft beschreibt die Richtung der ersten Achse (Feld „X-Achse") der Affinität.
```
Set Ref = Affinitaet.AxisFirstDirection
```

AxisOrigin As Reference

Die Eigenschaft beschreibt den Ursprung der Affinität (Feld „Ursprung").
```
Set Ref = MeinPart.CreateReferenceFromObject (MeinPunkt)
Affinitaet.AxisOrigin = Ref
```

AxisPlane As Reference

Die Eigenschaft beschreibt die Ursprungsebene (Feld „XY-Ebene") der Affinität.

`Affinitaet.AxisOrigin = EbenenReferenz`

CreationMode As Boolean

Die Eigenschaft beschreibt den Erzeugungsmodus. „True" steht für ein Erzeugungsfeature, „False" für ein Änderungsfeature.

`Affinitaet.CreationMode = True`

ElemToTransform As Reference

Die Eigenschaft beschreibt das zu skalierende Element (Feld „Element").

```
Set Ref = MeinPart.CreateReferenceFromObject (MeinElement)
Affinitaet.ElemToTransform = Ref
```

VolumeResult As Boolean

Die Eigenschaft beschreibt, ob eine Affinität ein Volumenelement („True") oder eine Fläche („False") ist.

```
If Affinitaet.VolumeResult Then
MsgBox("Element ist ein Volumenelement")
End If
```

XRatios As RealParam (Read Only)

Die Eigenschaft beschreibt den Parameter der Skalierung in X-Richtung. Der Wert kann über die Methode **Value** bearbeitet werden.

`Affinitaet.XRatios.Value = 3`

YRatios As RealParam (Read Only)

Parameter der Skalierung in Y-Richtung, analog **XRatios**

ZRatios As RealParam (Read Only)

Parameter der Skalierung in Z-Richtung, analog **XRatios**

■ 8.54 HybridShapeAssemble

Die Klasse repräsentiert eine Verbindung (vgl. Abschnitt 6.8). Ein Objekt der Klasse wird über die Methode **AddNewJoin** der Klasse **HybridShapeFactory** (Abschnitt 8.85) erzeugt.

Objektpfad: AnyObject.HybridShape.HybridShapeAssemble

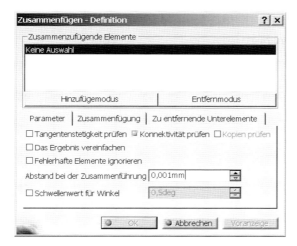

Sub AddElement [Element] As Reference

Die Methode fügt ein Geometrieelement zu einer bestehenden Verbindung hinzu. Die Elementtypen müssen zusammenpassen (z.B. Kurve zu Kurvenverbindung).

```
Set Ref = MeinPart.Create-ReferenceFromObject (MeineKurve)
Join.AddElement Ref
```

Sub AddSubElement [Element] As Reference

Die Methode entfernt ein Element aus einer Verbindung, ohne es aus dessen Definitionsliste zu löschen (Karte: „Zu entfernende Unterelemente").

```
Join.AddSubElement ElementReferenz
```

Sub AppendFederatedElement [Element] As Reference

Die Methode fügt ein Element zu der Liste der Karte „Zusammenfügung" hinzu.

```
Set Ref = MeinPart.CreateReferenceFromObject (MeinElement)
Join.AppendFederatedElement Ref
```

Func GetAngularTolerance As Double

Die Methode liest die Winkelabweichung, die bei der Berechnung einer Zusammenfügung zwischen Elementen maximal bestehen darf (Feld „Schwellenwert für Winkel").

```
Winkeltoleranz = Join.GetAngularTolerance
```

Func GetAngularToleranceMode As Boolean

Die Methode liest den Zustand des Schalters „Schwellenwert für Winkel". Mit dem Schalter kann aktiviert werden, ob Winkelabweichungen toleriert werden oder nicht. Schalter an: „True".

```
SchwellenwertErlaubt = Join.GetAngularToleranceMode
```

Func GetConnex As Boolean

Die Methode liest den Zustand des Schalters „Konnektivität prüfen" (Schalter an: „True").
```
Schalter = Join.GetConnex
```

Func GetDeviation As Double

Die Methode liest den Parameter „Abstand bei der Zusammenführung". Der Parameter gibt an, welche Abweichung zwischen Elementen maximal bestehen darf.
```
Abstand = Join.GetDeviation
```

Func GetElement ([Index] As Long) As Reference

Die Methode liest das Element der Nummer „Index" einer Verbindung.
```
Set Ref = Join.GetElement (1)
```

Func GetElementsSize As Long

Die Methode liest die Anzahl der Elemente einer Verbindung.
```
A = Verbindung.GetElementsSize
MsgBox(„Elements = „ & A)
```

Func GetFederatedElement ([Index] As Long) As Reference

Die Methode liest das Element der Nummer „Index" aus der Liste der Karte „Zusammenfügung".
```
Set Ref = Join.GetFederatedElement (1)
```

Func GetFederatedElementsSize As Long

Die Methode gibt die Anzahl der Elemente der Karte „Zusammenfügung" aus.
```
Anzahl = Join.GetFederatedElementsSize
```

Func GetFederationPropagation As Long

Die Methode liest den Modus der Karte „Zusammenfügung". Der Wertebereich ist: „0" (kein Zusammenschluss), „1" (alle), „2" (punktstetig) und „3" (tangentenstetig).
```
Modus = Join.GetFederationPropagation
```

Func GetManifold As Boolean

Die Methode liest den Zustand des Schalters „Kopien prüfen" (Schalter an: „True").
```
Schalter = Join.GetManifold
```

Func GetSimplify As Boolean

Die Methode liest den Zustand des Schalters „Das Ergebnis vereinfachen" (Schalter an: „True").
```
Schalter = Join.GetSimplify
```

Func GetSubElement ([Index] As Long) As Reference

Die Methode liest das Element der Nummer „Index" aus der Liste der zu entfernenden Elemente (Karte: „Zu entfernende Unterelemente").
`Set Ref = Join.GetSubElement (1)`

Func GetSubElementsSize As Long

Die Methode liest die Anzahl der Elemente aus der Liste der zu entfernenden Elemente (Karte: „Zu entfernende Unterlemente").
`A = Verbindung.GetSubElementsSize`

Func GetSuppressMode As Boolean

Die Methode liest den Zustand des Schalters „Fehlerhafte Elemente ignorieren" (Schalter an: „True").
`Schalter = Join.GetSuppressMode`

Func GetTangencyContinuity As Boolean

Die Methode liest den Zustand des Schalters „Tangentenstetigkeit prüfen" (Schalter an: „True").
`Schalter = Join.GetTangencyContinuity`

Invert As Boolean

Die Eigenschaft beschreibt, ob eine Verbindung invertiert ist („True") oder nicht („False").

Sub RemoveElement [Index] As Long

Die Methode entfernt das Element der Nummer „Index" einer Verbindung.
`Join.RemoveElement 1`

Sub RemoveFederatedElement [Index] As Long

Die Methode entfernt das Element der Nummer „Index" aus der Liste der Karte „Zusammenfügung".
`Join.RemoveFederatedElement 1`

Sub RemoveSubElement [Index] As Long

Die Methode entfernt das Element der Nummer „Index" aus der Liste der zu entfernenden Elemente (Karte: „Zu entfernende Unterelemente").
`Join.RemoveSubElement 1`

Sub ReplaceElement [Pos] As Long, [NeuesElement] As Reference

Die Methode ersetzt ein Element an der Position „Pos" der Liste „Zusammenzufügende Elemente" mit einem neuen Element „NeuesElement".
```
Set MyNew = MeinPart.MainBody.HybridShapes.Item("Extrudieren.3")
Verbindung.ReplaceElement 2, NeuesElement
```

Sub SetAngularTolerance [Winkeltoleranz] As Double

Die Methode setzt den Parameter „Schwellenwert für Winkel". Der Parameter gibt an, welche Winkelabweichung zwischen Elementen maximal bestehen darf. Der Wert wird in Grad angegeben.

`Join.SetAngularTolerance 0.5`

Sub SetAngularToleranceMode [Zustand] As Boolean

Die Methode setzt den Zustand des Schalters „Schwellenwert für Winkel" (Schalter an: „True"). Mit dem Schalter kann aktiviert werden, ob Winkelabweichungen toleriert werden.

`Join.SetAngularToleranceMode True`

Sub SetConnex [Zustand] As Boolean

Die Methode setzt den Zustand des Schalters „Konnektivität prüfen" (Schalter an: „True").

`Join.SetConnex True`

Sub SetDeviation [Abstand] As Double

Die Methode setzt den Parameter „Abstand bei der Zusammenführung". Der Parameter gibt an, welche Abweichung zwischen Elementen maximal bestehen darf.

`Join.SetDeviation 0.005`

Sub SetFederationPropagation [Modus] As Long

Die Methode setzt den Modus der Karte „Zusammenfügung". Der Wertebereich ist: „0" (kein Zusammenschluss), „1" (alle), „2" (punktstetig) und „3" (tangentenstetig).

`Join.SetFederationPropagation 2`

Sub SetManifold [Zustand] As Boolean

Die Methode setzt den Zustand des Schalters „Kopien prüfen" (Schalter an: „True").

`Join.SetManifold True`

Sub SetSimplify [Zustand] As Boolean

Die Methode setzt den Zustand des Schalters „Das Ergebnis vereinfachen" (Schalter an: „True").

`Join.SetSimplify True`

Sub SetSuppressMode [Zustand] As Boolean

Die Methode setzt den Zustand des Schalters „Fehlerhafte Elemente ignorieren" (Schalter an: „True").

`Join.SetSuppressMode True`

Sub SetTangencyContinuity [Zustand] As Boolean

Die Methode setzt den Zustand des Schalters „Tangentenstetigkeit prüfen" (Schalter an: „True").

`Join.SetTangencyContinuity False`

8.55 HybridShapeAxisLine

Die Klasse beschreibt eine Achsendefinition. Ein Objekt der Klasse wird über die Methode **AddNewAxisLine** der Klasse **HybridShapeFactory** (Abschnitt 8.85) erzeugt.

Objekpfad: AnyObject.HybridShape.HybridShapeAxisLine

AxisLineType As Long

Die Eigenschaft beschreibt die Orientierung einer Achse (Feld „Achsentyp"). Der Wertebereich ist: „1" (Hauptachse, Rotationsachse), „2" (Nebenachse) und „3" (Normale).
```
Achse.AxisLineType = 3
```

Direction As HybridShapeDirection

Die Eigenschaft beschreibt die Richtungsdefinition (Abschnitt 3.6) einer Achse.
```
Set RichtungsDef = Achse.Direction
```

Element As Reference

Die Eigenschaft beschreibt das Elternelement (Feld „Element"), von dem eine Achse berechnet ist.
```
Set Elem = MeinPart.MainBody.HybridShapes.Item(„Kreis.1")
Achse.Element = Elem
```

8.56 HybridShapeAxisToAxis

Die Klasse repräsentiert eine Transformation des Typs „Umwandlung" (vgl. Abschnitt 6.7). Ein Objekt der Klasse wird über die Methode **AddNewAxisToAxis** der Klasse **HybridShapeFactory** (Abschnitt 8.85) erzeugt.

Objektpfad: AnyObject.HybridShape.HybridShapeAxisToAxis

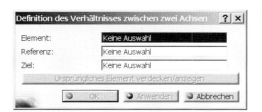

CreationMode As Boolean

Die Eigenschaft beschreibt den Erzeugungsmodus. „True" steht für ein Erzeugungsfeature, „False" für ein Änderungsfeature.
```
Affinitaet.CreationMode = True
```

ElemToTransform As Reference

Die Eigenschaft beschreibt das zu transformierende Element (Feld „Element").

```
Set Ref = MeinPart.CreateReferenceFromObject (MeinElement)
Trans.ElemToTransform = Ref
```

ReferenceAxis As Reference

Die Eigenschaft beschreibt das Ursprungsachsensystem (Feld „Referenz").

```
Set Ref = MeinPart.CreateReferenceFromObject (Koordinatensystem)
Trans.ReferenceAxis = Ref
```

TargetAxis As Reference

Zielachsensystem (Feld „Ziel"), analog **ReferenceAxis**

VolumeResult As Boolean

Die Eigenschaft beschreibt, ob eine Affinität ein Volumenelement („True") oder eine Fläche („False") ist.

```
If Affinitaet.VolumeResult Then
MsgBox("Element ist ein Volumenelement")
End If
```

■ 8.57 HybridShapeBlend

Die Klasse repräsentiert eine Übergangsfläche (vgl. Abschnitt 6.6). Ein Objekt der Klasse wird über die Methode **AddNewBlend** der Klasse **HybridShapeFactory** (Abschnitt 8.85) erzeugt.

Objektpfad: AnyObject.HybridShape.HybridShapeBlend

Coupling As Long

Die Eigenschaft beschreibt den Kopplungsmodus zwischen der ersten und zweiten Stützkurve.

```
MeinBlend.Coupling = 1
```

Wertebereich:

- 1: Faktor
  Beide Kurven werden entsprechend ihrer Länge jeweils im gleichen Verhältnis gekoppelt.
- 2: Tangentenstetigkeit
  Beide Kurven müssen die gleiche Anzahl an tangentenstetigen Teilkurven besitzen. Die Kopplung erfolgt an den Unstetigkeitsstellen.
- 3: Tangenten-, dann Krümmungsstetigkeit
  Beide Kurven müssen die gleiche Anzahl an tangenten- und krümmungsstetigen Teilkurven besitzen. Die Kopplung erfolgt an den Stetigkeitssprüngen.
- 4: Scheitelpunkte
  Beide Kurven müssen die gleiche Anzahl an Scheitelpunkten besitzen. Die Kopplung erfolgt über die Scheitelpunkte.

Func GetBorderMode ([Index] As Long) As Long

Die Methode gibt zurück, wie eine Randkurve einer Übergangsfläche in Bezug auf die Randkurven der Stützelemente verläuft. „Index" ist „1" oder „2" für die erste oder zweite Randkurve. Der Wertebereich der Methode entspricht dem des Parameters „Randfortführung" der Methode **SetBorderMode**.

```
Modus = MeinBlend.GetBorderMode (2)
```

Func GetClosingPoint ([Index] As Long) As Reference

Die Methode liest den Endpunkt der ersten oder zweiten Stützkurve. „Index" ist „1" oder „2".

```
Dim Endpunkt As Reference
Set Endpunkt = MeinBlend.GetClosingPoint (1)
```

Func GetContinuity ([Index] As Long) As Long

Die Methode liest die Anbindungsart einer Übergangsfläche an das erste oder zweite Stützelement. „Index" ist „1" oder „2" für die Anbindung an das erste oder zweite Stützelement. Der Wertebereich der Methode entspricht dem der Methode **SetContinuity**.

```
Art = MeinBlend.GetContinuity (2)
If Art = 1 Then MsgBox („Die Anbindung ist punktstetig.")
If Art = 2 Then MsgBox („Die Anbindung ist tangentenstetig.")
If Art = 3 Then MsgBox („Die Anbindung ist krümmungsstetig.")
```

Func GetCurve ([Index] As Long) As Reference

Die Methode liest die erste oder zweite Stützkurve. „Index" ist „1" oder „2".

```
Dim Kurve As Reference
Set Kurve = MeinBlend.GetCurve (1)
```

Func GetOrientation ([Index] As Long) As Long

Die Methode liest die Orientierung der ersten oder zweiten Stützkurve. „Index" ist „1" oder „2". Die Orientierung ist „1" oder „-1". „1" bedeutet eine gleiche Orientierung wie die ursprüngliche Orientierung der Kurve. „-1" bedeutet, dass die Kurve zur Berechnung der Übergangsfläche invertiert wurde.

```
Richtung = MeinBlend.GetOrientation (1)
If Richtung = 1 Then
MsgBox („Gleiche Orientierung wie Kurve 1")
Else
MsgBox („Entgegengesetzte Orientierung wie Kurve 1")
End If
```

Func GetRuledDevelopableSurfaceConnection ([Kurve] As Long) As Long

Die Funktion liest für die erste oder zweite Kurve der Blend-Fläche aus, auf welche Art die Isoparamter der Fläche mit der Randkurve verbunden sind. „Kurve" ist gleich „1" für die erste Kurve und gleich „2" für die zweite Kurve. Als Rückgabe liefert die Funktion folgende Werte: „1" gleich „Connect to both extremties", „2" gleich „Free first curve" und „3" gleich „Free second curve".

```
MeinBlend.RuledDevelopableSurface = true
I = MeinBlend.GetRuledDevelopableSurfaceConnection (1)
Select Case I
        Case 1
                MsgBox("Connect to both extremties")
        Case 2
                MsgBox("Free first curve")
        Case 3
                MsgBox("Free second curve")
End Select
```

Func GetSupport ([Index] As Long) As Reference

Die Methode liest das erste oder zweite Stützelement. „Index" ist „1" oder „2".

```
Dim Stuetzflaeche As Reference
Set Stuetzflaeche = MeinBlend.GetSupport (1)
```

Func GetTensionInDouble ([Index, Wert] As Long) As RealParam

Die Methode liest die Spannung einer Übergangsfläche zum ersten oder zweiten Stützelement. „Index" ist „1" oder „2". Wenn keine Spannungen definiert wurden, läuft das Makro auf einen Fehler!

```
Dim Wert1, Wert2 As RealParam
Set Wert1 = MeinBlend.GetTensionInDouble (2, 1)
Set Wert2 = MeinBlend.GetTensionInDouble (2, 2)
MsgBox („Die Spannungen sind: " & Wert1.Value & „, " & Wert2.Value)
```

Func GetTensionType ([Index] As Long) As Long

Die Methode liest die Art des Spannungsverlaufes zum ersten oder zweiten Stützelement. „Index" ist „1" oder „2". Der Rückgabewert der Methode entspricht dem Wertebereich des Parameters „Typ" der Methode **SetTensionInDouble**.

```
Dim Spannungstyp As Long
Spannungstyp = MeinBlend.GetTensionType (2)
If Spannungstyp = 1 Then MsgBox („Standard")
If Spannungstyp = 2 Then MsgBox („Konstant")
If Spannungstyp = 3 Then MsgBox („Linear")
```

Func GetTransition ([Index] As Long) As Long

Die Methode liest die Fortführungsrichtung einer Übergangsfläche in Bezug zum ersten oder zweiten Stützelement. „Index" ist „1" oder „2". Das Ergebnis der Methode ist „1" oder „-1". „1" bedeutet eine Fortführung von einer Stützfläche weg, „-1" in eine Stützfläche hinein.

```
Dim Verlauf As Long
Verlauf = MeinBlend.GetTransition (1)
If Verlauf = 1 Then
MsgBox („Übergangsfläche setzt Stützfläche 1 fort.")
Else
MsgBox („Übergangsfläche läuft in die Stützfläche 1.")
End If
```

Func GetTrimSupport ([Index] As Long) As Long

Die Methode liest, ob das erste oder zweite Stützelement mit der Übergangsfläche beschnitten und verbunden ist. „Index" bestimmt das Stützelement und ist „1" oder „2".

```
Modus = MeinBlend.GetTrimSupport (2)
If Modus = 1 Then MsgBox („Kein Beschnitt.")
If Modus = 2 Then MsgBox („Beschnitt und Vereinigung.")
```

Sub InsertCoupling [Index] As Long

Die Methode fügt eine Verbindungsdefinition zu einer Übergangsfläche hinzu. Wenn „Index" null ist, wird die Definition am Ende der Liste der Verbindungsdefinitionen angehängt, sonst bestimmt „Index" die Position in der Liste. Ohne Verbindungspunkte („Coupling Points") ist eine Verbindungsdefinition nicht vollständig definiert! Ein Verbindungspunkt wird über die Methode **InsertCouplingPoint** definiert. Eine vollständige Verbindungsdefinition benötigt für jede Stützkurve einen Verbindungspunkt.

```
MeinBlend.InsertCoupling 0
```

Sub InsertCouplingPoint [Verbindung, Position] As Long, [Punkt] As Reference

Die Methode fügt einen Verbindungspunkt zu einer Verbindungsdefinition hinzu. „Verbindung" beschreibt die Nummer der Verbindungsdefinition, „Position" die Position eines Punktes in der Liste der Verbindungspunkte einer Verbindungsdefinition. Ist „Position" gleich null, wird er am Ende der Liste angefügt. „Punkt" definiert den Verbindungspunkt. Der Verbindungspunkt muss auf der Stützkurve liegen, die dem Zähler „Position" entspricht.

```
MeinBlend.Coupling = 4
MeinBlend.InsertCoupling 1
MeinBlend.InsertCouplingPoint 1, 1, PunktAufKurve1
MeinBlend.InsertCouplingPoint 1, 2, PunktAufKurve2
```

RuledDevelopableSurface As Boolean

Die Eigenschaft beschreibt den Zustand der Option „Create a ruled developable surface". Ist die Eigenschaft gleich „true", ist die Option aktiviert.

```
MeinBlend.RuledDevelopableSurface = true
```

Sub SetBorderMode [Index, Randfortführung] As Long

Die Methode definiert, wie eine Randkurve einer Übergangsfläche in Bezug auf die Randkurven des ersten oder zweiten Stützelementes fortgeführt wird. „Index" ist „1" oder „2" für die erste oder zweite Randkurve.

```
MeinBlend.SetBorderMode 2, 2
```

Wertebereich des Parameters „Randfortführung":

- 1: Tangentenstetige Fortsetzung der Kurvenränder
- 2: Keine Bedingung
- 3: Tangentenstetige Fortführung der Kurvenränder („Start Extremity")
- 4. Tangentenstetige Fortführung der Kurvenränder („End Extremity")

Sub SetClosingPoint [Index] As Long, [Punkt] As Reference

Die Methode setzt den Endpunkt der ersten oder zweiten Stützkurve. „Index" ist „1" oder „2". Der Punkt muss auf der entsprechenden Kurve liegen.

```
MeinBlend.SetClosingPoint 1, MeinePunktreferenz
```

Sub SetContinuity [Index, Anbindungsart] As Long

Die Methode definiert die Anbindungsart einer Übergangsfläche an das erste oder zweite Stützelement. „Index" ist „1" oder „2". Der Wertebereich des Parameters „Anbindungsart" ist: „0" (punktstetige Anbindung), „1" (tangentenstetige Anbindung) und „2" (krümmungsstetige Anbindung).

```
MeinBlend.SetContinuity 1, 2
```

Sub SetCurve [Index] As Long, [Kurvenreferenz] As Reference

Die Methode setzt die erste oder zweite Stützkurve. „Index" ist „1" oder „2".

```
MeinBlend.SetCurve 1, ReferenzStuetzkurve1
MeinBlend.SetCurve 2, ReferenzStuetzkurve2
```

Sub SetOrientation [Index, Orientierung] As Long

Die Methode setzt die Orientierung der ersten oder zweiten Stützkurve. „Index" ist „1" oder „2". „Orientierung" ist „1" oder „-1". „-1" bedeutet, dass die Orientierung einer Stützkurve invertiert wird.

```
MeinBlend.SetOrientation 1, -1
```

Sub SetRuledDevelopableSurfaceConnection [Kurve] As Long, [Verbildungsart] As Long

Die Methode setzt für die erste oder zweite Kurve der Blend-Fläche, auf welche Art die Isoparamter der Fläche mit der Randkurve verbunden sind. „Kurve" ist gleich „1" für die erste Kurve und gleich „2" für die zweite Kurve. „Verbindungsart" ist gleich „1" für „Connect to both extremties", gleich „2" für „Free first curve" und gleich „3" für „Free second curve".

```
MeinBlend.RuledDevelopableSurface = true
MeinBlend.SetRuledDevelopableSurfaceConnection 1, 3
```

Sub SetSmoothAngleThreshold [Winkel] As Double

Die Methode setzt den Grenzwert für die Winkelkorrektur in Grad. Wichtig: Die Eigenschaft „SmoothAngleThresholdActivity" muss gleich „true" sein.

```
MeinBlend.SmoothAngleThresholdActivity = true
MeinBlend.SetSmoothAngleThreshold 0.75
```

Sub SetSmoothDeviation [Abweichung] As Double

Die Methode setzt den Grenzwert für die Abweichungskorrektur. Wichtig: Die Eigenschaft „SmoothDeviationActivity" muss gleich „true" sein.

```
MeinBlend.SmoothDeviationActivity = true
MeinBlend.SetSmoothDeviation 0.1
```

Sub SetSupport [Index] As Long, [Flaeche] As Reference

Die Methode setzt das erste oder zweite Stützelement. „Index" ist „1" oder „2".

```
MeinBlend.SetSupport 1, ReferenzStuetzelement1
```

Sub SetTensionInDouble [Index, Typ] As Long, [Wert1, Wert2] As Double

Die Methode setzt die Spannung einer Übergangsfläche zum ersten oder zweiten Stützelement. „Index" ist „1" oder „2". „Typ" beschreibt den Verlauf einer Spannung und ist „1" für einen Standardverlauf, „2" für eine konstante Spannung und „3" für eine variable lineare Spannung. „Wert1" wird immer benötigt, „Wert2" nur in Verbindung mit einem variablen Spannungsverlauf. Die Spannungswerte müssen größer oder gleich null sein.

```
MeinBlend.SetTensionInDouble 2, 3, 1, 0.45
```

Sub SetTensionType [Index, Spannungstyp] As Long

Die Methode definiert den Spannungstyp an der Stelle „Index". „Index" besitzt den Wertebereich „1" oder „2" für die erste oder zweite Stützkurve. Der Spannungstyp ist „1" (Standard), „2" (konstant), „3" (linear) oder „4" (S-Typ).

```
MeinBlend.SetTensionType 1, 1
MeinBlend.SetTensionType 2, 2
```

Sub SetTransition [Index, Fortführung] As Long

Die Methode definiert die Fortführungsrichtung einer Übergangsfläche in Bezug zum ersten oder zweiten Stützelement. „Index" ist „1" oder „2". „Fortführung" „1" oder „-1". „1" bedeutet eine Fortführung von einer Stützfläche weg, „-1" in eine Stützfläche hinein. Die Methode ist nur wirksam, wenn der Fortführungsmodus einer Übergangsfläche nicht punktstetig ist.

```
MeinBlend.SetTransition 1, -1
```

Sub SetTrimSupport [Index, Beschnittmodus] As Long

Die Methode definiert, ob ein Stützelement mit einer Übergangsfläche beschnitten und verbunden wird. „Index" ist „1" oder „2". „Beschnittmodus" ist „1" (kein Beschnitt) oder „2" (Beschnitt und Vereinigung).

```
MeinBlend.SetTrimSupport 2, 2
```

SmoothAngleThreshold As Angle (Read Only)

Die Eigenschaft beschreibt den Parameter der Winkelkorrektur. Wichtig: Die Eigenschaft „SmoothAngleThresholdActivity" muss gleich „true" sein.

```
MeinBlend.SmoothAngleThresholdActivity = true
MeinBlend.SmoothAngleThreshold.Value = 0.25
```

SmoothAngleThresholdActivity As Boolean

Die Eigenschaft legt fest, ob eine Winkelkorrektur durchgeführt werden soll. Ist der Wert gleich „true", wird eine Korrektur durchgeführt.

```
MeinBlend.SmoothAngleThresholdActivity = true
```

SmoothDeviation As Length (Read Only)

Die Eigenschaft beschreibt den Abweichungskorrekturwert in mm. Wichtig: Die Eigenschaft „SmoothDeviationActivity" muss gleich „true" sein.

```
MeinBlend.SmoothDeviationActivity = true
MeinBlend.SmoothDeviation.Value = 0.2
```

SmoothDeviationActivity AS Boolean

Die Eigenschaft legt fest, ob eine Abweichungskorrektur durchgeführt werden soll. Ist der Wert gleich „true", wird eine Korrektur durchgeführt.

```
MeinBlend.SmoothDeviationActivity = true
```

Spine As Reference

Die Eigenschaft beschreibt die Leitkurve.

Sub UnsetClosingPoint [Index] As Long

Die Methode entfernt die Definition eines Endpunktes der ersten oder zweiten Stützkurve. „Index" ist „1" oder „2".

```
MeinBlend.UnsetClosingPoint 1
```

Sub UnsetSupport [Index] As Long

Die Methode entfernt das erste oder zweite Stützelement aus der Definition einer Übergangsfläche. „Index" ist „1" oder „2".
```
MeinBlend.UnsetSupport 1
```

8.58 HybridShapeBoundary

Die Klasse repräsentiert eine Begrenzung (vgl. Abschnitt 6.5). Ein Objekt der Klasse wird über die Methoden **AddNewBoundary** und **AddNewBoundaryOfSurface** der Klasse **HybridShapeFactory** (Abschnitt 8.85) erzeugt.

Objektpfad: AnyObject.HybridShape.HybridShapeBoundary

From As Reference

Die Eigenschaft beschreibt die zweite Brenzung (Feld „Begrenzung2").
```
Grenze.From = MeinElement2
```

FromOrientation As Long

Die Eigenschaft beschreibt die Orientierung der zweite Begrenzung. Der Wert ist „1" für eine normale Orientierung und „2" für eine invertierte Orientierung.
```
Grenze.FromOrientation = 1
```

InitialElement As Reference

Die Eigenschaft beschreibt das Ausgangselement („Flächenkante").
```
Set Element = Grenze.InitialElement
```

Propagation As Long

Die Eigenschaft beschreibt den Fortführungstyp einer Begrenzung (Feld „Fortführungstyp"). Alle Begrenzungen: „0". Alle Begrenzungen, die punktstetig mit dem Ausgangselement verbunden sind: „1". Alle Begrenzungen, die tangentenstetig mit dem Ausgangselement verbunden sind: „2". Nur die ausgewählte Begrenzung: „3".
```
Grenze.Propagation = 2
```

Support As Reference
Die Eigenschaft beschreibt das Stützelement.
`Grenze.Support = ReferenzStützelement`

To As Reference
Die Eigenschaft beschreibt die erste Brenzung (Feld „Begrenzung1").
`Grenze.To = MeinElement1`

ToOrientation As Long
Die Eigenschaft beschreibt die Orientierung der ersten Begrenzung. Der Wert ist „1" für eine normale Orientierung und „2" für eine invertierte Orientierung.
`Grenze.ToOrientation = 1`

■ 8.59 HybridShapeCircle

Die Klasse ist eine übergeordnete Klasse aller 3D-Drahtgeometrie, die einen Kreis oder Kreisbogen repräsentiert (vgl. Abschnitt 6.5).

Objektpfad: AnyObject.Hybrid-Shape.HybridShapeCircle

AxisComputation As Boolean
Die Eigenschaft beschreibt den Wert des Feldes „Achsenberechnung". Ist der Wert „True", wird eine Achse berechnet.
`MeinKreis.AxisComputation = True`

AxisDirection As HybridShapeDirection
Die Eigenschaft beschreibt die Achsenrichtung (Feld „Achsenrichtung").
`Set Richtung = MeinPart.OriginElements.PlaneZX`

```
Set Ref = MeinPart.CreateReferenceFromObject(Richtung)
MeinKreis.AxisDirection.Object = Ref
```

EndAngle As Angle (Read Only)

Die Eigenschaft beschreibt den Endwinkel eines Kreisbogens (Feld „Ende"). Dessen Wert kann über die Methode **Value** bearbeitet werden. Damit ein Endwinkel existiert, muss **SetLimitation** gleich „0" gesetzt sein.

```
Dim Endwinkel As Angle
Set Endwinkel = MeinKreis.EndAngle
Endwinkel.Value = 45
```

Sub GetAxis [Typ] As Long, [Achse] As Reference

Die Methode liest die Referenz einer der drei Kreisachsen. Ist „Typ" gleich „3", wird die Normale zum Kreis gelesen. „2" liest die Normale zur Achsenrichtung (Feld „Achsenrichtung") und „1" die Achse entlang der Achsenrichtung.

```
Dim Achse As Reference
MeinKreis.GetAxis 1, Achse
```

Sub GetCenter [X, Y, Z As Double]

Die Methode liest die Koordination des Kreismittelpunktes.

```
Dim X, Y, Z As Double
MeinKreis.GetCenter X, Y, Z
MsgBox (X & ", " & Y & ", " & Z)
```

Sub GetFreeCenter [Mittelpunkt] As CATSafeArrayVariant

Die Methode liest den Mittelpunkt eines Kreises oder Kreisbogens als Feldvariable (Feld „Mittelpunkt"). Damit die Methode angewendet werden kann, muss das spezifische Kreisobjekt einen Parameter für den Mittelpunkt besitzen.

```
Dim P(2)
MeinKreis.GetFreeCenter P
MsgBox („X = " & P(0) & „, Y = " & P(1) & „, Z = " & P(2))
```

Sub GetFreeRadius [Radius] As Double

Die Methode liest den Radius eines Kreises oder Kreisbogens (Feld „Radius"). Damit die Methode angewendet werden kann, muss das spezifische Kreisobjekt einen Parameter für den Radius besitzen.

```
Dim R As Double
MeinKreis.GetFreeRadius R
MsgBox („Radius = " & R)
```

Func GetLimitation As Long

Die Methode liest die Art der Kreisbegrenzung. Der Wertebereich kann der Methode **SetLimitation** entnommen werden.

```
If MeinKreis.GetLimitation = 0 Then MsgBox(„Winkel")
```

Sub SetLimitation [Modus] As Long

Die Methode setzt den Definitionsmodus eines Kreises oder Kreisbogens (Schaltflächen „Kreisbegrenzungen"). Ein spezifisches Kreisobjekt kann nicht immer alle Modi annehmen.

```
MeinKreis.SetLimitation 0
```

Wertebereich des Parameters „Modus":

- 0: Winkel
  Der Kreisbogen wird über zwei Winkel bestimmt.
- 1: Vollkreis
  Der Kreis ist ein Vollkreis.
- 2: Getrimmter Kreis
  Der Kreis ist an seinen Eingangsparametern getrimmt.
- 3: Ergänzter Kreis
  Der Kreis ist an seinen Eingangsparametern getrimmt, und das komplementäre Stück wird verwendet.

StartAngle As Angle (Read Only)

Die Eigenschaft beschreibt den Startwinkel eines Kreisbogens (Feld „Start"). Dessen Wert kann über die Methode **Value** bearbeitet werden. Damit ein Startwinkel existiert, muss **SetLimitation** gleich „0" gesetzt sein.

```
Dim SWinkel As Angle
Set SWinkel = MeinKreis.StartAngle
SWinkel.Value = 45
```

■ 8.60 HybridShapeCircle2PointsRad

Die Klasse repräsentiert einen Kreis oder Kreisbogen, der durch zwei Punkte und einen Radius definiert ist (vgl. Abschnitt 6.5). Ein Objekt der Klasse wird über die Methode **AddNewCircle2PointsRad** der Klasse **HybridShapeFactory** (Abschnitt 8.85) erzeugt.

Objektpfad: AnyObject.HybridShape.HybridShapeCircle.HybridShapeCircle2PointsRad

Diameter As Length (Read Only)

Die Eigenschaft beschreibt den Kreisdurchmesser (Feld „Durchmesser"), sofern **DiameterMode** gleich „True" ist.

```
Set D = MKreis.Diameter
MsgBox ("D=" & D.Value)
```

DiameterMode As Boolean

Die Eigenschaft beschreibt, ob der Kreis durch einen Durchmesser („True") oder Radius („False") beschrieben ist.

```
MeinKreis.DiameterMode = False
```

Func IsGeodesic As Boolean

Die Methode liest, ob das Feld „Geometrie für Stützelement" aktiviert ist. Ist es aktiviert („True"), ist der Kreis geodäsisch berechnet.

```
MsgBox("Geodäsisch: " & MeinKreis.IsGeodesic)
```

Orientation As Long

Die Eigenschaft beschreibt die Lage des Mittelpunktes. Die Eigenschaft kann die Werte „1" oder „-1" annehmen. „1" bedeutet, dass der Mittelpunkt auf der Seite der Linie „Pt1-Pt2" platziert ist, in die das Kreuzprodukt der Vektoren der Stützfläche und der Linie zeigt.

```
MeinKreis.Orientation = -1
```

Pt1 As Reference

Die Eigenschaft beschreibt den ersten Punkt (Feld „Punkt 1").

```
MeinKreis.Pt1 = MeinPunkt1
```

Pt2 As Reference

Die Eigenschaft beschreibt den zweiten Punkt (Feld „Punkt 2").

Radius As Length (Read Only)

Die Eigenschaft beschreibt den Radius (Feld „Radius"). Der Wert kann über die Methode **Value** gelesen oder verändert werden.

```
MeinKreis.Radius.Value = 20
```

Sub SetGeometryOnSupport

Die Methode aktiviert den geodäsischen Rechenmodus (Feld „Geometrie für Stützelement") und deaktiviert den euklidischen. Das Stützelement wird über die Eigenschaft Support definiert.

```
MeinKreis.SetGeometryOnSupport
```

Support As Reference

Die Eigenschaft beschreibt die Stützfläche (Feld „Stützelement").

```
MeinKreis.Support = MeineFlaeche
```

Sub UnsetGeometryOnSupport

Die Methode deaktiviert den geodäsischen Rechenmodus (Feld „Geometrie für Stützelement") und aktiviert den euklidischen.

```
MeinKreis.UnsetGeometryOnSupport
```

■ 8.61 HybridShapeCircle3Points

Die Klasse repräsentiert einen Kreis oder Kreisbogen, der durch drei Punkte verläuft (vgl. Abschnitt 6.5). Ein Objekt der Klasse wird über die Methode **AddNewCircle3Points** der Klasse **HybridShapeFactory** (Abschnitt 8.85) erzeugt.

Objektpfad: AnyObject.HybridShape.HybridShapeCircle.HybridShapeCircle3Points

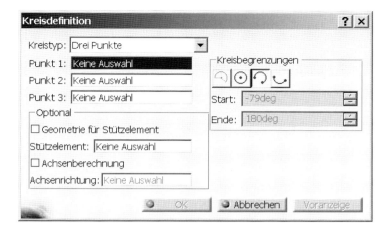

Element1 As Reference

Die Eigenschaft beschreibt den ersten Punkt (Feld „Punkt 1").
```
MeinKreis.Element1 = MeinPunkt1
```

Element2 As Reference

zweiter Punkt (Feld „Punkt 2"), analog **Element1**

Element3 As Reference

dritter Punkt (Feld „Punkt 3"), analog **Element1**

Sub RemoveSupport

Die Eigenschaft entfernt ein Sützelement aus einer Kreisdefinition und deaktiviert die Option „Geometrie für Stützelement".
```
MeinKreis.RemoveSupport
```

Support As Reference

Die Eigenschaft beschreibt das Stützelement (Feld „Stützelement").
```
Set Elem = CATIA.ActiveDocument.Part.OriginElements.PlaneXY
MeinKreis.Support = Elem
```

8.62 HybridShapeCircleBitangentPoint

Die Klasse repräsentiert einen Kreis oder Kreisbogen, der tangential an zwei Kurven durch einen Punkt verläuft (vgl. Abschnitt 6.5). Ein Objekt der Klasse wird über die Methode **AddNewCircleBitangentPoint** der Klasse **HybridShapeFactory** (Abschnitt 8.85) erzeugt.

Objektpfad: AnyObject.HybridShape.HybridShapeCircle. HybridShapeCircleBitangentPoint

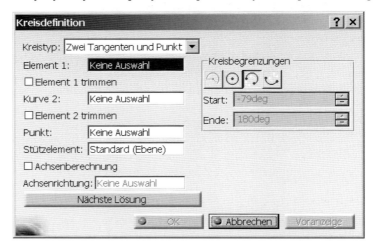

BeginOfCircle As Long

Die Eigenschaft beschreibt, an welcher Kurve die Kreiskurve beginnt.
```
Kreis.BeginOfCircle = 2
```

Curve1 As Reference

Die Eigenschaft beschreibt die erste Kurve (Feld „Element 1").
```
Kreis.Curve1 = Kurve1
```

Curve2 As Reference

zweite Kurve (Feld „Kurve 2"), analog **Curve1**

DiscriminationIndex As Long

Die Eigenschaft beschreibt die Nummer der ausgewählten Lösung (Schaltfläche „Nächste Lösung").
```
MeinKreis.DiscriminationIndex = 1
```

Orientation1 As Long

Die Eigenschaft beschreibt die Orientierung der ersten Kurve. Die Eigenschaft kann die Werte „1" oder „-1" annehmen. Bei einem Wert von „1" wird der Mittelpunkt auf der Seite der Kurve platziert, in die das Kreuzprodukt der Vektoren der Stützfläche und der Orientierung der Kurve zeigt. Je nach Kurve ist nicht jede Orientierung geometrisch möglich.

```
MeinKreis.Orientation1 = 1
```

Orientation2 As Long

Orientierung der zweiten Kurve (analog **Orientation1**)

Pt As Reference

Die Eigenschaft beschreibt den Referenzpunkt, durch den der Kreis verläuft (Feld „Punkt"). Der Punkt muss auf der zweiten Kurve liegen.

```
MeinKreis.Pt = MeinPunkt
```

Support As Reference

Die Eigenschaft beschreibt das Stützelement (Feld „Stützelement"). Ein Stützelement ist eine Ebene oder Fläche.

```
MeinKreis.Support = MeineFlaeche
```

TangentOrientation1 As Long

Die Eigenschaft beschreibt die Tangentenorientierung an der ersten Kurve. Die Eigenschaft kann die Werte „1" oder „-1" annehmen. Je nach Kurve ist nicht jede Orientierung geometrisch möglich.

```
MeinKreis.TangentOrientation1 = 1
```

TangentOrientation2 As Long

Tangentenorientierung an der zweiten Kurve (analog **TangentOrientation1**)

TrimMode As Long

Die Eigenschaft beschreibt den Trimmmodus (Optionen „Element 1 trimmen" und „Element 2 trimmen"). Ist der Wert „0", wird kein Element getrimmt. Ist er „1", werden beide Elemente getrimmt. Ist er „2", wird nur das erste Element getrimmt; ist er „3", nur das zweite.

```
MeinKreis.TrimMode = 3
```

8.63 HybridShapeCircleBitangentRadius

Die Klasse repräsentiert einen Kreis mit definiertem Radius, der tangential an zwei Kurven liegt (vgl. Abschnitt 6.5). Ein Objekt der Klasse wird über die Methode **AddNewCircleBitangentRadius** der Klasse **HybridShapeFactory** (Abschnitt 8.85) erzeugt.

Objektpfad: AnyObject.HybridShape.HybridShapeCircle.HybridShapeCircleBitangentRadius

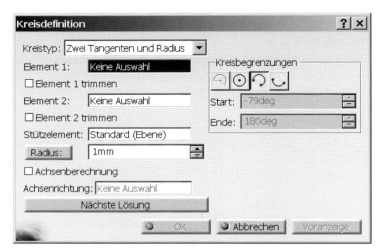

BeginOfCircle As Long

Die Eigenschaft beschreibt, an welcher Kurve die Kreiskurve beginnt.
```
Kreis.BeginOfCircle = 2
```

Curve1 As Reference

Die Eigenschaft beschreibt die erste Kurve (Feld „Element 1").
```
Kreis.Curve1 = Kurve1
```

Curve2 As Reference

zweite Kurve (Feld „Element 2"), analog **Curve1**

Diameter As Length (Read Only)

Die Eigenschaft beschreibt den Kreisdurchmesser (Feld „Durchmesser"), sofern DiameterMode gleich „True" ist.
```
Set D = MeinKreis.Diameter
MsgBox („Durchmesser=" & D.Value)
```

DiameterMode As Boolean

Die Eigenschaft beschreibt, ob der Kreis durch einen Durchmesser („True") oder Radius („False") beschrieben ist.

```
MeinKreis.DiameterMode = False
```

DiscriminationIndex As Long

Die Eigenschaft beschreibt die Nummer der ausgewählten Lösung (Schaltfläche „Nächste Lösung").

```
MeinKreis.DiscriminationIndex = 1
```

Orientation1 As Long

Die Eigenschaft beschreibt die Orientierung der ersten Kurve. Die Eigenschaft kann die Werte „1" oder „-1" annehmen. Bei einem Wert von „1" wird der Mittelpunkt auf der Seite der Kurve platziert, in die das Kreuzprodukt der Vektoren der Stützfläche und der Orientierung der Kurve zeigt. Je nach Kurve ist nicht jede Orientierung geometrisch möglich.

```
MeinKreis.Orientation1 = 1
```

Orientation2 As Long

Orientierung der zweiten Kurve (analog **Orientation1**)

Radius As Length (Read Only)

Die Eigenschaft beschreibt den Radius (Feld „Radius"). Der Wert kann über die Methode **Value** bearbeitet werden.

```
Dim R As Length
Set R = MeinKreis.Radius
R.Value = 21
```

Support As Reference

Die Eigenschaft beschreibt das Stützelement (Feld „Stützelement"). Ein Stützelement ist eine Ebene oder Fläche.

```
MeinKreis.Support = MeineStützfläche
```

TangentOrientation1 As Long

Die Eigenschaft beschreibt die Tangentenorientierung an der ersten Kurve. Die Eigenschaft kann die Werte „1" oder „-1" annehmen. Je nach Kurve ist nicht jede Orientierung geometrisch möglich.

```
MeinKreis.TangentOrientation1 = 1
```

TangentOrientation2 As Long

Tangentenorientierung an der zweiten Kurve, analog **TangentOrientation1**

TrimMode As Long

Die Eigenschaft beschreibt den Trimmmodus (Optionen „Element 1 trimmen" und „Element 2 trimmen"). Ist der Wert „0", wird kein Element getrimmt. Ist er „1", werden beide Elemente getrimmt. Ist er „2", wird nur das erste Element getrimmt; ist er „3", nur das zweite.

```
MeinKreis.TrimMode = 3
```

■ 8.64 HybridShapeCircleCenterAxis

Die Klasse beschreibt ein Kreisobjekt, das durch eine Achse und einen Mittelpunkt definiert wird. Ein Objekt der Klasse wird über die Methode **AddNewCircleCenterAxis** der Klasse **HybridShapeFactory** (Abschnitt 8.85) erzeugt.

Objektpfad: AnyObject.HybridShape.HybridShapeCircle.HybridShapeCircleCenterAxis

Axis As Reference

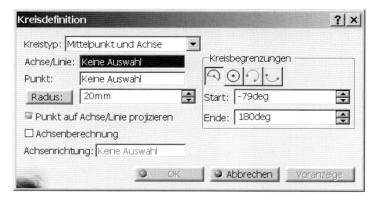

Die Eigenschaft beschreibt die Achse des Kreises (Feld „Achse/Linie").

```
Set Achse = MeinPart. MainBody.HybridShapes. Item(„Linie.1")
MeinKreis.Axis = Achse
```

Diameter As Length (Read Only)

Die Eigenschaft beschreibt den Kreisdurchmesser (Feld „Durchmesser"), sofern **DiameterMode** gleich „True" ist.

```
Set D = Kreis.Diameter
MsgBox ("D=" & D.Value)
```

DiameterMode As Boolean

Die Eigenschaft beschreibt, ob der Kreis durch einen Durchmesser („True") oder Radius („False") beschrieben ist.

`MeinKreis.DiameterMode = False`

Point As Reference

Die Eigenschaft beschreibt den Punkt (Feld „Punkt").

`Set Punkt = MeinPart.MainBody.HybridShapes.Item("Punkt.1")`
`MeinKreis.Point = Punkt`

ProjectionMode As Boolean

Die Eigenschaft beschreibt, ob der Punkt auf die Achse projiziert ist („True"), um den Mittelpunkt des Kreises zu bestimmen, oder unmittelbar der Mittelpunkt des Kreises ist („False").

`MeinKreis.ProjectionMode = True`

Radius As Length (Read Only)

Die Eigenschaft beschreibt den Radius, sofern DiameterMode gleich „False" ist.

`MeinKreis.Radius.Value = 120`

8.65 HybridShapeCircleCenterTangent

Die Klasse beschreibt ein Kreisobjekt, das durch eine Tangente und einen Mittelpunkt definiert wird. Ein Objekt der Klasse wird über die Methode **AddNewCircleCenterTangent** der Klasse **HybridShapeFactory** (Abschnitt 8.85) erzeugt.

Objektpfad: AnyObject.HybridShape.HybridShapeCircle.HybridShapeCircleCenterTangent

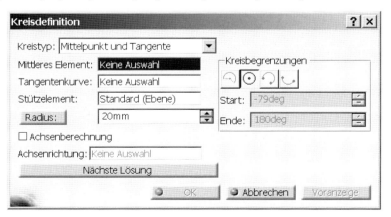

BeginOfCircle As Long

Die Eigenschaft beschreibt die Nummer der Startkurve des Kreises.

```
Krs.BeginOfCircle = 2
```

CenterElem As Reference

Die Eigenschaft beschreibt die Kurve oder den Punkt, auf dem der Mittelpunkt liegt (Feld „Mittleres Element").

```
Set MElem = MeinPart.MainBody.Sketches.Item(„Skizze.1")
Set MRef = MeinPart.CreateReferenceFromObject (MElem)
MeinKreis.CenterElem = MRef
```

Diameter As Length (Read Only)

Die Eigenschaft beschreibt den Kreisdurchmesser (Feld „Durchmesser"), sofern **DiameterMode** gleich „True" ist.

```
Set D = MeinKreis.Diameter
MsgBox („Durchmesser=" & D.Value)
```

DiameterMode As Boolean

Die Eigenschaft beschreibt, ob der Kreis durch einen Durchmesser („True") oder Radius („False") beschrieben ist.

```
MeinKreis.DiameterMode = False
```

DiscriminationIndex As Long

Die Eigenschaft beschreibt im Falle mehrerer Lösungsmöglichkeiten die Nummer der Lösung.

```
MeinKreis.DiscriminationIndex = 1
```

Orientation1 As Long

Die Eigenschaft beschreibt die Orientierung der ersten Kurve, die zur Berechnung des Kreises verwendet wird. Ist der Wert „1", wird die ursprüngliche Orientierung der Kurve verwendet. Ist der Wert „-1", wird die invertierte Orientierung verwendet.

```
MeinKreis.Orientation1 = -1
```

Orientation2 As Long

Orientation der zweiten Kurve, analog **Orientation1**

Radius As Length (Read Only)

Die Eigenschaft beschreibt den Radius, sofern **DiameterMode** gleich „False" ist.

```
MeinKreis.Radius.Value = 20
```

Support As Reference

Die Eigenschaft beschreibt das Stützelement (Feld „Stützelement").

```
Set SupRef = MeinPart.OriginElements.PlaneXY
MeinKreis.Support = SupRef
```

TangentCurve As Reference

Die Eigenschaft beschreibt die Kurve, zu welcher der Kreis tangential ist (Feld „Tangentenkurve").
```
Set TElem = MeinPart.MainBody.Sketches.Item("Skizze.2")
Set TRef = MeinPart.CreateReferenceFromObject (TElem)
MeinKreis.TangentCurve = TRef
```

TangentOrientation1 As Long

Die Eigenschaft beschreibt die Orientierung des ersten Referenzelementes aus Sicht der Orientierung der Kreiskurve.
```
MeinKreis.TangentOrientation1 = 1
```

TangentOrientation2 As Long

Orientierung des zweiten Referenzelementes, analog **TangentOrientation1**

8.66 HybridShapeCircleCtrPt

Die Klasse repräsentiert einen Kreis oder Kreisbogen, der einen Mittel- und Durchgangspunkt besitzt (vgl. Abschnitt 6.5). Ein Objekt der Klasse wird über die Methoden **AddNewCircleCtrPt** und **AddNewCircleCtrPtWithAngles** der Klasse **HybridShapeFactory** (Abschnitt 8.85) erzeugt.

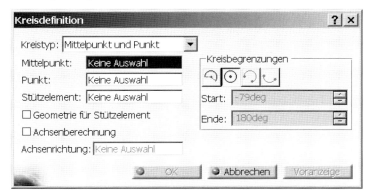

Objektpfad: AnyObject.HybridShape.HybridShapeCircle. HybridShapeCircleCtrPt

Center As Reference

Die Eigenschaft beschreibt den Mittelpunkt (Feld „Mittelpunkt"). Der Mittelpunkt muss auf dem Stützelement liegen.
Kreis.Center = Punkt

CrossingPoint As Reference

Die Eigenschaft beschreibt den Durchgangspunkt (Feld „Punkt"). Der Durchgangspunkt muss auf dem Stützelement liegen.
MeinKreis.CrossingPoint = MeinePunktreferenz

Func IsGeodesic As Boolean

Die Methode liest, ob das Feld „Geometrie für Stützelement" akitviert ist. Ist es aktiviert („True"), ist der Kreis geodäsisch berechnet.
MsgBox(„Geodäsisch: " & MeinKreis.IsGeodesic)

Sub SetGeometryOnSupport

Die Methode aktiviert den geodäsischen Rechenmodus (Feld „Geometrie für Stützelement") und deaktiviert den euklidischen. Das Stützelement wird über die Eigenschaft **Support** definiert.
MeinKreis.SetGeometryOnSupport

Support As Reference

Die Eigenschaft beschreibt das Stützelement (Feld „Stützelement"). Ein Stützelement ist eine Fläche oder Ebene.
MeinKreis.Support = MeineFlächenreferenz

Sub UnsetGeometryOnSupport

Die Methode deaktiviert den geodäsischen Rechenmodus (Feld „Geometrie für Stützelement") und aktiviert den euklidischen.
MeinKreis.UnsetGeometryOnSupport

■ 8.67 HybridShapeCircleCtrRad

Die Klasse repräsentiert einen Kreis oder Kreisbogen, der über einen Mittelpunkt und Radius definiert ist (vgl. Abschnitt 6.5). Ein Objekt der Klasse wird über die Methoden **AddNewCircleCtrRad** und **AddNewCircleCtrRadWithAngles** der Klasse **HybridShapeFactory** (Abschnitt 8.85) erzeugt.

Objektpfad: AnyObject.HybridShape.HybridShapeCircle.HybridShapeCircleCtrRad

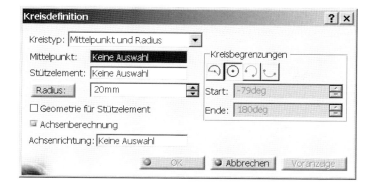

Center As Reference

Die Eigenschaft beschreibt den Mittelpunkt (Feld „Mittelpunkt"). Der Mittelpunkt muss auf dem Stützelement liegen.

```
Kreis.Center = Punkt
```

Diameter As Length (Read Only)

Die Eigenschaft beschreibt den Kreisdurchmesser (Feld „Durchmesser"), sofern **DiameterMode** gleich „True" ist.

```
Set D = MeinKreis.Diameter
MsgBox („Durchmesser=" & D.Value)
```

DiameterMode As Boolean

Die Eigenschaft beschreibt, ob der Kreis durch einen Durchmesser („True") oder Radius („False") beschrieben ist.

```
MeinKreis.DiameterMode = False
```

FirstDirection As HybridShapeDirection

Die Eigenschaft beschreibt die Ausrichtung der ersten Winkelreferenz. Die Erzeugung einer Richtungsdefinition ist in Abschnitt 3.6 beschrieben.

```
Kreis.FirstDirection = MeineRichtung
```

Sub GetSecondDirection [X, Y, Z] As Double

Die Methode liest die Koordinaten des zweiten Richtungsvektors zur Orientierung des Kreises. Der Vektor sollte senkrecht zur ersten Richtung stehen.

```
Dim X, Y, Z As Double
MeinKreis.GetSecondDirection X, Y, Z
```

Func IsGeodesic As Boolean

Die Methode liest, ob das Feld „Geometrie für Stützelement" aktiviert ist. Ist es aktiviert („True"), ist der Kreis geodäsisch berechnet.

```
MsgBox(„Geodäsisch: " & MeinKreis.IsGeodesic)
```

Radius As Length (Read Only)

Die Eigenschaft beschreibt den Radius (Feld „Radius"). Der Wert kann über die Methode **Value** bearbeitet werden.

```
Dim R As Length
Set R = MeinKreis.Radius
R.Value = 21
```

Sub SetGeometryOnSupport

Die Methode aktiviert den geodäsischen Rechenmodus (Feld „Geometrie für Stützelement") und deaktiviert den euklidischen. Das Stützelement wird über die Eigenschaft **Support** definiert.

```
MeinKreis.SetGeometryOnSupport
```

Sub SetSecondDirection [X, Y, Z] As Double

Die Methode setzt die Koordinaten des zweiten Richtungsvektors. Der Vektor sollte senkrecht zur ersten Richtung stehen.

```
MeinKreis.SetSecondDirection 1, 1, 1
```

Support As Reference

Die Eigenschaft beschreibt das Stützelement (Feld „Stützelement"). Ein Stützelement ist eine Fläche oder Ebene.

```
MeinKreis.Support = MeineFlächenreferenz
```

Sub UnsetGeometryOnSupport

Die Methode deaktiviert den geodäsischen Rechenmodus (Feld „Geometrie für Stützelement") und aktiviert den euklidischen.

```
MeinKreis.UnsetGeometryOnSupport
```

■ 8.68 HybridShapeCircleExplicit

Das Klasse repräsentiert einen expliziten Kreis oder Kreisbogen ohne Historie (vgl. Abschnitt 6.5). Ein Objekt der Klasse wird über die Methode **AddNewCircleDatum** der Klasse **HybridShapeFactory** (Abschnitt 8.85) erzeugt. Die Klasse besitzt keine Eigenschaften und Methoden. Explizite Geometrie lässt sich nicht mehr über Parameter verändern.

Objektpfad: AnyObject.HybridShape.HybridShapeCircleExplicit

8.69 HybridShapeCircleTritangent

Die Klasse repräsentiert einen Kreis oder Kreisbogen, der tangential an drei Kurven liegt (vgl. Abschnitt 6.5). Ein Objekt der Klasse wird über die Methode **AddNewCircleTritangent** der Klasse **HybridShapeFactory** (Abschnitt 8.85) erzeugt.

Objektpfad: AnyObject.HybridShape.HybridShapeCircle.HybridShapeCircleTritangent

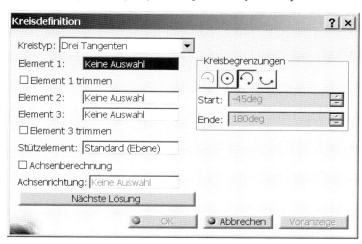

BeginOfCircle As Long

Die Eigenschaft beschreibt, an welcher Kurve die Kreiskurve beginnt.
```
Kreis.BeginOfCircle = 1
```

Curve1 As Reference

Die Eigenschaft beschreibt die erste Kurve (Feld „Element 1").
```
Kreis.Curve1 = Kurve
```

Curve2 As Reference

zweite Kurve (Feld „Element 2"), analog **Curve1**

Curve3 As Reference

dritte Kurve (Feld „Element 3"), analog **Curve1**

DiscriminationIndex As Long

Die Eigenschaft beschreibt die Nummer der ausgewählten Lösung (Schaltfläche „Nächste Lösung").
```
MeinKreis.DiscriminationIndex = 1
```

Orientation1 As Long

Die Eigenschaft beschreibt die Ausrichtung des Kreises oder Kreisbogens zur ersten Kurve. Der Wertebereich ist „1" und „-1". Bei einem Wert von „1" wird der Mittelpunkt des Kreises oder Kreisbogens auf der Seite der Kurve platziert, in die das Kreuzprodukt der Vektoren der Stützfläche und der positiven Orientierung der Kurve zeigt. Bei „-1" wird die negative Orientierung der Kurve verwendet. Je nach Kurve ist nicht jede Orientierung geometrisch möglich.

```
MeinKreis.Orientation1 = 1
```

Orientation2 As Long

Orientierung zur zweiten Kurve, analog **Orientation1**

Orientation3 As Long

Orientierung zur dritten Kurve, analog **Orientation1**

Support As Reference

Die Eigenschaft beschreibt das Stützelement (Feld „Stützelement"). Ein Stützelement ist eine Fläche oder Ebene.

```
MeinKreis.Support = MeineFlächenreferenz
```

TangentOrientation1 As Long

Die Eigenschaft beschreibt die Tangentenorientierung an der ersten Kurve. Die Eigenschaft kann die Werte „1" oder „-1" annehmen. Je nach Kurve ist nicht jede Orientierung geometrisch möglich.

```
MeinKreis.TangentOrientation1 = 1
```

TangentOrientation2 As Long

Tangentenorientierung an der zweiten Kurve, analog **TangentOrientation1**

TangentOrientation3 As Long

Tangentenorientierung an der dritten Kurve, analog **TangentOrientation1**

TrimMode As Long

Die Eigenschaft beschreibt, ob die erste und die dritte Kurvenreferenz mit dem Kreis getrimmt werden sollen (Optionen „Element 1 trimmen" und „Element 3 trimmen"). Der Wertebereich ist: „0" (keine), „1" (beide), „2" (Element 1) und „3" (Element 3).

```
MeinKreis.TrimMode = 3
```

8.70 HybridShapeCombine

Die Klasse repräsentiert eine Kombinationskurve (vgl. Abschnitt 6.5). Ein Objekt der Klasse wird über die Methode **AddNewCombine** der Klasse **HybridShapeFactory** (Abschnitt 8.85) erzeugt.

Objektpfad: *AnyObject.HybridShape.HybridShapeCombine*

Direction1 As HybridShapeDirection

Die Eigenschaft beschreibt die Projektionsrichtung der ersten Kurve (Feld „Richtung 1"). Die Eigenschaft **SolutionTypeCombine** muss gleich „1" gesetzt sein, damit die Eigenschaft existiert.

```
Dim Richtung As HybridShapeDirection
Set Richtung = Wzk3D.AddNewDirectionByCoord (10, 10, 10)
MeinCombine.Direction1 = Richtung
```

Direction2 As HybridShapeDirection

Projektionsrichtung der zweiten Kurve, analog **Direction1**

Elem1 As Reference

Die Eigenschaft beschreibt die erste Kurve (Feld „Kurve 1").
```
MeinCombine.Elem1 = MeineKurvenreferenz
```

Elem2 As Reference

zweite Kurve (Feld „Kurve 2"), analog **Elem1**

NearestSolution As Long

Die Eigenschaft beschreibt, ob die der ersten Kurve am nächsten gelegene Lösung (Wert = 0) oder alle Lösungen im Ergebnis enthalten sein sollen (Wert = 1).
```
MeinCombine.NearestSolution = 0
```

SolutionTypeCombine As Long

Die Eigenschaft beschreibt, ob die Kurven entlang ihrer Ebenennormalen (Wert = 0) oder entlang einer Richtung (Wert = 1) projiziert werden.
```
MeinCombine.SolutionTypeCombine = 0
```

8.71 HybridShapeConic

Die Klasse repräsentiert einen Kegelschnitt (vgl. Abschnitt 6.5). Ein Objekt der Klasse wird über die Methode **AddNewConic** der Klasse **HybridShapeFactory** (Abschnitt 8.85) erzeugt.

Objektpfad: AnyObject.HybridShape.HybridShapeConic

ConicParameter As Double

Die Eigenschaft beschreibt den Parameter des Kegelschnittes (Feld „Parameter"). Der Parameter muss größer als null und kleiner als eins sein. Ein Wert kleiner als „0,5" ergibt einen Ellipsenabschnitt, gleich „0,5" einen Parabelabschnitt und größer als „0,5" einen Hyperbelabschnitt.

```
MeinConic.ConicParameter = 0.67
```

ConicUserTol As Length (Read Only)

Die Eigenschaft beschreibt die Usertoleranz eines Kegelschnittes.

```
Dim UserToleranz As Length
Set UserToleranz = MeinConic.ConicUserTol
```

EndPoint As Reference

Die Eigenschaft beschreibt den Endpunkt des Kegelschnittes (Feld „Punkte/Ende"). Der Punkt muss auf dem Stützelement liegen.

```
MeinConic.EndPoint = MeinePunktreferenz
```

EndTangent As HybridShapeDirection

Die Eigenschaft beschreibt die Richtung, zu welcher der Kegelschnitt am Endpunkt tangential ausgerichtet ist (Feld „Tangenten/Ende").

```
Dim Richtung As HybridShapeDirection
```

```
Set Richtung = Wzk3D.AddNewDirectionByCoord (10, 10, 10)
MeinConic.EndTangent = Richtung
```

Sub GetEndTangentDirectionFlag [Orientierung] As Long

Die Methode liest die Orientierung der Tangenten am Endpunkt. Ist der Parameter „Orientierung" gleich „1", ist die Tangente nicht invertiert. Ist der Parameter gleich „–1", ist die Ausrichtung invertiert.

```
Dim Orientierung As Long
MeinConic.GetEndTangentDirectionFlag Orientierung
```

Sub GetIntermediatePoint [Index] As Long, [Punkt] As Reference

Die Methode gibt den Durchlaufpunkt der Nummer „Index" zurück (Felder „Zwischenbedingungen/Punkt"). „Index" kann „1", „2" oder „3" sein.

```
Dim RefP As Reference
MeinConic.GetIntermediatePoint 1, RefP
```

Sub GetIntermediateTangent [Index] As Long, [Richtung] As HybridShapeDirection

Die Methode gibt die Tangentenrichtung am Durchgangspunkt der Nummer „Index" zurück. „Index" darf „1" oder „2" sein.

```
MeinConic.GetIntermediateTangent 1, MeineRichtung
```

Sub GetIntermediateTangentDirectionFlag [Index, Orientierung] As Long

Die Methode liest die Orientierung der Tangenten am Durchgangspunkt der Nummer „Index". „Index" darf „1" oder „2" sein. Ist der Parameter „Orientierung" gleich „1", ist die Tangente nicht invertiert. Ist der Parameter gleich „–1", ist die Ausrichtung invertiert.

```
Dim Orientierung As Long
MeinConic.GetIntermediateTangentDirectionFlag 1, Orientierung
```

Sub GetStartTangentDirectionFlag [Orientierung] As Long

Die Methode liest die Orientierung der Tangenten am Startpunkt. Ist der Parameter „Orientierung" gleich „1", ist die Tangente nicht invertiert. Ist der Parameter gleich „–1", ist die Ausrichtung invertiert.

```
Dim Orientierung As Long
MeinConic.GetStartTangentDirectionFlag Orientierung
```

Sub SetEndTangentDirectionFlag [Orientierung] As Long

Die Methode setzt die Orientierung der Tangenten am Endpunkt. Ist der Parameter „Orientierung" gleich „1", wird die Tangente nicht invertiert. Ist der Parameter gleich „–1", wird die Ausrichtung invertiert.

```
MeinConic.SetEndTangentDirectionFlag 1
```

Sub SetIntermediatePoint [Index] As Long, [Punkt] As Reference

Die Methode setzt den Durchlaufpunkt der Nummer „Index" (Felder „Zwischenbedingungen/Punkt"). „Index" kann „1", „2" oder „3" sein.

```
MeinConic.SetIntermediatePoint 1, MeinePunktreferenz
```

Sub SetIntermediateTangent [Index] As Long, [Richtung] As HybridShapeDirection

Die Methode setzt die Richtung am Durchgangspunkt der Nummer „Index". „Index" darf „1" oder „2" sein.

```
MeinConic.SetIntermediateTangent 1, MeineRichtung
```

Sub SetIntermediateTangentDirectionFlag [Index, Orientierung] As Long

Die Methode setzt die Orientierung einer Tangenten am Durchgangspunkt der Nummer „Index". Ist der Parameter „Orientierung" gleich „1", wird die Tangente nicht invertiert. Ist der Parameter gleich „-1", wird die Ausrichtung invertiert. „Index" darf „1" oder „2" sein.

```
MeinConic.SetIntermediateTangentDirectionFlag 1, -1
```

Sub SetStartAndEndTangentsPlusConicParamter [Startrichtung, Endrichtung] As HybridShapeDirection, [Parameter] As Double

Die Methode setzt die Richtungen am Start und Ende sowie den Parameter des Kegelschnittes. Die Richtungen müssen in der Stützebene des Kegelschnittes liegen. „Parameter" muss größer als null und kleiner als eins sein. Ein Wert kleiner als „0,5" ergibt einen Ellipsenabschnitt, gleich „0,5" einen Parabelabschnitt und größer als „0,5" einen Hyperbelabschnitt.

```
MConic.SetStartAndEndTangentsPlusConicParameter RichtS, RichtE, 0.65
```

Sub SetStartAndEndTangentsPlusPassingPoint [Startrichtung, Endrichtung] As HybridShapeDirection, [Punkt] As Reference

Die Methode setzt die Richtungen am Start und Ende des Kegelschnittes sowie einen Punkt, durch den der Kegelschnitt verlaufen soll. Die Richtungen und der Punkt müssen in der Stützebene des Kegelschnittes liegen.

```
Dim Wzk3D As Factory
Set Wzk3D = MeinPart.HybridShapeFactory
Dim Ref3 As Reference
Set Ref3 = MeinPart.CreateReferenceFromObject (MeinPunkt)
Dim RichtS, RichtE As HybridShapeDirection
Set RichtS = Wzk3D.AddNewDirectionByCoord (10, 10, 0)
Set RichtE = Wzk3D.AddNewDirectionByCoord (10, -10, 0)
MeinConic.SetStartAndEndTangentsPlusPassingPoint RichtS, RichtE, Ref3
```

Sub SetStartTangentDirectionFlag [Orientierung] As Long

Die Methode setzt die Orientierung der Tangenten am Startpunkt. Ist der Parameter „Orientierung" gleich „1", wird die Tangente nicht invertiert. Ist der Parameter gleich „-1", wird die Ausrichtung invertiert.

```
MeinConic.SetStartTangentDirectionFlag 1
```

Sub SetTangentIntersectPointPlusConicParm [Punkt] As Reference, [Parameter] As Double

Die Methode setzt den Tangentenpunkt (Feld „Tangenten/Punkt") und den Parameter des Kegelschnittes. „Parameter" muss größer als null und kleiner als eins sein. Ein Wert kleiner als „0,5" ergibt einen Ellipsenabschnitt, gleich „0,5" einen Parabelabschnitt und größer als „0,5" einen Hyperbelabschnitt.

```
Set Ref1 = MeinPart.CreateReferenceFromObject (MeinPunkt)
MeinConic.SetTangentIntersectPointPlusConicParm Ref1, 0.65
```

Sub SetTangentIntersectPointPlusPassingPoint [Tangentenpunkt, Durchlaufpunkt] As Reference

Die Methode setzt den Tangentenpunkt (Feld „Tangenten/Punkt") und einen Punkt, durch den der Kegelschnitt laufen muss. Beide Punkte müssen auf dem Stützelement liegen.

```
Set Ref1 = MeinPart.CreateReferenceFromObject (MeinPunkt1)
Set Ref2 = MeinPart.CreateReferenceFromObject (MeinPunkt2)
MeinConic.SetTangentIntersectPointPlusPassingPoint Ref1, Ref2
```

Sub SetThreeIntermediatePassingPoints [Punkt1, Punkt2, Punkt3] As Reference

Die Methode setzt drei Punkte, durch die der Kegelschnitt verlaufen muss (Felder „Zwischenbedingungen/Punkt"). Alle Punkte müssen auf dem Stützelement liegen.

```
Set Ref1 = MeinPart.CreateReferenceFromObject (MeinPunkt1)
Set Ref2 = MeinPart.CreateReferenceFromObject (MeinPunkt2)
Set Ref3 = MeinPart.CreateReferenceFromObject (MeinPunkt3)
MeinConic.SetThreeIntermediatePassingPoints Ref1, Ref2, Ref3
```

Sub SetTwoIntermediatePassingPointsPlusOneTangent [Punkt1, Punkt2] As Reference, [Richtung] As HybridShapeDirection, [Lage] As Long

Die Methode setzt zwei Punkte, durch die der Kegelschnitt verlaufen muss, und die Richtung am Start- oder Endpunkt. Ist „Lage" gleich „1", gilt die Richtung für den Startpunkt, „2" für den Endpunkt. Die Punkte und die Richtung müssen auf dem Stützelement liegen.

```
Set Ref1 = MeinPart.CreateReferenceFromObject (MeinPunkt1)
Set Ref2 = MeinPart.CreateReferenceFromObject (MeinPunkt2)
MeinConic.SetTwoIntermediatePassingPointsPlusOneTangent Ref1, Ref2, Meine-
Richtung, 2
```

StartPoint As Reference

Die Eigenschaft beschreibt den Startpunkt des Kegelschnittes (Feld „Punkte/Start"). Der Punkt muss auf dem Stützelement liegen.

```
MeinConic.StartPoint = MeinePunktreferenz
```

StartTangent As HybridShapeDirection

Die Eigenschaft beschreibt die Richtung des Kegelschnittes am Startpunkt (Feld „Tangenten/Start").

```
Dim Richtung As HybridShapeDirection
Set Richtung = Wzk3D.AddNewDirectionByCoord (10, 10, 10)
MeinConic.StartTangent = Richtung
```

SupportPlane As Reference

Die Eigenschaft beschreibt das Stützelement.

```
MeinConic.SupportPlane = MeineEbenenreferenz
```

Sub SwitchEndTangentDirection

Die Methode wechselt die Orientierung der Tangenten am Endpunkt.

```
MeinConic.SwitchEndTangentDirection
```

Sub SwitchIntermediateTangentDirection [Index] As Long

Die Methode invertiert die Richtung der Tangenten am Durchgangspunkt der Nummer „Index". Der Index darf „1" oder „2" sein.

```
MeinConic.SwitchIntermediateTangentDirection 1
```

Sub SwitchStartTangentDirection

Die Methode kehrt die Orientierung der Tangenten am Startpunkt um.

```
MeinConic.SwitchStartTangentDirection
```

TangentIntPoint As Reference

Die Eigenschaft beschreibt den Tangentenschnittpunkt. Der Punkt muss auf dem Stützelement liegen.

```
MeinConic.TangentIntPoint = MeinePunktreferenz
```

8.72 HybridShapeConnect

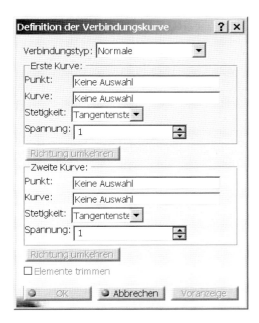

Die Klasse repräsentiert eine Verbindungskurve (vgl. Abschnitt 6.5). Ein Objekt der Klasse wird über die Methode **AddNewConnect** der Klasse **HybridShapeFactory** (Abschnitt 8.85) erzeugt.

Objektpfad: AnyObject.HybridShape.HybridShapeConnect

BaseCurve As Reference

Die Eigenschaft beschreibt die Basiskurve (Feld „Basiskurve"). Die Eigenschaft ist nur vorhanden, wenn **ConnectType** gleich „1" ist.

```
Kurve.BaseCurve = MeineKurvenreferenz
```

ConnectType As Long

Die Eigenschaft beschreibt den Typ der Verbindungskurve (Feld „Verbindungstyp"). Der Wertebereich ist „0" für eine normale Verbindung und „1" für eine Verbindung mit Basiskurve.

```
Kurve.ConnectType = 1
```

FirstContinuity As Long

Die Eigenschaft beschreibt die Stetigkeit zur ersten Kurve (Feld „Stetigkeit"). Der Wert ist „0" für Punktstetigkeit, „1" für Tangentenstetigkeit und „2" für Krümmungsstetigkeit.

```
Kurve.FirstContinuity = 2
```

FirstCurve As Reference

Die Eigenschaft beschreibt die erste Kurve (Feld „Kurve").

```
Set K1 = MeinPart.MainBody.Sketches.Item(1)
Set RefK1 = MeinPart.CreateReferenceFromObject(K1)
Kurve.FirstCurve = RefK1
```

FirstOrientation As Long

Die Eigenschaft beschreibt, ob eine Verbindungskurve in der Orientierung der ersten Kurve („1") erzeugt ist oder entgegengesetzt („-1"). Ist der Wert gleich „2", wird die Orientierung von CATIA automatisch optimiert.

```
Kurve.FirstOrientation = 2
```

FirstPoint As Reference

Die Eigenschaft beschreibt den ersten Verbindungspunkt (Feld „Punkt").

```
Set P1 = MeinPart.MainBody.HybridShapes.Item(„Punkt.1")
Kurve.FirstPoint = P1
```

FirstTension As RealParam (Read Only)

Die Eigenschaft beschreibt den ersten Spannungswert (Feld „Erste Kurve, Spannung"). Der Wert muss größer als null sein. Auf den Wert kann über die Methode **Value** zugegriffen werden.

```
Dim Wert As RealParam
Set Wert = Kurve.FirstTension
Wert.Value = 1.0
```

SecondContinuity As Long

Stetigkeit zur zweiten Kurve, analog **FirstContinuity**

SecondCurve As Reference

zweite Kurve, analog **FirstCurve**

SecondOrientation As Long

Orientierung zur zweiten Kurve, analog **FirstOrientation**

SecondPoint As Reference

Zweiter Punkt (analog **FirstPoint**)

SecondTension As RealParam (Read Only)

Zweiter Spannungswert, analog **FirstTension**

Support As Reference

Die Eigenschaft beschreibt die Stützfläche.
`Kurve.Support = MeineFlächenreferenz`

Trim As Boolean

Die Eigenschaft beschreibt den Trimmmodus (Option „Elemente trimmen").
`Kurve.Trim = False`

8.73 HybridShapeCorner

Die Klasse repräsentiert eine Ecke (vgl. Abschnitt 6.5). Ein Objekt der Klasse wird über die Methoden **AddNew3DCorner** oder **AddNewCorner** der Klasse **HybridShapeFactory** (Abschnitt 8.85) erzeugt.

Objektpfad: AnyObject.HybridShape.HybridShapeCorner

BeginOfCorner As Long

Die Eigenschaft beschreibt das Element, an dem die Ecke beginnt. Der Wertebereich ist „1" und „2".
`Ecke.BeginOfCorner = 2`

CornerType As Long

Die Eigenschaft beschreibt den Eckentyp (Feld „Eckentyp"). Der Wert ist „0" für eine „Ecke auf Stützelement" und „1" für eine „3D-Ecke".
`Ecke.CornerType = 1`

Direction As HybridShapeDirection

Die Eigenschaft beschreibt den Inhalt des Feldes „Richtung". Die Eigenschaft existiert nur, wenn der Eckentyp eine „3D-Ecke" ist (Feld „Eckentyp"). Die Richtung steht normal zu der Ebene, in der die Ecke liegt.

```
Set Rtg = Wzk3D.AddNewDirectionByCoord (0, 0, 1)
Ecke.Direction = Rtg
```

DiscriminationIndex As Long

Die Eigenschaft beschreibt die Nummer der Lösung der aktuellen Ecke, falls es zu einer Eckendefinition mehrere Lösungsmöglichkeiten gibt. Der Index entspricht der Auswahl über den Schalter „Nächste Lösung".

```
Ecke.DiscriminationIndex = 1
```

FirstElem As Reference

Die Eigenschaft beschreibt die erste Kurve (Feld „Element 1").

```
Ecke.FirstElem = MeineKurvenreferenz
```

FirstOrientation As Long

Die Eigenschaft beschreibt die Orientierung des Radius in Bezug auf die erste Kurve. Der Wertebereich ist „1" oder „–1". Ist der Wert „1", so liegt der Mittelpunkt des Radius auf der Seite, in die das Kreuzprodukt aus Flächen- und Kurvenvektor zeigt.

```
Ecke.FirstOrientation = -1
```

FirstTangentOrientation As Long

Die Eigenschaft beschreibt, ob das erste Element und die Ecke gleich orientiert sind (gleiche Orientierung: „1", entgegengesetzte Orientierung: „–1").

```
Ecke.FirstTangentOrientation = -1
```

Sub InvertFirstOrientation

Die Methode invertiert die Orientierung des ersten Elementes.

```
Ecke.InvertFirstOrientation
```

Sub InvertSecondOrientation

Die Methode invertiert die Orientierung des zweiten Elementes.

```
Ecke.InvertSecondOrientation
```

OnVertex As Boolean

Die Eigenschaft beschreibt den Zustand der Option „Ecke auf Scheitelpunkt" (aktiviert: „True").

```
Ecke.OnVertex = False
```

Radius As Length (Read Only)

Die Eigenschaft beschreibt den Radius (Feld „Radius). Der Wert kann über die Methode **Value** bearbeitet werden.

`Ecke.Radius.Value = 20`

SecondElem As Reference

Die Eigenschaft beschreibt das zweite Element (Feld „Element 2").

`Ecke.SecondElem = MeineKurvenreferenz`

SecondOrientation As Long

Orientierung des Radius in Bezug auf die zweite Kurve, analog **FirstOrientation**

SecondTangentOrientation As Long

Die Eigenschaft beschreibt, ob die Richtungen des zweiten Elementes und der Ecke gleich orientiert sind (gleiche Orientierung: „1", entgegengesetzte Orientierung: „–1").

`Ecke.SecondTangentOrientation = -1`

Support As Reference

Die Eigenschaft beschreibt die Stützfläche, wenn der Eckentyp eine „Ecke auf Stützelement" ist.

`Ecke.Support = MeineFlächenreferenz`

Trim As Boolean

Die Eigenschaft beschreibt, ob die Kurven am Radius getrimmt und mit diesem vereinigt werden (Feld „Elemente trimmen"). „True" aktiviert die Eigenschaft.

`Ecke.Trim = True`

TrimMode As Long

Die Eigenschaft beschreibt, ob die Ausgangselemente getrimmt werden oder nicht (Felder „Element 1 trimmen" und „Element 2 trimmen"). Der Wertebereich ist: „0" (kein Trimmen), „1" (beide Elemente), „2" (nur Element 1) und „3" (nur Element 2).

`Ecke.TrimMode = 3`

8.74 HybridShapeCurveExplicit

Die Klasse repräsentiert eine explizite Kurve ohne Historie (vgl. Abschnitt 6.5). Ein Objekt der Klasse wird über die Methode **AddNewCurveDatum** der Klasse **HybridShapeFactory** (Abschnitt 8.85) erzeugt.

Objektpfad: AnyObject.HybridShape.HybridShapeCurveExplicit

Die Klasse besitzt keine Eigenschaften und Methoden. Ein explizites Element kann nicht über Parameter verändert werden.

8.75 HybridShapeCurvePar

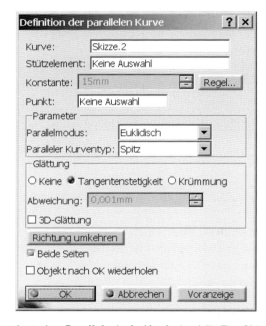

Die Klasse repräsentiert eine Parallele (vgl. Abschnitt 6.5). Ein Objekt der Klasse wird über die Methode **AddNewCurvePar** der Klasse **HybridShapeFactory** (Abschnitt 8.85) erzeugt.

Objektpfad: AnyObject.HybridShape.HybridShapeCurvePar

CurveOffseted As Reference

Die Eigenschaft beschreibt die Referenzkurve (Feld „Kurve").

`Parallele.CurveOffseted = KurvenRef`

CurveParLaw As Reference

Die Eigenschaft beschreibt die Offset-Regel (Feld „Regelelement").

`Parallele.CurveParLaw = GesetzRef`

CurveParType As Long

Die Eigenschaft beschreibt den Typ einer Parallele (Feld „Paralleler Kurventyp"). Der Wertebreich ist „1" für den Typ „Rund" und „0" für den Typ „Spitz".

```
Parallele.CurveParType = 0
```

Geodesic As Boolean

Die Eigenschaft beschreibt, ob eine Parallele geodäsisch („True") oder euklidisch („False") berechnet ist (Feld „Parallelmodus").

```
Parallele.Geodesic = False
```

Sub GetPlaneNormal [Vektor] As CATSafeArrayVariant

Die Methode liest den Vektor der Normalenebene der Kurve, sofern kein Stützelement definiert ist.

```
Dim V(2)
Parallele.GetPlaneNormal V
MsgBox (V(0) & „, " & V(1) & „, " & V(2))
```

InvertDirection As Boolean

Die Eigenschaft beschreibt, auf welcher Seite der Ausgangskurve die Parallele erzeugt ist. Ist **InvertDirection** gleich „False", ist die Seite diejenige, in die das Kreuzprodukt aus Richtungsvektor des Stützelementes und der Ausgangskurve zeigt. Ist **InvertDirection** gleich „True", wird das invertierte Kreuzprodukt verwendet.

```
Parallele.InvertDirection = True
```

InvertMappingLaw As Boolean

Die Eigenschaft beschreibt, ob die Regel, über die der Offset berechnet wird, invertiert ist oder nicht (Option „Regel umkehren"). Ist der Wert „True", ist die Regel invertiert.

```
Parallele.InvertMappingLaw = True
```

KeepBothSides As Boolean

Die Eigenschaft beschreibt, ob eine Parallele zu beiden Seiten der Ausgangskurve berechnet wird (Option „Beide Seiten"). Ist der Wert „True", werden beide Seiten berechnet.

```
Parallele.KeepBothSides = True
```

LawType As Long

Die Eigenschaft beschreibt den Regeltyp, nachdem die Parallele berechnet ist. Der Regeltyp hat folgenden Wertebereich: „0" (keine Regel), „1" (Konstante), „2" (Linear), „3" (S-Typ) und „4" (selbst definierte Regel).

```
Parallele.LawType = 3
```

MaximumDeviationValue As Double

Die Eigenschaft beschreibt die maximale Abweichung (Einheit: „Meter"), wenn eine Kurvenglättung durchgeführt wird (Feld „Abweichung").

```
Parallele.MaximumDeviationValue = 0.000001
```

Offset As Length (Read Only)

Die Eigenschaft beschreibt den Abstand zwischen der Parallelen und der Referenzkurve (Felder „Konstante" oder „Standardwert"). Der Wert kann über die Methode **Value** bearbeitet werden.

```
Parallele.Offset.Value = 10
```

Offset2 As Length (Read Only)

Die Eigenschaft beschreibt den zweiten Offsetwert (Feld „Endwert").

```
Parallele.Offset.Value = 15
Parallele.Offset2.Value = 5
```

OtherSide As Reference (Read Only)

Die Eigenschaft beschreibt die zweite Parellele, wenn das Ergebnis der Parallelenberechnung zwei Kurven enthält, d.h., **KeepBothSides** gleich „True" ist.

```
Set ZweitesErgebnis = Parallele.OtherSide
```

p3DSmoothing As Boolean

Die Eigenschaft beschreibt, ob eine 3D-Glättung durchgeführt wird („True") oder nicht (Option „3D-Glättung"). Die Eigenschaft ist nur verfügbar, wenn **SmoothingType** „2" oder „3" ist.

```
Parallele.SmoothingType = 3
Parallele.p3DSmoothing = True
```

PassingPoint As Reference

Die Eigenschaft beschreibt den Durchgangspunkt, durch den eine Parallele verläuft (Feld „Punkt").

```
Parallele.PassingPoint = MeinPunkt
```

Sub PutPlaneNormal [Vektor] As CATSafeArrayVariant

Die Methode setzt den Vektor der Normalenebene der Kurve, sofern keine Stützelement definiert ist.

```
Dim V(2)
V(0) = 0
V(1) = 0
V(2) = 1
Parallele.PutPlaneNormal V
```

SmoothingType As Long

Die Eigenschaft beschreibt die Art der Glättung (Optionsfeld „Glättung"). Deren Werte sind „0" für keine Glättung, „2" für eine Tangentenstetigkeit und „3" für eine Krümmungsstetigkeit.

```
Parallele.SmoothingType = 0
```

Support As Reference

Die Eigenschaft beschreibt das Stützelement (Feld „Stützelement").
```
Set Ebene = CATIA.ActiveDocument.Part.OriginElements.PlaneXY
Parallele.Support = Ebene
```

8.76 HybridShapeCurveSmooth

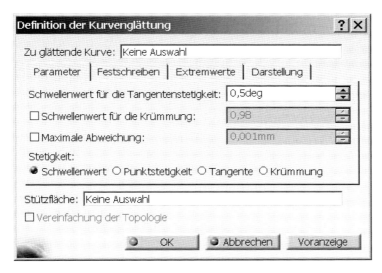

Die Klasse beschreibt eine geglättete Kurve. Ein Objekt der Klasse wird durch die Methode **AddNewCurveSmooth** der Klasse **HybridShapeFactory** (Abschnitt 8.85) erzeugt.

ObjektPfad: AnyObject.HybridShape.HybridShapeCurveSmooth

Sub AddFrozenCurveSegment [Kurve As Reference]

Die Methode ergänzt eine festzuschreibende Kurve.
```
GlatteKurve.AddFrozenCurveSegment FestzuschreibendeKurve
```

Sub AddFrozenPoint (iPoint As Reference)

Die Methode ergänzt einen festzuschreibenden Punkt.
```
GlatteKurve.AddFrozenPoint FestzuschreibenderPunkt
```

CorrectionMode As Long

Die Eigenschaft beschreibt, ob die Kurve unter Einhaltung eines Grenzwerts (Wert „0"), punktstetig (Wert „1"), tangentenstetig (Wert „2") oder krümmungsstetig (Wert „3") geglättet wird.

```
GlatteKurve.CorrectionMode = 0
```

CurvatureThreshold As Double

Die Eigenschaft beschreibtden Schwellenwert der Krümmung. Hinweis: Die Eigenschaft CurvatureThresholdActivity muss hierzu aktiviert sein.

```
GlatteKurve.CurvatureThresholdActivity = true
GlatteKurve.CurvatureThreshold = 0.98
```

CurvatureThresholdActivity As Boolean

Die Eigenschaft beschreibt, ob bei der Kurvenglättung ein Krümmungsgrenzwert einzuhalten ist. Soll ein Grenzwert eingehalten werden, so muss die Eigenschaft gleich „true" sein.

```
GlatteKurve.CurvatureThresholdActivity = true
```

CurveToSmooth As Reference

Die Eigenschaft beschreibt die zu glättende Kurve.

```
GlatteKurve.CurveToSmooth = Ausgangskurve
```

EndExtremityContinuity As Long

Die Eigenschaft beschreibt, ob die geglättete Kurve in Bezug zum Ende der Eingangskurve punktstetig (Wert „0"), tangentenstetig (Wert „1") oder krümmungsstetig(Wert „2") ist.

```
GlatteKurve.EndExtremityContinuity = 1
```

Func GetFrozenCurveSegment (Index As Long) As Reference

Die Funktion liest das festzuschreibende Kurvenelement der Nummer „Index".

```
Set Kurve3 = GlatteKurve.GetFrozenCurveSegment(3)
```

Func GetFrozenCurveSegmentsSize As Long

Die Funktion liest die Anzahl der festzuschreibenden Kurven.

```
Anzahl = GlatteKurve.GetFrozenCurveSegmentsSize
```

Func GetFrozenPoint [Index As Long] As Reference

Die Funktion liest den festzuschreibenden Punkt der Nummer „Index".

```
Set Punkt3 = GlatteKurve.GetFrozenPoint (3)
```

Func GetFrozenPointsSize As Long

Die Funktion liest die Anzahl der festzuschreibenden Punkte.

```
Anzahl = GlatteKurve.GetFrozenPointsSize
```

MaximumDeviation As Length (Read Only)
Die Methode beschreibt die maximale Abweichung.
```
GlatteKurve.MaximumDeviation.Value = 0.002
```

MaximumDeviationActivity As Boolean
Die Eigenschaft beschreibt, ob bei der Kurvenglättung eine maximale Abweichung einzuhalten ist. Soll ein Grenzwert eingehalten werden, so muss die Eigenschaft gleich „true" sein.
```
GlatteKurve.MaximumDeviationActivity = true
```

Sub RemoveAllFrozenCurveSegments
Die Methode entfernt alle festzuschreibenden Kurven.
```
GlatteKurve.RemoveAllFrozenCurveSegments
```

Sub RemoveAllFrozenPoints ( )
Die Methode entfernt alle festzuschreibenden Punkte.
```
GlatteKurve.RemoveAllFrozenPoints
```

Sub RemoveFrozenCurveSegment [Kurve As Reference]
Die Methode entfernt eine Kurve aus der Liste der festzuschreibenden Kurven.
```
GlatteKurve.RemoveFrozenCurveSegment ZuEntferndendeKurve
```

Sub RemoveFrozenPoint [Punkt As Reference]
Die Methode entfernt einen Punkt aus der Liste der festzuschreibenden Punkte.
```
GlatteKurve.RemoveFrozenPoint ZuEntferndenderPunkt
```

SetMaximumDeviation [MaximaleAbweichung As Double]
Die Methode setzt die maximale Abweichung in mm. Hinweis: Die Eigenschaft MaximumDeviationActivity muss gleich "true" sein.
```
GlatteKurve.MaximumDeviationActivity = true
GlatteKurve.SetMaximumDeviation 0.005
```

Sub SetTangencyThreshold [Grenzwinkel As Double]
Die Methode setzt den Grenzwinkel für die Tangentenstetigkeit in Grad.
```
GlatteKurve.SetTangencyThreshold 0.5
```

StartExtremityContinuity As Long
Die Eigenschaft beschreibt, ob die geglättete Kurve in Bezug zum Anfang der Eingangskurve punktstetig (Wert „0"), tangentenstetig (Wert „1") oder krümmungsstetig(Wert „2") ist.
```
GlatteKurve.StartExtremityContinuity = 1
```

Support As Reference

Die Eigenschaft beschreibt das Stützelement (Stützfläche) der geglätteten Kurve.

```
GlatteKurve.Support = MeinStuetzelement
```

TangencyThreshold As Angle (Read Only)

Die Eigenschaft beschreibt den Grenzwinkel für die Tangentenstetigkeit.

```
GlatteKurve.TangencyThreshold.Value = 0.5
```

TopologySimplificationActivity As Boolean

Die Eigenschaft beschreibt, ob die Ergebniskurve topologisch vereinfacht wird. Um eine topologische Vereinfachung zu aktivieren, muss die Eigenschaft gleich „true" gesetzt sein.

```
GlatteKurve.TopologySimplificationActivity = true
```

■ 8.77 HybridShapeCylinder

Die Klasse repräsentiert einen Zylinder. Ein Objekt der Klasse wird über die Methode **AddNewCylinder** der Klasse **HybridShapeFactory** (Abschnitt 8.85) erzeugt.

Objektpfad: AnyObject.HybridShape.HybridShapeCylinder

Center As Reference

Die Eigenschaft beschreibt einen Punkt auf der Mittelachse (Feld „Punkt").

```
Set Punkt = MeinHybridBody.HybridShapes.Item("Punkt.2")
Zylinder.Center = Punkt
```

Direction As HybridShapeDirection

Die Eigenschaft beschreibt Richtungsdefinition (Abschnitt 3.6) eines Zylinders (Feld „Richtung").
```
Set Dir = Zylinder.Direction
```

Sub InvertOrientation

Die Methode invertiert den Wert der Eigenschaft **Orientation**.
```
Zylinder.InvertOrientation
```

Length1 As Length (Read Only)

Die Eigenschaft beschreibt die Ausdehnung des Zylinders vom **Center** in Orientierung von **Direction** (Feld „Länge 1").
```
Zylinder.Length1.Value = 40
```

Length2 As Length (Read Only)

Ausdehnung entgegen der Orientierung (Feld „Länge 2"), analog **Length1**

Orientation As Boolean

Die Eigenschaft beschreibt die Orientierung des Zylinders in Bezug auf die Zylinderrichtung. Ist der Wert „False", ist **Length1** in Orientierung von **Direction** orientiert.
```
Zylinder.Orientation = False
```

Radius As Length (Read Only)

Die Eigenschaft beschreibt den Radius (Feld „Radius").
```
Zylinder.Radius.Value = 10
```

8.78 HybridShapeDirection

Die Klasse repräsentiert eine Richtungsdefinition (vgl. Abschnitt 3.6). Ein Objekt der Klasse wird über die Methoden **AddNewDirection** und **AddNewDirectionByCoord** der Klasse **HybridShapeFactory** (Abschnitt 8.85) erzeugt.

Objektpfad: AnyObject.HybridShape.HybridShapeDirection

Func DirectionSpecification As Long

Die Methode liest den Status einer Richtungsdefinition. Die Rückgabewerte sind: „0" (keine Spezifikation), „1" (Spezifikation vorhanden und gültig) und „–1" (Spezifikation vorhanden und nicht gültig).
```
MsgBox („Status „ & MeineDirection.DirectionSpecification)
```

Func GetX As RealParam

Die Methode liest die X-Komponente eines Richtungsvektors, sofern **Type** gleich „1" gesetzt ist.

```
Set XKomponente = MeineDirection.GetX
XKomponente.Value = 0.5
```

Func GetXVal As Double

Die Methode liest den Wert der X-Komponente eines Richtungsvektors, sofern **Type** gleich „1" gesetzt ist.

```
MsgBox („X = „ & MeineDirection.GetXVal)
```

Func GetY As RealParam

Y-Komponente des Richtungsvektors, analog **GetX**

Func GetYVal As Double

Wert der Y-Komponente eines Richtungsvektors, analog **GetXVal**

Func GetZ As RealParam

Z-Komponente des Richtungsvektors, analog **GetX**

Func GetZVal As Double

Wert der Z-Komponente eines Richtungsvektors, analog **GetXVal**

Object As Reference

Die Eigenschaft beschreibt das Objekt, das die Richtung bestimmt. Das Objekt kann eine Linie oder Ebene sein. Damit die Eigenschaft existiert, muss die Eigenschaft **Type** gleich „0" gesetzt werden.

```
MeineDirection.Object = MeineGeometriereferenz
```

RefAxisSystem As Reference

Die Eigenschaft beschreibt das Referenzachsensystem. Ist die Eigenschaft gleich „Nothing", ist das absolute Achsensystem verwendet.

```
Set RefA =MeineDirection.RefAxisSystem
If (RefA Is Nothing) Then MsgBox("Absolute Axis")
```

Type As Long (Read Only)

Die Eigenschaft beschreibt die Art der Richtungsdefinition. Der Wertebereich ist: „0" (Definition über eine Ebene oder Linie) und „1" (Definition über X, Y und Z).

```
If MeineDirection.Type = 0 Then
MsgBox („Die Richtung wird über Geometrie bestimmt.")
Else
MsgBox („Die Richtung wird über einen Vektor bestimmt.")
End If
```

X As Length (Read Only)

Die Eigenschaft beschreibt die X-Komponente des Richtungsvektors. Der Wert kann über die Methode **Value** angesprochen werden.

```
MsgBox („X = „ & MeineRichtung.X.Value)
```

Y As Length (Read Only)

Y-Komponente des Richtungsvektors, analog **X**

Z As Length (Read Only)

Z-Komponente des Richtungsvektors, analog **X**

■ 8.79 HybridShapeExtract

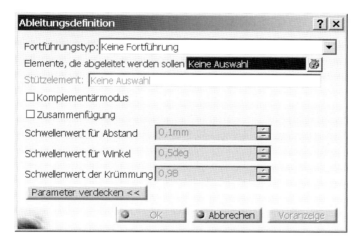

Die Klasse repräsentiert eine Ableitung (vgl. Abschnitt 6.8). Ein Objekt der Klasse wird über die Methode **AddNewExtract** der Klasse **HybridShapeFactory** (Abschnitt 8.85) erzeugt.

Objektpfad: AnyOject.HybridShape.HybridShapeExtract

AngularThreshold As Double

Die Eigenschaft beschreibt den Schwellenwert des Winkels (Feld „Schwellenwert für Winkel").

AngularThresholdActivity As Boolean

Die Eigenschaft beschreibt den Aktivierungszustand der Prüfung des Winkelschwellenwerts.

ComplementaryExtract As Boolean

Die Eigenschaft beschreibt den Zustand der Option „Komplementärmodus" (aktiviert: „True")

`Ableitung.ComplementaryExtract = False`

CurvatureThreshold As Double

Die Eigenschaft beschreibt den Schwellenwert der Krümmung (Feld „Schwellenwert der Krümmung").

`Ableitung.CurvatureThreshold = 0.2`

CurvatureThresholdActivity As Boolean

Die Eigenschaft beschreibt, ob der Schwellenwert der Krümmung aktiviert ist. Im Fall einer Aktivierung ist der Wert gleich „True".

`If Ableitung.CurvatureThresholdActivity Then MsgBox („Aktiviert")`

DistanceThreshold As Double

Die Eigenschaft beschreibt den Schwellenwert des Abstands (Feld „Schwellenwert für Abstand").

DistanceThresholdActivity As Boolean

Die Eigenschaft beschreibt den Aktivierungszustand der Prüfung des Abstandsschwellenwerts.

Elem As Reference

Die Eigenschaft beschreibt das Element, von dem aus mit der Ableitung begonnen wird (Feld „Ableiten").

`Ableitung.Elem = MeineReferenz`

IsFederated As Boolean

Die Eigenschaft beschreibt den Zustand der Option „Federation" (aktiviert: „True").

`Ableitung.IsFederated = False`

PropagationType As Long

Die Eigenschaft beschreibt den Fortführungstyp der Ableitung (Feld „Fortführungstyp"). Deren Wert ist „1" für eine punktstetige, „2" für eine tangentenstetige und „3" für keine Fortführung.

`Ableitung.PropagationType = 3`

Support As Reference

Die Eigenschaft beschreibt das Stützelement der Ableitung.
Extrapol.Support = Elementreferenz

8.80 HybridShapeExtractMulti

Die Klasse repräsentiert eine Mehrfachableitung. Ein Objekt der Klasse wird über die Methode **AddNewExtractMulti** der Klasse **HybridShapeFactory** (Abschnitt 8.85) erzeugt.

Objektpfad: AnyObject.HybridShape.HybridShapeExtractMulti

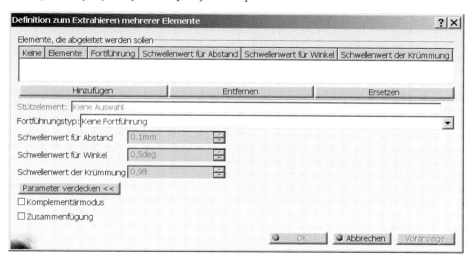

Sub AddConstraint [Element] As Reference, [Fortführung] As Long, [Komplementär, Zusammenfügen] As Boolean, [Krümmungsschwelle] As Double, [Position] As Long

Die Methode ergänzt ein Element zu der Liste der abzuleitenden Elemente einer Mehrfachableitung. „Fortführung" bestimmt, ob Nachbarelemente einbezogen werden sollen (siehe **SetPropagationType**). „Komplementär" aktiviert („True") oder deaktiviert den Komplementärmodus (siehe **SetComplementaryExtractMulti**). „Zusammenfügen" legt fest, ob die gefundenen Elemente zusammengefügt werden sollen („True") oder nicht (siehe **SetIsFederated**). „Krümmungsschwelle" definiert den Schwellenwert der Krümmung. „Position" legt fest, an welcher Position in der Liste der abzuleitenden Elemente das Element eingefügt wird. Der Wert von „Position" ist für das erste Element „1".

Mehrfach.AddConstraint Element, 1, True, True, 0.1, 1

Sub AddConstraintTolerant [Element] As Reference, [Fortführung] As Long, [Komplementärmodus, Zusammenfügung] As Boolean, [SchwellenwertAbstand, SchwellenwertWinkel, SchwellenwertKrümmung] As Double, [Position] As Long

... siehe AddConstraint

Func GetAngularThreshold ([Position] As Long) As Double

Die Funktion liest den Schwellenwert für den Winkel an der Position „Position". Der Wert „Position" ist für das erste Element „1".

`Schwellenwert = Mehrfach.GetAngularThreshold (1)`

Func GetAngularThresholdActivity ([Position] As Long) As Boolean

Die Funktion liest aus, ob der Winkelschwellenwert eines Elements aktiv ist („True") oder nicht („False"). Der Wert „Position" ist für das erste Element „1".

`Aktiviert = Mehrfach.GetAngularThresholdActivity (1)`

Func GetComplementaryExtractMulti ([Position] As Long) As Boolean

Die Methode liest den Zustand der Option „Komplementärmodus" eines Elementes. Der Wert von „Position" ist für das erste Element „1".

`Zustand = Mehrfach.GetComplementaryExtractMulti (1)`

Func GetCurvatureThreshold ([Position] As Long) As Double

Die Methode liest den Schwellenwert der Krümmung eines Elementes. Der Wert von „Position" ist für das erste Element „1".

`Wert = Mehrfach.GetCurvatureThreshold (1)`

Func GetCurvatureThresholdActivity ([Position] As Long) As Boolean

Die Methode liest, ob der Krümmungsschwellenwert eines Elementes aktiv ist („True") oder nicht. Der Wert von „Position" ist für das erste Element „1".

`Aktiviert = Mehrfach.GetCurvatureThresholdActivity (1)`

Func GetDistanceThreshold ([Position] As Long) As Double

Die Funktion liest den Schwellenwert für den Abstand an der Position „Position". Der Wert „Position" ist für das erste Element „1".

`Schwellenwert = Mehrfach.GetDistanceThreshold (1)`

Func GetDistanceThresholdActivity ([Position] As Long) As Boolean

Die Funktion liest aus, ob der Abstandschwellenwert eines Elements aktiv ist („True") oder nicht („False"). Der Wert „Position" ist für das erste Element „1".

`Aktiviert = Mehrfach.GetDistanceThresholdActivity (1)`

Func GetElement ([Position] As Long) As Reference

Die Methode liest die Referenz eines Elementes aus der Liste der abzuleitenden Elemente. Der Wert von „Position" ist für das erste Element „1".

```
Set Elem = Mehrfach.GetElement (1)
MsgBox(Elem.DisplayName)
```

Func GetIsFederated ([Position] As Long) As Boolean

Die Methode liest den Zustand der Option „Zusammenfügung" eines Elementes. Der Wert von „Position" ist für das erste Element „1".

```
Zustand = Mehrfach.GetIsFederated (1)
```

Sub GetListOfConstraints [Liste] As CATSafeArrayVariant

Die Methode liest alle abzuleitenden Elemente in ein Feld aus Objekten des Typs Reference. Der Index des Feldes läuft von „0" bis zur Anzahl der Elemente minus eins.

```
Dim Anzahl As Long
Mehrfach.GetNbConstraints Anzahl
Dim Elem()
ReDim Elem(Anzahl-1)
Mehrfach.GetListOfConstraints Elem
For I = 0 To Anzahl-1
MsgBox(Elem(I).DisplayName)
Next
```

Sub GetNbConstraints [Anzahl] As Long

Die Methode liest die Anzahl der abzuleitenden Elemente.

```
Dim Anzahl As Long
Mehrfach.GetNbConstraints Anzahl
```

Func GetPropagationType ([Position] As Long) As Long

Die Methode liest den Fortführungstyp eines Elementes. Der Wertebereich kann der Methode **SetPropagationType** entnommen werden. Der Wert von „Position" ist für das erste Element „1".

```
If Mehrfach.GetPropagationType(1) = 1 Then MsgBox („Punktstetig")
```

Func GetSupport ([Position] As Long) As Reference

Die Funktion liest das Stützelement an der Position „Position". Der Wert „Position" ist für das erste Element „1".

```
Set MeinStuetzelement = Mehrfach.GetSupport(1)
```

Sub RemoveElement [Position] As Long

Die Methode entfernt ein Element aus der Liste der abzuleitenden Elemente. Der Wert von „Position" ist für das erste Element „1".

```
Mehrfach.RemoveElement 1
```

Sub ReplaceElement [Alt, Neu] As Reference, [Position] As Long

Die Methode tauscht ein Element der Liste der abzuleitenden Elemente durch ein neues aus. Der Wert von „Position" ist für das erste Element „1".

```
Dim Anzahl As Long
Mehrfach.GetNbConstraints Anzahl
Dim Elem()
ReDim Elem(Anzahl-1)
Mehrfach.GetListOfConstraints Elem
Mehrfach.ReplaceElement Elem(2), Element, 3
```

Sub SetAngularThreshold [Position] As Long, [SchwellenwertWinkel] As Double

Die Methode setzt den Winkelschwellenwert an der Position „Position". Der Wert „Position" ist für das erste Element „1".

```
Mehrfach.SetAngularThreshold 1, 0.2
```

Sub SetAngularThresholdActivity [Position] As Long, [Aktivität] As Boolean

Die Methode setzt, ob es an der Position „Position" einen Winkelschwellenwert geben soll. Der Wert „Position" ist für das erste Element „1". Soll eine Winkelschwelle verwendet werden, ist die Aktivität gleich „true".

```
Mehrfach.SetAngularThresholdActivity 1, true
```

Sub SetComplementaryExtractMulti [Position] As Long, [Modus] As Boolean

Die Methode setzt den Komplementärmodus eines abzuleitenden Elementes. Der Wert von „Position" ist für das erste Element „1".

```
Mehrfach.SetComplementaryExtractMulti 4, True
```

Sub SetCurvatureThreshold [Position] As Long, [Wert] As Double

Die Methode setzt den „Schwellenwert der Krümmung" eines abzuleitenden Elementes. Der Wert von „Position" ist für das erste Element „1".

```
Mehrfach.SetCurvatureThreshold 4, 0.7
```

Sub SetCurvatureThresholdActivity [Position] As Long, [Modus] As Boolean

Die Methode aktiviert („True") oder deaktiviert den Krümmungsschwellenwert eines abzuleitenden Elementes. Der Wert von „Position" ist für das erste Element „1".

```
Mehrfach.SetCurvatureThresholdActivity 4, True
```

Sub SetDistanceThreshold [Position] As Long, [SchwellenwertAbstand] As Double

Die Methode setzt den Schwellenwert für den Abstand an der Position „Position". Der Wert „Position" ist für das erste Element „1".

```
Mehrfach.SetDistanceThreshold 1, 0.75
```

Sub SetDistanceThresholdActivity [Position] As Long, [Aktivität] As Boolean

Die Methode setzt, ob es an der Position „Position" einen Abstandsschwellenwert geben soll. Der Wert „Position" ist für das erste Element „1". Soll eine Abstandsschwelle verwendet werden, ist die Aktivität gleich „true".
Mehrfach.SetDistanceThresholdActivity 1, true

Sub SetElement [Position] As Long, [Element] As Reference

Die Methode weist einem existierenden Eintrag der Liste der abzuleitenden Elemente ein neues Element zu. Der Wert von „Position" ist für das erste Element „1".
Mehrfach.SetElement 5, Element

Sub SetIsFederated [Position] As Long, [Modus] As Boolean

Die Methode setzt den Zustand der Option „Zusammenfügung" eines Elementes. Der Wert von „Position" ist für das erste Element „1".
Mehrfach.SetIsFederated 3, True

Sub SetPropagationType [Position, Art] As Long

Die Methode setzt den Fortführungstyp eines Elements. Der Wert von „Position" ist für das erste Element „1". Der Wertebereich von „Art" ist: „1" (punktstetig), „2" (tangentenstetig), „3" (keine Fortführung) und „4" (krümmungsstetig).
Mehrfach.SetPropagationType 1, 4

■ 8.81 HybridShapeExtrapol

Die Klasse repräsentiert eine Extrapolation (vgl. Abschnitt 6.8). Ein Objekt der Klasse wird über die Methoden **AddNewExtrapolLength** und **AddNewExtrapolUntil** der Klasse **HybridShapeFactory** (Abschnitt 8.85) erzeugt.

Objektpfad: AnyObject.HybridShapeExtrapol

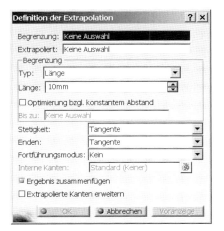

BorderType As Long

Die Eigenschaft beschreibt bei einer Flächenextrapolation, ob die Extrapolation normal (Wert gleich „0") oder tangentenstetig (Wert gleich „1") zu den an die Begrenzung angrenzenden Randkurven berechnet wird (Feld „Enden").
Extrapol.BorderType = 1

Boundary As Reference

Die Eigenschaft beschreibt die Begrenzung des zu extrapolierenden Elementes, an der die Extrapolation durchgeführt wird (Feld „Begrenzung").

```
Extrapol.Boundary = MeinRandelement
```

ConstantLengthMode As Boolean

Die Methode beschreibt den Zustand der Option „Optimierung bzgl. konstantem Abstand". Die Option ist aktiviert, wenn der Wert gleich „True" ist.

```
Extrapol.ConstantLengthMode = True
```

ContinuityType As Long

Die Eigenschaft beschreibt, ob die Extrapolation tangenten- (Wert gleich „0") oder krümmungsstetig (Wert gleich „1") fortgeführt wird (Feld „Stetigkeit").

```
Extrapol.ContinuityType = 0
```

ElemToExtrapol As Reference

Die Eigenschaft beschreibt das Element, das extrapoliert wird (Feld „Extrapoliert").

```
Extrapol.ElemToExtrapol = MeinElement
```

ElemUntil As Reference

Die Eigenschaft beschreibt das begrenzende Element (Feld „Bis zu"). Die Eigenschaft **LimitType** muss gleich „1" sein, damit diese Eigenschaft existiert.

ExtendEdgesMode As Boolean

Die Methode beschreibt den Zustand der Option „Extrapolierte Kanten erweitern". Die Option ist aktiviert, wenn der Wert gleich „True" ist.

```
Extrapol.ExtendEdgesMode = True
```

Func GetInternalEdgesElement ([Index] As Long) As Reference

Die Funktion liest ein internes Element (Liste „Interne Kanten"). „Index" beginnt bei „1".

```
Set Element = Extrapol.GetInternalEdgesElement (1)
MsgBox (Element.DisplayName)
```

Func IsAssemble As Boolean

Die Methode liest, ob die Extrapolation mit dem extrapolierten Element vereinigt ist (Feld „Ergebnis zusammenfügen"). Ist der Wert „True", sind die Elemente vereinigt.

```
If Extrapol.IsAssemble Then
MsgBox („Die Geometrien sind vereinigt.")
Else
MsgBox („Die Geometrien sind nicht vereinigt.")
End If
```

Length As Length (Read Only)

Die Eigenschaft beschreibt die Länge, um die extrapoliert wird (Feld „Länge"). Der Wert kann über die Methode **Value** bearbeitet werden. Die Eigenschaft **LimitType** muss gleich „0" sein, damit diese Eigenschaft existiert.

Extrapol.Length.Value = 20.5

LimitType As Long

Die Eigenschaft beschreibt, ob die Ausdehnung einer Extrapolation über eine definierte Länge (Wert gleich „0") oder über ein begrenzendes Element (Wert gleich „1") bestimmt wird (Feld „Typ").

Extrapol.LimitType = 0

PropagationMode As Long

Die Eigenschaft beschreibt den Fortführungsmodus (Feld „Fortführungsmodus"). Der Wert ist „0" für „Kein" und „1" für „Tangentenstetigkeit".

Extrapol.PropagationMode = 0

Sub RemoveAllInternalEdgesElement

Die Methode entfernt alle internen Elemente (Liste „Interne Kanten").

Extrapol.RemoveAllInternalEdgesElement

Sub SetAssemble [Wert] As Boolean

Die Methode setzt fest, ob die Extrapolation mit der extrapolierten Geometrie vereinigt wird (Feld „Ergebnis zusammenfügen").

Extrapol.SetAssemble True

Support As Reference

Die Eigenschaft beschreibt das Stützelement der Extrapolation. Wird ein Stützelement angegeben, so liegt z.B. eine extrapolierte Kurve auf einer Stützfläche.

Extrapol.Support = Geometriereferenz

8.82 HybridShapeExtremum

Die Klasse repräsentiert ein Extremum (vgl. Abschnitt 6.2). Ein Objekt der Klasse wird über die Methode **AddNewExtremum** der Klasse **HybridShapeFactory** (Abschnitt 8.85) erzeugt. Die Klasse ist nur mit einer Lizenz „Generative Shape Design" verfügbar.

Objektpfad: AnyObject.HybridShape.HybridShapeExtremum

Direction As HybridShapeDirection

Die Eigenschaft beschreibt die erste Richtung, in der das Extremum ermittelt wird (Feld „Richtung").

```
Dim Richtung As HybridShapeDirection
Set Richtung = Wzk3D.AddNewDirectionByCoord (10, 10, 10)
MeinExtremum.Direction = Richtung
```

Direction2 As HybridShapeDirection

zweite Richtung, analog **Direction**

Direction3 As HybridShapeDirection

dritte Richtung, analog **Direction**

ExtremumType As Long

Die Eigenschaft beschreibt, ob entlang der ersten Richtung ein Minimum (Wert „0") oder Maximum (Wert „1") ermittelt werden soll.

```
MeinExtremum.ExtremumType = 0
```

ExtremumType2 As Long

zweite Richtung, analog **ExtremumType**

ExtremumType3 As Long

dritte Richtung, analog **ExtremumType**

ReferenceElement As Reference

Die Eigenschaft beschreibt das Element, auf dem das Extremum ermittelt wird (Feld „Element").

```
MeinExtremum.ReferenceElement = MeineKurvenreferenz
```

■ 8.83 HybridShape-ExtremumPolar

Die Klasse repräsentiert ein polares Extremum (vgl. Abschnitt 6.2). Ein Objekt der Klasse wird über die Methode **AddNewExtremumPolar** der Klasse **HybridShapeFactory** (Abschnitt 8.85) erzeugt.

Objektpfad: AnyObject.HybridShape.HybridShapeExtremumPolar

Angle As Angle (Read Only)

Die Eigenschaft beschreibt den ermittelten Winkel (Feld „Winkel"). Der Winkel ist nur verfügbar, wenn **ExtremumType** gleich „2" oder „3" ist. Auf den Wert der Eigenschaft kann über die Methode **Value** zugegriffen werden.

```
MsgBox (Extremum.Angle.Value)
```

Contour As Reference

Die Eigenschaft beschreibt das Element, auf dem das Extremum ermittelt wird (Feld „Kontur").

```
Extremum.Contour = Elementreferenz
```

Dir As HybridShapeDirection

Die Eigenschaft beschreibt die Richtung, in der das Extremum ermittelt wird (Feld „Referenzrichtung").

```
Dim Richtung As HybridShapeDirection
Set Richtung = Wzk3D.AddNewDirectionByCoord (0, 1, 0)
Extremum.Dir = Richtung
```

ExtremumType As Long

Die Eigenschaft beschreibt den Typ des Extremums (Feld „Typ"). Der Wert ist „0" für einen minimalen Radius, „1" für einen maximalen Radius, „2" für einen minimalen Winkel und „3" für einen maximalen Winkel.

```
Extremum.ExtremumType = 0
```

Origin As Reference

Die Eigenschaft beschreibt den Ursprung (Feld „Ursprung").

```
Extremum.Origin = Punktreferenz
```

Radius As Length (Read Only)

Die Eigenschaft beschreibt den ermittelten Radius (Feld „Radius"). Der Radius ist nur verfügbar, wenn **ExtremumType** gleich „0" oder „1" ist. Auf den Wert der Eigenschaft kann über die Methode **Value** zugegriffen werden.

```
MsgBox (Extremum.Radius.Value)
```

Support As Reference

Die Eigenschaft beschreibt das Stützelement (Feld „Stützelement").

```
Extremum.Support = Ebenenreferenz
```

■ 8.84 HybridShapeExtrude

Die Klasse repräsentiert eine Extrusion (vgl. Abschnitt 6.6). Ein Objekt der Klasse wird über die Methode **AddNewExtrude** der Klasse **HybridShapeFactory** (Abschnitt 8.85) erzeugt.

Objektpfad: AnyObject.HybridShape.HybridShapeExtrude

BeginOffset As Length (Read Only)

Die Eigenschaft beschreibt den Abstand der ersten Begrenzung zum Profil (Feld „Begrenzung 1"). Über die Methode **Value** kann der Wert verändert werden.

```
Extrusion.BeginOffset.Value = 10
```

Context As Long

Die Eigenschaft beschreibt, ob eine Extrusion als Fläche (Wert „0") oder Volume (Wert „1") erzeugt ist.

```
If Extrusion.Context = 0 Then MsgBox("Fläche")
```

Direction As HybridShapeDirection

Die Eigenschaft beschreibt die Richtung, in der das Profil extrudiert wird (Feld „Richtung").

```
Dim Richtung As HybridShapeDirection
Set Richtung = Wzk3D.AddNewDirectionByCoord (10, 10, 10)
Extrusion.Direction = Richtung
```

EndOffset As Length (Read Only)

Die Eigenschaft beschreibt den Abstand der zweiten Begrenzung zum Profil (Feld „Begrenzung 2"). Über die Methode **Value** kann der Wert verändert werden.

```
Extrusion.EndOffset.Value = 50
```

ExtrudedObject As Reference

Die Eigenschaft beschreibt das extrudierte Element (Feld „Profil"). Das Element kann ein Punkt, eine Linie, eine Kurve, eine Skizze oder eine Fläche sein.

```
Extrusion.ExtrudedObject = MeineElementreferenz
```

FirstLimitType As Long

Die Eigenschaft beschreibt, ob die erste Begrenzung einer Extrusion über eine Bemaßung (Wert „1") oder ein Element (Wert „2") begrenzt ist (Feld „Typ"). Ist die Art der Begrenzung nicht definiert, ist der Wert „0".

```
Extrusion.FirstLimitType = 1
Extrusion.BeginOffset.Value = 10
```

FirstUpToElement As Reference

Die Eigenschaft beschreibt das Begrenzungselement der ersten Begrenzung (Feld „Bis zu Element"), sofern FirstLimitType gleich „2" ist.

```
Set Ebene = MeinPart.OriginElements.PlaneXY
Extrusion.FirstLimitType = 2
Extrusion.FirstUpToElement = Ebene
```

Orientation As Boolean

Die Eigenschaft beschreibt, ob die Orientierung des Richtungselementes verwendet („True") oder die Richtung invertiert ist („False").

SecondLimitType As Long

Art der zweiten Begrenzung (analog **FirstLimitType**)

SecondUpToElement As Reference

Begrenzungselement der zweiten Begrenzung (analog **FirstUpToElement**)

8.85 HybridShapeFactory

Die Klasse repräsentiert einen 3D-Werkzeugkasten für Drahtgeometrie und Flächen (vgl. Abschnitt 6.1). Ein Objekt der Klasse wird über die Eigenschaft **HybridShapeFactory** der Klasse **Part** (Abschnitt 8.168) deklariert. Die aufgeführten Methoden stellen nur eine Auswahl der Methoden dar, die mit der Lizenz GSD abgedeckt ist.

Objektpfad: AnyObject.Factory.HybridShapeFactory

Func AddNew3DCorner ([Kurve1, Kurve2] As Reference, [Richtung] As HybridShapeDirection, [Radius] As Double, [Orientierung1, Orientierung2] As Long, [Trimmen] As Boolean) As HybridShapeCorner

Die Methode erzeugt eine Verrundung zwischen zwei Kurven „Kurve1" und „Kurve2". „Richtung" steht normal zu der Ebene, in der die Verrundung liegen soll. Die Orientierungen „Orientierung1" und „Orientierung2" bestimmen die Lage des Verrundungsmittelpunktes in Bezug zu den Kurven. Die Orientierung ist gleich „1" zu setzen, wenn der Mittelpunkt in Richtung des Kreuzproduktes der Vektoren der Kurve und des Parameters „Richtung" liegen soll. „–1" bestimmt die andere Seite. Sollen die Kurven an der Verrundung getrimmt und mit dieser vereinigt werden, muss „Trimmen" auf „True" gesetzt werden.

```
Set Ref1 = Bauteil.CreateReferenceFromObject (Kurve1)
Set Ref2 = Bauteil.CreateReferenceFromObject (Kurve2)
Dim Rtg As HybridShapeDirection
Set Rtg = Wzk3D.AddNewDirectionByCoord (0, 0, 1)
Dim Ecke As HybridShapeCorner
Set Ecke = Wzk3D.AddNew3DCorner (Ref1, Ref2, Rtg, 30.5, 1, 1, True)
```

Func AddNew3DCurveOffset ([Kurve] As Reference, [Richtung] As HybridShapeDirection, [Abstand, Eckradius, Eckspannung] As Double) As HybridShape3DcurveOffset

Die Methode erzeugt einen 3D-Kurven-Offset. „Kurve" definiert die Ausgangskurve. „Richtung" bestimmt die Richtung, in welcher der Kurven-Offset berechnet wird. „Abstand" definiert den Abstand zur Ausgangskurve. „Eckradius" und „Eckspannung" definieren die 3D-Eckenparameter.

```
Set Ref = Bauteil.CreateReferenceFromObject (Kurve)
Dim Rtg As HybrdShapeDirection
Set Rtg = Wzk3D.AddNewDirectionbyCoord (0, 0 ,1)
Dim KOffset As HybridShape3DCurveOffset
Set KOffset = Wzk3D.AddNew3DCurveOffset (Ref, Rtg, 20, 5, 1)
```

Func AddNewAffinity ([Element] As Reference, [VerhältnisX, VerhältnisY, VerhältnisZ] As Double) As HybridShapeAffinity

Die Methode erzeugt ein zur Geometrie „Element" ähnliches Element unter Angabe der Verzerrung in den drei Hauptrichtungen (vgl. Beispiel 6.12).

```
Set Ref = Bauteil.CreateReferenceFromObject (MeinElement)
Dim Affinitaet As HybridShapeAffinity
Set Affinitaet = Wzk3D.AddNewAffinity (Ref, 1, 2, 1.5)
```

Func AddNewAxisLine ([Ausgangselement] As Reference) As HybridShapeAxisLine

Die Methode erzeugt die Achse einer Rotationsfläche, einer Kugel, eines Kreises, eines Langloches oder einer Ellipse.

```
Set Ref = Bauteil.CreateReferenceFromObject(Rotationsflaeche)
Dim AxisL As HybridShapeAxisLine
Set AxisL = Wzk3D.AddNewAxisLine (Ref)
```

Func AddNewAxisToAxis ([Element, Ursprung, Ziel] As Reference) As HybridShapeAxisToAxis

Die Methode erzeugt eine Transformation des Typs „Umwandlung" der Geometrie „Element". Die Transformation wird über ein Ursprung- und Zielachsensystem, „Ursprung" und „Ziel", definiert (vgl. Beispiel 6.13).

```
Set Ref = Bauteil.CreateReferenceFromObject (MeinElement)
Set ARef1 = Bauteil.CreateReferenceFromObject (MeinAchsensystem1)
Set ARef2 = Bauteil.CreateReferenceFromObject (MeinAchsensystem2)
Dim Trans As HybridShapeAxisToAxis
Set Trans = Wzk3D.AddNewAxisToAxis (Ref, ARef1, ARef2)
```

Func AddNewBlend As HybridShapeBlend

Die Methode erzeugt eine Übergangsfläche. Die Geometrie der Übergangsfläche muss anschließend über die Methoden der Klasse **HybridShapeBlend** (Abschnitt 8.57) definiert werden (vgl. Beispiel 6.10).

```
Dim Uebergangsflaeche As HybridShapeBlend
Set Uebergangsflaeche = Wzk3D.AddNewBlend
```

Func AddNewBoundary ([Ausgangselement, Stützelement] As Reference, [Fortführung] As Long) As HybridShapeBoundary

Die Methode erzeugt die Begrenzungsgeometrie eines Stützelementes. Die Begrenzung wird ausgehend von einem Ausgangselement berechnet. „Fortführung" bestimmt, welche zusätzlichen Elemente als Begrenzungsgeometrie gezählt werden (alle Begrenzungen: „0"; alle Begrenzungen, die punktstetig verbunden sind: „1"; alle Begrenzungen, die tangentenstetig verbunden sind: „2"; nur die ausgewählte Begrenzung: „3").

```
Set Ref1 = Bauteil.CreateReferenceFromObject (Ausgangselement)
Set Ref2 = Bauteil.CreateReferenceFromObject (Stuetzelement)
Dim Grenze As HybridShapeBoundary
Set Grenze = Wzk3D.AddNewBoundary (Ref1, Ref2, 0)
```

Func AddNewBoundaryOfSurface ([Fläche] As Reference) As HybridShapeBoundary

Die Methode erzeugt die Begrenzungsgeometrie einer Fläche. Es werden alle Randkurven berechnet.

```
Set Ref = Bauteil.CreateReferenceFromObject (MeineFlaeche)
Dim Grenze As HybridShapeBoundary
Set Grenze = Wzk3D.AddNewBoundaryOfSurface (Ref)
```

Func AddNewCircle2PointsRad ([Punkt1, Punkt2, Fläche] As Reference, [AufFläche] As Boolean, [Radius] As Double, [Orientierung] As Long) As HybridShapeCircle2PointsRad

Die Methode erstellt einen Kreis, der durch zwei Punkte „Punkt1" und „Punkt2" verläuft. Die Punkte müssen auf der Stützflächen „Fläche" liegen. Ist „AufFläche" gleich „True", wird der Kreis auf der Fläche erzeugt (geodätisch), sonst auf einer in „Punkt1" zur Fläche tangentialen Ebenen. „Orientierung" kann „1" oder „-1" sein. Der Mittelpunkt des Kreises wird bei einer Orientierung gleich „1" auf der Seite der Linie „P1-P2" platziert, in die das Kreuzprodukt der Vektoren der Fläche und der Linie zeigt.

```
Set Ref1 = Bauteil.CreateReferenceFromObject (Punkt1)
Set Ref2 = Bauteil.CreateReferenceFromObject (Punkt2)
Set Ref3 = Bauteil.CreateReferenceFromObject (Flaeche)
Dim Kreis As HybridShapeCircle2PointsRad
Set Kreis = Wzk3D.AddNewCircle2PointsRad (Ref1, Ref2, Ref3, True, 300, 1)
```

Func AddNewCircle3Points ([Punkt1, Punkt2, Punkt3] As Reference) As HybridShapeCircle3Points

Die Methode erstellt einen Kreisbogen durch drei Punkte „Punkt1", „Punkt2" und „Punkt3" (vgl. Abschnitt 6.5.2).

```
Set Ref1 = Bauteil.CreateReferenceFromObject (Punkt1)
Set Ref2 = Bauteil.CreateReferenceFromObject (Punkt2)
Set Ref3 = Bauteil.CreateReferenceFromObject (Punkt3)
Dim Kreis As HybridShapeCircle3Points
Set Kreis = Wzk3D.AddNewCircle3Points (Ref1, Ref2, Ref3)
```

Func AddNewCircleBitangentPoint ([Kurve1, Kurve2, Punkt, Stützfläche] As Reference, [Orientierung1, Orientierung2] As Long) As HybridShapeCircleBitangentPoint

Die Methode erstellt einen Kreis, der tangential an zwei Kurven „Kurve1" und „Kurve2" liegt und durch einen Punkt „Punkt" verläuft. „Punkt" muss auf „Kurve2" liegen. Die Orientierungen geben die Lage des Kreismittelpunktes zu einer Kurve an. Deren Werte können „1" oder „-1" sein. Der Mittelpunkt wird bei einer Orientierung von „1" auf der Seite einer Kurve platziert, in die das Kreuzprodukt der Vektoren der Fläche und der Orientierung der Kurve zeigt. „-1" verwendet die invertierte Orientierung einer Kurve. Je nach Kurve ist nicht jede Orientierung geometrisch möglich.

```
Set Ref1 = Bauteil.CreateReferenceFromObject (Kurve1)
Set Ref2 = Bauteil.CreateReferenceFromObject (Kurve2)
Set Ref3 = Bauteil.CreateReferenceFromObject (Punkt)
Set Ref4 = Bauteil.CreateReferenceFromObject (Flaeche)
Dim Kreis As HybridShapeCircleBitangentPoint
Set Kreis = Wzk3D.AddNewCircleBitangentPoint (Ref1, Ref2, Ref3, Ref4, 1, 1)
```

Func AddNewCircleBitangentRadius ([Kurve1, Kurve2, Stützfläche] As Reference, [Radius] As Double, [Orientierung1, Orientierung2] As Long) As HybridShapeCircleBitangentRadius

Die Methode erstellt einen Kreis, der tangential an zwei Kurven „Kurve1" und „Kurve2" liegt und einen definierten Radius besitzt. Die Orientierungen geben die Lage des Kreismittelpunktes zu einer Kurve an. Deren Werte können „1" oder „-1" sein. Der Mittelpunkt wird bei einer Orientierung von „1" auf der Seite einer Kurve platziert, in die das Kreuzprodukt der Vektoren der Fläche und der Orientierung der Kurve zeigt. „-1" verwendet die invertierte Orientierung einer Kurve. Je nach Kurve ist nicht jede Orientierung geometrisch möglich.

```
Set Ref1 = Bauteil.CreateReferenceFromObject (Kurve1)
Set Ref2 = Bauteil.CreateReferenceFromObject (Kurve2)
Set Ref3 = Bauteil.CreateReferenceFromObject (Flaeche)
Dim Kreis As HybridShapeCircleBitangentRadius
Set Kreis = Wzk3D.AddNewCircleBitangentRadius (Ref1, Ref2, Ref3, 50, 1, 1)
```

Func AddNewCircleCenterAxis ([Achse, Punkt] As Reference, [Radius] As Double, [ProjektionAufAchse] As Boolean) As HybridShapeCircleCenterAxis

Die Methode erstellt einen Kreis, der durch eine Achse und einen Punkt definiert ist. Der Punkt ist der Mittelpunkt, wenn „ProjektionAufAchse" gleich „False" ist. Ist „ProjektionAufAchse" gleich „True", ist die senkrechte Projektion des Punktes auf die Achse der Mittelpunkt des Kreises.

```
Dim Kreis As HybridShapeCircleCenterAxis
Set Kreis = Wzk3D.AddNewCircleCenterAxis (Linie, Punkt, 20, False)
```

Func AddNewCircleCenterAxisWithAngles ([Achse, Punkt] As Reference, [Radius] As Double, [ProjektionAufAchse] As Boolean, [StartWinkel, EndWinkel] As Double) As HybridShapeCircleCenterAxis

Methode zum Erstellen eines Kreisbogens, definiert durch eine Achse, einen Punkt und zwei Winkel (analog **AddNewCircleCenterAxis**)

```
Dim Kreis As HybridShapeCircleCenterAxis
Set Kreis = Wzk3D.AddNewCircleCenterAxisWithAngles (Linie, Punkt, 20, False, 0, 90)
Kreis.SetLimitation 0
```

Func AddNewCircleCenterTangent ([Zentralelement, Tangente, Stützfläche] As Reference, [Radius] As Double) As HybridShapeCircleCenterTangent

Die Methode erzeugt einen Kreis, der durch ein Zentralelement, eine Tangente, einen Radius und eine Stützfläche definiert ist. Das Zentralelement bestimmt die Lage des Mittelpunktes und kann ein Punkt oder eine Kurve sein. Zentralelement und Tangente müssen auf dem Stützelement liegen, wenn eines existiert. Soll kein Stützelement angegeben werden, so kann anstelle eines Elementes der Wert „Nothing" verwendet werden (siehe Beispiel).

```
Set Tangente = Bauteil.HybridBodies.Item(1).HybridShapes.Item(4)
Set ZentralK = Bauteil.HybridBodies.Item(1).HybridShapes.Item(6)
Dim Kreis As HybridShapeCircleCenterTangent
Set Kreis = Wzk3D.AddNewCircleCenterTangent (ZentralK, Tangente, Nothing, 70)
```

Func AddNewCircleCtrPt ([Mittelpunkt, Durchgangspunkt, Stützfläche] As Reference, [AufFläche] As Boolean) As HybridShapeCircleCtrPt

Die Methode erstellt einen Kreis, der durch einen Mittel- und Durchgangspunkt definiert ist. Beide Punkte müssen auf der Stützfläche liegen. Ist „AufFläche" gleich „true", wird der Kreis auf der Stützfläche erzeugt (geodätisch). Ist „AufFläche" gleich „false", liegt der Kreis auf einer Ebene, die tangential zur Stützfläche am Mittelpunkt orientiert ist. Der Durchgangspunkt wird normal zu dieser Ebene auf die Ebene projiziert.

```
Set Ref1 = Bauteil.CreateReferenceFromObject (Mittelpunkt)
Set Ref2 = Bauteil.CreateReferenceFromObject (Durchgangspunkt)
Set Ref3 = Bauteil.CreateReferenceFromObject (Flaeche)
Dim Kreis As HybridShapeCircleCtrPt
Set Kreis = Wzk3D.AddNewCircleCtrPt (Ref1, Ref2, Ref3, true)
```

Func AddNewCircleCtrPtWithAngles ([Mittelpunkt, Durchgangspunkt, Stützfläche] As Reference, [AufFläche] As Boolean, [Startwinkel, Endwinkel] As Double) As HybridShapeCircleCtrPt

Die Methode erstellt einen Kreisbogen, der durch einen Mittel- und Durchgangspunkt sowie zwei Winkel definiert ist. Beide Punkte müssen auf der Stützfläche liegen. Ist „AufFläche" gleich „true", wird der Kreisbogen auf der Stützfläche erzeugt (geodätisch). Ist „AufFläche" gleich „false", liegt der Kreisbogen auf einer Ebene, die tangential zur Stützfläche am Mittelpunkt orientiert ist. Der Durchgangspunkt wird normal zu dieser Ebene auf die Ebene projiziert.

```
Set Ref1 = Bauteil.CreateReferenceFromObject (Mittelpunkt)
Set Ref2 = Bauteil.CreateReferenceFromObject (Durchgangspunkt)
Set Ref3 = Bauteil.CreateReferenceFromObject (Flaeche)
Dim Kreis As HybridShapeCircleCtrPt
Set Kreis = Wzk3D.AddNewCircleCtrPtWithAngles (Ref1, Ref2, Ref3, true, 45, 180)
```

Func AddNewCircleCtrRad ([Mittelpunkt, Stützfläche] As Reference, [AufFläche] As Boolean, [Radius] As Double) As HybridShapeCircleCtrRad

Die Methode erstellt einen Kreis, der durch einen Mittelpunkt und einen Radius definiert ist. Der Mittelpunkt muss auf der Stützfläche liegen. Ist „AufFläche" gleich „true", wird der Kreis auf der Stützfläche erzeugt (geodätisch). Ist „AufFläche" gleich „false", liegt der Kreis auf einer Ebene, die tangential zur Stützfläche am Mittelpunkt orientiert ist.

```
Set Ref1 = Bauteil.CreateReferenceFromObject (Mittelpunkt)
Set Ref2 = Bauteil.CreateReferenceFromObject (Flaeche)
Dim Kreis As HybridShapeCircleCtrRad
Set Kreis = Wzk3D.AddNewCircleCtrRad (Ref1, Ref2, true, 50)
```

Func AddNewCircleCtrRadWithAngles ([Mittelpunkt, Stützfläche] As Reference, [AufFläche] As Boolean, [Radius, Startwinkel, Endwinkel] As Double) As HybridShapeCircleCtrRad

Die Methode erstellt einen Kreisbogen, der durch einen Mittelpunkt, Radius, Start- und Endwinkel definiert ist. Der Mittelpunkt muss auf der Stützfläche liegen. Ist „AufFläche" gleich „true", wird der Kreisbogen auf der Stützfläche erzeugt (geodätisch). Ist „AufFläche" gleich „false", liegt der Kreisbogen auf einer Ebene, die tangential zur Stützfläche am Mittelpunkt orientiert ist.

```
Set Ref1 = Bauteil.CreateReferenceFromObject (Mittelpunkt)
Set Ref2 = Bauteil.CreateReferenceFromObject (Flaeche)
Dim Kreis As HybridShapeCircleCtrRad
Set Kreis = Wzk3D.AddNewCircleCtrRadWithAngles (Ref1, Ref2, true, 50, 45, 180)
```

Func AddNewCircleDatum ([Element] As Reference) As HybridShapeCircleExplicit

Die Methode erzeugt einen Kreis oder Kreisbogen als explizite Geometrie ohne Historie aus einem Ausgangselement „Element". Das Ausgangselement muss ein Kreis oder Kreisbogen sein. Das Ausgangselement wird nicht gelöscht. Ein Ausgangselement kann über die Methode **DeleteObjectForDatum** gelöscht werden.

```
Set Ref = Bauteil.CreateReferenceFromObject (MeinKreis)
Dim ExGeo As HybridShapeCircleExplicit
Set ExGeo = Wzk3D.AddNewCircleDatum (Ref)
```

Func AddNewCircleTritangent ([Kurve1, Kurve2, Kurve3, Stützfläche] As Reference, [Orientierung1, Orientierung2, Orientierung3] As Long) As HybridShapeCircleTritangent

Die Methode erzeugt einen Kreis, der tangential an drei Kurven liegt. Die Kurven müssen auf der Stützfläche liegen. Die Orientierungen geben die Lage des Kreismittelpunktes zu einer Kurve an. Deren Werte können „1" oder „-1" sein. Der Mittelpunkt wird bei einer Orientierung von „1" auf der Seite einer Kurve platziert, in die das Kreuzprodukt der Vektoren der Fläche und der Orientierung der Kurve zeigt. „-1" verwendet die invertierte Orientierung einer Kurve. Je nach Kurve ist nicht jede Orientierung geometrisch möglich.

```
Set Ref1 = Bauteil.CreateReferenceFromObject (Kurve1)
Set Ref2 = Bauteil.CreateReferenceFromObject (Kurve2)
Set Ref3 = Bauteil.CreateReferenceFromObject (Kurve3)
Set Ref4 = Bauteil.CreateReferenceFromObject (Flaeche)
Dim Kreis As HybridShapeCircleTritangent
Set Kreis = Wzk3D.AddNewCircleTritangent (Ref1, Ref2, Ref3, Ref4, 1, 1, 1)
```

Func AddNewCombine ([Kurve1, Kurve2] As Reference, [Index] As Long) As HybridShapeCombine

Die Methode erzeugt eine Kombinationskurve, indem zwei planare Kurven 1 und 2 in Richtung ihrer Ebenennormalen extrudiert und die Extrusionen verschnitten werden. Bei mehreren Lösungen kann über den Index die Lösung ausgewählt werden. Ein Index von „0" ergibt die Lösung, die der ersten Kurve am nächsten gelegen ist. „1" ergibt alle Lösungen.

```
Set Ref1 = Bauteil.CreateReferenceFromObject (Kurve1)
Set Ref2 = Bauteil.CreateReferenceFromObject (Kurve2)
Dim MeineKurve As HybridShapeCombine
Set MeineKurve = Wzk3D.AddNewCombine (Ref1, Ref2, 0)
```

Func AddNewConic (Ebene, Startpunkt, Endpunkt As Reference) As HybridShapeConic

Die Methode erzeugt einen Kegelschnitt. Die fehlenden Parameter des Kegelschnittes können über die Eigenschaften der Klasse **HybridShapeConic** (Abschnitt *8.71*) definiert werden. Der Start- und Endpunkt müssen auf der Ebenen liegen.

```
Set Ref1 = Bauteil.CreateReferenceFromObject (Ebene)
Set Ref2 = Bauteil.CreateReferenceFromObject (Punkt1)
Set Ref3 = Bauteil.CreateReferenceFromObject (Punkt2)
```

```
Dim AConic As HybridShapeConic
Set AConic = Wzk3D.AddNewConic (Ref1, Ref2, Ref3)
```

Func AddNewConicalReflectLineWithType (iSupport As Reference, iOrigin As Reference, iAngle As Double, iOrientationSupport As Long, iType As Long) As HybridShapeReflectLine

siehe AddNewReflectLineWithType

Func AddNewConnect ([Kurve1, Punkt1] As Reference, [Orientierung1, Fortführung1] As Long, [Spannung1] As Double, [Kurve2, Punkt2] As Reference, [Orientierung2, Fortführung2] As Long, [Spannung2] As Double, [Beschnitt] As Boolean) As HybridShapeConnect

Die Methode erzeugt eine Verbindungskurve des Typs „Normale" zwischen der „Kurve1" im „Punkt1" und der „Kurve2" im „Punkt2" (vgl. Beispiel 6.8). Die Punkte müssen auf den Kurven liegen. Die Orientierung gibt die verwendete Richtung einer Kurve an (keine Invertierung: „1"; Invertierung: „-1"). Die Fortführung bestimmt, ob die Verbindungskurve punkt-, tangenten- oder krümmungsstetig angeschlossen wird (Werte: „0", „1" oder „2"). Die Spannung gibt an, wie intensiv der Verlauf einer Kurve beibehalten wird. Je größer der Wert, desto stärker der Effekt. Ist „Beschnitt" gleich „True", werden die zwei Kurven und die Verbindungskurve aneinander beschnitten und vereinigt.

```
Set KRef1 = Bauteil.CreateReferenceFromObject (Kurve1)
Set PRef1 = Bauteil.CreateReferenceFromObject (Punkt1)
Set KRef2 = Bauteil.CreateReferenceFromObject (Kurve2)
Set PRef2 = Bauteil.CreateReferenceFromObject (Punkt2)
Dim Kurve As HybridShapeConnect
Set Kurve = Wzk3D.AddNewConnect (KRef1, PRef1, 0, 1, 1, KRef2, PRef2, 0,
1, 1, true)
```

Func AddNewCorner ([Kurve1, Kurve2, Stützfläche] As Reference, [Radius] As Double, [Orientierung1, Orientierung2] As Long, [Trimmen] As Boolean) As HybridShapeCorner

Die Methode erzeugt eine Verrundung zwischen zwei Kurven. Die Kurven müssen auf der Stützfläche liegen. Die Orientierungen „Orientierung1" und „Orientierung2" bestimmen die Lage des Verrundungsmittelpunktes in Bezug zu den Kurven. Die Orientierung ist gleich „1", wenn der Mittelpunkt in Richtung des Kreuzproduktes der Vektoren der Kurve und Richtung liegen soll. „-1" bestimmt die andere Richtung. Sollen die Kurven an der Verrundung getrimmt und mit dieser vereinigt werden, muss „Trimmen" auf „True" gesetzt werden.

```
Set Ref1 = Bauteil.CreateReferenceFromObject (Kurve1)
Set Ref2 = Bauteil.CreateReferenceFromObject (Kurve2)
Set Ref3 = Bauteil.CreateReferenceFromObject (Stuetzflaeche)
Dim Rundung As HybridShapeCorner
Set Rundung = Wzk3D.AddNewCorner (Ref1, Ref2, Ref3, 30.5, 1, 1, True)
```

Func AddNewCurveDatum ([Element] As Reference) As HybridShapeCurveExplicit

Die Methode erzeugt eine Kurve als explizite Geometrie ohne Historie aus einer Ausgangskurve „Element". Die Ausgangskurve wird nicht gelöscht. Ein Ausgangselement kann über die Methode **DeleteObjectForDatum** gelöscht werden.

```
Set Ref = Bauteil.CreateReferenceFromObject (Ausgangskurve)
Dim ExGeo As HybridShapeCurveExplicit
Set ExGeo = Wzk3D.AddNewCurveDatum (Ref)
```

Func AddNewCurvePar ([Kurve, Fläche] As Reference, [Abstand] As Double, [AufFläche, Invertierung] As Boolean) As HybridShapeCurvePar

Die Methode erzeugt die Parallele einer Kurve auf einer Fläche. Die Kurve muss auf der Fläche liegen. „Invertierung" bestimmt, auf welcher Seite die Parallele entsteht. Sie liegt in Richtung des Kreuzproduktes aus Kurven- und Flächenvektor, wenn „Invertierung" gleich „False" ist. Soll der Abstand geodätisch berechnet werden, muss „AufFläche" gleich „True" sein.

```
Set KRef = Bauteil.CreateReferenceFromObject (Kurve)
Set FRef = Bauteil.CreateReferenceFromObject (Flaeche)
Dim Parallele As HybridShapeCurvePar
Set Parallele = Wzk3D.AddNewCurvePar (KRef, FRef, 5.5, true, false)
```

Func AddNewCurveSmooth (ZuGlättendeKurve As Reference) As HybridShapeCurveSmooth

Die Funktion erzeugt eine geglättete Kurve.

```
Set GlatteKurve = MeineHybridShapeFactory.AddNewCurveSmooth(ZuGlaettendeKurve)
MeinPart.HybridBodies.Item(1).AppendhybridShape GlatteKurve
GlatteKurve.CorrectionMode = 0
GlatteKurve.MaximumDeviationActivity = true
GlatteKurve.SetMaximumDeviation 0.005
```

Func AddNewCylinder ([Punkt] As Reference, [Radius, Länge1, Länge2] As Double, [Richtung] As HybridShapeDirection) As HybridShapeCylinder

Die Methode erzeugt eine Zylinderfläche ausgehend von einem Punkt in einer festgelegten Richtung. „Länge1" beschreibt die Ausdehnung des Zylinders in Orientierung von „Richtung", „Länge2" entgegengesetzt der Orientierung.

```
Dim Rtg As HybrdShapeDirection
Set Rtg = Wzk3D.AddNewDirectionbyCoord (0, 0 ,1)
Set Punkt = MeineHybridShapes.Item(„Punkt.1")
Dim Zylinder As HybridShapeCylinder
Set Zylinder = Wzk3D.AddNewCylinder (Punkt, 30, 100, 150, Rtg)
```

Func AddNewDirection ([Element] As Reference) As HybridShapeDirection

Die Methode erzeugt eine Richtungsdefinition (vgl. Abschnitt 3.6.2). Als Elemente können Achsen, Linien oder Ebenen verwendet werden. Eine Richtungsdefinition wird nicht über die Methode **AppendHybridShape** einem geometrischen Set zugewiesen!

```
Set Ref = Bauteil.CreateReferenceFromObject (MeineLinie)
Dim Richtung As HybridShapeDirection
Set Richtung = Wzk3D.AddNewDirection (Ref)
```

Func AddNewDirectionByCoord ([DX, DY, DZ] As Double) As HybridShapeDirection

Die Methode erzeugt eine Richtungsdefinition über die Angabe eines Richtungsvektors (vgl. Abschnitt 3.6.1). Eine Richtungsdefinition wird nicht über die Methode **AppendHybridShape** einem geometrischen Set zugewiesen!

```
Dim Richtung As HybridShapeDirection
Set Richtung = Wzk3D.AddNewDirectionByCoord (10, 10, 10)
```

Func AddNewEmptyRotate As HybridShapeRotate

Die Methode erzeugt eine nicht definierte Transformation des Typs „Drehen". Die Transformation wird über die Eigenschaften der Klasse **HybridShapeRotate** (Abschnitt 8.130) definiert.

```
Dim Drehen As HybridShapeRotate
Set Drehen= Wzk3D.AddNewEmptyRotate
```

Func AddNewEmptyTranslate As HybridShapeTranslate

Die Methode erzeugt eine nicht definierte Transformation des Typs „Verschieben". Die Transformation wird über die Eigenschaften der Klasse **HybridShapeTranslate** (Abschnitt 8.147) definiert.

```
Dim Trans As HybridShapeTranslate
Set Trans = Wzk3D.AddNewEmptyTranslate
```

Func AddNewExtract ([Element] As Reference) As HybridShapeExtract

Die Methode erzeugt die assoziative Ableitung eines Geometrieelementes.

```
Set Ref = Bauteil.CreateReferenceFromObject (MeineGeometrie)
Dim Ableitung As HybridShapeExtract
Set Ableitung = Wzk3D.AddNewExtract (Ref)
```

Func AddNewExtractMulti ([ErstesElement] As Reference) As HybridShapeExtractMulti

Die Methode erzeugt eine Mehrfachableitung und weist der Liste der abzuleitenden Elemente einen ersten Listeneintrag zu. Es kann auch über „Nothing" eine leere Liste erzeugt werden, die anschließend über die Methode **AddConstraint** der Klasse **HybridShapeExtractMulti** (Abschnitt 8.80) gefüllt wird.

```
Dim Mehrfach As HybridShapeExtractMulti
Set Mehrfach = Wzk3D.AddNewExtractMulti (Nothing)
Set Element = HB.HybridShapes.Item(„Füllen.1")
Mehrfach.AddConstraint Element, 1, False, False, 0, 1
```

Func AddNewExtrapolLength ([Randelement, Basiselement] As Reference, [Länge] As Double) As HybridShapeExtrapol

Die Methode erzeugt die Extrapolation eines Basiselementes an dessen Randelement um eine definierte Länge (mm). Ist das Basiselement eine Kurve, so ist das Randelement ein Punkt. Bei einer Fläche ist es eine Randkurve.

```
Set Ref1 = Bauteil.CreateReferenceFromObject (Randpunkt)
Set Ref2 = Bauteil.CreateReferenceFromObject (Kurve)
Dim Extrapol As HybridShapeExtrapol
Set Extrapol = Wzk3D.AddNewExtrapolLength (Ref1, Ref2, 10.5)
```

Func AddNewExtrapolUntil ([Randelement, Basiselement, Limitierungsfläche] As Reference) As HybridShapeExtrapol

Die Methode erzeugt die Extrapolation eines Basiselementes an dessen Randelement bis zu einer Limitierungsfläche. Ist das Basiselement eine Kurve, so ist das Randelement ein Punkt. Bei einer Fläche ist dies eine Randkurve.

```
Set Ref1 = Bauteil.CreateReferenceFromObject (Randpunkt)
Set Ref2 = Bauteil.CreateReferenceFromObject (Kurve)
Set Ref3 = Bauteil.CreateReferenceFromObject (Limitflaeche)
Dim Extrapol As HybridShapeExtrapol
Set Extrapol = Wzk3D.AddNewExtrapolUntil (Ref1, Ref2, Ref3)
```

Func AddNewExtremum ([Objekt] As Reference, [Richtung] As HybridShapeDirection, [MinMax] As Long) As HybridShapeExtremum

Die Methode erzeugt ein Extremum auf dem Objekt „Objekt" in der Richtung „Richtung". „MinMax" definiert, ob es sich um ein Maximum (Wert „1") oder Minimum (Wert „0") handelt. Die Methode ist nur mit der Lizenz „Generative Shape Design" verfügbar.

```
Set Ref = Bauteil.CreateReferenceFromObject (MeineKurve)
Dim Richtung As HybridShapeDirection
Set Richtung = Wzk3D.AddNewDirectionByCoord (10, 10, 10)
Dim Extremum As HybridShapeExtremum
Set Extremum = Wzk3D.AddNewExtremum (Ref, Richtung, 0)
```

Func AddNewExtremumPolar ([Typ] As Long, [Kontur] As Referenz) As HybridShapeExtremumPolar

Die Methode erzeugt ein polares Extremum. Der Parameter „Typ" definiert die Art des Extremums („0": minimaler Radius, „1": maximaler Radius, „2": minimaler Winkel, „3": maximaler Winkel). „Kontur" bestimmt die Kontur, auf der das Extremum gebildet wird. Die Definition des Extremums wird nach der Erzeugung über die Eigenschaften der Klasse **HybridShapeExtremumPolar** (Abschnitt *8.83*) ergänzt. Die Methode ist nur mit der Lizenz „Generative Shape Design" verfügbar.

```
Set Ref1 = Bauteil.CreateReferenceFromObject (Kurve)
Set Ref2 = Bauteil.CreateReferenceFromObject (Ebene)
Set Ref3 = Bauteil.CreateReferenceFromObject (Punkt)
Dim Extremum As HybridShapeExtremumPolar
Set Extremum = Wzk3D.AddNewExtremumPolar (0, Ref1)
Dim Richtung As HybridShapeDirection
Set Richtung = Wzk3D.AddNewDirectionByCoord (0, 1, 0)
```

```
Extremum.Dir = Richtung
Extremum.Support = Ref2
Extremum.Origin = Ref3
```

Func AddNewExtrude ([Element] As Reference, [Abstand1, Abstand2] As Double, [Richtung] As HybridShapeDirection) As HybridShapeExtrude

Die Methode erzeugt die Extrusion eines Elementes. Die Abstände definieren den Abstand der Extrusion zum extrudierten Element. Das Element kann ein Punkt, eine Linie, eine Kurve, eine Skizze oder eine Fläche sein. Üblicherweise werden nur Linien, Skizzen und Kurven extrudiert.

```
Set Ref = Bauteil.CreateReferenceFromObject (MeinElement)
Dim Richtung As HybridShapeDirection
Set Richtung = Wzk3D.AddNewDirectionByCoord (10, 10, 10)
Dim Extrusion As HybridShapeExtrude
Set Extrusion = Wzk3D.AddNewExtrude (Ref, 10, 50, Richtung)
```

Func AddNewFill As HybridShapeFill

Die Methode erzeugt eine Füllfläche. Dessen Randkurven können über die Methoden **AddBound** der Klasse **HybridShapeFill** (Abschnitt *8.86*) definiert werden (vgl. Beispiel 6.11).

```
Dim Fuell As HybridShapeFill
Set Fuell = Wzk3D.AddNewFill
Fuell.AddBound Randkurve1
Fuell.AddBound Randkurve2
```

Func AddNewFilletBiTangent ([Fläche1, Fläche2] As Reference, [Radius] As Double, [Orientierung1, Orientierung2, Beschnittmodus, Begrenzungsmodus] As Long) As HybridShapeFilletBiTangent

Die Methode erzeugt eine Verrundung an zwei Flächen. „Orientierung1" und „Orientierung2" beschreiben die Seiten der Flächen, auf der die Mittellinie der Verrundung liegt. Ist die Orientierung „1", liegt die Mittellinie auf der Seite, in die der Richtungsvektor einer Fläche zeigt. Ist die Orientierung „-1", liegt die Mittellinie auf der anderen Seite einer Fläche. „Beschnittmodus" definiert, ob die Stützflächen mit der Verrundung beschnitten werden sollen. „Beschnittmodus" hat folgenden Wertebereich: „0" (kein Beschnitt), „1" (beide Flächen), „2" (nur Fläche 1) und „3" (nur Fläche 2). „Begrenzungsmodus" definiert, wie die Seitenflächen der Verrundung beschnitten sind. „Begrenzungsmodus" besitzt folgenden Wertebereich: „0" (glatt), „1" (gerade), „2" (maximal) und „3" (minimal).

```
Set Flaeche1 = HB.HybridShapes.Item(„Extrudieren.1")
Set Flaeche2 = HB.HybridShapes.Item(„Extrudieren.2")
Dim Fillet As HybridShapeFilletBiTangent
Set Fillet = Wzk3D.AddNewFilletBiTangent (Flaeche1, Flaeche2, 30, 1, -1, 3, 1)
```

Func AddNewFilletTriTangent ([Stützfläche1, Stützfläche2, Entfallfläche] As Reference, [Orientierung1, Orientierung2, OrientierungEntfall, Beschnittmodus, Begrenzungsmodus) As HybridShapeFilletTriTangent

Die Methode erzeugt eine Verrundung an drei Flächen. „Orientierung1", „Orientierung2" und „OrientierungEntfall" beschreiben die Seiten der Flächen, auf der die Mittellinie der Verrundung liegt. Ist die Orientierung „1", liegt die Mittellinie auf der Seite, in die der Richtungsvektor einer Fläche zeigt. Ist die Orientierung „-1", liegt die Mittellinie auf der anderen Seite einer Fläche. „Beschnittmodus" definiert, ob die Stützflächen mit der Verrundung beschnitten werden sollen. „Beschnittmodus" hat folgenden Wertebereich: „0" (kein Beschnitt), „1" (beide Flächen), „2" (nur Fläche 1) und „3" (nur Fläche 2). „Begrenzungsmodus" definiert, wie die Seitenflächen der Verrundung beschnitten sind. „Begrenzungsmodus" besitzt folgenden Wertebereich: „0" (glatt), „1" (gerade), „2" (maximal) und „3" (minimal).

```
Set S1 = HB.HybridShapes.Item("Zylinder.1")
Set S2 = HB.HybridShapes.Item("Zylinder.2")
Set E  = HB.HybridShapes.Item("Füllen.1")
Dim V As HybridShapeFilletTriTangent
Set V = Wzk3D.AddNewFilletTriTangent (S1, S2, E, -1, 1, -1, 3, 2)
```

Func AddNewHelix ([Achse] As Reference, [Invertierung] As Boolean, [Startpunkt] As Reference, [Steigung, Höhe] As Double, [Uhrzeigersinn] As Boolean, [Startwinkel, Konuswinkel] As Double, [Außenkonus] As Boolean) As HybridShapeHelix

Die Methode erzeugt eine Spirale um eine Achse. Die Spirale folgt der Achsenrichtung, wenn „Invertierung" gleich „False" ist. „Startpunkt" definiert den Anfangspunkt der Spirale. Der Startpunkt kann über den Parameter „Startwinkel" um die Achse gedreht werden. „Steigung" definiert die Steigung pro Umdrehung, „Höhe" die Gesamthöhe der Spirale. Über den Parameter „Konuswinkel" kann eine sich linear verjüngende oder weitende Spirale definiert werden (Wert ungleich „0"). Ist „Außenkonus" gleich „False", verjüngt sich die Spirale mit zunehmender Höhe, bei „True" vergrößert sie sich.

```
Set Ref1 = Bauteil.CreateReferenceFromObject (Achse)
Set Ref2 = Bauteil.CreateReferenceFromObject (Punkt)
Dim GeradeSpirale As HybridShapeHelix
Set GeradeSpirale = Wzk3D.AddNewHelix (Ref1, false, Ref2, 5, 100, true, 0, 0, false)
```

Func AddNewHybridScaling ([Element, Referenzpunkt] As Reference, [Faktor] As Double) As HybridShapeScaling

Die Methode erzeugt die Skalierung eines Elementes zu einem Referenzpunkt.

```
Set Ref1 = Bauteil.CreateReferenceFromObject (MeinElement)
Set Ref2 = Bauteil.CreateReferenceFromObject (Referenzpunkt)
Dim Skalierung As HybridShapeScaling
Set Skalierung = Wzk3D.AddNewHybridScaling (Ref1, Ref2, 2.5)
```

Func AddNewHybridSplit ([GeschnittenesElement, SchneidendesElement] As Reference, [Orientierung] As Long) As HybridShapeSplit

Die Methode erzeugt eine Trennung. „Orientierung" gibt an, welche Seite des geschnittenen Elementes behalten wird. Der Wertebereich ist „1" oder „-1". Ist der Wert „1", bleibt die Seite erhalten, in die der Richtungsvektor des schneidenden Elementes oder das Kreuzprodukt aus beiden Richtungsvektoren zeigt. Werden zwei Kurven geschnitten, bleibt das erste Teilstück der geschnittenen Kurve erhalten.

```
Set Ref1 = Bauteil.CreateReferenceFromObject (GeschnittenesElement)
Set Ref2 = Bauteil.CreateReferenceFromObject (SchneidendesElement)
Dim Trennung As HybridShapeSplit
Set Trennung = Wzk3D.AddNewHybridSplit (Ref1, Ref2, 1)
```

Func AddNewHybridTrim ([Element1] As Reference, [Orientierung1] As Long, [Element2] As Reference, [Orientierung2] As Long) As HybridShapeTrim

Die Methode erzeugt eine Trimmung. Die getrimmten Elemente werden vereinigt. „Orientierung" gibt an, welche Seite eines getrimmten Elementes behalten wird. Der Wertebereich ist „1" oder „-1". Ist der Wert „1", bleibt die Seite erhalten, in die der Richtungsvektor des schneidenden Elementes zeigt, bei Kurven das erste Teilstück.

```
Set Ref1 = Bauteil.CreateReferenceFromObject (Element1)
Set Ref2 = Bauteil.CreateReferenceFromObject (Element2)
Dim Trimmung As HybridShapeTrim
Set Trimmung = Wzk3D.AddNewHybridTrim (Ref1, 1, Ref2, 1)
```

Func AddNewIntegratedLaw ([Typ] As Long) As HybridShapeIntegratedLaw

Die Methode erzeugt eine geometrische Regel, die innerhalb eines geometrischen Objektes eingebettet ist. Es gibt folgende Regeltypen: „0" (keine Regel), „1" (konstant), „2" (linear), „3" (S-Typ), „4" (erweitert) und „5" (implizit). Eine eingebettete Regel wird direkt einem Objekt zugewiesen (siehe Beispiel). Die Methode **AppendHybridShape** (vgl. Absatz 6.1) findet keine Anwendung!

```
Dim Regel As HybridShapeIntegratedLaw
Set Regel = Wzk3D.AddNewIntegratedLaw(5)
Verrundung.IntegratedLaw = Regel
```

Func AddNewIntersection ([Element1, Element2] As Reference) As HybridShapeIntersection

Die Methode erzeugt die Verschneidung zweier Elemente.

```
Set Ref1 = Bauteil.CreateReferenceFromObject (Element1)
Set Ref2 = Bauteil.CreateReferenceFromObject (Element2)
Dim Schnitt As HybridShapeIntersection
Set Schnitt = Wzk3D.AddNewIntersection (Ref1, Ref2)
```

Func AddNewInverse ([Element] As Reference, [Orientierung] As Long) As HybridShapeInverse

Die Methode erzeugt aus einem Geometrieelement ein geometrisch gleiches mit invertierter oder gleicher Orientierung. „Orientierung" bestimmt, welche Orientierung die erzeug-

te Geometrie besitzt. Ist der Parameter gleich „1", wird die ursprüngliche Orientierung des Elementes beibehalten, bei „-1" wird diese umgekehrt.
```
Set Ref = Bauteil.CreateReferenceFromObject (MeineGeometrie)
Dim Invert As HybridShapeInverse
Set Invert = Wzk3D.AddNewInverse (Ref, -1)
```

Func AddNewJoin ([Element1, Element2] As Reference) As HybridShapeAssemble

Die Methode erzeugt eine Verbindung zweier Kurven, Flächen oder Verbindungen (vgl. Beispiel 6.14). Die Methoden der Klasse **HybridShapeAssemble** (Abschnitt 8.54) erlauben es, weitere Elemente zu einer Verbindung hinzuzufügen.

```
Set Ref1 = Bauteil.CreateReferenceFromObject (Kurve1)
Set Ref2 = Bauteil.CreateReferenceFromObject (Kurve2)
Dim Join As HybridShapeAssemble
Set Join = Wzk3D.AddNewJoin (Ref1, Ref2)
```

Func AddNewLawDistProj ([Referenzkurve, Definitionskurve] As Reference) As HybridShapeLawDistProj

Die Methode erzeugt eine geometrische Regel. Die Regel ergibt sich aus dem Abstand zwischen der Referenzkurve und der Definitionskurve. Der Abstand wird normal zur Referenzkurve gemessen.

```
Set Ref1 = Bauteil.CreateReferenceFromObject (ReferenzKurve)
Set Ref2 = Bauteil.CreateReferenceFromObject (DefinitionsKurve)
Dim Gesetz As HybridShapeLawDistProj
Set Gesetz = Wzk3D.AddNewLawDistProj (Ref1, Ref2)
```

Func AddNewLineAngle ([Kurve, Stützgeometrie, Punkt] As Reference, [Geodätisch] As Boolean, [Abstand1, Abstand2, Winkel] As Double, [Invertierung] As Boolean) As HybridShapeLineAngle

Die Methode erzeugt eine Linie auf einer Stützgeometrie, die winklig zu einer Kurve durch einen Punkt verläuft. Die Abstände beschreiben den Abstand des Start- und Endpunktes entlang der Richtung der Linie zum Referenzpunkt. Über die Invertierung kann die Richtung der Linie umgekehrt werden (Invertierung an: „True"). Ist „Geodätisch" gleich „True", liegt die Linie auf der Stützgeometrie, sonst auf einer zur Stützfläche tangentialen Ebene. Der Winkel liegt auf der Seite der Kurve, in die das Kreuzprodukt der Richtungsvektoren von Kurve und Stützgeometrie zeigt.

```
Set Ref1 = Bauteil.CreateReferenceFromObject (Kurve)
Set Ref2 = Bauteil.CreateReferenceFromObject (Stützgeometrie)
Set Ref3 = Bauteil.CreateReferenceFromObject (Punkt)
Dim Linie As HybridShapeLineAngle
Set Linie = Wzk3D.AddNewLineAngle (Ref1, Ref2, Ref3, false, 20, 40.5, 45, false)
```

Func AddNewLineBisecting ([Linie1, Linie2] As Reference, [Abstand1, Abstand2] As Double, [Invertierung] As Boolean, [Lösung] As Long) As HybridShapeLineBisecting

Die Methode erzeugt eine Winkelhalbierende zwischen zwei Linien. Die Abstände beschreiben den Abstand des Start- und Endpunktes entlang der Richtung der Linie zum Schnittpunkt. „Lösung" wählt entweder die erste (Wert gleich „1") oder zweite (Wert gleich „2") Lösung aus. Die Orientierung der Linie liegt in Richtung der beiden Richtungsvektoren der Linien, wenn Lösung 1 verwendet wird. Über den Parameter „Invertierung" kann die Orientierung umgekehrt werden (Invertierung an: „True").

```
Set Ref1 = Bauteil.CreateReferenceFromObject (Linie1)
Set Ref2 = Bauteil.CreateReferenceFromObject (Linie2)
Dim Linie As HybridShapeLineBisecting
Set Linie = Wzk3D.AddNewLineBisecting (Ref1, Ref2, 20, 40, false, 1)
```

Func AddNewLineBisectingOnSupport ([Linie1, Linie2, Fläche] As Reference, [Abstand1, Abstand2] As Double, [Invertierung] As Boolean, [Lösung] As Long) As HybridShapeLineBisecting

Die Methode erzeugt eine Winkelhalbierende zwischen zwei Linien auf einer Stützfläche. Die Abstände beschreiben den Abstand des Start- und Endpunktes entlang der Richtung der Linie zum Schnittpunkt. „Lösung" wählt entweder die erste (Wert gleich „1") oder zweite (Wert gleich „2") Lösung aus. Die Orientierung der Linie liegt in Richtung der beiden Richtungsvektoren der Linien, wenn Lösung 1 verwendet wird. Über den Parameter „Invertierung" kann die Orientierung umgekehrt werden (Invertierung an: „True").

```
Set Ref1 = Bauteil.CreateReferenceFromObject (Linie1)
Set Ref2 = Bauteil.CreateReferenceFromObject (Linie2)
Set Ref3 = Bauteil.CreateReferenceFromObject (Flaeche)
Dim Linie As HybridShapeLineBisecting
Set Linie = Wzk3D.AddNewLineBisectingOnSupport (Ref1, Ref2, Ref3, 20, 40, false, 1)
```

Func AddNewLineBisectingOnSupportWithPoint ([Linie1, Linie2, Punkt, Fläche] As Reference, [Abstand1, Abstand2] As Double, [Invertierung] As Boolean, [Lösung] As Long) As HybridShapeLineBisecting

Die Methode erzeugt eine Winkelhalbierende zwischen zwei Linien auf einer Stützfläche. Die Winkelhalbierende verläuft durch den Referenzpunkt „Punkt". Die Abstände beschreiben den Abstand des Start- und Endpunktes entlang der Richtung der Linie zum Referenzpunkt. „Lösung" wählt entweder die erste (Wert gleich „1") oder zweite (Wert gleich „2") Lösung aus. Die Orientierung der Linie liegt in Richtung der beiden Richtungsvektoren der Linien, wenn Lösung 1 verwendet wird. Über den Parameter „Invertierung" kann die Orientierung umgekehrt werden (Invertierung an: „True").

```
Set Ref1 = Bauteil.CreateReferenceFromObject (Linie1)
Set Ref2 = Bauteil.CreateReferenceFromObject (Linie2)
Set Ref3 = Bauteil.CreateReferenceFromObject (Punkt)
Set Ref4 = Bauteil.CreateReferenceFromObject (Flaeche)
Dim Linie As HybridShapeLineBisecting
Set Linie = Wzk3D.AddNewLineBisectingOnSupportWithPoint (Ref1, Ref2, Ref3, Ref4, 20, 40, false, 1)
```

Func AddNewLineBisectingWithPoint ([Linie1, Linie2, Punkt] As Reference, [Abstand1, Abstand2] As Double, [Invertierung] As Boolean, [Lösung] As Long) As HybridShapeLineBisecting

Die Methode erzeugt eine Winkelhalbierende zwischen zwei Linien, die durch einen Referenzpunkt „Punkt" verläuft. Die Abstände beschreiben den Abstand des Start- und Endpunktes entlang der Richtung der Linie zum Referenzpunkt. „Lösung" wählt entweder die erste (Wert gleich „1") oder zweite (Wert gleich „2") Lösung aus. Die Orientierung der Linie liegt in Richtung der beiden Richtungsvektoren der Linien, wenn Lösung 1 verwendet wird. Über den Parameter „Invertierung" kann die Orientierung umgekehrt werden (Invertierung an: „True").

```
Set Ref1 = Bauteil.CreateReferenceFromObject (Linie1)
Set Ref2 = Bauteil.CreateReferenceFromObject (Linie2)
Set Ref3 = Bauteil.CreateReferenceFromObject (Punkt)
Dim Linie As HybridShapeLineBisecting
Set Linie = Wzk3D.AddNewLineBisectingWithPoint (Ref1, Ref2, Ref3, 20, 40, false, 1)
```

Func AddNewLineBiTangent ([Kurve1, Kurve2, Stützgeometrie] As Reference) As HybridShapeLineBiTangent

Die Methode erzeugt eine Linie tangential zu zwei Kurven.

```
Set Ref1 = Bauteil.CreateReferenceFromObject (Kurve1)
Set Ref2 = Bauteil.CreateReferenceFromObject (Kurve2)
Set Ref3 = Bauteil.CreateReferenceFromObject (Stuetzgeometrie)
Dim Linie As HybridShapeLineBiTangent
Set Linie = Wzk3D.AddNewLineBiTangent (Ref1, Ref2, Ref3)
```

Func AddNewLineDatum ([Element] As Reference) As HybridShapeLineExplicit

Die Methode erzeugt eine Linie als explizite Geometrie ohne Historie. Die Ausgangslinie bleibt erhalten und wird nicht gelöscht. Ein Ausgangselement kann über die Methode **DeleteObjectForDatum** gelöscht werden.

```
Set Ref = Bauteil.CreateReferenceFromObject (Linie)
Dim ExGeo As HybridShapeLineExplicit
Set ExGeo = Wzk3D.AddNewLineDatum (Ref)
```

Func AddNewLineNormal ([Fläche, Punkt] As Reference, [Abstand1, Abstand2] As Double, [Invertierung] As Boolean) As HybridShapeLineNormal

Die Methode erzeugt eine Linie senkrecht zu einer Fläche durch einen Referenzpunkt „Punkt". Die Abstände beschreiben den Abstand des Start- und Endpunktes entlang der Richtung der Linie zum Referenzpunkt. Die Linie ist in Richtung des Flächennormalenvektors orientiert. Über den Parameter „Invertierung" kann die Orientierung umgekehrt werden (Invertierung an: „True").

```
Set Ref1 = Bauteil.CreateReferenceFromObject (Flaeche)
Set Ref2 = Bauteil.CreateReferenceFromObject (Punkt)
Dim Linie As HybridShapeLineNormal
Set Linie = Wzk3D.AddNewLineNormal (Ref1, Ref2, 20, 40.5, false)
```

Func AddNewLinePtDir ([Punkt] As Reference, [Richtung] As HybridShapeDirection, [Abstand1, Abstand2] As Double, [Invertierung] As Boolean) As HybridShapeLinePtDir

Die Methode erzeugt eine Linie ausgehend von einem Punkt entlang einer Richtung (vgl. Beispiel 6.5). Die Abstände beschreiben den Abstand des Start- und Endpunktes entlang der Richtung der Linie zum Punkt. Die Linie ist in Richtung des Parameters „Richtung" orientiert. Über den Parameter „Invertierung" kann die Orientierung umgekehrt werden (Invertierung an: „True").

```
Set Ref = Bauteil.CreateReferenceFromObject (Punkt)
Dim Richtung As HybridShapeDirection
Set Richtung = Wzk3D.AddNewDirectionByCoord (10, 10, 10)
Dim Linie As HybridShapeLinePtDir
Set Linie = Wzk3D.AddNewLinePtDir (Ref, Richtung, 100, 30, false)
```

Func AddNewLinePtDirOnSupport ([Punkt] As Reference, [Richtung] As HybridShapeDirection, [Stützelement] As Reference, [Abstand1, Abstand2] As Double, [Invertierung] As Boolean) As HybridShapeLinePtDir

Die Methode erzeugt eine Linie auf einem Stützelement ausgehend von einem Punkt entlang einer Richtung. Die Abstände beschreiben den Abstand des Start- und Endpunktes entlang der Richtung der Linie zum Punkt. Die Linie ist in Richtung des Parameters „Richtung" orientiert. Über den Parameter „Invertierung" kann die Orientierung umgekehrt werden (Invertierung an: „True").

```
Set Ref1 = Bauteil.CreateReferenceFromObject (Punkt)
Set Ref2 = Bauteil.CreateReferenceFromObject (Flaeche)
Dim Richtung As HybridShapeDirection
Set Richtung = Wzk3D.AddNewDirectionByCoord (10, 0, 0)
Dim Linie As HybridShapeLinePtDir
Set Linie = Wzk3D.AddNewLinePtDirOnSupport (Ref1, Richtung, Ref2, 100, 30, false)
```

Func AddNewLinePtPt ([Punkt1, Punkt2] As Reference) As HybridShapeLinePtPt

Die Methode erzeugt eine Linie zwischen zwei Punkten (vgl. Beispiel 6.4).

```
Set Ref1 = Bauteil.CreateReferenceFromObject (Punkt1)
Set Ref2 = Bauteil.CreateReferenceFromObject (Punkt2)
Dim Linie As HybridShapeLinePtPt
Set Linie = Wzk3D.AddNewLinePtPt (Ref1, Ref2)
```

Func AddNewLinePtPtExtended ([Punkt1, Punkt2] As Reference, [Länge1, Länge2] As Double) As HybridShapeLinePtPt

Die Methode erzeugt eine Linie zwischen zwei Punkten. Die Linie wird am Startpunkt um die Länge 1 verlängert, am Endpunkt um die Länge 2.

```
Set Ref1 = Bauteil.CreateReferenceFromObject (Punkt1)
Set Ref2 = Bauteil.CreateReferenceFromObject (Punkt2)
Dim Linie As HybridShapeLinePtPt
Set Linie = Wzk3D.AddNewLinePtPtExtended (Ref1, Ref2, 20, 40.5)
```

Func AddNewLinePtPtOnSupport ([Punkt 1, Punkt2, Stützelement] As Reference) As HybridShapeLinePtPt

Die Methode erzeugt eine Linie zwischen zwei Punkten auf einer Stützfläche.

```
Set Ref1 = Bauteil.CreateReferenceFromObject (Punkt1)
Set Ref2 = Bauteil.CreateReferenceFromObject (Punkt2)
Set Ref3 = Bauteil.CreateReferenceFromObject (Stuetzflaeche)
Dim Linie As HybridShapeLinePtPt
Set Linie = Wzk3D.AddNewLinePtPtOnSupport (Ref1, Ref2, Ref3)
```

Func AddNewLinePtPtOnSupportExtended ([Punkt 1, Punkt2, Stützelement] As Reference, [Länge 1, Länge2] As Double) As HybridShapeLinePtPt

Die Methode erzeugt eine Linie zwischen zwei Punkten auf einer Stützfläche. Die Linie wird am Startpunkt um die Länge 1 verlängert, am Endpunkt um die Länge 2.

```
Set Ref1 = Bauteil.CreateReferenceFromObject (Punkt1)
Set Ref2 = Bauteil.CreateReferenceFromObject (Punkt2)
Set Ref3 = Bauteil.CreateReferenceFromObject (Stuetzflaeche)
Dim Linie As HybridShapeLinePtPt
Set Linie = Wzk3D.AddNewLinePtPtOnSupportExtended (Ref1, Ref2, Ref3, 20, 40.5)
```

Func AddNewLineTangency ([Kurve, Punkt] As Reference, [Abstand 1, Abstand2] As Double, [Invertierung] As Boolean) As HybridShapeLineTangency

Die Methode erzeugt eine Linie, die tangential zu einer Kurve durch einen Punkt verläuft. Die Abstände beschreiben den Abstand des Start- und Endpunktes entlang der Richtung der Linie zum Punkt. Über den Parameter „Invertierung" kann die Orientierung der erzeugten Linie umgekehrt werden (Invertierung an: „True").

```
Set Ref1 = Bauteil.CreateReferenceFromObject (Kurve)
Set Ref2 = Bauteil.CreateReferenceFromObject (Punkt)
Dim Linie As HybridShapeLineTangency
Set Linie = Wzk3D.AddNewLineTangency (Ref1, Ref2, 20, 40.5, false)
```

Func AddNewLineTangencyOnSupport ([Kurve, Punkt, Stützelement] As Reference, [Abstand 1, Abstand2] As Double, [Invertierung] As Boolean) As HybridShapeLineTangency

Die Methode erzeugt eine Linie auf einem Stützelement, die tangential zu einer Kurve durch einen Punkt verläuft. Die Abstände beschreiben den Abstand des Start- und Endpunktes entlang der Richtung der Linie zum Punkt. Über den Parameter „Invertierung" kann die Orientierung der erzeugten Linie umgekehrt werden (Invertierung an: „True").

```
Set Ref1 = Bauteil.CreateReferenceFromObject (Kurve)
Set Ref2 = Bauteil.CreateReferenceFromObject (Punkt)
Set Ref3 = Bauteil.CreateReferenceFromObject (Stuetzelement)
Dim Linie As HybridShapeLineTangency
Set Linie = Wzk3D.AddNewLineTangencyOnSupport (Ref1, Ref2, Ref3, 20, 40.5, false)
```

Func AddNewLoft As HybridShapeLoft

Die Methode erzeugt eine Loftfläche. Die Schnittdefinitionen werden über die Methode **AddSectionToLoft** der Klasse **HybridShapeLoft** (Abschnitt *8.102*) vorgenommen.

```
Dim Loft As HybridShapeLoft
Set Loft = Wzk3D.AddNewLoft
MeinHybridBody.AppendHybridShape Loft
Set Kurve1 = HB.HybridShapes.Item(„Spline.1")
Set Kurve2 = HB.HybridShapes.Item(„Spline.2")
Loft.AddSectionToLoft Kurve1, 1, Nothing
Loft.AddSectionToLoft Kurve2, -1, Nothing
```

Func AddNewNear ([Mehrkörperelement, Referenz] As Reference) As HybridShapeNear

Die Methode erzeugt die Ableitung eines Körpers eines Mehrkörperelementes. Es wird der Körper ausgewählt, welcher der Referenzgeometrie am nächsten liegt.

```
Set MRef = Bauteil.CreateReferenceFromObject (MeinMehrkoerper)
Set Ref = Bauteil.CreateReferenceFromObject (MeinReferenzobjekt)
Dim Nahe As HybridShapeNear
Set Nahe = Wzk3D.AddNewNear (MRef, Ref)
```

Func AddNewOffset ([Fläche] As Reference, [Abstand] As Double, [Orientierung] As Boolean, [Genauigkeit] As Double) As HybridShapeOffset

Die Methode erzeugt eine Offsetfläche zu der Ausgangsfläche „Fläche". Der Parameter „Orientierung" bestimmt die Seite, auf der die Fläche gebildet wird. Ist der Parameter gleich „True", liegt das Ergebnis in Richtung der Flächenorientierung der Ausgangsfläche. Der Parameter „Genauigkeit" bestimmt die Rechengenauigkeit.

```
Set Ref = Bauteil.CreateReferenceFromObject (Ausgangsflaeche)
Dim Parallele As HybridShapeOffset
Set Parallele = Wzk3D.AddNewOffset (Ref, 5.5, false, 0.05)
```

Func AddNewPlane1Curve ([EbeneKurve] As Reference) As HybridShapePlane1Curve

Die Methode erzeugt eine Ebene durch eine ebene Kurve.

```
Set Ref = Bauteil.CreateReferenceFromObject (EbeneKurve)
Dim Ebene As HybridShapePlane1Curve
Set Ebene = Wzk3D.AddNewPlane1Curve (Ref)
```

Func AddNewPlane1Line1Pt ([Linie, Punkt] As Reference) As HybridShapePlane1Line1Pt

Die Methode erzeugt eine Ebene durch eine Linie und einen Punkt.

```
Set Ref1 = Bauteil.CreateReferenceFromObject (Linie)
Set Ref2 = Bauteil.CreateReferenceFromObject (Punkt)
Dim Ebene As HybridShapePlane1Line1Pt
Set Ebene = Wzk3D.AddNewPlane1Line1Pt (Ref1, Ref2)
```

Func AddNewPlane2Lines ([Linie1, Linie2] As Reference) As HybridShapePlane2Lines

Die Methode erzeugt eine Ebene durch zwei Linien.

```
Set Ref1 = Bauteil.CreateReferenceFromObject (Linie1)
Set Ref2 = Bauteil.CreateReferenceFromObject (Linie2)
Dim Ebene As HybridShapePlane2Lines
Set Ebene = Wzk3D.AddNewPlane2Lines (Ref1, Ref2)
```

Func AddNewPlane3Points ([Punkt1, Punkt2, Punkt3] As Reference) As HybridShapePlane3Points

Die Methode erzeugt eine Ebene durch drei Punkte.

```
Set Ref1 = Bauteil.CreateReferenceFromObject (Punkt1)
Set Ref2 = Bauteil.CreateReferenceFromObject (Punkt2)
Set Ref3 = Bauteil.CreateReferenceFromObject (Punkt3)
Dim Ebene As HybridShapePlane3Points
Set Ebene = Wzk3D.AddNewPlane3Points (Ref1, Ref2, Ref3)
```

Func AddNewPlaneAngle ([Ebene, Achse] As Reference, [Winkel] As Double, [Invertierung] As Boolean) As HybridShapePlaneAngle

Die Methode erzeugt eine Ebene winkelig zu einer Referenzebene. Die Achse muss in der Referenzebene liegen. Die Drehung erfolgt nach der Rechten-Hand-Regel um die Achse. Die Drehung kann über den Parameter „Invertierung" umgekehrt werden (Wert: „True"). Der Winkel wird zwischen den Normalenvektoren der erzeugten Ebene und der Referenzebene gemessen.

```
Set Ref1 = Bauteil.CreateReferenceFromObject (Referenzebene)
Set Ref2 = Bauteil.CreateReferenceFromObject (Achse)
Dim Ebene As HybridShapePlaneAngle
Set Ebene = Wzk3D.AddNewPlaneAngle (Ref1, Ref2, 45, false)
```

Func AddNewPlaneDatum ([Element] As Reference) As HybridShapePlaneExplicit

Die Methode erzeugt eine Ebene als explizite Geometrie ohne Historie. Die Ausgangsebene bleibt erhalten und wird nicht gelöscht. Ein Ausgangselement kann über die Methode **DeleteObjectForDatum** gelöscht werden.

```
Set Ref = Bauteil.CreateReferenceFromObject (Ebene)
Dim ExGeo As HybridShapePlaneExplicit
Set ExGeo = Wzk3D.AddNewPlaneDatum (Ref)
```

Func AddNewPlaneEquation ([A, B, C, D] As Double) As HybridShapePlaneEquation

Die Methode erzeugt eine Ebene gemäß der Gleichung „A*X + B*Y + C*Z = D".

```
Dim Ebene As HybridShapePlaneEquation
Set Ebene = Wzk3D.AddNewPlaneEquation (1, 0, 0, 50)
```

Func AddNewPlaneMean ([Punkteliste] As CATSafeArrayVariant, [Anzahl] As Long) As HybridShapePlaneMean

Die Methode erzeugt eine Ebene, deren Abstandssumme zu den Punkten einer Punktewolke minimal ist. Die Punktewolke wird als Feld von Punktobjekten beschrieben. Der Parameter „Anzahl" beschreibt die Anzahl der Punkte im Feld „Punkteliste".

```
Dim Punkte(3)
Set Punkte(0) = MeinPunkt1
Set Punkte(1) = MeinPunkt2
Set Punkte(2) = MeinPunkt3
Set Punkte(3) = MeinPunkt4
Dim Ebene As HybridShapePlaneMean
Set Ebene = Wzk3D.AddNewPlaneMean (Punkte, 4)
```

Func AddNewPlaneNormal ([Kurve, Punkt] As Reference) As HybridShapePlaneNormal

Die Methode erzeugt eine Ebene, die normal zu einer Kurve durch einen Punkt der Kurve verläuft (vgl. Abschnitt 6.4.2).

```
Set Ref1 = Bauteil.CreateReferenceFromObject (Kurve)
Set Ref2 = Bauteil.CreateReferenceFromObject (Kurvenpunkt)
Dim Ebene As HybridShapePlaneNormal
Set Ebene = Wzk3D.AddNewPlaneNormal (Ref1, Ref2)
```

Func AddNewPlaneOffset ([Ebene] As Reference, [Abstand] As Double, [Invertierung] As Boolean) As HybridShapePlaneOffset

Die Methode erzeugt eine Ebene parallel zu einer Referenzebene. Die Ebene liegt in Richtung des Normalenvektors der Referenzebene. Die Richtung kann über den Parameter „Invertierung" umgekehrt werden (Wert: „True").

```
Set Ref = Bauteil.CreateReferenceFromObject (Ebene)
Dim Ebene As HybridShapePlaneOffset
Set Ebene = Wzk3D.AddNewPlaneOffset (Ref, 30.5, false)
```

Func AddNewPlaneOffsetPt ([Ebene, Punkt] As Reference) As HybridShapePlaneOffsetPt

Die Methode erzeugt eine Ebene parallel zu einer Referenzebene durch einen Punkt (vgl. Beispiel 6.6).

```
Set Ref1 = Bauteil.CreateReferenceFromObject (Ebene)
Set Ref2 = Bauteil.CreateReferenceFromObject (Punkt)
Dim Ebene As HybridShapePlaneOffsetPt
Set Ebene = Wzk3D.AddNewPlaneOffsetPt (Ref1, Ref2)
```

Func AddNewPlaneTangent ([Fläche, Punkt] As Reference) As HybridShapePlaneTangent

Die Methode erzeugt eine Ebene, die tangential an einer Fläche durch einen Punkt der Fläche verläuft.

```
Set Ref1 = Bauteil.CreateReferenceFromObject (Flaeche)
Set Ref2 = Bauteil.CreateReferenceFromObject (Flaechenpunkt)
```

```
Dim Ebene As HybridShapePlaneTangent
Set Ebene = Wzk3D.AddNewPlaneTangent (Ref1, Ref2)
```

Func AddNewPointBetween ([Punkt1, Punkt2] As Reference, [Verhältnis] As Double, [Orientierung] As Long) As HybridShapePointBetween

Die Methode erzeugt einen Punkt, der auf einer gedachten Geraden liegt, die durch die Punkte „Punkt1" und „Punkt2" aufgespannt wird (vgl. Beispiel 6.2). Der Parameter „Verhältnis" bestimmt die Lage des Punktes auf der Geraden als Abstandsverhältnis der Längen „Pt1-Pt" zu „Pt1-Pt2". Der Wert darf größer als „1" und kleiner als „0" sein. Der Parameter „Orientierung" legt fest, von welchem Punkt das Verhältnis gemessen wird (Punkt 1: „1", Punkt 2: „-1").

```
Set Ref1 = Bauteil.CreateReferenceFromObject (Punkt1)
Set Ref2 = Bauteil.CreateReferenceFromObject (Punkt2)
Dim Punkt As HybridShapePointBetween
Set Punkt = Wzk3D.AddNewPointBetween (Ref1, Ref2, 0.5, 1)
```

Func AddNewPointCenter ([KreisOderEllipse] As Reference) As HybridShapePointCenter

Die Methode erzeugt den Mittelpunkt eines Kreises oder Kreisbogens bzw. einer Ellipse oder eines Ellipsenbogens (vgl. Beispiel 6.3).

```
Set Ref = Bauteil.CreateReferenceFromObject (KreisOderEllipse)
Dim Punkt As HybridShapePointCenter
Set Punkt = Wzk3D.AddNewPointCenter (Ref)
```

Func AddNewPointCoord ([X, Y, Z] As Double) As HybridShapePointCoord

Die Methode erzeugt einen Koordinatenpunkt (vgl. Beispiel 6.1).

```
Dim Punkt As HybridShapePointCoord
Set Punkt = Wzk3D.AddNewPointCoord (20, 40.5, 100.25)
```

Func AddNewPointCoordWithReference ([X, Y, Z] As Double, [RefPunkt] As Reference) As HybridShapePointCoord

Die Methode erzeugt einen Koordinatenpunkt. Die Koordinaten des Punktes werden relativ zu einem Referenzpunkt gemessen.

```
Set Ref = Bauteil.CreateReferenceFromObject (Referenzpunkt)
Dim Punkt As HybridShapePointCoord
Set Punkt = Wzk3D.AddNewPointCoordWithReference (50, 5, 40, Ref)
```

Func AddNewPointDatum ([Element] As Reference) As HybridShapePointExplicit

Die Methode erzeugt einen Punkt als explizite Geometrie ohne Historie. Der Ausgangspunkt bleibt erhalten und wird nicht gelöscht. Ein Ausgangselement kann über die Methode **DeleteObjectForDatum** gelöscht werden.

```
Set Ref = Bauteil.CreateReferenceFromObject (Punkt)
Dim ExGeo As HybridShapePointExplicit
Set ExGeo = Wzk3D.AddNewPointDatum (Ref)
```

Func AddNewPointOnCurveFromDistance ([Kurve] As Reference, [Abstand] As Double, [Invertierung] As Boolean) As HybridShapePointOnCurve

Die Methode erzeugt einen Punkt auf einer Kurve, der einen definierten Abstand zum Start- oder Endpunkt der Kurve besitzt. Der Parameter „Invertierung" legt fest, ob der Abstand in oder entgegen der Kurvenorientierung gemessen wird (vom Startpunkt: „False", vom Endpunkt: „True").

```
Set Ref = Bauteil.CreateReferenceFromObject (Kurve)
Dim Punkt As HybridShapePointOnCurve
Set Punkt = Wzk3D.AddNewPointOnCurveFromDistance (Ref, 20.5, false)
```

Func AddNewPointOnCurveFromPercent ([Kurve] As Reference, [Verhältnis] As Double, [Invertierung] As Boolean) As HybridShapePointOnCurve

Die Methode erzeugt einen Punkt auf einer Kurve. Die Lage des Punktes wird als Verhältnis der Längen „Startpunkt-Punkt" bzw. „Endpunkt-Punkt" zu „Startpunkt-Endpunkt" angegeben. Der Wertebereich des Parameters „Verhältnis" ist „0" bis „1". Der Parameter „Invertierung" legt fest, ob in oder entgegen der Kurvenorientierung gemessen wird (vom Startpunkt: „False", vom Endpunkt: „True").

```
Set Ref = Bauteil.CreateReferenceFromObject (Kurve)
Dim Punkt As HybridShapePointOnCurve
Set Punkt = Wzk3D.AddNewPointOnCurveFromPercent (Ref, 0.75, false)
```

Func AddNewPointOnCurveWithReferenceFromDistance ([Kurve, Punkt] As Reference, [Abstand] As Double, [Invertierung] As Boolean) As HybridShapePointOnCurve

Die Methode erzeugt einen Punkt auf einer Kurve, der zu einem Referenzpunkt der Kurve einen definierten Abstand besitzt. Der Parameter „Invertierung" legt fest, ob in oder entgegen der Kurvenorientierung gemessen wird (in Kurvenrichtung: „False", entgegen der Kurvenrichtung: „True").

```
Set Ref1 = Bauteil.CreateReferenceFromObject (Kurve)
Set Ref2 = Bauteil.CreateReferenceFromObject (Kurvenpunkt)
Dim Punkt As HybridShapePointOnCurve
Set Punkt = Wzk3D.AddNewPointOnCurveWithReferenceFromDistance (Ref1, Ref2, 20.5, false)
```

Func AddNewPointOnCurveWithReferenceFromPercent ([Kurve, Punkt] As Reference, [Verhältnis] As Double, [Invertierung] As Boolean) As HybridShapePointOnCurve

Die Methode erzeugt einen Punkt auf einer Kurve, der zu einem Referenzpunkt der Kurve einen definierten Abstand besitzt. Der Abstand wird als Anteil der Kurvenlänge angegeben. Der Parameter „Invertierung" legt fest, ob in oder entgegen der Kurvenorientierung gemessen wird. In Kurvenrichtung: „False". Gegen die Kurvenrichtung: „True".

```
Set Ref1 = Bauteil.CreateReferenceFromObject (Kurve)
Set Ref2 = Bauteil.CreateReferenceFromObject (Punkt)
Dim Punkt As HybridShapePointOnCurve
Set Punkt = Wzk3D.AddNewPointOnCurveWithReferenceFromPercent (Ref1, Ref2, 0.75, false)
```

Func AddNewPointOnPlane ([Ebene] As Reference, [X, Y] As Double) As HybridShapePointOnPlane

Die Methode erzeugt einen Punkt auf einer Ebene. Die Position des Punktes wird über den x- und y-Abstand zum Ebenenursprung definiert.

```
Set Ref = Bauteil.CreateReferenceFromObject (Ebene)
Dim Punkt As HybridShapePointOnPlane
Set Punkt = Wzk3D.AddNewPointOnPlane (Ref, 50.5, 25)
```

Func AddNewPointOnPlaneWithReference ([Ebene, Punkt] As Reference, [X, Y] As Double) As HybridShapePointOnPlane

Die Methode erzeugt einen Punkt auf einer Ebene. Die Position des Punktes wird über einen Referenzpunkt und einen x- und y-Abstand zum Referenzpunkt definiert. Der Referenzpunkt muss auf der Ebene liegen.

```
Set Ref1 = Bauteil.CreateReferenceFromObject (Ebene)
Set Ref2 = Bauteil.CreateReferenceFromObject (Punkt)
Dim Punkt As HybridShapePointOnPlane
Set Punkt = Wzk3D.AddNewPointOnPlaneWithReference (Ref1, Ref2, 5, 5)
```

Func AddNewPointOnSurface ([Fläche] As Reference, [Richtung] As HybridShapeDirection, [Abstand] As Double) As HybridShapePointOnSurface

Die Methode erzeugt einen Punkt auf einer Fläche. Die Position des Punktes wird über eine Richtung und den geodätischen Abstand zum Flächenursprung definiert.

```
Set Ref = Bauteil.CreateReferenceFromObject (Flaeche)
Dim Richtung As HybridShapeDirection
Set Richtung = Wzk3D.AddNewDirectionByCoord (10, 10, 10)
Dim Punkt As HybridShapePointOnSurface
Set Punkt = Wzk3D.AddNewPointOnSurface (Ref, Richtung, 25)
```

Func AddNewPointOnSurfaceWithReference ([Fläche, Referenzpunkt] As Reference, [Richtung] As HybridShapeDirection, [Abstand] As Double) As HybridShapePointOnSurface

Die Methode erzeugt einen Punkt auf einer Fläche. Die Position des Punktes wird über eine Richtung, einen Referenzpunkt der Fläche und den geodätischen Abstand zum Referenzpunkt definiert.

```
Set Ref1 = Bauteil.CreateReferenceFromObject (Flaeche)
Set Ref2 = Bauteil.CreateReferenceFromObject (Punkt)
Dim Richtung As HybridShapeDirection
Set Richtung = Wzk3D.AddNewDirectionByCoord (10, 10, 10)
Dim Punkt As HybridShapePointOnSurface
Set Punkt = Wzk3D.AddNewPointOnSurfaceWithReference (Ref1, Ref2, Richtung, 25)
```

Func AddNewPointTangent ([Kurve] As Reference, [Richtung] As HybridShapeDirection) As HybridShapePointTangent

Die Methode erzeugt einen Tangentenpunkt an einer Kurve. Die Orientierung der Tangenten wird über den Parameter „Richtung" bestimmt.

```
Set Ref = Bauteil.CreateReferenceFromObject (Kurve)
Dim Richtung As HybridShapeDirection
Set Richtung = Wzk3D.AddNewDirectionByCoord (10, 10, 10)
Dim Punkt As HybridShapePointTangent
Set Punkt = Wzk3D.AddNewPointTangent (Ref, Richtung)
```

Func AddNewPolyline As HybridShapePolyline

Die Methode erzeugt eine Polylinie (vgl. Abschnitt 6.5). Die Polylinie ist nach der Erzeugung nicht vollständig definiert. Deren Punkte und Radien werden über die Methoden **InsertElement** und **SetRadius** der Klasse **HybridShapePolyline** (Abschnitt *8.125*) nachträglich definiert.

```
Set Ref1 = Bauteil.CreateReferenceFromObject (Punkt1)
Set Ref2 = Bauteil.CreateReferenceFromObject (Punkt2)
Set Ref3 = Bauteil.CreateReferenceFromObject (Punkt3)
Dim Polylinie As HybridShapePolyline
Set Polylinie = Wzk3D.AddNewPolyline
Polylinie.Closure = False
Polylinie.InsertElement Ref1, 1
Polylinie.InsertElement Ref2, 2
Polylinie.SetRadius 2, 20
Polylinie.InsertElement Ref3, 3
```

Func AddNewPositionTranfo ([Modus] As Long) As HybridShapePositionTransfo

Die Methode erzeugt die Transformationsbeschreibung (Umwandlung) eines Profils. Der Parameter „Modus" ist „0", falls ein Profil in der Ursprungsposition bleibt, und „1", falls eine Transformation erfolgen soll. Eine Transformationsbeschreibung kann über die Methoden der Klasse **HybridShapePositionTransfo** (Abschnitt 8.126) spezifiziert werden. Eine Transformationsbeschreibung wird nicht über die Methode **AppendHybridShape** einem geometrischen Set zugewiesen; Schritt 3 aus Abschnitt 6.1 entfällt!

```
Dim Trans As HybridShapePositionTransfo
Set Trans = Wzk3D.AddNewPositionTransfo (1)
```

Func AddNewProject ([Element, Stützgeometrie] As Reference) As HybridShapeProject

Die Methode erzeugt die senkrechte Projektion eines Elementes auf eine Stützgeometrie.

```
Set Ref1 = Bauteil.CreateReferenceFromObject (Element)
Set Ref2 = Bauteil.CreateReferenceFromObject (Stuetzgeometrie)
Dim Projektion As HybridShapeProject
Set Projektion = Wzk3D.AddNewProject (Ref1, Ref2)
```

Func AddNewReflectLine ([Fläche] As Reference, [Richtung] As HybridShapeDirection, [Winkel] As Double, [OrientierungFläche, OrientierungRichtung] As Long) As HybridShapeReflectLine

Die Methode erzeugt eine Reflexionslinie auf einer Fläche unter einem Winkel zu einer Richtung. Der Winkel wird zwischen der Flächennormalen und der Richtung gemessen.

Die Parameter „Orientierung" können die Werte „1" und „-1" annehmen. „-1" invertiert eine Standardorientierung.

```
Set Ref = Bauteil.CreateReferenceFromObject (Flaeche)
Dim Richtung As HybridShapeDirection
Set Richtung = Wzk3D.AddNewDirectionByCoord (0, 0, 1)
Dim Kurve As HybridShapeReflectLine
Set Kurve = Wzk3D.AddNewReflectLine (Ref, Richtung, 5, 1, 1)
```

Func AddNewReflectLineWithType ([Fläche] As Reference, [Richtung] As HybridShapeDirection, [Winkel] As Double, [OrientierungFläche, OrientierungRichtung, Typ] As Long) As HybridShapeReflectLine

Die Methode erzeugt eine Reflexionslinie auf einer Fläche unter einem Winkel zu einer Richtung. Die Parameter „Orientierung" können die Werte „1" und „-1" annehmen. „-1" invertiert eine Standardorientierung. Der Parameter „Typ" bestimmt, ob der Winkel zwischen der Flächennormalen und der Richtung (Wert „0") oder der Flächentangenten und der Richtung (Wert „1") liegt.

```
Set Ref = Bauteil.CreateReferenceFromObject (Flaeche)
Dim Richtung As HybridShapeDirection
Set Richtung = Wzk3D.AddNewDirectionByCoord (0, 0, 1)
Dim K As HybridShapeReflectLine
Set K = Wzk3D.AddNewReflectLineWithType (Ref, Richtung, 5, 1, 1, 0)
```

Func AddNewRevol ([Profil] As Reference, [Winkel1, Winkel2] As Double, [Achse] As Reference) As HybridShapeRevol

Die Methode erzeugt die Rotationsfläche eines planaren Profils, gedreht um eine Achse, die in der Profilebene liegen muss. Ist das Profil eine Skizze, so muss die Skizze eine Rotationsachse besitzen.

```
Set Ref1 = Bauteil.CreateReferenceFromObject (Profil)
Set Ref2 = Bauteil.CreateReferenceFromObject (Achse)
Dim Rotation As HybridShapeRevol
Set Rotation = Wzk3D.AddNewRevol (Ref1, 0, 180, Ref2)
```

Func AddNewRotate ([Element, Achse] As Reference, [Winkel] As Double) As HybridShapeRotate

Die Methode erzeugt die Drehung eines Elementes um eine Achse. Eine Achse kann ein Achsen- oder Linienelement sein.

```
Set Ref1 = Bauteil.CreateReferenceFromObject (Element)
Set Ref2 = Bauteil.CreateReferenceFromObject (Achse)
Dim Rotation As HybridShapeRotate
Set Rotation = Wzk3D.AddNewRotate (Ref1, Ref2, 22.5)
```

Func AddNewSection As HybridShapeSection

Die Methode erstellt eine Schnittdefinition. Die Schnittebene wird über die Eigenschaft **SectionPlane** des erzeugten Objektes definiert.

```
Dim Schnitt As HybridShapeSection
Set Schnitt = Wzk3D.AddNewSection
Schnitt.SectionPlane = Bauteil.OriginElements.PlaneXY
```

Func AddNewSphere ([Mittelpunkt, Achse] As Reference, [Radius, Parallelwinkel1, Parallelwinkel2, Meridianwinkel1, Meridianwinkel2] As Double) As HybridShapeSphere

Die Methode erzeugt eine Kugel oder einen Kugelausschnitt um einen Mittelpunkt. Die Winkelparameter definieren den Kugelausschnitt.

```
Set Ref1 = Bauteil.CreateReferenceFromObject (Mittelpunkt)
Set Ref2 = Bauteil.CreateReferenceFromObject (Achse)
Dim Kugel As HybridShapeSphere
Set Kugel = Wzk3D.AddNewSphere (Ref1, Ref2, 40, -45, 45, 0, 180)
```

Func AddNewSpine As HybridShapeSpine

Die Methode erzeugt eine Leitkurve. Die Lage der Leitkurve muss anschließend über die Methoden der Klasse **HybridShapeSpine** (Abschnitt 8.135) definiert werden.

```
Dim Leitkurve As HybridShapeSpine
Set Leitkurve = Wzk3D.AddNewSpine
```

Func AddNewSpiral ([Typ] As Long, [Stützfläche, Zentrum] As Reference, [Richtung] As HybridShapeDirection, [Startradius] As Double, [Uhrzeigersinn] As Boolean) As HybridShapeSpiral

Die Methode erzeugt eine Spirale. Der Parameter „Typ" definiert die Art der Spirale („0": Winkel und Radius, „1": Winkel und Steigung, „2": Radius und Steigung). „Stützfläche" definiert eine Stützfläche und „Zentrum" einen Mittelpunkt. „Richtung" legt fest, in welcher Richtung die Spirale beginnt. Die Richtung muss in der Stützfläche verlaufen. „Startradius" definiert den Anfangsradius. „Uhrzeigersinn" legt fest, ob die Spirale im oder gegen den Uhrzeigersinn orientiert ist (im Uhrzeigersinn: „True"). Die Spirale ist nach dem Erzeugen nicht vollständig definiert und muss über die Methoden der Klasse **HybridShapeSpiral** (Abschnitt 8.136) ergänzt werden.

```
Set Ref1 = Bauteil.CreateReferenceFromObject (MeineEbene)
Set Ref2 = Bauteil.CreateReferenceFromObject (Mittelpunkt)
Set R = Wzk3D.AddNewDirectionByCoord (0, 1, 0)
Set Spirale = Wzk3D.AddNewSpiral (0, Ref1, Ref2, R, 10, True)
Spirale.SetAnglePitchParam 360, 10, 30
```

Func AddNewSpline As HybridShapeSpline

Die Methode erzeugt einen Spline. Der Spline besitzt nach der Erzeugung keine Steuerpunkte. Die Punkte müssen über die Methode **AddPoint** der Klasse **HybridShapeSpline** (Abschnitt 8.137) nachträglich ergänzt werden.

```
Dim Spline As HybridShapeSpline
Set Spline = Wzk3D.AddNewSpline
MeinHybridBody.AppendHybridShape Spline
Set Punkt = MeinHybridBody.HybridShapes.Item(„Punkt.4")
Spline.AddPoint Punkt
```

Func AddNewSurfaceDatum ([Element] As Reference) As HybridShapeSurfaceExplicit

Die Methode erzeugt eine Fläche als explizite Geometrie ohne Historie. Die Ausgangsfläche bleibt erhalten und wird nicht gelöscht. Ein Ausgangselement kann über die Methode **DeleteObjectForDatum** gelöscht werden.

```
Set Ref = Bauteil.CreateReferenceFromObject (Flaeche)
Dim ExGeo As HybridShapeSurfaceExplicit
Set ExGeo = Wzk3D.AddNewSurfaceDatum (Ref)
```

Func AddNewSweepCircle ([Zentralkurve] As Reference) As HybridShapeSweepCircle

Die Methode erzeugt eine Translationsfläche mit einem Kreisprofil. Die Geometrie des Kreisprofils wird über die Methoden der Klasse **HybridShapeSweepCircle** (Abschnitt *8.141*) spezifiziert. Die Referenz ist je nach Typ der Translationsfläche die erste Führungskurve oder die Zentralkurve der Translationsfläche.

```
Set Ref = Bauteil.CreateReferenceFromObject (Zentralkurve)
Dim Translation As HybridShapeSweepCircle
Set Translation = Wzk3D.AddNewSweepCircle (Ref)
Translation.Mode = 4
Translation.SetRadius 1, 10
```

Func AddNewSweepConic (Führungskurve As Reference) As HybridShapeSweepConic

Die Methode erstellt die Translationsfläche eines Kegelschnittprofils entlang einer Führungskurve. Da als Definition eine Führungskurve nicht genügt, müssen weitere Parameter über die Methoden der Klasse **HybridShapeSweepConic** (Abschnitt *8.142*) definiert werden.

```
Dim Conic As HybridShapeSweepConic
Set Conic = Wzk3D.AddNewSweepConic (Kurve1)
Conic.SecondGuideCrv = Kurve2
Conic.SetTangency Flaeche1, 0, 0, 1, 1
Conic.SetTangency Flaeche2, 0, 0, 1, 2
Conic.Parameter = 0.5
```

Func AddNewSweepExplicit ([Profil, Führungskurve] As Reference) As HybridShapeSweepExplicit

Die Methode erzeugt eine Translationsfläche mit einem benutzerdefinierten Profil, das entlang der Führungskurve gezogen wird.

```
Set Ref1 = Bauteil.CreateReferenceFromObject (Profil)
Set Ref2 = Bauteil.CreateReferenceFromObject (Zentralkurve)
Dim Translation As HybridShapeSweepExplicit
Set Translation = Wzk3D.AddNewSweepExplicit (Ref1, Ref2)
```

Func AddNewSweepLine ([Führungskurve] As Reference) As HybridShapeSweepLine

Die Methode erzeugt eine Translationsfläche mit einem Linienprofil, das entlang einer Führungskurve gezogen wird. Die Geometrie des Linienprofils wird über die Methoden der Klasse **HybridShapeSweepLine** (Abschnitt *8.144*) spezifiziert.

```
Set Ref = Bauteil.CreateReferenceFromObject (Fuehrungskurve)
Dim Translation As HybridShapeSweepLine
Set Translation = Wzk3D.AddNewSweepLine (Ref)
Translation.SetLength 1, 30
```

Func AddNewSymmetry ([Element, Referenz] As Reference) As HybridShapeSymmetry

Die Methode erzeugt die spiegelsymmetrische Abbildung eines Elementes an einem Referenzelement.

```
Set Ref1 = Bauteil.CreateReferenceFromObject (Element)
Set Ref2 = Bauteil.CreateReferenceFromObject (Referenz)
Dim Symmetrie As HybridShapeSymmetry
Set Symmetrie = Wzk3D.AddNewSymmetry (Ref1, Ref2)
```

Func AddNewThickness ([Fläche] As Reference, [Außenaufmaß, Innenaufmaß] As Double, [Orientierung] As Long) As HybridShapeThickness

Die Methode erzeugt eine Aufmaßinformation an der Fläche „Fläche". „Außenaufmaß" und „Innenaufmaß" bestimmen die Aufmaßparameter. „Orientierung" legt fest, in welcher Richtung das Außenaufmaß gemessen wird. Ist der Wert „1", liegt das Aufmaß in Richtung der Flächenorientierung, „–1" bestimmt eine invertierte Orientierung.

```
Set Ref = Bauteil.CreateReferenceFromObject (MeineFläche)
Dim Information As HybridShapeThickness
Set Information = Wzk3D.AddNewThickness (Ref, 30, 0, 1)
```

Func AddNewTranslate ([Element] As Reference, [Richtung] As HybridShapeDirection, [Länge] As Double) As HybridShapeTranslate

Die Methode erzeugt die Verschiebung eines Elementes in einer vorgegebenen Richtung um eine definierte Länge. „Länge" wird, in Abhängigkeit vom Einheitensystem von CATIA, in der Regel in mm angegeben.

```
Set Ref = Bauteil.CreateReferenceFromObject (Element)
Dim Richtung As HybridShapeDirection
Set Richtung = Wzk3D.AddNewDirectionByCoord (10, 10, 10)
Dim Trans As HybridShapeTranslate
Set Trans = Wzk3D.AddNewTranslate (Ref, Richtung, 5.34)
```

Sub ChangeFeatureName [Element] As AnyObject, [Name] As CATBSTR

Die Methode bestimmt den Namen des Geometrieelementes „Element". Der Name ist die Bezeichnung, die im Strukturbaum erscheint.

```
Wzk3D.ChangeFeatureName MeinObjekt, „MeinName"
```

Sub DeleteObjectForDatum [Element] As Reference

Die Methode löscht ein Ausgangselement „Element", aus dem explizite Geometrie ohne Historie erzeugt wurde. Explizite Geometrie kann über die Methoden **AddNewCircleDatum**, **AddNewPointDatum**, **AddNewCurveDatum, AddNewPlaneDatum** oder **AddNewSurfaceDatum** erzeugt werden.

```
Set Ref = Bauteil.CreateReferenceFromObject (Flaeche)
Dim ExGeo As HybridShapeSurfaceExplicit
Set ExGeo = Wzk3D.AddNewSurfaceDatum (Ref)
HBody.AppendHybridShape ExGeo
Wzk3D.DeleteObjectForDatum Ref
```

Sub DuplicateGSMSpec [Element] As AnyObject

Die Methode dupliziert ein Element eines geometrischen Sets und fügt es dem geometrischen Set hinzu.

```
Wzk3D.DuplicateGSMSpec MeinElement
```

Func GetGeometricalFeatureType ([Input] As Reference) As Short

Die Methode bestimmt den Typ eines Draht- oder Flächenelementes. Das Ergebnis ist: „1" für einen Punkt, „2" für eine Kurve, „3" für eine Linie, „4" für einen Kreis, „5" für eine Fläche, „6" für eine Ebene und „7" für ein Volumen.

```
Set Elem = HB.HybridShapes.Item("Kreis.1")
MsgBox(Elem.Name & " = " & Wzk3D.GetGeometricalFeatureType(Elem))
```

Func GSMGetObjectFromReference ([Elementreferenz] As Referenz) As AnyObject

Die Methode bestimmt das Geometrieobjekt, auf das eine Referenz verweist.

```
Dim MeinObjekt As AnyObject
Set MeinObjekt = Wzk3D.GSMGetObjectFromReference (Ref)
```

Sub GSMVisibility [Element] As AnyObject, [Sichtbarkeit] As Boolean

Die Methode setzt die Sichtbarkeit eines Geometrieelementes eines geometrischen Sets („Show" oder „NoShow"). Das Flag steht standardmäßig auf „True" („Show").

```
Wzk3D.GSMVisibility MeinObjekt, false
```

8.86 HybridShapeFill

Die Klasse repräsentiert eine Füllfläche (vgl. Abschnitt 6.6). Ein Objekt der Klasse wird über die Methode **AddNewFill** der Klasse **HybridShapeFactory** (Abschnitt *8.85*) erzeugt.

Objektpfad: AnyObject.HybridShape.HybridShapeFill

Sub AddBound (Kurve As Reference)

Die Methode fügt eine Kurve zur Begrenzungsdefinition der Füllfläche hinzu (Liste „Begrenzung"). Die Begrenzung wird an die Liste der Begrenzungen angehängt.

`Fuellen.AddBound Kurve`

Sub AddSupportAtBound (Kurve, Stützelement As Reference)

Die Methode fügt eine Kurve und ein Stützelement zur Begrenzungsdefinition der Füllfläche hinzu (Liste „Begrenzung"). Die Begrenzung wird an die Liste der Begrenzungen angehängt.

`Fuellen.AddSupportAtBound Kurve, Flaeche`

Sub AppendConstraint (Bedingung As Reference)

Die Methode fügt eine Bedingung zur Definition der Füllfläche hinzu.

`Fuellen.AppendConstraint Bedingungselement`

Constraint As Reference

Die Eigenschaft beschreibt den Durchgangspunkt (Feld „Durchgangspunkt").

`Fuellen.Constraint = Punkt`

Continuity As Long

Die Eigenschaft beschreibt die Stetigkeit zwischen der Füllfläche und den Stützelementen (Feld „Stetigkeit"). Der Wertebereich ist: „0" für Punktstetigkeit, „1" für Tangentenstetigkeit und „2" für Krümmungsstetigkeit.

```
Fuellen.Continuity = 1
```

Func GetBoundaryContinuity (Index As Long) As Long

Die Methode liest die Flächenübergangsbedingung an der Begrenzung „Index". „Index" ist für das erste Element gleich „1". Der Wertebereich ist analog der Eigenschaft **Continuity**.

```
Dim Wert As Long
Wert = Fuellen.GetBoundaryContinuity (1)
```

Func GetBoundAtPosition (Index As Long) As Reference

Die Methode liest die Begrenzungskurve an der Position „Index". „Index" ist für das erste Element gleich „1".

```
Dim KurvelRef As Reference
Set KurvelRef = Fuellen.GetBoundAtPosition (1)
```

Func GetBoundPosition (Kurve As Reference) As Long

Die Methode liest, an welcher Position innerhalb der Begrenzungsdefinition eine Kurve liegt. Es ist die Umkehrfunktion der Methode **GetBoundAtPosition**.

```
Index = Fuellen.GetBoundPosition(KurvelRef)
```

Func GetBoundSize As Long

Die Methode liest die Anzahl der Kurven der Begrenzungsdefinition (Liste „Begrenzung").

```
Anzahl = Fuellen.GetBoundSize
```

Func GetConstraintAtPosition (Index As Long) As Reference

Die Methode liest eine Bedingung der Begrenzungsdefinition an der Stelle „Index". „Index" ist für das erste Element gleich „1".

```
Set Bedingung1 = Fuellen.GetConstraintAtPosition (1)
MsgBox(Bedingung1.DisplayName)
```

Func GetConstraintsSize As Long

Die Methode liest die Anzahl der Bedingungen der Begrenzungsdefinition.

```
Anzahl = Fuellen.GetConstraintsSize
```

Func GetSupportAtPosition (Index As Long) As Reference

Die Methode liest das Stützelement an der Position „Index". „Index" ist für das erste Element gleich „1".

```
Dim StuetzelRef As Reference
Set StuetzelRef = Fuellen.GetSupportAtPosition (1)
MsgBox(StuetzelRef.DisplayName)
```

Sub InsertBoundAfterPosition (Kurve As Reference, Index As Long)

Die Methode fügt eine Kurve zur Begrenzungsdefinition der Füllfläche hinzu (Liste „Begrenzung"). Die Begrenzung wird in der Liste an Position „Index+1" eingefügt.

`Fuellen.InsertBoundAfterPosition Linie, 2`

MaximumDeviationValue As Double

Die Eigenschaft beschreibt die Abweichung in mm.

`Fuellen.TolerantMode = true`
`Fuellen.MaximumDeviationValue = 0.02`

PlaneOnlyMode As Boolean

Die Eigenschaft beschreibt den Zustand der Option „Nur ebene Begrenzung" (siehe Bild unter Abschnitt 8.86). Ist der Wert „True", ist die Option aktiviert.

`Fuellen.PlaneOnlyMode = True`

Sub RemoveAllBound

Die Methode entfernt alle Kurven aus der Begrenzungsdefinition der Füllfläche (Liste „Begrenzung").

`Fuellen.RemoveAllBound`

Sub RemoveBoundAtPosition (Index As Long)

Die Methode entfernt die Kurve an der Position „Index" aus der Begrenzungsdefinition der Füllfläche (Liste „Begrenzung").

`Fuellen.RemoveBoundAtPosition 3`

Sub RemoveConstraint (Index As Long)

Die Methode entfernt eine Bedingung an der Postition „Index".

`Fuellen.RemoveConstraint 1`

Sub RemoveSupportAtPosition (Index As Long)

Die Methode entfernt das Stützelement der Kurve an der Position „Index" aus der Begrenzungsdefinition der Füllfläche (Liste „Begrenzung").

`Fuellen.RemoveSupportAtPosition 1`

Sub ReplaceBoundAtPosition (NeueKurve As Reference, Index As Long)

Die Methode tauscht die Kurve an der Position „Index" durch eine neue Kurve „NeueKurve" (Liste „Begrenzung").

`Fuellen.ReplaceBoundAtPosition Kurve, 1`

Sub ReplaceConstraint (Index As Long, NeueBedingung As Reference)

Die Methode ersetzt die Bedingung an Position „Index" durch eine neue Bedingung „NeueBedingung".

`Fuellen.ReplaceConstraint 1, MeineBedingung`

Sub ReplaceSupportAtPosition (NeuesStuetzelement As Reference, Index As Long)

Die Methode ersetzt das Stützelement an der Position „Index" durch ein neues Stützelement „NeuesStuetzelement" (Liste „Begrenzung").

```
Fuellen.ReplaceSupportAtPosition Flaeche, 1
```

Sub SetBoundaryContinuity (Stetigkeit As Long, Index As Long)

Die Methode setzt die Flächenstetigkeit an der Stelle „Index". „Stetigkeit" hat einen Wertebereich analog der Eigenschaft **Continuity**.

```
Fuellen.SetBoundaryContinuity 2, 1
```

TolerantMode As Boolean

Die Eigenschaft beschreibt den Aktivierungszustand des Toleranzmodus. Ist die Eigenschaft „true", ist der Toleranzmodus aktiviert und der Abweichungsparameter wird verwendet.

```
Fuellen.TolerantMode = true
Fuellen.MaximumDeviationValue = 0.02
```

■ 8.87 HybridShapeFilletBiTangent

Die Klasse beschreibt eine Verrundung an zwei Tangenten. Ein Objekt der Klasse wird über die Mehtode **AddNewFilletBiTangent** der Klasse **HybridShapeFactory** (Abschnitt 8.85) erzeugt.

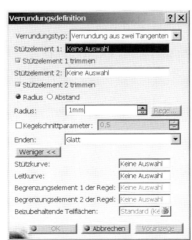

Objektpfad: AnyObject.HybridShape.HybridShapeFilletBiTangent

Sub AppendNewFaceToKeep [Fläche] As Reference

Die Methode fügt eine Fläche zur Liste der beizubehaltenden Teilflächen hinzu (Feld „Beizubehaltende Teilflächen").

```
Set KFlaeche = HB.HybridShapes.Item("Fläche.1")
Verrundung.AppendNewFaceToKeep KFLaeche
```

ConicalSectionParameter As Double

Die Eigenschaft beschreibt den Kegelschnittparameter.

```
Verrundung.ConicalSectionParameter = 1
```

FirstElem As Reference

Die Eigenschaft beschreibt das erste Stützelement (Feld „Stützelement 1").

```
Dim Ref1 As Reference
Set Ref1 = Bauteil.CreateReferenceFromObject (MeineFlaeche1)
MeineVerrundung.FirstElem = Ref1
```

FirstLawRelimiter As Reference

Die Eigenschaft beschreibt das erste Begrenzungselement der Regel (Feld „Begrenzungselement 1 der Regel"), sofern eine Leitkurve definiert ist. Der Punkt muss auf der Leitkurve sitzen.

```
Verrundung.FirstLawRelimiter = MeinePunktreferenz
```

FirstOrientation As Long

Die Eigenschaft beschreibt, auf welcher Seite der ersten Fläche die Mittelpunktkurve der Verrundungsfläche liegt. Ist der Wert „1", liegt die Mittelpunktkurve auf der Seite, in welche die Flächennormale zeigt. Ist der Wert „-1", liegt die Mittelpunktkurve auf der anderen Seite.

```
Verrundung.FirstOrientation = 1
```

Func GetFaceToKeep ([Index] As Long) As Reference

Die Methode liest ein Element der Liste der beizubehaltenden Flächen. Der Wertebereich von „Index" beginnt bei „1".

```
Set Face1 = Verrundung.GetFaceToKeep (1)
```

HoldCuve As Reference

Die Eigenschaft beschreibt die Stützkurve der Verrundung (Feld „Stützkurve").

```
Dim Ref As Reference
Set Ref = Bauteil.CreateReferenceFromObject (MeineStuetzkurve)
MeineVerrundung.HoldCurve = Ref
```

IntegratedLaw As HybridShapeIntegratedLaw

Die Eigenschaft beschreibt die Regel, nach welcher der Radius berechnet wird.

```
Verrundung.IntegratedLaw = MeineRegel
```

Sub InvertFirstOrientation

Die Methode invertiert die Orientierung des ersten Stützelementes.

`MeineVerrundung.InvertFirstOrientation`

Sub InvertSecondOrientation

Die Methode invertiert die Orientierung des zweiten Stützelementes.

`MeineVerrundung.InvertSecondOrientation`

Radius As Length (Read Only)

Die Eigenschaft beschreibt den Verrundungsradius (Feld „Radius"). Auf dessen Wert kann über die Methode **Value** zugegriffen werden. Die Einheit ist „Millimeter".

`MeineVerrundung.Radius.Value = 1`

RadiusType As Long

Die Eigenschaft beschreibt den Radiustyp. Ist die Eigenschaft gleich „0", ist der Radiustyp „Radius". Ist die Eigenschaft gleich „1", ist der Radiustyp gleich „Abstand".

`Verrundung.RadiusType = 0`

RadiusValue As Double

Die Eigenschaft beschreibt den Wert des Verrundungsradius. Diese Eigenschaft ist der oben beschriebenen Methode **Value** gleichwertig. Die Einheit ist „Meter".

`MeineVerrundung.RadiusValue = 0.001`

Sub RemoveAllFacesToKeep

Die Methode löscht alle Elemente aus der Liste der beizubehaltenden Teilflächen.

`Verrundung.RemoveAllFacesToKeep`

Sub RemoveFaceToKeep [Fläche] As Reference

Die Methode entfernt ein Element aus der Liste der beizubehaltenden Teilflächen.

`Verrundung.RemoveFaceToKeep Verrundung.GetFaceToKeep (1)`

RibbonRelimitationMode As Long

Die Eigenschaft beschreibt, wie die Randkurven der Verrundung gebildet werden (Feld „Enden"). Die Eigenschaft besitzt folgenden Wertebereich: „0" (glatt), „1" (gerade), „2" (maximal) und „3" (minimal).

`Verrundung.RibbonRelimitationMode = 0`

SecondElem As Reference

Zweites Stützelement (Feld „Stützelement 2", analog **FirstElem**)

SecondLawRelimiter As Reference

Zweites Begrenzungselement der Regel (Feld „Begrenzungselement 2 der Regel", analog **FirstLawRelimiter**)

SecondOrientation As Long

Orientierung des zweiten Stützelementes (analog **FirstOrientation**)

SectionType As Long

Die Eigenschaft beschreibt, ob die Schnittkurve der Verrundung ein Radius oder ein Kegel ist. Ist der Wert gleich „0", ist die Option „Kegelschnittparameter" deaktiviert. Ist der Wert gleich „1", ist die Option „Kegelschnittparameter" aktiviert.

Spine As Reference

Die Eigenschaft beschreibt die Leitkurve (Feld „Leitkurve").
Verrundung.Spine = MeineKurvenReferenz

SupportsTrimMode As Long

Die Eigenschaft definiert, ob die Stützflächen mit der Verrundung beschnitten werden sollen (Optionen „Stützelement trimmen"). Die Eigenschaft hat folgenden Wertebereich: „0" (kein Beschnitt), „1" (beide Flächen), „2" (nur Fläche 1) und „3" (nur Fläche 2).
Verrundung.SupportsTrimMode = 1

■ 8.88 HybridShapeFilletTriTangent

Die Klasse repräsentiert eine Dreitangentenverrundung. Ein Objekt der Klasse wird über die Methode **AddNewFilletTriTangent** der Klasse **HybridShapeFactory** (Abschnitt 8.85) erzeugt.

Objektpfad: AnyObject.HybridShape.HybridShapeFilletTriTangent

FirstElem As Reference

Die Eigenschaft beschreibt das erste Stützelement (Feld „Stützelement 1").
```
Dim Ref1 As Reference
Set Ref1 = Bauteil.CreateReferenceFromObject (MeineFlaeche1)
MeineVerrundung.FirstElem = Ref1
```

FirstOrientation As Long

Die Eigenschaft beschreibt, auf welcher Seite der ersten Stützfläche die Mittelpunktkurve der Verrundungsfläche liegt. Ist der Wert „1", liegt die Mittelpunktkurve auf der Seite, in welche die Flächennormale zeigt. Ist der Wert „-1", liegt die Mittelpunktkurve auf der anderen Seite.
```
Verrundung.FirstOrien-
tation = -1
```

Sub InvertFirstOrientation

Die Methode invertiert die Orientierung des ersten Stützelementes.
```
MeineVerrundung.InvertFirstOrientation
```

Sub InvertRemoveOrientation

analog **InvertFirstOrientation**

Sub InvertSecondOrientation

Die Methode invertiert die Orientierung des zweiten Stützelementes.
```
MeineVerrundung.InvertSecondOrientation
```

RemoveElem As Reference

Die Eigenschaft beschreibt die Entfallfläche (Feld „Zu entfernendes Stützelement").
```
Set E = HB.HybridShapes.Item("Füllen.1")
Verrundung.RemoveElem = E
```

RemoveOrientation As Long

Orientierung der Entfallfläche (analog **FirstOrientation**)

RibbonRelimitationMode As Long

Die Eigenschaft beschreibt, wie die Randkurven der Verrundung gebildet werden (Feld „Enden"). Die Eigenschaft besitzt folgenden Wertebereich: „0" (glatt), „1" (gerade), „2" (maximal) und „3" (minimal).
```
Verrundung.RibbonRelimitationMode = 3
```

SecondElem As Reference

Zweites Stützelement (Feld „Stützelement 2", analog **FirstElem**)

SecondOrientation As Long

Orientierung des zweiten Stützelementes (analog **FirstOrientation**)

SupportsTrimMode As Long

Die Eigenschaft definiert, ob die Stützflächen mit der Verrundung beschnitten werden sollen (Optionen „Stützelement trimmen"). Die Eigenschaft hat folgenden Wertebereich: „0" (kein Beschnitt), „1" (beide Flächen), „2" (nur Fläche 1) und „3" (nur Fläche 2).
```
Verrundung.SupportsTrimMode = 2
```

■ 8.89 HybridShapeHelix

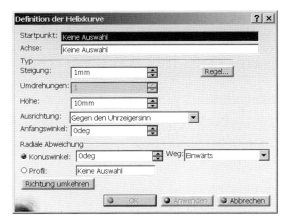

Die Klasse repräsentiert eine Helix (vgl. Abschnitt 6.5). Ein Objekt der Klasse wird über die Methode **AddNewHelix** der Klasse **HybridShapeFactory** (Abschnitt 8.85) erzeugt.

Objektpfad: AnyObject.HybridShape.HybridShapeHelix

Axis As Reference

Die Eigenschaft beschreibt die Achse der Helix (Feld „Achse").
```
Dim Ref1 As Reference
Set Ref1 = MeinPart.CreateReferenceFromObject (MeineAchse)
MeineSpirale.Axis = Ref1
```

ClockwiseRevolution As Boolean

Die Eigenschaft beschreibt, ob die Helix mit oder entgegen dem Uhrzeigersinn um die Achse verläuft (Feld „Ausrichtung"). „True" bedeutet im Uhrzeigersinn.
```
MeineSpirale.ClockwiseRevolution = false
```

Height As Length (Read Only)
Die Eigenschaft beschreibt die Höhe der Helix (Feld „Höhe"). Über die Methode **Value** kann die Höhe verändert werden.
`MeineSpirale.Height.Value = 10`

InvertAxis As Boolean
Die Eigenschaft beschreibt, ob die Helix mit oder entgegen der Achsenrichtung verläuft. „False" bedeutet in Richtung der Achsenkurve.
`MeineSpirale.InvertAxis = false`

Pitch As Length (Read Only)
Die Eigenschaft beschreibt die erste Steigung der Helix (Felder „Steigung" und „Startwert"). Über die Methode **Value** kann die Steigung verändert werden.
`MeineSpirale.Pitch.Value = 1`

Pitch2 As Length (Read Only)
Die Eigenschaft beschreibt die zweite Steigung der Helix (Feld „Endwert"). Diese Eigenschaft ist nur verfügbar, wenn der Regeltyp (**PitchLawType**) der Helix einen s-förmigen Verlauf definiert. Über die Methode **Value** kann die Steigung verändert werden.
`MeineSpirale.Pitch2.Value = 3`

PitchLawType As Long
Die Eigenschaft beschreibt, wie der Verlauf der Steigung definiert ist. Ist der Wert der Eigenschaft „1", ist der Verlauf konstant. Ist er „3", ist der Verlauf s-förmig.
`MeineSpirale.PitchLawType = 1`

Profile As Reference
Die Eigenschaft beschreibt das Profil, an dem sich die Helix ausrichtet (Feld „Profil").
`MeineSpirale.Profile = Profilreferenz`

RevolNumber As RealParam (Read Only)
Die Eigenschaft beschreibt den Parameter des Feldes „Umdrehungen". Auf dessen Wert kann über die Methode **Value** zugegriffen werden.
`MsgBox (MeineSpirale.RevolNumber.Value)`

Sub SetHeight [Höhe] As Double
Die Methode setzt die Höhe der Helix (Feld „Höhe").
`MeineSpirale.SetHeight 10`

Sub SetPitch [Steigung] As Double
Die Methode setzt die erste Steigung der Helix (Felder „Steigung" und „Startwert").
`MeineSpirale.SetPitch 1`

Sub SetPitch2 [Steigung] As Double

Die Methode setzt die zweite Steigung der Helix (Feld „Endwert"). Diese Methode ist nur verfügbar, wenn der Regeltyp (**PitchLawType**) der Helix einen s-förmigen Verlauf definiert.

```
MeineSpirale.SetPitch2 3
```

Sub SetRevolutionNumber [Anzahl] As Double

Die Methode setzt die Anzahl der Umdrehungen der Helix (Feld „Umdrehungen").

```
MeineSpirale.SetRevolutionNumber 1
```

Sub SetStartingAngle [Winkel] As Double

Die Methode setzt den Wert des Feldes „Anfangswinkel".

```
MeineSpirale.SetStartingAngle 0
```

Sub SetTaperAngle [Winkel] As Double

Die Methode setzt den Wert des Feldes „Konuswinkel".

```
MeineSpirale.SetTaperAngle 0
```

StartingAngle As Angle (Read Only)

Die Eigenschaft beschreibt den Startwinkel, um den der reale Startpunkt der Helix bezüglich des nominalen um die Achse gedreht ist (Feld „Anfangswinkel"). Über die Methode **Value** kann der Wert verändert werden.

```
MeineSpirale.StartingAngle.Value = 0
```

StartingPoint As Reference

Die Eigenschaft beschreibt den nominalen Startpunkt der Helix (Feld „Startpunkt"). Der reale Startpunkt kann um den Winkel **StartingAngle** um die Achse gedreht sein.

```
Dim Ref2 As Reference
Set Ref2 = MeinPart.CreateReferenceFromObject (MeinPunkt)
MeineSpirale.StartingPoint = Ref2
```

TaperAngle As Angle (Read Only)

Die Eigenschaft beschreibt den Konuswinkel (Feld „Konuswinkel"). Über die Methode **Value** kann der Wert verändert werden.

```
MeineSpirale.TaperAngle.Value = 0
```

TaperOutward As Boolean

Die Eigenschaft beschreibt, ob der Konus nach innen oder außen verläuft (Feld „Weg"). „True" bedeutet eine Vergrößerung des Konus mit zunehmender Höhe.

```
MeineSpirale.TaperOutward = true
```

8.90 HybridShapeIntegratedLaw

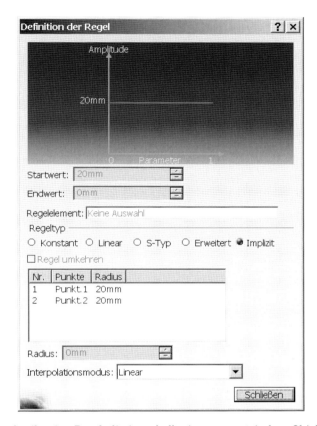

Die Klasse beschreibt eine Regel, die innerhalb eines geometrischen Objektes als Eigenschaft eingebunden ist. Ein Objekt der Klasse wird über die Methode **AddNewIntegratedLaw** der Klasse **HybridShapeFactory** (Abschnitt 8.85) erzeugt.

Objektpfad: AnyObject.HybridShape.HyridShapeIntegratedLaw

AdvancedLaw As Reference

Die Eigenschaft beschreibt den externen Regelbezug, sofern **PitchLawType** gleich „4" (Erweitert) ist.

```
Regel.PitchLawType = 4
Regel.AdvancedLaw = HB.HybridShapes.Item („Regel.1")
```

Sub AppendNewPointAndParam [Punkt] As Reference, [Radius] As Long

Die Methode fügt einen neuen Punkt zur Punkteliste der Regel hinzu, sofern **PitchLawType** gleich „5" (implizit) ist. Der Punkt sollte auf der Steuerkurve liegen. Der Radius muss ganzzahlig sein.

```
Regel.PitchLawType = 5
Set Punkt = HB.HybridShapes.Item("Punkt.3")
Regel.AppendNewPointAndParam Punkt, 10
```

EndParam As Length (Read Only)

Die Eigenschaft beschreibt den Endwert (Feld „Endwert"), sofern **PitchLawType** gleich „2" (linear) oder „3" (S-Type) ist.

```
Regel.PitchLawType = 2
Regel.EndParam.Value = 5
```

Sub GetPointAndParam [Index] As Long, [Punkt] As Reference, [Radius] As Long

Die Methode liest einen Punkt und dessen Radiusparameter aus der Punkteliste der Regel, sofern **PitchLawType** gleich „5" (Implizit) ist.

```
Dim RPunkt, RRadius
Regel.GetPointAndParam 1, RPunkt, RRadius
```

Func GetSize As Long

Die Methode liest die Anzahl der Punkte der Punkteliste der Regel.

```
Dim Anzahl As Long
Anzahl = Regel.GetSize
```

ImplicitLawInterpolationMode As Long

Die Eigenschaft beschreibt den Interpolationsmodus einer impliziten Regel (Feld „Interpolationsmodus"), sofern **PitchLawType** gleich „5" (Implizit) ist. Der Wertebereich ist: „0" (keine Definition), „1" (Linear) und „2" (Kubisch).

```
Regel.PitchLawType = 5
Regel.ImplicitLawInterpolationMode = 2
```

InvertMappingLaw As Boolean

Die Eigenschaft beschreibt den Zustand der Option „Regel umkehren" (siehe Bild unter Abschnitt 8.90).

```
Regel.InvertMappingLaw = True
```

PitchLawType As Long

Die Eigenschaft beschreibt den Regeltyp (siehe Optionen „Regeltyp"). Es gibt folgende Regeltypen: „0" (keine Regel), „1" (konstant), „2" (linear), „3" (S-Typ), „4" (erweitert) und „5" (implizit).

```
Regel.PitchLawType = 5
```

Sub RemoveAllPointsAndParams

Die Methode entfernt alle Punkte aus der Punkteliste der Regel.
```
Regel.RemoveAllPointsAndParams
```

Sub RemovePointAndParam [Punkt] As Reference

Die Methode entfernt einen Punkt aus der Punkteliste der Regel.
```
Dim RefPunkt, RefRadius
Regel.GetPointAndParam 1, RefPunkt, RefRadius
Regel.RemovePointAndParam RefPunkt
```

Sub SetEndParam [Wert] As Long

Die Methode setzt den Endwert (Feld „Endwert"), sofern **PitchLawType** gleich „2" (Linear) oder „3" (S-Typ) ist.
```
Regel.SetEndParam 10
```

Sub SetStartParam [Wert] As Long

Die Methode setzt den Startwert (Feld „Startwert"), sofern **PitchLawType** gleich „1" (Konstant), „2" (Linear) oder „3" (S-Typ) ist.
```
Regel.SetStartParam 50
```

Spine As Reference

Die Eigenschaft beschreibt die Steuerkurve, sofern **PitchLawType** gleich „5" (Implizit) ist.
```
Set Kurve = HB.HybridShapes.Item("Kreis.2")
Regel.Spine = Kurve
```

StartParam As Length (Read Only)

Die Eigenschaft beschreibt den Startwert (Feld „Startwert"), sofern **PitchLawType** gleich „1" (Konstant), „2" (Linear) oder „3" (S-Typ) ist.
```
Regel.PitchLawType = 1
Regel.StartParam.Value = 10
```

8.91 HybridShapeIntersection

Die Klasse repräsentiert eine Verschneidung (vgl. Abschnitt 6.8). Ein Objekt der Klasse wird über die Methode **AddNewIntersection** der Klasse **HybridShapeFactory** (Abschnitt 8.85) erzeugt.

Objektpfad: AnyObject.HybridShape.HybridShapeIntersection

Element1 As Reference

Die Eigenschaft beschreibt das erste Element (Feld „Element 1").

```
Dim Ref1 As Reference
Set Ref1 = MeinPart.CreateReferenceFromObject (MeinElement1)
Schnitt.Element1 = Ref1
```

Element2 As Reference

Zweites Element (analog **Element1**)

ExtendMode As Long

Die Eigenschaft beschreibt den Zustand der beiden Optionen „Lineare Stützelemente für den Schnittpunkt erweitern". Der Wertebereich der Eigenschaft ist: „0" (beide nicht markiert), „1" (erste Option markiert), „2" (zweite Option ist markiert) und „3" (beide Optionen sind markiert).

```
Schnitt.ExtendMode = 2
```

ExtrapolateMode As Boolean

Die Eigenschaft beschreibt den Zustand der Option „Schnittpunkt am ersten Element extrapolieren". Ist der Wert gleich „True", ist die Option gesetzt.
`Schnitt.ExtrapolateMode = True`

IntersectMode As Boolean

Die Eigenschaft beschreibt den Zustand der beiden Optionen „Lineare Stützelemente für den Schnittpunkt erweitern". Ist der Wert gleich „True", sind beide Optionen gesetzt.
`Schnitt.IntersectMode = True`

PointType As Long

Die Eigenschaft beschreibt den Zustand der Optionen „Kurve" und „Punkte" im Feld „Verschneidung der Kurve mit gemeinsamem Bereich". Der Wertebereich ist: „0" (Kurve) und „1" (Punkte).
`Schnitt.PointType = 0`

SolidMode As Boolean

Die Eigenschaft beschreibt den Zustand der Optionen „Kontur" und „Fläche" im Feld „Verschneidung zwischen Fläche und Teil". Der Wertebereich ist: „0" (Kontur) und „1" (Fläche).
`Schnitt.SolidMode = 1`

■ 8.92 HybridShapeInverse

Die Klasse repräsentiert eine Umkehrung (vgl. Abschnitt 6.8). Ein Objekt der Klasse wird über die Methode **AddNewInverse** der Klasse **HybridShapeFactory** (Abschnitt 8.85) erzeugt.

Objektpfad: AnyObject.HybridShape.HybridShapeInverse

Element As Reference

Die Eigenschaft beschreibt das zu invertierende Element (Feld „Umkehren").
```
Dim Ref As Reference
Set Ref = MeinPart.CreateReferenceFromObject (MeinElement)
Invert.Element = Ref
```

Orientation As Long

Die Eigenschaft beschreibt die Orientierung der Umkehrung. Ist der Wert „1", ist die Orientierung der Umkehrung gleich der des Ursprungselements. Ist der Wert „–1", ist die

Orientierung der Umkehrung invertiert. Ist der Wert „2", so kann das Ursprungselement nicht invertiert werden.
```
Invert.Orientation = -1
```

■ 8.93 HybridShapeLawDistProj

Die Klasse repräsentiert eine geometrische Regel. Ein Objekt der Klasse wird über die Methode **AddNewLawDistProj** der Klasse **HybridShapeFactory** (Abschnitt 8.85) erzeugt.

Objektpfad: AnyObject.HybridShape.HybridShapeLawDistProj

AppliedUnitSymbol As String

Die Eigenschaft beschreibt die angewendete Einheit (Feld „Angewendete Einheit"). Die Eigenschaft ist nur vorhanden, wenn die Option „Heterogene Regel" gesetzt ist.

Definition As Reference

Die Eigenschaft beschreibt die Definitionskurve (Feld „Definition"). Der Verlauf des Abstands senkrecht von der Referenzkurve zur Definitionskurve beschreibt die Regel.
```
MeineRegel.Definition = ReferenzDefKurve
```

Sub GetAppliedUnitSymbol [Symbol] As String

Die Methode liest die angewendete Einheit (Feld „Angewendete Einheit").
```
Dim Einheit As String
MeineRegel.GetAppliedUnitSymbol Einheit
```

Sub GetMeasureUnitSymbol [Symbol] As String

Die Methode liest die Maßeinheit (Feld „Maßeinheit").
```
Dim Einheit As String
MeineRegel.GetMeasureUnitSymbol Einheit
```

Sub GetPlaneNormal [EbenenParameter] As CATSafeArrayVariant

Die Methode liest die Parameter der Normalenebene.
```
Dim P(2)
MeineRegel.GetPlaneNormal P
MsgBox(P(0) & „, " & P(1) & „, " & P(2))
```

Func IsHeterogeneousLaw As Boolean

Die Methode liest den Zustand der Option „Heterogene Regel". Ist die Option aktiviert, ist der Wert gleich „True".
```
Dim Aktiviert As Boolean
Aktiviert = MeineRegel.IsHeterogeneousLaw
```

MeasureUnitSymbol As String

Die Eigenschaft beschreibt die Maßeinheit (Feld „Maßeinheit"). Die Eigenschaft ist nur vorhanden, wenn die Option „Heterogene Regel" gesetzt ist.

ParameterOnDefinition As Boolean

Die Eigenschaft beschreibt den Zustand der Option „X-Parameter bei Definition". Ist der Wert „True", ist die Option gesetzt.
```
MeineRegel.ParameterOnDefinition = False
```

PositiveDirectionOrientation As Long

Die Eigenschaft beschreibt die Orientierung ausgehend von der Referenzkurve, in der die Abstände zur Definitionskurve mit positiven Werten gemessen werden. Der Wertebereich ist „1" und „-1". Ist der Wert „1", zeigt die Orientierung in Richtung des Kreuzproduktes aus den Orientierungen von Normalenebene und Referenzkurve.
```
MeineRegel.PositiveDirectionOrientation = 1
```

Sub PutPlaneNormal [EbenenParameter] As CATSafeArrayVariant

Die Methode setzt die Parameter der Normalenebene.
```
Dim P(2)
P(0) = 0
P(1) = 0
P(2) = 1
MeineRegel.PutPlaneNormal P
```

Reference As Reference

Die Eigenschaft beschreibt die Referenzkurve (Feld „Referenz"). Der Verlauf des Abstands senkrecht von der Referenzkurve zur Definitionskurve beschreibt die Regel.
```
MeineRegel.Reference = ReferenzRefKurve
```

Scaling As Double

Die Eigenschaft beschreibt den Skalierungsfaktor (Feld „Skalieren").
```
MeineRegel.Scaling = 1
```

8.94 HybridShapeLineAngle

Die Klasse repräsentiert eine Linie, die winkelig zu einer Kurve auf einer Stützfläche durch einen Punkt verläuft (vgl. Abschnitt 6.3). Ein Objekt der Klasse wird über die Methode **AddNewLineAngle** der Klasse **HybridShapeFactory** (Abschnitt 8.85) erzeugt.

Objektpfad: AnyObject.HybridShape.Line. HybridShapeLineAngle

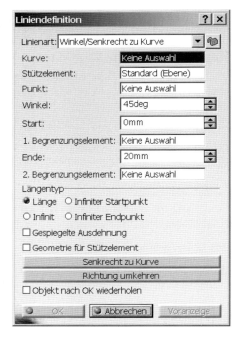

Angle As Angle (Read Only)

Die Eigenschaft beschreibt den Winkel (Feld „Winkel"). Über die Methode **Value** kann der Wert verändert werden.
```
Linie.Angle.Value = 45
```

BeginOffset As Length (Read Only)

Die Eigenschaft beschreibt den Abstand des Startpunktes der Linie zum Referenzpunkt (Feld „Start"). Über die Methode **Value** kann der Wert verändert werden.
```
Linie.BeginOffset.Value = 0
```

Curve As Reference

Die Eigenschaft beschreibt die Kurve, zu der die Linie winkelig angeordnet ist (Feld „Kurve").
```
Dim Ref1 As Reference
Set Ref1 = MeinPart.CreateReferenceFromObject (MeineKurve)
Linie.Curve = Ref1
```

EndOffset As Length (Read Only)

Die Eigenschaft beschreibt den Abstand des Endpunktes der Linie zum Referenzpunkt (Feld „Ende"). Über die Methode **Value** kann der Wert verändert werden.
```
Linie.EndOffset.Value = 98
```

Geodesic As Boolean

Die Eigenschaft beschreibt, ob die Linie auf dem Stützelement liegt (auf dem Stützelement: „True").
```
Linie.Geodesic = False
```

Func GetLengthType As Long

Die Methode liest den Längentyp (Bereich „Längentyp"). Der Wertebereich ist analog der Methode **SetLengthType**.

```
Dim Zustand As Long
Zustand = Linie.GetLengthType
```

Func GetSymmetricalExtension As Boolean

Die Methode liest den Zustand der Option „Gespiegelte Ausdehnung" (analog **SetSymmetricalExtension**).

```
Dim Wert As Boolean
Wert = Linie.GetSymmetricalExtension
```

Orientation As Long

Die Eigenschaft beschreibt die Orientierung der Linie (Schaltfläche „Richtung umkehren"). Bei einem Wert von „1" wird die ursprüngliche Orientierung beibehalten, bei „-1" invertiert.

```
Linie.Orientation = 1
```

Point As Reference

Die Eigenschaft beschreibt den Referenzpunkt (Feld „Punkt").

```
Set Ref3 = MeinPart.CreateReferenceFromObject (MeinPunkt)
Linie.Point = Ref3
```

Sub SetLengthType [Typ] As Long

Die Methode setzt den Längentyp (Bereich „Längentyp", Optionen „Länge", „Infinit", „Infiniter Startpunkt" und „Infiniter Endpunkt"). Der Wertebereich ist: „0" (Länge), „1" (Infinit), „2" (Infiniter Startpunkt) und „3" (Infiniter Endpunkt).

```
Linie.SetLengthType 2
```

Sub SetSymmetricalExtension [Wert] As Boolean

Die Methode setzt den Wert der Option „Gespiegelte Ausdehnung". Ist der Wert gleich „True", ist die Option gesetzt.

```
Linie.SetSymmetricalExtension True
```

Surface As Reference

Die Eigenschaft beschreibt das Stützelement (Feld „Stützelement").

```
Dim Ref2 As Reference
Set Ref2 = MeinPart.CreateReferenceFromObject (MeineFlaeche)
Linie.Surface = Ref2
```

8.95 HybridShapeLineBisecting

Die Klasse repräsentiert eine Winkelhalbierende zwischen zwei Linien (vgl. Abschnitt 6.3). Ein Objekt der Klasse wird über die Methoden **AddNewLineBisecting**, **AddNewLineBisectingOnSupport**, **AddNewLineBisectingOnSupportWithPoint** oder **AddNewLineBisectingWithPoint** der Klasse **HybridShapeFactory** (Abschnitt 8.85) erzeugt.

Objektpfad: AnyObject.HybridShape.Line.HybridShapeLineBisecting

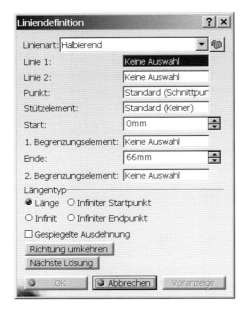

BeginOffset As Length (Read Only)

Die Eigenschaft beschreibt den Abstand des Startpunktes der Linie zum Referenzpunkt (Feld „Start"). Über die Methode **Value** kann der Wert verändert werden.

```
Linie.BeginOffset.Value = 0
```

Elem1 As Reference

Die Eigenschaft beschreibt die erste Linie (Feld „Linie 1").

```
Dim Ref1 As Reference
Set Ref1 = MeinPart.CreateReferenceFromObject (MeineLinie)
Linie.Elem1 = Ref1
```

Elem2 As Reference

Zweite Linie (analog **Elem1**)

EndOffset As Length (Read Only)

Die Eigenschaft beschreibt den Abstand des Endpunktes der Linie zum Referenzpunkt (Feld „Ende"). Über die Methode **Value** kann der Wert verändert werden.

```
Linie.EndOffset.Value = 48
```

Func GetLengthType As Long

Die Methode liest den Längentyp (Bereich „Längentyp"). Der Wertebereich ist analog der Methode **SetLengthType**.

```
Dim Zustand As Long
Zustand = Linie.GetLengthType
```

Func GetSymmetricalExtension As Boolean

Die Methode liest den Zustand der Option „Gespiegelte Ausdehnung" (analog **SetSymmetricalExtension**).

```
Dim Wert As Boolean
Wert = Linie.GetSymmetricalExtension
```

Orientation As Long

Die Eigenschaft beschreibt, ob die ursprüngliche Orientierung der Linie beibehalten (Wert: „1") oder invertiert wird (Wert: „-1"). Die ursprüngliche Orientierung zeigt zwischen die beiden Richtungsvektoren der Linien 1 und 2.

```
Linie.Orientation = 1
```

RefPoint As Reference

Die Eigenschaft beschreibt den Referenzpunkt (Feld „Punkt"). Wird kein Punkt angegeben, verwendet die Klasse den Schnittpunkt der Linien 1 und 2.

```
Linie.RefPoint = Punktreferenz
```

Sub SetLengthType [Typ] As Long

Die Methode setzt den Längentyp (Bereich „Längentyp", Optionen „Länge", „Infinit", „Infiniter Startpunkt" und „Infiniter Endpunkt"). Der Wertebereich ist: „0" (Länge), „1" (Infinit), „2" (Infiniter Startpunkt) und „3" (Infiniter Endpunkt).

```
Linie.SetLengthType 2
```

Sub SetSymmetricalExtension [Wert] As Boolean

Die Methode setzt den Wert der Option „Gespiegelte Ausdehnung". Ist der Wert gleich „True", ist die Option gesetzt.

```
Linie.SetSymmetricalExtension True
```

SolutionType As Boolean

Die Eigenschaft beschreibt die angezeigte Lösung (Schaltfläche „Nächste Lösung").

```
Linie.SolutionType = True
```

Support As Reference

Die Eigenschaft beschreibt das Stützelement (Feld „Stützelement").

```
Linie.Support = Flaechenreferenz
```

8.96 HybridShapeLineBiTangent

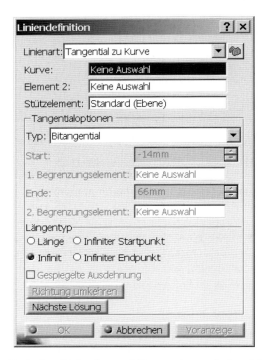

Die Klasse repräsentiert eine Linie, die zwei Kurven tangential verbindet (vgl. Abschnitt 6.3). Ein Objekt der Klasse wird über die Methode **AddNewLineBiTangent** der Klasse **HybridShapeFactory** (Abschnitt 8.85) erzeugt.

Objektpfad: AnyObject.HybridShape.Line.HybridShapeLineBiTangent

Curve1 As Reference

Die Eigenschaft beschreibt die erste Kurve (Feld „Kurve").

```
Dim Ref1 As Reference
Set Ref1 = MeinPart.CreateReference-FromObject (MeineKurve)
Linie.Curve1 = Ref1
```

Element2 As Reference

Die Eigenschaft beschreibt die zweite Kurve (Feld „Element 2").

```
Dim Ref2 As Reference
Set Ref2 = MeinPart.CreateReferenceFromObject (MeineKurve)
Linie.Element2 = Ref2
```

Sub GetChoiceNo [Index1, Index2, Index3, Index4, Index5] As Long

Die Methode liest die über die Schaltfläche „Nächste Lösung" ausgewählte Lösung. Die Indices entsprechen denen der Methode **SetChoiceNo**.

```
Linie.GetChoiceNo 1, 0, 0, 0, 0
```

Func GetLengthType As Long

Die Methode liest den Längentyp (Bereich „Längentyp"). Der Wertebereich ist analog der Methode **SetLengthType**.

```
Dim Zustand As Long
Zustand = Linie.GetLengthType
```

Sub SetChoiceNo [Index1, Index2, Index3, Index4, Index5] As Long

Die Methode wählt eine Lösung im Fall einer mehrdeutigen Lösung aus. „Index1" bestimmt die Nummer der Lösung (1 bis n). „Index2" filtert die Ergebnisse, die eine gleiche Orientierung wie die erste Kurve besitzen (gleiche Orientierung: „1", entgegengesetzte Orientierung: „–1", kein Filter: „0"). „Index3" filtert die Ergebnisse, die auf einer bestimmten Seite der ersten Kurve liegen. Entscheidend ist die Richtung des Kreuzproduktes der Vektoren der Stützfläche und der ersten Kurve (in Richtung des Vektors: „1", entgegen des Vektors: „–1", kein Filter: „0"). „Index4" und „Index5" steuern den Filter bezüglich der zweiten Kurve analog des „Index2" und „Index3".

```
Linie.SetChoiceNo 1, 0, 0, 0, 0
```

Sub SetLengthType [Typ] As Long

Die Methode setzt den Längentyp (Bereich „Längentyp", Optionen „Länge", „Infinit", „Infiniter Startpunkt" und „Infiniter Endpunkt"). Der Wertebereich ist: „0" (Länge), „1" (Infinit), „2" (Infiniter Startpunkt) und „3" (Infiniter Endpunkt).

```
Linie.SetLengthType 2
```

Support As Reference

Die Eigenschaft beschreibt das Stützelement (Feld „Stützelement").

```
Set Ref3 = MeinPart.CreateReferenceFromObject (MeineFlaeche)
Linie.Support = Ref3
```

■ 8.97 HybridShapeLineExplicit

Die Klasse repräsentiert eine explizite Linie ohne Historie (vgl. Abschnitt 6.3). Ein Objekt der Klasse wird über die Methode **AddNewLineDatum** der Klasse **HybridShapeFactory** (Abschnitt 8.85) erzeugt. Die Klasse besitzt keine Eigenschaften und Methoden.

Objektpfad: AnyObject.HybridShape.HybridShapeLineExplicit

8.98 HybridShapeLineNormal

Die Klasse repräsentiert eine Linie, die normal zu einer Fläche orientiert ist (vgl. Abschnitt 6.3). Ein Objekt der Klasse wird über die Methode **AddNewLineNormal** der Klasse **HybridShapeFactory** (Abschnitt 8.85) erzeugt.

Objektpfad: AnyObject.HybridShape.Line.HybridShapeLineNormal

BeginOffset As Length (Read Only)

Die Eigenschaft beschreibt den Abstand des Startpunktes der Linie zum Referenzpunkt (Feld „Start"). Über die Methode **Value** kann der Wert verändert werden.

```
Linie.BeginOffset.Value = 0
```

EndOffset As Length (Read Only)

Die Eigenschaft beschreibt den Abstand des Endpunktes der Linie zum Referenzpunkt (Feld „Ende"). Über die Methode **Value** kann der Wert verändert werden.

```
Linie.EndOffset.Value = 20
```

Func GetLengthType As Long

Die Methode liest den Längentyp (Bereich „Längentyp"). Der Wertebereich ist analog der Methode **SetLengthType**.

```
Dim Zustand As Long
Zustand = Linie.GetLengthType
```

Func GetSymmetricalExtension As Boolean

Die Methode liest den Zustand der Option „Gespiegelte Ausdehnung" (analog **SetSymmetricalExtension**).

```
Dim Wert As Boolean
Wert = Linie.GetSymmetricalExtension
```

Orientation As Long

Die Eigenschaft beschreibt, ob die Linie entlang der Flächenausrichtung orientiert (Wert „1") oder invertiert (Wert „-1") ist.

```
Linie.Orientation = 1
```

Point As Reference

Die Eigenschaft beschreibt den Referenzpunkt (Feld „Punkt").

```
Dim Ref2 As Reference
Set Ref2 = MeinPart.CreateReferenceFromObject (MeinPunkt)
Linie.Point = Ref2
```

Sub SetLengthType [Typ] As Long

Die Methode setzt den Längentyp (Bereich „Längentyp", Optionen „Länge", „Infinit", „Infiniter Startpunkt" und „Infiniter Endpunkt"). Der Wertebereich ist: „0" (Länge), „1" (Infinit), „2" (Infiniter Startpunkt) und „3" (Infiniter Endpunkt).
```
Linie.SetLengthType 2
```

Sub SetSymmetricalExtension [Wert] As Boolean

Die Methode setzt den Wert der Option „Gespiegelte Ausdehnung". Ist der Wert gleich „True", ist die Option gesetzt.
```
Linie.SetSymmetricalExtension True
```

Surface As Reference

Die Eigenschaft beschreibt die Fläche (Feld „Fläche").
```
Linie.Surface = Flaechenreferenz
```

8.99 HybridShapeLinePtDir

Die Klasse repräsentiert eine Linie, die durch einen Punkt und eine Richtung definiert ist (vgl. Abschnitt 6.3). Ein Objekt der Klasse wird über die Methoden **AddNewLinePtDir** oder **AddNewLinePtDirOnSupport** der Klasse **HybridShapeFactory** (Abschnitt 8.85) erzeugt.

Objektpfad: AnyObject.HybridShape.Line.HybridShapeLinePtDir

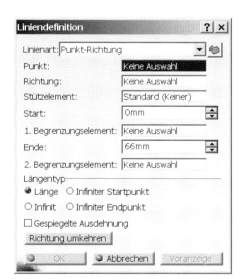

BeginOffset As Length (Read Only)

Die Eigenschaft beschreibt den Abstand des Startpunktes der Linie zum Referenzpunkt (Feld „Start"). Über die Methode **Value** kann der Wert verändert werden.
```
Linie.BeginOffset.Value = 0
```

Dir As HybridShapeDirection

Die Eigenschaft beschreibt die Richtungsdefinition (Feld „Richtung").
```
Dim Richtung As HybridShapeDirection
Set Richtung = Wzk3D.AddNewDirectionByCoord (10, 0, 0)
Linie.Dir = Richtung
```

EndOffset As Length (Read Only)

Die Eigenschaft beschreibt den Abstand des Endpunktes der Linie zum Referenzpunkt (Feld „Ende"). Über die Methode **Value** kann der Wert verändert werden.
```
Linie.EndOffset.Value = 20
```

Func GetLengthType As Long

Die Methode liest den Längentyp (Bereich „Längentyp"). Der Wertebereich ist analog der Methode **SetLengthType**.
```
Dim Zustand As Long
Zustand = Linie.GetLengthType
```

Func GetSymmetricalExtension As Boolean

Die Methode liest den Zustand der Option „Gespiegelte Ausdehnung" (analog **SetSymmetricalExtension**).
```
Dim Wert As Boolean
Wert = Linie.GetSymmetricalExtension
```

Orientation As Long

Die Eigenschaft beschreibt, ob die Linie entlang der Richtung orientiert ist (Wert „1") oder entgegengesetzt (Wert „-1").
```
Linie.Orientation = 1
```

Point As Reference

Die Eigenschaft beschreibt den Referenzpunkt (Feld „Punkt").
```
Dim Ref As Reference
Set Ref = MeinPart.CreateReferenceFromObject (MeinPunkt)
Linie.Point = Ref
```

Sub RemoveSupport

Die Methode entfernt das Stützelement aus der Liniendefinition (Feld „Stützelement").
```
Linie.RemoveSupport
```

Sub SetLengthType [Typ] As Long

Die Methode setzt den Längentyp (Bereich „Längentyp", Optionen „Länge", „Infinit", „Infiniter Startpunkt" und „Infiniter Endpunkt"). Der Wertebereich ist: „0" (Länge), „1" (Infinit), „2" (Infiniter Startpunkt) und „3" (Infiniter Endpunkt).
```
Linie.SetLengthType 0
```

Sub SetSymmetricalExtension [Wert] As Boolean

Die Methode setzt den Wert der Option „Gespiegelte Ausdehnung". Ist der Wert gleich „True", ist die Option gesetzt.
```
Linie.SetSymmetricalExtension False
```

Support As Reference

Die Eigenschaft beschreibt das Stützelement (Feld „Stützelement"). Ein Stützelement ist optional.
```
Linie.Support = Flaechenreferenz
```

8.100 HybridShapeLinePtPt

Die Klasse repräsentiert eine Linie, die durch zwei Punkte aufgespannt wird (vgl. Abschnitt 6.3). Ein Objekt der Klasse wird über die Methoden **AddNewLinePtPt**, **AddNewLinePtPtExtended**, **AddNewLinePtPtOnSupport** oder **AddNewLinePtPtOnSupportExtended** der Klasse **HybridShapeFactory** (Abschnitt 8.85) erzeugt.

Objektpfad: AnyObject.HybridShape.Line.HybridShapeLinePtPt

BeginOffset As Length (Read Only)

Die Eigenschaft beschreibt den Abstand des Startpunktes der Linie zum ersten Punkt (Feld „Start"). Über die Methode **Value** kann der Wert verändert werden. Die Eigenschaft existiert nur, wenn die Linie über **AddNewLinePtPtExtended** oder **AddNewLinePtPtOnSupportExtended** erzeugt wurde.
```
Linie.BeginOffset.Value = 0
```

EndOffset As Length (Read Only)

Die Eigenschaft beschreibt den Abstand des Endpunktes der Linie zum zweiten Punkt (Feld „Ende"). Über die Methode **Value** kann der Wert verändert werden. Die Eigenschaft existiert nur, wenn die Linie über **AddNewLinePtPtExtended** oder **AddNewLinePtPtOnSupportExtended** erzeugt wurde.

```
Linie.EndOffset.Value = 0
```

Func GetLengthType As Long

Die Methode liest den Längentyp (Bereich „Längentyp"). Der Wertebereich ist analog der Methode **SetLengthType**.

```
Dim Zustand As Long
Zustand = Linie.GetLengthType
```

Func GetSymmetricalExtension As Boolean

Die Methode liest den Zustand der Option „Gespiegelte Ausdehnung" (analog **SetSymmetricalExtension**).

```
Dim Wert As Boolean
Wert = Linie.GetSymmetricalExtension
```

PtExtremity As Reference

Die Eigenschaft beschreibt den zweiten Punkt (Feld „Punkt 2").

```
Dim Ref2 As Reference
Set Ref2 = MeinPart.CreateReferenceFromObject (MeinPunkt2)
Linie.PtExtremity = Ref2
```

PtOrigine As Reference

Die Eigenschaft beschreibt den ersten Punkt (Feld „Punkt 1").

```
Linie.PtOrigine = Punktreferenz
```

Sub RemoveSupport

Die Methode entfernt das Stützelement aus der Liniendefinition (Feld „Stützelement").

```
Linie.RemoveSupport
```

Sub SetLengthType [Typ] As Long

Die Methode setzt den Längentyp (Bereich „Längentyp", Optionen „Länge", „Infinit", „Infiniter Startpunkt" und „Infiniter Endpunkt"). Der Wertebereich ist: „0" (Länge), „1" (Infinit), „2" (Infiniter Startpunkt) und „3" (Infiniter Endpunkt).

```
Linie.SetLengthType 1
```

Sub SetSymmetricalExtension [Wert] As Boolean

Die Methode setzt den Wert der Option „Gespiegelte Ausdehnung". Ist der Wert gleich „True", ist die Option gesetzt.

```
Linie.SetSymmetricalExtension True
```

Support As Reference

Die Eigenschaft beschreibt das Stützelement (Feld „Stützelement"). Ein Stützelement ist optional.

```
Linie.Support = Flaechenreferenz
```

8.101 HybridShapeLineTangency

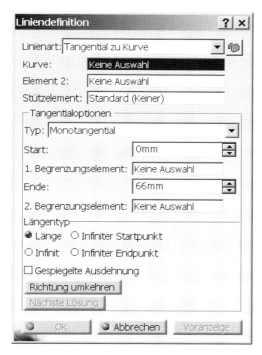

Die Klasse repräsentiert eine Linie, die tangential an einer Kurve durch einen Kurvenpunkt verläuft. Ein Objekt der Klasse wird über die Methoden **AddNewLineTangency** oder **AddNewLineTangencyOnSupport** der Klasse **HybridShapeFactory** (Abschnitt 8.85) erzeugt.

Objektpfad: AnyObject.HybridShape.Line.HybridShapeLineTangency

BeginOffset As Length (Read Only)

Die Eigenschaft beschreibt den Abstand des Startpunktes der Linie zum Referenzpunkt (Feld „Start"). Über die Methode **Value** kann der Wert verändert werden.

```
Linie.BeginOffset.Value = 0
```

Curve As Reference

Die Eigenschaft beschreibt die Kurve (Feld „Kurve").

```
Dim Ref As Reference
Set Ref = MeinPart.CreateReferenceFromObject (MeineKurve)
Linie.Curve = Ref
```

EndOffset As Length (Read Only)

Die Eigenschaft beschreibt den Abstand des Endpunktes der Linie zum Referenzpunkt (Feld „Ende"). Über die Methode **Value** kann der Wert verändert werden.

```
Linie.EndOffset.Value = 98
```

Func GetLengthType As Long

Die Methode liest den Längentyp (Bereich „Längentyp"). Der Wertebereich ist analog der Methode **SetLengthType**.

```
Dim Zustand As Long
Zustand = Linie.GetLengthType
```

Func GetSymmetricalExtension As Boolean

Die Methode liest den Zustand der Option „Gespiegelte Ausdehnung" (analog **SetSymmetricalExtension**).

```
Dim Wert As Boolean
Wert = Linie.GetSymmetricalExtension
```

Orientation As Long

Die Eigenschaft beschreibt, ob die ursprüngliche Orientierung der Linie beibehalten (Wert „1") oder invertiert ist (Wert „-1").

```
Linie.Orientation = 1
```

Point As Reference

Die Eigenschaft beschreibt den Referenzpunkt (Feld „Element 2").

```
Linie.Point = Punktreferenz
```

Sub RemoveSupport

Die Methode entfernt das Stützelement aus der Liniendefinition (Feld „Stützelement").

```
Linie.RemoveSupport
```

Sub SetLengthType [Typ] As Long

Die Methode setzt den Längentyp (Bereich „Längentyp", Optionen „Länge", „Infinit", „Infiniter Startpunkt" und „Infiniter Endpunkt"). Der Wertebereich ist: „0" (Länge), „1" (Infinit), „2" (Infiniter Startpunkt) und „3" (Infiniter Endpunkt).

```
Linie.SetLengthType 1
```

Sub SetSymmetricalExtension [Wert] As Boolean

Die Methode setzt den Wert der Option „Gespiegelte Ausdehnung". Ist der Wert gleich „True", ist die Option gesetzt.

```
Linie.SetSymmetricalExtension True
```

Support As Reference

Die Eigenschaft beschreibt das Stützelement (Feld „Stützelement"). Ein Stützelement ist optional.

```
Linie.Support = Flaechenreferenz
```

■ 8.102 HybridShapeLoft

Die Klasse repräsentiert eine Loftfläche (vgl. Abschnitt 6.6). Ein Objekt der Klasse wird über die Methode **AddNewLoft** der Klasse **HybridShapeFactory** (Abschnitt 8.85) erzeugt.

Objektpfad: AnyObject.HybridShape.HybridShapeLoft

Sub AddGuide [Kurve] As Reference

Die Methode fügt eine Führungskurve zur Loftdefinition hinzu (Feld „Führungselemente").

```
Dim Ref As Reference
Set Ref = MeinPart.Create-
ReferenceFromObject (MeineKurve)
Loft.AddGuide Ref
```

Sub AddGuideWithTangent [Kurve, Fläche] As Reference

Die Methode fügt eine Führungskurve mit einer Tangentenbedingung zu einer Fläche zur Loftdefinition hinzu (Feld „Führungselemente").

`Loft.AddGuideWithTangent Kurvenreferenz, Flaechenreferenz`

Sub AddSectionToLoft [Schnittkurve] As Reference, [Orientierung] As Long, [Endpunkt] As Reference

Die Methode fügt eine Schnittdefinition zum Loft am Ende der Liste hinzu (Feld „Schnitt"). Der Parameter „Schnittkurve" bestimmt eine Schnittkurve. „Orientierung" legt fest, ob die Schnittkurve invertiert werden soll (invertieren: „-1", nicht invertieren: „1"). „Endpunkt" bestimmt den logischen Endpunkt der Schnittkurve.

`Loft.AddSectionToLoft Kurvenreferenz, 1, Punktreferenz`

BooleanOperation As Long

Die Eigenschaft beschreibt, ob eine Loftfläche zu einem positiven oder negativen Loft gehört, sofern es sich um die Loftfläche eines Objektes der Klasse **Loft** (Abschnitt 8.159) handelt. Der Wertebereich ist: „1" (keine Operation), „2" (positiver Loft) und „3" (negativer Loft).

```
Set ShapeLoft = Bauteil.MainBody.Shapes.Item(3).HybridShape
MsgBox(ShapeLoft.BooleanOperation)
```

CanonicalDetection As Long

Die Eigenschaft beschreibt, ob kanonische Anteile der Loftfläche automatisch erkannt werden. Der Wertebereich ist: „0" (keine Erkennung), „1" (nur planare Flächen) und „2" (kanonische Flächen).

`Loft.CanonicalDetection = 2`

CompEndSectionTangent As Long

Die Eigenschaft beschreibt, ob eine Tangentenfläche zur Loftfläche am letzten Schnitt berechnet werden soll (Berechnung an: „1", Berechnung aus: „2").

`Loft.CompEndSectionTangent = 1`

CompStartSectionTangent As Long

Die Eigenschaft beschreibt, ob eine Tangentenfläche zur Loftfläche am ersten Schnitt berechnet werden soll (Berechnung an: „1", Berechnung aus: „2").

`Loft.CompStartSectionTangent = 1`

Context As Long

Die Eigenschaft beschreibt, ob eine Loftfläche oder ein Volumen erzeugt ist. Der Wertebereich ist: „0" (Fläche) und „1" (Volumen). Für ein Volumen ist eine GSO-Lizenz erforderlich!

```
Loft.Context = 0
```

Sub GetFacesForClosing [Startfläche, Endfläche] As Reference

Die Methode liest die Start- und Endflächen.

```
Dim RefS, RefE As Reference
Loft.GetFacesForClosing RefS, RefE
```

Sub GetGuide [Index] As Long, [Führungskurve, Tangente] As Reference

Die Methode liest das Führungselement und deren Tangente an der Position „Index" (Liste „Führungselemente").

```
Dim Kurve, Tangente As Reference
Loft.GetGuide 1, Kurve, Tangente
```

Func GetNbOfGuides As Long

Die Methode liest die Anzahl der Führungselemente (Liste „Führungselemente").

```
Dim Anzahl As Long
Anzahl = Loft.GetNbOfGuides
```

Sub GetSectionFromLoft [Index] As Long, [Schnittkurve] As Reference, [Orientierung] As Long, [Endpunkt] As Reference

Die Methode liest die Schnittdefinition der Nummer „Index" (Feld „Schnitt"). Die anderen Parameter entsprechen denen der Methode **AddSectionToLoft**.

```
Loft.GetSectionFromLoft 3, Ref1, Orientierung, Ref2
```

Sub GetSpine [Typ] As Long, [Leitkurve] As Reference

Die Methode liest die Leitkurve und den Leitkurventyp. Der Wertebereich des Leitkurventyps ist: „1" (benutzerdefiniert) und „2" (automatisch berechnet).

```
Dim Leitkurve As Reference
Dim Typ As Long
Loft.GetSpine Typ, Leitkurve
```

Sub GetStartAndEndSectionTangent [StartTangente, EndTangente] As Reference

Die Methode liest die Tangenten am Start- und Endschnitt (Spalte „Tangente" rechts neben der Spalte „Schnitt").

```
Dim StartT, EndT As Reference
Loft.GetStartAndEndSectionTangent StartT, EndT
```

Sub InsertCoupling [Index] As Long

Die Methode fügt eine Kopplungsdefinition an der Position „Index" hinzu. Ist „Index" gleich „0", so wird die Definition am Ende der Kopplungsliste angefügt. Die Kopplungsdefinition muss anschließend über **InsertCouplingPoint** spezifiziert werden.

```
Loft.InsertCoupling 0
```

Sub InsertCouplingPoint [Verbindung, Position] As Long, [Punkt] As Reference

Die Methode fügt einen Verbindungspunkt zu einer bestehenden Kopplungsdefinition hinzu. „Verbindung" beschreibt die Nummer der Kopplungsdefinition. „Position" gibt die Position des Punktes in der Liste der Verbindungspunkte der Kopplungsdefinition an. Ist „Position" gleich null, so wird er am Ende angefügt. „Punkt" definiert den Verbindungspunkt. Der Punkt muss auf der Stützkurve liegen, die dem Zähler „Position" entspricht. Eine vollständig definierte Kopplungsdefinition benötigt für jede Stützkurve einen Verbindungspunkt.

```
Dim Ref1, Ref2 As Reference
Set Ref1 = MeinPart.CreateReferenceFromObject (PunktAufSchnitt1)
Set Ref2 = MeinPart.CreateReferenceFromObject (PunktAufSchnitt2)
Loft.SectionCoupling = 4
Loft.InsertCoupling 1
Loft.InsertCouplingPoint 1, 1, Ref1
Loft.InsertCouplingPoint 1, 2, Ref2
```

Sub InsertSectionToLoft [NachReferenz] As Boolean, [Kurve] As Reference, [Orientierung] As Long, [Punkt, SchnittReferenz] As Reference

Die Methode fügt eine Kurve zur Liste der Schnitte hinzu. Die Position wird über die Kurve „SchnittReferenz" bestimmt. Ist „NachReferenz" gleich „True", wird der Schnitt nach der Schnittreferenz eingefügt. Ist „NachReferenz" gleich „False", erfolgt das Einfügen davor. Ist „Orientierung" gleich „1", wird die originale Orientierung der Schnittkurve „Kurve" verwendet. Ist „Orientierung" gleich „–1", wird die invertierte Richtung verwendet.

```
Dim EndSchnitt, Punkt As Reference
Loft.GetSectionFromLoft 2, EndSchnitt, 1, Punkt
Set SchnittKurve = MeinHB.HybridSketches.Item("Skizze.2")
Set SchnittRef = Bauteil.CreateReferenceFromObject (SchnittKurve)
Set Punkt2 = MeinHB.HybridShapes.Item("Punkt.3")
Set RefP = Bauteil.CreateReferenceFromObject (Punkt2)
Loft.InsertSectionToLoft False, SchnittRef, 1, RefP, EndSchnitt
```

Sub ModifyGuideCurve [AltesElement, NeuesElement] As Reference

Die Methode tauscht ein Führungselement duch ein neues aus (Liste „Führungselemente").

```
Dim AFKRef, NFKRef As Reference
Set AFuehrungK = MeinHB.HybridShapes.Item("Spline.1")
Set AFKRef = Bauteil.CreateReferenceFromObject (AFuehrungK)
Set NFuehrungK = MeinHB.HybridShapes.Item("Spline.2")
Set NFKRef = Bauteil.CreateReferenceFromObject (NFuehrungK)
Loft.ModifyGuideCurve AFKRef, NFKRef
```

Sub ModifySectionCurve [AlterSchnitt, NeuerSchnitt, Schnittkurve, Endpunkt] As Reference, [Punktart] As Long

Die Methode tauscht eine bestehende Schnittdefinition gegen eine neue. Ist das Attribut „NeuerSchnitt" eine Fläche, so ist „Schnittkurve" die Flächenbegrenzung dieser Fläche. Basiert die Schnittdefinition auf einer Fläche oder geschlossenen Kurve, so ist „Endpunkt" der Endpunkt der Schnittdefinition. „Punktart" beschreibt die Art des Endpunktes. Der Wertebereich ist: „0" (kein Endpunkt), „1" (Vertex), „2" (erstelltes Extremum) und „3" (erhaltenes Extremum).

Sub ModifySectionOrient [Schnitt] As Reference, [Orientierung] As Long

Die Methode setzt die Orientierung eines Schnittes. Der Wertebereich von „Orientierung" ist: „1" (gleiche Orientierung wie Schnittkurve) und „–1" (invertierte Orientierung).
`Loft.ModifySectionOrient Schnitt, -1`

Relimitation As Long

Die Eigenschaft beschreibt, wie die Loftfläche an ihrer Definitionsgeometrie beschnitten wird.
`Loft.Relimitation = 1`
Wertebereich:

- 1:
  Die Fläche wird am Start- und Endschnitt begrenzt.
- 2:
  Die Fläche wird am Anfang und Ende der Leit- oder Führungskurve beschnitten. Ist keine vorhanden, so erfolgt der Beschnitt am Start- und Endschnitt.
- 3:
  Die Fälle 1 und 2 sind kombiniert. Der Beschnitt am Beginn der Fläche erfolgt am Startschnitt. Der Beschnitt am Ende der Fläche erfolgt wie bei Fall 2.
- 4:
  Die Fälle 1 und 2 sind kombiniert. Der Beschnitt am Ende der Fläche erfolgt am Endschnitt. Der Beschnitt am Anfang der Fläche erfolgt wie bei Fall 2.

Sub RemoveFaceForClosing [Schnitt] As Reference

Die Methode löscht das Closing-Face.
`Loft.RemoveFaceForClosing Schnitt`

Sub RemoveGuide [Kurve] As Reference

Die Methode entfernt eine Führungskurve.
`Loft.RemoveGuide Kurvenreferenz`

Sub RemoveGuideTangent [Führungselement] As Reference

Die Methode entfernt die Tangentendefinition eines Führungselementes (Liste „Führungselemente").

```
Loft.GetGuide 1, Kurve, Tangente
Loft.RemoveGuideTangent Kurve
```

Sub RemoveSection [Schnittkurve] As Reference

Die Methode entfernt eine Schnittkurve. Die Referenz muss die der Kurve sein, nicht die der **HybridShapeLoftSection**.

```
Loft.RemoveSection Schnittkurvenreferenz
```

Sub RemoveSectionPoint [Schnitt] As Reference

Die Methode entfernt den Endpunkt einer Schnittdefinition (Liste „Schnitt").

```
Loft.GetSectionFromLoft 1, Schnitt, 1, Endpunkt
Loft.RemoveSectionPoint Schnitt
```

Sub RemoveSectionTangent [Schnitt] As Reference

Die Methode löscht die Tangentenbedingung eines Schnittes (Liste „Schnitt").

```
Loft.RemoveSectionTangent Schnitt
```

SectionCoupling As Long

Die Eigenschaft beschreibt den Kopplungsmodus zwischen den Kurven der Loftfläche.

```
Loft.SectionCoupling = 1
```

Wertebereich:

- 1: Faktor
  Die Kurven werden entsprechend ihrer Länge jeweils im gleichen Verhältnis gekoppelt.
- 2: Tangentenstetigkeit
  Die Kurven müssen eine gleiche Anzahl an tangentenstetigen Teilkurven besitzen. Die Kopplung erfolgt an den Unstetigkeitsstellen.
- 3: Tangenten-, dann Krümmungsstetigkeit
  Die Kurven müssen eine gleiche Anzahl an tangenten- und krümmungsstetigen Teilkurven besitzen. Die Kopplung erfolgt an den Stetigkeitssprüngen.
- 4: Scheitelpunkte
  Die Kurven müssen eine gleiche Anzahl an Scheitelpunkten besitzen. Die Kopplung erfolgt über die Scheitelpunkte.

Sub SetEndFaceForClosing [Fläche] As Reference

Die Methode bestimmt eine Fläche, mit der die Loftfläche am Endschnitt geschlossen wird (nur im „Part Design" verfügbar).

```
Loft.SetEndFaceForClosing Flaechenreferenz
```

Sub SetEndSectionTangent [Fläche] As Reference

Die Methode bestimmt eine Fläche, zu der die Loftfläche im Endschnitt tangential sein soll. Der Endschnitt muss auf der Fläche liegen.

```
Loft.SetEndSectionTangent Flaechenreferenz
```

Sub SetSpine [Kurve] As Reference

Die Methode setzt die Leitkurve.

`Loft.SetSpine Kurvenreferenz`

Sub SetStartFaceForClosing [Fläche] As Reference

Die Methode bestimmt eine Fläche, mit der die Loftfläche am Startschnitt geschlossen wird (nur im „Part Design" verfügbar).

`Loft.SetStartFaceForClosing Flaechenreferenz`

Sub SetStartSectionTangent [Fläche] As Reference

Die Methode bestimmt eine Fläche, zu der die Loftfläche im Startschnitt tangential sein soll. Der Startschnitt muss auf der Fläche liegen.

`Loft.SetStartSectionTangent Flaechenreferenz`

SmoothAngleThreshold As Double

Die Eigenschaft beschreibt den Glättungsparameter „Winkelkorrektur" (Feld „Winkelkorrektur").

`Loft.SmoothAngleThreshold = 0.55`

SmoothAngleThresholdActivity As Boolean

Die Eigenschaft beschreibt den Zustand der Option „Winkelkorrektur". Ist der Wert gleich „True", ist die Option aktiviert.

`Loft.SmoothAngleThresholdActivity = True`

SmoothDeviation As Double

Die Eigenschaft beschreibt den Glättungsparameter „Abweichung" (Feld „Abweichung").

`Loft.SmoothDeviation = 0.05`

SmoothDeviationActivity As Boolean

Die Eigenschaft beschreibt den Zustand der Option „Abweichung". Ist der Wert gleich „True", ist die Option aktiviert.

`Loft.SmoothDeviationActivity = True`

8.103 HybridShapeNear

Die Klasse repräsentiert die Ableitung einer Teilgeometrie aus einem Mehrfachelement (vgl. Ab-

schnitt 6.8). Ein Objekt der Klasse wird über die Methode **AddNewNear** der Klasse **HybridShapeFactory** (Abschnitt 8.85) erzeugt.

Objektpfad: AnyObject.HybridShape.HybridShapeNear

MultipleSolution As Reference

Die Eigenschaft beschreibt das Mehrfachelement (Feld „Mehrfachelement").
```
Dim Ref As Reference
Set Ref = MeinPart.CreateReferenceFromObject (MeinMehrfachelement)
Nahe.MultipleSolution = Ref
```

ReferenceElement As Reference

Die Eigenschaft beschreibt das Element, das als Referenz für die Auswahl der Teilgeometrie aus dem Mehrfachelement dient (Feld „Referenzelement"). Die der Referenz am nächsten gelegene Teilgeometrie wird ausgewählt.
```
Nahe.ReferenceElement = Geometriereferenz
```

■ 8.104 HybridShapeOffset

Die Klasse repräsentiert eine Offsetfläche (vgl. Abschnitt 6.6). Ein Objekt der Klasse wird über die Methode **AddNewOffset** der Klasse **HybridShapeFactory** (Abschnitt 8.85) erzeugt.

Objektpfad: AnyObject.HybridShape.HybridShapeOffset

Sub AddTrickyFace [Teilfläche] As Reference

Die Methode fügt eine Teilfläche zur Liste der zu entfernenden Unterelemente hinzu. Die Teilfläche wird bei der Bildung des Offsets nicht berücksichtigt.
```
Parallele.AddTrickyFace Facereferenz
```

Func GetTrickyFace ([Index] As Long) As Reference

Die Methode liest die Teilfläche der Nummer „Index" aus der Liste der zu entfernenden Unterelemente.
```
Dim Ref As Reference
Set Ref = Parallele.GetTrickyFace (1)
```

OffsetDirection As Boolean (Write Only)

Die Eigenschaft beschreibt die Richtung, in der die Abstandsfläche erzeugt wird. Ist die Eigenschaft gleich „True", liegt das Ergebnis in Richtung der Flächenorientierung der Ausgangsfläche.

```
Parallele.OffsetDirection = False
```

OffsetedObject As Reference

Die Eigenschaft beschreibt die Referenzfläche (Feld „Fläche").

```
Dim Ref As Reference
Set Ref = MeinPart.CreateReferenceFromObject (MeineFlaeche)
Parallele.OffsetedObject = Ref
```

OffsetValue As Length (Read Only)

Die Eigenschaft beschreibt den Abstand zwischen beiden Flächen (Feld „Offset"). Der Wert kann über die Methode **Value** bearbeitet werden.

```
Parallele.OffsetValue.Value = 20
```

Sub RemoveTrickyFace [Index] As Long

Die Methode entfernt die Teilfläche der Nummer „Index" aus der Liste der zu entfernenden Unterelemente.

```
Parallele.RemoveTrickyFace 1
```

Sub SetOffsetValue [Wert] As Double

Die Methode setzt den Wert des Feldes „Offset".

```
Parallele.SetOffsetValue 20
```

SuppressMode As Boolean

Die Methode beschreibt den Aktivierungszustand des Unterdrückungsmodus. Ist der Wert gleich „True", ist der Unterdrückungsmodus aktiviert.

```
Parallele.SuppressMode = True
```

8.105 HybridShapePlane1Curve

Die Klasse repräsentiert eine Ebene, die durch eine planare Kurve verläuft (vgl. Abschnitt 6.4). Ein Objekt der Klasse wird über die Methode **AddNewPlane1Curve** der Klasse **HybridShapeFactory** (Abschnitt 8.85) erzeugt.

Objektpfad: AnyObject.HybridShape.Plane.HybridShapePlane1Curve

Curve As Reference

Die Eigenschaft beschreibt die Kurve (Feld „Kurve").

```
Dim Ref As Reference
Set Ref = MeinPart.CreateReferenceFromObject (MeineKurve)
Ebene.Curve = Ref
```

8.106 HybridShapePlane1Line1Pt

Die Klasse repräsentiert eine Ebene, die durch eine Linie und einen Punkt verläuft (vgl. Abschnitt 6.4). Ein Objekt der Klasse wird über die Methode **AddNewPlane1Line1Pt** der Klasse **HybridShapeFactory** (Abschnitt 8.85) erzeugt.

Objektpfad: AnyObject.HybridShape.Plane.HybridShapePlane1Line1Pt

Line As Reference

Die Eigenschaft beschreibt die Linie (Feld „Linie").

```
Dim Ref As Reference
Set Ref = MeinPart.CreateReferenceFromObject (MeineLinie)
Ebene.Line = Ref
```

Point As Reference

Die Eigenschaft beschreibt den Punkt (Feld „Punkt").

```
Ebene.Point = Punktreferenz
```

8.107 HybridShapePlane2Lines

Die Klasse repräsentiert eine Ebene, die durch zwei Linien verläuft (vgl. Abschnitt 6.4). Ein Objekt der Klasse wird über die Methode **AddNewPlane2Lines** der Klasse **HybridShapeFactory** (Abschnitt 8.85) erzeugt.

Objektpfad: AnyObject.HybridShape.Plane. HybridShapePlane2Lines

First As Reference

Die Eigenschaft beschreibt die erste Linie (Feld „Linie 1").
```
Dim Ref As Reference
Set Ref = MeinPart.CreateReferenceFromObject (MeineLinie)
Ebene.First = Ref
```

ForbidNonCoplanarLines As Boolean

Die Eigenschaft beschreibt den Zustand der Option „Nicht koplanare Linien verbieten". Ist der Wert gleich „True", ist die Option aktiviert.
```
Ebene.ForbidNonCoplanarLines = True
```

Second As Reference

Zweite Linie (analog **First**)

8.108 HybridShapePlane3Points

Die Klasse repräsentiert eine Ebene, die durch drei Punkte verläuft (vgl. Abschnitt 6.4). Ein Objekt der Klasse wird über die Methode **AddNewPlane3Points** der Klasse **HybridShapeFactory** (Abschnitt 8.85) erzeugt.

Objektpfad: AnyObject.HybridShape.Plane.HybridShapePlane3Points

First As Reference

Die Eigenschaft beschreibt den ersten Punkt (Feld „Punkt 1").
```
Dim Ref As Reference
Set Ref = MeinPart.CreateReferenceFromObject (MeinPunkt1)
Ebene.First = Ref
```

Second As Reference

Zweiter Punkt (analog **First**)

Third As Reference

Dritter Punkt (analog **First**)

8.109 HybridShapePlaneAngle

Die Klasse repräsentiert eine Ebene, die winkelig zu einer Referenzebene steht (vgl. Abschnitt 6.4). Ein Objekt der Klasse wird über die Methode **AddNewPlaneAngle** der Klasse **HybridShapeFactory** (Abschnitt 8.85) erzeugt.

Objektpfad: AnyObject.HybridShape.Plane.HybridShapePlaneAngle

Angle As Angle (Read Only)

Die Eigenschaft beschreibt den Winkel (Feld „Winkel"). Auf dessen Wert kann über die Methode **Value** zugegriffen werden.

```
Ebene.Angle.Value = 30
```

Orientation As Long

Die Eigenschaft beschreibt die Richtung, in der die Ebene gedreht ist. Die Drehung erfolgt nach der Rechten-Hand-Regel um die Achse (Rechtsdrehung: „1", Linksdrehung: „–1").

```
Ebene.Orientation = 1
```

Plane As Reference

Die Eigenschaft beschreibt die Referenzebene (Feld „Referenz").

```
Dim Ref As Reference
Set Ref = MeinPart.CreateReferenceFromObject (MeineEbene)
Ebene.Plane = Ref
```

ProjectionMode As Boolean

Die Eigenschaft beschreibt den Zustand der Option „Rotationsachse auf Referenzebene projizieren". Ist der Wert gleich „True", ist die Option aktiviert.

```
Ebene.ProjectionMode = True
```

RevolAxis As Reference

Die Eigenschaft beschreibt die Rotationsachse (Feld „Rotationsachse"). Eine Rotationsachse kann eine Achse oder Linie sein.

`Ebene.RevolAxis = Achsenreferenz`

8.110 HybridShapePlaneEquation

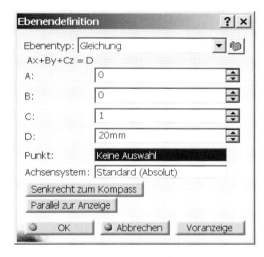

Die Klasse repräsentiert eine Ebene, die über die Gleichung „A*X + B*Y + C*Z = D" beschrieben ist (vgl. Abschnitt 6.4). Ein Objekt der Klasse wird über die Methode **AddNewPlaneEquation** der Klasse **HybridShapeFactory** (Abschnitt 8.85) erzeugt.

Objektpfad: AnyObject.HybridShape.Plane.HybridShapePlaneEquation

A As RealParam (Read Only)

Die Eigenschaft beschreibt den Parameter „A". Der Wert kann über die Methode **Value** bearbeitet werden.

`Ebene.A.Value = 0`

B As RealParam (Read Only)

Parameter „B" (analog **A**)

C As RealParam (Read Only)

Parameter „C" (analog **A**)

D As RealParam (Read Only)

Parameter „D" (analog **A**)

Func GetReferencePoint As Reference

Die Methode liest den Referenzpunkt (Feld „Punkt").
```
Dim RefPunkt As Reference
Set RefPunkt = Ebene.GetReferencePoint
```

RefAxisSystem As Reference

Die Eigenschaft beschreibt das Referenzachsensystem (Feld „Achsensystem").
```
Dim A As AxisSystem
Set A = Bauteil.AxisSystems.Item(1)
Ebene.RefAxisSystem = Bauteil.CreateReferenceFromObject (A)
```

Sub SetReferencePoint [Referenzpunkt] As Reference

Die Methode setzt den Referenzpunkt (Feld „Punkt").
```
Ebene.SetReferencePoint RefPunkt
```

■ 8.111 HybridShapePlaneExplicit

Die Klasse repräsentiert eine explizite Ebene ohne Historie (vgl. Abschnitt 6.4). Ein Objekt der Klasse wird über die Methode **AddNewPlaneDatum** der Klasse **HybridShapeFactory** (Abschnitt 8.85) erzeugt.

Objektpfad: AnyObject.HybridShape.Plane.HybridShapePlaneExplicit

Die Klasse besitzt keine Eigenschaften und Methoden.

■ 8.112 HybridShapePlaneMean

Die Klasse repräsentiert eine Ebene, die eine minimale Abstandssumme zu den Punkten einer Punktewolke besitzt (vgl. Abschnitt 6.4). Ein Objekt der Klasse wird über die Methode **AddNewPlaneMean** der Klasse **HybridShapeFactory** (Abschnitt 8.85) erzeugt.

Objektpfad: AnyObject.HybridShape.Plane.HybridShapePlaneMean

Sub AddPoint [Punkt] As Reference

Die Methode ergänzt einen Punkt (Feld „Punkte").

```
Dim Ref As Reference
Set Ref = MeinPart.CreateReferenceFromObject (MeinPunkt)
Ebene.AddPoint Ref
```

Sub GetPoint [Index] As Long, [Punkt] As Reference

Die Methode liest den Punkt der Nummer „Index" und speichert diesen im Parameter „Punkt".

```
Dim Ref As Reference
Ebene.GetPoint 1, Ref
```

Func GetPos ([Punkt] As Reference) As Long

Die Methode liest die Position eines Punktes (Liste „Punkte").

```
Set P = MeinHybridBody.HybridShapes.Item("Punkt.4")
Position = Ebene.GetPos (P)
```

Func GetSize As Long

Die Methode liest die Anzahl der Punkte der Ebenendefinition (Liste „Punkte").

```
Anzahl = Ebene.GetSize
```

Sub RemoveAll

Die Methode entfernt alle Punkte aus der Liste „Punkte".

```
Ebene.RemoveAll
```

Sub RemoveElement [Index] As Long

Die Methode entfernt den Punkt der Nummer „Index".

```
Ebene.RemoveElement 1
```

Sub ReplacePointAtPosition [Punkt] As Reference, [Index] As Long

Die Methode tauscht einen Punkt der Ebenendefinition durch einen neuen Punkt aus (Liste „Punkte"). Der Index beginnt für den ersten Punkt bei „1".

```
Ebene.ReplacePointAtPosition P, 3
```

8.113 HybridShapePlaneNormal

Die Klasse repräsentiert eine Ebene, die normal zu einer Kurve durch einen Kurvenpunkt verläuft (vgl. Abschnitt 6.4). Ein Objekt der Klasse wird über die

Methode **AddNewPlaneNormal** der Klasse **HybridShapeFactory** (Abschnitt 8.85) erzeugt.

Objektpfad: AnyObject.HybridShape.Plane.HybridShapePlaneNormal

Curve As Reference

Die Eigenschaft beschreibt die Kurve (Feld „Kurve").
```
Dim Ref As Reference
Set Ref = MeinPart.CreateReferenceFromObject (MeineKurve)
Ebene.Curve = Ref
```

Point As Reference

Die Eigenschaft beschreibt den Punkt (Feld „Punkt").
```
Ebene.Point = Punktreferenz
```

■ 8.114 HybridShapePlaneOffset

Die Klasse repräsentiert eine Parallele zu einer Referenzebene (vgl. Abschnitt 6.4). Ein Objekt der Klasse wird über die Methode **AddNewPlaneOffset** der Klasse **HybridShapeFactory** (Abschnitt 8.85) erzeugt.

Objektpfad: AnyObject.HybridShape.Plane.HybridShapePlaneOffset

Offset As Length (Read Only)

Die Eigenschaft beschreibt den Abstand (Feld „Offset"). Auf dessen Wert kann über die Methode **Value** zugegriffen werden.
```
Ebene.Offset.Value = 50
```

Orientation As Long

Die Eigenschaft beschreibt die Richtung, in der die Ebene erzeugt wird (in Richtung der Orientierung der Referenzebene: „1", entgegen: „-1").
```
Ebene.Orientation = 1
```

Plane As Reference

Die Eigenschaft beschreibt die Referenzebene (Feld „Referenz").
```
Dim Ref As Reference
Set Ref = MeinPart.CreateReferenceFromObject (MeineEbene)
Ebene.Plane = Ref
```

8.115 HybridShapePlaneOffsetPt

Die Klasse repräsentiert eine Parallele zu einer Referenzebene, deren Abstand durch einen Referenzpunkt definiert ist (vgl. Abschnitt 6.4). Ein Objekt der Klasse wird über die Methode **AddNewPlaneOffsetPt** der Klasse **HybridShapeFactory** (Abschnitt 8.85) erzeugt.

Objektpfad: *AnyObject.HybridShape.Plane.HybridShapePlaneOffsetPt*

Plane As Reference

Die Eigenschaft beschreibt die Referenzebene (Feld „Referenz").

```
Dim Ref As Reference
Set Ref = MeinPart.CreateReferenceFromObject (MeineEbene)
Ebene.Plane = Ref
```

Point As Reference

Die Eigenschaft beschreibt den Referenzpunkt (Feld „Punkt").

```
Ebene.Point = Punktreferenz
```

8.116 HybridShapePlaneTangent

Die Klasse repräsentiert eine Ebene, die tangential zu einer Fläche durch einen Punkt der Fläche verläuft (vgl. Abschnitt 6.4). Ein Objekt der Klasse wird über die Methode **AddNewPlaneTangent** der Klasse **HybridShapeFactory** (Abschnitt 8.85) erzeugt.

Objektpfad: *AnyObject.HybridShape.Plane.HybridShapePlaneTangent*

Point As Reference

Die Eigenschaft beschreibt den Punkt (Feld „Punkt").

```
Dim Ref As Reference
Set Ref = MeinPart.CreateReferenceFromObject (MeinPunkt)
Ebene.Point = Ref
```

Surface As Reference

Die Eigenschaft beschreibt die Fläche (Feld „Fläche").

```
Ebene.Surface = Flaechenreferenz
```

8.117 HybridShapePointBetween

Die Klasse repräsentiert einen Zwischenpunkt, dessen Lage über zwei Punkte und einen Faktor definiert ist (vgl. Abschnitt 6.2). Ein Objekt der Klasse wird über die Methode **AddNewPointBetween** der Klasse **HybridShapeFactory** (Abschnitt 8.85) erzeugt.

Objektpfad: AnyObject.HybridShape.Point.HybridShapePointBetween

FirstPoint As Reference

Die Eigenschaft beschreibt den ersten Punkt (Feld „Punkt 1").

```
Dim Ref As Reference
Set Ref = MeinPart.CreateReferenceFromObject (MeinPunkt1)
Punkt.FirstPoint = Ref
```

Orientation As Long

Die Eigenschaft beschreibt die Richtung, von der aus das Verhältnis gemessen wird (von Punkt 1 aus: „1", von Punkt 2 aus: „-1").

```
Punkt.Orientation = 1
```

Ratio As RealParam (Read Only)

Die Eigenschaft beschreibt das Verhältnis der Strecken zwischen dem erzeugten Punkt und dem Punkt 1 oder 2 und zwischen den Punkten 1 und 2 (Feld „Faktor"). Auf dessen Wert kann über die Methode **Value** zugegriffen werden. Das Verhältnis darf größer als „1" und kleiner als „0" sein.

```
Punkt.Ratio.Value = 1.5
```

SecondPoint As Reference

Die Eigenschaft beschreibt den zweiten Punkt (Feld „Punkt 2").
Punkt.SecondPoint = Punktreferenz

Support As Reference

Die Eigenschaft beschreibt das Stützelement.
Punkt.Support = MeineFlaechenReferenz

8.118 HybridShapePointCenter

Die Klasse repräsentiert den Mittelpunkt eines Kreises oder Kreisbogens bzw. einer Ellipse oder eines Ellipsenbogens (vgl. Abschnitt 6.2). Ein Objekt der Klasse wird über die Methode **AddNewPointCenter** der Klasse **HybridShapeFactory** (Abschnitt 8.85) erzeugt.

Objektpfad: AnyObject.HybridShape.Point.HybridShapePointCenter

Element As Reference

Die Eigenschaft beschreibt den Kreis oder die Kugel (Feld „Kreis/Kugel").
Set K = MeinHybridBody.HybridShapes.Item(„Kreis.1")
Punkt.Element = K

8.119 HybridShapePointCoord

Die Klasse repräsentiert einen Koordinatenpunkt (vgl. Abschnitt 6.2). Ein Objekt der Klasse wird über die Methoden **AddNewPointCoord** oder **AddNewPointCoordWithReference** der Klasse **HybridShapeFactory** (Abschnitt 8.85) erzeugt.

Objektpfad: AnyObject.HybridShape.Point.HybridShapePointCoord

PtRef As Reference

Die Eigenschaft beschreibt den Referenzpunkt, von dem aus die Koordinaten gemessen werden (Feld „Punkt"). Ist der Punkt nicht gesetzt, wird vom absoluten Ursprung eines CATParts gemessen.

```
Set Ref = Punkt.PtRef
```

RefAxisSystem As Reference

Die Eigenschaft beschreibt das Referenzachsensystem (Feld „Achsensystem").

```
Set A = Bauteil.AxisSystems.Item(1)
Punkt.RefAxisSystem = Bauteil.CreateReferenceFromObject (A)
```

X As Length (Read Only)

Die Eigenschaft beschreibt die x-Koordinate des Punktes (Feld „X"). Auf den Wert kann über die Methode **Value** zugegriffen werden.

```
Punkt.X.Value = 20
```

Y As Length (Read Only)

Y-Koordinate (analog **X**)

Z As Length (Read Only)

Z-Koordinate (analog **X**)

■ 8.120 HybridShapePointExplicit

Die Klasse repräsentiert einen expliziten Punkt ohne Historie (vgl. Abschnitt 6.2). Ein Objekt der Klasse wird über die Methode **AddNewPointDatum** der Klasse **HybridShapeFactory** (Abschnitt 8.85) erzeugt.

Objektpfad: AnyObject.HybridShape.Point.HybridShapePointExplicit

Die Klasse besitzt keine Eigenschaften und Methoden.

8.121 HybridShapePointOnCurve

Die Klasse repräsentiert einen Punkt auf einer Kurve (vgl. Abschnitt 6.2). Ein Objekt der Klasse wird über die Methoden **AddNewPointOnCurveFromDistance**, **AddNewPointOnCurveFromPercent**, **AddNewPointOnCurveWithReferenceFromDistance** oder **AddNewPointOnCurveWithReferenceFromPercent** der Klasse **HybridShapeFactory** (Abschnitt 8.85) erzeugt.

Objektpfad: AnyObject.HybridShape.Point.HybridShapePointOnCurve

Curve As Reference

Die Eigenschaft beschreibt die Kurve (Feld „Kurve").

```
Dim Ref As Reference
Set Ref = MeinPart.CreateReferenceFromObject (MeineKurve)
Punkt.Curve = Ref
```

DistanceType As Long

Die Eigenschaft beschreibt, ob der Abstand geodätisch oder euklidisch berechnet wird (geodätisch: „1", euklidisch: „-1").
```
Punkt.DistanceType = 1
```

Offset As Length (Read Only)

Die Eigenschaft beschreibt den Abstand zum Referenzpunkt. Auf den Wert kann über die Methode **Value** zugegriffen werden.
```
Punkt.Offset.Value = 20.5
```

Orientation As Long

Die Eigenschaft beschreibt, ob in Kurvenrichtung (Wert „1") oder entgegen der Kurvenrichtung (Wert „-1") gemessen wird.
```
Punkt.Orientation = -1
```

Point As Reference

Die Eigenschaft beschreibt den Referenzpunkt (Feld „Punkt").

```
Punkt.Point = Punktreferenz
```

Ratio As RealParam (Read Only)

Die Eigenschaft beschreibt das Abstandsverhältnis. Das Abstandsverhältnis wird als Anteil des Abstandes „Punkt-Referenzpunkt" zu der Gesamtkurvenlänge angegeben Auf den Wert kann über die Methode **Value** zugegriffen werden.

```
Punkt.Ratio.Value = 0.25
```

Type As Long (Read Only)

Die Eigenschaft beschreibt, ob der Abstand zwischen dem erzeugten Punkt und dem Referenzpunkt über eine Länge (Wert „1") oder ein Verhältnis (Wert „-1") bestimmt wird.

```
If Punkt.Type = 1 Then
MsgBox („Definition über einen Abstand")
Else
MsgBox („Definition über ein Verhältnis")
End If
```

8.122 HybridShapePointOnPlane

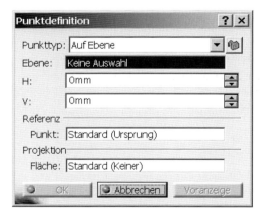

Die Klasse repräsentiert einen Punkt auf einer Ebene (vgl. Abschnitt 6.2). Ein Objekt der Klasse wird über die Methoden **AddNewPointOnPlane** oder **AddNewPointOnPlaneWithReference** der Klasse **HybridShapeFactory** (Abschnitt 8.85) erzeugt.

Objektpfad: AnyObject.HybridShape.Point.HybridShapePointOnPlane

FirstDirection As HybridShapeDirection

Die Eigenschaft beschreibt die Richtungsdefinition der H-Achse.

```
Dim Richtung As HybridShapeDirection
Set Richtung = Wzk3D.AddNewDirectionByCoord (10, 0, 0)
Punkt.FirstDirection = Richtung
```

Sub GetSecondDirection [DX, DY, DZ] As Double

Die Methode liest den zweiten Definitionsvektor. Der Vektor steht senkrecht zum ersten Definitionsvektor.

```
Dim DX, DY, DZ As Double
Punkt.GetSecondDirection DX, DY, DZ
MsgBox (DX & ", " & DY & ", " & DZ)
```

Plane As Reference

Die Eigenschaft beschreibt die Ebene (Feld „Ebene").

```
Dim Ref As Reference
Set Ref = MeinPart.CreateReferenceFromObject (MeineEbene)
Punkt.Plane = Ref
```

Point As Reference

Die Eigenschaft beschreibt den Referenzpunkt (Feld „Punkt").

```
Punkt.Point = Punktreferenz
```

ProjectionSurface As Reference

Die Eigenschaft beschreibt die Projektionsfläche (Feld „Fläche").

```
Set Ebene = MeinHybridBody.HybridShapes.Item(„Ebene.1")
Punkt.ProjectionSurface = Ebene
```

Sub SetSecondDirection [DX, DY, DZ] As Double

Die Methode setzt den zweiten Definitionsvektor. Der Vektor muss senkrecht zum ersten Definitionsvektor stehen.

```
Punkt.SetSecondDirection 1, 0, 0
```

XOffset As Length (Read Only)

Die Eigenschaft beschreibt den Abstand zum Referenzpunkt in Richtung „H". Auf den Wert kann über die Methode **Value** zugegriffen werden.

```
Punkt.XOffset.Value = 5
```

YOffset As Length (Read Only)

Abstand in Richtung „V" (analog **XOffset**)

8.123 HybridShapePointOnSurface

Die Klasse repräsentiert einen Punkt auf einer Fläche (vgl. Abschnitt 6.2). Ein Objekt der Klasse wird über die Methoden **AddNewPointOnSurface** oder **AddNewPointOnSurfaceWithReference** der Klasse **HybridShapeFactory** (Abschnitt 8.85) erzeugt.

Objektpfad: AnyObject.HybridShape.Point.HybridShapePointOnSurface

Direction As HybridShapeDirection

Die Eigenschaft beschreibt die Richtungsdefinition (Feld „Richtung").

```
Dim Richtung As HybridShapeDirection
Set Richtung = Wzk3D.AddNewDirectionByCoord (10, 10, 10)
Punkt.Direction = Richtung
```

Offset As Length (Read Only)

Die Eigenschaft beschreibt den Abstand zum Referenzpunkt (Feld „Abstand"). Auf den Wert kann über die Methode **Value** zugegriffen werden.

```
Punkt.Offset.Value = 25
```

Point As Reference

Die Eigenschaft beschreibt den Referenzpunkt (Feld „Punkt").

```
Dim Ref As Reference
Set Ref = MeinPart.CreateReferenceFromObject (MeinPunkt)
Punkt.Point = Ref
```

Surface As Reference

Die Eigenschaft beschreibt die Fläche (Feld „Fläche").

```
Punkt.Surface = Flaechenreferenz
```

8.124 HybridShapePointTangent

Die Klasse repräsentiert einen Tangentenpunkt auf einer Kurve (vgl. Abschnitt 6.2). Ein Objekt der Klasse wird über die Methode **AddNewPointTangent** der Klasse **HybridShapeFactory** (Abschnitt 8.85) erzeugt.

Objektpfad: *AnyObject.HybridShape.Point.HybridShapePointTangent*

Curve As Reference

Die Eigenschaft beschreibt die Kurve (Feld „Kurve").
```
Dim Ref As Reference
Set Ref = MeinPart.CreateReferenceFromObject (MeineKurve)
Punkt.Curve = Ref
```

Direction As HybridShapeDirection

Die Eigenschaft beschreibt die Richtungsdefinition (Feld „Richtung").
```
Punkt.Direction = Wzk3D.AddNewDirectionByCoord (10, 10, 10)
```

8.125 HybridShapePolyline

Die Klasse repräsentiert eine Polylinie (vgl. Abschnitt 6.5). Ein Objekt der Klasse wird über die Methode **AddNewPolyline** der Klasse **HybridShapeFactory** (Abschnitt 8.85) erzeugt.

Objektpfad: AnyObject.HybridShape.HybridShapePolyline

Closure As Boolean

Die Eigenschaft beschreibt den Zustand der Option „Polylinie schließen" (aktiviert: „True").
`Polylinie.Closure = False`

Sub GetElement [Index] As Long, [Punkt] As Reference, [Radius] As Double

Die Methode liest den Punkt und den Radius der Nummer „Index".
`Polylinie.GetElement 2, Punkt, R`

Sub InsertElement [Punkt] As Reference, [Index] As Long

Die Methode fügt einen Punkt an der Position „Index" hinzu.
`Polylinie.InsertElement Punktreferenz, 1`

NumberOfElements As Long (Read Only)

Die Eigenschaft beschreibt die Anzahl der Punkte.
`MsgBox (Polylinie.NumberOfElements)`

Sub RemoveElement [Index] As Long

Die Methode entfernt den Punkt der Nummer „Index".
`Polylinie.RemoveElement 2`

Sub ReplaceElement [Punkt] As Reference, [Index] As Long

Die Methode ersetzt den Punkt der Nummer „Index" durch den Punkt „Punkt".
`Polylinie.ReplaceElement Punktreferenz, 2`

Sub SetRadius [Index] As Long, [Radius] As Double

Die Methode setzt den Radius an der Position „Index".
`Polylinie.SetRadius 2, 20`

■ 8.126 HybridShapePositionTransfo

Die Klasse repräsentiert die Transformationsbeschreibung eines Profils. Ein Objekt der Klasse wird über die Methode **AddNewPositionTranfo** der Klasse **HybridShapeFactory** (Abschnitt 8.85) erzeugt. Eine Transformationsbeschreibung wird in dem Objekt **HybridShapeSweep** (Abschnitt 8.140) verwendet.

Objektpfad: AnyObject.HybridShape.HybridShapePositionTransfo

Func GetNbPosAngle As Long

Die Methode liest die Anzahl der Transformationswinkel.

```
Dim Anzahl As Long
Anzahl = Transfo.GetNbPosAngle
```

Func GetNbPosCoord As Long

Die Methode liest die Anzahl der Längenparameter der Transformation.

```
Dim Anzahl As Long
Anzahl = Transfo.GetNbPosCoord
```

Func GetPosAngle ([Index] As Long) As Angle

Die Methode liest den Transformationswinkel des Ursprungs- oder Zielachsensystems. Ist „Index" gleich „1", wird der Transformationswinkel des Ursprungsachsensystems gelesen, bei „2" der des Zielachsensystems. Die Eigenschaft **Mode** muss gleich „1" gesetzt sein, um diese Methode nutzen zu können.

```
Dim Winkel As Angle
Set Winkel = Transfo.GetPosAngle (1)
MsgBox („Drehung Profil: „ & Winkel.Value)
```

Func GetPosCoord ([Index] As Long) As Length

Die Methode liest die Längenparameter der Transformation des Ursprungs- und Zielachsensystems. Die Indices „1" und „2" verweisen auf die Parameter in Richtung der X- und Y-Koordinate des Ursprungsachsensystems, „3" und „4" auf die des Zielachsensystems. Die Eigenschaft **Mode** muss gleich „1" gesetzt sein, um diese Methode nutzen zu können.

```
Dim X1, Y1 As Length
Set X1 = Transfo.GetPosCoord (1)
Set Y1 = Transfo.GetPosCoord (2)
MsgBox ("Transformation Profil: " & X1.Value & ", " & Y1.Value)
```

Func GetPosDirection ([Index] As Long) As HybridShapeDirection

Die Methode liest das Richtungselement der x-Achse des Ursprungs- oder Zielachsensystems. Der Index „1" weist auf das Ursprungsachsensystem, der Index „2" auf das Zielachsensystem. Die Voraussetzung, um diese Methode zu nutzen, ist, dass die Eigenschaft **Mode** gleich „1" gesetzt und die Richtung mit **SetPosDirection** bestimmt worden ist.

```
Dim Ref As Reference
Set Ref = Transfo.GetPosDirection (1)
```

Func GetPosPoint ([Index] As Long) As Reference

Die Methode liest den Ursprung des Ursprungs- oder Zielachsensystems. Der Index „1" weist auf das Ursprungsachsensystem, der Index „2" auf das Zielachsensystem. Die Eigenschaft **Mode** muss gleich „1" gesetzt und ein Ursprung mit **SetPosPoint** bestimmt worden sein, um diese Methode nutzen zu können.

```
Dim Ref As Reference
Set Ref = Transfo.GetPosPoint (1)
```

Func GetPosSwapAxes ([Index] As Long) As Long

Die Methode liest aus, ob die x- oder y-Achsen des Ursprungs- oder Zielachsensystems invertiert sind. Der Index „1" weist auf das Ursprungsachsensystem, der Index „2" auf das Zielachsensystem. Die Eigenschaft **Mode** muss gleich „1" gesetzt sein, um diese Methode nutzen zu können. Der Wertebereich für den Rückgabewert der Funktion ist: „0" (keine Achse invertiert), „1" (y-Achse invertiert), „2" (x-Achse invertiert) und „3" (beide Achsen invertiert).

```
Dim Invertierung As Long
Invertierung = Transfo.GetPosSwapAxes (1)
If Invertierung = 3 Then MsgBox(„Beide Achsen sind invertiert.")
```

InitialDirectionComputationMode As Long

Die Eigenschaft beschreibt, wie die x-Achse des Positionierungsachsensystems berechnet ist. Der Wertebereich ist: „0" (keine Spezifikation), „1" (Tangente am Ursprung des Profils) und „2" (über eine Richtung spezifiziert, **SetPositionDirection**).

```
Transfo.InitialDirectionComputationMode = 0
```

Mode As Long

Die Eigenschaft beschreibt, ob ein Profil über eine Transformation positioniert ist oder an seiner Ursprungsposition liegt (Schalter: „Profil positionieren" an oder aus). Ist der Wert gleich „0", ist der Schalter deaktiviert (Ursprungsposition). Ist der Wert gleich „1", ist der Schalter aktiviert.

```
Transfo.Mode = 0
```

Profile As Reference

Die Eigenschaft beschreibt das Profil.

```
Transfo.Profile = Profilreferenz
```

Sub RemoveAllPosAngle

Die Methode löscht alle Transformationswinkel.

```
Transfo.RemoveAllPosAngle
```

Sub RemoveAllPosCoord

Die Methode löscht alle Längenparameter der Transformation.

```
Transfo.RemoveAllPosCoord
```

Sub SetPosAngle [Index] As Long, [Winkel] As Angle

Die Methode setzt einen Transformationswinkel. Der Wertebereich von Index ist: „1" (Ursprungsachsensystem) und „2" (Zielachsensystem).

```
Transfo.SetPosAngle 1, MeinWinkel
```

Sub SetPosCoord [Index] As Long, [Wert] As Length

Die Methode setzt einen Längenparameter der Transformation. Der Wertebereich von „Index" ist analog **GetPosCoord**.

```
Transfo.SetPosCoord 1, MeinLaengenparameter
```

Sub SetPosDirection [Index] As Long, [Richtung] As HybridShapeDirection

Die Methode setzt das Richtungselement der x-Achse des Ursprungs- oder Zielachsensystems. Ist „Index" gleich „1", wird das Richtungselement des Ursprungsachsensystems gesetzt, bei „2" das des Zielachsensystems. Die Eigenschaft **Mode** muss gleich „1" gesetzt sein, um diese Methode nutzen zu können.

```
Dim Ref As Reference
Set Ref = MeinPart.CreateReferenceFromObject (MeineLinie)
Transfo.SetPosDirection 1, Ref
```

Sub SetPosPoint [Index] As Long, [Punkt] As Reference

Die Methode setzt den Ursprung des Ursprungs- oder Zielachsensystems. Ein Indexwert von „1" weist auf das Ursprungsachsensystem, einer von „2" auf das Zielachsensystem. Die Eigenschaft **Mode** muss gleich „1" gesetzt sein, um diese Methode nutzen zu können.

```
Transfo.SetPosPoint 1, Punktreferenz
```

Sub SetPosSwapAxes [Index, Modus] As Long

Die Methode bestimmt, ob die x- oder y-Achsen des Ursprungs- oder Zielachsensystems invertiert sind. Der Index „1" weist auf das Ursprungsachsensystem, der Index „2" auf das Zielachsensystem. Die Eigenschaft **Mode** muss gleich „1" gesetzt sein, um diese Methode nutzen zu können. Der Wertebereich für den Parameter „Modus" ist: „0" (keine Achse invertiert), „1" (y-Achse invertiert), „2" (x-Achse invertiert) und „3" (beide Achsen invertiert).

```
Transfo.SetPosSwapAxes 1, 3
```

8.127 HybridShapeProject

Die Klasse repräsentiert eine Projektion (vgl. Abschnitt 6.8). Ein Objekt der Klasse wird über die Methode **AddNewProject** der Klasse **HybridShapeFactory** (Abschnitt 8.85) erzeugt.

Objektpfad: AnyObject.HybridShape.HybridShapeProject

Direction As HybridShapeDirection

Die Eigenschaft beschreibt die Projektionsrichtung (Feld „Richtung"). Die Eigenschaft existiert nur, wenn die Eigenschaft **Normal** gleich „False" gesetzt ist.

`Projektion.Direction = Wzk3D.AddNewDirectionByCoord (10, 10, 10)`

ElemToProject As Reference

Die Eigenschaft beschreibt das projizierte Element (Feld „Projiziert").

`Projektion.ElemToProject = Elementreferenz`

MaximumDeviationValue As Double

Die Eigenschaft beschreibt die maximale Abweichung (Einheit: „Meter"), wenn eine Glättung durchgeführt wird (Feld „Abweichung").

`Projektion.MaximumDeviationValue = 0.000001`

Normal As Boolean

Die Eigenschaft beschreibt, ob ein Element senkrecht auf die Stützgeometrie (Wert „True") oder entlang einer Richtung (Wert „False") projiziert wird (Feld „Projektionstyp").

`Projektion.Normal = True`

p3DSmoothing As Boolean

Die Eigenschaft beschreibt die Art der 3D-Glättung.

`Projektion.p3DSmoothing = True`

SmoothingType As Long

Die Eigenschaft beschreibt die Art der Glättung (Optionsfeld „Glättung"). Deren Werte sind „0" für keine Glättung, „2" für eine Tangentenstetigkeit und „3" für eine Krümmungsstetigkeit.

`Projektion.SmoothingType = 0`

SolutionType As Long

Die Eigenschaft beschreibt, ob die geometrisch nächstliegende Lösung (Wert „0") oder alle Lösungen (Wert „1") ermittelt werden (Option „Nächstliegende Lösung").

`Projektion.SolutionType = 0`

Support As Reference

Die Eigenschaft beschreibt die Stützgeometrie (Feld „Stützelement").

`Projektion.Support = Geometriereferenz`

8.128 HybridShapeReflectLine

Die Klasse repräsentiert eine Reflexionslinie (vgl. Abschnitt 6.5). Ein Objekt der Klasse wird über die Methoden **AddNewReflectLine** oder **AddNewReflectLineWithType** der Klasse **HybridShapeFactory** (Abschnitt 8.85) erzeugt.

Objektpfad: AnyObject.HybridShape.HybridShapeReflectLine

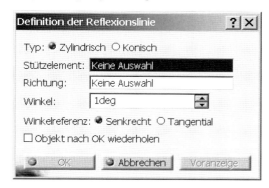

Angle As Angle (Read Only)

Die Eigenschaft beschreibt den Reflexionswinkel (Feld „Winkel"). Dessen Wert kann über die Methode **Value** gelesen oder bearbeitet werden.

```
Kurve.Angle.Value = 1
```

Direction As HybridShapeDirection

Die Eigenschaft beschreibt die Richtung (Feld „Richtung").

```
Dim Richtung As HybridShapeDirection
Set Richtung = Wzk3D.AddNewDirectionByCoord (0, 0, 1)
Kurve.Direction = Richtung
```

Sub InvertOrientationDirection

Die Methode invertiert die Orientierung des Richtungselementes (Feld „Richtung").

```
Kurve.InvertOrientationDirection
```

Sub InvertOrientationSupport

Die Methode invertiert die Orientierung des Stützelementes (Feld „Stützelement").

```
Kurve.InvertOrientationSupport
```

OrientationDirection As Long

Die Eigenschaft beschreibt die Orientierung der Richtung (ursprüngliche Richtung: „1"; invertierte Richtung: „-1").

```
Kurve.OrientationDirection = 1
```

OrientationSupport As Long

Die Eigenschaft beschreibt die Orientierung des Stützelementes (nicht invertiert: „1"; invertiert: „–1").

`Kurve.OrientationSupport = 1`

Origin As Reference

Die Eigenschaft beschreibt den Ursprung, der zur Berechnung der Reflektionslinie verwendet wird.

`Set Ursprung = Kurve.Origin`

SourceType As Long

Die Eigenschaft beschreibt, ob die Reflektionslinie mit einem unendlich (Zylinder) oder endlich (Kegel) langen Lichtstrahl berechnet wird (Option „Typ"). Ist der Wert gleich „0", wird ein Zylinder verwendet. Ist der Wert gleich „1", wird ein Kegel benutzt.

`Kurve.SourceType = 0`

Support As Reference

Die Eigenschaft beschreibt das Stützelement (Feld „Stützelement").

`Kurve.Support = Flaechenreferenz`

TypeSolution As Long

Die Eigenschaft beschreibt, ob der Winkel zwischen der Flächennormalen und der Richtung (Wert „0") oder der Flächentangenten und der Richtung (Wert „1") berechnet ist (Feld „Senkrecht"). Das Feld „Senkrecht" ist bei einem Wert von „0" aktiviert.

`Kurve.TypeSolution = 0`

8.129 HybridShapeRevol

Die Klasse repräsentiert eine Rotationsfläche (vgl. Abschnitt 6.6). Ein Objekt der Klasse wird über die Methode **AddNewRevol** der Klasse **HybridShapeFactory** (Abschnitt 8.85) erzeugt.

Objektpfad: AnyObject.HybridShape.HybridShapeRevol

Axis As Reference

Die Eigenschaft beschreibt die Rotationsachse (Feld „Rotationsachse"). Die Achse muss in der Profilebene liegen.

`Rotation.Axis = Achsenreferenz`

BeginAngle As Angle (Read Only)

Die Eigenschaft beschreibt den ersten Winkel (Feld „Winkel 1"). Dessen Wert kann über die Methode **Value** gelesen oder bearbeitet werden.

```
Rotation.BeginAngle.Value = 180
```

Context As Long

Die Eigenschaft beschreibt, ob das Ergebnis der Rotation eine Fläche (Wert gleich „0") oder ein Volumen (Wert gleich „1") ist.

```
Art = Rotation.Context
```

EndAngle As Angle (Read Only)

Die Eigenschaft beschreibt den zweiten Winkel (Feld „Winkel 2"). Dessen Wert kann über die Methode **Value** gelesen oder bearbeitet werden.

```
Rotation.EndAngle.Value = 0
```

Orientation As Boolean

Die Eigenschaft beschreibt, welche Orientierung der Rotationsachse verwendet ist. Ist der Wert gleich „True", ist die natürliche Orientierung verwendet. Ist der Wert gleich „False", ist die Orientierung invertiert.

```
Rotation.Orientation = False
```

Profil As Reference

Die Eigenschaft beschreibt das zu rotierende, planare Profil (Feld „Profil").

```
Rotation.Profil = Profilreferenz
```

8.130 HybridShapeRotate

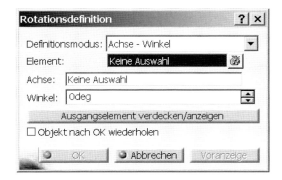

Die Klasse repräsentiert eine Drehung (vgl. Abschnitt 6.7). Ein Objekt der Klasse wird über die Methode **AddNewRotate** der Klasse **HybridShapeFactory** (Abschnitt 8.85) erzeugt.

Objektpfad: AnyObject.HybridShape.HybridShapeRotate

Angle As Angle (Read Only)

Die Eigenschaft beschreibt den Rotationswinkel (Feld „Winkel"). Dessen Wert kann über die Methode **Value** gelesen oder bearbeitet werden.

`Rotation.Angle.Value = 0`

AngleValue As Double

Die Eigenschaft beschreibt den Winkelwert (Feld „Winkel").

`Rotation.AngleValue = 0`

Axis As Reference

Die Eigenschaft beschreibt die Rotationsachse (Feld „Achse").

`Rotation.Axis = Linienreferenz`

ElemToRotate As Reference

Die Eigenschaft beschreibt das zu rotierende Element (Feld „Element").

`Rotation.ElemToRotate = Geometriereferenz`

FirstElement As Reference

Die Eigenschaft beschreibt das erste Element (Feld „Erstes Element"), sofern der Definitionsmodus gleich „Achse – zwei Elemente" ist.

`Rotation.FirstElement = MeineReferenz`

FirstPoint As Reference

Die Eigenschaft beschreibt den ersten Punkt (Feld „Erster Punkt"), sofern der Definitionsmodus gleich „Drei Punkte" ist.

`Rotation.FirstPoint = MeinPunkt`

Func GetCreationMode As Long

Die Methode liest den Erstellungsmodus. Der Wertebereich ist: „0" (Standard), „1" (Erstellungsmodus) und „2" (Modifikationsmodus).

OrientationOfFirstElement As Boolean

Die Eigenschaft beschreibt, ob die natürliche („False") oder invertierte Orientierung („True") des ersten Elementes verwendet ist, sofern der Definitionsmodus gleich „Achse –zwei Elemente" ist.

`Rotation.OrientationOfFirstElement = True`

OrientationOfSecondElement As Boolean

Orientierung des zweiten Elementes, analog **OrientationOfFirstElement**

RotationType As Long

Die Eigenschaft beschreibt die Art der Drehung (Feld „Definitionsmodus"). Der Wertebereich ist: „0" (Achse – Winkel), „1" (Achse – zwei Elemente) und „2" (drei Punkte).
```
Rotation.RotationType = 2
```

SecondElement As Reference

zweites Element, analog **FirstElement**

SecondPoint As Reference

zweiter Punkt, analog **FirstPoint**

Sub SetCreationMode [Modus] As Boolean

Die Methode setzt den Erstellungsmodus. Der Wertebereich ist: „True" (Erstellungsmodus) und „False" (Modifikationsmodus).

ThirdPoint As Reference

dritter Punkt, analog **FirstPoint**

VolumeResult As Boolean

Die Eigenschaft beschreibt, ob das Ergebnis der Drehung ein Volumen („True") oder eine Fläche („False") ist.
```
Dim Art As Boolean
Art = Rotation.VolumeResult
```

8.131 HybridShapes

Die Klasse repräsentiert eine Liste von Drahtgeometrie- und Flächenelementen. Ein Objekt der Klasse wird über die Eigenschaft **HybridShapes** der Klasse **HybridBody** (Abschnitt 8.50) deklariert.

Objektpfad: Collection.HybridShapes

Func GetBoundary ([Name] As String) As Boundary

Die Methode bestimmt ein Begrenzungselement aufgrund seines Namens.
```
Dim Begr As Boundary
Set Begr = MeinHB.HybridShapes.GetBoundary (KRef.DisplayName)
```

Func Item ([Index] As CATVariant) As HybridShape

Die Methode liest das Element der Nummer „Index" der Liste. „Index" kann über einen Zähler oder den Namen des Elementes angegeben werden.

```
Dim Bauteil As Part
Set Bauteil = CATIA.ActiveDocument.Part
Dim O As HybridShape
Set O = Bauteil.HybridBodies.Item(1).HybridShapes.Item("Ableiten.1")
```
oder
```
Set O = Bauteil.HybridBodies.Item(1).HybridShapes.Item(4)
```

8.132 HybridShapeScaling

Die Klasse repräsentiert eine Skalierung (vgl. Abschnitt 6.7). Ein Objekt der Klasse wird über die Methode **AddNewHybridScaling** der Klasse **HybridShapeFactory** (Abschnitt 8.85) erzeugt.

Objektpfad: *AnyObject.HybridShape.HybridShapeScaling*

Center As Reference

Die Eigenschaft beschreibt den Referenzpunkt (Feld „Referenz").

```
Skalierung.Center = Punktreferenz
```

CreationMode As Boolean

Die Eigenschaft beschreibt den Erzeugungsmodus. „True" steht für ein Erzeugungsfeature, „False" für ein Änderungsfeature.

```
Skalierung.CreationMode = True
```

ElemToScale As Reference

Die Eigenschaft beschreibt das zu skalierende Element (Feld „Element").

```
Skalierung.ElemToScale = Elementreferenz
```

Ratio As RealParam (Read Only)

Die Eigenschaft beschreibt den Parameter der Skalierung (Feld „Faktor"). Der Wert kann über die Methode **Value** bearbeitet werden.

```
Skalierung.Ratio.Value = 2
```

RatioValue As Double

Die Eigenschaft beschreibt den Faktor der Skalierung (Feld „Faktor").
```
Skalierung.RatioValue = 2
```

VolumeResult As Boolean

Die Eigenschaft beschreibt, ob das Ergebnis der Skalierung ein Volumen („True") oder eine Fläche („False") ist.
```
Dim Art As Boolean
Art = Skalierung.VolumeResult
```

8.133 HybridShapeSection

Die Klasse beschreibt eine Schnittdefinition. Ein Objekt der Klasse wird über die Methode **AddNewSection** der Klasse **HybridShapeFactory** (Abschnitt 8.85) erzeugt.

Objektpfad: AnyObject.HybridShape.HybridShapeSection

SectionPlane As Reference

Die Eigenschaft beschreibt die Schnittebene.
```
Schnitt.SectionPlane = Bauteil.OriginElements.PlaneXY
```

8.134 HybridShapeSphere

Die Klasse repräsentiert eine Kugel (vgl. Abschnitt 6.6). Ein Objekt der Klasse wird über die Methode **AddNewSphere** der Klasse **HybridShapeFactory** (Abschnitt 8.85) erzeugt.

Objektpfad: AnyObject.HybridShape.HybridShapeSphere

Axis As Reference

Die Eigenschaft beschreibt die Kugelachse (Feld „Kugelachse").
```
Kugel.Axis = Achsenreferenz
```

BeginMeridianAngle As Angle (Read Only)

Die Eigenschaft beschreibt den ersten Meridianwinkel (Feld „Meridionaler Startwinkel"). Dessen Wert kann über die Methode **Value** gelesen oder bearbeitet werden.

`Kugel.BeginParallelAngle.Value = 0`

BeginParallelAngle As Angle (Read Only)

Die Eigenschaft beschreibt den ersten Parallelwinkel (Feld „Paralleler Startwinkel"). Dessen Wert kann über die Methode **Value** gelesen oder bearbeitet werden.

`Kugel.BeginParallelAngle.Value = -45`

Center As Reference

Die Eigenschaft beschreibt den Kugelmittelpunkt (Feld „Mittelpunkt").

`Kugel.Center = Punktreferenz`

EndMeridianAngle As Angle (Read Only)

Die Eigenschaft beschreibt den zweiten Meridianwinkel (Feld „Meridionaler Endwinkel")). Dessen Wert kann über die Methode **Value** gelesen oder bearbeitet werden.

`Kugel.EndMeridianAngle.Value = 180`

EndParallelAngle As Angle (Read Only)

Die Eigenschaft beschreibt den zweiten Parallelwinkel (Feld „Paralleler Endwinkel"). Dessen Wert kann über die Methode **Value** gelesen oder bearbeitet werden.

`Kugel.EndParallelAngle.Value = 45`

Limitation As Long (Write Only)

Die Eigenschaft beschreibt, ob es sich um eine Vollkugel (Wert „1") oder eine Teilkugel (Wert „0"), gesteuert über Winkel, handelt.

`Kugel.Limitation = 0`

Radius As Length (Read Only)

Die Eigenschaft beschreibt den Radius (Feld „Kugelradius"). Dessen Wert kann über die Methode **Value** gelesen oder bearbeitet werden.

`Kugel.Radius.Value = 20`

Sub SetBeginMeridianAngle [Winkel] As Double

Die Methode setzt den meridionalen Startwinkel (Feld „Meridionaler Startwinkel").

`Kugel.SetBeginMeridianAngle 10`

Sub SetBeginParallelAngle [Winkel] As Double

Die Methode setzt den parallelen Startwinkel (Feld „Paralleler Startwinkel").

`Kugel.SetBeginParallelAngle 5`

Sub SetEndMeridianAngle [Winkel] As Double

Die Methode setzt den meridionalen Endwinkel (Feld „Meridionaler Endwinkel").
Kugel.SetEndMeridianAngle 180

Sub SetEndParallelAngle [Winkel] As Double

Die Methode setzt den parallelen Endwinkel (Feld „Paralleler Endwinkel").
Kugel.SetEndParallelAngle 50

Sub SetRadius [Radius] As Double

Die Methode setzt den Radius (Feld „Kugelradius").
Kugel.SetRadius 100

■ 8.135 HybridShapeSpine

Die Klasse repräsentiert eine 3D-Leitkurve (vgl. Abschnitt 6.5). Ein Objekt der Klasse wird über die Methode **AddNewSpine** der Klasse **HybridShapeFactory** (Abschnitt 8.85) erzeugt.

Objektpfad: AnyObject.HybridShape.HybridShape-Spine

Sub AddGuide [Führungselement] As Reference

Die Methode fügt ein Führungselement zur Leitkurve hinzu.
MeinSpine.AddGuide Kurvenreferenz

Sub AddSection [Ebenenreferenz] As Reference

Die Methode fügt eine Ebene zur Leitkurve hinzu.
MeinSpine.AddSection Ebenenreferenz

Sub GetGuide [Index] As Long, [Führungselement] As Reference

Die Methode liest ein Führungselement der Nummer „Index" (Liste „Führungselement").
Dim FElem As Reference
MeinSpine.GetGuide 1, FElem

Func GetNumberOfGuides As Long

Die Methode liest die Anzahl der Führungselemente (Liste „Führungselement").

```
Dim Anzahl As Long
Anzahl = MeinSpine.GetNumberOfGuides
```

Func GetNumberOfSections As Long

Die Methode liest die Anzahl der Schnitte (Liste „Schnitt/Ebene").

```
Dim Anzahl As Long
Anzahl = MeinSpine.GetNumberOfSections
```

Sub GetSection [Index] As Long, [Ebenenreferenz] As Reference

Die Methode liest die Ebene der Nummer „Index".

```
Dim RefEbene As Reference
MeinSpine.GetSection 1, RefEbene
```

Sub ModifyGuideCurve [AltesElement, NeuesElement] As Reference

Die Methode tauscht ein Führungselement gegen ein neues (Liste „Führungselement").

```
MeinSpine.ModifyGuideCurve RefAlt, RefNeu
```

Sub ModifySectionCurve [AltesElement, NeuesElement] As Reference

Die Methode tauscht ein Schnittelement gegen ein neues (Liste „Schnitt/Ebene").

```
MeinSpine.ModifySectionCurve RefAlt, RefNeu
```

Orientation As Long

Die Eigenschaft beschreibt die Orientierung. Die Orientierung wird zum ersten Schnittelement gemessen. Der Wertebereich ist „1" (nicht invertiert) und „–1" (invertiert).

```
MeinSpine.Orientation = 1
```

Sub RemoveGuide [Führungselement] As Reference

Die Methode entfernt ein Führungselement der Leitkurve.

```
MeinSpine.RemoveGuide ReferenzFuehrungselement
```

Sub RemoveSection [Ebenenreferenz] As Reference

Die Methode entfernt eine Ebene der Leitkurve.

```
MeinSpine.RemoveSection Ebenenreferenz
```

Sub SetStartPoint [Punktreferenz] As Reference

Die Methode setzt den Startpunkt der Leitkurve.

```
MeinSpine.SetStartPoint Punktreferenz
```

StartPoint As Reference

Die Eigenschaft beschreibt den Startpunkt (Feld „Startpunkt").

```
Dim PRef As Reference
Set PRef = MeinHybridBody.HybridShapes.Item(„Punkt.1")
MeinSpine.StartPoint = PRef
```

8.136 HybridShapeSpiral

Die Klasse repräsentiert eine Spirale (vgl. Abschnitt 6.5). Ein Objekt der Klasse wird über die Methode **AddNewSpiral** der Klasse **HybridShapeFactory** (Abschnitt 8.85) erzeugt.

Objektpfad: AnyObject.Hybrid-Shape.HybridShapeSpiral

Axis As HybridShapeDirection

Die Eigenschaft beschreibt die Referenzrichtung der Spirale (Feld „Referenzrichtung"). Die Richtung muss parallel zum Stützelement verlaufen.

`MeineSpirale.Axis = MeineRichtung`

CenterPoint As Reference

Die Eigenschaft beschreibt den Mittelpunkt der Spirale (Feld „Mittelpunkt").

`MeineSpirale.CenterPoint = Punktreferenz`

ClockwiseRevolution As Boolean

Die Eigenschaft beschreibt, ob die Spirale mit oder entgegen dem Uhrzeigersinn um den Richtungsvektor des Stützelementes verläuft (Feld „Ausrichtung"). „True" bedeutet im Uhrzeigersinn.

`MeineSpirale.ClockwiseRevolution = false`

EndingAngle As Angle (Read Only)

Die Eigenschaft beschreibt den Endwinkel (Feld „Endwinkel"). Über die Methode **Value** kann der Wert verändert werden.

`MeineSpirale.EndingAngle.Value = 0`

EndingRadius As Length (Read Only)

Die Eigenschaft beschreibt den Endradius (Feld „Endradius"). Über die Methode **Value** kann der Wert verändert werden.

`MeineSpirale.EndingRadius.Value = 10`

InvertAxis As Boolean

Die Eigenschaft beschreibt, ob die Referenzrichtung invertiert ist.

`MeineSpirale.InvertAxis = False`

Pitch As Length (Read Only)

Die Eigenschaft beschreibt die Steigung der Spirale (Feld „Steigung"). Über die Methode **Value** kann die Steigung verändert werden. Die Eigenschaft ist nur vorhanden, wenn der Spiralentyp „Winkel und Steigung" oder „Radius und Steigung" ist.

`MeineSpirale.Pitch.Value = 0`

RevolNumber As RealParam (Read Only)

Die Eigenschaft beschreibt den Parameter des Feldes „Umdrehungen". Auf dessen Wert kann über die Methode **Value** zugegriffen werden.

`MsgBox (MeineSpirale.RevolNumber.Value)`

Sub SetAnglePitchParam [Endwinkel, Umdrehungen, Steigung] As Double

Die Methode setzt die Werte der Felder „Endwinkel", „Umdrehungen" und „Steigung".

`MeineSpirale.SetAnglePitchParam 360, 10, 30`

Sub SetAngleRadiusParam [Endwinkel, Umdrehungen, Endradius] As Double

Die Methode setzt die Werte der Felder „Endwinkel", „Umdrehungen" und „Endradius".

`MeineSpirale.SetAngleRadiusParam 360, 10, 200`

Sub SetRadiusPitchParam [Endradius, Steigung] As Double

Die Methode setzt die Werte der Felder „Endradius" und „Steigung".

`MeineSpirale.SetRadiusPitchParam 200, 30`

StartingRadius As Length (Read Only)

Die Eigenschaft beschreibt den Startradius (Feld „Startradius"). Über die Methode **Value** kann der Wert verändert werden.

`MeineSpirale.StartingRadius.Value = 0`

Support As Reference

Die Eigenschaft beschreibt das Stützelement (Feld „Stützelement").

`MeineSpirale.Support = Ebenenreferenz`

Type As Long

Die Eigenschaft beschreibt den Typ der Spirale (Feld „Typ"). Die Werte sind: „0" für „Winkel und Radius", „1" für „Winkel und Steigung" und „2" für „Radius und Steigung".
```
MeineSpirale.Type = 0
```

8.137 HybridShapeSpline

Die Klasse repräsentiert einen Spline (vgl. Abschnitt 6.5). Ein Objekt der Klasse wird über die Methode **AddNewSpline** der Klasse **HybridShapeFactory** (Abschnitt 8.85) erzeugt.

Objektpfad: AnyObject.HybridShape.HybridShapeSpline

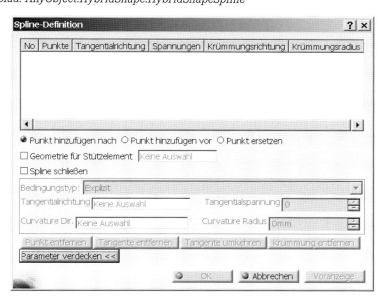

Sub AddPoint [Punkt] As Reference

Die Methode fügt einen Punkt zur Spline-Definition hinzu (Spalte „Punkte"), ohne eine Bedingung zu definieren.
```
Set Punkt = MeinHybridBody.HybridShapes.Item(„Punkt.4")
Spline.AddPoint Punkt
```

Sub AddPointWithConstraintExplicit [Punkt] As Reference, [Tangentialrichtung] As HybridShapeDirection, [Tangentialspannung] As Double, [Invertierung] As Long, [Krümmungsrichtung] As HybridShapeDirection, [Krümmungsradius] As Double

Die Methode fügt einen Punkt mit einer Bedingung des Typs „Explizit" (Feld „Bedingungstyp") zur Spline-Definition hinzu (Spalte „Punkte"). Die anderen Parameter definieren die Tangentialrichtung (Feld „Tangentialrichtung"), die Tangentialspannung (Feld „Tangentialspannung"), die Invertierung (Schaltfläche „Tangente umkehren"), die Krümmungsrichtung (Feld „Curvature Dir.") und den Krümmungsradius (Feld „Curvature Radius"). Der Wertebereich des Parameters „Invertierung" ist „1" und „-1".

Sub AddPointWithConstraintFromCurve [Punkt, Element] As Reference, [Tangentialspannung] As Double, [Invertierung, Stetigkeit] As Long

Die Methode fügt einen Punkt mit einer Bedingung des Typs „Von Kurve" (Feld „Bedingungstyp") zur Spline-Definition hinzu (Spalte „Punkte"). Die anderen Parameter definieren das Richtungselement (Feld „Element"), die Tangentialspannung (Feld „Tangentialspannung"), die Invertierung (Schaltfläche „Tangente umkehren") und die Krümmungsstetigkeit (Feld „Stetigkeit"). Der Wertebereich des Parameters „Invertierung" ist „1" und „-1". Der Wertebreich des Parameters „Stetigkeit" ist: „1" (Tangentenstetigkeit) und „2" (Krümmungsstetigkeit).

Func GetClosure As Long

Die Methode liest den Zustand der Option „Spline schließen". Der Wertebereich ist: „0" (deaktiviert) und „1" (aktiviert).

```
Dim ZustandOption As Long
ZustandOption = Spline.GetClosure
```

Func GetConstraintType ([Index] As Long) As Long

Die Methode liest den Bedingungstyp (Feld „Bedingungstyp") eines Punktes des Splines. Der Wertebereich ist: „0" (not definiert), „1" (Explizit) und „2" (Von Kurve). Der Parameter „Index" beginnt ab „1".

```
Dim Typ As Long
Typ = Spline.GetConstraintType (1)
```

Func GetCurvatureRadius ([Index] As Long) As Length (Read Only)

Die Methode liest den Krümmungsradius am Steuerpunkt der Nummer „Index". Auf den Wert kann über die Methode **Value** zugegriffen werden.

```
Dim R As Length
Set R = Spline.GetCurvatureRadius (1)
MsgBox (R.Value)
```

Func GetDirectionInversion ([Index] As Long) As Long

Die Methode liest, ob die Tangentialrichtung invertiert wurde. Ist die Tangentialrichtung invertiert, ist der Wert gleich „-1". Der Parameter „Index" beginnt ab „1".

```
Dim InvZustand As Long
InvZustand = Spline.GetDirectionInversion(1)
```

Func GetNbControlPoint As Long

Die Methode liest die Anzahl der Steuerpunkte.
```
Dim Anzahl As Long
Anzahl = Spline.GetNbControlPoint
```

Func GetPoint ([Index] Long) As Reference

Die Methode liest einen Punkt aus der Spline-Definition (Spalte „Punkte"). Der Parameter „Index" beginnt ab „1".
```
Dim MPunkt As Reference
Set MPunkt = Spline.GetPoint(1)
```

Sub GetPointConstraintExplicit [Index] As Long, [Tangentialrichtung] As HybridShapeDirection, [Tangentialspannung] As Double, [Invertierung] As Long, [Krümmungsrichtung] As HybridShapeDirection, [Krümmungsradius] As Double

Die Methode liest die Bedingungen eines Punktes, sofern der Bedingungstyp „Explizit" ist (**GetConstraintType** gleich „1"). Der Parameter „Index" beginnt ab „1". Die anderen Parameter sind analog der Methode **AddPointWithConstraintExplicit**.

Sub GetPointConstraintFromCurve [Index] As Long, [Element] As Reference, [Tangentialspannung] As Double, [Invertierung, Stetigkeit] As Long

Die Methode liest die Bedingungen eines Punktes, sofern der Bedingungstyp „Von Kurve" ist (**GetConstraintType** gleich „2"). Der Parameter „Index" beginnt ab „1". Die anderen Parameter sind analog der Methode **AddPointWithConstraintFromCurve**.

Func GetPointPosition ([Punkt] As Reference) As Long

Die Methode liest die Position eines Punktes in der Spline-Definition (Spalte „Punkte"). Die Funktion ist eine Umkehrfunktion der Methode **GetPoint**.

Func GetSplineType As Long

liest den Spline-Typ, analog **SetSplineType**

Func GetSupport As Reference

liest die Stützfläche, analog **SetSupport**

Func GetTangentNorm ([Index] As Long) As RealParam (Read Only)

Die Methode liest die Spannung am Steuerpunkt der Nummer „Index". Auf den Wert kann über die Methode **Value** zugegriffen werden.

```
Dim Spannung As RealParam
Set Spannung = Spline.GetTangentNorm (1)
MsgBox (Spannung.Value)
```

Sub InvertDirection [Index] As Long

Die Methode invertiert die Orientierung des Splines an dem Punkt „Index". Der Parameter „Index" beginnt ab „1".

```
Spline.InvertDirection 1
```

Sub RemoveAll

Die Methode entfernt alle Punkte aus der Spline-Definition.

Sub RemoveControlPoint [Index] As Long

Die Methode entfernt den Steuerpunkt der Position „Index".

```
Spline.RemoveControlPoint 2
```

Sub RemoveCurvatureRadiusDirection [Index] As Long

Die Methode entfernt die Definition der Krümmungsrichtung (Feld „Curvature Dir.") des Punktes Nummer „Index".

Sub RemoveCurvatureRadiusValue [Index] As Long

Die Methode entfernt die Definition des Krümmungsradius (Feld „Curvature Radius") des Punktes Nummer „Index".

Sub RemoveSupport

Die Methode entfernt das Stützelement (Feld „Geometrie für Stützelement").

Sub RemoveTangentDirection [Index] As Long

Die Methode entfernt die Definition der Tangentialrichtung (Feld „Tangentialrichtung") des Punktes Nummer „Index".

Sub RemoveTension [Index] As Long

Die Methode entfernt die Definition der Tangentialspannung (Feld „Tangentialspannung") des Punktes Nummer „Index".

Sub ReplacePointAtPosition [Index] As Long, [PunktNeu] As Reference

Die Methode ersetzt einen Punkt an der Stelle „Index" durch einen neuen Punkt (Spalte „Punkte").

```
Set PunktNeu = MeinHybridBody.HybridShapes.Item(„Punkt.4")
Spline.ReplacePointAtPosition 1, PunktNeu
```

Sub SetClosing [Geschlossen] As Long

Die Methode setzt den Zustand der Option „Spline schließen" (aktiviert: „1", deaktiviert: „0").

`Spline.SetClosing 1`

Sub SetPointAfter [Index] As Long, [PunktNeu] As Reference

Die Methode fügt einen Punkt nach dem Punkt an der Stelle „Index" ein (Spalte „Punkte").

`Set PunktNeu = MeinHybridBody.HybridShapes.Item("Punkt.3")`
`Spline.SetPointAfter 1, PunktNeu`

Sub SetPointBefore [Index] As Long, [PunktNeu] As Reference

Die Methode fügt einen Punkt vor dem Punkt an der Stelle „Index" ein (Spalte „Punkte").

`Set PunktNeu = MeinHybridBody.HybridShapes.Item("Punkt.3")`
`Spline.SetPointBefore 1, PunktNeu`

Sub SetPointConstraintExplicit [Index] As Long, [Tangentialrichtung] As HybridShapeDirection, [Tangentialspannung] As Double, [Invertierung] As Long, [Krümmungsrichtung] As HybridShapeDirection, [Krümmungsradius] As Double

setzt die Bedingungen eines Punktes mit dem Bedingungstyp „Explizit", analog **GetPointConstraintExplicit**

Sub SetPointConstraintFromCurve [Index] As Long, [Element] As Reference, [Tangentialspannung] As Double, [Invertierung, Stetigkeit] As Long

setzt die Bedingungen eines Punktes mit dem Bedingungstyp „Von Kurve", analog **GetPointConstraintFromCurve**

Sub SetSplineType [Art] As Long

Die Methode setzt, ob der Spline kubisch (Wert „0") oder nach „WilsonFowler" (Wert „1") berechnet wird.

`Spline.SetSplineType 0`

Sub SetSupport [Stützfläche] As Reference

Die Methode setzt die Stützfläche des Splines (Feld „Geometrie für Stützelement"). Falls Tangentenrichtungen verwendet werden, müssen diese tangential zur Stützfläche verlaufen.

`Spline.SetSupport Flaechenreferenz`

■ 8.138 HybridShapeSplit

Die Klasse repräsentiert eine Trennung (vgl. Abschnitt 6.8). Ein Objekt der Klasse wird über die Methode **AddNewHybridSplit** der Klasse **HybridShapeFactory** (Abschnitt 8.85) erzeugt.

Objektpfad: AnyObject.HybridShape.HybridShapeSplit

Sub AddCuttingElem [Element] Reference, [Orientierung] As Long

Die Methode fügt ein Element zur Liste der Schnittelemente hinzu (Liste „Schnittelemente"). Ist Orientierung gleich „1", wird die natürliche Orientierung des Elementes verwendet. „-1" invertiert die Orientierung.

```
Set Linie = MeinHybridBody.HybridShapes.Item("Linie.2")
Trennung.AddCuttingElem Linie, 1
```

Sub AddElementToKeep [Element] As Reference

Die Methode fügt ein Element zur Liste der beizubehaltenden Elemente hinzu (Feld „Beizubehaltende Elemente").

Sub AddElementToRemove [Element] As Reference

Die Methode fügt ein Element zur Liste der zu entfernenden Elemente hinzu (Feld „Zu entfernende Elemente").

AutomaticExtrapolationMode As Boolean

Die Eigenschaft beschreibt den Zustand der Option „Automatische Extrapolation". Ist der Wert gleich „True", ist die Option aktiviert.

BothSidesMode As Boolean

Die Eigenschaft beschreibt den Zustand der Option „Beide Seiten behalten". Ist der Wert gleich „True", ist die Option aktiviert.

CuttingElem As Reference

Die Eigenschaft beschreibt das schneidende Element (Feld „Schnittelemente").

```
Trennung.CuttingElem = Geometriereferenz
```

ElemToCut As Reference

Die Eigenschaft beschreibt das zu schneidende Element (Feld „Zu schneidendes Element").

```
Trennung.ElemToCut = Geometriereferenz
```

Func GetCuttingElem ([Index] As Long) As Reference

Die Methode liest das Element der Position „Index" aus der Liste der Schnittelemente (Liste „Schnittelemente").

Func GetIntersection ([Index] As Long) As Reference

Die Methode liest die Verschneidung am Schnittelement Nummer „Index".

Func GetKeptElem ([Index] As Long) As Reference

Die Methode liest das Element der Position „Index" aus der Liste der beizubehaltenden Elemente (Feld „Beizubehaltende Elemente").

Func GetNbCuttingElem As Long

Die Methode liest die Anzahl der Elemente der Liste „Schnittelemente".

Func GetNbElementsToKeep As Long

Die Methode liest die Anzahl der Elemente der Liste der beizubehaltenden Elemente (Feld „Beizubehaltende Elemente").

Func GetNbElementsToRemove As Long

Die Methode liest die Anzahl der Elemente der Liste der zu entfernenden Elemente (Feld „Zu entfernende Elemente").

Func GetOrientation ([Index] As Long) As Long

Die Methode liest die verwendete Orientierung des Schnittelementes an der Position „Index". Der Wertebereich ist: „1" (natürliche Orientierung), „-1" (invertierte Orientierung) und „2" (keine Orientierung).

Func GetOtherSide As Reference

Die Methode liest die Flächen der anderen Seite der Trennung (Schaltfläche „Andere Seite").

Func GetRemovedElem ([Index] As Long) As Reference

Die Methode liest das Element der Position „Index" aus der Liste der zu entfernenden Elemente (Feld „Zu entfernende Elemente").

IntersectionComputation As Boolean

Die Eigenschaft beschreibt den Zustand der Option „Berechnung der Verschneidungen". Ist der Wert gleich „True", ist die Option aktiviert.

Sub InvertOrientation

Die Methode invertiert die Orientierung der Trennung.

```
Trennung.InvertOrientation
```

Orientation As Long

Die Eigenschaft beschreibt, welche Seite des geschnittenen Elementes behalten wird. Ist der Wert gleich „1", bleibt die Seite erhalten, in die der Richtungsvektor des schneidenden Elementes oder das Kreuzprodukt beider Richtungsvektoren zeigt. Werden zwei Kurven verwendet, bleibt das erste Teilstück der Kurve stehen. Ist der Wert gleich „-1", wird die andere Seite behalten.

```
Trennung.Orientation = -1
```

Sub RemoveCuttingElem [Element] As Reference

Die Methode entfernt ein Element aus der Liste der Schnittelemente (Liste „Schnittelemente").

Sub RemoveElementToKeep [Index] As Long

Die Methode entfernt ein Element aus der Liste der beizubehaltenden Elemente (Feld „Beizubehaltende Elemente").

Sub RemoveElementToRemove [Index] As Long

Die Methode entfernt ein Element aus der Liste der zu entfernenden Elemente (Feld „Zu entfernende Elemente").

Sub SetOrientation [Index, Orientierung] As Long

Die Methode setzt die Orientierung des Schnittelementes der Position „Index". Der Wertebereich ist: „1" (natürliche Orientierung), „-1" (invertierte Orientierung) und „2" (keine Orientierung).

Support As Reference

Die Eigenschaft beschreibt die Stützgeometrie (Feld „Stützelement").
```
Dim Ref As Reference
Set Ref = Trennung.Support
```

VolumeResult As Long

Die Eigenschaft beschreibt, ob das Ergebnis der Trennung ein Volumen (Wert gleich „1") oder eine Fläche (Wert gleich „0") ist.

8.139 HybridShapeSurfaceExplicit

Die Klasse repräsentiert eine explizite Fläche ohne Historie (vgl. Abschnitt 6.6). Ein Objekt der Klasse wird über die Methode **AddNewSurfaceDatum** der Klasse **HybridShapeFactory** (Abschnitt 8.85) erzeugt.

Objektpfad: AnyObject.HybridShape.HybridShapeSurfaceExplicit

Die Klasse besitzt keine Eigenschaften und Methoden.

8.140 HybridShapeSweep

Die Klasse repräsentiert eine Translationsfläche (vgl. Abschnitt 6.6). Sie ist eine übergeordnete Klasse der Klassen **HybridShapeSweepCircle**, **HybridShapeSweepConic**, **HybridShapeSweepExplicit** und **HybridShapeSweepLine**.

Objektpfad: AnyObject.HybridShape.HybridShapeSweep

Sub AddCutPoints [Element1, Element2] As Reference

Die Methode setzt die beiden Beschnittpunkte der Hauptkurve.
```
Translation.AddCutPoints Elem1, Elem2
```

Sub AddFillPoints [Element1, Element2] As Reference

Die Methode setzt die beiden Füllpunkte der Hauptkurve.
```
Translation.AddFillPoints Elem1, Elem2
```

FillTwistedAreas As Long

Die Eigenschaft beschreibt, ob die Option „Verdrehte Fläche füllen" aktiviert ist. Ist die Eigenschaft gleich „true", ist die Option aktiviert.
```
Translation.FillTwistedAreas = true
```

Func GetCutPoint ([Rang] As Long) As Reference

Die Funktion liest den Beschnittpunkt an der Position „Rang".
```
Set MeinElement = Translation.GetCutPoint(1)
```

Func GetFillPoint ([Rang] As Long) As Reference

Die Funktion liest den Füllpunkt an der Position „Rang".
```
Set MeinElement = Translation.GetFillPoint(1)
```

Sub RemoveAllCutPoints

Die Methode entfernt alle Beschnittpunkte.
```
Translation.RemoveAllCutPoints
```

Sub RemoveAllFillPoints

Die Methode entfernt alle Füllpunkte.
```
Translation.RemoveAllFillPoints
```

SetbackValue As Double

Die Methode liest den Wert, der mit dem Schieberegler „Zurücksetzung" eingestellt ist.
```
Zuruecksetzung = Translation.SetbackValue
```

8.141 HybridShapeSweepCircle

Die Klasse repräsentiert eine Translationsfläche auf Basis einer Kreiskontur (vgl. Abschnitt 6.6). Ein Objekt der Klasse wird über die Methode **AddNewSweepCircle** der Klasse **HybridShapeFactory** (*8.85*) erzeugt.

Objektpfad: AnyObject.HybridShape.HybridShapeSweep.HybridShapeSweepCircle

CanonicalDetection As Long

Die Eigenschaft beschreibt, ob kanonische Anteile bei der Flächenberechnung erkannt werden sollen. Ist der Wert „0", ist die Option deaktiviert. Ist der Wert „2", ist die Option aktiviert.

```
Translation.CanonicalDetection = 2
```

ChoiceNo As Long

Die Eigenschaft beschreibt, welche Lösung bei mehreren Lösungsmöglichkeiten dargestellt ist.

```
Translation.ChoiceNo = 1
```

Context As Long

Die Eigenschaft beschreibt, ob die Translation eine Fläche (Wert gleich „0") oder ein Volumen ist (Wert gleich „1").

FirstAngleLaw As Reference

Die Eigenschaft beschreibt die Referenz zum Winkelregelelement des ersten Winkels, das zur Definition einer winkelgesteuerten Translationsfläche verwendet wird. Diese Eigenschaft wird nicht benötigt, wenn die Standardregeln von CATIA zur Anwendung kommen (konstant, linear, s-förmig).

```
Translation.FirstAngleLaw = Winkelregelreferenz
```

FirstAngleLawInversion As Long

Die Eigenschaft beschreibt, ob die erste Winkelregel invertiert ist. „1" bedeutet eine Invertierung, „0" keine Invertierung.

```
Translation.FirstAngleLawInversion = 1
```

FirstGuideCrv As Reference

Die Eigenschaft beschreibt die erste Führungskurve.

```
Translation.FirstGuideCrv = Kurvenreferenz
```

Func GetAngle ([Index] As Long) As Angle

Die Methode liest den Winkelparameter der Nummer „Index". „Index" kann „1" oder „2" sein. Auf den Wert des Winkelparameters kann über die Methode **Value** zugegriffen werden.

```
Dim Winkel As Angle
Set Winkel = Translation.GetAngle (1)
MsgBox (Winkel.Value)
```

Sub GetAngleLawTypes [TypWinkel1, TypWinkel2] As Long

Die Methode liest die Winkelregel des ersten und zweiten Winkels. Der Wertebereich ist analog der Methode **GetFirstAngleLaw**.

Sub GetFirstAngleLaw [Winkel1, Winkel2] As Angle, [Regeltyp] As Long

Die Methode liest die Winkel und Winkelregel des ersten Winkels. Auf die Werte der Winkel kann über die Methode **Value** zugegriffen werden. Der Wertebereich des Parameters „Regeltyp" ist: „1" (konstant), „2" (linear), „3" (S-Verlauf) und „4" (entsprechend eines Winkelregelelementes).

```
Dim W1, W2 As Angle
Dim Typ As Long
Translation.GetFirstAngleLaw W1, W2, Typ
If W1.Value > W2.Value Then
MsgBox ("Winkel 1 ist größer als Winkel 2.")
End If
```

Sub GetLongitudinalRelimiters [Element1, Element2] As Reference

Die Methode liest die Begrenzungselemente der Leitkurve (Felder "Begrenzungselement 1" und "Begrenzungselement 2").

Sub GetNbAngle [Anzahl] As Long

Die Methode liest die Anzahl der Winkelparameter.

Sub GetNbGuide [Anzahl] As Long

Die Methode liest die Anzahl der Führungskurven.

```
Dim Anzahl As Long
Translation.GetNbGuide Anzahl
```

Sub GetNbRadius [Anzahl] As Long

Die Methode liest die Anzahl der Radii.

Func GetRadius ([Index] As Long) As Length

Die Methode liest den Radius an der Stelle „Index". „Index" kann „1" oder „2" sein. Auf den Radiuswert kann über die Methode **Value** zugegriffen werden.

```
Dim R As Length
Set R = Translation.GetRadius (1)
MsgBox (R.Value)
```

Sub GetRelimiters [Begrenzung1] As Reference, [Orientierung1] As Long, [Begrenzung2] As Reference, [Orientierung2] As Long

Die Methode liest die Begrenzungselemente der Leitkurve und deren Orientierung (Felder "Begrenzungselement1" und "Begrenzungselement2"). Der Wertebereich der Orientierung ist: "0" (Anfang der Leitkurve) und "1" (Ende der Leitkurve).

```
Set R1 = Nothing
Set R2 = Nothing
Translation.GetRelimiters R1, O1, R2, O2
```

Sub GetSecondAngleLaw [Winkel1, Winkel2] As Angle, [Regeltyp] As Long

Die Methode liest die Winkel und Winkelregel des zweiten Winkels (vgl. Methode **GetFirstAngleLaw**).

Sub GetTangencyChoiceNo [Nummer, OrientierungFläche, OrientierungFührungskurve] As Long

Die Methode liest für den Subtyp „Ein Führungselement und Tangentialfläche" die aktuelle Lösungsnummer und die Orientierungen zur Tangentialfläche und Führungskurve. Der Wertebereich der Orientierungen ist: „1" (natürliche Orientierung), „0" (keine Orientierung) und „-1" (invertierte Orientierung).

GuideDeviation As Length (Read Only)

Die Eigenschaft beschreibt den Wert des Feldes „Abweichung von Führung(en)", sofern die Eigenschaft **GuideDeviationActivity** gleich „True" ist.

```
Translation.GuideDeviation.Value = 0.1
```

GuideDeviationActivity As Boolean

Die Eigenschaft beschreibt den Zustand der Option „Abweichung von Führung(en)".

Mode As Long

Die Eigenschaft beschreibt, wie die Translationsfläche definiert ist (Feld „Subtyp").

```
Translation.Mode = 1
```

Wertebereich:

- 0: Nicht identifizierter Modus
- 1: Drei Führungskurven
- 2: Zwei Führungskurven und ein Radius
- 3: Zentralkurve, Winkelreferenz und zwei Winkel
- 4: Zentralkurve und ein Radius
- 5: Zwei Führungskurven und eine Tangentenreferenz

RadiusLaw As Reference

Die Eigenschaft beschreibt die Referenz des Radienregelelementes, das zur Definition des Radienverlaufes entlang der Translationsfläche verwendet wird.

```
Translation.RadiusLaw = Radienregelreferenz
```

RadiusLawInversion As Long

Die Eigenschaft beschreibt, ob die Radienregel invertiert ist. „1" bedeutet eine Invertierung, „0" keine Invertierung.

```
Translation.RadiusLawInversion = 1
```

RadiusLawType As Long

Die Eigenschaft beschreibt, nach welcher Regel der Radius entlang der Translationsfläche verändert wird. Der Wertebereich ist: „1" (konstant), „2" (linear), „3" (S-Verlauf) und „4" (nach Definition eines Radienregelelementes).

```
Translation.RadiusLawType = 1
```

Reference As Reference

Die Eigenschaft beschreibt das Referenzelement, an dem die Translationsfläche ausgerichtet wird.

`Translation.Reference = Elementreferenz`

Sub RemoveAngle

Die Methode entfernt die Winkeldefinitionen.

Sub RemoveGuide

Die Methode entfernt die Definition der Führungskurven.

Sub RemoveRadius

Die Methode entfernt die Definition des Radius.

SecondAngleLaw As Reference

Die Eigenschaft beschreibt die Referenz zum Winkelregelelement des zweiten Winkels, das zur Definition einer winkelgesteuerten Translationsfläche verwendet wird. Diese Eigenschaft wird nicht benötigt, wenn die Standardregeln von CATIA zur Anwendung kommen (konstant, linear, s-förmig).

`Translation.SecondAngleLaw = Winkelregelreferenz`

SecondAngleLawInversion As Long

Die Eigenschaft beschreibt, ob die zweite Winkelregel invertiert ist. „1" bedeutet eine Invertierung, „0" keine Invertierung.

`Translation.SecondAngleLawInversion = 1`

SecondGuideCrv As Reference

Die Eigenschaft beschreibt die zweite Führungskurve.

`Translation.SecondGuideCrv = Kurvenreferenz`

Sub SetAngle [Index] As Long, [Winkel] As Double

Die Methode setzt den Wert des Winkels der Nummer „Index". „Index" kann „1" oder „2" sein. Der Winkel wird in Grad angegeben.

`Translation.SetAngle 1, 20`

Sub SetAngleLawTypes [TypWinkel1, TypWinkel2] As Long

Setzt die Winkelregel des ersten und zweiten Winkels. Der Wertebereich ist analog der Methode **GetFirstAngleLaw**.

Sub SetFirstAngleLaw [Winkel1, Winkel2] As Double, [Regeltyp] As Long

Die Methode setzt die Winkel und Winkelregel des ersten Winkels. Die Werte der Winkel werden in Grad angegeben. „Regeltyp" entspricht dem Parameter „Regeltyp" der Methode **GetFirstAngleLaw**. Das Winkelregelelement kann bei einem Regeltyp von „4" über die Eigenschaft **FirstAngleLaw** gesetzt werden.

```
Translation.SetFirstAngleLaw 10, 20, 2
```

Sub SetGuideDeviation [Länge] As Double

Die Methode setzt den Wert des Feldes „Abweichung von Führung(en)".

Sub SetLongitudinalRelimiters [Element1, Element2] As Reference

Die Methode setzt die Begrenzungselemente der Leitkurve (Felder "Begrenzungselement 1" und "Begrenzungselement 2").

Sub SetRadius [Index] As Long, [Radius] As Double

Die Methode setzt den Radius an der Stelle „Index". Der Index kann „1" oder „2" sein.

```
Translation.SetRadius 1, 5
```

Sub SetRelimiters [Begrenzung1] As Reference, [Orientierung1] As Long, [Begrenzung2] As Reference, [Orientierung2] As Long

Die Methode setzt die Begrenzungselemente der Leitkurve und deren Orientierung (Felder "Begrenzungselement1" und "Begrenzungselement2"). Der Wertebereich der Orientierung ist: "0" (Anfang der Leitkurve) und "1" (Ende der Leitkurve).

Sub SetSecondAngleLaw [Winkel1, Winkel2] As Double, [Regeltyp] As Long

Die Methode setzt die Winkel und Winkelregel des zweiten Winkels (vgl. Methode **SetFirstAngleLaw**).

Sub SetSmoothAngleThreshold [Winkel] As Double

Die Methode setzt den Wert des Feldes „Winkelkorrektur".

Sub SetTangencyChoiceNo [OrientierungFläche, OrientierungFührungskurve, Nummer] As Long

Die Methode setzt für den Subtyp „Ein Führungselement und Tangentialfläche" die aktuelle Lösungsnummer und die Orientierungen zur Tangentialfläche und Führungskurve. Der Wertebereich der Orientierungen ist: „1" (natürliche Orientierung), „0" (keine Orientierung) und „–1" (invertierte Orientierung).

SmoothActivity As Boolean

Die Eigenschaft beschreibt den Zustand der Option „Winkelkorrektur".

`Translation.SmoothActivity = True`

SmoothAngleThreshold As Angle (Read Only)

Die Eigenschaft beschreibt den Korrekturwinkel (Feld „Winkelkorrektur").

Spine As Reference

Die Eigenschaft beschreibt die Leitkurve.

`Translation.Spine = Kurvenreferenz`

ThirdGuideCrv As Reference

Die Eigenschaft beschreibt die dritte Führungskurve.

`Translation.ThirdGuideCrv = Kurvenreferenz`

TrimOption As Long

Die Eigenschaft beschreibt den Trim-Status. Der Wertebereich ist: „0" (kein Trim) und „1" (Trim aktiviert).

8.142 HybridShapeSweepConic

Die Klasse repräsentierte die Translationsfläche eines Kegelschnittes. Ein Objekt der Klasse wird über die Methode **AddNewSweepConic** der Klasse **HybridShapeFactory** (Abschnitt 8.85) erstellt.

Objektpfad: AnyObject.HybridShape.HybridShapeSweep.HybridShapeSweepConic

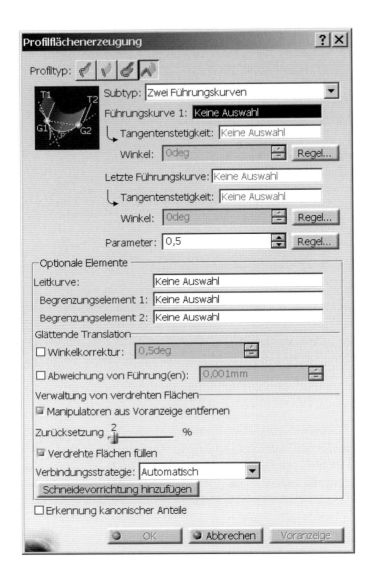

CanonicalDetection As Long

Die Eigenschaft beschreibt, ob kanonische Anteile bei der Flächenberechnung erkannt werden sollen. Ist der Wert „0", ist die Option deaktiviert. Ist der Wert „2", ist die Option aktiviert.

```
Translation.CanonicalDetection = 0
```

FifthGuideCrv As Reference

fünfte Führungskurve (analog **FirstGuideCrv**)

FirstGuideCrv As Reference

Die Methode beschreibt die erste Führungskurve (Feld „Führungskurve 1").

```
Conic.FirstGuideCrv = Kurve1
```

ForthGuideCrv As Reference

Vierte Führungskurve (analog **FirstGuideCrv**)

Sub GetLongitudinalRelimiters [Element1, Element2] As Reference

Die Methode liest die Begrenzungselemente der Leitkurve (Felder „Begrenzungselement 1" und „Begrenzungselement 2").

```
Dim G1, G2 As Reference
Conic.GetLongitudinalRelimiters G1, G2
```

Sub GetNbGuides [Anzahl] As Long

Die Methode liest die Anzahl der Führungskurven.

```
Dim Anzahl As Long
Conic.GetNbGuides Anzahl
```

Sub GetParameterLaw [Startwert, Endwert] As Double, [Regelart] As Long

Die Methode liest die Parameterregel. Der Wertebereich der Regelart ist analog **ParameterLawType**.

```
Dim Start, Ende As Double
Dim Regel As Long
Conic.GetParameterLaw Start, Ende, Regel
```

Sub GetRelimiters [Element1] As Reference, [Orientierung1] As Long, [Element2] As Reference, [Orientierung2] As Long)

Die Methode liest die Begrenzungselemente des Spines und deren Orientierung. Die Orientierung kann den Wert „0" für eine Standardorientierung und den Wert „1" für eine invertierte Orientierung besitzen.

```
Translation.GetRelimiters Elem1, Orient1, Elem2, Orient2
```

Sub GetTangency [Element] As Reference, [Startwinkel, Endwinkel] As Angle, [Regelart, Index] As Long

Die Methode liest die Tangentialbedingung an der Führungskurve „Index". Der Wertebereich der Regelart ist analog **ParameterLawType**.

```
Dim Element As Reference
Dim Start, Ende As Angle
Dim Regelart As Long
Conic.GetTangency Element, Start, Ende, Regelart, 1
```

Sub GetTangencyAngleLawInversion [Index, Invert] As Long

Die Methode liest den Invertierungszustand der Regel der Tangentialbedingung an der Führungskurve „Index". Ist „Invert" null, ist die Regel nicht invertiert.

```
Dim Invert As Long
Conic.GetTangencyAngleLawInversion 1, Invert
```

Sub GetTangencyLaw [Element, Regel] As Reference, [Index] As Long

Die Methode liest die Regel der Tangentialbedingung an der Führungskurve „Index". „Element" ist eine Referenz auf den Inhalt der Felder „Tangentenstetigkeit".

```
Dim Flaeche, Regel As Reference
Conic.GetTangencyLaw Flaeche, Regel, 1
```

GuideDeviation As Length (Read Only)

Die Eigenschaft beschreibt die erlaubte maximale Abweichung der Translationsfläche von den Führungskurven (Feld „Abweichung von Führung(en)").

```
Conic.GuideDeviation.Value = 0.5
```

GuideDeviationActivity As Boolean

Die Eigenschaft beschreibt den Aktivierungszustand der Option „Abweichung von Führung(en)". Ist der Wert „True", ist die Option aktiviert.

```
Conic.GuideDeviationActivity = True
```

Parameter As Double

Die Eigenschaft beschreibt den Parameter des Feldes „Parameter".

```
Conic.Parameter = 0.5
```

ParameterLaw As Reference

Die Eigenschaft beschreibt die Referenz der Parameterregel.

```
Conic.ParameterLaw = RegelReferenz
```

ParameterLawInversion As Boolean

Die Eigenschaft beschreibt, ob die Parameterregel invertiert ist („True") oder nicht.

```
Conic.ParameterLawInversion = True
```

ParameterLawType As Long

Die Eigenschaft beschreibt den Typ der Parameterregel. Der Wertebereich ist: „1" (konstant), „2" (linear), „3" (S-Typ) und „4" (erweitert).

```
Conic.ParameterLawType = 2
```

Sub RemoveGuide [Index] As Long

Die Methode entfernt eine Führungskurve an der Stelle „Index".

```
Conic.RemoveGuide 2
```

Sub RemoveParameter

Die Methode entfernt alle Definitionen des Translationsparameters.

`Conic.RemoveParameter`

Sub RemoveTangency [Index] As Long

Die Methode entfernt eine Tangentendefinition (Feld „Tangentenstetigkeit") einer Führungskurve an der Stelle „Index".

`Conic.RemoveTangency 1`

SecondGuideCrv As Reference

zweite Führungskurve (analog **FirstGuideCrv**)

Sub SetGuideDeviation [Wert] As Double

Die Methode setzt den Wert des Feldes „Abweichung von Führung(en)".

`Conic.SetGuideDeviation 0.75`

Sub SetLongitudinalRelimiters [Element1, Element2] As Reference

Die Methode setzt die Begrenzungselemente der Leitkurve (Felder „Begrenzungselement 1" und „Begrenzungselement 2").

```
Dim Elem1, Elem2 As Reference
Set Elem1 = Bauteil.OriginElements.PlaneYZ
Set Elem2 = Nothing
Conic.SetLongitudinalRelimiters  Elem1, Elem2
```

Sub SetParameterLaw [Startwert, Endwert] As Double, [Regelart] As Long

Die Methode definiert die Regel des Translationsparameters. Der Wertebereich der Regelart ist analog **ParameterLawType**.

`Conic.SetParameterLaw 0, 0.8, 2`

Sub SetRelimiters [Element1] As Reference, [Orientierung1] As Long, [Element2] As Reference, [Orientierung2] As Long)

Die Methode setzt die Begrenzungselemente des Spines und deren Orientierung. Die Orientierung kann den Wert „0" für eine Standardorientierung und den Wert „1" für eine invertierte Orientierung besitzen.

`Translation.SetRelimiters Elem1, 0, Elem2, 1`

Sub SetSmoothAngleThreshold [Wert] As Double

Die Methode setzt des Wert des Feldes „Winkelkorrektur".

`Conic.SetSmoothAngleThreshold 2`

Sub SetTangency [Element] As Reference, [Startwinkel, Endwinkel] As Double, [Regelart, Index] As Long

Die Methode setzt eine Tangentenbedingung der Führungskurve an der Stelle „Index". Der Wertebereich der Regelart ist: „1" (konstant), „2" (linear), „3" (S-Typ) und „4" (erweitert).

```
Dim FlaecheA As Reference
Set FlaecheA = HB.HybridShapes.Item("Extrudieren.2")
Conic.SetTangency FlaecheA, 0, 10, 2, 1
```

Sub SetTangencyAngleLawInversion [Index, Invert] As Long

Die Methode setzt den Invertierungszustand der Regel der Tangentialbedingung an der Führungskurve „Index". Ist „Invert" gleich null, ist die Regel nicht invertiert.

```
Conic.GetTangencyAngleLawInversion 1, 0
```

Sub SetTangencyLaw [Element, Regel] As Reference, [Index] As Long

Die Methode setzt die Regel der Tangentialbedingung an der Führungskurve „Index". „Element" ist eine Referenz auf den Inhalt der Felder „Tangentenstetigkeit".

```
Conic.SetTangencyLaw Flaeche, Regel, 1
```

SmoothActivity As Boolean

Die Eigenschaft beschreibt den Zustand der Option „Winkelkorrektur".

```
Conic.SmoothActivity = True
```

SmoothAngleThreshold As Angle (Read Only)

Die Eigenschaft beschreibt den Schwellenwert der Winkelkorrektur (Feld „Winkelkorrektur").

```
Conic.SmoothAngleThreshold.Value = 0.85
```

Spine As Reference

Die Eigenschaft beschreibt die Leitkurve (Feld „Leitkurve").

```
Conic.Spine = Kurve1
```

ThirdGuideCrv As Reference

dritte Führungskurve (analog **FirstGuideCrv**)

8.143 HybridShapeSweepExplicit

Die Klasse repräsentiert eine Translationsfläche auf Basis einer benutzerdefinierten Kontur (vgl. Abschnitt 6.6). Ein Objekt der Klasse wird über die Methode **AddNewSweepExplicit** der Klasse **HybridShapeFactory** (Abschnitt 8.85) erzeugt.

Objektpfad: AnyObject.HybridShape.HybridShapeSweep.HybridShapeSweepExplicit

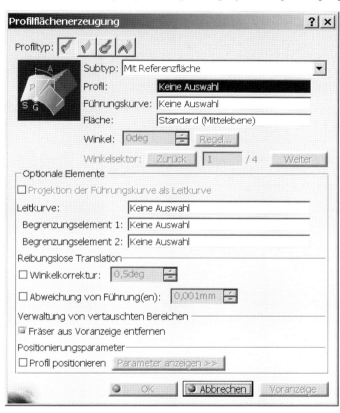

AngleLaw As Reference
Die Eigenschaft beschreibt die Referenz des Winkelregelelementes, das zur Definition des Winkelverlaufs entlang der Translationsfläche verwendet wird.
`Translation.AngleLaw = Winkelregelreferenz`

AngleLawInversion As Long
Die Eigenschaft beschreibt, ob die Winkelregel invertiert ist. „1" bedeutet eine Invertierung, „0" keine Invertierung.
`Translation.AngleLaw-Inversion = 1`

AngleLawType As Long

Die Eigenschaft beschreibt, nach welcher Regel der Winkel entlang der Translationsfläche verändert wird. Der Wertebereich ist: „1" (konstant), „2" (liniear), „3" (S-Verlauf) und „4" (nach Definition eines Winkelregelelementes).
```
Translation.AngleLawType = 1
```

Context As Long

Die Eigenschaft beschreibt, ob die Translation eine Fläche (Wert gleich „0") oder ein Volumen ist (Wert gleich „1").

FirstGuideCrv As Reference

Die Eigenschaft beschreibt die erste Führungskurve.
```
Translation.FirstGuideCrv = Kurvenreferenz
```

Func GetAngleRef ([Index] As Long) As Angle

Die Methode liest den Winkel der Nummer „Index". Der Index ist „1" für den Start- und „2" für den Endwinkel. Auf den Wert des Winkels kann über die Methode **Value** zugegriffen werden.
```
Set Winkel = Translation.GetAngleRef (1)
MsgBox (Winkel.Value)
```

Sub GetFittingPoints [Bezugspunkt1, Bezugspunkt2] As Reference

Die Methode liest die Bezugspunkte (Felder „Bezugspunkt1" und „Bezugspunkt2").
```
Set Ref1 = Nothing
Set Ref2 = Nothing
Translation.GetFittingPoints Ref1, Ref2
```

Sub GetLongitudinalRelimiters [Element1, Element2] As Reference

analog **HybridShapeSweepCircle**

Sub GetNbAngle [Anzahl] As Long

Die Methode liest die Anzahl der Winkelparameter.

Sub GetNbGuide [Anzahl] As Long

Die Methode liest die Anzahl der Führungskurven.

Func GetNbPosAngle As Long

Die Methode liest die Anzahl der Transformationswinkel.

Func GetNbPosCoord As Long

Die Methode liest die Anzahl der Längenparameter der Transformation.

Func GetPosAngle ([Index] As Long) As Angle

Die Methode liest den Winkelparameter der 2D-Transformation des Ursprungs- oder Zielachsensystems des Profils. Der Index „1" verweist auf das Ursprungs-, „2" auf das Zielachsensystem. Auf die Winkelwerte kann über die Methode **Value** zugegriffen werden. Die Eigenschaft **Mode** muss gleich „1" gesetzt sein, um diese Methode nutzen zu können.

```
Dim Winkel As Angle
Set Winkel = Translation.GetPosAngle (1)
MsgBox („Drehung Profil: „ & Winkel.Value)
```

Func GetPosCoord ([Index] As Long) As Length

Die Methode liest die Längenparameter der 2D-Transformation des Ursprungs- und Zielachsensystems des Profils. Die Indices „1" und „2" verweisen auf die x- und y-Koordinaten des Ursprungsachsensystems, „3" und „4" auf die des Zielachsensystems. Auf die Werte kann über die Methode **Value** zugegriffen werden. Die Eigenschaft **Mode** muss gleich „1" gesetzt sein, um diese Methode nutzen zu können.

```
Dim X1, Y1 As Length
Set X1 = Translation.GetPosCoord (1)
Set Y1 = Translation.GetPosCoord (2)
MsgBox ("Transformation Profil: " & X1.Value & ", " & Y1.Value)
```

Func GetPosDirection ([Index] As Long) As Reference

Die Methode liest die Referenz des Richtungselementes der x-Achse des Ursprungs- oder Zielachsensystems des Profils. Der Index „1" verweist auf das Ursprungs-, „2" auf das Zielachsensystem. Die Eigenschaft **Mode** muss gleich „1" gesetzt und die Richtung mit **SetPosDirection** bestimmt worden sein, um diese Methode nutzen zu können.

```
Set Ref = Translation.GetPosDirection (1)
```

Func GetPosPoint ([Index] As Long) As Reference

Die Methode liest den Ursprung des Ursprungs- oder Zielachsensystems des Profils. Der Index „1" verweist auf das Ursprungs-, „2" auf das Zielachsensystem. Die Eigenschaft **Mode** muss gleich „1" gesetzt und der Punkt mit **SetPosPoint** bestimmt worden sein, um diese Methode nutzen zu können.

```
Set Ref = Translation.GetPosPoint (1)
```

Func GetPosSwapAxes ([Index] As Long) As Long

Die Methode liest, ob die x- oder y-Achsen des Ursprungs- oder Zielachsensystems des Profils invertiert sind. Der Rückgabewert entspricht dem Parameter „Modus" der Methode **SetPosSwapAxes**. Der Index „1" verweist auf das Ursprungs-, „2" auf das Zielachsensystem. Die Methode funktioniert nur, wenn vorher mit **SetPosSwapAxes** eine Invertierung vorgenommen wurde. Die Eigenschaft **Mode** muss gleich „1" gesetzt sein, um diese Methode nutzen zu können.

```
Invertierung = Translation.GetPosSwapAxes (1)
If Invertierung = 3 Then
MsgBox("Beide Achsen sind invertiert.")
End If
```

Sub GetRelimiters [Begrenzung1] As Reference, [Orientierung1] As Long, [Begrenzung2] As Reference, [Orientierung2] As Long

analog **HybridShapeSweepCircle**

GuideDeviation As Length (Read Only)

analog **HybridShapeSweepCircle**

GuideDeviationActivity As Boolean

analog **HybridShapeSweepCircle**

GuideProjection As Boolean

Die Methode beschreibt den Zustand der Option „Projektion der Führungskurve als Leitkurve". Ist der Wert gleich „True", ist die Option aktiviert.

Sub IsSketchAxisUsedAsDefault [Wert] As Boolean

Die Methode liest, ob eine Achse des Skizzenprofiles als Standard zur Positionierung verwendet wird (Wert gleich „True").

```
Translation.IsSketchAxisUsedAsDefault Zustand
```

Mode As Long

Die Eigenschaft beschreibt, ob das Profil über eine Transformation positioniert ist oder in seiner Ursprungsposition liegt (Schalter „Profil positionieren"). Ist der Wert gleich „1", ist der Schalter aktiviert. Ist der Wert gleich „0", ist der Schalter deaktiviert.

```
Translation.Mode = 0
```

PositionedProfile As Reference

Die Eigenschaft beschreibt die Transformation des Profils. Die Transformation kann über die Methoden der Klasse **HybridShapePositionTransfo** (Abschnitt 8.126) bearbeitet werden.

```
Set Ref = Translation.PositionedProfile
```

PositionMode As Long

Die Eigenschaft beschreibt den Positionierungsmodus. Der Wertebereich ist: „0" (keine oder positioniert) und „1" (mit Positionierungsoperation).

Profile As Reference

Die Eigenschaft beschreibt das Profil.

```
Translation.Profile = Profilreferenz
```

ProfileXAxisComputationMode As Long

Die Eigenschaft beschreibt, auf welche Art die x-Achse des Ursprungsachsensystems positioniert ist. Der Wertebereich ist: „0" (keine Spezifikation), „1" (x-Achse ist tangential zum Profil) und „2" (Richtungsdefinition).

PullingDirection As HybridShapeDirection

Die Eigenschaft beschreibt die Auszugsrichtung.

Reference As Reference

Die Eigenschaft beschreibt das Referenzelement, das zur Ausrichtung der Translationsfläche verwendet wird.

Sub RemoveAngle

Die Methode entfernt die Winkeldefinitionen.

Sub RemoveFittingPoints

Die Methode entfernt die Bezugspunkte (Felder „Bezugspunkt1" und „Bezugspunkt2").

Sub RemoveGuide

Die Methode entfernt die Definition der Führungskurven.

SecondGuideCrv As Reference

Die Eigenschaft beschreibt die zweite Führungskurve.

Sub SetAngleRef [Index] As Long, [Winkel] As Double

Die Methode setzt den Wert des Winkelparameters der Nummer „Index". Der Index ist „1" für den Start- und „2" für den Endwinkel.

```
Translation.SetAngleRef 1, 20
```

Sub SetFittingPoints [Bezugspunkt1, Bezugspunkt2] As Reference

Die Methode setzt die Bezugspunkte (Felder „Bezugspunkt1" und „Bezugspunkt2")

```
Set P1 = Bauteil.HybridBodies.Item(1).HybridShapes.Item(„Punkt.3")
Set P2 = Bauteil.HybridBodies.Item(1).HybridShapes.Item(„Punkt.4")
Translation.SetFittingPoints P1, P2
```

Sub SetGuideDeviation [Länge] As Double

Die Methode setzt den Wert des Feldes „Abweichung von Führung(en)".

Sub SetLongitudinalRelimiters [Element1, Element2] As Reference

Die Methode setzt die Begrenzungselemente der Leitkurve (Felder "Begrenzungselement 1" und "Begrenzungselement 2").

Sub SetPosAngle [Index] As Long, [Wert] As Double

Die Methode setzt die Winkel der 2D-Transformation des Ursprungs- und Zielachsensystems des Profils. Der Index „1" verweist auf das Ursprungs-, „2" auf das Zielachsensystem. Die Eigenschaft **Mode** muss gleich „1" gesetzt sein, um diese Methode nutzen zu können.

Translation.SetPosAngle 1, 45

Sub SetPosCoord [Index] As Long, [Wert] As Double

Die Methode setzt die Werte der Längenparameter der 2D-Transformation des Ursprungs- oder Zielachsensystems des Profils. Die Indices „1" und „2" bestimmen die x- und y-Koordinaten des Ursprungsachsensystems, „3" und „4" die des Zielachsensystems. Die Eigenschaft **Mode** muss gleich „1" gesetzt sein, um diese Methode nutzen zu können.

Translation.SetPosCoord 1, 20

Sub SetPosDirection [Index] As Long, [Richtung] As Reference

Die Methode setzt das Richtungselement der x-Achse des Ursprungs- oder Zielachsensystems des Profils. Der Index „1" verweist auf das Ursprungs-, „2" auf das Zielachsensystem. Die Eigenschaft **Mode** muss gleich „1" gesetzt sein, um diese Methode nutzen zu können.

Translation.SetPosDirection 1, Linienreferenz

Sub SetPosPoint [Index] As Long, [Punkt] As Reference

Die Methode setzt den Ursprung des Ursprungs- oder Zielachsensystems des Profils. Der Index „1" verweist auf das Ursprungs-, „2" auf das Zielachsensystem. Die Eigenschaft **Mode** muss gleich „1" gesetzt sein, um diese Methode nutzen zu können.

Translation.SetPosPoint 1, Punktreferenz

Sub SetPosSwapAxes [Index, Modus] As Long

Die Methode setzt, ob die x- oder y-Achsen des Ursprungs- oder Zielachsensystems des Profils invertiert sind. Der Index „1" verweist auf das Ursprungs-, „2" auf das Zielachsensystem. Die Eigenschaft **Mode** muss gleich „1" gesetzt sein, um diese Methode nutzen zu können. Der Wertebereich des Parameters „Modus" ist: „0" (keine Achse invertiert), „1" (y-Achse invertiert), „2" (x-Achse invertiert) und „3" (beide Achsen invertiert).

Translation.SetPosSwapAxes 1, 3

Sub SetRelimiters [Begrenzung1] As Reference, [Orientierung1] As Long, [Begrenzung2] As Reference, [Orientierung2] As Long

analog **HybridShapeSweepCircle**

Sub SetSmoothAngleThreshold [Winkel] As Double

Die Methode setzt den Wert des Feldes „Winkelkorrektur".

SmoothActivity As Boolean

Die Eigenschaft beschreibt den Zustand der Option „Winkelkorrektur".

`Translation.SmoothActivity = True`

SmoothAngleThreshold As Angle (Read Only)

Die Eigenschaft beschreibt den Korrekturwinkel (Feld „Winkelkorrektur").

SolutionNo As Long

Die Eigenschaft beschreibt die Lösungsnummer. Gibt es zu einer Translation mehrere Lösungen, kann die Lösung über diese Eigenschaft ausgewählt werden.

Spine As Reference

Die Eigenschaft beschreibt die Leitkurve.

`Translation.Spine = Kurvenreferenz`

SubType As Long

Die Eigenschaft beschreibt den Subtyp (Kombinationsfeld „Subtyp"). Der Wertebereich ist: „1" (Referenzfläche), „2" (zwei Führungskurven) und „3" (Auszugsrichtung).

Sub UseSketchAxisAsDefault [Wert] As Boolean

Die Methode setzt, ob eine Achse des Skizzenprofiles als Standard zur Positionierung verwendet wird (Wert gleich „True").

8.144 HybridShapeSweepLine

Die Klasse repräsentiert eine Translationsfläche auf Basis einer linearen Kontur (vgl. Abschnitt 6.6). Ein Objekt der Klasse wird über die Methode **AddNewSweepLine** der Klasse **HybridShapeFactory** (Abschnitt 8.85.) erzeugt.

Objektpfad: AnyObject.HybridShape.HybridShapeSweep.HybridShapeSweepLine

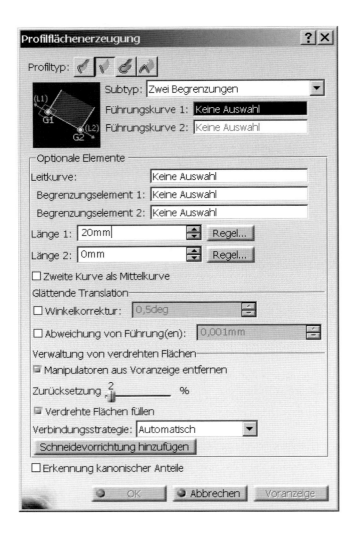

Sub AddDraftAngleDefinitionLocation [Positionierungselement] As Reference, [Winkel] As Double

Die Methode erstellt eine Winkeldefinitionsstelle.

AngleLaw As Reference

Die Eigenschaft beschreibt die Referenz des Winkelregelelementes, das zur Definition des Winkelverlaufes entlang der Translationsfläche verwendet wird.

```
Translation.AngleLaw = Winkelregelreferenz
```

AngleLawInversion As Long

Die Eigenschaft beschreibt, ob die Winkelregel invertiert ist. „1" bedeutet eine Invertierung, „0" keine Invertierung.

`Transl.AngleLawInversion = 1`

AngleLawType As Long

Die Eigenschaft beschreibt, nach welcher Regel der Winkel entlang der Translationsfläche verändert wird. Der Wertebereich ist: „1" (konstant), „2" (linear), „3" (S-Verlauf) und „4" (nach Definition eines Winkelregelelementes).

`Translation.AngleLawType = 1`

CanonicalDetection As Long

Die Eigenschaft beschreibt, ob kanonische Anteile bei der Flächenberechnung erkannt werden sollen. Ist der Wert „0", ist die Option deaktiviert. Ist der Wert „2", ist die Option aktiviert.

`Translation.CanonicalDetection = 0`

Context As Long

Die Eigenschaft beschreibt, ob die Translation eine Fläche (Wert gleich „0") oder ein Volumen ist (Wert gleich „1").

DraftComputationMode As Long

Die Eigenschaft beschreibt den Modus der Berechnung der Auszugsschrägen. Der Wertebereich ist: „0" (Quadrat) und „2" (Kegel).

DraftDirection As HybridShapeDirection

Die Eigenschaft beschreibt die Auszugsrichtung (Feld „Richtung der Auszugsschräge").

FirstGuideCrv As Reference

Die Eigenschaft beschreibt die erste Führungskurve (Feld „Führungskurve 1").

`Translation.FirstGuideCrv = Kurvenreferenz`

FirstGuideSurf As Reference

Die Eigenschaft beschreibt die erste Referenzfläche.

`Translation.FirstGuideSurf = Flaechenreferenz`

FirstLengthLaw As Reference

Die Eigenschaft beschreibt die Referenz des Längenregelelementes der ersten Länge.

`Translation.FirstLengthLaw = Laengenregelreferenz`

FirstLengthLawInversion As Long

Die Eigenschaft beschreibt, ob die Längenregel der ersten Länge invertiert ist. „1" bedeutet eine Invertierung, „0" keine Invertierung.

```
Translation.FirstLengthLawInversion = 1
```

Func GetAngle ([Index] As Long) As Angle

Die Methode liest den Winkel der Nummer „Index". Der Index ist „1" für den Start- und „2" für den Endwinkel. Auf den Wert des Winkels kann über die Methode **Value** zugegriffen werden.

```
Set Winkel = Translation.GetAngle (1)
MsgBox (Winkel.Value)
```

Sub GetAngularLaw [Startwinkel, Endwinkel] As Angle, [Winkelregel] As Long

Die Methode liest die Winkelregel sowie den Start- und Endwinkel. Der Wertebereich der Winkelregel ist analog **AngleLawType**.

Sub GetChoiceNbSurfaces [OrientierungFläche1, OrientierungFläche2, CouplingFläche1, CouplingFläche2, Lösungsnummer] As Long

Die Methode liest die Identifikationsparameter der aktuellen Lösung. Der Wertebereich der ersten vier Parameter ist „-1", „0", „1" und „2". Die Lösungsnummer ist der Index der Lösung in der Liste der möglichen Lösungen.

Sub GetChoiceNo [Index1, Index2, Index3] As Long

Die Methode liest, welche Lösung im Falle mehrerer geometrischer Lösungen verwendet ist. „Index1" gibt die Nummer der Lösung zurück (1 bis n), „Index2" die Orientierung der Hülle (-1, 1 oder 0 für beide Richtungen) und „Index3" die Orientierung der Drahtgeometrie (-1, 1 oder 0 für beide Richtungen).

```
Dim I1, I2, I3 As Long
Translation.GetChoiceNo I1, I2, I3
```

Sub GetDraftAngleDefinitionLocation [Index] As Long, [Positionierungselement] As Reference, [Winkel] As Angle

Die Methode liest das Positionierungselement und den Winkel der Winkeldefinitionsstelle an der Position „Index".

Sub GetDraftAngleDefinitionLocationsNb [Anzahl] As Long

Die Methode liest die Anzahl der Winkeldefinitionsstellen.

Sub GetFirstLengthDefinitionType [Typ] As Long, [Element] As Reference

Die Methode liest den ersten Längentyp und das zugehörige Element. Der Wertebereich von „Typ" ist: „0" (undefiniert), „1" (von Kurve), „2" (Standard), „3" (von - bis), „4" (von Extremwert) und „5" (entlang Fläche).

```
Set Elem = Nothing
Translation.GetFirstLengthDefinitionType Typ, Elem
```

Sub GetFirstLengthLaw [Startlänge, Endlänge] As Length, [Regeltyp] As Long

Die Methode liest die Start- und Endlänge und Längenregel der ersten Länge. Auf die Werte der Längen kann über die Methode **Value** zugegriffen werden. Der Parameter „Regeltyp" hat folgenden Wertebereich: „1" (konstant), „2" (linear), „3" (S-Verlauf) und „4" (nach Definition eines Längenregelelementes).

```
Dim L1, L2 As Length
Dim Typ As Long
Translation.GetFirstLengthLaw L1, L2, Typ
If L1.Value > L2.Value Then
MsgBox ("Startlänge ist größer als Endlänge.")
End If
```

Func GetLength ([Index] As Long) As Length

Die Methode liest den Längenparameter der Nummer „Index" (Felder „Länge 1" und „Länge 2"). Der Index ist „1" für die erste Länge und „2" für die zweite Länge. Auf den Wert der Länge kann über die Methode **Value** zugegriffen werden.

```
Dim L1 As Length
Set L1 = Translation.GetLength (1)
MsgBox (L1.Value)
```

Sub GetLengthLawTypes [RegeltypLänge1, RegeltypLänge2] As Long

Die Eigenschaft liest die Regeltypen der ersten und zweiten Länge. Der Wertebereich eines Regeltyps ist analog **GetFirstLengthLaw**.

```
Translation.GetLengthLawTypes Regel1, Regel2
```

Sub GetLongitudinalRelimiters [Element1, Element2] As Reference

Die Methode liest die Begrenzungselemente der Leitkurve (Felder "Begrenzungselement 1" und "Begrenzungselement 2").

Sub GetNbAngle [Anzahl] As Long

Die Methode liest die Anzahl der Winkelparameter.

Sub GetNbGuideCrv [Anzahl] As Long

Die Methode liest die Anzahl der Führungskurven.

Sub GetNbGuideSur [Anzahl] As Long

Die Methode liest die Anzahl der Stützflächen.

Sub GetNbLength [Anzahl] As Long

Die Methode liest die Anzahl aller Längendefinitionen.

Sub GetRelimiters [Begrenzung1] As Reference, [Orientierung1] As Long, [Begrenzung2] As Reference, [Orientierung2] As Long

analog **HybridShapeSweepCircle**

Sub GetSecondLengthDefinitionType [Typ] As Long, [Element] As Reference

zweiter Längentyp, analog **GetFirstLengthDefinitionType**

Sub GetSecondLengthLaw [Startlänge, Endlänge] As Length, [Regeltyp] As Long

Die Methode liest die Start- und Endlänge und Längenregel der zweiten Länge (vgl. Methode **GetFirstLengthLaw**).

GuideDeviation As Length (Read Only)

Die Eigenschaft beschreibt den Wert des Feldes „Abweichung von Führung(en)", sofern die Eigenschaft **GuideDeviationActivity** gleich „True" ist.

GuideDeviationActivity As Boolean

Die Eigenschaft beschreibt den Zustand der Option „Abweichung von Führung(en)".

Sub InsertDraftAngleDefinitionLocation [Positionierungselement], [Winkel] As Angle, [Index] As Long

Die Methode erstellt eine Winkeldefinitionsstelle an der Position „Index".

Mode As Long

Die Eigenschaft beschreibt, wie die Translationsfläche definiert ist. Der Wertebereich ist: „0" (nicht identifizierter Modus), „1" (zwei Begrenzungen), „2" (mit Referenzkurve), „3" (Begrenzung und Stützkurve), „4" (mit Referenzfläche) und „5" (mit Tangentialfläche).
```
Translation.Mode = 1
```

Sub RemoveAllDraftAngleDefinitionLocations

Die Methode entfernt alle Winkeldefinitionsstellen.

Sub RemoveAngle

Die Methode entfernt die Winkeldefinitionen.

Sub RemoveDraftAngleDefinitionLocationPosition [Index] As Long

Die Methode löscht die Winkeldefinitionsstelle der Position „Index".

Sub RemoveGuideCrv

Die Methode löscht die Definition aller Führungskurven.

Sub RemoveGuideSur

Die Methode entfernt alle Führungsflächen.

Sub RemoveLength

Die Methode entfernt alle Längendefinitionen.

SecondGuideCrv As Reference

Die Eigenschaft beschreibt die zweite Führungskurve (Feld „Führungskurve 2").
`Translation.SecondGuideCrv = Kurvenreferenz`

SecondGuideSurf As Reference

Die Eigenschaft beschreibt die zweite Referenzfläche.
`Translation.SecondGuideSurf = Flaechenreferenz`

SecondLengthLaw As Reference

Referenz des Längenregelelementes der zweiten Länge, analog **FirstLengthLaw**

SecondLengthLawInversion As Long

Die Eigenschaft beschreibt, ob die Längenregel der zweiten Länge invertiert ist. „1" bedeutet eine Invertierung, „0" keine Invertierung.
`Translation.SecondLengthLawInversion = 1`

SecondTrimOption As Long

Sub SetAngle [Index] As Long, [Winkel] As Double

Die Methode setzt den Wert des Winkels der Nummer „Index". Der Index ist „1" für den Start- und „2" für den Endwinkel.
`Translation.SetAngle 1, 20`

Sub SetAngularLaw [Startwinkel, Endwinkel] As Double, [Winkelregel] As Long

Die Methode setzt die Winkelregel sowie den Start- und Endwinkel. Der Wertebereich der Winkelregel ist analog **AngleLawType**.
`Translation.SetAngularLaw 0, 10, 2`

Sub SetChoiceNbSurfaces [OrientierungFläche1, OrientierungFläche2, CouplingFläche1, CouplingFläche2, Lösungsnummer] As Long

Die Methode identifiziert eine Lösung aus der Menge der möglichen Lösungen. Der Wertebereich der ersten vier Parameter ist „-1", „0", „1" und „2". Die Lösungsnummer bestimmt den Index in der Liste der möglichen Lösungen.

Sub SetChoiceNo [Index1, Index2, Index3] As Long

Die Methode setzt, welche Lösung im Falle mehrerer geometrischer Lösungen verwendet wird. „Index1" bestimmt die Nummer der Lösung (1 bis n), „Index2" die Orientierung der Hülle (-1, 1 oder 0 für beide Richtungen) und „Index3" die Orientierung der Drahtgeometrie (-1, 1 oder 0 für beide Richtungen).

```
Translation.SetChoiceNo 1, 1, 1
```

Sub SetFirstLengthDefinitionType [Typ] As Long, [Element] As Reference

setzt den ersten Längentyp, Wertebereich analog **GetFirstLengthDefinitionType**

Sub SetFirstLengthLaw [Startlänge, Endlänge] As Double, [Regeltyp] As Long

Die Methode setzt die Start- und Endlänge und Längenregel der ersten Länge. Der Wertebereich des Parameters „Regeltyp" entspricht dem der Methode **GetFirstLengthLaw**. Ist „Regeltyp" gleich „4", kann das Längenregelelement über die Eigenschaft **FirstLengthLaw** gesetzt werden.

```
Translation.SetFirstLengthLaw 10, 20, 2
```

Sub SetGuideDeviation [Länge] As Double

Die Methode setzt den Wert des Feldes „Abweichung von Führung(en)".

Sub SetLength [Index] As Long, [Länge] As Double

Die Methode setzt den Wert des Längenparameters der Nummer „Index" (Felder „Länge 1" und „Länge 2"). Der Index ist „1" für die erste und „2" für die zweite Länge.

```
Translation.SetLength 1, 20
```

Sub SetLengthLawTypes [RegeltypLänge1, RegeltypLänge2] As Long

Die Methode setzt die Regeltypen der ersten und zweiten Länge. Der Wertebereich eines Regeltyps ist analog **GetFirstLengthLaw**.

Sub SetLongitudinalRelimiters [Element1, Element2] As Reference

Die Methode setzt die Begrenzungselemente der Leitkurve (Felder „Begrenzungselement 1" und „Begrenzungselement 2").

Sub SetRelimiters [Begrenzung 1] As Reference, [Orientierung 1] As Long, [Begrenzung2] As Reference, [Orientierung2] As Long

analog **HybridShapeSweepCircle**

Sub SetSecondLengthDefinitionType [Typ] As Long, [Element] As Reference

setzt den zweiten Längentyp, Wertebereich analog **GetFirstLengthDefinitionType**

Sub SetSecondLengthLaw [Startlänge, Endlänge] As Double, [Regeltyp] As Long

Die Methode setzt die Start- und Endlänge und Längenregel der zweiten Länge (vgl. Methode **SetFirstLengthLaw**).

Sub SetSmoothAngleThreshold [Winkel] As Double

Die Methode setzt den Wert des Feldes „Winkelkorrektur".

SmoothActivity As Boolean

Die Eigenschaft beschreibt den Zustand der Option „Winkelkorrektur".
`Translation.SmoothActivity = True`

SmoothAngleThreshold As Angle (Read Only)

Die Eigenschaft beschreibt den Korrekturwinkel (Feld „Winkelkorrektur").

SolutionNo As Long

Die Eigenschaft beschreibt die Lösungsnummer. Gibt es zu einer Translation mehrere Lösungen, kann die Lösung über diese Eigenschaft ausgewählt werden.

Spine As Reference

Die Eigenschaft beschreibt die Leitkurve (Feld „Leitkurve").
`Translation.Spine = Kurvenreferenz`

TrimOption As Long

Die Eigenschaft beschreibt den Trim-Status. Der Wertebereich ist: „0" (kein Trim) und „1" (Trim aktiviert).

8.145 HybridShapeSymmetry

Die Klasse repräsentiert eine Transformation des Typs „Symmetrie" (vgl. Abschnitt 6.7). Ein Objekt der Klasse wird über die Methode **AddNewSymmetry** der Klasse **HybridShapeFactory** (Abschnitt 8.85) erzeugt.

Objektpfad: AnyObject.HybridShape.HybridShapeSymmetry

CreationMode As Boolean

Die Eigenschaft beschreibt den Erzeugungsmodus. „True" steht für ein Erzeugungsfeature, „False" für ein Änderungsfeature.

ElemToSymmetry As Reference

Die Eigenschaft beschreibt das zu spiegelnde Element (Feld „Element").

```
Dim Ref As Reference
Set Ref = MeinPart.CreateReferenceFromObject (MeinElement)
Symmetrie.ElemToSymmetry = Ref
```

Reference As Reference

Die Eigenschaft beschreibt die Symmetrieebene (Feld „Referenz").

```
Symmetrie.Reference = Ebenenreferenz
```

VolumeResult As Boolean

Die Eigenschaft beschreibt, ob das Ergebnis der Spiegelung ein Volumen (Wert gleich „True") oder eine Fläche (Wert gleich „False") ist.

8.146 HybridShapeThickness

Die Klasse repräsentiert eine Aufmaßinformation. Ein Objekt der Klasse wird über die Methode **AddNewThickness** der Klasse **HybridShapeFactory** (Abschnitt 8.85) erzeugt.

Objektpfad: AnyObject.HybridShape.HybridShapeThickness

Orientation As Long

Die Orientierung legt fest, in welcher Richtung die erste Stärke gemessen wird (Schaltfläche „Richtung umkehren"). Ist der Wert „1", liegt das Aufmaß in Richtung der Flächenorientierung, „-1" bestimmt eine invertierte Orientierung.
MeinAufmaß.Orientation = 1

Thickness1 As Double

Die Eigenschaft beschreibt die Stärke in der ersten Richtung.
MeinAufmaß.Thickness1 = 1

Thickness1Value As Length (Read Only)

Die Eigenschaft beschreibt die erste Stärke (Feld „Stärke 1"). Auf dessen Wert kann über die Methode **Value** zugegriffen werden.
MeinAufmaß.Thickness1Value.Value = 1

Thickness2 As Double

zweite Stärke (siehe **Thickness1**)

Thickness2Value As Length (Read Only)

zweite Stärke (analog **Thickness1Value**)

8.147 HybridShapeTranslate

Die Klasse repräsentiert eine Verschiebung (vgl. Abschnitt 6.7). Ein Objekt der Klasse wird über die Methoden **AddNewEmptyTranslate** oder **AddNewTranslate** der Klasse **HybridShapeFactory** (Abschnitt 8.85) erzeugt.

Objektpfad: AnyObject.HybridShape.HybridShapeTranslate

CoordXValue As Double

Die Eigenschaft beschreibt den Wert der Verschiebung in x-Richtung (Feld „X"). **Achtung:** Die Einheit ist „Meter"! Die Eigenschaft ist nur verfügbar, wenn **VectorType** gleich „2" ist.
```
Trans.CoordXValue = 0.050
```

CoordYValue As Double

Wert der Verschiebung in y-Richtung (analog **CoordXValue**)

CoordZValue As Double

Wert der Verschiebung in z-Richtung (analog **CoordXValue**)

Direction As HybridShapeDirection

Die Eigenschaft beschreibt die Richtung der Translation (Feld „Richtung"). Die Eigenschaft ist nur verfügbar, wenn **VectorType** gleich „0" ist.
```
Dim Richtung As HybridShapeDirection
Set Richtung = Wzk3D.AddNewDirectionByCoord (10, 10, 10)
Trans.Direction = Richtung
```

Distance As Length (Read Only)

Die Eigenschaft beschreibt den Abstand (Feld „Abstand"). Der Wert kann über die Methode **Value** angesprochen werden. Die Eigenschaft ist nur verfügbar, wenn **VectorType** gleich „0" ist.
```
Trans.Distance.Value = 34.67
```

DistanceValue As Double

Die Eigenschaft beschreibt den Abstandswert (Feld „Abstand"). Die Eigenschaft ist nur verfügbar, wenn **VectorType** gleich „0" ist.
```
Trans.DistanceValue = 34.67
```

ElemToTranslate As Reference

Die Eigenschaft beschreibt das zu verschiebende Element (Feld „Element").
```
Set Ref = MeinPart.CreateReferenceFromObject (MeinElement)
Trans.ElemToTranslate = Ref
```

FirstPoint As Reference

Die Eigenschaft beschreibt den Startpunkt (Feld „Startpunkt"). Die Eigenschaft ist nur verfügbar, wenn **VectorType** gleich „1" ist.
```
Trans.FirstPoint = Punktreferenz
```

Func GetCreationMode As Long

Die Methode liest den Erstellungsmodus. Der Wertebereich ist: „0" (Default), „1" (Erstellungsmodus) und „2" (Modifikationsmodus).

RefAxisSystem As Reference

Die Eigenschaft beschreibt das Referenzachsensystem (Feld „Achsensystem"), wenn **VectorType** gleich „2" ist. Ist die Eigenschaft nicht gefüllt, wird das absolute Achsensystem verwendet.

SecondPoint As Reference

Endpunkt (analog **FirstPoint**)

Sub SetCreationMode [Modus] As Boolean

Die Methode setzt den Erstellungsmodus. Der Wertebereich ist: „True" (Erstellungsmodus) und „False" (Modifikationsmodus).

VectorType As Long

Die Eigenschaft beschreibt die Definitionsart des Vektors (Feld „Vektordefinition"). Die Werte der Eigenschaft sind „0" für „Richtung, Abstand", „1" für „Punkt zu Punkt" und „2" für „Koordinaten".
```
Trans.VectorType = 1
```

VolumeResult As Boolean

Die Eigenschaft beschreibt, ob das Ergebnis der Spiegelung ein Volumen (Wert gleich „True") oder eine Fläche (Wert gleich „False") ist.

■ 8.148 HybridShapeTrim

Die Klasse repräsentiert eine Trimmung (vgl. Abschnitt 6.8). Ein Objekt der Klasse wird über die Methode **AddNewHybridTrim** der Klasse **HybridShapeFactory** (Abschnitt 8.85) erzeugt.

Objektpfad: AnyObject.HybridShape.HybridShapeTrim

Sub AddElementToKeep [Element] As Reference

Die Methode fügt ein Element zur Liste „Beizubehaltende Elemente" hinzu.

Sub AddElementToRemove [Element] As Reference

Die Methode fügt ein Element zur Liste „Zu entfernende Elemente" hinzu.

AutomaticExtrapolationMode As Boolean

Die Eigenschaft beschreibt den Zustand der Option „Automatische Extrapolation". Ist der Wert gleich „True", ist die Option aktiviert.

Connex As Boolean

Die Eigenschaft beschreibt den Zustand der Option „Konnektivität prüfen", sofern die Eigenschaft **Modus** gleich „2" ist. Ist der Wert gleich „True", ist die Option aktiviert.

FirstElem As Reference

Die Eigenschaft beschreibt das erste Element (Feld „Element 1").
```
Set Ref = MeinPart.CreateReferenceFromObject (MeinElement)
Trimmung.FirstElem = Ref
```

FirstOrientation As Long

Die Eigenschaft beschreibt, welche Seite des ersten Elementes behalten wird. Ist der Wert gleich „1", bleibt die Seite erhalten, in die der Richtungsvektor des zweiten Elementes zeigt. Werden zwei Kurven verwendet, bleibt das erste Teilstück der Kurve stehen. Ist der Wert gleich „–1", wird die andere Seite behalten.
```
Trimmung.FirstOrientation = 1
```

Func GetElem ([Index] As Long) As Reference

Die Methode liest das Element der Position „Index" aus der Liste „Getrimmte Elemente".

Func GetKeptElem ([Index] As Long) As Reference

Die Methode liest das Element der Position „Index" aus der Liste „Beizubehaltende Elemente".

Func GetNbElem As Long

Die Methode liest die Anzahl der Elemente der Liste „Getrimmte Elemente".

Func GetNbElementsToKeep As Long

Die Methode liest die Anzahl der Elemente der Liste „Beizubehaltende Elemente".

Func GetNbElementsToRemove As Long

Die Methode liest die Anzahl der Elemente der Liste „Zu entfernende Elemente".

Func GetNextOrientation ([Index] As Long) As Long

Die Methode liest die Orientierung des Elementes an der Position „Index", mit der getrimmt wird, bezogen auf das nächste Element (Schaltfläche „Andere Seite / nächstes Element"). Der Wertebereich ist: „1" (natürliche Orientierung) und „–1" (invertierte Orientierung).

Func GetPortionToKeep ([Index] As Long) As Long

Die Methode liest, welche Seite des getrimmten Elementes der Position „Index" beibehalten wird. Der Wertebereich ist: „1" (vorderer Teil) und „2" (hinterer Teil). Die Methode ist nur verfügbar, wenn die Eigenschaft **Mode** gleich „2" ist.

Func GetPreviousOrientation ([Index] As Long) As Long

Die Methode liest die Orientierung des Elementes an der Position „Index", mit der getrimmt wird, bezogen auf das vorherige Element (Schaltfläche „Andere Seite / vorheriges Element"). Der Wertebereich ist: „1" (natürliche Orientierung) und „–1" (invertierte Orientierung)

Func GetRemovedElem ([Index] As Long) As Reference

Die Methode liest das Element der Position „Index" aus der Liste „Zu entfernende Elemente".

IntersectionComputation As Boolean

Die Eigenschaft beschreibt den Zustand der Option „Berechnung der Verschneidung". Ist der Wert gleich „True", ist die Option aktiviert.

Sub InvertFirstOrientation

Die Methode invertiert die erste Orientierung.

```
Trimmung.InvertFirstOrientation
```

Sub InvertSecondOrientation

Die Methode invertiert die zweite Orientierung.

Manifold As Boolean

Die Eigenschaft beschreibt den Zustand der Option „Kopien prüfen", sofern die Eigenschaft **Mode** gleich „2" ist. Ist der Wert gleich „True", ist die Option aktiviert.

Mode As Long

Die Eigenschaft beschreibt den Modus (Kombinationsfeld „Modus). Der Wertebereich ist: „1" (Standard) und „2" (Einzelteile).

Sub RemoveElementToKeep [Index] As Long

Die Methode entfernt das Element der Position „Index" aus der Liste „Beizubehaltende Elemente".

Sub RemoveElementToRemove [Index] As Long

Die Methode entfernt das Element der Position „Index" aus der Liste „Zu entfernende Elemente".

SecondElem As Reference

Die Eigenschaft beschreibt das zweite Element (Feld „Element 2").

```
Trimmung.SecondElem = Geometriereferenz
```

SecondOrientation As Long

Die Eigenschaft beschreibt, welche Seite des zweiten Elementes behalten wird. Ist der Wert gleich „1", bleibt die Seite erhalten, in die der Richtungsvektor des ersten Elementes zeigt. Werden zwei Kurven verwendet, bleibt das erste Teilstück der Kurve stehen. Ist der Wert gleich „–1", wird die andere Seite behalten.

```
Trimmung.SecondOrientation = 1
```

Sub SetElem [Index] As Long, [Element] As Reference

Die Methode ändert die Referenz eines Elements an der Position „Index" in der Liste „Getrimmte Elemente".

Sub SetNextOrientation [Index, Orientierung] As Long

analog **GetNextOrientation**

Sub SetPortionToKeep [Index, Seite] As Long

analog **GetPortionToKeep**

Sub SetPreviousOrientation [Index, Orientierung] As Long

analog **GetPreviousOrientation**

Simplify As Boolean

Die Eigenschaft beschreibt, ob das Ergebnis der Trimmung vereinfacht ist (Vereinfachung an: „True"; Vereinfachung aus: „False").

```
Trimmung.Simplify = True
```

Support As Reference

Die Eigenschaft beschreibt das Stützelement (Feld „Stützelement").

```
Dim Ref As Reference
Set Ref = Trimmung.Support
```

8.149 Hyperbola2D

Die Klasse repräsentiert eine 2D-Hyperbel (vgl. Kapitel 5). Ein Objekt der Klasse wird über die Methode **CreateHyperbola** der Klasse **Factory2D** (Abschnitt 8.35) erzeugt.

Objektpfad: AnyObject.GeometricElement.Geometrie2D.Curve2D.Hyperbola2D

Sub GetAxis [Einheitsvektor] As CATSafeArrayVariant

Die Methode liest den Einheitsvektor der Öffnungsrichtung als Feld.

```
Dim Achse (1)
MeineHyperbel.GetAxis Achse
MsgBox („DX=" & Achse(0) & „, DY=" & Achse(1))
```

Sub GetCenter [Punkt] As CATSafeArrayVariant

Die Methode liest die Koordinaten des Asymptotenschnittpunktes als Feld.

```
Dim Punkt (1)
MeineHyperbel.GetCenter Punkt
MsgBox („X=" & Punkt(0) & „, Y=" & Punkt(1))
```

ImaginaryRadius As Double (Read Only)

Die Eigenschaft beschreibt den Nebenradius der Hyperbel.

```
Dim NebenR As Double
NebenR = MeineHyperbel.ImaginaryRadius
```

Radius As Double (Read Only)

Die Eigenschaft beschreibt den Radius der Hyperbel.

```
Dim R As Double
R = MeineHyperbel.Radius
```

Sub SetData [X, Y, DX, DY, A, B] As Double

Die Methode setzt die geometrischen Parameter der Hyperbel. Der Asymptotenschnittpunkt ist (X, Y) und die Öffnungsrichtung (DX, DY). Die Haupt- und Nebenradien sind „A" und „B".

```
MeineHyperbel.SetData 0, 0, 1, 1, 30, 100
```

■ 8.150 Intersect

Die Klasse repräsentiert einen Volumenkörper, der durch die boolesche Operation „Verschneiden" entsteht (vgl. Abschnitt 3.3.4). Ein Objekt der Klasse wird über die Methode **AddNewIntersect** der Klasse **ShapeFactory** (Abschnitt 8.199) erzeugt.

Objektpfad: AnyObject.Shape.BooleanShape.Intersect

Die Klasse besitzt keine Eigenschaften und Methoden. Es kommen die Eigenschaften und Methoden der übergeordneten Klassen zur Anwendung.

8.151 IntParam

Die Klasse repräsentiert einen Parameter des Typs „Integer" (vgl. Abschnitt 3.4.1). Ein Objekt der Klasse wird über die Methode **CreateInteger** der Klasse **Parameters** (Abschnitt 8.167) erzeugt.

Objektpfad: AnyObject.Parameter.IntParam

Sub GetEnumerateValues [Werte] As CATSafeArrayVariant

Die Methode liest die interne Wertetabelle des Parameters.

```
Dim OListe ()
MeinParameter.GetEnumerateValues OListe
```

Func GetEnumerateValuesSize As Long

Die Methode liest die Anzahl der Werte der internen Wertetabelle des Parameters.

```
Anzahl = MeinParameter.GetEnumerateValuesSize
```

RangeMax As Double

Die Eigenschaft beschreibt die obere Grenze des Wertebereiches des Parameters.

```
MeinParameter.RangeMax = 350
```

RangeMaxValidity As Long

Die Eigenschaft beschreibt den Typ der oberen Grenze des Parameters. Der Wertebereich ist: „0" (Grenze nicht aktiv), „1" (Grenze aktiv, Grenzwert zählt zum Wertebereich) und „2" (Grenze aktiv, Grenzwert zählt nicht zum Wertebereich).

```
MeinParameter.RangeMaxValidity = 1
```

RangeMin As Double

Die Eigenschaft beschreibt die untere Grenze des Wertebereiches des Parameters.

```
MeinParameter.RangeMin = 50
```

RangeMinValidity As Long

Typ der unteren Grenze des Parameters (analog **RangeMaxValidity**)

Sub SetEnumerateValues [Werte] As CATSafeArrayVariant

Die Methode setzt die interne Wertetabelle des Parameters.

```
Dim IListe (2)
IListe (0) = 100
IListe (1) = 110
IListe (2) = 120
MeinParameter.SetEnumerateValues IListe
```

Sub SuppressEnumerateValues

Die Methode setzt den Status des Parameters auf einen Ein-Werte-Parameter zurück.

`MeinParameter.SuppressEnumerateValues`

Value As Long

Die Eigenschaft beschreibt den Wert des Parameters.

`MeinParameter.Value = 40`

8.152 KnowledgeObject

Die Klasse stellt Methoden für eine Gruppe von untergeordneten Klassen bereit, die alle den wissensbasierten Elementen zuzuordnen sind. Ein wichtiger Vertreter dieser untergeordneten Klassen ist die Klasse **Relation** (Abschnitt 8.183).

Objektpfad: AnyObject.KnowledgeObject

Hidden As Boolean

Die Eigenschaft beschreibt, ob ein Objekt der Klasse **KnowledgeObject** im Konstruktionsbaum sichtbar ist („True") oder nicht („False").

`KTabelle.Hidden = False`

IsConst As Boolean

Die Eigenschaft beschreibt, ob ein Objekt der Klasse **KnowledgeObject** als Konstante definiert ist. So wird z.B. bei einer Konstruktionstabelle diese Eigenschaft normalerweise „False" sein. Wird die Eigenschaft auf „True" gesetzt, kann die Konfiguration der Tabelle nicht mehr geändert werden.

`KTabelle.IsConst = True`

8.153 KnowledgeActivateObject

Die Klasse stellt Methoden für eine Gruppe von untergeordneten Klassen bereit, die alle den wissensbasierten Elementen zuzuordnen sind. Ein wichtiger Vertreter dieser untergeordneten Klassen ist die Klasse **Relation** (Abschnitt 8.183).

Objektpfad: AnyObject.KnowledgeObject.KnowledgeActivateObject

Sub Activate

Die Methode aktiviert ein Objekt der Klasse **KnowledgeActivateObject**.

```
Dim Beziehung As Relation
Set Beziehung = CATIA.ActiveDocument.Part.Relations.Item(1)
Beziehung.Activate
```

Activated As Boolean (Read Only)

Die Eigenschaft beschreibt, ob ein Objekt der Klasse **KnowledgeActivateObject** aktiv ist (aktiv: „True").

```
If Beziehung.Activated Then MsgBox („Die Beziehung ist aktiviert.")
```

Sub Deactivate

Die Methode deaktiviert eine Beziehung.

```
Beziehung.Deactivate
```

8.154 Length

Die Klasse repräsentiert einen Längenparameter (vgl. Abschnitt 3.4.1). Ein Objekt der Klasse wird über die Methode **CreateDimension** der Klasse **Parameters** (Abschnitt 8.167) erzeugt.

Objektpfad: AnyObject.Parameter.RealParam.Dimension.Length

Die Klasse besitzt keine Eigenschaften und Methoden. Es kommen die Eigenschaften und Methoden der übergeordneten Klassen zur Anwendung.

8.155 Limit

Die Klasse repräsentiert eine Begrenzungsdefinition. Eine Begrenzungsdefinition ist kein Geometrieelement.

Objektpfad: AnyObject.Limit

Dimension As Length (Read Only)

Die Eigenschaft beschreibt den Abstand, wenn die Eigenschaft **LimitMode** gleich „catOffsetLimit" ist. Auf den Wert kann über die Methode **Value** zugegriffen werden.

```
Begrenzungsdef.Dimension.Value = 40.5
```

LimitingElement As Reference

Die Eigenschaft beschreibt das Begrenzungselement, wenn die Eigenschaft **LimitMode** gleich „catUpToPlaneLimit" oder „catUpToSurfaceLimit" ist.

```
Dim Ref As Reference
Set Ref = MeinPart.CreateReferenceFromObject (MeinElement)
Begrenzungsdef.LimitingElement = Ref
```

LimitMode As CATLimitMode

Die Eigenschaft beschreibt den Typ der Begrenzung. Der Wertebereich ist: „0" (catOffsetLimit), „1" (catUpToNextLimit), „2" (catUpToLastLimit), „3" (catUpToPlaneLimit), „4" (catUpToSurfaceLimit) und „5" (catUpThruNextLimit).

```
Begrenzungsdef.LimitMode = catOffsetLimit
```

■ 8.156 Line

Die Klasse repräsentiert eine 3D-Linie (vgl. Abschnitt 6.3). Die Klasse ist die übergeordnete Klasse aller 3D-Linien, deren Objekte über die Methoden **„AddNewLine..."** der Klasse **HybridShapeFactory** (Abschnitt 8.85) erzeugt werden.

Objektpfad: AnyObject.HybridShape.Line

FirstUptoElem As Reference

Die Eigenschaft beschreibt das erste Begrenzungselement.

Sub GetDirection [Einheitsvektor] As CATSafeArrayVariant

Die Methode liest den Richtungsvektor der Linie als Feldvariable.

```
Dim Wert (2)
Linie.GetDirection Wert
MsgBox („DX=" & Wert(0) & „, DY=" & Wert(1) & „, DZ=" & Wert(2))
```

Sub GetOrigin [Koordinaten] As CATSafeArrayVariant

Die Methode liest die Koordinaten des Ursprungspunktes der Linie als Feldvariable.

```
Dim Koord (2)
Linie.GetOrigin Koord
MsgBox („X=" & Koord(0) & „, Y=" & Koord(1) & „, Z=" & Koord(2))
```

Sub PutDirection [Einheitsvektor] As CATSafeArrayVariant

Die Methode setzt die Werte des Richtungsvektors.

```
Dim Wert (2)
Wert(0) = 1
```

```
Wert(1) = 0
Wert(2) = 0
Linie.PutDirection Wert
```

SecondUptoElem As Reference

Die Eigenschaft beschreibt das zweite Begrenzungselement.

8.157 Line2D

Die Klasse repräsentiert eine 2D-Linie in einer Skizze oder Zeichnung (vgl. Kapitel 5). Ein Objekt der Klasse wird über die Methoden **CreateLine** oder **CreateLineFromVector** der Klasse **Factory2D** (Abschnitt 8.35) erzeugt.

Objektpfad: AnyObject.GeometricElement.Geometry2D.Curve2D.Line2D

Sub GetDirection [Vektor] As CATSafeArrayVariant

Die Methode liest die Richtung der Linie als Vektor.
```
Dim Vektor (1)
MeineLinie.GetDirection Vektor
MsgBox („DX=" & Vektor(0) & „, DY=" & Vektor(1))
```

Sub GetOrigin [Punkt] As CATSafeArrayVariant

Die Methode liest einen Punkt der Linie als Feldvariable. Das Feld beinhaltet die x- und y-Koordinate des Punktes.
```
Dim Punkt (1)
MeineLinie.GetOrigin Punkt
MsgBox („X=" & Punkt(0) & „, Y=" & Punkt(1))
```

Sub SetData [X, Y, DX, DY] As Double

Die Methode ändert die infinite Linie, mit der die Ausrichtung einer Linie definiert ist. Die Lage wird über einen Punkt (X, Y) und Vektor (DX, DY) beschrieben. Die Länge der Linie wird bei der Änderung der Ausrichtung nicht verändert.
```
MeineLinie.SetData 0, 0, 100, 50
```

8.158 LinearRepartition

Die Klasse repräsentiert die Vervielfältigungsparameter eines linearen Musters. Ein Objekt der Klasse ist eine Eigenschaft der Klassen **RectPattern** (Abschnitt 8.180) und **CircPattern** (Abschnitt 8.15).

Objektpfad: AnyObject.Repartition.LinearRepartition

Spacing As Length (Read Only)

Die Eigenschaft beschreibt den Abstand zwischen den Instanzen des linearen Musters.

```
Dim AShape As Pattern
Set AShape = MeinPart.MainBody.Shapes.Item („Rechteckmuster.1")
Dim Richtung2 As LinearRepartition
Set Richtung2 = AShape.SecondDirectionRepartition
Dim Wert2 As Length
Set Wert2 = Richtung2.Spacing
MsgBox („Abstand in der 2. Richtung [mm]: " & Wert2.Value)
```

8.159 Loft

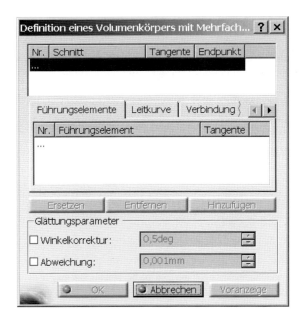

Die Klasse repräsentiert einen Volumenkörper, der durch mehrere Skizzen definiert ist (vgl. Abschnitt 7.2). Ein Objekt der Klasse wird über die Methoden **AddNewLoft** oder **AddNewRemovedLoft** der Klasse **ShapeFactory** (Abschnitt 8.199) erzeugt.

Objektpfad: AnyObject.Shape.Loft

HybridShape As HybridShapeLoft (Read Only)

Die Eigenschaft beschreibt den dem Volumenkörper zugrunde liegenden Flächenkörper. Über den Flächenkörper wird der Volumenkörper beschrieben.

```
Dim LoftH As HybridShapeLoft
Set LoftH = MeinLoftVolumenkoerper.HybridShape
```

8.160 Mirror

Die Klasse repräsentiert einen Volumenkörper, der durch die Umwandlung „Spiegelung" entsteht (vgl. Abschnitt 7.4). Ein Objekt der Klasse wird über die Methode **AddNewMirror** der Klasse **ShapeFactory** (Abschnitt 8.199) erzeugt.

Objektpfad: AnyObject.Shape.TransformationShape.Mirror

Sub AddObjectToMirror [Objekt] As AnyObject

Die Methode fügt ein zu spiegelndes Element hinzu.

```
Set Block = MeinBody.Shapes.Item („Block.1")
Spiegelung.AddObjectToMirror Block
```

MirroringObject As AnyObject (Read Only)

Die Eigenschaft beschreibt das gespiegelte Objekt.

```
Dim AShape As Mirror
Set AShape = MeinPart.MainBody.Shapes.Item („Spiegelung.1")
MsgBox („Gespiegeltes Objekt: " & AShape.MirroringObject.Name)
```

MirroringPlane As Reference

Die Eigenschaft beschreibt die Spiegelungsebene (Feld „Spiegelungselement"), die eine Ebene oder Teilfläche eines Volumenkörpers sein kann. Wird eine Teilfläche verwendet, so ist diese als „Removed Surface" (RSur) zu referenzieren (Abschnitt 3.5.4).

```
Dim RefZX As Reference
Set RefZX = MeinPart.OriginElements.PlaneZX
MeineSpiegelung.MirroringPlane = RefZX
```

8.161 OrderedGeometricalSet

Die Klasse repräsentiert ein geordnetes geometrisches Set. Ein Objekt der Klasse wird über die Eigenschaft **Add** oder **Item** der Klasse **OrderedGeometricalSets** (Abschnitt 8.162) abgeleitet.

Objektpfad: AnyObject.OrderedGeometricalSet

Bodies As Bodies (Read Only)

Die Eigenschaft beschreibt eine Liste aller Körper auf der ersten Hierarchieebene eines geordneten geometrischen Sets.

```
Dim Koerper As Bodies
Set Koerper = MeinSet.Bodies
```

HybridShapes As HybridShapes (Read Only)

Die Eigenschaft beschreibt eine Liste aller HybridShapes (3D-Drahtgeometrie und Flächen) auf der ersten Hierarchieebene eines geordneten geometrischen Sets.

```
Dim HShapes As HybridShapes
Set HShapes = MeinSet.Hybridshapes
```

OrderedGeometricalSets As OrderedGeometricalSets (Read Only)

Die Eigenschaft beschreibt eine Liste aller geordneten geometrischen Sets auf der ersten Hierarchieebene eines geordneten geometrischen Sets. Untergeordnete Sets werden nicht berücksichtigt.

```
Dim MeineSets As OrderedGeometricalSets
Set MeineSets = MeinSet.OrderedGeometricalSets
MsgBox („Anzahl Sets: " & MeineSets.Count)
```

OrderedSketches As Sketches (Read Only)

Die Eigenschaft beschreibt eine Liste aller Skizzen eines geordneten geometrischen Sets. Es werden die Elemente der ersten und der untergeordneten Hierarchieebenen eines Sets berücksichtigt!

```
Dim Skizzen As Sketches
Set Skizzen = MeinSet.OrderedSketches
MsgBox(„Alle Skizzen: " & Skizzen.Count)
```

Sub InsertHybridShape [Objekt] As HybridShape

Die Methode erzeugt eine vordefinierte 3D-Drahtgeometrie oder Fläche in einem geordneten geometrischen Set (vgl. Abschnitt 6.1). Ist die Geometrie erzeugt, darf die Methode nicht ein zweites Mal ausgeführt werden.

```
Set Wzk3D = CATIA.ActiveDocument.Part.HybridShapeFactory
Set Punkt = Wzk3D.AddNewPointCoord (10, 10, 10)
MeinSet.InsertHybridShape Punkt
```

8.162 OrderedGeometricalSets

Die Klasse repräsentiert eine Liste von geordneten geometrischen Sets eines Körpers, eines geordneten geometrischen Sets oder eines CATParts. Ein Objekt der Klasse wird über die Eigenschaft **OrderedGeometricalSets** der Klassen **Body** (Abschnitt 8.9), **OrderedGeometricalSet** (Abschnitt 8.161) oder **Part** (Abschnitt 8.168) abgeleitet.

Objektpfad: Collection.OrderedGeometricalSets

Func Add As OrderedGeometricalSet

Die Methode erzeugt ein neues geordnetes geometrisches Set in einem Körper, geordneten geometrischen Set oder CATPart.

```
Dim Neu As OrderedGeometricalSet
Set Neu = GGSets.Add
Neu.Name = „Mein GGSet"
```

Func Item ([Index] As CATVariant) As OrderedGeometricalSet

Die Methode liest ein vorhandenes geordnetes geometrisches Set aus einer Liste von geordneten geometrischen Sets. „Index" kann die Position in der Liste oder der Name des Sets sein.

```
Dim MeinSet As OrderedGeometricalSet
Set MeinSet = GGSets.Item("Mein GGSet")
```
oder
```
Set MeinSet = GGSets.Item(1)
```

8.163 OriginElements

Die Klasse repräsentiert die Ursprungselemente eines CATParts (Abschnitt 3.2). Ein Objekt der Klasse wird über die Eigenschaft **OriginElements** der Klasse **Part** (Abschnitt 8.168) abgeleitet.

▱ xy-Ebene
▱ yz-Ebene
▱ zx-Ebene

Objektpfad: AnyObject.OriginElements

PlaneXY As AnyObject (Read Only)

Die Eigenschaft beschreibt die xy-Ebene.

```
Dim Ursprungselemente, Ebene
Set Ursprungselemente = CATIA.ActiveDocument.Part.OriginElements
Set Ebene = Ursprungselemente.PlaneXY
```

PlaneYZ As AnyObject (Read Only)

Die Eigenschaft beschreibt die yz-Ebene.
`Set Ebene = Ursprungselemente.PlaneYZ`

PlaneZX As AnyObject (Read Only)

Die Eigenschaft beschreibt die xz-Ebene.
`Set Ebene = Ursprungselemente.PlaneZX`

8.164 Pad

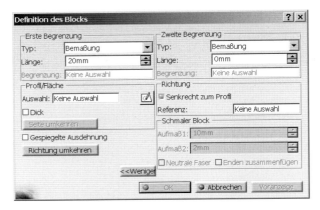

Die Klasse repräsentiert einen Block (vgl. Abschnitt 7.2). Ein Objekt der Klasse wird über die Methoden **AddNewPad** oder **AddNewPadFromRef** der Klasse **ShapeFactory** (Abschnitt 8.199) erzeugt.

Objektpfad: AnyObject.Shape.Sketch-BasedShape.Prism.Pad

Die Klasse besitzt keine Eigenschaften und Methoden. Es kommen die Eigenschaften und Methoden der übergeordneten Klassen zur Anwendung.

8.165 Parabola2D

Die Klasse repräsentiert eine 2D-Parabel (vgl. Kapitel 5). Ein Objekt der Klasse wird über die Methode **CreateParabola** der Klasse **Factory2D** (Abschnitt 8.35) erzeugt.

Objektpfad: AnyObject.GeometricElement.Geometrie2D.Curve2D.Parabola2D

FocalDistance As Double (Read Only)

Die Eigenschaft beschreibt den Fokus der Parabel.

```
Dim Fokus As Double
Fokus = MeineParabel.FocalDistance
```

Sub GetAxis [Einheitsvektor] As CATSafeArrayVariant

Die Methode liest den Einheitsvektor der Öffnungsrichtung als Feldvariable.

```
Dim Achse (1)
MeineParabel.GetAxis Achse
MsgBox („DX=" & Achse(0) & „, DY=" & Achse(1))
```

Sub GetCenter [Punkt] As CATSafeArrayVariant

Die Methode liest die Koordinaten des Mittelpunktes als Feldvariable.

```
Dim Punkt (1)
MeineParabel.GetCenter Punkt
MsgBox („X=" & Punkt(0) & „, Y=" & Punkt(1))
```

Sub SetData [X, Y, DX, DY, F] As Double

Die Methode setzt die geometrischen Parameter der Parabel. Der Scheitelpunkt ist (X, Y), die Öffnungsrichtung (DX, DY) und der Fokus „F".

```
MeineParabel.SetData 0, 0, 1, 1, 30
```

■ 8.166 Parameter

Die Klasse repräsentiert einen CATIA-Parameter (vgl. Abschnitt 3.4.1). Die Klasse ist die übergeordnete Klasse aller CATIA-Parameter und stellt Basismethoden für diese zur Verfügung. Eine Liste von Parametern repräsentiert die Klasse **Parameters** (Abschnitt 8.167).

Objektpfad: AnyObject.Parameter

Comment As CATBSTR

Die Eigenschaft beschreibt den Kommentar des Parameters.

```
MsgBox (MeinParameter.Comment)
```

Context As AnyObject (Read Only)

Die Eigenschaft beschreibt den Kontext des Parameters (Part, Product ...).

Hidden As Boolean

Die Eigenschaft beschreibt, ob der Parameter sichtbar oder verdeckt ist (verdeckt: „True").

```
MeinParameter.Hidden = True
```

IsTrueParameter As Boolean (Read Only)

Die Eigenschaft beschreibt, ob ein Parameter ein originärer Parameter (z.B. Real, String, Length) oder ein geometrischer Parameter ist. Ist der Parameter ein originärer Parameter, ist der Wert der Eigenschaft „True".

OptionalRelation As Relation (Read Only)

Die Eigenschaft beschreibt die Beziehung (Formel), nach welcher der Parameter berechnet wird. Gibt es keine Beziehung, wird der Wert „NULL" zurückgegeben.

```
Dim Rel As Relation
Set Rel = MeinParameter.OptionalRelation
```

ReadOnly As Boolean (Read Only)

Die Eigenschaft beschreibt, ob der Parameter verändert werden kann oder gesperrt ist (gesperrt: „True").

```
If ParameterObjekt.ReadOnly = True Then
MsgBox („Parameter kann nicht verändert werden!")
End If
```

Sub Rename [Name] As CATBSTR

Die Methode setzt den Namen des Parameters.

```
Set Para = CATIA.ActiveDocument.Part.Parameters.Item(1)
Para.Rename "Testname"
```

Renamed As Boolean (Read Only)

Die Eigenschaft beschreibt, ob der Parameter umbenannt wurde. Wurde der Parameter umbenannt, ist der Wert gleich „True".

UserAccessMode As Long (Read Only)

Die Eigenschaft beschreibt, welche Zugriffsrechte ein Anwender auf den Parameter besitzt. Ist deren Wert gleich „0", kann der Parameter nur gelesen und nicht gelöscht werden. Ist der Wert „1", kann der Parameter gelesen und geschrieben, aber nicht gelöscht werden. Ist der Wert „2", hat ein Anwender vollen Zugriff.

```
Dim Zugriff As Long
Zugriff = MeinParameter.UserAccessMode
```

Sub ValuateFromString [Wert] As CATBSTR

Die Methode setzt den Wert des Parameters.

```
Dim Winkel As Angle
Set Winkel = DraftDom.DraftAngle
Winkel.ValuateFromString "10deg"
```

Func ValueAsString As CATBSTR

Die Methode liest den Wert des Parameters als String.

```
Set Winkel = DraftDom.DraftAngle
MsgBox (Winkel.ValueAsString)
```

8.167 Parameters

Die Klasse repräsentiert eine Liste von Parametern (vgl. Abschnitt 3.4.1). Ein Objekt der Klasse kann über die Eigenschaft **Parameters** der Klasse **Part** (Abschnitt 8.168) deklariert werden.

Objektpfad: Collection.Parameters

Func CreateBoolean ([Name] As CATBSTR, [Wert] As Boolean) As BoolParam

Die Methode erzeugt einen Parameter des Typs „Boolean" und fügt diesen der Liste der Parameter hinzu.

```
Set Params = CATIA.ActiveDocument.Part.Parameters
Dim ABool As BoolParam
Set ABool = Params.CreateBoolean ("TestBool", true)
```

Func CreateDimension ([Name, Typ] As CATBSTR, [Wert] As Double) As Dimension

Die Methode erzeugt einen Parameter des Typs „Dimension" und fügt diesen der Liste der Parameter hinzu. „Typ" kann eine Länge („Length") oder ein Winkel („Angle") sein.

```
Set Params = CATIA.ActiveDocument.Part.Parameters
Dim ADim As Dimension
Set ADim = Params.CreateDimension ("TestLänge", "Length", 20)
Set ADim = Params.CreateDimension ("TestWinkel", "Angle", 20)
```

Func CreateInteger ([Name] As CATBSTR, [Wert] As Long) As IntParam

Die Methode erzeugt einen Parameter des Typs „Integer" und fügt diesen der Liste der Parameter hinzu.

```
Set Params = CATIA.ActiveDocument.Part.Parameters
Dim AInt As IntParam
Set AInt = Params.CreateInteger ("TestInteger", 24)
```

Func CreateList ([Name] As CATBSTR) As ListParameter

Die Methode erzeugt einen Listenparameter. Ein Listenparameter ist nicht Gegenstand dieses Buches.

Func CreateReal ([Name] As CATBSTR, [Wert] As Double) As RealParam

Die Methode erzeugt einen Parameter des Typs „Real" und fügt diesen der Liste der Parameter hinzu.

```
Set Params = CATIA.ActiveDocument.Part.Parameters
Dim AReal As RealParam
Set AReal = Params.CreateReal ("TestReal", 2.54)
```

Sub CreateSetOfParameters [VaterObjekt] As AnyObject

Die Methode erstellt aus der Liste der Parameter ein Set und ordnet es einem Vaterobjekt zu. Die Parameter werden über das Set logisch gruppiert.

```
Set ABody = CATIA.ActiveDocument.Part.MainBody
Set AParams = CATIA.ActiveDocument.Part.Parameters
AParams.CreateSetOfParameters ABody
```

Func CreateString ([Name, Wert] As CATBSTR) As StrParam

Die Methode erzeugt einen Parameter des Typs „String" und fügt diesen der Liste der Parameter hinzu.

```
Set Params = CATIA.ActiveDocument.Part.Parameters
Dim AStr As StrParam
Set AStr = Params.CreateString ("TestString", "Wert")
```

Func GetNameToUseInRelation ([Objekt] As AnyObject) As CATBSTR

Die Methode liest die Bezeichnung eines Objektes, die in einer Beziehung (Formel) verwendet werden kann.

```
Set Params = CATIA.ActiveDocument.Part.Parameters
MsgBox (Params.GetNameToUseInRelation (Params.Item(3)))
```

Func Item ([Index] As CATVariant) As Parameter

Die Methode liest den Parameter der Nummer „Index" aus der Liste. „Index" kann ein Zähler oder der Name des Parameters sein.

```
Set Params = CATIA.ActiveDocument.Part.Parameters
Dim Para As Parameter
Set Para = Params.Item ("TestWinkel")
```
oder
```
Set Para = Params.Item (8)
```

Sub Remove [Index] As CATVariant

Die Methode entfernt den Parameter der Nummer „Index" aus der Liste. „Index" kann ein Zähler oder der Name des Parameters sein.

```
Set Params = CATIA.ActiveDocument.Part.Parameters
Params.Remove 8
```
oder
```
Params.Remove „TestWinkel"
```

RootParameterSet As ParameterSet (Read Only)

Die Eigenschaft beschreibt das Wurzel-Parameterset eines Dokumentes.

Func SubList ([Objekt] As AnyObject, [Rekursiv] As Boolean) As Parameters

Die Methode liest alle Parameter eines Objektes „Objekt". „Rekursiv" steuert, ob die Parameter der Kind-Objekte eingeschlossen sind (Kind-Objekte eingeschlossen: „True").

```
Set Bauteil = CATIA.ActiveDocument.Part
```

```
Set AShape = Bauteil.MainBody.Shapes.Item („Auszugsschräge.1")
Dim Params As Parameters
Set Params = Bauteil.Parameters.SubList (AShape, True)
```

Units As CATIAUnits

Die Eigenschaft beschreibt ein Listenobjekt aller CATIA-Einheiten der Parameterliste. Die Klasse **CATIAUnits** verfügt über die Methoden der Klasse **Collection** (Abschnitt 8.17).

```
Set Params = CATIA.ActiveDocument.Part.Parameters
Dim Einheiten As CATIAUnits
Set Einheiten = Params.Units
For I = 1 to Einheiten.Count
MsgBox (Einheiten.Item(I).Name)
Next
```

8.168 Part

Die Klasse repräsentiert den Inhalt eines CATParts (vgl. Abschnitt 1.10.3). Über die Eigenschaften und Methoden der Klasse kann auf die Körper und geometrischen Sets eines CATParts zugegriffen werden. Ein Objekt der Klasse wird über die Eigenschaft **Part** der Klasse **PartDocument** (Abschnitt 8.169) abgeleitet.

Objektpfad: AnyObject.Part

Sub Activate [Objekt] As AnyObject

Die Methode aktiviert ein Objekt des CATParts. Nach einer Anwendung der Methode ist eine Neuberechnung des CATParts über die Methode **Update** notwendig.

```
Set MeinPart = CATIA.ActiveDocument.Part
Set AObj = MeinPart.FindObjectByName („Pad.2")
MeinPart.Activate AObj
MeinPart.Update
```

AnnotationSets As Collection (Read Only)

Die Eigenschaft beschreibt ein Listenobjekt der Anmerkungen des CATParts.

```
Dim Bemerkungen As Collection
Set Bemerkungen = MeinPart.AnnotationSets
```

AxisSystems As AxisSystems (Read Only)

Die Eigenschaft beschreibt die Achsensysteme des CATParts.

```
Dim ASysteme As AxisSystems
Set ASysteme = MeinPart.AxisSystems
```

Bodies As Bodies (Read Only)

Die Eigenschaft beschreibt ein Listenobjekt aller Körper des CATParts. Es werden alle Hierarchieebenen durchsucht. Kein Körper wird ausgelassen.

```
Dim Koerper As Bodies
Set Koerper = MeinPart.Bodies
```

Constraints As Constraints (Read Only)

Die Eigenschaft beschreibt ein Listenobjekt der 3D-Bedingungen des CATParts.

```
Dim Bedingungen As Constraints
Set Bedingungen = MeinPart.Constraints
```

Func CreateReferenceFromBRepName ([BRepName] As CATBSTR, [Objekt] As AnyObject) As Reference

Die Methode erstellt eine Referenz zu einem Objekt über den Namen einer „Boundary Representation" (Abschnitt 3.5.4).

```
Set Ref = MeinPart.CreateReferenceFromBRepName(BRepName, MeinShape)
```

Func CreateReferenceFromGeometry ([Geometrie] As AnyObject) As Reference

Die Methode erstellt eine Referenz zu einem Geometrieobjekt (Abschnitt 3.5.1).

```
Set MeineGeometrie = MeinPart.FindObjectByName („xy-Ebene")
Set Ref = MeinPart.CreateReferenceFromGeometry (MeineGeometrie)
```

Func CreateReferenceFromName ([IDName] As CATBSTR) As Reference

Die Methode erstellt eine Referenz zu einem Objekt über dessen Namen (Abschnitt 3.5.3).

```
Set Ref = MeinPart.CreateReferenceFromName (Objektname)
```

Func CreateReferenceFromObject ([Objekt] As AnyObject) As Reference

Die Methode erstellt eine Referenz zu einem Objekt (Abschnitt 3.5.2).

```
Set MeinObjekt = MeinPart.FindObjectByName („xy-Ebene")
Set Ref = MeinPart.CreateReferenceFromObject (MeinObjekt)
```

Density As Double (Read Only)

Die Eigenschaft beschreibt die Dichte des CATParts. Es handelt sich nicht um die Dichte, die unter den Eigenschaften des „Parts" angezeigt wird, sondern um die gemessene Dichte des CATParts über alle Körper. Es wird das Material des CATParts verwendet; das Material der einzelnen Körper wird nicht berücksichtigt.

```
Set MeinPart = CATIA.ActiveDocument.Part
MsgBox („Dichte: „ & MeinPart.Density)
```

Func FindObjectByName ([Name] As CATBSTR) As AnyObject

Die Methode gibt ein Objekt des CATParts aufgrund seines Namens zurück.

```
Dim MeineGeometrie As AnyObject
Set MeineGeometrie = MeinPart.FindObjectByName („xy-Ebene")
```

GeometricElements As GeometricElements (Read Only)

Die Eigenschaft beschreibt eine Liste der 3D-Geometrie des CATParts (vgl. Abschnitt 2.4.2).

```
Dim Geo As GeometricElements
Set Geo = MeinPart.GeometricElements
```

Func GetCustomerFactory ([Name] As CATBSTR) As Factory

Die Methode gibt einen über die CAA-Schnittstelle programmierten Werkzeugkasten zurück.

HybridBodies As HybridBodies (Read Only)

Die Eigenschaft beschreibt eine Liste aller geometrischen Sets auf der ersten Hierarchieebene des CATParts.

```
Dim Koerper As HybdridBodies
Set Koerper = MeinPart.HybridBodies
```

HybridShapeFactory As Factory (Read Only)

Die Eigenschaft beschreibt den Werkzeugkasten für Draht- und Flächengeometrie (Abschnitt 6.1).

```
Dim Wzk3D As HybridShapeFactory
Set Wzk3D = MeinPart.HybridShapeFactory
```

Sub Inactivate [Objekt] As AnyObject

Die Methode deaktiviert ein Objekt des CATParts.

```
Set AObj = MeinPart.FindObjectByName („Pad.2")
MeinPart.Inactivate AObj
```

InWorkObject As AnyObject

Die Eigenschaft beschreibt das in Bearbeitung befindliche Objekt.

```
MeinPart.InWorkObject = MeinObjekt
```

Func IsInactive ([Objekt] As AnyObject) As Boolean

Die Methode prüft, ob ein Objekt deaktiviert ist (deaktiviert: „True"; aktiviert: „False").

```
If MeinPart.IsInactive (MeinObjekt) Then
MsgBox („Block.2 ist deaktiviert.")
End If
```

Func IsUpToDate ([Objekt] As AnyObject) As Boolean

Die Methode prüft, ob ein Objekt eine Neuberechnung benötigt (Neuberechnung notwendig: „False").

```
Dim MeinPart As Part
Set MeinPart = CATIA.ActiveDocument.Part
If MeinPart.IsUpToDate (MeinPart) Then
MsgBox ("Kein Update notwendig.")
```

```
Else
MsgBox ("Update notwendig.")
End If
```

MainBody As Body

Die Eigenschaft beschreibt den Hauptkörper eines CATParts (Abschnitt 3.3.1.2a)).

```
Dim HBody As Body
Set HBody = MeinPart.MainBody
```

OrderedGeometricalSets As OrderedGeometricalSets (Read Only)

Die Eigenschaft beschreibt eine Liste aller geordneten geometrischen Sets auf der ersten Hierarchieebene eines CATParts. Untergeordnete Sets werden nicht berücksichtigt.

```
Dim MeineSets As OrderedGeometricalSets
Set MeineSets = MeinPart.OrderedGeometricalSets
MsgBox („Anzahl Sets: " & MeineSets.Count)
```

OriginElements As OriginElements (Read Only)

Die Eigenschaft beschreibt die Ursprungselemente des CATParts (Abschnitt 3.2).

```
Dim Ursprung As OriginElements
Set Ursprung = MeinPart.OriginElements
MsgBox (Ursprung.PlaneXY.Name)
```

Parameters As Parameters (Read Only)

Die Eigenschaft beschreibt eine Liste der Parameter des CATParts (Abschnitt 3.4.1).

```
Dim Params As Parameters
Set Params = MeinPart.Parameters
```

Relations As Relations (Read Only)

Die Eigenschaft beschreibt eine Liste der Beziehungen (Formeln, Konstruktionstabellen, Regeln und Prüfungen) des CATParts (Abschnitt 3.4).

```
Dim Beziehungen As Relations
Set Beziehungen = MeinPart.Relations
```

ShapeFactory As Factory (Read Only)

Die Eigenschaft beschreibt den Werkzeugkasten für Volumenkörper (Abschnitt 7.1).

```
Dim ShapeWzk As ShapeFactory
Set ShapeWzk = MeinPart.ShapeFactory
```

SheetMetalFactory As Factory (Read Only)

Die Eigenschaft beschreibt den Werkzeugkasten für Blechteile. Es muss die Lizenz „Sheet Metal Design" vorhanden sein, um diese Eigenschaft verwenden zu können.

```
Dim SMWzk As SheetMetalFactory
Set SMWzk = MeinPart.SheetMetalFactory
```

SheetMetalParameters As AnyObject (Read Only)

Die Eigenschaft beschreibt die Blechparameter eines CATParts. Es muss die Lizenz „Sheet Metal Design" vorhanden sein, um diese Eigenschaft verwenden zu können.

```
Set SMParams = MeinPart.SheetMetalParameters
```

Sub Update

Die Methode führt eine Neuberechnung der Geometrie des CATParts durch.

```
MeinPart.Update
```

Sub UpdateObject [Objekt] As AnyObject

Die Methode führt die Neuberechnung der Geometrie eines Objektes des CATParts durch.

```
MeinPart.UpdateObject MeinObjekt
```

UserSurfaces As Collection (Read Only)

Die Eigenschaft beschreibt eine Liste der benutzerdefinierten Elemente eines CATParts.

8.169 PartDocument

Die Klasse repräsentiert ein CATPart (vgl. Abschnitt 1.10.2). Ein Objekt der Klasse entsteht, sobald ein Objekt **Document** (Abschnitt 8.25) deklariert wird und das Dokument ein CATPart ist (Abschnitt 2.2).

Objektpfad: AnyObject.Document.PartDocument

Part As Part (Read Only)

Die Eigenschaft beschreibt den geometriebezogenen Inhalt eines CATParts.

```
Dim MeinPart As Part
Set MeinPart = CATIA.ActiveDocument.Part
```

Product As Product (Read Only)

Die Eigenschaft beschreibt den produktbezogenen Inhalt eines CATParts.

```
Dim MeinProdukt As Product
Set MeinProdukt = CATIA.ActiveDocument.Product
```

8.170 Pattern

Die Klasse repräsentiert einen Volumenkörper, der durch eine Vervielfältigung (Rechteckmuster, Kreismuster, Benutzermuster) entsteht (vgl. Abschnitt 7.4). Die Klasse ist eine übergeordnete Klasse der Klassen **CircPattern** (Abschnitt 8.15), **RectPattern** (Abschnitt 8.180) und **UserPattern** (Abschnitt 8.223) und stellt Basismethoden und -eigenschaften für diese bereit.

Objektpfad: AnyObject.Shape.TransformationShape.Pattern

Sub ActivatePosition [U, V] As Long

Die Methode aktiviert eine Instanz. „U" entspricht dem Zähler in der ersten Richtung, „V" in der zweiten.
```
MeinMuster.ActivatePosition 2, 2
```

Sub DesactivatePosition [U, V] As Long

Die Methode deaktiviert eine Instanz. „U" entspricht dem Zähler in der ersten Richtung, „V" in der zweiten.
```
MeinMuster.DesactivatePosition 2, 2
```

ItemToCopy As AnyObject

Die Eigenschaft beschreibt das Objekt, das durch die Umwandlung vervielfältigt wird.
```
Set VShape = MeinMuster.ItemToCopy
```

RotationAngle As Angle (Read Only)

Die Eigenschaft beschreibt den Winkel, um den das gesamte Muster gedreht ist. Die Rotation erfolgt um das Ursprungsobjekt des Musters. Der Wert des Winkels kann über die Methode **Value** verändert werden.
```
Dim Globalwinkel As Angle
Set Globalwinkel = MeinMuster.RotationAngle
Globalwinkel.Value = 45
```

8.171 Plane

Die Klasse repräsentiert eine Ebene (vgl. Abschnitt 6.4). Die Klasse ist eine übergeordnete Klasse aller Ebenen und stellt Basismethoden für diese zur Verfügung.

Objektpfad: AnyObject.HybridShape.Plane

Sub GetFirstAxis [Vektor] As CATSafeArrayVariant

Die Methode liest die x-, y- und z-Koordinate des ersten Achsenvektors der Ebene. Der Vektor wird als Einheitsvektor ausgegeben.

```
Dim Koord (2)
MeineEbene.GetFirstAxis Koord
MsgBox („DX=" & Koord(0) & „, DY=" & Koord(1) & „, DZ=" & Koord(2))
```

Sub GetOrigin [Punkt] As CATSafeArrayVariant

Die Methode liest die x-, y- und z-Koordinate des Ebenenursprungs.

```
Dim Koord (2)
MeineEbene.GetOrigin Koord
MsgBox („X=" & Koord(0) & „, Y=" & Koord(1) & „, Z=" & Koord(2))
```

Sub GetPosition [X, Y, Z] As Double

analog **SetPosition**

Sub GetSecondAxis [Vektor] As CATSafeArrayVariant

Die Methode liest die x-, y- und z-Koordinate des zweiten Achsenvektors der Ebene. Der Vektor wird als Einheitsvektor ausgegeben.

```
Dim Koord (2)
MeineEbene.GetSecondAxis Koord
MsgBox („DX=" & Koord(0) & „, DY=" & Koord(1) & „, DZ=" & Koord(2))
```

Func IsARefPlane As Long

Die Methode liest, ob eine Ebene die Referenzebene eines Achsensystems ist. Der Wertebereich ist: „0" (Referenzebene) und „1" (keine Referenzebene).

Sub PutFirstAxis [Vektor] As CATSafeArrayVariant

Die Methode setzt die x-, y- und z-Koordinate des ersten Achsenvektors der Ebene. Der Vektor ist als Einheitsvektor definiert (Länge gleich „1"). Nicht jede Ebenenbeschreibung lässt diese Aktion zu.

```
Dim Koord (2)
Koord(0) = 0
Koord(1) = 0
Koord(2) = 1
MeineEbene.PutFirstAxis Koord
```

Sub PutOrigin [Punkt] As CATSafeArrayVariant

Die Methode setzt die x-, y- und z-Koordinate des Ursprungspunktes. Nicht jede Ebenenbeschreibung lässt diese Aktion zu.

```
Dim Koord (2)
Koord(0) = 100
Koord(1) = 50
Koord(2) = 23.5
MeineEbene.PutOrigin Koord
```

Sub PutSecondAxis [Vektor] As CATSafeArrayVariant

Die Methode setzt die x-, y- und z-Koordinate des zweiten Achsvektors der Ebene. Die Methode funktioniert analog der Methode **PutFirstAxis**.

Sub RemovePosition

Die Methode setzt die Position, an der das Ebenensymbol angezeigt wird, auf den Standard zurück.

Sub SetPosition [X, Y, Z] As Double

Die Methode setzt die Position, an der das Ebenensymbol angezeigt wird. Liegen die Koordinaten nicht auf der Ebene, wird die Ebene im auf die Ebene projizierten Punkt angezeigt.

`MeineEbene.SetPosition 200, 0, 0`

8.172 Pocket

Die Klasse repräsentiert eine Tasche (vgl. Abschnitt 7.2). Ein Objekt der Klasse wird über die Methoden **AddNewPocket** und **AddNewPocketFromRef** der Klasse **ShapeFactory** (Abschnitt 8.199) erzeugt. Die Klasse besitzt keine Eigenschaften und Methoden.

Objektpfad: AnyObject.Shape.Sketch-BasedShape.Prism.Pocket

8.173 Point

Die Klasse repräsentiert einen 3D-Punkt (vgl. Abschnitt 6.2). Die Klasse ist eine übergeordnete Klasse aller 3D-Punkte und stellt Basismethoden für diese zur Verfügung.

Objektpfad: AnyObject.HybridShape.Point

Sub GetCoordinates [Punkt] As CATSafeArrayVariant

Die Methode liest die x-, y- und z-Koordinate des Punktes.
```
Dim Koord (2)
MeinPunkt.GetCoordinates Koord
MsgBox („X=" & Koord(0) & „, Y=" & Koord(1) & „, Z=" & Koord(2))
```

Sub SetCoordinates [Punkt] As CATSafeArrayVariant

Die Methode setzt die x-, y- und z-Koordinate des Punktes.
```
Dim Koord (2)
Koord(0) = 100
Koord(1) = 50
Koord(2) = 23.5
MeinPunkt.SetCoordinates Koord
```

8.174 Point2D

Die Klasse repräsentiert einen Punkt in einer Skizze oder Zeichnung (vgl. Kapitel 5). Ein Objekt der Klasse wird über die Methode **CreatePoint** der Klasse **Factory2D** (Abschnitt 8.35) erzeugt.

Objektpfad: AnyObject.GeometricElement.Geometry2D.Point2D

Sub GetCoordinates [Koordinaten] As CATSafeArrayVariant

Die Methode liest die Koordinaten des Punktes als Feldvariable.
```
Dim PunktK (1)
MeinPunkt.GetCoordinates PunktK
MsgBox („X=" & PunktK(0) & „, Y=" & PunktK(1))
```

Sub SetData [X, Y] As Double

Die Methode setzt die Koordinaten des Punktes.
```
MeinPunkt.SetData 100.5, 200.0
```

8.175 Prism

Die Klasse repräsentiert einen prismatischen Volumenkörper (vgl. Abschnitt 7.2). Sie stellt Methoden für die untergeordneten Klassen **Pad** (Abschnitt 8.164) und **Pocket** (Abschnitt 8.172) zur Verfügung.

Objektpfad: AnyObject.Shape.SketchBasedShape.Prism

DirectionOrientation As CATPrismOrientation

Die Eigenschaft beschreibt die Orientierung der Ziehrichtung. Der Wertebereich ist: „catRegularOrientation" (normale Orientierung) und „catInverseOrientation" (invertierte Orientierung).

```
Block.DirectionOrientation = catRegularOrientation
```

DirectionType As CATPrismExtrusionDirection

Die Eigenschaft beschreibt, ob die Ziehrichtung normal zur Skizze liegt oder einer vorgegebenen Richtung folgt. Der Wertebereich ist: „catNormalToSketchDirection" (Ziehrichtung normal zur Skizze) und „catNotNormalToSketchDirection" (Ziehrichtung entlang einer vorgegebenen Richtung).

```
Block.DirectionType = catNotNormalToSketchDirection
```

FirstLimit As Limit (Read Only)

Die Eigenschaft beschreibt die erste Begrenzungsdefinition. Die Begrenzungsdefinition kann über die Methoden der Klasse **Limit** (Abschnitt 8.155) bearbeitet werden.

```
Block.FirstLimit.LimitMode = catOffsetLimit
Block.FirstLimit.Dimension.Value = 40.5
```

Sub GetDirection [Richtung] As CATSafeArrayVariant

Die Methode liest die Ziehrichtung als Feldvariable.

```
Dim Vekt (2)
Block.GetDirection Vekt
MsgBox („DX=" & Vekt(0) & „, DY=" & Vekt(1) & „, DZ=" & Vekt(2))
```

IsSymmetric As Boolean

Die Eigenschaft beschreibt, ob das Prisma eine zur Kontur symmetrische Ausdehnung besitzt (Symmetrie an: „True").

```
Block.IsSymmetric = True
```

IsThin As Boolean

Die Eigenschaft beschreibt, ob das Prisma dünnwandig ist (Dünnwandigkeit an: „True").
```
Block.IsThin = True
```

MergeEnd As Boolean

Die Eigenschaft beschreibt, ob die Option „Enden zusammenführen" aktiviert ist (aktiviert: „True"). Die Eigenschaft ist nur dann vorhanden, wenn die Eigenschaft **IsThin** gleich „True" ist.
```
Block.MergeEnd = False
```

NeutralFiber As Boolean

Die Eigenschaft beschreibt, ob die Option „Neutrale Faser" aktiviert ist (aktiviert: „True"). Ist die Option aktiviert, liegt die Kontur symmetrisch im dünnwandigen Prisma. Die Eigenschaft ist nur dann vorhanden, wenn die Eigenschaft **IsThin** gleich „True" ist.
```
Block.NeutralFiber = False
```

Sub ReverseInnerSide

Die Methode invertiert bei einem Prisma, das auf einer offenen Kontur basiert, die Innenaußen-Ausrichtung.
```
Block.ReverseInnerSide
```

SecondLimit As Limit (Read Only)

Die Eigenschaft beschreibt die zweite Begrenzungsdefinition. Die Begrenzungsdefinition kann über die Methoden der Klasse **Limit** (Abschnitt 8.155) bearbeitet werden.
```
Block.SecondLimit.LimitMode = catOffsetLimit
Block.SecondLimit.Dimension.Value = 40.5
```

Sub SetDirection [Linie] As Reference

Die Methode setzt die Ziehrichtung des Prismas.
```
Dim Ref As Reference
Set Ref = MeinPart.CreateReferenceFromObject (MeineLinie)
Block.SetDirection Ref
```

8.176 Product

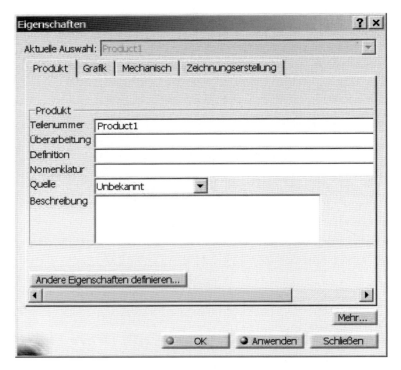

Die Klasse repräsentiert die Metadaten eines CATParts oder CATProducts. Ein Objekt der Klasse wird über die Eigenschaft **Product** der Klasse **PartDocument** (Abschnitt 8.169) oder **ProductDocument** (Abschnitt 8.177) erzeugt. Hinweis: In diesem Abschnitt sind nur ausgewählte Befehle der Klasse **Product** dargestellt.

Objektpfad: AnyObject.Product

Sub ApplyWorkMode [Modus] As CatWorkModeType

Die Methode legt den Visualisierungsmodus eines Produktes fest. Der Wertebereich ist: „DEFAULT_MODE" (Standard), „VISUALIZATION_MODE" (nur Grafik) und „DESIGN_MODE" (mit Konstruktionsdetails).
```
Produkt.ApplyWorkMode DEFAULT_MODE
```

Func Connections ([Typ] As String) As Collection

Die Methode liest die Bedingungen eines Produktes. Ist „Typ" gleich „CATIAConstraints", werden die Positionsbedingungen (Fix, Kontakt, Offset ...) gelesen (vgl. Abschnitt 4.4).
```
Dim Beding As Constraints
Set Beding = Produkt.Connections ("CATIAConstraints")
```

Func CreateReferenceFromName ([Bezeichner] As String) As Reference

Die Methode erzeugt eine Referenz aufgrund des Bezeichners eines Elementes.

Definition As String

Die Eigenschaft beschreibt den Inhalt des Feldes „Definition" (vgl. Abschnitt 3.1).

```
Produkt.Definition = „Meine Definition"
```

DescriptionRef As String

Die Eigenschaft beschreibt den Inhalt des Feldes „Beschreibung" des Produktes (vgl. Abschnitt 3.1).

```
Produkt.DescriptionRef = „Meine Beschreibung"
```

Sub ExtractBOM [Dateityp] As CatFileType, [Dateiname] As String

Die Methode speichert die Stückliste eines Produktes in einer Datei. Der Wertebereich von „Dateityp" ist: „catFileTypeText" (Textdatei), „catFileTypeMotif" (Motifdatei) und „catFileTypeHTML" (HTML).

```
Produkt.ExtractBOM catFileTypeHTML, "C:\Temp\Test.html"
```

Func GetTechnologicalObject ([Typ] As String) As CATBaseDispatch

Die Methode liest ein technologisches Objekt aus dem Behälter „Applications" eines Produktes.

Move As Move (Read Only)

Die Eigenschaft erlaubt den Zugriff auf ein Objekt der Klasse **Move**. Über die Methode **Apply** der Klasse **Move** kann die Transformationsmatrix eines Produktes verändert werden. Die Parameter geben das Delta der Bewegung an.

```
Dim Transformation( 11 )
.Rotationsmatrix (leer) ----------------------------
Transformation( 0 ) = 1
Transformation( 1 ) = 0
Transformation( 2 ) = 0
Transformation( 3 ) = 0
Transformation( 4 ) = 1
Transformation( 5 ) = 0
Transformation( 6 ) = 0
Transformation( 7 ) = 0
Transformation( 8 ) = 1
.Translationsvektor (10; 0; 0) ----------------------
Transformation( 9 ) = 10
Transformation( 10 ) = 0
Transformation( 11 ) = 0
Produkt.Products.Item(1).Move.Apply Transformation
```

Nomenclature As String

Die Eigenschaft beschreibt den Inhalt des Feldes „Nomenklatur" (vgl. Abschnitt 3.1).

```
Produkt.Nomenclature = „Meine Benennung"
```

Parameters As Parameters (Read Only)

Die Eigenschaft beschreibt die Liste der in einem Produkt befindlichen Parameter (vgl. Abschnitt 4.2).

PartNumber As String

Die Eigenschaft beschreibt den Inhalt des Feldes „Teilenummer" (vgl. Abschnitt 3.1).

```
Produkt.PartNumber = „4711"
```

Position As Position (Read Only)

Die Eigenschaft beschreibt die Transformationsmatrix eines Produktes. Die Position kann über die Methode **SetComponents** geschrieben und über **GetComponents** gelesen werden.

```
.Dim Transformation( 11 )
.Rotationsmatrix (leer) ---------------------------
Transformation( 0 )  = 1
Transformation( 1 )  = 0
Transformation( 2 )  = 0
Transformation( 3 )  = 0
Transformation( 4 )  = 1
Transformation( 5 )  = 0
Transformation( 6 )  = 0
Transformation( 7 )  = 0
Transformation( 8 )  = 1
.Translationsvektor (5; 0; 0) ---------------------
Transformation( 9 )  = 5
Transformation( 10 ) = 0
Transformation( 11 ) = 0
Produkt.Products.Item(1).Position.SetComponents Transformation
Produkt.Products.Item(1).Position.GetComponents Transformation
MsgBox(Transformation(9))
```

Products As Products (Read Only)

Die Eigenschaft beschreibt die Liste der in einem Produkt befindlichen Knoten (vgl. Abschnitt 4.3).

ReferenceProduct As Product (Read Only)

Die Eigenschaft beschreibt das Referenzprodukt des Produktes.

Relations As Relations (Read Only)

Die Eigenschaft beschreibt die Liste der in einem Produkt befindlichen Beziehungen (vgl. Abschnitt 4.2).

Revision As String

Die Eigenschaft beschreibt den Inhalt des Feldes „Überarbeitung" (vgl. Abschnitt 3.1).

```
Produkt.Revision = „Index A"
```

Source As CatProductSource

Die Eigenschaft beschreibt den Inhalt des Kombinationsfeldes „Quelle". Der Wertebereich ist: „catProductSourceUnknown" (unbekannt), „catProductMade" (hergestellt) und „catProductBought" (gekauft).

```
Produkt.Source = catProductMade
```

Sub Update

Die Methode aktualisiert das aktuelle Dokument.

UserRefProperties As Parameters (Read Only)

Die Methode beschreibt die Liste der benutzerdefinierten Parameter (Liste „Andere Eigenschaften") (vgl. Abschnitt 3.1.2).

8.177 ProductDocument

Die Klasse repräsentiert ein CATProduct (vgl. Abschnitt 1.10.2). Ein Objekt der Klasse entsteht, sobald ein Objekt **Document** (Abschnitt 8.25) deklariert wird und das Dokument ein CATProduct ist (Abschnitt 2.2).

Objektpfad: AnyObject.Document.ProductDocument

Product As Product (Read Only)

Die Eigenschaft beschreibt die Metadaten und Produktstrukturen eines CATProducts.

```
Set MeinProdukt = CATIA.ActiveDocument.Product
```

8.178 Products

Die Klasse repräsentiert eine Liste der direkt in einem CATProduct oder einer Komponente eingehängten CATPart, CATProducts und Komponenten (vgl. Abschnitt 4.3). Ein Objekt der Klasse wird über die Eigenschaft **Products** der Klasse **Product** (Abschnitt 8.176) abgeleitet.

Objektpfad: Collection.Products

Func AddComponent ([NeuerKnoten] As Product) As Product

Die Methode fügt einen Knoten zur Liste hinzu. Der neue Knoten muss als Dokument schon geladen sein.

```
Set PP = CATIA.ActiveDocument.Product.Products
Set PNeu = CATIA.Documents.Item("Part1.CATPart").Product
Set P = PP.AddComponent (PNeu)
```

Sub AddComponentsFromFiles [Liste] As CATSafeArrayVariant, [Art] As String

Die Methode fügt einen oder mehrere Knoten zur Liste hinzu. Die Dokumente der neuen Knoten werden während des Vorgangs geladen. „Art" definiert die Art der hinzuzufügenden Dokumente (z.B. „CATPart" oder „CATProduct").

```
Set PP = CATIA.ActiveDocument.Product.Products
Dim Liste(0)
Liste(0) = "C:\Temp\Part1.CATPart"
PP.AddComponentsFromFiles Liste, "CATPart"
```

Func AddExternalComponent ([Dokument] As Document) As Product

Die Methode fügt einen Knoten zur Liste hinzu. Der neue Knoten muss als Dokument schon geladen sein.

```
Set PP = CATIA.ActiveDocument.Product.Products
Set DocNeu = CATIA.Documents.Item("Product3.CATProduct")
Set P = PP.AddExternalComponent(DocNeu)
Set DocNeu = CATIA.Documents.Item("Part3.CATPart")
Set P = PP.AddExternalComponent(DocNeu)
```

Func AddNewComponent ([DokumentTyp, Teilenummer] As String) As Product

Die Methode erzeugt ein neues Dokument und fügt einen zugehörigen Knoten zur Liste hinzu. „DokumentTyp" hat folgenden Wertebereich: „CATPart" oder „CATProduct". Bezüglich des Erzeugens einer Komponente siehe Methode **AddNewProduct**.

```
Set PP = CATIA.ActiveDocument.Product.Products
Set PNeu = PP.AddNewComponent("CATPart", "4711")
Set PNeu = PP.AddNewComponent("CATProduct", "4712")
```

Func AddNewProduct ([Teilenummer] As String) As Product

Die Methode fügt eine Komponente zur Liste hinzu.

```
Set PP = CATIA.ActiveDocument.Product.Products
Set PNeu = PP.AddNewProduct("4713")
```

Func Item ([Index] As CATVariant) As Product

Die Methode liest den Knoten der Nummer „Index". „Index" kann die Nummer oder der Name des Knotens sein.

```
Set PP = CATIA.ActiveDocument.Product.Products
Set P = PP.Item(1)
MsgBox(P.PartNumber)
```

Sub Remove [Index] As CATVariant

Die Methode entfernt den Knoten der Nummer „Index" aus der Liste der Knoten. „Index" kann die Nummer oder der Name des Knotens sein.

```
Set PP = CATIA.ActiveDocument.Product.Products
PP.Remove 1
```

Func ReplaceComponent ([KnotenAlt] As Product, [DateinameKnotenNeu] As String, [AlleInstanzen] As Boolean) As Product

Die Methode tauscht einen bestehenden Knoten durch einen neuen. Das Dokument des neuen Knotens wird während des Vorgangs geladen. Ist „AlleInstanzen" gleich „True", werden alle Knoten der gleichen Teilenummer auf allen Hierarchieebenen des CATProducts ersetzt.

```
Set PP = CATIA.ActiveDocument.Product.Products
Set PAlt = PP.Item(1)
Set PNeu = PP.ReplaceComponent (PAlt, "E:\Part3.CATPart", True)
```

Func ReplaceProduct ([KnotenAlt, KnotenNeu] As Product, [AlleInstanzen] As Boolean) As Product

Die Methode tauscht einen bestehenden Knoten durch einen neuen. Der neue Knoten muss als Dokument schon geladen sein. Ist „AlleInstanzen" gleich „True", werden alle Knoten der gleichen Teilenummer auf allen Hierarchieebenen des CATProducts ersetzt.

```
Set PP = CATIA.ActiveDocument.Product.Products
Set PAlt = PP.Item(1)
Set PNeu = CATIA.Documents.Item("Part1.CATPart").Product
Set PErsatz = PP.ReplaceProduct (PAlt, PNeu, True)
```

■ 8.179 RealParam

Die Klasse repräsentiert einen Parameter des Typs „Real" (vgl. Abschnitt 3.4.1). Ein Objekt der Klasse wird über die Methode **CreateReal** der Klasse **Parameters** (Abschnitt 8.167) erzeugt.

Objektpfad: AnyObject.Parameter.RealParam

Sub GetEnumerateValues [Werte] As CATSafeArrayVariant

Die Methode liest die interne Wertetabelle des Parameters.

```
Dim OListe ()
MeinParameter.GetEnumerateValues OListe
```

Func GetEnumerateValuesSize As Long

Die Methode liest die Anzahl der Werte der internen Wertetabelle des Parameters.

```
Anzahl = MeinParameter.GetEnumerateValuesSize
```

Func IsEqualTo ([Vergleichswert] As Double) As Boolean

Die Methode vergleicht den Wert des Parameters mit dem Wert „Vergleichswert". Sind beide Werte gleich, ist der Rückgabewert der Methode „True".

MaximumTolerance As Double

Die Eigenschaft beschreibt die Maximaltoleranz des Parameters.
```
MeinParameter.MaximumTolerance = 0.05
```

MinimumTolerance As Double

Die Eigenschaft beschreibt die Mindesttoleranz des Parameters.
```
MeinParameter.MinimumTolerance = 0.0
```

RangeMax As Double

Die Eigenschaft beschreibt die obere Grenze des Wertebereiches des Parameters.
```
MeinParameter.RangeMax = 350.5
```

RangeMaxValidity As Long

Die Eigenschaft beschreibt den Typ der oberen Grenze des Parameters.
```
MeinParameter.RangeMaxValidity = 1
```
Wertebereich:

- 0: Grenze ist nicht aktiv
- 1: Grenze ist aktiv, Grenzwert zählt zum Wertebereich
- 2: Grenze ist aktiv, Grenzwert zählt nicht zum Wertebereich

RangeMin As Double

Die Eigenschaft beschreibt die untere Grenze des Wertebereiches des Parameters.
```
MeinParameter.RangeMin = 50.5
```

RangeMinValidity As Long

Typ der unteren Grenze des Parameters (analog **RangeMaxValidity**)

Sub SetEnumerateValues [Werte] As CATSafeArrayVariant

Die Methode setzt die interne Wertetabelle des Parameters.
```
Dim IListe (2)
IListe (0) = 100.00
IListe (1) = 110.11
IListe (2) = 120.22
MeinParameter.SetEnumerateValues IListe
```

Sub SuppressEnumerateValues

Die Methode setzt den Status des Parameters auf einen Ein-Werte-Parameter zurück.
```
MeinParameter.SuppressEnumerateValues
```

Value As Double

Die Eigenschaft beschreibt den Wert des Parameters.
```
MeinParameter.Value = 140.2345
```

8.180 RectPattern

Die Klasse repräsentiert einen Volumenkörper, der durch die Vervielfältigung „Rechteckmuster" entsteht (vgl. Abschnitt 7.4). Ein Objekt der Klasse wird über die Methoden **AddNewRectPattern** oder **AddNewSurfacicRectPattern** der Klasse **ShapeFactory** (Abschnitt 8.199) hergeleitet.

Objektpfad: AnyObject.Shape.Transformation-Shape.Pattern.RectPattern

FirstDirectionRepartition As LinearRepartition (Read Only)

Die Eigenschaft beschreibt die Vervielfältigungsparameter in der ersten Richtung. Ein Vervielfältigungsparameter wird durch die Klasse **LinearRepartition** (Abschnitt 8.158) beschrieben.
```
Dim Richtung1 As LinearRepartition
Set Richtung1 = Muster.FirstDirectionRepartition
```

FirstDirectionRow As IntParam (Read Only)

Die Eigenschaft beschreibt, an welcher Stelle sich das zu vervielfältigende Objekt innerhalb des Musters in der ersten Richtung befindet (Feld „Zeile in Richtung 1").
```
Dim Anzahl1 As IntParam
Set Anzahl1 = Muster.FirstDirectionRow
Anzahl1.Value = 1
```

FirstOrientation As Boolean

Die Eigenschaft beschreibt, ob das Rechteckmuster der Richtung des ersten Referenzelementes folgt oder invertiert ist (Schaltfläche „Umkehren"). Die Eigenschaft ist „True", wenn die Richtung des Referenzelementes verwendet wird.

```
If Muster.FirstOrientation Then
MsgBox („Die erste Ausrichtung ist nicht invertiert.")
Else
MsgBox („Die erste Ausrichtung ist invertiert.")
End If
```

FirstRectangularPatternParameters As CatRectangularPatternParameters

Die Eigenschaft beschreibt die Musterart in der ersten Richtung des Rechteckmusters. Der Wertebereich ist: „catInstancesandSpacing" und „catUnequalSpacing".

```
Muster.FirstRectangularPatternParameters = catUnequalSpacing
```

Sub GetFirstDirection [Vektor] As CATSafeArrayVariant

Die Methode liest den Einheitsvektor der ersten Richtung als Feldvariable.

```
Dim Vekt (2)
Muster.GetFirstDirection Vekt
MsgBox („DX=" & Vekt(0) & „, DY=" & Vekt(1) & „, DZ=" & Vekt(2))
```

Sub GetSecondDirection [Vektor] As CATSafeArrayVariant

Die Methode liest den Einheitsvektor der zweiten Richtung als Feldvariable.

```
Dim Vekt (2)
Muster.GetSecondDirection Vekt
MsgBox („DX=" & Vekt(0) & „, DY=" & Vekt(1) & „, DZ=" & Vekt(2))
```

SecondDirectionRepartition As LinearRepartition (Read Only)

Die Eigenschaft beschreibt die Vervielfältigungsparameter in der zweiten Richtung. Ein Vervielfältigungsparameter wird durch die Klasse **LinearRepartition** (Abschnitt 8.158) beschrieben.

```
Dim Richtung2 As LinearRepartition
Set Richtung2 = Muster.SecondDirectionRepartition
```

SecondDirectionRow As IntParam (Read Only)

Die Eigenschaft beschreibt, an welcher Stelle sich das zu vervielfältigende Objekt innerhalb des Musters in der zweiten Richtung befindet (Feld „Zeile in Richtung 2").

```
Dim Anzahl2 As IntParam
Set Anzahl2 = Muster.SecondDirectionRow
Anzahl2.Value = 1
```

SecondOrientation As Boolean

Richtung des zweiten Referenzelementes, analog **FirstOrientation**

SecondRectangularPatternParameters As CatRectangularPatternParameters

Die Eigenschaft beschreibt die Musterart in der zweiten Richtung des Rechteckmusters. Der Wertebereich ist: „catInstancesandSpacing" und „catUnequalSpacing".

Sub SetFirstDirection [Richtung] As Reference

Die Methode setzt das Referenzelement der ersten Richtung.
```
Dim RefX As Reference
Set RefX = MeinPart.OriginElements.PlaneYZ
Muster.SetFirstDirection RefX
```

Sub SetInstanceSpacing [InstanzNummer] As Long, [Abstand] As Double, [Richtung] As Long

Die Methode setzt die Instanzabstände.

Sub SetSecondDirection [Richtung] As Reference

Setzen der zweiten Richtung, analog **SetFirstDirection**

Sub SetUnequalInstanceNumber [InstanzNummer] As Long, [Richtung] As Long

■ 8.181 Reference

Die Klasse repräsentiert eine interne CATIA-Referenz (vgl. Abschnitt 3.5). Ein Objekt der Klasse wird über die Methoden „**CreateReferenceFrom...**" der Klasse **Part** (Abschnitt 8.168) erzeugt.

Objektpfad: CATBaseDispatch.Reference

Func ComposeWith ([ZweiteReference] As Reference) As Reference

Die Methode verbindet zwei Referenzen und erstellt eine Komposit-Referenz.
```
Dim Komposit As Reference
Set Komposit = Referenz1.ComposeWith (Referenz2)
```

DisplayName As CATBSTR (Read Only)

Die Eigenschaft beschreibt ID-Namen einer Referenz.
```
MsgBox (MeineReferenz.DisplayName)
```

8.182 References

Die Klasse repräsentiert eine Liste von Referenzen.
Objektpfad: Collection.References

Func Item ([Index] As CATVariant) As Reference

Die Methode liest die Referenz der Nummer „Index". „Index" kann der interne Name der Referenz oder ein Zähler sein.

```
Dim Ref As Reference
Set Ref = Referenzen.Item (1)
```

8.183 Relation

Die Klasse repräsentiert eine Beziehung (vgl. Abschnitt 3.4). Sie stellt Basismethoden für die untergeordneten Klassen **Formula** (Abschnitt 8.43), **DesignTable** (Abschnitt 8.23), **Rule** und **Check** zur Verfügung.
Objektpfad: AnyObject.KnowledgeObject.KnowledgeActivateObject.Relation

Comment As CATBSTR

Die Eigenschaft beschreibt den Kommentar einer Beziehung.
```
Beziehung.Comment = „Achsabstand AB"
```

Context As AnyObject (Read Only)

Die Eigenschaft beschreibt den Kontext einer Beziehung (z.B. Part oder Product).

Func GetInParameter ([Index] As Long) As AnyObject

Die Methode liest den Eingangsparameter der Nummer „Index" der Beziehung. „Index" ist eine Zahl zwischen „1" und **NbInParameters**.
```
Dim Parm As AnyObject
Set Parm = Beziehung.GetInParameter (1)
```

Func GetOutParameter ([Index] As Long) As AnyObject

Die Methode liest den Ausgangsparameter der Nummer „Index" der Beziehung. „Index" ist eine Zahl zwischen „1" und **NbOutParameters**.
```
Dim Parm As AnyObject
Set Parm = Beziehung.GetOutParameter (1)
```

Sub Modify [Inhalt] As CATBSTR

Die Methode setzt die Definition der Beziehung.
```
Dim Beziehung As Relation
Set Beziehung = CATIA.ActiveDocument.Part.Relations.Item(1)
' Ändere „C = A + B" in „C = 2*A + B" ---------------------
Beziehung.Modify „2*A + B"
```

NbInParameters As Long (Read Only)

Die Eigenschaft beschreibt die Anzahl der Eingangsparameter (z.B. „C = A + B" ergibt 2).

NbOutParameters As Long (Read Only)

Die Eigenschaft beschreibt die Anzahl der Ausgangsparameter (z.B. „C = A + B" ergibt 1).

Sub Rename [Name] As CATBSTR

Die Methode setzt den Namen einer Beziehung.
```
Beziehung.Rename „Kreisumfang"
```

Value As CATBSTR (Read Only)

Die Eigenschaft beschreibt die Definition der Beziehung (z.B. „C = A + B" ergibt „A + B").
```
MsgBox („Inhalt der Formel: " & Beziehung.Value)
```

8.184 Relations

Die Klasse repräsentiert eine Liste von Beziehungen (vgl. Abschnitte 3.4.2 und 3.4.3). Eine Beziehung kann eine Formel, Konstruktionstabelle, Regel oder ein Check sein. Ein Objekt der Klasse wird über die Eigenschaft **Relations** der Klasse **Part** (Abschnitt 8.168) erzeugt. Hinweis: Dieser Abschnitt beschreibt nur eine Auswahl der Eigenschaften und Methoden der Klasse **Relations**, die mit gängigen Lizenzen verfügbar sind.

Objektpfad: Collection.Relations

Func CreateDesignTable ([Name, Kommentar] As CATBSTR, [Kopie] As Boolean, [Datei] As CATBSTR) As DesignTable

Die Methode erzeugt eine Konstruktionstabelle. Bezüglich der Parameter und weiterer Details Abschnitt 3.4.2.

Func CreateFormula ([Name, Kommentar] As CATBSTR, [Ausgabe] As Parameter, [Formel] As CATBSTR) As Formula

Die Methode erzeugt eine Formel. Bezüglich der Parameter und weiterer Details Abschnitt 3.4.3.

Function CreateHorizontalDesignTable ([Name, Kommentar] As String, [Kopie] As Boolean, [Datei] As String) As DesignTable

Die Methode erzeugt eine horizontale Konstruktionstabelle. Bezüglich der Parameter und weiterer Details Abschnitt 3.4.2.

Func CreateLaw ([Name, Kommentar, Code] As CATBSTR) As Law

Die Methode erzeugt ein Gesetz. Die Methode ist nur mit den Lizenzen „Generative Shape Design" und „Generative Shape Optimizer" verfügbar.

Func CreateSetOfEquations ([Name, Kommentar, Code] As CATBSTR) As Set-OfEquation

Die Methode erzeugt ein Gleichungssystem. „Name" beschreibt den Namen des Gleichungssystems und „Code" die Gleichungen. Zwei Gleichungen werden innerhalb von „Code" durch ein Semikolon getrennt.

```
Dim Rels As Relations
Set Rels = CATIA.ActiveDocument.Part.Relations
Dim GName, GKommentar, GCode As CATBSTR
GName = „Gleichungssystem"
GKommentar = „Lösung für A und B"
GCode = „10 = A + B; 0 = A - B"
Dim GSystem As SetOfEquation
Set GSystem = Rels.CreateSetOfEquations (GName, GKommentar, GCode)
```

Sub CreateSetOfRelations [VaterObjekt] As AnyObject

Die Methode erzeugt aus der Liste der Beziehungen ein Set und ordnet dieses einem Vaterobjekt zu.

```
Set Rels = CATIA.ActiveDocument.Part.Relations
Rels.CreateSetOfRelations MeinVaterobjekt
```

Func Item ([Index] As CATVariant) As Relation

Die Methode liest die Beziehung der Nummer „Index". „Index" kann ein Zähler oder der Name einer Beziehung sein.

```
Set Rels = CATIA.ActiveDocument.Part.Relations
Set Beziehung = Rels.Item (1)
```
oder
```
Set Beziehung = Rels.Item („Berechnung Hoehe")
```

Sub Remove [Index] As CATVariant

Die Methode entfernt die Beziehung der Nummer „Index". „Index" kann ein Zähler oder der Name einer Beziehung sein.

`CATIA.ActiveDocument.Part.Relations.Remove 1`

Func SubList ([Objekt] As AnyObject, [Rekursion] As Boolean) As Relations

Die Methode liest eine Liste der Beziehungen, die dem Objekt „Objekt" zugeordnet sind. „Rekursion" steuert, ob das Objekt rekursiv durchsucht wird (rekursives Suchen: „True").

```
Set Rels = CATIA.ActiveDocument.Part.Relations
Set Untermenge = Rels.SubList (MeinObjekt, false)
```

■ 8.185 Remove

Die Klasse repräsentiert einen Volumenkörper, der durch die boolesche Operation „Entfernen" entsteht (vgl. Abschnitt 3.3.4). Ein Objekt der Klasse wird über die Methode **AddNewRemove** der Klasse **ShapeFactory** (Abschnitt 8.199) hergeleitet.

Objektpfad: AnyObject.Shape.BooleanShape.Remove

Die Klasse besitzt keine Eigenschaften oder Methoden. Es kommen die Eigenschaften und Methoden der übergeordneten Klassen zur Anwendung.

■ 8.186 RemoveFace

Die Klasse beschreibt einen Volumenkörper des Typs „Teilfläche entfernen". Ein Element der Klasse wird über die Methode **AddNewRemoveFace** der Klasse **ShapeFactory** (Abschnitt 8.199) erzeugt.

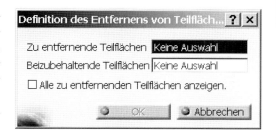

Objektpfad: AnyObject.Shape.DressUpShape.RemoveFace

KeepFace As Reference (Write Only)

Die Eigenschaft ergänzt eine beizubehaltende Teilfläche (Feld „Beizubehaltende Teilflächen").

KeepFaces As References (Read Only)

Die Eigenschaft beschreibt die Liste der beizubehaltenden Teilflächen (Feld „Beizubehaltende Teilflächen").

```
Set Liste = FlaecheEntfernen.KeepFaces
```

Propagation As References (Read Only)

Die Eigenschaft beschreibt die Liste aller entfallenden Teilflächen.

```
Set Liste = FlaecheEntfernen.Propagation
```

Sub remove_KeepFace [Fläche] As Reference

Die Methode entfernt eine beizubehaltende Fläche aus der Liste der beizubehaltenden Flächen (Feld „Beizubehaltende Teilflächen").

```
Set Face = FlaecheEntfernen.KeepFaces.Item(1)
FlaecheEntfernen.remove_KeepFace Face
```

Sub remove_RemoveFace [Fläche] As Reference

Die Methode entfernt eine zu entfernende Fläche aus der Liste der zu entfernenden Flächen (Feld „Zu entfernende Teilflächen").

```
Set Face = FlaecheEntfernen.RemoveFaces.Item(1)
FlaecheEntfernen.remove_RemoveFace Face
```

RemoveFace As Reference (Write Only)

Die Eigenschaft ergänzt eine zu entfernende Teilfläche (Feld „Zu entfernende Teilflächen").

RemoveFaces As References (Read Only)

Die Eigenschaft beschreibt die Liste der zu entfernenden Teilflächen (Feld „Zu entfernende Teilflächen").

```
Set Liste = FlaecheEntfernen.RemoveFaces
```

■ 8.187 Repartition

Die Klasse repräsentiert eine Vervielfältigungsdefinition und stellt Basismethoden für die untergeordneten Klassen **AngularRepartition** (Abschnitt 8.3) und **LinearRepartition** (Abschnitt 8.158) zur Verfügung.

Objektpfad: AnyObject.Repartition

InstancesCount As IntParam (Read Only)

Die Eigenschaft beschreibt die Anzahl der Vervielfältigungen. Auf dessen Wert kann über die Methode **Value** zugegriffen werden.

```
Dim Richtung1 As LinearRepartition
Set Richtung1 = Rechteckmuster.FirstDirectionRepartition
Richtung1.InstancesCount.Value = 2
```

8.188 ReplaceFace

Die Klasse repräsentiert einen Volumenkörper „Teilfläche ersetzen". Ein Objekt der Klasse wird über die Methode **AddNewReplaceFace** der Klasse **ShapeFactory** (Abschnitt 8.199) erzeugt.

Objektpfad: AnyObject.Shape.SurfaceBasedShape.ReplaceFace

Sub AddRemoveFace [EntfallendeFläche] As Reference

Die Methode definiert die zu entfallende Fläche (Feld „Zu entfernende Teilfläche").

Sub AddSplitPlane [NeueFläche] As Reference

Die Methode definiert die neue Fläche (Feld „Zu ersetzende Fläche").

```
Set Flaeche = Bauteil.MainBody.HybridShapes.Item("Extrudieren.1")
TeilflaecheErsetzen.AddSplitPlane Flaeche
```

Sub DeleteRemoveFace [EntfallendeFläche] As Reference

Die Methode entfernt die zu entfallende Fläche (Feld „Zu entfernende Teilfläche").

RemoveFace As References (Read Only)

Die Eigenschaft beschreibt die Liste aller durch die Operation entfallenden Teilflächen.

```
Dim Liste As References
Set Liste = TeilflaecheErsetzen.RemoveFace
```

SplittingSide As CatSplitSide

Die Methode beschreibt, welche Orientierung der neuen Fläche verwendet wird. Der Wertebereich ist: „catPositiveSide" (natürliche Orientierung) und „catNegativeSide" (invertierte Orientierung).

```
TeilflaecheErsetzen.SplittingSide = catPositiveSide
```

■ 8.189 Revolution

Die Klasse repräsentiert einen Rotationskörper (vgl. Abschnitt 7.2). Die Klasse ist eine übergeordnete Klasse der Klassen **Shaft** (Abschnitt 8.197) und **Groove** (Abschnitt 8.47).

Objektpfad: AnyObject.Shape.SketchBasedShape.Revolution

FirstAngle As Angle (Read Only)

Die Eigenschaft beschreibt den ersten Winkel. Der Wert des Winkels kann über die Methode **Value** bearbeitet werden.

```
Set Winkel1 = Welle.FirstAngle
Winkel1.Value = 45
```

IsThin As Boolean

Die Eigenschaft beschreibt den Zustand der Option „Dickes Profil". Ist die Eigenschaft gleich „True", ist die Option aktiviert.

MergeEnd As Boolean

Die Eigenschaft beschreibt den Zustand der Option „Enden zusammenfügen". Ist die Eigenschaft gleich „True", ist die Option aktiviert.

NeutralFiber As Boolean

Die Eigenschaft beschreibt den Zustand der Option „Neutrale Faser". Ist die Eigenschaft gleich „True", ist die Option aktiviert.

RevoluteAxis As Reference

Die Eigenschaft beschreibt die Rotationsachse (Feld „Achse").

SecondAngle As Angle (Read Only)

zweiter Winkel, analog der Eigenschaft **FirstAngle**

■ 8.190 Rib

Die Klasse repräsentiert eine Rippe (vgl. Abschnitt 7.2). Ein Objekt der Klasse wird über die Methoden **AddNewRib** oder **AddNewRibFromRef** der Klasse **ShapeFactory** (Abschnitt 8.199) erzeugt. Die

Klasse besitzt keine Eigenschaften oder Methoden. Es kommen die Eigenschaften und Methoden der übergeordneten Klassen zur Anwendung.

Objektpfad: AnyObject.Shape.SketchBasedShape.Sweep.Rib

8.191 Rotate

Die Klasse repräsentiert eine Drehung (vgl. Abschnitt 7.4). Ein Objekt der Klasse wird über die Methode **AddNewRotate2** der Klasse **ShapeFactory** (Abschnitt 8.199) erzeugt.

Objektpfad: AnyObject.Shape.Rotate

Angle As Angle (Read Only)

Die Eigenschaft beschreibt den Rotationswinkel (Feld „Winkel"). Dessen Wert kann über die Methode **Value** gelesen oder bearbeitet werden und wird in Grad angegeben.
```
Rotation.Angle.Value = 180
```

AngleValue As Double

Die Eigenschaft beschreibt den Wert des Rotationswinkels. Der Winkel wird in Bodenmaß angegeben.
```
Rotation.AngleValue = 3.1415
```

Axis As Reference

Die Eigenschaft beschreibt die Rotationsachse (Feld „Achse").
```
Rotation.Axis = MeineAchsenreferenz
```

ElemToRotate As Reference

Die Eigenschaft beschreibt das zu rotierende Element.

HybridShape As HybridShape (Read Only)

Die Eigenschaft beschreibt das der Drehung zugrunde liegende Flächenobjekt der Klasse **HybridShapeRotate** (Abschnitt 8.130).

8.192 Scaling

Die Klasse repräsentiert einen Volumenkörper, der durch die Umwandlung „Skalieren" entsteht (vgl. Abschnitt 7.4). Ein Objekt der Klasse wird über die Methode **AddNewScaling** der Klasse **ShapeFactory** (Abschnitt 8.199) erzeugt.

Objektpfad: AnyObject.Shape.DressUpShape.Scaling

Factor As RealParam (Read Only)

Die Eigenschaft beschreibt den Skalierungsfaktor. Der Wert kann über die Methode **Value** verändert werden.

```
Skalierung.Factor.Value = 3
```

ScalingReference As Reference

Die Eigenschaft beschreibt die Referenz, zu der skaliert wird (Feld „Referenz"). Die Referenz kann ein Punkt, eine Ebene oder eine Fläche sein. Ist die Referenz ein Punkt, wird in allen drei Koordinatenrichtungen skaliert, ist sie eine Ebene, nur senkrecht zu dieser.

```
Skalierung.ScalingReference = Geometriereferenz
```

8.193 Scaling2

Die Klasse repräsentiert einen Volumenkörper, der durch die Umwandlung „Skalieren" entsteht (vgl. Abschnitt 7.4). Ein Objekt der Klasse wird über die Methode **AddNewScaling2** der Klasse **ShapeFactory** (Abschnitt 8.199) erzeugt. Der Unterschied zur Klasse **Scaling** besteht darin, dass der Klasse **Scaling2** die Algorithmen der Flächenkonstruktion zugrunde liegen, d.h. der Klasse **HybridShapeScaling**.

Objektpfad: AnyObject.Shape.Scaling2

Center As Reference

Die Eigenschaft beschreibt den Referenzpunkt oder die Referenzebene (Feld „Referenz").

```
Set Ref = MeinPart.CreateReferenceFromObject (MeinPunkt)
Skalierung.Center = Ref
```

ElemToScale As Reference

Die Eigenschaft beschreibt das zu skalierende Element.

Skalierung.ElemToScale = Elementreferenz

Ratio As RealParam (Read Only)

Die Eigenschaft beschreibt den Parameter der Skalierung (Feld „Faktor"). Dessen Wert kann über die Methode **Value** bearbeitet werden.

Skalierung.Ratio.Value = 2.5

RatioValue As Double

Die Eigenschaft beschreibt den Faktor der Skalierung (Feld „Faktor").

Skalierung.RatioValue = 2.5

■ 8.194 SelectedElement

Die Klasse repräsentiert ein Element einer Selektion (vgl. Abschnitt 2.3). Ein Objekt der Klasse wird über die Methode **Item** der Klasse **Selection** (Abschnitt 8.195) deklariert.

Objektpfad: AnyObject.SelectedElement

Document As Document (Read Only)

Die Eigenschaft beschreibt das Dokument des Elementes.

Set Dokument = MeinSelektiertesObjekt.Document

Sub GetCoordinates [Koordinaten] As CATSafeArrayVariant

Die Methode liest die Koordinaten des Selektionspunktes aus.

Dim Koord(2)
MeinSelektiertesObjekt.GetCoordinates Koord

LeafProduct As AnyObject (Read Only)

Die Eigenschaft beschreibt den Produktknoten eines CATProducts, in dem sich das selektierte Element unmittelbar befindet.

Reference As Reference (Read Only)

Die Eigenschaft beschreibt die Referenz des Elementes.

Set Ref = MeinSelektiertesObjekt.Reference

Type As CATBSTR (Read Only)

Die Eigenschaft beschreibt den CATIA-Bezeichner („Pad", „Line2D") des Elementes.

```
Dim Typ As CATBSTR
Typ = MeinSelektiertesObjekt.Type
```

Value As CATBaseDispatch (Read Only)

Die Eigenschaft beschreibt das CATIA-Objekt des Elementes.

```
Dim Objekt As CATBaseDispatch
Set Objekt = MeinSelektiertesObjekt.Value
```

■ 8.195 Selection

Die Klasse repräsentiert eine Selektion (vgl. Abschnitt 2.3). Ein Objekt der Klasse wird über die Eigenschaft **Selection** der Klasse **Document** (Abschnitt 8.25) deklariert.

Objektpfad: AnyObject.Selection

Sub Add [Objekt] As AnyObject

Die Methode fügt ein Objekt zur Selektion hinzu.

```
Selektion.Add Linie1
```

Sub Clear

Die Methode leert die Selektion. Die Methode sollte immer dann verwendet werden, wenn anschließend eine Benutzerselektion vorgenommen wird.

```
Selektion.Clear
```

Sub Copy

Die Methode kopiert den Inhalt der Selektion in den Zwischenspeicher für eine Einfügeoperation.

```
Selektion.Copy
```

Count As Long (Read Only)

seit V5R16 veraltet, siehe jetzt **Count2**

Count2 As Long (Read Only)

Die Eigenschaft beschreibt die Anzahl der Objekte der Selektion.

```
Anzahl = Selektion.Count2
```

Sub Cut

Die Methode schneidet den Inhalt der Selektion aus und kopiert diesen in den Zwischenspeicher für eine Einfügeoperation.

```
Selektion.Cut
```

Sub Delete

Die Methode löscht alle Objekte der Selektion. **Achtung:** Die Elemente werden aus dem CATIA-Dokument gelöscht.

```
Selektion.Delete
```

Func FilterCorrespondence ([Filter] As CATSafeArrayVariant) As Boolean

Die Methode überprüft, ob alle Elemente der Selektion durch einen Elementefilter „Filter" passen. Achtung: Eine leere Selektionsmenge passt immer durch einen Filter!

```
Dim Filter(0)
Filter(0) = „Pad"
If Selektion.FilterCorrespondence(Filter) Then
MsgBox („Alles Blöcke oder leere Selektion.")
End If
```

Func FindObject ([Was] As CATBSTR) As AnyObject

Die Methode sucht ein Objekt innerhalb der Selektion. Ein Makro läuft auf einen Fehler, wenn kein Objekt gefunden wird.

```
Dim FoundObject As AnyObject
Set FoundObject = Selektion.FindObject ("CATIAPad")
MsgBox (FoundObject.Name)
```

Func IndicateOrSelectElement2D ([Nachricht] As String, [Filter] As CATSafeArrayVariant, [VorherSelektion, Tooltip, AuslösenBeiMausbewegung, SelektionIndikation] As Boolean, [XY] As CATSafeArrayVariant) As String

Die Methode fordert einen Benutzer auf, in einem 2D-Dokument (CATDrawing) ein Element zu selektieren oder eine Stelle zu indizieren. „Nachricht" legt die Meldung in der Statuszeile fest. „Filter" bestimmt die Elemente, die selektiert werden dürfen. „VorherSelektion" bestimmt, ob Elemente berücksichtigt werden, die vor dem Starten des Befehls selektiert wurden. Ist „VorherSelektion" gleich „True" und es wurden vorher gültige Elemente selektiert, meldet die Methode sofort eine erfolgreiche Indikation. „Tooltip" aktiviert einen Tooltip, der den Namen eines selektierbaren Elementes anzeigt, sobald der Mauszeiger darüber fährt. „AuslösenBeiMausbewegung" definiert, ob das Kommando enden soll, sobald der Anwender die Maus bewegt. „SelektionIndikation" liest, ob der Anwender ein Element selektiert („True") oder eine Stelle indiziert („False") hat. „XY" liest die Koordinaten des Events auf dem 2D-Dokument aus. Das Ergebnis der Methode hat folgenden Wertebereich: „Normal" (erfolgreiche Selektion oder Indikation), „MouseMove" (erfolgreiches Auslösen durch Mausbewegung), „Undo" (Schaltfläche „Widerrufen" gedrückt), „Redo" (Schaltfläche „Widerrufen zurücknehmen" gedrückt) und „Cancel" (Selektion abgebrochen).

```
Dim Ergebnis As String
Dim XY(1) As Double
Dim SelInd As Boolean
Dim Filter (0)
Filter(0) = „Line2D"
Ergebnis = Selektion.IndicateOrSelectElement2D(„Linie selektieren", Filter,
```

```
True, False, False, SelInd, XY)
MsgBox („X=" & XY(0) & „, Y=" & XY(1))
MsgBox („Selektion: „ & SelInd & „, Indikation: „ & Not(SelInd))
MsgBox(Ergebnis)
```

Function IndicateOrSelectElement3D ([PlanaresElement] As AnyObject, [Nachricht] As String, [Filter] As CATSafeArrayVariant, [VorherSelektion, Tooltip, AuslösenBeiMausbewegung, SelektionIndikation] As Boolean, [XY, XYZ] As CATSafeArrayVariant) As String

Die Methode fordert einen Benutzer auf, auf einem planaren Objekt in einem 3D-Dokument ein Element zu selektieren oder eine Stelle zu indizieren. „PlanaresElement" definiert das planare Objekt. „Nachricht" legt die Meldung in der Statuszeile fest. „Filter" bestimmt die Elemente, die selektiert werden dürfen. „VorherSelektion" bestimmt, ob Elemente berücksichtigt werden, die vor dem Starten des Befehls selektiert wurden. Ist „VorherSelektion" gleich „True" und es wurden vorher gültige Elemente selektiert, meldet die Methode sofort eine erfolgreiche Indikation. „Tooltip" aktiviert einen Tooltip, der den Namen eines selektierbaren Elementes anzeigt, sobald der Mauszeiger darüber fährt. „AuslösenBeiMausbewegung" definiert, ob das Kommando enden soll, sobald der Anwender die Maus bewegt. „SelektionIndikation" liest, ob der Anwender ein Element selektiert („True") oder eine Stelle indiziert („False") hat. „XY" liest die Koordinaten des Events auf dem planaren Element aus. „XYZ" liest die Koordinaten des Events im 3D-Dokument aus. Das Ergebnis der Methode hat den gleichen Wertebereich wie die Methode **IndicateOrSelectElement2D**.

```
Dim Ergebnis As String
Dim XY(1), XYZ(2) As Double
Dim SelInd As Boolean
Dim Filter (0)
Filter(0) = „Line"
Set PlElem = CATIA.ActiveDocument.Part.OriginElements.PlaneXY
Ergebnis = Selektion.IndicateOrSelectElement3D(PlElem, „Linie selektieren",
Filter, True, False, False, SelInd, XY, XYZ)
MsgBox („X=" & XY(0) & „, Y=" & XY(1))
MsgBox („X=" & XYZ(0) & „, Y=" & XYZ(1) & „, Z=" & XYZ(2))
MsgBox („Selektion: „ & SelInd & „, Indikation: „ & Not(SelInd))
MsgBox(Ergebnis)
```

Func Item ([Zähler] As Long) As SelectedElement

seit V5R16 veraltet, siehe jetzt **Item2**

Func Item2 ([Zähler] As Long) As SelectedElement

Die Methode liest das Element der Nummer „Zähler" aus der Selektionsliste. „Zähler" beginnt bei „1" und endet bei dem Wert der Eigenschaft **Count**. Um das Objekt des Elementes zu erhalten, muss die Eigenschaft **Value** der Klasse **SelectedElement** (Abschnitt 8.194) verwendet werden.

```
Dim MeinObjekt As AnyObject
Set MeinObjekt = Selektion.Item2(1).Value
```

Sub Paste

Die Methode fügt den Inhalt des Zwischenspeichers, der mit **Cut** oder **Copy** gefüllt wurde, in die Selektion ein.

Selektion.Paste

Sub PasteLink

analog der Methode **Paste**, allerdings mit Link

Sub PasteSpecial [Modus] As CATBSTR

Die Methode fügt den Inhalt des Zwischenspeichers, der mit **Cut** oder **Copy** gefüllt wurde, in die Selektion ein.

Selektion.PasteSpecial „CATPrtResultWithOutLink"

Der Wertebereich (Auswahl) des Parameters „Modus" ist:

Im Container „Part"

- CATPrtCont — mit Historie ohne Link
- CATPrtResultWithOutLink — ohne Historie ohne Link
- CATPrtResult — ohne Historie mit Link
- CATMaterialCont — As material
- AsMaterialLink — As material link
- CATMechProdCont — As specified in Assembly
- CATProdCont — As specified in Product Structure
- CATIA_SPEC — CATIA_SPEC
- CATIA_RESULT — CATIA_RESULT

Im Container „Product"

- CATProdCont — As specified in Product Structure
- CATSpecBreakLink — Break Link

Sub Remove [Index] As Long

veraltet seit V5R16, siehe jetzt **Remove2**

Sub Remove2 [Index] As Long

Die Methode entfernt das Element der Position „Index" aus der Selektionsmenge.

Sub Search [Suchkriterium] As CATBSTR

Die Methode sucht alle Objekte innerhalb des aktiven Dokumentes, die dem Suchkriterium entsprechen, und selektiert diese (Abschnitt 2.4.1). Ein Suchkriterium sollte über den Befehl „Bearbeiten/ Suchen/ Erweitert" interaktiv in CATIA definiert und dann in ein Makro übernommen werden.

```
Set Selektion = CATIA.ActiveDocument.Selection
Selektion.Search „'Part Design'.Skizze.Farbe=Weiß"
```

Func SelectElement ([Was] As CATSafeArrayVariant, [Text] As CATBSTR, [Fenster] As Boolean) As CATBSTR

veraltet, siehe jetzt Methoden **SelectElement2**, **SelectElement3** und **SelectElement4**

Func SelectElement2 ([Filter] As CATSafeArrayVariant, [Nachricht] As String, [VorherSelektion] As Boolean) As String

Die Methode fordert einen Benutzer auf, ein Element im aktiven Dokument zu selektieren. „Nachricht" legt die Meldung in der Statuszeile fest. „Filter" bestimmt die Elemente, die selektiert werden dürfen. „VorherSelektion" bestimmt, ob Elemente berücksichtigt werden, die vor dem Starten des Befehls selektiert wurden. Ist „VorherSelektion" gleich „True" und es wurden vorher gültige Elemente selektiert, meldet die Methode sofort eine erfolgreiche Selektion.

Das Ergebnis der Methode hat den gleichen Wertebereich wie die Methode **IndicateOrSelectElement2D**. Wird ein Element außerhalb des aktiven Dokuments selektiert, ist das Ergebnis der Methode „Cancel".

```
Dim E As String
Dim Filter (0)
Filter(0) = „Line"
E = Selektion.SelectElement2 (Filter, „Linie selektieren", True)
```

Func SelectElement3 ([Filter] As CATSafeArrayVariant, [Nachricht] As String, [VorherSelektion] As Boolean, [ModusMultiselektion] As CATMultiSelectionMode, [Tooltip] As Boolean) As String

Die Methode fordert einen Benutzer auf, eines oder mehrere Elemente im aktiven Dokument zu selektieren. „Nachricht" legt die Meldung in der Statuszeile fest. „Filter" bestimmt die Elemente, die selektiert werden dürfen. „VorherSelektion" bestimmt, ob Elemente berücksichtigt werden, die vor dem Starten des Befehls selektiert wurden. Ist „VorherSelektion" gleich „True" und es wurden vorher gültige Elemente selektiert, meldet die Methode sofort eine erfolgreiche Selektion. „ModusMultiselektion" definiert die Art der Multiselektion. „ModusMultiselektion kann die Werte „CATMonoSel" (einfache Selektion), „CATMultiSelTriggWhenSelPerf" (Selektion über Toolauswahl) oder „CATMultiSelTriggWhenUserValidatesSelection" (Toolauswahl und Unterstützung von „Shift"- und „Ctrl"-Tasten) besitzen. „Tooltip" aktiviert einen Tooltip, der den Namen eines selektierbaren Elementes anzeigt, sobald der Mauszeiger darüber fährt.

Das Ergebnis der Methode hat den gleichen Wertebereich wie die Methode **IndicateOrSelectElement2D**. Wird ein Element außerhalb des aktiven Dokuments selektiert, ist das Ergebnis der Methode „Cancel".

```
Dim E As String
Dim Filter (0)
Filter(0) = „Line"
E = Selektion.SelectElement3 (Filter, „Linie selektieren", True, CATMonoSel, True)
```

Func SelectElement4 ([Filter] As CATSafeArrayVariant, [NachrichtAktivesDokument, NachrichtNichtAktivesDokument] As String, [Tooltip] As Boolean, [Dokument] As Document) As String

Die Methode fordert einen Benutzer auf, ein Element eines beliebigen Dokumentes zu selektieren. „Filter" bestimmt die Elemente, die selektiert werden dürfen. „Nachricht" legt die Meldung in der Statuszeile des aktiven und der nicht aktiven Dokumente fest. „Tooltip" aktiviert einen Tooltip, der den Namen eines selektierbaren Elementes anzeigt, sobald der Mauszeiger darüber fährt. Der Parameter „Dokument" liest das Dokument, in dem die Selektion erfolgt ist.

Das Ergebnis der Methode ist analog der beiden vorangegangenen Methoden.

```
Dim E As String
Dim Filter (0)
Dim D As Document
Set D = Nothing
Filter(0) = „Point"
E = Selektion.SelectElement4 (Filter, „Punkt selektieren", „Nicht aktiv", True, D)
MsgBox(D.Name & „: " & E)
```

VisProperties As VisPropertySet (Read Only)

Die Eigenschaft beschreibt die grafischen Eigenschaften der Selektion.

```
Dim GraphEigen As VisPropertySet
Set GraphEigen = Selektion.VisProperties
```

8.196 SewSurface

Die Klasse repräsentiert einen Volumenkörper, der auf einer Flächenintegration basiert (vgl. Abschnitt 7.3). Ein Objekt der Klasse wird über die Methode **AddNewSewSurface** der Klasse **ShapeFactory** (Abschnitt 8.199) erzeugt.

Objektpfad: AnyObject.Shape.SurfaceBasedShape.SewSurface

Sub SetVolumeSupport [Volumen] As Reference

Die Methode setzt die Stützgeometrie, sofern die Flächenintegration ein Volumen ist.

SewingIntersectionMode As CatSewingIntersectionMode

Die Eigenschaft beschreibt den Zustand der Option „Körper schneiden". Der Wertebereich ist: „catSewingIntersect" (schneiden) und „catSewingNoIntersect" (nicht schneiden).

`Sewing.SewingIntersectionMode = catSewingIntersect`

SewingSide As CATSplitSide

Die Eigenschaft beschreibt die Seite des Volumenkörpers, die im Anschluss der Flächenintegration behalten wird. Ist der Wert gleich „catPositiveSide", wird die Seite behalten, in die der Richtungsvektor der integrierten Fläche zeigt. „catNegativeSide" invertiert den Richtungsvektor.

`Sewing.SewingSide = catPositiveSide`

■ 8.197 Shaft

Die Klasse repräsentiert eine Welle (vgl. Abschnitt 7.2). Ein Objekt der Klasse wird über die Methoden **AddNewShaft** oder **AddNewShaftFromRef** der Klasse **ShapeFactory** (Abschnitt 8.199) erzeugt.

Objektpfad: AnyObject.Shape.SketchBasedShape.Revolution.Shaft

Die Klasse besitzt keine Eigenschaften oder Methoden. Es kommen die Eigenschaften und Methoden der übergeordneten Klassen zur Anwendung.

■ 8.198 Shape

Die Klasse repräsentiert einen Volumenkörper (vgl. Kapitel 7). Die Klasse ist die übergeordnete Klasse aller Volumenkörper.

Objektpfad: AnyObject.Shape

Die Klasse besitzt keine Eigenschaften und Methoden.

8.199 ShapeFactory

Die Klasse repräsentiert einen 3D-Werkzeugkasten zur Erzeugung von Volumengeometrie (vgl. Abschnitt 7.1). Ein Objekt der Klasse wird über die Eigenschaft **ShapeFactory** der Klasse **Part** (Abschnitt 8.168) deklariert.

Objektpfad: AnyObject.Factory.ShapeFactory

Func AddNewAdd ([Körper] As Body) As Add

Die Methode erzeugt die Operation „Hinzufügen" zwischen zwei Körpern (Abschnitt 3.3.4). Der Körper „Körper" wird mit dem Körper, der sich in Bearbeitung befindet, vereinigt.

```
Dim Operation As Add
Set Operation = Wzk3D.AddNewAdd (MeinKoerper)
```

Func AddNewAssemble ([Körper] As Body) As Assemble

Die Methode erzeugt die Operation „Zusammenbauen" zwischen zwei Körpern (Abschnitt 3.3.4). Der Körper „Körper" wird mit dem Körper, der sich in Bearbeitung befindet, zusammengebaut. Haben die Körper unterschiedliche Vorzeichen, erfolgt eine Subtraktion.

```
Dim Operation As Assemble
Set Operation = Wzk3D.AddNewAssemble (MeinKoerper)
```

Func AddNewBlend As AnyObject

Die Methode erzeugt einen positiven Übergangskörper.

Func AddNewChamfer ([Kante] As Reference, [Fortführungsmodus] As CATChamferPropagation, [Modus] As CATChamferMode, [Orientierung] As CATChamferOrientation, [Länge1, Wert2] As Double) As Chamfer

Die Methode erzeugt eine Fase an einer Kante (vgl. Abschnitt 7.5). „Kante" bestimmt die zu verändernde Kante und ist als „Removed Edge" zu definieren (Abschnitt 3.5.4). Sollen mehrere Kanten mit einem Operator gefast werden, so wird mit einer Leerreferenz gearbeitet (Abschnitt 3.5.3). Die Kanten werden anschließend über die Methode **AddElementToChamfer** der Klasse **Chamfer** ergänzt (analog Beispiel 7.8). „Fortführungsmodus" bestimmt, ob angrenzende Kanten gefast werden („0": tangentenstetige Fortführung; „1": nur die referenzierte Kante). „Modus" legt fest, ob es sich um eine Fase, beschrieben über zwei Längen („0") oder eine Länge und einen Winkel („1"), handelt. „Wert2" beschreibt die zweite Länge oder den Winkel. „Orientierung" legt fest, auf welcher Seite der Kante die erste Länge liegt (normale Orientierung: „0"; getauschte Orientierung: „1").

```
Dim Fase As Chamfer
Set Fase = Wzk3D.AddNewChamfer (Kantenreferenz, 0, 1, 0, 3, 3)
```

Func AddNewCircPattern ([Körper] As AnyObject, [AnzahlRadial, AnzahlUmfang] As Long, [AbstandRadial, WinkelabstandUmfang] As Double, [PositionRadial, PositionUmfang] As Long, [Mittenreferenz, Achse] As Reference, [OrientierungAchse] As Boolean, [Rotationswinkel] As Double, [AusrichtungRadial] As Boolean) As CircPattern

Die Methode erzeugt ein Kreismuster des Volumenkörpers „Körper" um eine Mittenreferenz und eine Achse. Die Parameter „PositionRadial" und „PositionUmfang" geben an, an welcher Stelle im Muster sich das Original befindet. „OrientierungAchse" definiert, ob die Achsenrichtung invertiert ist (keine Invertierung: „True"). „Rotationswinkel" bestimmt, um welchen Winkel das gesamte Muster um die Achse gedreht ist. „AusrichtungRadial" definiert, ob alle Elemente gleich zueinander („False") oder gleich zur Achse orientiert sind („True").

```
Dim Ref1, Ref2 As Reference
Set Ref1 = MeinPart.CreateReferenceFromObject (Punkt)
Set Ref2 = MeinPart.CreateReferenceFromObject (Linie)
Dim Muster As CircPattern
Set Muster = Wzk3D.AddNewCircPattern (MeinShape, 5, 5, 50, 30, 2, 2, Ref1, Ref2, true, 0, false)
```

Func AddNewCloseSurface ([Flächenverband] As Reference) As CloseSurface

Die Methode erzeugt aus einem Flächenverband einen Volumenkörper („Fläche schließen") an der Stelle im Konstruktionsbaum, die sich in Bearbeitung befindet (vgl. Abschnitt 7.3). Offene Stellen des Flächenverbandes müssen planare, geschlossene Randkurven besitzen.

```
Dim Ref As Reference
Set Ref = MeinPart.CreateReferenceFromObject (MeineFlaeche)
Dim Close As CloseSurface
Set Close = Wzk3D.AddNewCloseSurface (Ref)
```

Func AddNewDraft ([EntformteFläche, NeutralesElement] As Reference, [NeutralFortsetzung] As CATDraftNeutralPropagationMode, [Trennelement] As Reference, [DX, DY, DZ] As Double, [Modus] As CATDraftMode, [Winkel] As Double, [Selektionsmodus] As CATDraftMultiselectionMode) As Draft

Die Methode erzeugt eine Entformung in Richtung des Vektors (DX, DY, DZ) an der Stelle im CATPart, die sich in Bearbeitung befindet (vgl. Abschnitt 7.5). Die entformte Fläche und das neutrale Element sind als „Removed Surface" zu definieren (Abschnitt 3.5.4). „NeutralFortsetzung" bestimmt, ob nur die angegebene Fläche als neutrales Element verwendet wird (Wert „0") oder alle tangentenstetig angrenzenden (Wert „1"). „Modus" legt fest, ob es sich um eine Standardentformung (Wert „0") oder eine Entformung mit Reflexionslinie (Wert „1") handelt. „Selektionsmodus" definiert, ob die zu entformenden Flächen einzeln angegeben (Wert „0") oder alle an das neutrale Element angrenzenden Flächen verwendet werden (Wert „1"). Im zweiten Fall ist für die entformte Fläche eine Leerreferenz zu verwenden (Abschnitt 3.5.3). Der Parameter „Trennelement" kann eine Ebene, Teilfläche oder Leerreferenz sein.

```
' Referenz für die neutrale Fläche erstellen ----------------------
Dim RefN As Reference
Dim Face, E, RSur
Face = „Face:(Brp:(Pad.1;2);None:())"
E = „WithTemporaryBody;WithoutBuildError;WithSelectingFeatureSupport"
RSur = „RSur:(„ & Face & „;" & E & „)"
Dim Block As Shape
Set Block = MeinPart.MainBody.Shapes.Item(„Block.1")
Set RefN = MeinPart.CreateReferenceFromBRepName(RSur, Block)
' Leerreferenz erstellen ----------------------------------------
Dim RefL As Reference
Set RefL = MeinPart.CreateReferenceFromName ("")
' Entformung erzeugen -------------------------------------------
Dim Draft As Draft
Set Draft = Wzk3D.AddNewDraft (RefL, RefN, 0, RefL, 0, 0, 1, 0, 5, 1)
```

Func AddNewEdgeFilletWithConstantRadius (...) As ConstRadEdgeFillet

seit V5R14 veraltet, siehe jetzt **AddNewSolidEdgeFilletWithConstantRadius** oder **AddNewSurfaceEdgeFilletWithConstantRadius**

Func AddNewEdgeFilletWithVaryingRadius (...) As VarRadEdgeFillet

seit V5R14 veraltet, siehe jetzt **AddNewSolidEdgeFilletWithVaryingRadius** oder **AddNewSurfaceEdgeFilletWithVaryingRadius**

Func AddNewFaceFillet (...) As FaceFillet

seit V5R14 veraltet, siehe jetzt **AddNewSolidFaceFillet** oder **AddNewSurfaceFaceFillet**

Func AddNewGroove ([Skizze] As Sketch) As Groove

Die Methode erzeugt eine Nut an der Stelle im Konstruktionsbaum, die sich in Bearbeitung befindet (vgl. Abschnitt 7.2). Die Skizze „Skizze" muss eine Rotationsachse beinhalten (Abschnitt 5.3).

```
Dim Nut As Groove
Set Nut = Wzk3D.AddNewGroove (Skizze)
```

Func AddNewGrooveFromRef ([Skizze] As Reference) As Groove

Die Methode erzeugt eine Nut (vgl. Abschnitt 7.2). Im Unterschied zu der Methode **AddNewGroove** dient eine Referenz auf eine Skizze als Parameter.

```
Dim Nut As Groove
Set Nut = Wzk3D.AddNewGrooveFromRef (Skizzenreferenz)
```

Func AddNewGSDCircPattern (...) As CircPattern

seit V5R15 veraltet, siehe jetzt **AddNewSurfacicCircPattern**

Func AddNewGSDRectPattern (...) As RectPattern

seit V5R15 veraltet, siehe jetzt **AddNewSurfacicRectPattern**

Func AddNewHole ([Stützebene] As Reference, [Tiefe] As Double) As Hole

Die Methode erzeugt eine Bohrung normal zur Ebene „Stützebene" im Ursprung der Ebene an der Stelle im Konstruktionsbaum, die sich in Bearbeitung befindet (vgl. Abschnitt 7.2). Die Bohrung erhält die Tiefe „Tiefe". Die Ausprägung der Bohrung wird über die Eigenschaften der Klasse **Hole** (Abschnitt 8.48) definiert.

```
Set Ref = MeinPart.CreateReferenceFromObject (Ebene)
Dim Bohrung As Hole
Set Bohrung = Wzk3D.AddNewHole (Ref, 10)
```

Func AddNewHoleFromPoint ([X, Y, Z] As Double, [Stützebene] As Reference, [Tiefe] As Double) As Hole

Die Methode erzeugt eine Bohrung normal zur Ebene „Stützebene" mit der Tiefe „Tiefe" an der Stelle im Konstruktionsbaum, die sich in Bearbeitung befindet (vgl. Abschnitt 7.2). Der Referenzpunkt (X, Y, Z) muss sich nicht auf der Stützebenen befinden, er wird auf diese projiziert. Die Ausprägung der Bohrung wird über die Eigenschaften der Klasse **Hole** (Abschnitt 8.48) definiert.

```
Set Ref = MeinPart.CreateReferenceFromObject (Ebene)
Dim Bohrung As Hole
Set Bohrung = Wzk3D.AddNewHoleFromPoint (50, 50, 0, Ref, 10)
```

Func AddNewHoleFromRefPoint ([Referenzpunkt, Stützebene] As Reference, [Tiefe] As Double) As Hole

Die Methode erzeugt eine Bohrung normal zur Ebene „Stützebene" mit der Tiefe „Tiefe" an der Stelle im Konstruktionsbaum, die sich in Bearbeitung befindet (vgl. Abschnitt 7.2). Der Referenzpunkt muss sich nicht auf der Stützebenen befinden, er wird auf diese projiziert. Die Ausprägung der Bohrung wird über die Eigenschaften der Klasse **Hole** (Abschnitt 8.48) definiert.

```
Set Ref1 = MeinPart.CreateReferenceFromObject (Punkt)
Set Ref2 = MeinPart.CreateReferenceFromObject (Ebene)
Dim Bohrung As Hole
Set Bohrung = Wzk3D.AddNewHoleFromRefPoint (Ref1, Ref2, 10)
```

Func AddNewHoleFromSketch ([Skizze] As Sketch, [Tiefe] As Double) As Hole

Die Methode erzeugt eine Bohrung normal zur Skizze „Skizze" mit der Tiefe „Tiefe" an der Stelle im Konstruktionsbaum, die sich in Bearbeitung befindet (vgl. Abschnitt 7.2). Die Skizze darf nur einen Punkt beinhalten.

```
Dim Bohrung As Hole
Set Bohrung = Wzk3D.AddNewHoleFromSketch (MeineSkizze, 10)
```

Func AddNewHoleWith2Constraints ([X, Y, Z] As Double, [Kante1, Kante2, Stützebene] As Reference, [Tiefe] As Double) As Hole

Die Methode erzeugt eine Bohrung normal zur Ebene „Stützebene" mit der Tiefe „Tiefe" an der Stelle im Konstruktionsbaum, die sich in Bearbeitung befindet (vgl. Abschnitt 7.2). Der Referenzpunkt (X, Y, Z) muss sich nicht auf der Stützebenen befinden, er wird auf diese projiziert. Es werden Abstandsbedingungen zwischen den Körperkanten „Kante1" und „Kante2" und dem Ankerpunkt der Bohrung erzeugt, so dass sich bei einer konstruktiven Änderung diese Abstände nicht verändern. Die Kanten werden als „Functional Edge" (FEdge) definiert (Abschnitt 3.5.4).

```
Set Ref3 = MeinPart.CreateReferenceFromObject (Ebene)
Dim Bohrung As Hole
Set Bohrung = Wzk3D.AddNewHoleWith2Constraints (0, 0, 0, FEdge1, FEdge2,
Ref3, 10)
```

Func AddNewHoleWithConstraint ([X, Y, Z] As Double, [Referenzkante, Stützebene] As Reference, [Tiefe] As Double) As Hole

Die Methode erzeugt eine Bohrung normal zur Ebene „Stützebene" mit der Tiefe „Tiefe" an der Stelle im Konstruktionsbaum, die sich in Bearbeitung befindet (vgl. Abschnitt 7.2). Der Referenzpunkt (X, Y, Z) muss sich nicht auf der Stützebene befinden, er wird auf diese projiziert. Es wird eine Abstandsbedingung zwischen der Referenzkante und dem Ankerpunkt der Bohrung erzeugt, so dass sich bei einer konstruktiven Änderung dieser Abstand nicht verändert. Ist die Kante ein Kreis, liegt der Ankerpunkt immer konzentrisch zu diesem, und der Referenzpunkt (X, Y, Z) wird ignoriert. Die Kante wird als „Functional Edge" (FEdge) definiert (Abschnitt 3.5.4).

```
Set Ref2 = MeinPart.CreateReferenceFromObject (Ebene)
Dim Bhr As Hole
Set Bhr = Wzk3D.AddNewHoleWithConstraint (0, 0, 0, FEdge, Ref2, 10)
```

Func AddNewIntersect ([Körper] As Body) As Intersect

Die Methode erzeugt die Operation „Verschneiden" zwischen zwei Körpern (vgl. Abschnitt 3.3.4). Der Körper „Körper" wird mit dem Körper, der sich in Bearbeitung befindet, verschnitten. Das Ergebnis ist die geometrische Schnittmenge.

```
Dim Operation As Intersect
Set Operation = Wzk3D.AddNewIntersect (MeinKoerper)
```

Func AddNewLoft As Loft

Die Methode erzeugt einen Loft (vgl. Abschnitt 7.2). Die Konturen des Volumenkörpers werden über den dem Loft zugrunde liegenden Flächenkörper definiert. Der Flächenkörper wird über die Eigenschaft **HybridShape** der Klasse **Loft** extrahiert. Informationen zu dem Flächenkörper bieten die Klasse **HybridShapeLoft** (Abschnitt 8.102) sowie Abschnitt 6.6.

```
' Loft-Volumenkörper definieren ---------------------------------
Set APart = CATIA.ActiveDocument.Part
Set Wzk3D = APart.ShapeFactory
Dim Loft As Loft
Set Loft = Wzk3D.AddNewLoft
' Loft-Querschnitte über den Flächenkörper definieren -----------
Dim Skizze1, Skizze2 As Sketch
Set Skizze1 = APart.MainBody.Sketches.Item ("Skizze.1")
Set Skizze2 = APart.MainBody.Sketches.Item ("Skizze.2")
Dim LoftH As HybridShapeLoft
Set LoftH = Loft.HybridShape
Dim Ref1, Ref2 As Reference
```

```
Set Ref1 = APart.CreateReferenceFromObject (Skizze1)
Set Ref2 = APart.CreateReferenceFromObject (Skizze2)
LoftH.AddSectionToLoft Ref1, 1, Nothing
LoftH.AddSectionToLoft Ref2, 1, Nothing
```

Func AddNewMirror ([Spiegelfläche] As Reference) As Mirror

Die Methode erzeugt die Spiegelung eines Volumenkörpers (vgl. Abschnitt 7.4). Die Spiegelung wird an der Stelle im Konstruktionsbaum eingefügt, die sich in Bearbeitung befindet. Die Fläche „Spiegelfläche" ist eine „Removed Surface" (RSur) oder eine Ebene. Die Definition einer „Removed Surface" ist in Abschnitt 3.5.4 beschrieben.

```
Dim Spiegelung As Mirror
Set Spiegelung = Wzk3D.AddNewMirror (Flaechenreferenz)
```

Func AddNewPad ([Skizze] As Sketch, [Höhe] As Double) As Pad

Die Methode erzeugt einen Block auf einer Skizze mit definierter Höhe an der Stelle im Konstruktionsbaum, die sich in Bearbeitung befindet (vgl. Abschnitt 7.2).

```
Set Skizze = MeinPart.MainBody.Sketches.Item („Skizze.1")
Dim Block As Pad
Set Block = Wzk3D.AddNewPad (Skizze, 50)
```

Func AddNewPadFromRef ([Skizze] As Reference, [Höhe] As Double) As Pad

Die Methode erzeugt einen Block auf einer Skizze mit definierter Höhe an der Stelle im Konstruktionsbaum, die sich in Bearbeitung befindet (vgl. Abschnitt 7.2).

```
Set Ref = MeinPart.CreateReferenceFromGeometry (Skizze)
Dim Block As Pad
Set Block = Wzk3D.AddNewPadFromRef (Ref, 50)
```

Func AddNewPocket ([Skizze] As Sketch, [Tiefe] As Double) As Pocket

Die Methode erzeugt eine Tasche zu einer Skizze mit definierter Tiefe an der Stelle im Konstruktionsbaum, die sich in Bearbeitung befindet (vgl. Abschnitt 7.2).

```
Set Skizze = MeinPart.MainBody.Sketches.Item(„Skizze.2")
Dim Tasche As Pocket
Set Tasche = Wzk3D.AddNewPocket (Skizze, 10)
```

Func AddNewPocketFromRef ([Skizze] As Reference, [Tiefe] As Double) As Pocket

Die Methode erzeugt eine Tasche zu einer Skizze mit definierter Tiefe an der Stelle im Konstruktionsbaum, die sich in Bearbeitung befindet (vgl. Abschnitt 7.2).

```
Dim Ref As Reference
Set Ref = MeinPart.CreateReferenceFromGeometry (Skizze)
Dim Tasche As Pocket
Set Tasche = Wzk3D.AddNewPocketFromRef (Ref, 10)
```

Func AddNewRectPattern ([Körper] As AnyObject, [Anzahl1, Anzahl2] As Long, [Abstand1, Abstand2] As Double, [Position1, Position2] As Long, [Richtung1, Richtung2] As Reference, [Orientierung1, Orientierung2] As Boolean, [Rotationswinkel] As Double) As RectPattern

Die Methode erzeugt ein Rechteckmuster des Volumenkörpers „Körper" (vgl. Abschnitt 7.4). Die Parameter „Position1" und „Position2" geben an, an welcher Stelle sich im Muster das Originalelement befindet. „Richtung1" und „Richtung2" legen fest, in welcher Richtung das Muster aufgespannt wird. Die Orientierungen definieren, ob die Richtungen invertiert sind („True": keine Invertierung). „Rotationswinkel" bestimmt, um welchen Winkel das gesamte Muster um das Originalelement gedreht wird. Die Rotationsachse steht senkrecht auf den beiden Richtungen.

```
Set Ref1 = MeinPart.CreateReferenceFromObject (Linie1)
Set Ref2 = MeinPart.CreateReferenceFromObject (Linie2)
Dim Muster As RectPattern
Set Muster = Wzk3D.AddNewRectPattern (MeinKoerper, 5, 5, 50, 75, 2, 2,
Ref1, Ref2, true, true, 10)
```

Func AddNewRemove ([Körper] As Body) As Remove

Die Methode erzeugt die Operation „Entfernen" zwischen zwei Körpern (vgl. Abschnitt 3.3.4). Der Körper „Körper" wird von dem Körper, der sich in Bearbeitung befindet, abgezogen.

```
Dim Operation As Remove
Set Operation = Wzk3D.AddNewRemove (MeinKoerper2)
```

Func AddNewRemovedBlend As AnyObject

Die Methode erzeugt einen negativen Übergangskörper.

Func AddNewRemovedLoft As Loft

Die Methode erzeugt einen negativen Loft-Körper (vgl. Abschnitt 7.2). Die Methode wird analog der Methode **AddNewLoft** angewendet.

Func AddNewRemoveFace ([Behalten, Entfernen] As Reference) As RemoveFace

Die Methode entfernt Teilflächen eines Volumenkörpers. Sollen mehrere Teilflächen in einer Operation entfallen, ist es zu empfehlen, die beizubehaltenden und zu entfernenden Flächen mit den Methoden der Klasse **RemoveFace** (Abschnitt 8.186) zu definieren und Leerreferenzen bei der Erzeugung des Objektes zu verwenden.

```
Dim Leer As Reference
Dim TeilflaecheEntfernen As RemoveFace
Set Leer = Nothing
Set TeilflaecheEntfernen = Wzk3D.AddNewRemoveFace (Leer, Leer)
```

Func AddNewReplaceFace ([FlächeNeu, FlächeEntfall] As Reference, [Seite] As CatSplitSide) As ReplaceFace

Die Methode ersetzt eine Teilfläche eines Volumenkörpers. „FlächeNeu" bestimmt die neue Fläche. „FlächeEntfall" bestimmt die zu entfallende Fläche. „Seite" definiert, welche Seite des Volumenkörpers beibehalten wird. Der Wertebereich von „Seite" ist: „catPositiveSide" (natürliche Orientierung) und „catNegativeSide" (invertierte Orientierung).
```
Set Ersetzen = Wzk3D.AddNewReplaceFace (Neu, Alt, catPositiveSide)
```

Func AddNewRib ([Kontur, Zentralkurve] As Sketch) As Rib

Die Methode erzeugt eine Rippe an der Stelle im Konstruktionsbaum, die sich in Bearbeitung befindet (vgl. Abschnitt 7.2). „Kontur" definiert das Profil der Rippe, „Zentralkurve" die Führungskurve.
```
Dim Kontur, Zentralkurve As Sketch
Set Kontur = MeinPart.MainBody.Sketches.Item („Skizze.1")
Set Zentralkurve = MeinPart.MainBody.Sketches.Item („Skizze.2")
Dim Rippe As Rib
Set Rippe = Wzk3D.AddNewRib (Kontur, Zentralkurve)
```

Func AddNewRibFromRef ([Kontur, Zentralkurve] As Reference) As Rib

Die Methode erzeugt eine Rippe an der Stelle im Konstruktionsbaum, die sich in Bearbeitung befindet (vgl. Abschnitt 7.2). „Kontur" definiert das Profil der Rippe, „Zentralkurve" die Führungskurve.
```
Set Ref1 = MeinPart.CreateReferenceFromGeometry (Kontur)
Set Ref2 = MeinPart.CreateReferenceFromGeometry (Zentralkurve)
Dim Rippe As Rib
Set Rippe = Wzk3D.AddNewRibFromRef (Ref1, Ref2)
```

Func AddNewRotate2 ([Achse] As Reference, [Winkel] As Double) As Rotate

Die Methode erzeugt eine Drehung des in Bearbeitung befindlichen Volumenkörpers um die Achse „Achse" mit dem Winkel „Winkel" (vgl. Abschnitt 7.4). Die Achse kann ein Achsen- oder Linienelement sein.
```
Set Ref = MeinPart.CreateReferenceFromObject (MeineLinie)
Dim Drehen As Rotate
Set Drehen = Wzk3D.AddNewRotate2 (Ref, 45.0)
```

Func AddNewScaling ([Referenzelement] As Reference, [Faktor] As

Die Methode erzeugt eine Skalierung des Volumenkörpers, der sich in Bearbeitung befindet, zu dem Element „Referenzelement" um den Faktor „Faktor" (vgl. Abschnitt 7.4). „Referenzelement" kann ein Punkt, eine Ebene oder eine Fläche sein. Die Skalierung erfolgt bei einem Punkt in allen drei Koordinaten, bei einer Ebene nur senkrecht zur Ebene.
```
Set Ref = MeinPart.CreateReferenceFromObject (MeinPunkt)
Dim Skalierung As Scaling
Set Skalierung = Wzk3D.AddNewScaling (Ref, 2.5)
```

Func AddNewScaling2 ([Referenzelement] As Reference, [Faktor] As Double) As Scaling2

Die Methode erzeugt eine Skalierung des Volumenkörpers, der sich in Bearbeitung befindet, zu dem Element „Referenzelement" um den Faktor „Faktor" (vgl. Abschnitt 7.4). Der Unterschied zur Methode **AddNewScaling** besteht darin, dass dem Objekt **Scaling2** die Algorithmen der Flächenkonstruktion zugrunde liegen, d.h. der Klasse **HybridShapeScaling**.

```
Set Ref = MeinPart.CreateReferenceFromObject (MeinPunkt)
Dim Skalierung As Scaling2
Set Skalierung = Wzk3D.AddNewScaling2 (Ref, 2.5)
```

Func AddNewSewSurface ([Fläche] As Reference, [Seite] As CATSplitSide) As SewSurface

Die Methode erzeugt einen Volumenkörper des Typs „Fläche integrieren" an der Stelle im Konstruktionsbaum, die sich in Bearbeitung befindet (vgl. Abschnitt 7.3). „Fläche" bestimmt die Fläche, die zum Volumenkörper ergänzt oder von diesem entfernt wird. Der Parameter „Seite" bestimmt die Seite des Volumenkörpers, die im Anschluss der Flächenintegration behalten wird. Ist der Wert gleich „catPositiveSide", wird die Seite behalten, in die der Richtungsvektor der integrierten Fläche zeigt. „catNegativeSide" invertiert den Richtungsvektor.

```
Set Ref = MeinPart.CreateReferenceFromObject (Flaeche)
Dim Sewing As SewSurface
Set Sewing = Wzk3D.AddNewSewSurface (Ref, catPositiveSide)
```

Func AddNewShaft ([Skizze] As Sketch) As Shaft

Die Methode erzeugt eine Welle auf der Basis einer Skizze an der Stelle im Konstruktionsbaum, die sich in Bearbeitung befindet (vgl. Abschnitt 7.2). Die Skizze muss eine Achse beinhalten.

```
Set Skizze = MeinPart.MainBody.Sketches.Item („Skizze.1")
Dim Welle As Shaft
Set Welle = Wzk3D.AddNewShaft (Skizze)
```

Func AddNewShaftFromRef ([Skizze] As Reference) As Shaft

Die Methode erzeugt eine Welle auf der Basis einer Skizze an der Stelle im Konstruktionsbaum, die sich in Bearbeitung befindet (vgl. Abschnitt 7.2). Die Skizze muss eine Achse beinhalten.

```
Set Ref = MeinPart.CreateReferenceFromGeometry (MeineSkizze)
Dim Welle As Shaft
Set Welle = Wzk3D.AddNewShaftFromRef (Ref)
```

Func AddNewShell ([EntfernendeFläche] As Reference, [DickeInnen,DickeAußen] As Double) As Shell

Die Methode erzeugt eine Schale des Volumenkörpers, der sich in Bearbeitung befindet (vgl. Abschnitt 7.5). Alle nicht entfernten Flächen werden nach innen um den Wert „DickeInnen" und nach außen um den Wert „DickeAußen aufgedickt. Die zu entfernende Fläche ist als eine „Removed Surface" (RSur) zu definieren (Abschnitt 3.5.4). Wenn mehrere Flächen entfallen sollen, sollte als Fläche eine Leerreferenz angegeben (Abschnitt 3.5.3) und die Flächen über die Methode **AddFaceToRemove** der Klasse **Shell** ergänzt werden.

```
Dim Schale As Shell
Set Schale = Wzk3D.AddNewShell (RSur, 5, 0)
```

Func AddNewSlot ([Kontur, Zentralkurve] As Sketch) As Slot

Die Methode erzeugt eine Rille an der Stelle im Konstruktionsbaum, die sich in Bearbeitung befindet (vgl. Abschnitt 7.2). „Kontur" definiert das Profil der Rille, „Zentralkurve" die Führungskurve.

```
Dim Kontur, Zentralkurve As Sketch
Set Kontur = MeinPart.MainBody.Sketches.Item („Skizze.1")
Set Zentralkurve = MeinPart.MainBody.Sketches.Item („Skizze.2")
Dim Rille As Slot
Set Rille = Wzk3D.AddNewSlot (Kontur, Zentralkurve)
```

Func AddNewSlotFromRef ([Kontur, Zentralkurve] As Reference) As Slot

Die Methode erzeugt eine Rille an der Stelle im Konstruktionsbaum, die sich in Bearbeitung befindet (vgl. Abschnitt 7.2). „Kontur" definiert das Profil der Rille, „Zentralkurve" die Führungskurve.

```
Set Ref1 = MeinPart.CreateReferenceFromGeometry (Kontur)
Set Ref2 = MeinPart.CreateReferenceFromGeometry (Zentralkurve)
Dim Rille As Slot
Set Rille = Wzk3D.AddNewSlotFromRef (Ref1, Ref2)
```

Func AddNewSolidCombine ([Profil1, Profil2] As Reference) As SolidCombine

Die Methode erzeugt einen Kombinationskörper aus zwei Profilen. Die Profile werden normal zur Profilorientierung gezogen. Ist ein Profil eine Fläche, muss eine Orientierung über die Methode **FirstComponentDirection** oder **SecondComponentDirection** der Klasse **SolidCombine** definiert werden.

```
Dim S1, S2 As Sketch
Set S1 = Bauteil.MainBody.Sketches.Item("Skizze.3")
Set S2 = Bauteil.MainBody.Sketches.Item("Skizze.4")
Dim RefS1, RefS2 As Reference
Set RefS1 = Bauteil.CreateReferenceFromObject (S1)
Set RefS2 = Bauteil.CreateReferenceFromObject (S2)
Set Kombination = Wzk3D.AddNewSolidCombine (RefS1, RefS2)
```

Func AddNewSolidEdgeFilletWithConstantRadius ([Kante] As Reference, [Fortführungsmodus] As CATFilletEdgePropagation, [Radius] As Double) As ConstRadEdgeFillet

Die Methode erzeugt die Verrundung einer Kante mit einem konstanten Radius (vgl. Abschnitt 7.5). Die Kante wird als „Removed Edge" definiert (Abschnitt 3.5.4). Sollen mehrere Kanten in einer Operation verrundet werden, so wird als Kante eine Leerreferenz (Abschnitt 3.5.3) angegeben. Die Kanten werden anschließend über die Methode **AddObjectToFillet** der Klasse **ConstRadEdgeFillet** ergänzt (Beispiel 7.8). „Fortführungsmodus" bestimmt, welche Kanten verrundet werden („catMinimalFilletEdgePropagation": nur die referenzierte Kante, „catTangencyFilletEdgePropagation": tangentenstetige Fortführung).

```
Dim R As ConstRadEdgeFillet
Set R = Wzk3D.AddNewSolidEdgeFilletWithConstantRadius (Kante, catMinimal-
FilletEdgePropagation, 10)
```

Func AddNewSolidEdgeFilletWithVaryingRadius ([Kante] As Reference, [Fortführungsmodus] As CATFilletEdgePropagation, [Verlaufstyp] As CATFilletVariation, [DefaultRadius] As Double) As VarRadEdgeFillet

Die Methode erzeugt die Verrundung einer Kante mit einem variablen Radius (vgl. Abschnitt 7.5). Die Kante wird als „Removed Edge" definiert (Abschnitt 3.5.4). „Fortführungsmodus" bestimmt, welche Kanten verrundet werden („catMinimalFilletEdgePropagation": nur die referenzierte Kante, „catTangencyFilletEdgePropagation": tangentenstetige Fortführung). „Verlaufstyp" legt fest, ob der Verlauf zwischen Stellen mit unterschiedlichem Radius linear („catLinearFilletVariation") oder kubisch („catCubicFilletVariation") ist. Die Kantenpunkte, an denen ein Radienwert festgelegt werden soll, werden über die Methode **AddImposedVertex** der Klasse **VarRadEdgeFillet** definiert. Ein Kantenpunkt ist als „Vertex" zu beschreiben (Abschnitt 3.5.4).

```
Dim R As VarRadEdgeFillet
Set R = Wzk3D.AddNewSolidEdgeFilletWithVaryingRadius (Kante, catMinimal-
FilletEdgePropagation, catLinearFilletVariation, 10)
R.AddImposedVertex Vertexreferenz1, 15
R.AddImposedVertex Vertexreferenz2, 10
```

Func AddNewSolidFaceFillet ([Fläche1, Fläche2] As Reference, [Radius] As Double) As FaceFillet

Die Methode erzeugt eine Verrundung zwischen zwei Flächen eines Volumenkörpers an der Stelle im Konstruktionsbaum, die sich in Bearbeitung befindet (vgl. Abschnitt 7.5). Die Flächen sind als „Removed Surface" (RSur) zu definieren (Abschnitt 3.5.4).

```
Dim Verrundung As FaceFillet
Set Verrundung = Wzk3D.AddNewSolidFaceFillet (RSur1, RSur2, 10)
```

Func AddNewSolidTritangentFillet ([Stützfläche1, Stützfläche2, Radienfläche] As Reference) As TritangentFillet

Die Methode erzeugt eine Verrundung tangential an drei Flächen eines Volumenkörpers (vgl. Abschnitt 7.5). Die Verrundung läuft tangential in die Stützflächen ein; die Radienfläche entfällt. Alle drei Flächen sind als „Removed Surface" (RSur) zu definieren (Abschnitt 3.5.4).

```
Dim Verrundung As TritangentFillet
Set Verrundung = Wzk3D.AddNewSolidTritangentFillet (RSur1, RSur2, RSurRF)
```

Func AddNewSplit ([Trennelement] As Reference, [Seite] As CATSplitSide) As Split

Die Methode erzeugt eine Trennung an der Stelle im Konstruktionsbaum, die sich in Bearbeitung befindet (vgl. Abschnitt 7.3). Der Volumenkörper wird an dem Trennelement abgeschnitten. Der Parameter „Seite" bestimmt die Seite des Volumenkörpers, die im Anschluss der Trennung behalten wird. Ist der Wert gleich „catPositiveSide", wird die Seite behalten, in die der Richtungsvektor der Fläche zeigt. „catNegativeSide" invertiert den Richtungsvektor.

```
Set Ref = APart.CreateReferenceFromObject (Flaeche)
Dim Trennung As Split
Set Trennung = Wzk3D.AddNewSplit (Ref, catPositiveSide)
```

Func AddNewStiffener ([Kontur] As Sketch) As Stiffener

Die Methode erzeugt eine Versteifung mit der Kontur „Kontur" an der Stelle im Konstruktionsbaum, die sich in Bearbeitung befindet (vgl. Abschnitt 7.2).

```
Dim Kontur As Sketch
Set Kontur = MeinPart.MainBody.Sketches.Item („Skizze.1")
Dim Versteifung As Stiffener
Set Versteifung = Wzk3D.AddNewStiffener (Kontur)
```

Func AddNewStiffenerFromRef ([Kontur] As Reference) As Stiffener

Die Methode erzeugt eine Versteifung mit der Kontur „Kontur" an der Stelle im Konstruktionsbaum, die sich in Bearbeitung befindet (vgl. Abschnitt 7.2).

```
Set Ref = MeinPart.CreateReferenceFromGeometry (Konturelement)
Dim Versteifung As Stiffener
Set Versteifung = Wzk3D.AddNewStiffenerFromRef (Ref)
```

Func AddNewSurfaceEdgeFilletWithConstantRadius ([Kante] As Reference, [Fortführungsmodus] As CATFilletEdgePropagation, [Radius] As Double) As ConstRadEdgeFillet

analog **AddNewSolidEdgeFilletWithConstantRadius**, allerdings Flächenalgorithmus

Func AddNewSurfaceEdgeFilletWithVaryingRadius ([Kante] As Reference, [Fortführungsmodus] As CATFilletEdgePropagation, [Verlaufstyp] As CATFilletVariation, [DefaultRadius] As Double) As VarRadEdgeFillet

analog **AddNewSolidEdgeFilletWithVaryingRadius**, allerdings Flächenalgorithmus

Func AddNewSurfaceFaceFillet ([Fläche1, Fläche2] As Reference, [Radius] As Double) As FaceFillet

analog **AddNewSolidFaceFillet**, allerdings Flächenalgorithmus

Func AddNewSurfaceTritangentFillet ([Stützfläche1, Stützfläche2, Radienfläche] As Reference) As TritangentFillet

analog **AddNewSolidTritangentFillet**, allerdings Flächenalgorithmus

Func AddNewSurfacicCircPattern ([Körper] As AnyObject, [AnzahlRadial, AnzahlUmfang] As Long, [AbstandRadial, WinkelabstandUmfang] As Double, [PositionRadial, PositionUmfang] As Long, [Mittenreferenz, Achse] As Reference, [OrientierungAchse] As Boolean, [Rotationswinkel] As Double, [AusrichtungRadial, VollständigerKranz] As Boolean) As CircPattern

Die Methode wird analog der Methode **AddNewCircPattern** verwendet, basiert allerdings auf Flächenalgorithmen. Der einzige Unterschied ist der Parameter „Vollständiger-Kranz". Ist der Parameter „VollständigerKranz" gleich „True", wird das Kreismuster gleichmäßig auf 360° verteilt.

Func AddNewSurfacicRectPattern ([Körper] As AnyObject, [Anzahl1, Anzahl2] As Long, [Abstand1, Abstand2] As Double, [Position1, Position2] As Long, [Richtung1, Richtung2] As Reference, [Orientierung1, Orientierung2] As Boolean, [Rotationswinkel] As Double) As RectPattern

analog **AddNewRectPattern**, allerdings Flächenalgorithmus

Func AddNewSurfacicUserPattern ([Körper] As AnyObject, [Anzahl] As Long) As UserPattern

analog **AddNewUserPattern**, allerdings Flächenalgorithmus

Func AddNewSymmetry2 ([Symmetrieebene] As Reference) As Symmetry

Die Methode erzeugt ein Spiegelbild des in Bearbeitung befindlichen Volumenkörpers an einer Symmetrieebene (vgl. Abschnitt 7.4).

```
Set Ref = MeinPart.CreateReferenceFromObject (MeineEbene)
Dim Symmetrie As Symmetry
Set Symmetrie = Wzk3D.AddNewSymmetry2 (Ref)
```

Func AddNewThickness ([Fläche] As Reference, [Stärke] As Double) As Thickness

Die Methode erzeugt eine Aufdickung der Teilfläche „Fläche" des Volumenkörpers, der sich in Bearbeitung befindet (vgl. Abschnitt 7.5). Die Fläche ist als eine „Removed Surface" (RSur) zu definieren (Abschnitt 3.5.4). Wenn mehrere Flächen aufgedickt werden sollen, sollte als Fläche eine Leerreferenz angegeben (Abschnitt 3.5.3) und die Flächen über die Methode **AddFaceToThicken** der Klasse **Thickness** ergänzt werden.

```
' Leerreferenz erstellen ----------------------------------------
Dim RefL As Reference
Set RefL = MeinPart.CreateReferenceFromName („")
' Aufdickung erzeugen -------------------------------------------
Dim Aufdickung As Thickness
Set Aufdickung = Wzk3D.AddNewThickness (RefL, 5)
Aufdickung.AddFaceToThicken RSur1
Aufdickung.AddFaceToThicken RSur2
```

Func AddNewThickSurface ([Fläche] As Reference, [Orientierung] As Long, [Abstand1, Abstand2] As Double) As ThickSurface

Die Methode erzeugt einen Aufmaßflächenkörper auf der Fläche „Fläche" an der Stelle im Konstruktionsbaum, die sich in Bearbeitung befindet (vgl. Abschnitt 7.3). „Orientierung" ist „1" für eine Orientierung in Richtung der Flächennormalen, „–1" für eine invertierte Orientierung. „Abstand1" definiert die Stärke der Aufdickung in Richtung der Orientierung, „Abstand2" entgegen der Orientierung.

```
Dim Ref As Reference
Set Ref = MeinPart.CreateReferenceFromObject (Flaeche)
Dim Aufmass As ThickSurface
Set Aufmass = Wzk3D.AddNewThickSurface (Ref, 1, 5, 0)
```

Func AddNewThreadWithOutRef As Thread

Die Methode erzeugt eine Gewindedefinition (vgl. Abschnitt 7.5). Das Gewinde muss anschließend über die Methoden der Klasse **Thread** (Abschnitt 8.218) definiert werden.

```
Dim Gewinde As Thread
Set Gewinde = Wzk3D.AddNewThreadWithOutRef
```

Func AddNewThreadWithRef ([Mantelfläche, Begrenzung] As Reference) As Thread

Die Methode erzeugt ein Gewinde auf einer Mantelfläche (vgl. Abschnitt 7.5). Die Mantelfläche muss zylindrisch sein. „Begrenzung" definiert eine Fläche, an der die Mantelfläche begrenzt ist und die als Referenz der Gewindetiefe dient. Beide Flächen sind als „Removed Surface" (RSur) zu definieren (Abschnitt 3.5.4). Das Gewinde wird anschließend über die Methoden der Klasse **Thread** (Abschnitt 8.218) spezifiziert.

```
Dim Gewinde As Thread
Set Gewinde = Wzk3D.AddNewThreadWithRef (RSurMantel, RSurLimit)
```

Func AddNewTranslate2 ([Abstand] As Double) As Translate

Die Methode erzeugt eine Verschiebungstransformation des in Bearbeitung befindlichen Volumenkörpers (vgl. Abschnitt 7.4). Die Richtung der Verschiebung wird über den Flächenkörper definiert, der dem Objekt **Translate** zugrunde liegt. Der Flächenkörper ist ein Objekt der Klasse **HybridShapeTranslate** (Abschnitt 8.147) und wird über die Eigenschaft **HybridShape** der Klasse **Translate** extrahiert.

```
' Richtung definieren -----------------------------------
Set Ref = MeinPart.CreateReferenceFromObject (MeineLinie)
Set Richtung = MeinPart.HybridShapeFactory.AddNewDirection (Ref)
' Verschiebung definieren -------------------------------
Dim Translation As Translate
Set Translation = Wzk3D.AddNewTranslate2 (100)
Dim HTranslation As HybridShapeTranslate
Set HTranslation = Translation.HybridShape
HTranslation.Direction = Richtung
```

Func AddNewTrim ([Körper] As Body) As Trim

Die Methode erzeugt die Operation „Trimmen" zwischen zwei Körpern (Abschnitt 3.3.4). Der Körper „Körper" wird mit dem Körper, der sich in Bearbeitung befindet, vereinigt. Die zu entfernenden Flächen können über die Methode **AddFaceToRemove** der Klasse **Trim** (Abschnitt 8.221) definiert werden und sind als „Removed Surface" (RSur) zu definieren (Abschnitt 3.5.4).

```
Dim Operation As Trim
Set Operation = Wzk3D.AddNewTrim (MeinKoerper2)
Operation.AddFaceToRemove MeineRSur
```

Func AddNewTritangentFillet (...) As TritangentFillet

veraltet seit V5R14, siehe jetzt **AddNewSolidTritangentFillet** oder **AddNewSurfaceTritangentFillet**

Func AddNewUserPattern ([Körper] As AnyObject, [Anzahl] As Long) As UserPattern

Die Methode erzeugt ein benutzerdefiniertes Muster des Volumenkörpers „Körper" (vgl. Abschnitt 7.4). Die Lage der Instanzen im Muster wird über die Methode **AddFeatureToLocatePositions** der Klasse **UserPattern** (Abschnitt 8.223) definiert. Die Methode verwendet z.B. eine Skizze, die Punkte beinhaltet. Wird eine Skizze verwendet, wird der Wert des Parameters „Anzahl" ignoriert.

```
Dim Muster As UserPattern
Set Muster = Wzk3D.AddNewUserPattern (MeinKoerper, 5)
Dim Skizze As Sketch
Set Skizze = MeinPart.MainBody.Sketches.Item („Skizze.2")
Muster.AddFeatureToLocatePositions Skizze
```

Func AddNewVolume...

Volumen sind nicht Gegenstand dieses Buches.

■ 8.200 Shapes

Die Klasse repräsentiert eine Liste von Volumenkörpern. Ein Objekt der Klasse kann über die Eigenschaft **Shapes** der Klasse **Body** (Abschnitt 8.9) deklariert werden.

Objektpfad: Collection.Shapes

Func Item ([Index] As CATVariant) As Shape

Die Methode liest den Volumenkörper der Nummer „Index" aus der Liste. „Index" kann ein Zähler oder der Name des Volumenkörpers sein.

```
Set Bauteil = CATIA.ActiveDocument.Part
Set MeinShape = Bauteil.MainBody.Shapes.Item (2)
```
oder
```
Set MeinShape = Bauteil.MainBody.Shapes.Item („Block.2")
```

Func GetBoundary ([Bezeichnung] As String) As Boundary

Die Methode liest eine Begrenzung aufgrund ihres Bezeichners.

8.201 Shell

Die Klasse repräsentiert einen Volumenkörper des Typs „Schalenelement" (vgl. Abschnitt 7.5). Ein Objekt der Klasse wird über die Methode **AddNewShell** der Klasse **ShapeFactory** (Abschnitt 8.199) erzeugt.

Objektpfad: AnyObject.Shape.DressUpShape.Shell

Sub AddFaceToRemove [Flaeche] As Reference

Die Methode fügt eine Öffnung zum Schalenelement hinzu (Feld „Zu entfernende Teilflächen"). Die Fläche ist als eine „Removed Surface" (RSur) zu definieren (Abschnitt 3.5.4).
```
Schale.AddFaceToRemove RSur
```

Sub AddFaceWithDifferentThickness [Flaeche] As Reference

Die Methode legt eine Fläche fest, an der das Schalenelement eine von den anderen Flächen abweichende Wandstärke besitzt (Feld „Teilflächen mit anderen Aufmaßen"). Die Fläche ist als eine „Removed Surface" (RSur) zu definieren (Abschnitt 3.5.4).
```
Schale.AddFaceWithDifferentThickness RSur
```

ExternalThickness As Length (Read Only)

Die Eigenschaft beschreibt den Parameter der Aufdickung nach außen (Feld „Standardstärke außen"). Über die Eigenschaft **Value** kann der Wert verändert werden.
```
Schale.ExternalThickness.Value = 0
```

FacesToRemove As References (Read Only)

Die Eigenschaft beschreibt ein Listenobjekt aller entfernten Teilflächen (Feld „Zu entfernende Teilflächen").
```
Set Flaechen = Schale.FacesToRemove
```

InternalThickness As Length (Read Only)

Die Eigenschaft beschreibt den Parameter der Aufdickung nach innen (Feld „Standardstärke innen"). Über die Eigenschaft **Value** kann der Wert verändert werden.
```
Schale.InternalThickness.Value = 1
```

Sub RemoveFaceWithDifferentThickness [Flaeche] As Reference

Die Methode entfernt eine Fläche aus der Schalendefinition, an der das Schalenelement eine von den anderen Flächen abweichende Wandstärke besitzt (Feld „Teilflächen mit anderen Aufmaßen").
```
Schale.RemoveFaceWithDifferentThickness Flaechenreferenz
```

Sub SetVolumeSupport [Volumensupport] As Reference

Die Methode setzt den Volumensupport.

Sub WithdrawFaceToRemove [Flaeche] As Reference

Die Methode entfernt eine entfallende Teilfläche aus der Schalendefinition (Feld „Zu entfernende Teilflächen").
```
Dim Flaechen As References
Set Flaechen = Schale.FacesToRemove
Schale.WithdrawFaceToRemove Flaechen.Item(1)
```

■ 8.202 Sketch

Die Klasse repräsentiert eine Skizze (Kapitel 5). Ein Objekt der Klasse wird über die Methoden **Add** oder **Item** der Klasse **Sketches** (Abschnitt 8.204) erzeugt bzw. deklariert.

Objektpfad: AnyObject.Sketch

AbsoluteAxis As Axis2D (Read Only)

Die Eigenschaft beschreibt die Achsen der Skizze (H und V). Über die Achsen können geometrische Elemente in der Skizze horizontal oder vertikal ausgerichtet werden.
```
Dim Achsen As Axis2D
Set Achsen = MeineSkizze.AbsoluteAxis
```

CenterLine As Line2D

Die Eigenschaft beschreibt die Rotationsachse der Skizze.
```
Dim Mittellinie As Line2D
Set Mittellinie = Wzk.CreateLine (0, 0, 100, 0)
MeineSkizze.CenterLine = Mittellinie
```

Sub CloseEdition

Die Methode schließt den 2D-Werkzeugkasten.
`MeineSkizze.CloseEdition`

Constraints As Constraints (Read Only)

Die Eigenschaft beschreibt die geometrischen Bedingungen der Skizze.
```
Dim Bedingungen As Constraints
Set Bedingungen = MeineSkizze.Constraints
```

Sub Evaluate

Die Methode berechnet die geometrischen Bedingungen der Skizze neu. Sie entspricht einem „Update" im Skizzierer.
`MeineSkizze.Evaluate`

Factory2D As Factory2D (Read Only)

Die Eigenschaft beschreibt den 2D-Werkzeugkasten der Skizze. Wenn eine Skizze bearbeitet werden soll, ist die Methode **OpenEdition** zu verwenden, um den 2D-Werkzeugkasten zu erzeugen!
```
Dim Wzk As Factory2D
Set Wzk = MeineSkizze.Factory2D
```

GeometricElements As GeometricElements (Read Only)

Die Eigenschaft beschreibt die geometrischen Elemente der Skizze.
```
Dim GeoEle As GeometricElements
Set GeoEle = MeineSkizze.GeometricElements
```

Sub GetAbsoluteAxisData [Achsen3D] As CATSafeArrayVariant

Die Methode liest die Orientierung und Lage des absoluten Achsensystems der Skizze als Feldvariable. Die Werte des Feldes sind wie folgt zugeordnet: „0" bis „2" (Mittelpunkt des Achsensystems), „3" bis „5" (Vektor der horizontalen Achse) und „6" bis „8" (Vektor der vertikalen Achse).
```
Dim A3D (8)
MeineSkizze.GetAbsoluteAxisData A3D
MsgBox ("Mittelpunkt: " & A3D(0) & ", " & A3D(1) & ", " & A3D(2))
MsgBox ("Vektor H: " & A3D(3) & ", " & A3D(4) & ", " & A3D(5))
MsgBox ("Vektor V: " & A3D(6) & ", " & A3D(7) & ", " & A3D(8))
```

Sub InverseOrientation

Die Methode kehrt die Ausrichtung der Skizze um. Die Ausrichtung eines konturbasierten Körpers wird dadurch verändert.
`MeineSkizze.InverseOrientation`

Func OpenEdition As Factory2D

Die Methode erstellt einen 2D-Werkzeugkasten und öffnet diesen für die Bearbeitung der Skizze.

```
Dim Wzk As Factory2D
Set Wzk = MeineSkizze.OpenEdition
Dim Linie As Line2D
Set Linie = Wzk.CreateLine (0, 0, 100, 0)
```

Sub SetAbsoluteAxisData [Achsen3D] As CATSafeArrayVariant

Die Methode setzt die Orientierung und Lage des absoluten Achsensystems der Skizze. Die Anwendung der Methode erfolgt analog der Methode **GetAbsoluteAxisData**.

```
MeineSkizze.SetAbsoluteAxisData Achsen3D
```

8.203 SketchBasedShape

Die Klasse repräsentiert einen Volumenkörper, der durch eine Skizze definiert ist (Abschnitt 7.2). Die Klasse stellt Basismethoden und -eigenschaften für untergeordnete Klassen zur Verfügung.

Objektpfad: AnyObject.Shape.SketchBasedShape

Sub SetProfileElement [Referenz] As Reference

Die Methode setzt das Profil des Volumenkörpers.

```
Set Ref = MeinPart.CreateReferenceFromObject (MeineSkizze)
MeinKoerper.SetProfileElement Ref
```

Sketch As Sketch (Read Only)

Die Eigenschaft beschreibt die Skizze des Volumenkörpers.

```
Set Skizze = MeinKoerper.Sketch
```

8.204 Sketches

Die Klasse repräsentiert eine Liste der Skizzen eines Körpers oder geometrischen Sets (Abschnitt 5.1). Ein Objekt der Klasse wird über die Eigenschaft **Sketches** der Klasse **Body** (Abschnitt 8.9) oder **HybridSketches** der Klasse **HybridBody** (Abschnitt 8.50) erzeugt.

Objektpfad: Collection.Sketches

Func Add ([Ebenenreferenz] As Reference) As Sketch

Die Methode erzeugt eine Skizze mit der Skizzenreferenz „Ebenenreferenz". Eine Skizzenreferenz ist eine Ebene oder planare Fläche.

```
Dim Skizzen, Ursprungselemente, Ebene, Skizze
Set Skizzen = CATIA.ActiveDocument.Part.MainBody.Sketches
Set Ursprungselemente = CATIA.ActiveDocument.Part.OriginElements
Set Ebene = Ursprungselemente.PlaneYZ
Set Skizze = Skizzen.Add (Ebene)
```

Func Item ([Index] As CATVariant) As Sketch

Die Methode liest die Skizze der Nummer „Index" der Skizzenliste. „Index" kann ein Zähler oder der Name der Skizze sein.

```
Set Skizze = Skizzen.Item (1)
```
oder
```
Set Skizze = Skizzen.Item ("Skizze.1")
```

Func GetBoundary ([Name] As String) As Boundary

Die Methode bestimmt ein Begrenzungselement aufgrund seines Namens.

```
Set Begrenzung = Skizzen.GetBoundary (KRef.DisplayName)
```

■ 8.205 Slot

Die Klasse repräsentiert eine Rille (vgl. Abschnitt 7.2). Ein Objekt der Klasse wird über die Methoden **AddNewSlot** und **AddNewSlotFromRef** der Klasse **ShapeFactory** (Abschnitt 8.199) erzeugt. Die Klasse besitzt keine Eigenschaften und Methoden. Es kommen die Eigenschaften und Methoden der übergeordneten Klassen zur Anwendung.

Objektpfad: AnyObject.Shape.SketchBasedShape. Sweep.Slot

8.206 SolidCombine

Die Klasse beschreibt einen Kombinationskörper. Ein Objekt der Klasse wird über die Methode **AddNewSolidCombine** der Klasse **ShapeFactory** (Abschnitt 8.199) erzeugt.

Objektpfad: AnyObject.Shape.SketchBasedShape.SolidCombine

FirstComponentDirection As Reference

Die Eigenschaft beschreibt die Ziehrichtung des ersten Profils (Feld „Erste Komponente, Richtung").

FirstComponentProfile As Reference

Die Eigenschaft beschreibt das erste Profil (Feld „Erste Komponente, Profil").

SecondComponentDirection As Reference

Ziehrichtung des zweiten Profils, analog **FirstComponentDirection**

SecondComponentProfile As Reference

zweites Profil, analog **FirstComponentProfile**

8.207 Spline2D

Die Klasse repräsentiert einen 2D-Spline (vgl. Abschnitt 5.2). Ein Objekt der Klasse wird über die Methode **CreateSpline** der Klasse **Factory2D** (Abschnitt 8.35) erzeugt.

Objektpfad: AnyObject.GeometricElement.Geometrie2D.Curve2D.Spline2D

Sub GetControlPoints [Punkte] As CATSafeArrayVariant

Die Methode liest die Kontrollpunkte des Kurvenzuges als Feldvariable.

```
Dim Punkte()
MeinSpline.GetControlPoints Punkte
```

Func GetNumberOfControlPoints As Double

Die Methode liest die Anzahl der Kontrollpunkte.

```
Dim Anzahl As Double
Anzahl = MeinSpline.GetNumberOfControlPoints
```

Sub InsertControlPointAfter [Punkt] As Point2D, [Vorgänger] As Long

Die Methode fügt den Kontrollpunkt „Punkt" zum Spline hinter dem Kontrollpunkt der Nummer „Vorgänger" hinzu. Ist „Vorgänger" gleich null, wird der neue Punkt an der ersten Stelle eingefügt.

```
Dim Punkt As Point2D
Set Punkt = Wzk.CreatePoint (300, 200)
MeinSpline.InsertControlPointAfter Punkt, 0
```

■ 8.208 Split

Die Klasse repräsentiert einen Volumenkörper des Typs „Trennen" (vgl. Abschnitt 7.3). Ein Objekt der Klasse wird über die Methode **AddNewSplit** der Klasse **ShapeFactory** (Abschnitt 8.199) erzeugt.

Objektpfad: AnyObject.Shape.SurfaceBasedShape.Split

SplittingSide As CATSplitSide

Die Eigenschaft beschreibt, welche Seite eines getrennten Körpers behalten wird. Es wird empfohlen, den Textausdruck des Bezeichners zu verwenden. Der Wertebereich ist: „catPositiveSide" (Seite in Richtung des Richtungsvektors des Trennelementes) und „catNegativeSide" (Seite entgegen des Richtungsvektors des Trennelementes).

```
Trennung.SplittingSide = catPositiveSide
```

8.209 Stiffener

Die Klasse repräsentiert eine Versteifung (vgl. Abschnitt 7.2). Ein Objekt der Klasse wird über die Methoden **AddNewStiffener** oder **AddNewStiffenerFromRef** der Klasse **ShapeFactory** (Abschnitt 8.199) erzeugt.

Objektpfad: AnyObject.Shape.SketchBasedShape. Stiffener

IsFromTop As Boolean

Die Eigenschaft beschreibt den Modus der Versteifung (Feld „Modus"). Ist die Eigenschaft gleich „True", ist der Modus „Von oben" aktiviert.

`Versteifung.IsFromTop = False`

IsSymmetric As Boolean

Die Eigenschaft beschreibt, ob die Rippe symmetrisch zur Skizze erzeugt wird (Feld „Neutrale Faser"). Ist die Eigenschaft gleich „True", ist das Feld aktiviert.

`Versteifung.IsSymmetric = True`

Sub ReverseDepth

Die Methode kehrt die Orientierung der Versteifung um (Schaltfläche „Tiefe/Richtung umkehren").

`Versteifung.ReverseDepth`

Sub ReverseThickness

Die Methode kehrt die Orientierung des Aufmaßes um (Schaltfläche „Aufmaß/Richtung umkehren"). Die Eigenschaft **IsSymmetric** muss deaktiviert sein, um die Methode nutzen zu können.

`Versteifung.ReverseThickness`

Thickness As Length (Read Only)

Die Eigenschaft beschreibt das Aufmaß der Versteifung (Feld „Aufmaß"), wenn die Eigenschaft **IsFromTop** deaktiviert ist. Der Wert des Aufmaßes kann über die Methode **Value** bearbeitet werden.

`Versteifung.Thickness.Value = 1`

ThicknessFromTop As Length (Read Only)

Die Eigenschaft beschreibt das Aufmaß der Versteifung (Feld „Aufmaß"), wenn die Eigenschaft **IsFromTop** aktiviert ist. Der Wert des Aufmaßes kann über die Methode **Value** bearbeitet werden.

```
Versteifung.ThicknessFromTop.Value = 1
```

■ 8.210 StrParam

Die Klasse repräsentiert einen Parameter des Typs „String" (vgl. Abschnitt 3.4.1). Ein Objekt der Klasse wird über die Methode **CreateString** der Klasse **Parameters** (Abschnitt 8.167) erzeugt.

Objektpfad: AnyObject.Parameter.StringParam

Sub GetEnumerateValues [Werte] As CATSafeArrayVariant

Die Methode liest die interne Wertetabelle des Parameters.

```
Dim OListe ()
MeinParameter.GetEnumerateValues OListe
```

Func GetEnumerateValuesSize As Long

Die Methode liest die Anzahl der Parameter der internen Wertetabelle.

```
Anzahl = MeinParameter.GetEnumerateValuesSize
```

Sub SetEnumerateValues [Werte] As CATSafeArrayVariant

Die Methode setzt die interne Wertetabelle des Parameters.

```
Dim IListe (2)
IListe (0) = „Wert A"
IListe (1) = „Wert B"
IListe (2) = „Wert C"
MeinParameter.SetEnumerateValues IListe
```

Sub SuppressEnumerateValues

Die Methode setzt den Status des Parameters auf einen Ein-Werte-Parameter zurück.

```
MeinParameter.SuppressEnumerateValues
```

Value As CATBSTR

Die Eigenschaft beschreibt den Wert des Parameters.

```
MeinParameter.Value = „MeinWert"
```

8.211 SurfaceBasedShape

Die Klasse repräsentiert einen Volumenkörper, der durch eine auf einer Fläche oder einem Flächenverband basierenden Operation definiert ist (vgl. Abschnitt 7.3). Die Klasse stellt Basiseigenschaften für die untergeordneten Klassen **CloseSurface** (Abschnitt 8.16), **SewSurface** (Abschnitt 8.196), **Split** (Abschnitt 8.208) und **ThickSurface** (Abschnitt 8.217) zur Verfügung.

Objektpfad: AnyObject.Shape.SurfaceBasedShape

Surface As Reference

Die Eigenschaft beschreibt die Fläche oder den Flächenverband eines flächenbasierten Volumenkörpers.

```
Set Ref = Bauteil.CreateReferenceFromObject (NeueFlaeche)
MeinKoerper.Surface = Ref
```

8.212 Sweep

Die Klasse repräsentiert einen Translationskörper. Sie stellt Basismethoden und –eigenschaften für die ihr untergeordneten Klassen **Rib** (Abschnitt 8.190) und **Slot** (Abschnitt 8.205) zur Verfügung.

Objektpfad: AnyObject.Shape.SketchBasedShape.Sweep

AnchorDirReverse As Boolean

Die Eigenschaft beschreibt, ob die Ziehrichtung invertiert ist (true) oder nicht (false). Die Eigenschaft ist nur verfügbar, wenn MoveProfileToPath gleich „true" ist.

```
Rippe.MoveProfileToPath = true
Rippe.AnchorDirReverse = false
```

CenterCurve As Sketch (Read Only)

Die Eigenschaft beschreibt die Skizze der Zentralkurve.

```
Set Sketch = Rippe.CenterCurve
```

CenterCurveElement As Reference

Die Eigenschaft beschreibt die Referenz der Zentralkurve.

```
Set Ref = MeinPart.CreateReferenceFromGeometry (Skizze)
Rippe.CenterCurveElement = Ref
```

IsThin As Boolean

Die Eigenschaft beschreibt, ob der Translationskörper dünnwandig ist (Dünnwandigkeit an: „True").

```
Rippe.IsThin = True
```

MergeEnd As Boolean

Die Eigenschaft beschreibt, ob die Option „Enden zusammenführen" aktiviert ist (aktiviert: „True"). Die Eigenschaft ist nur dann vorhanden, wenn die Eigenschaft **IsThin** gleich „True" ist.

```
Rippe.MergeEnd = False
```

MergeMode As CATMergeMode

Die Eigenschaft beschreibt, ob der Translationskörper an anderen Elementen begrenzt wird (Feld „Enden zusammenführen"). Der Wertebereich ist: „catMergeOff" (keine Begrenzung an existierendem Material) und „catMergeOn" (Begrenzung an existierendem Material).

```
Rippe.MergeMode = catMergeOn
```

MoveProfileToPath As Boolean

Die Eigenschaft beschreibt den Zustand der Option "Profil auf Pfad verschieben". Ist die Eigenschaft gleich „true", ist die Option aktiviert.

```
Rippe.MoveProfileToPath = true
```

NeutralFiber As Boolean

Die Eigenschaft beschreibt, ob die Option „Neutrale Faser" aktiviert ist. Ist die Option aktiviert („True"), liegt die Kontur symmetrisch im dünnwandigen Translationskörper. Die Eigenschaft ist nur dann vorhanden, wenn die Eigenschaft **IsThin** gleich „True" ist.

```
Rippe.NeutralFiber = False
```

NormalAxisDirReverse As Boolean

Die Eigenschaft beschreibt, ob die Achsrichtung des Ziehprofils invertiert ist (true) oder nicht (false). Die Eigenschaft ist nur verfügbar, wenn MoveProfileToPath gleich „true" ist.

```
Rippe.MoveProfileToPath = true
Rippe.NormalAxisDirReverse = false
```

PullingDirElement As Reference

Die Eigenschaft beschreibt die Referenz der Ziehrichtung.

```
Set Ref = MeinPart.CreateReferenceFromGeometry (MeineLinie)
Rippe.PullingDirElement = Ref
```

ReferenceSurfaceElement As Reference

Die Eigenschaft beschreibt die Referenz der Stützfläche.

```
Set Ref = MeinPart.CreateReferenceFromGeometry (Stuetzflaeche)
Rippe.ReferenceSurfaceElement = Ref
```

Sub SetKeepAngleOption

Die Methode setzt die Option, dass die Winkellage der Kontur zur Zentralkurve während der Translation beibehalten wird.

```
Rippe.SetKeepAngleOption
```

■ 8.213 Symmetry

Die Klasse repräsentiert das an einer Symmetrieebene gespiegelte Abbild eines Volumenkörpers (vgl. Abschnitt 7.4). Ein Objekt der Klasse wird über die Methode **AddNewSymmetry2** der Klasse **ShapeFactory** (Abschnitt 8.199) erzeugt.

Objektpfad: AnyObject.Shape.Symmetry

HybridShape As HybridShapeSymmetry (Read Only)

Die Eigenschaft beschreibt den dem Volumenkörper zugrunde liegenden Flächenkörper. Über die Eigenschaften der Klasse **HybridShapeSymmetry** (Abschnitt 8.145) kann der Flächenkörper verändert werden.

```
Dim Symmetrie As HybridShapeSymmetry
Set Symmetrie = MeinSymmetrieVolumenkoerper.HybridShape
```

8.214 SystemService

Die Klasse repräsentiert einen Kommunikationsdienst mit dem Betriebssystem und stellt Methoden für einen Zugriff auf Systemvariablen und externe Programme zur Verfügung (Abschnitte 2.7 und 2.8). Ein Objekt der Klasse wird über die Eigenschaft **SystemService** der Klasse **Application** (Abschnitt 8.5) deklariert.

Objektpfad: AnyObject.SystemService

Func Environ ([Variable] As CATBSTR) As CATBSTR

Die Methode gibt den Inhalt einer System- oder CATIA-Variablen „Variable" zurück.
```
Dim Value As String
Value = CATIA.SystemService.Environ ("PATH")
```

Func Evaluate ([Quellcode] As CATBSTR, [Sprache] As CATScriptLanguage, [Funktion] As CATBSTR, [Parameter] As CATSafeArrayVariant) As CATVariant

Die Methode führt die Funktion „Funktion" des Makrocodes „Quellcode" aus. Der Parameter „Sprache" bestimmt die Makrosprache, „Parameter" die Parameter der ausgeführten Funktion. Der Unterschied zur Methode **ExecuteScript** besteht darin, dass der Quellcode bei **Evaluate** direkt als Parameter übergeben wird.

Wertebereich des Bezeichners **CATScriptLanguage**:

- CATVBScriptLanguage   (CATIA-VBScript)
- CATVBALanguage   (CATIA-VBA)
- CATBasicScriptLanguage   (CATScript)
- CATJavaLanguage   (Java)
- CATJScriptLanguage   (JavaScript, noch nicht benutzbar)

Func ExecuteBackgroundProcessus ([Anweisung] As CATBSTR) As Long

Die Methode führt eine Anweisung im Hintergrund aus und gibt eine Erfolgsmeldung zurück. Bei erfolgreicher Ausführung ist das Ergebnis „0". Das Makro läuft ohne anzuhalten weiter.
```
Dim E As Long
E = CATIA.SystemService.ExecuteBackgroundProcessus ("C:\editor.exe")
```

Func ExecuteProcessus ([Anweisung] As CATBSTR) As Long

Die Methode führt eine Anweisung im Vordergrund aus und wartet, bis diese beendet ist. Bei erfolgreicher Ausführung ist das Ergebnis „0".
```
Dim E As Long
E = CATIA.SystemService.ExecuteProcessus („C:\editor.exe")
```

Func ExecuteScript ([Bibliothek] As CATBSTR, [Art] As CATScriptLibraryType, [ScriptName, Funktion] As CATBSTR, [Parameter] As CATSafeArrayVariant) As CATBSTR

Die Methode führt eine Funktion oder Unterroutine eines zweiten CATScripts aus. „Bibliothek" definiert den Namen oder das Verzeichnis der Bibliothek des CATScripts. „Art" bestimmt, um welche Art von Bibliothek es sich handelt. „ScriptName" und „Funktion" benennen das CATScript und dessen Funktion oder Unterroutine. Das Variablenfeld „Parameter" stellt die Parameter für die Funktion oder Unterroutine bereit. Die Methode gibt das Ergebnis eines Funktionsaufrufes zurück. Ist eine Unterroutine aufgerufen worden, ist der Rückgabewert ein Leerstring.

```
Dim Params(0)
Dim E As CATBSTR
Params(0) = „Angezeigter Text"
E = CATIA.SystemService.ExecuteScript („C:\Temp", 1,"Test.CATScript",
"Nachricht", Params)
```

Zweites CATScript „Test.CATScript", gespeichert in „C:\Temp":

```
Sub Nachricht (Text As String)
MsgBox (Text)
End Sub
```

Wertebereich des Bezeichners **CATScriptLibraryType**:

- 0: catScriptLibraryTypeDocument (Ablage in einem CATIA-Dokument, z.B. CATPart)
- 1: catScriptLibraryTypeDirectory (Ablage in einem Verzeichnis)
- 2: catScriptLibraryTypeVBAProject (Ablage in einem Projekt)

Sub Print ([Text] As CATBSTR)

Die Methode druckt den Inhalt des Parameters „Text" in die Standardausgabe.

```
CATIA.SystemService.Print „Hallo, dies ist mein Text!"
```

8.215 TextStream

Die Klasse repräsentiert einen Dateizugriff auf eine Textdatei (Abschnitt 2.6). Sie ermöglicht das Lesen und Schreiben von Datensätzen. Ein Objekt der Klasse wird über die Methode **OpenAsTextStream** der Klasse **File** (Abschnitt 8.36) erzeugt.

Objektpfad: CATIA.FileSystem.File.TextStream

AtEndOfLine As Boolean

Die Eigenschaft beschreibt, ob der Dateizeiger am Ende einer Zeile steht („True").

```
ZeilenEnde = DStrom.AtEndOfLine
```

AtEndOfStream As Boolean

Die Eigenschaft beschreibt, ob der Dateizeiger am Ende der Datei steht („True").

Sub Close

Die Methode beendet den Dateizugriff.
```
DStrom.Close
```

Func Read ([Zeichenzahl] As Long) As CATBSTR

Die Methode liest von der aktuellen Zeigerposition beginnend ein oder mehrere Zeichen. Die Anzahl der Zeichen wird über den Parameter „Zeichenzahl" bestimmt. Es kann über eine oder mehrere Zeilen hinweggelesen werden. In diesem Fall sind die Zeilenumbrüche als CHR(10) im Ergebnis enthalten. Wird das Dateiende erreicht, ist die Länge des zurückgegebenen Strings kleiner als der Wert des Parameters „Zeichenzahl".
```
Dim Gelesen As CATBSTR
Gelesen = DStrom.Read (20)
```

Func ReadLine As CATBSTR

Die Methode liest von der aktuellen Zeigerposition beginnend die Zeichen bis zum Zeilenende.
```
Dim Gelesen As CATBSTR
Gelesen = DStrom.ReadLine
```

Sub Write [Text] As CATBSTR

Die Methode erweitert eine Datei um den Inhalt des Parameters „Text". Soll ein Datensatz geschrieben werden, muss das letzte Zeichen des Parameters Chr(10) sein.
```
DStrom.Write „Dies ist ein Datensatz" & CHR(10)
```

8.216 Thickness

Die Klasse repräsentiert einen Volumenkörper, der durch die Operation „Aufmaß" definiert ist (vgl. Abschnitt 7.5). Ein Objekt der Klasse wird über die Methode **AddNewThickness** der Klasse **ShapeFactory** (Abschnitt 8.199) erzeugt.

Objektpfad: AnyObject.Shape.DressUpShape.Thickness

Sub AddFaceToThicken [Flaeche] As Reference

Die Methode fügt eine Teilfläche zum Aufmaßkörper hinzu (Feld „Teilflächen mit Standardaufmaß"). Die Fläche ist als eine „Removed Surface" (RSur) zu definieren (Abschnitt 3.5.4).

```
Aufdickung.AddFaceToThicken RSur
```

Sub AddFaceWithDifferentThickness [Fläche] As Reference

Die Methode legt eine Fläche fest, an welcher der Aufmaßkörper ein von den anderen Flächen abweichendes Aufmaß besitzt (Feld „Teilflächen mit anderen Aufmaßen"). Die Fläche ist als eine „Removed Surface" (RSur) zu definieren (Abschnitt 3.5.4).

```
Aufdickung.AddFaceWithDifferentThickness RSur
```

FacesToThicken As References (Read Only)

Die Eigenschaft beschreibt eine Liste aller Teilflächen, die mit dem Standardaufmaß aufgedickt sind (Feld „Teilflächen mit Standardaufmaß").

```
Dim Flaechen As References
Set Flaechen = Aufdickung.FacesToThicken
```

Offset As Length (Read Only)

Die Eigenschaft beschreibt das Standardaufmaß (Feld „Standardaufmaß"). Über die Eigenschaft **Value** kann der Wert verändert werden.

```
Aufdickung.Offset.Value = 1
```

Sub RemoveFaceWithDifferentThickness [Flaeche] As Reference

Die Methode entfernt eine Fläche aus der Aufmaßdefinition, an welcher der Aufmaßkörper ein von den anderen Flächen abweichendes Aufmaß besitzt (Feld „Teilflächen mit anderen Aufmaßen").

```
Aufdickung.RemoveFaceWithDifferentThickness Flaeche
```

Sub SetVolumeSupport [Volumensupport] As Reference

Die Methode setzt den Volumensupport.

Sub WithdrawFaceToThicken [Flaeche] As Reference

Die Methode entfernt eine Fläche aus der Aufmaßdefinition (Feld „Teilflächen mit Standardaufmaß").

```
Dim Flaechen As References
Set Flaechen = Aufdickung.FacesToThicken
Aufdickung.WithdrawFaceToThicken Flaechen.Item(1)
```

8.217 ThickSurface

Die Klasse repräsentiert einen Volumenkörper des Typs „Aufmaßfläche", der durch eine Flächenaufdickung entsteht (vg. Abschnitt 7.3). Ein Objekt der Klasse wird über die Methode **Add-NewThickSurface** der Klasse **ShapeFactory** (Abschnitt 8.199) erzeugt.

Objektpfad: AnyObject.Shape.SurfaceBasedShape.ThickSurface

BotOffset As Length (Read Only)

Die Eigenschaft beschreibt den Parameter des Aufmaßes entgegen der Orientierung des Aufmaßflächenkörpers (Feld „Zweiter Offset"). Auf den Wert kann über die Methode **Value** zugegriffen werden.

```
Aufmass.BotOffset.Value = 0
```

OffsetSide As Long (Read Only)

Die Eigenschaft beschreibt die Orientierung des Aufmaßflächenkörpers. Ist der Wert gleich „1", ist der Körper in Richtung der Flächennormalen orientiert. „-1" invertiert die Orientierung.

```
If Aufmass.OffsetSide = 1 Then MsgBox("In Richtung der Normalen.")
```

Sub Swap_OffsetSide

Die Methode kehrt die Orientierung des Aufmaßflächenkörpers um (Feld „Richtung umkehren").

```
Aufmass.Swap_OffsetSide
```

TopOffset As Length (Read Only)

Die Eigenschaft beschreibt den Parameter des Aufmaßes in Richtung der Orientierung des Aufmaßflächenkörpers (Feld „Erster Offset"). Auf den Wert kann über die Methode **Value** zugegriffen werden.

```
Aufmass.TopOffset.Value = 1
```

8.218 Thread

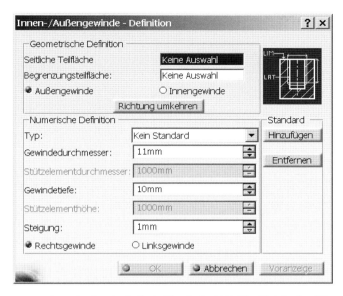

Die Klasse repräsentiert ein Gewinde (vgl. Abschnitt 7.5). Ein Objekt der Klasse wird über die Methoden **AddNewThreadWithOutRef** oder **AddNewThreadWithRef** der Klasse **ShapeFactory** (Abschnitt 8.199) erzeugt.

Objektpfad: AnyObject.Shape.DressUpShape.Thread

Sub CreateStandardThreadDesignTable [Typ] As CatThreadStandard

Die Methode setzt die angewendete Standardgewindetabelle (Kombinationsfeld „Numerische Definition, Typ"). Der Wertebereich des Parameters „Typ" ist: „catMetricThinPitch" (Feingewinde) und „catMetricThickPitch" (Standardgewinde).

`Gewinde.CreateStandardThreadDesignTable catMetricThickPitch`

Sub CreateUserStandardDesignTable [Name, Dateipfad] As String

analog Methode **CreateUserStandardDesignTable** der Klasse **Hole** (Abschnitt 8.48)

Depth As Double

Die Eigenschaft beschreibt die Gewindetiefe (Feld „Gewindetiefe").

`Gewinde.Depth = 10`

Diameter As Double

Die Eigenschaft beschreibt den Gewindedurchmesser (Feld „Gewindedurchmesser").

`Gewinde.Diameter = 101.98`

LateralFaceElement As Reference

Die Eigenschaft beschreibt die Referenz der Mantelfläche (Feld „Seitliche Teilfläche"). Die Mantelfläche muss zylindrisch sein und wird als „Removed Surface" (RSur) definiert (Abschnitt 3.5.4).

Gewinde.LateralFaceElement = RSur1

LimitFaceElement As Reference

Die Eigenschaft beschreibt die Referenz der Begrenzungsfläche (Feld „Begrenzungsteilfläche"). Die Fläche wird als „Removed Surface" (RSur) definiert (Abschnitt 3.5.4).

Gewinde.LimitFaceElement = RSur2

Pitch As Double

Die Eigenschaft beschreibt die Gewindesteigung (Feld „Steigung").

Gewinde.Pitch = 1

Sub ReverseDirection

Die Methode kehrt die Ausrichtung des Gewindes um.

Gewinde.ReverseDirection

Sub SetExplicitPolarity [Polarität] As CatThreadPolarity

Die Methode bestimmt, ob das Gewinde ein Innengewinde („catTap") oder ein Außengeweinde („catThread") ist.

Gewinde.SetExplicitPolarity catTap

Side As CATThreadSide

Die Eigenschaft beschreibt, ob es sich um ein Rechts- oder Linksgewinde handelt. Es wird empfohlen, den Textausdruck des Bezeichners zu verwenden. Der Wertebereich ist: „catRightSide" (Rechtsgewinde) und „catLeftSide" (Linksgewinde).

Gewinde.Side = catLeftSide

ThreadDescription As StrParam (Read Only)

Die Eigenschaft beschreibt die Gewindebenennung (z.B. „M8").

MsgBox (Gewinde.ThreadDescription.Value)

■ 8.219 TransformationShape

Die Klasse repräsentiert einen Volumenkörper, der durch eine Transformation definiert ist (vgl. Abschnitt 7.4).

Objektpfad: AnyObject.Shape.TransformationShape

Die Klasse besitzt keine Eigenschaften und Methoden.

8.220 Translate

Die Klasse repräsentiert einen Volumenkörper des Typs „Verschieben" (vgl. Abschnitt 7.4). Ein Objekt der Klasse wird über die Methode **AddNewTranslate2** der Klasse **ShapeFactory** (Abschnitt 8.199) erzeugt.

Objektpfad: AnyObject.Shape.Translate

HybridShape As HybridShapeTranslate (Read Only)

Die Eigenschaft beschreibt den dem Volumenkörper zugrunde liegenden Flächenkörper. Über den Flächenkörper wird der Volumenkörper beschrieben.

```
Dim Translation As HybridShapeTranslate
Set Translation = MeinTranslationsVolumenkoerper.HybridShape
```

8.221 Trim

Die Klasse repräsentiert einen Volumenkörper, der durch die boolesche Operation „Trimmen" definiert ist (vgl. Abschnitt 3.3.4). Ein Objekt der Klasse wird über die Methode **AddNewTrim** der Klasse **ShapeFactory** (Abschnitt 8.199) erzeugt.

Objektpfad: AnyObject.Shape.BooleanShape.Trim

Sub AddFaceToKeep [ZuBehaltendeFläche] As Reference

Die Methode fügt eine Teilfläche zu der Liste der beizubehaltenden Flächen hinzu (Feld „Beizubehaltende Teilflächen"). Die Fläche wird als „Removed Surface" (RSur) definiert (Abschnitt 3.5.4). Die Fläche darf nicht durch den zweiten Körper geteilt werden.

```
Operation.AddFaceToKeep RSur
```

Sub AddFaceToKeep2 [ZuBehaltendeFläche, Beschnittfläche] As Reference

Die Methode fügt eine Teilfläche zu der Liste der beizubehaltenden Flächen hinzu (Feld „Beizubehaltende Teilflächen"). Im Unterschied zur Methode **AddFaceToKeep** wird die beizubehaltende Fläche zusätzlich durch eine Beschnittfläche beschnitten. Beide Flächen werden als „Removed Surface" (RSur) definiert (Abschnitt 3.5.4).

Operation.AddFaceToKeep2 RSur, RSurBeschnitt

Sub AddFaceToRemove [WegfallendeFläche] As Reference

Die Methode fügt eine Teilfläche zu der Liste der zu entfernenden Flächen hinzu (Feld „Zu entfernende Teilflächen"). Die Fläche wird als „Removed Surface" (RSur) definiert (Abschnitt 3.5.4). Die Fläche darf nicht durch den zweiten Körper geteilt werden.

Operation.AddFaceToRemove RSur

Sub AddFaceToRemove2 [WegfallendeFläche, Beschnittfläche] As Reference

Die Methode fügt eine Teilfläche zu der Liste der zu entfernenden Flächen hinzu (Feld „Zu entfernende Teilflächen"). Im Unterschied zur Methode **AddFaceToRemove** wird die zu entfernende Fläche zusätzlich durch eine Beschnittfläche beschnitten. Beide Flächen werden als „Removed Surface" (RSur) definiert (Abschnitt 3.5.4).

Operation.AddFaceToRemove2 RSur, RSurBeschnitt

Sub WithdrawFaceToKeep [ZuBehaltendeFläche] As Reference

Die Methode entfernt eine Teilfläche, die mit **AddFaceToKeep** definiert wurde, aus der Definitionsliste.

Operation.WithdrawFaceToKeep Ref

Sub WithdrawFaceToKeep2 [ZuBehaltendeFläche, Beschnittfläche] As Reference

Die Methode entfernt eine Teilfläche, die mit **AddFaceToKeep2** definiert wurde, aus der Definitionsliste.

Operation.WithdrawFaceToKeep2 Ref, RefB

Sub WithdrawFaceToRemove [WegfallendeFläche] As Reference

Die Methode entfernt eine Teilfläche, die mit **AddFaceToRemove** definiert wurde, aus der Definitionsliste.

Operation.WithdrawFaceToRemove Ref

Sub WithdrawFaceToRemove2 [WegfallendeFläche, Beschnittfläche] As Reference

Die Methode entfernt eine Teilfläche, die mit **AddFaceToRemove2** definiert wurde, aus der Definitionsliste.

Operation.WithdrawFaceToRemove2 Ref, RefB

8.222 TritangentFillet

Die Klasse repräsentiert eine Dreitangentenverrundung (vgl. Abschnitt 7.5). Ein Objekt der Klasse wird über die Methode **AddNewSolidTritangentFillet** oder **AddNewSurfaceTritangentFillet** der Klasse **ShapeFactory** (Abschnitt 8.199) erzeugt.

Objektpfad: AnyObject.Shape.DressUpShape.Fillet.TritangentFillet

FaceToRemove As Reference

Die Eigenschaft beschreibt die Referenz der zu entfernenden Teilfläche (Feld „Zu entfernende Teilfläche"). Die Fläche wird als „Removed Surface" (RSur) definiert (Abschnitt 3.5.4).

`Verrundung.FaceToRemove = RSur`

FirstFace As Reference

Die Eigenschaft beschreibt die Referenz der ersten Stützfläche (Feld „Zu verrundende Teilflächen"). Die Fläche wird als „Removed Surface" (RSur) definiert (Abschnitt 3.5.4).

`Verrundung.FirstFace = RSur1`

SecondFace As Reference

Referenz der zweiten Stützfläche (analog **FirstFace**)

8.223 UserPattern

Die Klasse repräsentiert eine Vervielfältigung „Benutzermuster" (vgl. Abschnitt 7.4). Ein Objekt der Klasse wird über die Methoden **AddNewUserPattern** oder **AddNewSurfacicUserPattern** der Klasse **ShapeFactory** (Abschnitt 8.199) erzeugt.

Objektpfad: AnyObject.Shape.TransformationShape.Pattern.UserPattern

Sub AddFeatureToLocatePositions [Muster] As AnyObject

Die Methode setzt das Element, das die Transformationen des Benutzermusters abbildet (Feld „Positionen"). In der Regel ist dies eine Skizze, die nur Punkte beinhaltet.

`Muster.AddFeatureToLocatePositions MeineSkizze`

AnchorPoint As AnyObject

Die Eigenschaft beschreibt den Ankerpunkt (Feld „Anker").

FeatureToLocatePositions As AnyObject (Read Only)

Die Eigenschaft beschreibt das Element, das die Transformationen des Benutzermusters abbildet (Feld „Positionen").

`Set Trans = Muster.FeatureToLocatePositions`

■ 8.224 VarRadEdgeFillet

Die Klasse repräsentiert eine Kantenverrundung mit variablem Radius (vgl. Abschnitt 7.5). Ein Objekt der Klasse wird über die Methode **AddNewSolidEdgeFilletWithVaryingRadius** oder **AddNewSurfaceEdgeFilletWithVaryingRadius** der Klasse **ShapeFactory** (Abschnitt 8.199) erzeugt.

Objektpfad: AnyObject.Shape.DressUpShape.Fillet.EdgeFillet.VarRadEdgeFillet

Sub AddEdgeToFillet [Kante] As Reference, [Radius] As Double

Die Methode fügt eine Kante zur Liste der verrundeten Kanten hinzu (Feld „Zu verrundende Kante(n)"). Die Kante wird als „Removed Edge" (REdge) definiert (Abschnitt 3.5.4).

`Verrundung.AddEdgeToFillet REdge, 10`

Sub AddImposedVertex [Punkt] As Reference, [Radius] As Double

Die Methode fügt einen Stützpunkt zur Punkteliste hinzu (Feld „Punkte"). Der Punkt wird als „Vertex" definiert (Abschnitt 3.5.4).

```
Verrundung.AddImposedVertex Vertex, 15
```

BitangencyType As CATFilletBitangencyType

Die Eigenschaft beschreibt, ob der Querschnitt der Verrundung senkrecht zu ihren Stützflächen oder senkrecht zu einer Leitkurve steht (Feld: „Kreisverrundung"). Der Wertebereich ist: „catSphereBitangencyType" (Querschnitt steht senkrecht zu den Stützflächen) und „catCircleBitangencyType" (Querschnitt steht senkrecht zu einer Leitkurve).

```
Verrundung.BitangencyType = catSphereBitangencyType
```

EdgesToFillet As References (Read Only)

Die Eigenschaft beschreibt die Liste der verrundeten Kanten (Feld „Zu verrundende Kante(n)").

```
Dim Kanten As References
Set Kanten = Verrundung.EdgesToFillet
```

FilletSpine As Reference

Die Eigenschaft beschreibt die Leitkurve, wenn die Eigenschaft **BitangencyType** gleich „CATCircleBitangencyType" ist (Feld „Leitkurve").

```
Dim Leitkurve As Reference
Set Leitkurve = MeinPart.CreateReferenceFromObject (MeineKurve)
Verrundung.FilletSpine = Leitkurve
```

FilletVariation As CATFilletVariation

Die Eigenschaft beschreibt den Verlauf des Radius (Feld „Abweichung"). Der Wertebereich ist: „catLinearFilletVariation" und „catCubicFilletVariation".

```
Verrundung.FilletVariation = catLinearFilletVariation
```

Func ImposedVertexRadius ([Punkt] As Reference) As Length

Die Methode liest den Parameter des Radius an dem Stützpunkt „Punkt". Der Wert kann über die Methode **Value** bearbeitet werden.

```
Verrundung.ImposedVertexRadius(MeinePunktreferenz).Value = 10
```

ImposedVertices As References (Read Only)

Die Eigenschaft beschreibt die Liste der Stützpunkte (Feld „Punkte").

```
Dim Punkte As References
Set Punkte = Verrundung.EdgesToFillet
```

Sub WithdrawEdgeToFillet [Kante] As Reference

Die Methode entfernt eine Kante aus der Verrundungsdefinition (Feld „Zu verrundende Kante(n)").

```
Verrundung.WithdrawEdgeToFillet MeineKantenreferenz
```

Sub WithdrawImposedVertex [Punkt] As Reference

Die Methode entfernt einen Stützpunkt aus der Verrundungsdefinition (Feld „Punkte").

Verrundung.`WithdrawImposedVertex` MeinePunktreferenz

8.225 VisPropertySet

Die Klasse repräsentiert einen Werkzeugkasten, mit dem die visuellen Eigenschaften eines Objektes analysiert und verändert werden können. Ein Objekt der Klasse wird über die Methode **VisProperties** der Klasse **Selection** (Abschnitt 8.195) abgeleitet.

Objektpfad: AnyObject.VisPropertySet

Func GetLayer ([Typ] As CatVisLayerType, [Nummer] As Long) As CatVisPropertyStatus

Die Methode liest die Nummer und den Typ des Layers der Elemente einer Selektion. Ist der Typ gleich „catVisLayerBasic", ist ein Layer vergeben. Ist der Typ gleich „catVisLayerNone", ist kein Layer vergeben. Der Rückgabewert der Funktion meldet den Erfolg der Methode. Ist der Rückgabewert gleich „catVisPropertyDefined", besitzen alle geprüften Elemente den gleichen Layer. Ist der Rückgabewert gleich „catVisPropertyUnDefined", weicht mindestens ein Element ab.

```
Dim E As CatVisPropertyStatus
Dim Typ As CatVisLayerType
Dim Nummer As Long
E = VPS.GetLayer (Typ, Nummer)
If Typ = catVisLayerBasic Then
      MsgBox ("Layer = " & Nummer)
End If
```

Func GetPick ([Pick] As CatVisPropertyPick) As CatVisPropertyStatus

Die Methode liest, ob die Elemente einer Selektion selektierbar sind (Pick-Modus). Ist „Pick" gleich „catVisPropertyPickAttr", sind die Elemente selektierbar. Ist „Pick" gleich „catVisPropertyNoPickAttr", sind die Elemente nicht selektierbar. Der Rückgabewert der Funktion meldet den Erfolg der Methode. Ist der Rückgabewert gleich „catVisPropertyDefined", besitzen alle geprüften Elemente den gleichen Pick-Zustand. Ist der Rückgabewert gleich „catVisPropertyUnDefined", weicht mindestens ein Element ab.

```
Dim E As CatVisPropertyStatus
Dim Pick As CatVisPropertyPick
E = VPS.GetPick (Pick)
If Pick = catVisPropertyPickAttr Then
      MsgBox("Alle Elemente sind im Bereich PICK")
End If
```

Func GetRealColor ([Rot, Grün, Blau] As Long) As CatVisPropertyStatus

Die Methode liest die RGB-Werte der realen Farbe (vgl. Abschnitt 2.5.1) der Elemente einer Selektion. Der Rückgabewert der Funktion meldet den Erfolg der Methode. Ist der Rückgabewert gleich „catVisPropertyDefined", besitzen alle geprüften Elemente die gleichen Farben. Ist der Rückgabewert gleich „catVisPropertyUnDefined", weicht mindestens ein Element ab.

```
Dim E As CatVisPropertyStatus
Dim R, G, B As Long
E = VPS.GetRealColor (R, G, B)
If E = catVisPropertyDefined Then
      MsgBox("Rot= " & R & ", Grün=" & G & ", Blau = " & B)
End If
```

Func GetRealInheritance ([Ausprägung] As CatVisPropertyType, [Vererbung] As Long) As CatVisPropertyStatus

Die Methode liest, ob für eine Ausprägung eine reale Vererbung aktiviert ist (real, vgl. Abschnitt 2.5.1). Ist „Vererbung" gleich „1", ist eine Vererbung aktiviert. Ist „Vererbung" gleich „0", ist keine Vererbung aktiviert. „Ausprägung" besitzt folgenden Wertebereich: „catVisPropertyLineType" (Linientyp), „catVisPropertyWidth" (Linienbreite), „catVisPropertyColor" (Farbe) und „catVisPropertyOpacity" (Transparenz). Der Rückgabewert der Funktion meldet den Erfolg der Methode. Ist der Rückgabewert gleich „catVisPropertyDefined", besitzen alle geprüften Elemente die gleiche Ausprägung. Ist der Rückgabewert gleich „catVisPropertyUnDefined", weicht mindestens ein Element ab.

```
Dim E As CatVisPropertyStatus
Dim Vererbung As Long
E = VPS.GetRealInheritance (catVisPropertyColor, Vererbung)
If E = catVisPropertyDefined Then
      MsgBox("Farbvererbung=" & Vererbung)
End If
```

Func GetRealLineType ([Linientyp] As Long) As CatVisPropertyStatus

Die Methode liest die Nummer des realen Linientyps (real, vgl. Abschnitt 2.5.1) als Positionsnummer der Liste „Tools/Optionen/Allgemein/Anzeige/Linientyp" (Wert zwischen 1 und 63). Der Rückgabewert der Funktion meldet den Erfolg der Methode. Ist der Rückgabewert gleich „catVisPropertyDefined", besitzen alle geprüften Elemente den gleichen Linientyp. Ist der Rückgabewert gleich „catVisPropertyUnDefined", weicht mindestens ein Element ab, oder es kann kein Linientyp ermittelt werden.

```
Dim E As CatVisPropertyStatus
Dim Linientyp As Long
E = VPS.GetRealLineType (Linientyp)
If E = catVisPropertyDefined Then
      MsgBox("Linientyp=" & Linientyp)
End If
```

Func GetRealOpacity ([Transparenz] As Long) As CatVisPropertyStatus

Die Methode liest die reale Transparenz (real, vgl. Abschnitt 2.5.1) der Elemente einer Selektion. Der Wert „Transparenz" hat einen Wertebreich von „0" (transparent) bis „255" (undurchsichtig). Der Rückgabewert der Funktion meldet den Erfolg der Methode. Ist der Rückgabewert gleich „catVisPropertyDefined", besitzen alle geprüften Elemente die gleiche Transparenz. Ist der Rückgabewert gleich „catVisPropertyUnDefined", weicht mindestens ein Element ab.

```
Dim E As CatVisPropertyStatus
Dim Transparenz As Long
E = VPS.GetRealOpacity (Transparenz)
If E = catVisPropertyDefined Then
      MsgBox("Transparenz= " & Transparenz)
End If
```

Func GetRealWidth ([Linienstärke] As Long) As CatVisPropertyStatus

Die Methode liest die reale Linienstärke (real, vgl. Abschnitt 2.5.1) der Elemente einer Selektion als Positionsnummer der Liste „Tools/Optionen/Allgemein/Anzeige/Linienstärke" (Wert zwischen 1 und 55). Der Rückgabewert der Funktion meldet den Erfolg der Methode. Ist der Rückgabewert gleich „catVisPropertyDefined", besitzen alle geprüften Elemente die gleiche Linienstärke. Ist der Rückgabewert gleich „catVisPropertyUnDefined", weicht mindestens ein Element ab.

```
Dim E As CatVisPropertyStatus
Dim Staerke As Long
E = VPS.GetRealWidth (Staerke)
If E = catVisPropertyDefined Then
      MsgBox("Linienstärke= " & Staerke)
End If
```

Func GetShow ([ImShow] As CatVisPropertyShow) As CatVisPropertyStatus

Die Methode liest, ob die Elemente einer Selektion im Bereich „Show" sind (Show-NoShow-Modus). Ist „ImShow" gleich „catVisPropertyShowAttr", sind die Elemente im Show. Ist „ImShow" gleich „catVisPropertyNoShowAttr", sind die Elemente im NoShow. Der Rückgabewert der Funktion meldet den Erfolg der Methode. Ist der Rückgabewert gleich „catVisPropertyDefined", besitzen alle geprüften Elemente den gleichen Show-Zustand. Ist der Rückgabewert gleich „catVisPropertyUnDefined", weicht mindestens ein Element ab.

```
Dim E As CatVisPropertyStatus
Dim ImShow As CatVisPropertyShow
E = VPS.GetShow (ImShow)
If ImShow = catVisPropertyShowAttr Then
      MsgBox("Alle Elemente sind im Bereich Show")
End If
```

Func GetSymbolType ([Symboltyp] As Long) As CatVisPropertyStatus

Die Methode liest den Symboltyp der Elemente einer Selektion (Wertebereich, siehe Programmbeispiel). Der Rückgabewert der Funktion meldet den Erfolg der Methode. Ist der Rückgabewert gleich „catVisPropertyDefined", besitzen alle geprüften Elemente das gleiche Symbol. Ist der Rückgabewert gleich „catVisPropertyUnDefined", weicht mindestens ein Element ab.

```
Dim E As CatVisPropertyStatus
Dim Symboltyp As Long
E = VPS.GetSymbolType (Symboltyp)
If E = catVisPropertyDefined Then
        Select Case Symboltyp
                Case 1: MsgBox("X")
                Case 2: MsgBox("+")
                Case 3: MsgBox("0")
                Case 4: MsgBox("zwei konzentrische Kreise")
                Case 5: MsgBox("gefüllter Kreis")
                Case 6: MsgBox("gefülltes Quadrat")
                Case 7: MsgBox("*")
                Case 8: MsgBox("großer Punkt")
                Case 9: MsgBox("kleiner Punkt")
                Case 10: MsgBox("Pfeil, links unten")
                Case 11: MsgBox("Pfeil, rechts oben")
                Case 12: MsgBox("großer gefüllter Kreis")
                Case 13: MsgBox("großes gefülltes Quadrat")
        End Select
End If
```

Func GetVisibleColor ([Rot, Grün, Blau] As Long) As CatVisPropertyStatus

RGB-Werte der sichtbaren Farbe (vgl. Abschnitt 2.5.1), analog **GetRealColor**

Func GetVisibleInheritance ([Ausprägung] As CatVisPropertyType, [Vererbung] As Long) As CatVisPropertyStatus

sichtbare Vererbung (sichtbar, vgl. Abschnitt 2.5.1), analog **GetRealInheritance**

Func GetVisibleLineType ([Linientyp] As Long) As CatVisPropertyStatus

sichtbarer Linientyp (sichtbar, vgl. Abschnitt 2.5.1), analog **GetRealLineType**

Func GetVisibleOpacity ([Transparenz] As Long) As CatVisPropertyStatus

sichtbare Transparenz (sichtbar, vgl. Abschnitt 2.5.1), analog **GetRealOpacity**

Func GetVisibleWidth ([Linienstärke] As Long) As CatVisPropertyStatus

sichtbare Linienstärke (sichtbar, vgl. Abschnitt 2.5.1), analog **GetRealWidth**

Sub SetLayer [Typ] As CatVisLayerType, [Nummer] As Long

Die Methode setzt die Nummer (0 bis 999) und den Typ des Layers der Elemente einer Selektion. Ist der Typ gleich „catVisLayerBasic", wird ein Layer vergeben. Ist der Typ gleich „catVisLayerNone", wird der Layer gelöscht.

```
VPS.SetLayer catVisLayerBasic, 999
```

Sub SetPick [Pick] As CatVisPropertyPick

Die Methode setzt den Pick-Zustand der Elemente einer Selektion. Ist „Pick" gleich „catVisPropertyPickAttr", werden die Elemente ins Pick gestellt. Ist „Pick" gleich „catVisPropertyNoPickAttr", werden die Elemente ins NoPick gestellt.

```
VPS.SetPick catVisPropertyNoPickAttr
```

Sub SetRealColor [Rot, Grün, Blau, Vererbung] As Long

Die Methode setzt die RGB-Werte der realen Farbe (Abschnitt 2.5.1) der Elemente einer Selektion. Die Farbwerte sind eine Zahl zwischen „0" und „255". Die Vererbung ist entweder „0" (keine Vererbung) oder „1" (Vererbung).

```
VPS.SetRealColor 255, 0, 255, 1
```

Sub SetRealLineType [Linientyp, Vererbung] As Long

Die Methode setzt den realen Linientyp (real, vgl. Abschnitt 2.5.1) der Elemente einer Selektion als Positionsnummer der Liste „Tools/Optionen/Allgemein/Anzeige/Linientyp" (Wert zwischen 1 und 63). Die Vererbung ist entweder „0" (keine Vererbung) oder „1" (Vererbung).

```
VPS.SetRealLineType 63, 1
```

Sub SetRealOpacity [Transparenz, Vererbung] As Long

Die Methode setzt die reale Transparenz (real, vgl. Abschnitt 2.5.1) der Elemente einer Selektion als Wert zwischen „0" (transparent) und „255" (undurchsichtig). Die Vererbung ist entweder „0" (keine Vererbung) oder „1" (Vererbung).

```
VPS.SetRealOpacity 100, 1
```

Sub SetRealWidth [Linienstärke, Vererbung] As Long

Die Methode setzt die reale Linienstärke (real, vgl. Abschnitt 2.5.1) der Elemente einer Selektion als Positionsnummer der Liste „Tools/Optionen/Allgemein/Anzeige/Linienstärke" (Wert zwischen 1 und 55). Die Vererbung ist entweder „0" (keine Vererbung) oder „1" (Vererbung).

```
VPS.SetRealWidth 1, 1
```

Sub SetShow [ImShow] As CatVisPropertyShow

Die Methode bestimmt, ob die Elemente einer Selektion im Bereich „Show" sind (vgl. Abschnitt 2.5.2). Ist „ImShow" gleich „catVisPropertyShowAttr", werden die Elemente ins Show gesetzt. Ist „ImShow" gleich „catVisPropertyNoShowAttr", werden die Elemente ins NoShow gesetzt.

```
VPS.SetShow catVisPropertyNoShowAttr
```

Sub SetSymbolType [Symboltyp] As Long

Die Methode setzt den Symboltyp der Elemente einer Selektion. Der Wertebereich ist analog **GetSymbolType**.

Sub SetVisibleColor [Rot, Grün, Blau, Vererbung] As Long

sichtbare Farbe (Abschnitt 2.5.1), analog **SetRealColor**

Sub SetVisibleLineType [Linientyp, Vererbung] As Long

sichtbarer Linientyp (sichtbar, vgl. Abschnitt 2.5.1), analog **SetRealLineType**

Sub SetVisibleOpacity [Transparenz, Vererbung] As Long

sichtbare Transparenz (sichtbar, vgl. Abschnitt 2.5.1), analog **SetRealOpacity**

Sub SetVisibleWidth [Linienstärke, Vererbung] As Long

sichtbare Linienstärke (sichtbar, vgl. Abschnitt 2.5.1), analog **SetRealWidth**

9 Ausgewählte VBScript-Befehle

In diesem Kapitel sind ausgewählte Befehle von VBScript aufgeführt, die für eine Programmierung mit CATScript von Bedeutung sind.

■ 9.1 Abs

Abs ist eine Funktion, die den positiven Wert einer Zahl zurückgibt (Betrag).
```
Func Abs ([Zahl]) As Zahl
```

Beispiel:
```
Dim Ausgabe
Ausgabe = Abs (-4.45)
' Der Wert von Ausgabe ist 4.45 ------------------------------
```

■ 9.2 Asc

Asc ist eine Funktion, die den Zahlenwert des ANSI-Zeichencodes des ersten Zeichens einer Zeichenkette zurückgibt.
```
Func Asc ([Zeichenkette] As String) As Integer
```

Beispiel:
```
Dim Ausgabe
Ausgabe = Asc („Affe")
' Der Wert von Ausgabe ist 65 --------------------------------
```

9.3 Boolean

Boolean ist ein Variablentyp, der die Werte „True" oder „False" annehmen kann.

9.4 Byte

Byte ist ein Variablentyp mit einem Wertebereich von „0" bis „255".

9.5 CBool

CBool ist eine Funktion, die das Ergebnis einer logischen Prüfung als Variable des Typs „Boolean" zurückgibt.

Func **CBool** (Logische Prüfung) As Boolean

Beispiel:
```
Dim Ausgabe
Ausgabe = CBool (30 > 20)
' Der Wert von Ausgabe ist True ------------------------------
```

9.6 CByte

CByte ist eine Funktion, die eine Zahl in eine Variable des Typs „Byte" überführt. Kommastellen werden gerundet. Ist die Kommastelle gleich „0,5", wird auf die nächste gerade Zahl gerundet.

Func **CByte** ([Zahl]) As Byte

Beispiel:
```
Dim Ausgabe
Ausgabe = CByte (4.676)
' Der Wert von Ausgabe ist 5 ---------------------------------
Ausgabe = CByte (4.5)
```

```
, Der Wert von Ausgabe ist 4 ------------------------------
Ausgabe = CByte (5.5)
, Der Wert von Ausgabe ist 6 ------------------------------
```

9.7 CDate

CDate ist eine Funktion, die einen Ausdruck in einen Datum-Zeit-Ausdruck des Typs „Date" überführt. Der Ausdruck muss der nationalen Konvention entsprechen. Ist der Ausdruck eine Zahl, so wird der ganzzahlige Teil in ein Datum, der Nachkommateil in eine Uhrzeit umgewandelt.

```
Func CDate ([Ausdruck]) As Date
```

Beispiel:
```
Dim Ausgabe
Ausgabe = CDate („30.04.2002 12:34:58")
, Der Wert von Ausgabe ist 30.04.2002 12:34:58 ---------------
```

9.8 CDbl

CDbl ist eine Funktion, die eine Zahl in eine Variable des Typs „Double" überführt.
```
Func CDbl ([Zahl]) As Double
```

Beispiel:
```
Dim Ausgabe
Ausgabe = CDbl (44.67 * 0.01)
, Der Wert von Ausgabe ist 0,4467 ----------------------------
```

9.9 Chr

Chr ist eine Funktion, die eine Zahl in ein Zeichen des ANSI-Zeichencodes überführt.
```
Func Chr ([Zahl] As Integer) As String
```

Beispiel:
```
Dim Ausgabe
Ausgabe = Chr (65)
' Der Wert von Ausgabe ist A
```

9.10 CInt

CInt ist eine Funktion, die eine Zahl in eine Variable des Typs „Integer" überführt. Kommastellen werden gerundet. Ist die Kommastelle gleich „0,5", wird auf die nächste gerade Zahl gerundet.

```
Func CInt ([Zahl]) As Integer
```

Beispiel:
```
Dim Ausgabe
Ausgabe = CInt (44.5)
' Der Wert von Ausgabe ist 44
Ausgabe = CInt (45.5)
' Der Wert von Ausgabe ist 46
Ausgabe = CInt (45.4)
' Der Wert von Ausgabe ist 45
```

9.11 CLng

CLng ist eine Funktion, die eine Zahl in eine Variable des Typs „Long" überführt. Kommastellen werden gerundet. Ist die Kommastelle gleich „0,5", wird auf die nächste gerade Zahl gerundet.

```
Func CLng ([Zahl]) As Long
```

Beispiel:
```
Dim Ausgabe
Ausgabe = CLng (44.5)
' Der Wert von Ausgabe ist 44
Ausgabe = CLng (45.5)
' Der Wert von Ausgabe ist 46
Ausgabe = CLng (45.4)
' Der Wert von Ausgabe ist 45
```

9.12 Const

Const deklariert eine Variable als Konstante. Im Quelltext folgende Wertezuweisungen werden von einem Makro als Fehler gemeldet.
```
Const [Variable] = Ausdruck
```

Beispiel:
```
Const Pi = 3.14
```

9.13 Cos

Cos ist eine Funktion, die den Kosinus eines Winkels berechnet. Das Ergebnis liegt zwischen „–1" und „1". Der Winkel wird in Bogenmaß angegeben.
```
Func Cos ([Winkel] As Double) As Double
```

Beispiel:
```
Dim Ausgabe
Ausgabe = Cos (3.1415927 / 2)
' Der Wert von Ausgabe ist -2,3205E-08 ----------------------
```

9.14 CSng

CSng ist eine Funktion, die eine Zahl in eine Variable des Typs „Single" überführt.
```
Func CSng ([Zahl]) As Single
```

Beispiel:
```
Dim Ausgabe
Ausgabe = CSng (44.67 * 0.01)
' Der Wert von Ausgabe ist 0,4467 ---------------------------
```

9.15 CStr

CStr ist eine Funktion, die einen Ausdruck in eine Variable des Typs „String" überführt.

```
Func CStr ([Ausdruck]) As String
```

Beispiel:

```
Dim Ausgabe
Ausgabe = CStr (20.08)
' Der Wert von Ausgabe ist „20,08" --------------------------
```

9.16 Date

Date ist entweder die Bezeichnung für den Variablentyp „Datum-Zeit" (z.B. „08.11.2002 12:34:58") oder für die Funktion, die das aktuelle Datum des Betriebssystems zurückgibt.

```
Dim [Variable] As Date
```
oder
```
Func Date As Date
```

Beispiel:

```
Dim Ausgabe As Date
Ausgabe = Date
' Der Wert von Ausgabe entspricht dem aktuellen Datum -------
```

9.17 Day

Day ist eine Funktion, die den Tag eines Datums als ganze Zahl zurückgibt.

```
Func Day ([Datum] As Date) As Integer
```

Beispiel:

```
Dim Ausgabe
Ausgabe = Day („20.08.2002")
' Der Wert von Ausgabe ist 20 -------------------------------
```

9.18 Dim

Dim deklariert eine oder mehrere Variablen (Abschnitt 1.8.2). Die Deklaration ist nur in der Funktion oder Unterroutine gültig, in der die Anweisung steht. Wird die Deklaration im Kopf eines Makros verwendet, ist diese für alle Funktionen und Unterroutinen gültig.
`Dim [Variable1]{, [Variable2]} {As Variablentyp}`

Beispiel:
`Dim MeineVariable As Long`

9.19 Dim ()

Dim () deklariert ein Variablen- oder Objektfeld (Abschnitt 1.8.2). Der Index einer Dimension wird mit „0" beginnend gezählt. Die Dimension eines Feldes kann im Makro über die Anweisung **ReDim** *(Abschnitt 9.57)* geändert werden.
`Dim [Variablenfeld]({Dimension}) {As Variablentyp}`

Beispiel:
`Dim Feld (10, 40) As Byte`
oder
`Dim Feld ()`

9.20 Double

Double ist ein Variablentyp für Gleitkommazahlen mit doppelter Genauigkeit.

9.21 Do-Until

Do-Until beschreibt eine Schleife mit einer Ausgangsbedingung (Abschnitt 1.9.5).

9.22 Do-While

Do-While beschreibt eine Schleife mit einer Eingangsbedingung (Abschnitt 1.9.4).

9.23 Empty

Empty ist ein Bezeichner für den nicht initialisierten Inhalt einer Variablen (vgl. Abschnitt 9.38).

9.24 End

End markiert das Ende einer Funktion, Unterroutine, Schleife oder Verzweigung.

```
End Function
End If
End Select
End Sub
```

9.25 Err

Err ist ein Objekt, das in einem Makro automatisch vorhanden ist und Auskunft über den Fehlerstatus des Makros gibt. Das Objekt wird im Zusammenhang mit der Anweisung **On Error Resume Next** (Abschnitt 9.55) verwendet.

```
Err.Clear               Die Methode initialisiert das Objekt.
Err.Description         Die Eigenschaft beschreibt den Fehler.
Err.Number              Die Eigenschaft beschreibt die Fehlernummer.
```

9.26 Exit

Exit ist eine Anweisung, mit der eine Funktion, Unterroutine, Schleife oder Verzweigung vorzeitig abgebrochen werden kann.

```
Exit Do
Exit For
Exit Function
Exit Sub
```

9.27 Exp

Exp ist eine Funktion, die eine Potenz von „e" berechnet.

```
Func Exp ([Potenz] As Double) As Double
```

Beispiel:
```
Dim Ausgabe
Ausgabe = Exp (1)
' Der Wert von Ausgabe ist 2,7182818 -----------------------
```

9.28 Fix

Fix ist eine Funktion, die den ganzzahligen Anteil einer Zahl zurückgibt (vgl. Abschnitt 9.35). Die Kommastellen werden abgeschnitten.

```
Func Fix ([Zahl] As Double) As Integer
```

Beispiel:
```
Dim Ausgabe
Ausgabe = Fix (-99.54)
' Der Wert von Ausgabe ist -99 -----------------------------
Ausgabe = Fix (50.83)
' Der Wert von Ausgabe ist 50 ------------------------------
```

9.29 For-Next

For-Next beschreibt eine Zählschleife (Abschnitt 1.9.3).

9.30 Function

Function markiert den Beginn einer Funktion (Abschnitt 1.8.3.3).

9.31 Hour

Hour ist eine Funktion, welche die Stunde einer Uhrzeit als ganze Zahl ausgibt.
```
Func Hour ([Uhrzeit] As Date) As Integer
```

Beispiel:
```
Dim Ausgabe
Ausgabe = Hour („10:23:54")
' Der Wert von Ausgabe ist 10
```

9.32 If-Then-Else

If-Then-Else beschreibt eine Verzweigung (Abschnitt 1.9.1).

9.33 InputBox

InputBox ist eine Funktion für eine Texteingabe (Abschnitt 2.1.2).

9.34 InStr

InStr ist eine Funktion, welche die Position einer Teilzeichenkette „Teil" in einer Zeichenkette „Alles" bestimmt. Über den optionalen Parameter „Start" kann angegeben werden, ab welchem Zeichen mit dem Vergleich begonnen wird.

```
Func InStr ({[Start] As Integer,} [Alles, Teil] As String) As Integer
```

Beispiel:
```
Dim Ausgabe
Ausgabe = InStr (3, „ABTTAB", „AB")
' Der Wert von Ausgabe ist 5
```

9.35 Int

Int ist eine Funktion, die den ganzzahligen Anteil einer Zahl zurückgibt (vgl. Abschnitt 9.28). Die Kommastellen einer positiven Zahl werden abgeschnitten. Eine negative Zahl wird auf die nächstniedrigere ganze Zahl abgerundet.

```
Func Int ([Zahl] As Double) As Integer
```

Beispiel:
```
Dim Ausgabe
Ausgabe = Int (-99.4)
' Der Wert von Ausgabe ist -100
Ausgabe = Int (50.83)
' Der Wert von Ausgabe ist 50
```

9.36 Integer

Integer ist ein Variablentyp für eine ganze Zahl.

9.37 IsDate

IsDate ist eine Funktion, die überprüft, ob es sich bei einem Ausdruck um einen Ausdruck des Typs „Datum-Zeit" handelt. Der Parameter „Ausdruck" kann vom Typ „Date" oder „String" sein.

```
Func IsDate ([Ausdruck]) As Boolean
```

Beispiel:
```
Dim Ausgabe
Ausgabe = IsDate („11.08.2002")
' Der Wert von Ausgabe ist „True" ---------------------------
Ausgabe = IsDate („11.08.2002 10:23:43")
' Der Wert von Ausgabe ist „True" ---------------------------
```

9.38 IsEmpty

IsEmpty ist eine Funktion, die überprüft, ob eine Variable initialisiert ist. Die Funktion gibt „True" zurück, wenn der Variablen noch kein Wert zugewiesen wurde (vgl. Abschnitt 9.23).

```
Func IsEmpty ([Variable]) As Boolean
```

Beispiel:
```
Dim Eingabe, Ausgabe
Ausgabe = IsEmpty (Eingabe)
' Der Wert von Ausgabe ist „True" ---------------------------
Eingabe = „H7 300 mm"
Ausgabe = IsEmpty (Eingabe)
' Der Wert von Ausgabe ist „False" --------------------------
Eingabe = Empty
Ausgabe = IsEmpty (Eingabe)
' Der Wert von Ausgabe ist „True" ---------------------------
```

9.39 IsNull

IsNull ist eine Funktion, die überprüft, ob eine Variable einen ungültigen Wert enthält. Die Funktion gibt „True" zurück, wenn der Inhalt einer Variablen **Null** (Abschnitt 9.54) ist.

```
Func IsNull ([Variable]) As Boolean
```

Beispiel:
```
Dim Eingabe, Ausgabe
Ausgabe = IsNull (Eingabe)
, Der Wert von Ausgabe ist „False" -------------------------
Eingabe = Empty
Ausgabe = IsNull (Eingabe)
, Der Wert von Ausgabe ist „False" -------------------------
Eingabe = Null
Ausgabe = IsNull (Eingabe)
, Der Wert von Ausgabe ist „True" --------------------------
```

9.40 IsNumeric

IsNumeric ist eine Funktion, die überprüft, ob es sich bei einer Zeichenkette um eine Zahl handelt. Die Funktion gibt „True" zurück, wenn der gesamte Ausdruck als Zahl erkannt wird.

Func IsNumeric ([Zeichenkette] As String) As Boolean

Beispiel:
```
Dim Ausgabe
Ausgabe = IsNumeric („10.456")
, Der Wert von Ausgabe ist „True" --------------------------
Ausgabe = IsNumeric („H7 300 mm")
, Der Wert von Ausgabe ist „False" -------------------------
```

9.41 Join

Join ist eine Funktion, die den Inhalt einer eindimensionalen Feldvariablen des Typs „String" in eine Zeichenkette überführt. Der optionale Parameter „Trennzeichen" definiert ein Zeichen, das zwischen jedem Wert der Feldvariablen geschrieben wird. Wird der Parameter weggelassen, wird ein Leerzeichen als Trennzeichen verwendet.

Func Join ([Feld()] As String[, [Trennzeichen] As String]) As String

Beispiel:
```
Dim Eingabe(2)
Dim Ausgabe
Eingabe(0) = „Hebellänge"
Eingabe(1) = „="
Eingabe(2) = „20 mm"
Ausgabe = Join (Eingabe)
, Der Wert von Ausgabe ist „Hebellänge = 20 mm" -------------
```

9.42 LCase

LCase ist eine Funktion, die eine Zeichenkette in eine Zeichenkette, bestehend aus Kleinbuchstaben, überführt.

```
Func LCase ([Zeichenkette] As String) As String
```

Beispiel:

```
Dim Ausgabe
Ausgabe = LCase („Hebellänge = 22 MM")
, Der Wert von Ausgabe ist „hebellänge = 22 mm" -------------
```

9.43 Left

Left ist eine Funktion, die eine definierte Anzahl von Zeichen der linken Seite einer Zeichenkette ausgibt.

```
Func Left ([Zeichenkette] As String, [Anzahl] As Integer) As String
```

Beispiel:

```
Dim Ausgabe
Ausgabe = Left („Hebel = 22 mm", 5)
, Der Wert von Ausgabe ist „Hebel" ----------------------------
```

9.44 Len

Len ist eine Funktion, welche die Anzahl der Zeichen einer Zeichenkette ausgibt.

```
Func Len ([Zeichenkette] As String) As Integer
```

Beispiel:

```
Dim Ausgabe
Ausgabe = Len („Länge = 2 mm")
, Der Wert von Ausgabe ist 12 ---------------------------------
```

9.45 Log

Log ist eine Funktion, die den natürlichen Logarithmus einer Zahl ermittelt. Ein natürlicher Logarithmus hat die Basis „e".
```
Func Log ([Zahl] As Double) As Double
```

Beispiel:
```
Dim Ausgabe
Ausgabe = Log (2.718282)
, Der Wert von Ausgabe ist 1
```

9.46 Long

Long ist ein Variablentyp für eine ganze Zahl mit erhöhtem Wertebereich.

9.47 LTrim

LTrim ist eine Funktion, die eine Zeichenkette erzeugt, die keine Leerzeichen am Beginn der Zeichenkette besitzt.
```
Func LTrim ([Zeichenkette] As String) As String
```

Beispiel:
```
Dim Ausgabe
Ausgabe = LTrim („    Hebel    ")
, Der Wert von Ausgabe ist „Hebel    "
```

9.48 Mid

Mid ist eine Funktion, die eine definierte Anzahl von Zeichen aus einer Zeichenkette liest. „Start" gibt die Position des ersten Zeichens an, „Länge" die Anzahl der gelesenen Zeichen einschließlich des Startzeichens.
```
Func Mid ([String] As String, [Start, Länge] As Integer) As String
```

Beispiel:
```
Dim Ausgabe
Ausgabe = Mid („Neuer Hebel = 22 mm", 7, 5)
' Der Wert von Ausgabe ist „Hebel" --------------------------
```

9.49 Minute

Minute ist eine Funktion, welche die Minute einer Uhrzeit als ganze Zahl ausgibt.
Func Minute ([Uhrzeit] As Date) As Integer

Beispiel:
```
Dim Ausgabe
Ausgabe = Minute („12.08.2002 10:23:54")
' Der Wert von Ausgabe ist 23 -------------------------------
```

9.50 Mod

Mod ist ein Operator, der den Modulo ermittelt. Der Modulo ist der Rest einer ganzzahligen Division.

Beispiel:
```
Dim Ausgabe
Ausgabe = 20 Mod 7
' Der Wert von Ausgabe ist 6 --------------------------------
```

9.51 Month

Month ist eine Funktion, die den Monat eines Datums als ganze Zahl zurückgibt.
Func Month ([Datum] As Date) As Integer

Beispiel:
```
Dim Ausgabe
Ausgabe = Month („20.08.2002")
' Der Wert von Ausgabe ist 8 --------------------------------
```

9.52 MsgBox

MsgBox ist eine Funktion für eine Textausgabe (Abschnitt 2.1.1).

9.53 Now

Now ist eine Funktion, die das aktuelle Datum und die aktuelle Uhrzeit des Betriebssystems zurückgibt.

```
Func Now As Date
```

Beispiel:
```
Dim Ausgabe
Ausgabe = Now
, Der Wert von Ausgabe ist z.B. „11.08.2002 12:40:32" -------
```

9.54 Null

Null ist ein Bezeichner für einen ungültigen Inhalt einer Variablen (vgl. Abschnitt 9.39).

9.55 On Error Resume Next

Die Anweisung **On Error Resume Next** weist ein Makro an, einen Laufzeitfehler zu übergehen und zur nächsten Anweisung zu springen. **On Error Resume Next** gilt nur für die jeweilige Funktion oder Unterroutine! Über das Objekt **Err** (Abschnitt 9.25) kann im Makro auf einen Laufzeitfehler reagiert werden.

Beispiel:
```
On Error Resume Next
Dim I As Integer
For I = 1 To 5
I = I * "FEHLER"
```

```
' Das Makro überspringt diesen Fehler
MsgBox (Err.Description)
Next
Sub CATMain ()
I = 10 * „FEHLER"
‚ Das Makro bricht mit einer Fehlermeldung ab
End Sub
```

■ 9.56 Randomize

Die Anweisung **Randomize** initialisiert den Zufallsgenerator (vgl. Abschnitt 9.60).

■ 9.57 ReDim

ReDim ist eine Anweisung, die einem Variablenfeld eine Dimension zuweist (vgl. Abschnitt 9.19).

```
ReDim [Variablenfeld]([Dimension])
```

Beispiel:
```
Dim Feld()
...
ReDim Feld(10,20)
```

■ 9.58 Rem

Rem markiert eine Bemerkungszeile. Eine Abkürzung für **Rem** ist das Hochkommazeichen (vgl. Abschnitt 1.8.1).

9.59 Right

Right ist eine Funktion, die eine definierte Anzahl von Zeichen der rechten Seite einer Zeichenkette ausgibt.

```
Func Right ([Zeichenkette] As String, [Anzahl] As Integer) As String
```

Beispiel:
```
Dim Ausgabe
Ausgabe = Right („Hebel = 22 mm", 5)
' Der Wert von Ausgabe ist „22 mm" --------------------------
```

9.60 Rnd

Rnd ist eine Funktion, die einen Zufallswert zwischen null (einschließlich) und eins (ausschließlich) zurückgibt. Ein Makro, das die Funktion **Rnd** verwendet, sollte im Kopf über die Anweisung **Randomize** verfügen, um den Zufallsgenerator über die Systemuhr zu initialisieren (Abschnitt 9.56).

```
Func Rnd As Double
```

Beispiel:
```
Randomize
Dim Zufallsmonat
Zufallsmonat = Int (12 * Rnd) + 1
```

9.61 RTrim

RTrim ist eine Funktion, die eine Zeichenkette erzeugt, die keine Leerzeichen am Ende der Zeichenkette besitzt.

```
Func RTrim ([Zeichenkette] As String) As String
```

Beispiel:
```
Dim Ausgabe
Ausgabe = RTrim („   Hebel   ")
' Der Wert von Ausgabe ist „   Hebel" --------------------------
```

9.62 Second

Second ist eine Funktion, welche die Sekunde einer Uhrzeit als ganze Zahl ausgibt.

```
Func Second ([Uhrzeit] As Date) As Integer
```

Beispiel:
```
Dim Ausgabe
Ausgabe = Second („10:23:54")
' Der Wert von Ausgabe ist 54
```

9.63 Select Case

Select Case kennzeichnet eine Verzweigung, die mehrere Anweisungsblöcke trennt (Abschnitt 1.9.2).

9.64 Set

Set leitet die Definition eines Objektes ein (Abschnitt 1.8.2).

9.65 Sin

Sin ist eine Funktion, die den Sinus eines Winkels berechnet. Das Ergebnis liegt zwischen „-1" und „1". Der Winkel wird in Bogenmaß angegeben.

```
Func Sin ([Winkel] As Double) As Double
```

Beispiel:
```
Dim Ausgabe
Ausgabe = Sin (3.1415927 / 2)
' Der Wert von Ausgabe ist 1
```

9.66 Single

Single ist ein Variablentyp für Gleitkommazahlen mit einfacher Genauigkeit.

9.67 Sgn

Sgn ist eine Funktion, die das Vorzeichen einer Zahl ermittelt. Die Funktion kann die Werte „–1", „0" und „1" annehmen. Ist die Zahl negativ, ist der Funktionswert „–1". Ist die Zahl gleich null, ist der Wert „0".

```
Func Sgn ([Zahl]) As Integer
```

Beispiel:
```
Dim Ausgabe
Ausgabe = Sgn (-4.654)
, Der Wert von Ausgabe ist -1 ---------------------------------
```

9.68 Sqr

Sqr ist eine Funktion, welche die Quadratwurzel einer Zahl ermittelt.

```
Func Sqr ([Zahl]) As Double
```

Beispiel:
```
Dim Ausgabe
Ausgabe = Sqr (4)
, Der Wert von Ausgabe ist 2 ---------------------------------
```

9.69 StrReverse

StrReverse ist eine Funktion, welche die Reihenfolge der Zeichen einer Zeichenkette umkehrt.

```
Func StrReverse ([Zeichenkette] As String) As String
```

Beispiel:
```
Dim Ausgabe
Ausgabe = StrReverse („ABC")
' Der Wert von Ausgabe ist „CBA"
```

9.70 String

String ist ein Variablentyp für eine Zeichenkette.

9.71 Sub

Sub markiert den Beginn einer Unterroutine (Abschnitt 1.8.3.2).

9.72 Tan

Tan ist eine Funktion, die den Tangens eines Winkels berechnet. Der Winkel wird in Bogenmaß angegeben.
```
Func Tan ([Winkel] As Double) As Double
```

Beispiel:
```
Dim Ausgabe
Ausgabe = Tan (3.1415927 / 4)
' Der Wert von Ausgabe ist 1
```

9.73 Time

Time ist eine Funktion, welche die aktuelle Uhrzeit des Betriebssystems zurückgibt.
```
Func Time As Date
```

Beispiel:
```
Dim Ausgabe
Ausgabe = Time
‚ Der Wert von Ausgabe entspricht der aktuellen Uhrzeit ----
```

9.74 Timer

Timer ist eine Funktion, welche die Anzahl der Sekunden ausgibt, die seit Mitternacht (Uhrzeit des Betriebssystems) vergangen sind. Über die Funktion können mit einem Makro Zeiten gestoppt werden.

```
Func Timer As Integer
```

Beispiel:
```
Dim Zeit
Zeit = Timer
...
Zeit = Timer - Zeit
```

9.75 TimeValue

TimeValue ist eine Funktion, die aus einer Zeichenkette eine Uhrzeit erzeugt oder aus einem Datum den Anteil der Uhrzeit extrahiert.

```
Func TimeValue ([Ausdruck]) As Date
```

Beispiel:
```
Dim Ausgabe
Ausgabe = TimeValue („12:45:31")
‚ Der Wert von Ausgabe ist 12:45:31 ------------------------
Ausgabe = TimeValue („08.11.2002 12:45:31")
‚ Der Wert von Ausgabe ist 12:45:31 ------------------------
```

9.76 Trim

Trim ist eine Funktion, die eine Zeichenkette erzeugt, die keine Leerzeichen am Beginn und Ende der Zeichenkette besitzt.

Func Trim ([Zeichenkette] As String) As String

Beispiel:

```
Dim Ausgabe
Ausgabe = Trim („   Hebel   ")
' Der Wert von Ausgabe ist „Hebel"
```

9.77 UCase

UCase ist eine Funktion, die eine Zeichenkette in eine Zeichenkette, bestehend aus Großbuchstaben, überführt.

Func UCase ([Zeichenkette] As String) As String

Beispiel:

```
Dim Ausgabe
Ausgabe = UCase („Omas Alter ist 88.")
' Der Wert von Ausgabe ist „OMAS ALTER IST 88."
```

9.78 Year

Year ist eine Funktion, welche die Jahreszahl eines Datums als ganze Zahl zurückgibt.

Func Year ([Datum] As Date) As Integer

Beispiel:

```
Dim Ausgabe
Ausgabe = Year („20.08.2002")
' Der Wert von Ausgabe ist 2002
```

Index

Symbole

3DCurveOffset. Siehe 3D-Kurven-Offset
3D-Kurven-Offset
- Definition 123
- Erzeugen 126, 282
- Klasse HybridShape3DCurveOffset 214

A

Ableiten 137
- Erzeugen 138
- Klasse HybridShapeExtract 269
Abs 529
Abwicklung 123
Achsen
- Skizze 102, 167
Achsenlinie
- Definition 115
- Erzeugen 124, 282
- Klasse HybridShapeAxisLine 221
Add. Siehe Hinzufügen
Addition. Siehe Hinzufügen oder Zusammenbauen; Siehe Hinzufügen oder Zusammenbauen; Siehe Hinzufügen oder Zusammenbauen
Affinität 133
- Beispiel 135
- Erzeugen 134
- Klasse HybridShapeAffinity 215
Affinity. Siehe Affinität
Angle. Siehe Winkel
Ankerobjekt 42
Anwendung
- CATIA 42, 163
- externe 67
Anzeigeeigenschaften
- Erzeugen 63
- Farbe 63
- Klasse VisPropertySet 522

- Sichtbarkeit 64
Arbeitsumgebung 31
Asc 529
Assemble. Siehe Zusammenbauen
Aufmaß 156, 157
- Erzeugen 158
- Klasse Thickness 513
Aufmaßfläche 148
- Beispiel 150
- Erzeugen 149, 496
- Klasse ThickSurface 514
Aufmaßinformation
- Erzeugen 310
- Klasse HybridShapeThickness 423
Ausblenden. Siehe Anzeigeeigenschaften; Siehe Anzeigeeigenschaften; Siehe Anzeigeeigenschaften
Ausführen
- Externes CATScript 68
- Externes Programm 68
Ausgabefenster 49
Auswahlfenster 54
Auszugsschräge 156, 157
- Erzeugen 158, 484
- Klasse Draft 193
AxisToAxis. Siehe Umwandlung

B

Baugruppen. Siehe Produkt
Bedingungen
- CATProduct 99
- Erzeugen 107, 182
- Klasse Constraints 182
Begrenzung 123
- Erzeugen 126
- Klasse HybridShapeBoundary 229
Bemerkungszeile 34, 546
Benutzermuster 152
- Erzeugen 153
- Klasse UserPattern 519

Benutzerselektion 57
Betrag. Siehe Abs
Betriebssystemvariable 69
Bildschirmdialog 49
Blend. Siehe Übergangsfläche
Block 144
- Beispiel 143
- Erzeugen 144, 488
- Klasse Pad 440
Body. Siehe Körper
Bohrung 144
- Erzeugen 145, 486, 487
- Klasse Hole 208
Boolean 35, 84, 170, 530
BooleanShape 141
Boolesche Operation 79
Boundary. Siehe Begrenzung
Boundary-Representation 89
BRep 89
Byte 530

C

Case-Abfrage 548
CATBStr 35
CATDrawing 53
CATMain 36
CATPart 44
- Bestandteile 71
- Dokument 43, 53
- Klasse PartDocument 449, 459
CATProduct 53
CATSafeArrayVariant 35
CATScript 19
CATSettings 166
CATVariant 35
CATVBS 19
CBool 530
CByte 530
CDate 531
CDbl 531

CenterLine 106
Chamfer. Siehe Fase
Chr 531
CInt 532
Circle. Siehe Kreis, 3D
Circle2D. Siehe Kreis, 2D
CircPattern. Siehe Kreismuster
CLng 532
CloseSurface. Siehe Fläche schließen
Combine. Siehe Kombinationskurve
Conic. Siehe Kegelschnitt, 3D
Connect. Siehe Verbindungskurve
Const 533
ConstRadEdgeFillet. Siehe Kantenverrundung, konstant
Constraints. Siehe Bedingungen
ControlPoint2D. Siehe Steuerpunkt, 2D
Corner. Siehe Ecke, 3D
Cos 533
CSng 533
CStr 534
Curve. Siehe Kurve, 3D
Cylinder. Siehe Zylinder

D

Date 534, 545
Datei
- Deklarieren 65, 204
- Erzeugen 66, 203
- Klasse File 201
Datensatz
- Klasse TextStream 511
- Lesen 66, 512
- Schreiben 67, 512
Day 534
Deklaration 35, 535
DesignTable. Siehe Konstruktionstabelle
Develop. Siehe Abwicklung
Dim 35, 535
Dimensions. Siehe Bedingungen
Document. Siehe Dokument
Dokument 43, 53
- Aktuelles 43
- Erzeugen 53, 192
- Klasse Document 188
- Laden 54, 192
- Schließen 189
- Speichern 55, 191
Double 35, 535
Do-Until-Schleife 41
Do-While-Schleife 40
Draft. Siehe Auszugsschräge
Drahtgeometrie, 2D. Siehe Skizze
Drahtgeometrie, 3D
- Ebene. Siehe Ebene

- Erzeugen 109
- Klasse HybridShape 214
- Kurve 122
- Linie. Siehe Linie, 3D
- Punkt. Siehe Punkt, 3D
Drehen 133, 151
- Erzeugen 134, 152
- Klasse HybridShapeRotate 376
- Klasse Rotate 473
Dreitangentenverrundung 156, 157
- Erzeugen 158, 493
- Klasse TritangentFillet 519
DressUpShape. Siehe Volumenkörper, Operation

E

Ebene
- Ursprungsebenen 73
Ecke, 3D 123
- Erzeugen 125, 282, 288
- Klasse HybridShapeCorner 257
Edge 90
Editor. Siehe V5-Editor; Siehe V5-Editor
Eigenschaft 22
Einfärben. Siehe Anzeigeeigenschaften; Siehe Anzeigeeigenschaften; Siehe Anzeigeeigenschaften
Eingabefenster 51
Einzelobjekt 24
Ellipse, 2D
- Erzeugen 103, 199
- Klasse Ellipse2D 197
Ellipse2D. Siehe Ellipse, 2D
Empty 536
Entfernen 79
- Erzeugen 80
- Klasse Remove 469
Entformschräge. Siehe Auszugsschräge; Siehe Auszugsschräge
Environment-Variable 69
Erkennen, Element 61
Error. Siehe Laufzeitfehler
Existenz, Dateipfad 70
Exit 537
Exp 537
Explizite Geometrie
- Ebene 119, 120, 301
- Fläche 129, 130, 309, 393
- Kreis 125, 246
- Kurve 123, 126, 259, 289
- Linie 115, 335
- Punkt 111, 112, 303, 362
Externes Programm 67
Extract. Siehe Ableiten

Extrapol. Siehe Extrapolation
Extrapolation 137
- Erzeugen 138, 291
- Klasse HybridShapeExtrapol 275
Extremum. Siehe Punkt, 3D
ExtremumPolar. Siehe Punkt, 3D
Extrude. Siehe Extrusionsfläche
Extrusionsfläche 129
- Erzeugen 130, 292
- Klasse HybridShapeExtrude 280

F

Face 90
FaceFillet. Siehe Flächenverrundung
Factory2D. Siehe Werkzeugkasten, 2D
Farbe. Siehe Anzeigeeigenschaften; Siehe Anzeigeeigenschaften; Siehe Anzeigeeigenschaften
Fase 156
- Erzeugen 158
- Klasse Chamfer 171
FEdge 89
Fehlerabfrage 536, 545
Feldvariable 35, 535
File. Siehe Datei
Fill. Siehe Füllfläche
Fillet. Siehe Verrundung; Siehe Kantenverrundung
Finden, Element 60
Fix 537
Fläche
- BRep-Definition 90
- Erzeugen 109, 128
- Klasse HybridShape 214
Fläche entfernen 156, 157
- Erzeugen 158, 489
- Klasse RemoveFace 469
Fläche ersetzen 148
- Erzeugen 149
- Klasse ReplaceFace 471
Fläche integrieren 148
- Erzeugen 149, 491
- Klasse SewSurface 481
Flächenverrundung 156, 157
- Erzeugen 158
- Klasse FaceFillet 198
Fläche schließen 148
- Erzeugen 149
- Klasse CloseSurface 176
Formel
- Erzeugen 86, 468
- Klasse Formula 206
Formula. Siehe Formel
For-Next-Schleife 40

FSur 89
Füllfläche 129
- Erzeugen 130
Function 37, 538
Functional Edge 89
Functional Surface 89
Funktion 37

G

Geometriebehälter 44, 71
Geometrieelement 61
Geometrietyp 61
Geometrisches Set 73
- Deklarieren 77, 212
- Erzeugen 76, 212
- Klasse HybridBody 213
Geometrisches Set, geordnet
- Deklarieren 439
- Erzeugen 77, 439
- Klasse OrderedGeometricalSet 438
Gewinde 156, 157
- Erzeugen 158, 496
- Klasse Thread 515
Groove. Siehe Nut
Grundklasse 24

H

Helix 123
- Erzeugen 125
- Klasse HybridShapeHelix 320
Hide. Siehe Sichtbarkeit
Hinzufügen 79
- Beispiel 80
- Erzeugen 80, 483
- Klasse Add 161
Historie. Siehe Explizite Geometrie
Hole. Siehe Bohrung
Hour 538
HybridBody. Siehe Geometrsiches Set
HybridShape. Siehe Drahtgeometrie, 3D; Siehe Fläche
HybridShapeAxisLine. Siehe Achsenlinie
HybridShapeDirection. Siehe Richtungsdefinition
HybridShapeFactory. Siehe Werkzeugkasten, 3D

I

Icon. Siehe Schaltbutton; Siehe Schaltfläche
If-Then-Else 38
InputBox 51

InStr 539
Int 539
Integer 35, 84, 431, 539
Intersect. Siehe Verschneiden
Intersection. Siehe Verschneiden
Inverse. Siehe Umkehren
IsDate 540
IsEmpty 540
IsNull 540
IsNumeric 541

J

Join, CATIA. Siehe Verbindung
Join, VBScript 541

K

Kantenverrundung, konstant 156
- Beispiel 92, 159, 160
- Erzeugen 158, 492
- Klasse ConstRadEdgeFillet 177
Kantenverrundung, variabel 156
- Erzeugen 158
- Klasse VarRadEdgeFillet 520
Kegelschnitt, 3D 123
- Erzeugen 125
Klasse 22
Klassenhierarchie 23
Kombinationskörper 144
- Erzeugen 145
- Klasse SolidCombine 503
Kombinationskurve 123
- Erzeugen 126
Kommentarzeile 34, 546
Konstante 533
Konstruktionselement 106
Konstruktionstabelle 84
- Erzeugen 85, 467, 468
- Klasse DesignTable 186
Körper
- Boolesche Operation 79
- Deklarieren 168, 448
- Erzeugen 168
- Klasse Body 168
Körper, geöffneter. Siehe Geometrisches Set; Siehe Geometrisches Set; Siehe Geometrisches Set
Kreis, 2D
- Erzeugen 103, 199
- Klasse Circle2D 172
Kreis, 3D 123
- Beispiel 128
- Erzeugen 124, 125, 284, 285, 286
- Klasse HybridShapeCircle 230

- Klasse HybridShapeCircle* 232, 234, 236, 238, 243, 244, 246, 247
Kreismuster 152
- Erzeugen 153, 495
- Klasse CircPattern 173
Kugelfläche 129
- Erzeugen 130
- Klasse HybridShapeSphere 379
Kurve, 2D 103
Kurve, 3D 122

L

Länge 84, 433
Laufzeitfehler 536, 545
LawDistProj. Siehe Regel
LCase 542
Leerreferenz 88
Left 542
Leitkurve 123
- Erzeugen 125, 308
- Klasse HybridShapeSpine 381
Len 542
Length. Siehe Länge
Line. Siehe Linie, 3D
Line2D. Siehe Linie, 2D
Linie, 2D
- Erzeugen 103, 200
- Klasse Line2D 435
Linie, 3D 114
- Beispiel 117
- Erzeugen 115, 297, 298
- Klasse HybridShapeLine* 330, 332, 334, 335, 336, 337, 339, 341
- Klasse Line 434
Listenobjekt 24
Loftfläche 129
- Erzeugen 130
- Klasse HybridShapeLoft 343
Loftkörper 144
- Erzeugen 145, 487, 489
- Klasse Loft 437
Log 543
Logarithmus. Siehe Log
Long 35, 543
LTrim 543

M

MainBody. Siehe Hauptkörper; Siehe Hauptkörper; Siehe Hauptkörper
Makro
- Ablage 28
- Bibliothek 29
- Editor 25, 26
- Erzeugen 24

- Hauptblock 36
- Kopf 33
- Rekorder 47
- Schaltfläche 30
- Starten 30
Mehrfachableitung
- Erzeugen 138
- Klasse HybridShapeExtractMulti 271
Methode 22
Mid 543
Minute 544
Mirror. Siehe Spiegelung
Mod 544
Month 544
MsgBox 49

N

Näherungsdefinition 137
- Erzeugen 138, 300
- Klasse HybridShapeNear 349
Near. Siehe Näherungsdefinition
Nomenklatur 21
NoShow. Siehe Anzeigeeigenschaften; Siehe Anzeigeeigenschaften; Siehe Anzeigeeigenschaften
Null 545
Nut 144
- Beispiel 147
- Erzeugen 145, 485
- Klasse Groove 208

O

Objekt
- Definition 22
- Deklaration 35, 535
- Feld 35, 535
Objektpfad 23
Offsetfläche 129
- Erzeugen 130, 300
- Klasse HybridShapeOffset 350
On Error 545
Open Body. Siehe Geometrisches Set; Siehe Geometrisches Set; Siehe Geometrisches Set
OrderedGeometricalSet. Siehe Geometrisches Set, geordnet
OriginElements. Siehe Ursprungselemente

P

Pad. Siehe Block

Parallele 123, 126
- Erzeugen 126, 289
- Klasse HybridShapeCurvePar 260
Parameter
- Methode 22
Part 44
Partbody. Siehe Hauptkörper; Siehe Hauptkörper; Siehe Hauptkörper
PartDocument. Siehe CATPart; Siehe CATPart
Plane. Siehe Ebene
Point. Siehe Punkt, 3D
Point2D. Siehe Punkt, 2D
Polyline. Siehe Polylinie
Polylinie 123
- Erzeugen 125
- Klasse HybridShapePolyline 367
Potenz. Siehe Exp
Prisma. Siehe Volumenkörper, skizzenbasiert; Siehe Volumenkörper, skizzenbasiert
Product. Siehe Produkt
Produkt
- Attribute 95
- Bedingungen 99
- Formel 96
- Klasse Product 456
- Parameter 96
- Struktur 96
Project. Siehe Projizieren
Projizieren 137
- Erzeugen 138, 306
- Klasse HybridShapeProject 371
Punkt, 2D
- Erzeugen 103
- Klasse Point2D 453
Punkt, 3D 111
- Beispiel 113
- Erzeugen 111, 291, 303, 304, 305
- Klasse HybridShapeExtremum 277
- Klasse HybridShapeExtremumPolar 278
- Klasse HybridShapePoint* 360, 361, 362, 363, 364, 366, 367
- Klasse Point 453

R

Randomize 546
Real 84, 461
Rechteckmuster 152
- Beispiel 155
- Erzeugen 153
- Klasse RectPattern 463
RectPattern. Siehe Rechteckmuster
REdge 89

ReDim 546
Reference. Siehe Referenz
Referenz 87
- Erzeugen 88, 89, 446
- Klasse Reference 465
- Leerreferenz 88
Reflexionslinie 123
- Erzeugen 126, 307
- Klasse HybridShapeReflectLine 373
Regel
- Klasse HybridShapeLawDistProj 328
Relation. Siehe Beziehung; Siehe Beziehung; Siehe Beziehung
Rem 546
Remove. Siehe Entfernen
Removed Edge 89
Removed Loft. Siehe Loftkörper
Removed Surface 89
RemoveFace. Siehe Fläche entfernen
ReplaceFace. Siehe Fläche ersetzen
Revolution. Siehe Rotationsfläche
Rib. Siehe Rippe
Richtungsdefinition 92
- Erzeugen 93, 289, 290
- Klasse HybridShapeDirection 267
Right 547
Rille 144
- Erzeugen 145, 492
Rippe 144
- Erzeugen 145, 490
- Klasse Rib 473
Rnd 547
Rotate. Siehe Drehen
Rotationsachse 106
Rotationsfläche 129
- Erzeugen 130
- Klasse HybridShapeRevol 374
Rotationskörper. Siehe Nut; Siehe Nut; Siehe Welle; Siehe Welle
RSur 89
RTrim 547

S

Scaling. Siehe Skalieren
Schalenelement 156, 157
- Erzeugen 158
- Klasse Shell 498
Schaltfläche 30
Schleife 38
Second 548
Select-Case 548
Selektion 57
Set 35, 548
SewSurface. Siehe Fläche integrieren
Sgn 549

Shaft. Siehe Welle
Shape. Siehe Volumenkörper
ShapeFactory. Siehe Werkzeugkasten, 3D
Shell. Siehe Schalenelement
Show. Siehe Anzeigeeigenschaften; Siehe Anzeigeeigenschaften; Siehe Anzeigeeigenschaften; Siehe Sichtbarkeit
Sichtbarkeit 167, 191, 441. Siehe Anzeigeeigenschaften; Siehe Anzeigeeigenschaften; Siehe Anzeigeeigenschaften
Sin 548
Single 549
Skalieren 133, 151
- Erzeugen 134, 152, 490
- Klasse HybridShapeScaling 378
- Klasse Scaling 474
- Klasse Scaling2 474
Sketch. Siehe Skizze
SketchBasedShape. Siehe Volumenkörper, skizzenbasiert
Skizze 101
- Achsensystem 102
- Bedingungen 107
- Erzeugen 502
- Klasse Sketch 499
- Konstruktionselement 106
- Rotationsachse 106
SolidCombine. Siehe Kombinationskörper
Sphere. Siehe Kugelfläche
Spiegelung 152
- Erzeugen 153, 488
- Klasse Mirror 437
Spine. Siehe Leitkurve
Spiral. Siehe Spirale
Spirale 123
- Erzeugen 125
- Klasse HybridShapeSpiral 383
Spline, 2D
- Erzeugen 103, 201
-   Klasse Spline2D 503
Spline2D. Siehe Spline, 2D
Spline, 3D 123
- Erzeugen 125, 308
- Klasse HybridShapeSpline 385
Split. Siehe Trennen
Sqr 549
Statuszeile 34
Steuerpunkt, 2D
- Erzeugen 103, 200
Stiffener. Siehe Versteifung
String 35, 84, 506, 550
StrReverse 549
Sub 36, 550

Subtraktion. Siehe Entfernen; Siehe Entfernen; Siehe Entfernen
Suchen, Element 60
Suchkriterium 60
SurfaceBasedShape. Siehe Volumenkörper, flächenbasiert
Sweep. Siehe Translationsfläche
Symbolleiste 31
Symmetrie 134, 151
- Erzeugen 134, 152, 310, 495
- Klasse HybridShapeSymmetry 422
- Klasse Symmetry 509
Symmetry. Siehe Symmetrie

T

Tan 550
Tasche 144
- Erzeugen 144
Teilfläche. Siehe Fläche
Textdatei. Siehe Datei; Siehe Datei; Siehe Datei
Textdialog 49
TextStream. Siehe Datensatz
Thickness. Siehe Aufmaß
ThickSurface. Siehe Aufmaßfläche
Thread. Siehe Gewinde
Time 550
Timer 551
TimeValue 551
Transformation
- Drahtgeometrie, 3D 133
- Fläche 133
- Volumenkörper 151
TransformationShape. Siehe Volumenkörper, Transformation
Translate. Siehe Verschieben
Translationsfläche 129
- Erzeugen 130, 309
- Klasse HybridShapeSweepCircle 395
- Klasse HybridShapeSweepConic 401
- Klasse HybridShapeSweepExplicit 407
- Klasse HybridShapeSweepLine 413
Trennen 137, 148
- Erzeugen 138, 149, 294, 493
- Klasse HybridShapeSplit 390
- Klasse Split 504
Trigonometrie 533, 548, 550
Trim, CATIA. Siehe Trimmen
Trimmen 79, 137
- Beispiel 82
- Erzeugen 80, 138, 294
- Klasse HybridShapeTrim 426
- Klasse Trim 517
Trim, VBScript 552

TritangentFillet. Siehe Dreikantenverrundung

U

Übergangsfläche 129
- Beispiel 131
- Erzeugen 130, 283
- Klasse HybridShapeBlend 222
UCase 552
Uhrzeit. Siehe Zeit
Umgebungsvariable 69
Umkehren 137
- Erzeugen 138, 294
- Klasse HybridShapeInverse 327
Umwandlung 133
- Beispiel 136
- Erzeugen 134
- Klasse HybridShapeAxisToAxis 222
Unterroutine 36
Until-Schleife 41
Ursprungselemente
- Deklaration 73, 448
- Klasse OriginElements 439
UserPattern. Siehe Benutzermuster

V

V5-Editor 25, 26
Variable
- Deklaration 35, 535
- Feld 35, 535
Variablentypen 35
VarRadEdgeFillet. Siehe Kantenverrundung, variabel
VBA 20
Vektor 93
Verbindung 137
- Beispiel 139
- Erzeugen 138
Verbindungskurve 123
- Beispiel 127
- Erzeugen 126, 288
Vereinigen. Siehe Hinzufügen oder Zusammenbauen; Siehe Hinzufügen oder Zusammenbauen; Siehe Hinzufügen oder Zusammenbauen
Verrundung 137
- Beispiel 139
- Erzeugen 138, 292
- Kante. Siehe Kantenverrundung
Verschieben 133, 151
- Erzeugen 134, 152, 290, 496
- Klasse HybridShapeTranslate 424
- Klasse Translate 517
Verschneiden 79, 137

- Erzeugen 80, 138, 294, 487
- Klasse HybridShapeIntersection 326
- Klasse Intersect 430

Versteifung 144
- Erzeugen 145, 494
- Klasse Stiffener 505

Verzweigung 38

VisPropertySet. Siehe Anzeigeeigenschaften; Siehe Anzeigeeigenschaften; Siehe Anzeigeeigenschaften

Visual Basic Application 20

Volumenkörper
- Erzeugen 142
- flächenbasiert 141, 147
- Klasse Shape 482
- Operation 141, 155
- skizzenbasiert 141, 143
- Transformation 141, 151

Vorzeichen. Siehe Sgn

W

Welle 144
- Beispiel 147
- Erzeugen 145, 491
- Klasse Shaft 482

Werkzeugkasten, 2D
- Erzeugen 103, 501
- Klasse Factory2D 199

Werkzeugkasten, 3D
- Erzeugen 109, 142, 447, 448
- Klasse HybridShapeFactory 281
- Klasse ShapeFactory 483

While-Schleife 40
Winkel 84, 161
Wurzel. Siehe Sqr
Wurzelklasse 24

Y

Year 552

Z

Zeilenumbruch 51
Zeit 534, 545, 550, 551
Zufallsgenerator 547
Zusammenbauen 79
- Erzeugen 80, 483
- Klasse Assemble 167

Zylinder 129
- Erzeugen 130
- Klasse HybridShapeCylinder 266

Der neue »Braß«

Braß
Konstruieren mit CATIA V5
Methodik der parametrisch-assoziativen
Flächenmodellierung
4., aktualisierte und erweiterte Auflage
672 Seiten. Vierfarbig.
ISBN 978-3-446-41378-8

Dieses Grundlagen- und Praxisbuch entstand auf der Basis von Projekten und Methodikworkshops in der Automobilindustrie. Die nun vorliegende vierte Auflage, basierend auf CATIA V5 Release 19, ist vollständig aktualisiert, überarbeitet und im Umfang deutlich erweitert.

Ziel des Buches ist es, Anwender mit der Methodik der parametrisch-assoziativen Flächenmodellierung in CATIA V5 vertraut zu machen. Es werden viele Beispiele aus dem Karosserierohbau herangezogen, jedoch ist das Know-how ohne weiteres auf andere Branchen übertragbar.

»... eine sehr praxisorientierte Einführung aus erster Hand.«

KONSTRUKTIONSPRAXIS-SPEZIAL

Mehr Informationen zu diesem Buch und zu unserem Programm
unter **www.hanser.de/technik**

HANSER

Standards für den Fahrzeugbau.

Brill
Parametrische Konstruktion mit CATIA V5
Methoden und Strategien für den Fahrzeugbau
2., überarbeitete und erweiterte Auflage
432 Seiten. Vierfarbig. Mit CD.
ISBN 978-3-446-41689-5

Ziel dieses weiterführenden Methodenbuches ist die Vermittlung von effektiven Methoden für den praktischen Aufbau von Bauteilen. Eine allgemein gültige Konstruktionsmethodik umfasst die Themen Bauteilanalyse, Strukturierung, Datenqualitätsoptimierung und Gestaltungsregeln. Spezielle Konstruktionsmethoden befassen sich mit der Modellierung von Tiefziehteilen, Gussteilen und Tiefziehwerkzeugen. Die 2. Auflage wurde vollständig auf Release 19 aktualisiert und im Umfang stark erweitert.

Das Buch wendet sich an CATIA-Anwender, die über gute Kenntnisse der CATIA V5 Funktionen zur Flächen- und Solidmodellierung verfügen.

Auf CD: praxisnahe Beispiele von parametrisch-assoziativ aufgebauten Fahrzeugteilen, basierend auf CATIA V5 R16.

Mehr Informationen zu diesem Buch und zu unserem Programm
unter **www.hanser.de/technik**

HANSER

Volumenmodellierung für Fortgeschrittene.

Ziethen/Koehldorfer
CATIA V5 – Konstruktionsmethodik zur Modellierung von Volumenkörpern
2., neu bearbeitete Auflage
368 Seiten. Vierfarbig.
ISBN 978-3-446-41317-7

Die Lebenszyklen technischer Produkte werden immer kürzer, somit steigt die Notwendigkeit, Modifikationen und Innovationen am Produkt schnell und einfach in der Konstruktion umzusetzen.

Dieses Grundlagen- und Übungsbuch stellt allgemeine Methoden zur Konstruktion von Volumenkörpern mit CATIA V5 vor. Es zeigt, wie sich Bauteile und Baugruppen änderungsfreundlich und unter konsequenter Berücksichtigung des nachfolgenden Fertigungsprozesses aufbauen lassen. Die hier vorliegende 2. Auflage ist auf die Releases 19 und 20 aktualisiert und vollständig überarbeitet. Neu aufgenommen ist das Thema der Baugruppenmodellierung.

Mehr Informationen zu diesem Buch und zu unserem Programm
unter **www.hanser.de/technik**